高效能人士的 Word / Excel 行政文秘300招

高效能精英训练营　编著

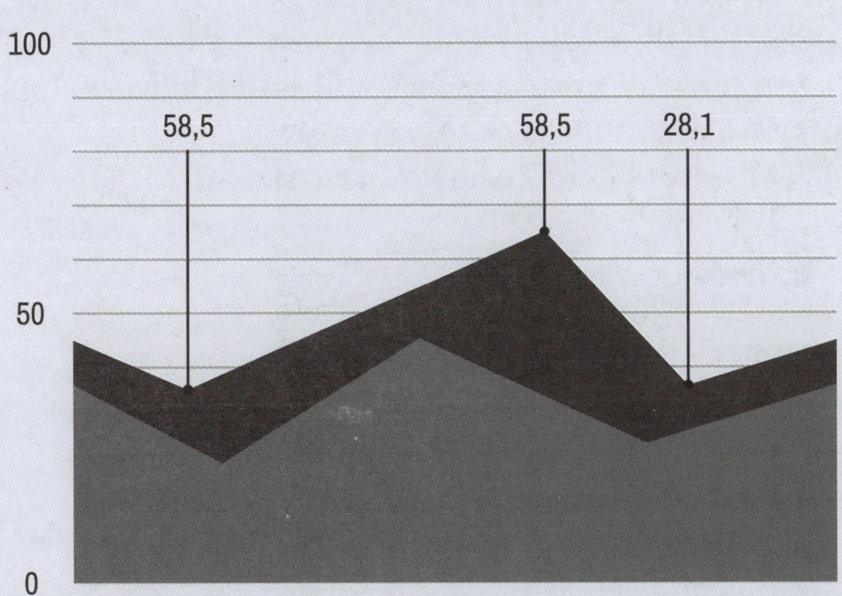

本书以Word 2016和Excel 2016为平台，从零基础开始，详细罗列了行政文秘办公过程中遇到的各类难题，并以实战演练的形式，通过300个实用案例展示了Word和Excel在行政文秘办公领域中的具体应用。

本书共10章，分别介绍Word和Excel在办公中的各种应用，内容涵盖了Word软件的基础操作、Word常用技巧、行政文秘常用图表、行政文秘制图基础、数据图表的美化技巧、实用参数调整、行政报表的对比图和条件图，以及行政文秘常见的公式应用等。本书还通过扫码下载的形式提供了完整的实例素材文件。

本书内容丰富、步骤清晰、通俗易懂、图文并茂，可以有效帮助用户提升Word和Excel在办公中的应用水平。本书主要定位于希望快速掌握Word和Excel办公软件操作的初级和中级用户，可作为行政文秘办公人员的查询手册，也可作为大中专院校相关专业、公司岗位培训或电脑培训班深入学习Word和Excel的参考资料，还可作为广大Word和Excel爱好者丰富知识的学习手册。

图书在版编目（CIP）数据

高效能人士的Word/Excel行政文秘300招/高效能精英训练营编著.—北京：机械工业出版社，2017.6

ISBN 978-7-111-57192-6

Ⅰ.①高…　Ⅱ.①高…　Ⅲ.①文字处理系统②表处理软件　Ⅳ.①TP391.1

中国版本图书馆CIP数据核字（2017）第146545号

机械工业出版社（北京市百万庄大街22号　邮政编码100037）
策划编辑：丁　伦　责任编辑：丁　伦
责任校对：丁　伦　封面设计：子时文化
责任印制：常天培
保定市中画美凯印刷有限公司印刷
2017年10月第1版第1次印刷
148mm×210mm·11印张·350千字
0001—3000册
标准书号：ISBN 978-7-111-57192-6
定价：49.90元（附赠海量资源，含教学视频）

凡购本书，如有缺页、倒页、脱页，由本社发行部调换
电话服务　网络服务
服务咨询热线：010-88361066　机工官网：www.cmpbook.com
读者购书热线：010-68326294　机工官博：weibo.com/cmp1952
010-88379203　金书网：www.golden-book.com
封面无防伪标均为盗版　教育服务网：www.cmpedu.com

当前，Excel 在销售金额统计、员工薪资的计算、员工值班表的编排等行政文秘工作中占据了至关重要的地位，而 Word 在文档编辑方面也起着不可忽视的作用。如果您是使用办公软件的“菜鸟”，却想切实掌握软件操作；如果您是职场上的新人，需要提高办公能力；如果您想在短时间内学到更多的 Word 和 Excel 办公知识，希望最大程度上提高工作的效率，那么，请翻开这本“武林秘籍”，它所包含的 Word 和 Excel 招数，能让你在行政文秘的“江湖”里占有一席之地。

1 本书主要内容

行政文秘工作人员在利用 Word 和 Excel 进行日常办公时，难免会遇到诸多的问题，本书主要作用就是针对在日常办公中出现的问题提供解决办法。全书分为 Word 文案快速上手、行政文案操作基础、文秘案头常备技巧、行政文秘常用表格、行政文秘制图基础等模块。在每个模块中，通过各种实例介绍 Word 和 Excel 操作技巧，帮读者解决行政文秘在工作中遇到的各类疑难问题，切切实实地提升办公水平。

本书共 10 章。第 1 章，Word 文案快速上手，介绍如何输入文本、如何设置字符缩放、如何添加编号、如何设置边框和底纹、如何设置标题级等。第 2 章，行政文案操作基础，介绍如何制作企业联合公文的眉首、如何制作单位印章、如何插入目录、如何使用 SmartArt 设计晚会流程图等。第 3 章，文秘案头常备技巧，介绍如何一键段落缩进、如何更改目录前导符样式、如何利用模板创建名片、如何使用格式刷、如何为文档添加水印等。第 4 章，行政文秘常用表格，介绍如何制作员工档案表、会议计划表、招待费用报销表、办公用品领用记录表、住宿人员资料表等常用表格。第 5 章，行政文秘制图基础，介绍图表的特点和元素、如何插入图表、如何将图表保存为图片文件、如何更改图表类型、如何反向坐标轴的数值等。第 6 章，数据图表美化技巧，介绍如何调整图表大小、如何调整多个图表的尺寸、如何制作双坐标图表、如何隐藏图表网格线、如何为图表添加垂直线等。第 7 章，实用参数调整设定，介绍如何设置图表字体格式、如何将图表锚定到单元格、如何使用照相机、如何自动绘制参考线、如何制作隔行填色的网格线等。第 8 章，行政报表的对比图，介绍如何制作粗边面积图、如何制作半圆式饼图、如何制作 Web 2.0 风格的图表、如何制作清晰的小而多组图、如何将绘图区任意划分等。第 9 章，文秘统计的条件图，介绍如何对赢利图表创建三色条件格式、如何标示产量表的最大值、如何任意标示进出库第 N 大值、介绍如何自由选择进出库数据，以及 Office 三大“利器”的协作等。第 10 章，行政文秘常用函数汇总与应用拓展，介绍常用函数的用法，如 LEFT 函数、EXACT 函数、VALUE 函数、DATE 函数、SECOND 函数、TODAY 函数、LOOKUP 函数、HLOOKUP 函数、ROW 函数等。此外还介绍了返回错误值的原因以及解决方法。

2 本书主要特色

特色一：针对性强，招招实用。本书没有铺排过多的理论知识，而是定位于行政文秘办公领域，总结了 300 个实例，如常见表格的制作、图表的插入与制作、各类函数的实际应用等，详细讲解了 Word 和 Excel 操作步骤，每招只需 1 分钟即可轻松掌握操作秘技。

特色二：案例真实，身临其境。考虑到办公的实战性，本书中的案例均来源于实际工作中遇到的问题，如制作企业联合公文的眉首、快速插入日期、创建员工档案表等，为读者营造了一个真实的办公氛围。这些案例均可通过扫码下载的方式获得，日后只需根据实际需要，稍加修改，即可应用到实际的工作中。

特色三：通俗易懂，图文并茂。在讲解的过程中，采用图解的方式，使用通俗易懂的语言对步骤进行说明，并提供了配套的语音视频教学，使招式的讲解生动而有趣。

特色四：技巧拓展，更进一步。除了正文中提到的 300 个实例，对于难理解的要点或需要注意的事项，还进行了知识拓展，进一步加深信息，掌握操作技巧，增加实例的含金量。

3 本书适用人群

（1）如果您是 Word 和 Excel 方面的“小白”，那就跟着书中的各种职场小人物一起，从第 1 章开始，学习 Word 和 Excel 的基本操作和技巧，以及在实际工作中的应用方式。

（2）如果您是初涉行政文秘工作的职场新人，已经了解了 Word 和 Excel 的基本操作方法，可以从目录中快速检索需要的技巧及电子表格，在掌握软件操作的基础上，深化学习并掌握不熟悉的内容，从而提高办公、职场方面的工作效率。

4 本书创建团队

本书由高效能精英训练营组织编写，该团队由从事职场教学及培训多年的培训师组成，培养了大量优秀的学员。具体参与编写的人员名单如下：陈寅、钟瑞、宋一迪、刘敏、向小腾、荣宇、封瑜、廖成志、冯光翰、吴艳超、李毅、向博山、刘雪莎、皮清海、涂宏佳、杜建伟、王岚、郭舒佳、易依、胡淑芳、陈远、宋瑾、柴青、钟昕、徐芳宇、戴京京、贺富强、杨玄、张梦婷、李杏林等。

由于时间仓促，编者水平有限，书中难免疏漏之处。在感谢读者选择本书的同时，也希望能够把对本书的意见和建议告诉我们（具体联系方式请参看图书封底上的电话及二维码）。

前　言

第 1 章　Word 文案快速上手

第 2 章　行政文案操作基础

第 3 章　文秘案头常备技巧

第 4 章　行政文秘常用表格

第 5 章　行政文秘制图基础

第 6 章　数据图表美化技巧

第 7 章　实用参数调整设定

第 8 章 行政报表的对比图

第 9 章 文秘统计的条件图

第 10 章 行政文秘常用函数汇总与应用拓展

Chaper 1

第1章 Word文案快速上手

Word是Office系列的组件之一，是一款功能齐全的文字处理软件，它在文字编辑、文字排版等方面具有很强大的功能。本章将用20个实例介绍Word文字处理软件的基本操作,包括输入文本内容，查找和替换文本、设置字符格式、设置段落格式、添加编号等。

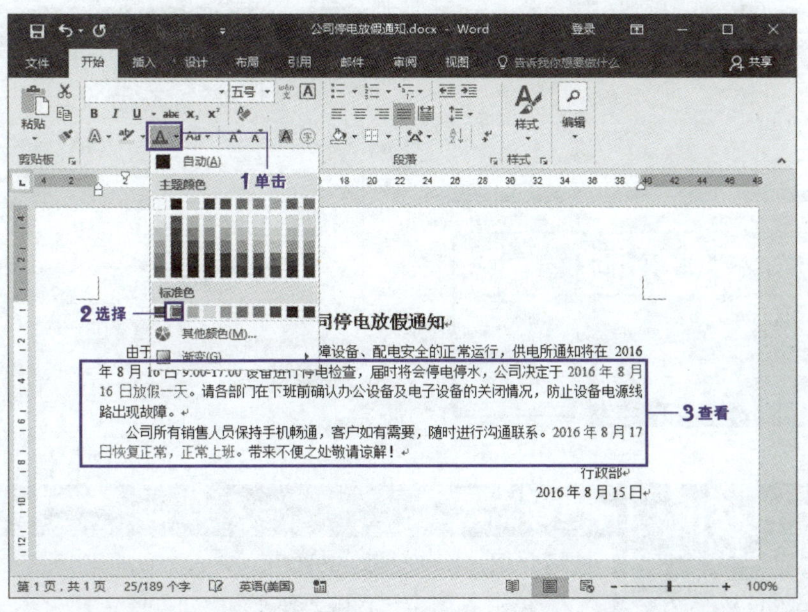

实例001 输入文本内容

难度系数：★★★　适用版本：07/13/16/17

技巧介绍： 作为一名行政文秘，经常需要编辑和处理各种各样的文案。那么，应该怎样输入文本内容呢？

① 单击桌面左下角“开始”按钮，弹出“开始”菜单，选择“所有程序”选项，并在展开的所有程序列表中选择“Word 2016”选项，如图1–1所示。

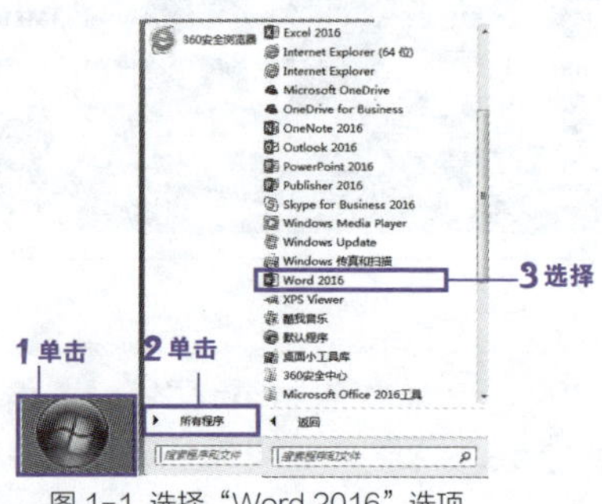

图1–1 选择“Word 2016”选项

② 此时已经启动Word程序，单击“空白文档”按钮即可创建空白文档，如图1–2所示。

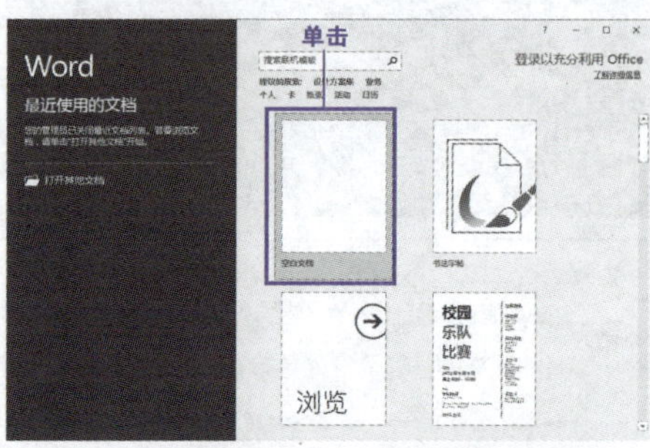

图1–2 单击“空白文档”按钮

③ 在新创建的文档插入点处即可输入文本内容，如图1–3所示。

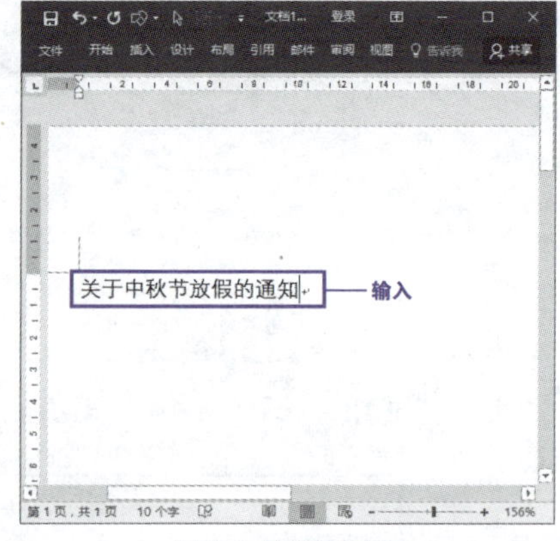

图1–3 输入文本内容

技巧拓展

按【Ctrl+N】快捷键也可创建新的Word文档。

Extra tip

实例002 选择文本

难度系数：★★★　适用版本：全版本

技巧介绍： 行政人员的日常工作之一就是编辑各种各样的公文和通知，在编辑过程中或多或少需要选择文本，那么，除了拖动鼠标选择文本外，还有其他的选择文本的方式吗？

❶ 选择一段连续的文本。在Word中打开“素材\第01章\实例002\公司例会通知”文档，先定位光标的开始位置，然后按住【Shift】键，在想选择的文字末端单击鼠标左键即可选择文本，如图 1–4所示。

❷ 选择不连续的文本。首先选择一段文本，然后按住【Ctrl】键，即可选择另一段不连续的文本，如图 1–5所示。

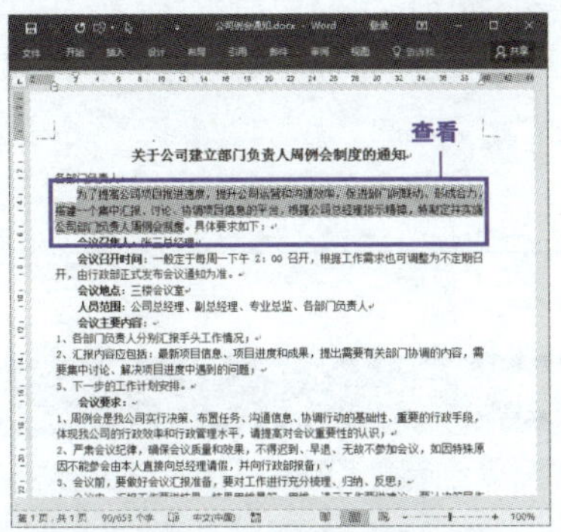

图 1-4 选择一段连续的文本

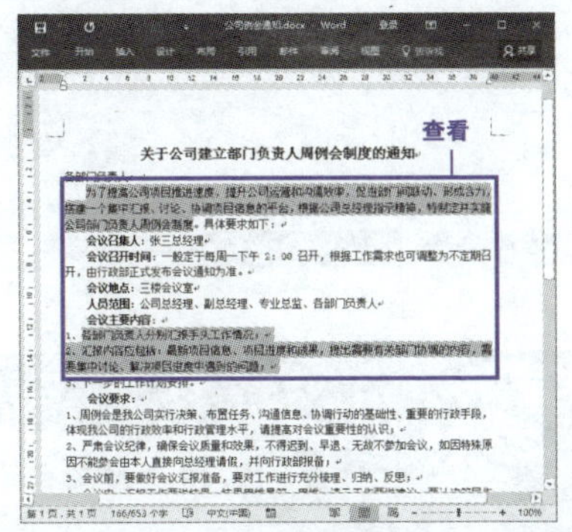

图 1-5 选择不连续的文本

❸ 选择一行中光标插入点前面的文本。按【Shift+Home】组合键，可以快速选择一行中光标前面的文本，如图 1–6所示。

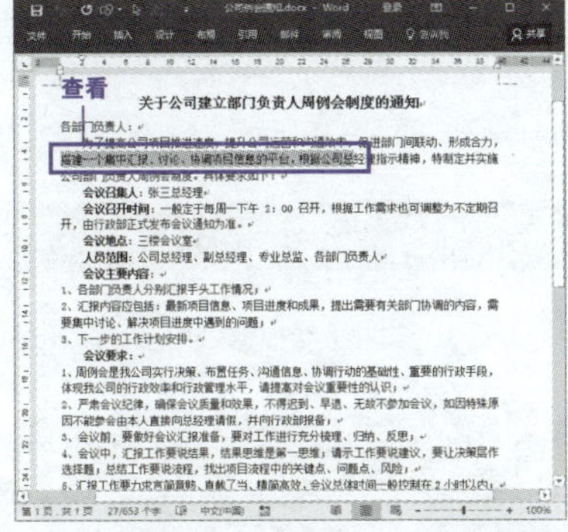

图 1-6 选择一行中光标插入点前面的文本

❹ 选择光标插入点前面的所有文本。按【Ctrl + Shift + Home】组合键，可以快速选择从光标至文档前面所有的内容，如图 1–7所示。

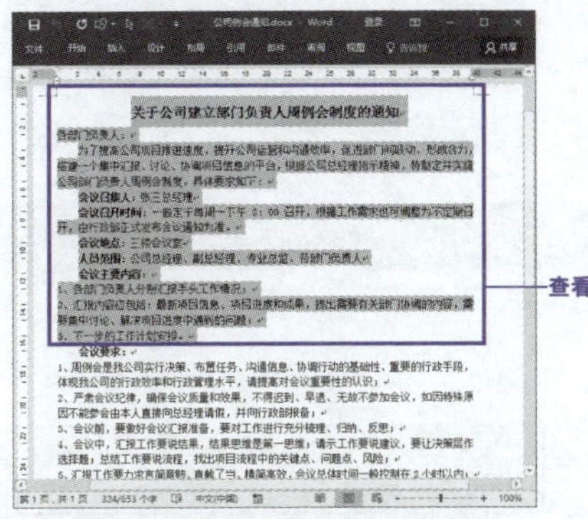

图 1-7 选择光标插入点前面的所有文本

❺ 选择一段文字。光标定位在该段落的任意地方，快速点击三下鼠标左键即可全选该段落，如图 1–8所示。

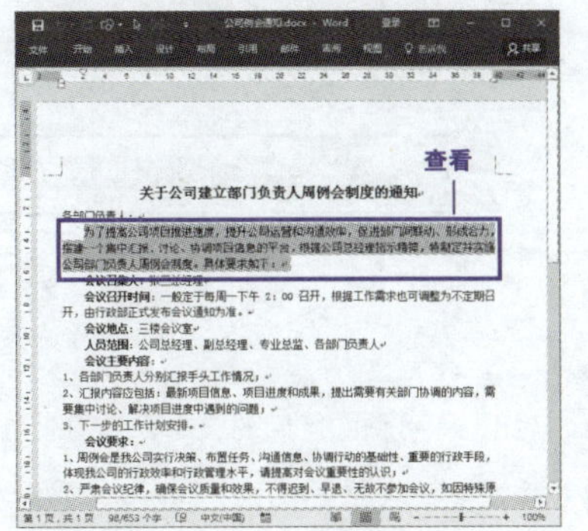

图 1-8 选择一段文字

技巧拓展

a. 按【Shift+End】组合键，可以快速选择一行中光标后面的文本；

b.按【Ctrl＋Shift＋End】组合键，可以快速选择从光标至文档末尾所有的内容；

c.按【Ctrl+A】组合键可以选择文档中所有文本。

Extra tip >>>>>>>>>>>>>

实例003 移动、复制和删除文本

难度系数：★★★ 适用版本：全版本

技巧介绍： 行政人员在编辑完文案后可能需要对其进行移动、复制或删除操作。那么有什么办法可以快速进行上述操作呢？下面为大家介绍如何对文本进行移动、复制和删除操作。

① 在Word中打开“素材\第01章\实例003\活动策划方案”，选中需要移动的文本，将光标移至所选文本中，当光标变成白色向左的箭头时按住鼠标左键，并拖动鼠标至合适的位置，如图 1-9所示。

② 选中需要复制的文本，单击鼠标右键，执行“复制”命令，如图 1-10所示。

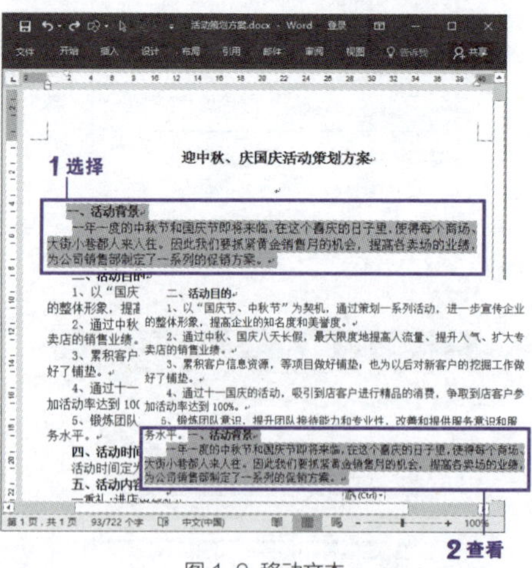

图 1-9 移动文本

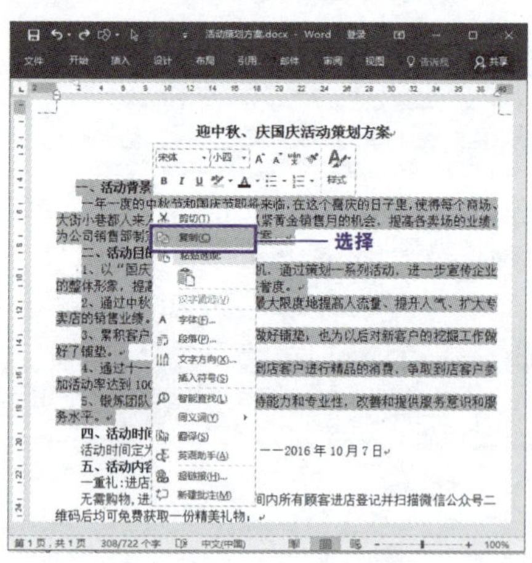

图 1-10 执行“复制”命令

③ 将光标插入点置于需要复制文本的位置，单击鼠标右键，在“粘贴选项”中单击“保留源格式”按钮，即可粘贴复制的文本，如图 1-11所示。

④ 选中需要删除的文本，按【Delete】键或【Backspace】键即可删除文本，如图 1-12所示。

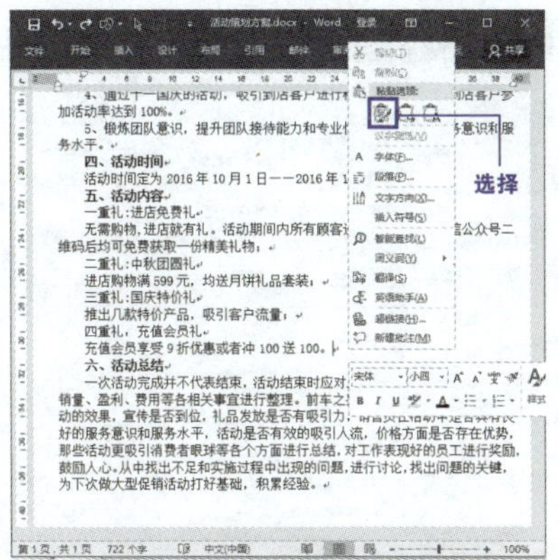

图 1-11 单击“保留源格式”按钮

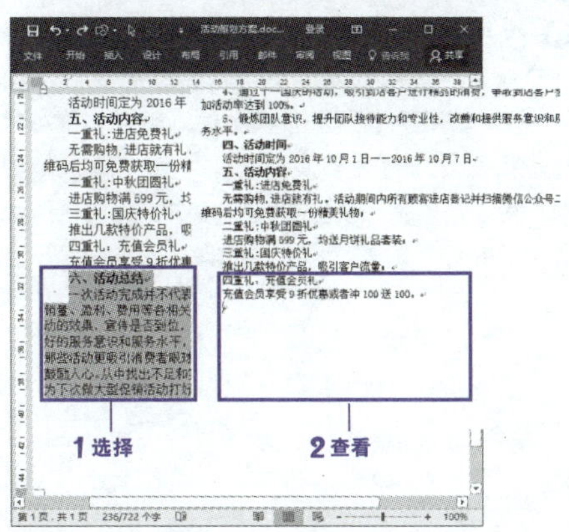

图 1-12 删除文本

技巧拓展

a.执行复制和粘贴命令也可分别使用快捷键【Ctrl+C】、【Ctrl+V】。

b.虽然按【Delete】键和按【Backspace】键都可以删除文本，但是两者也有区别。Backspace是向光标左边删除内容，而Delete是向光标右边删除内容。

Extra tip

实例 004 查找和替换文本

难度系数：★★★ 适用版本：全版本

技巧介绍： 行政部员工王晓在搜索引擎上找到了一篇关于员工手册的范本，可要是直接删除原有名称并输入本公司名太麻烦了。那么，有什么办法可以快速查找并替换文本呢？

① 在Word中打开“素材\第01章\实例004\员工手册范本”文档，选择“开始”选项卡，在“编辑”选项组中单击“查找”按钮，在弹出的“导航”窗格的文本框中输入“深圳市超越激光”文本，此时文档中的“深圳市超越激光”文本将会显示黄色底纹，如图 1-13 所示。

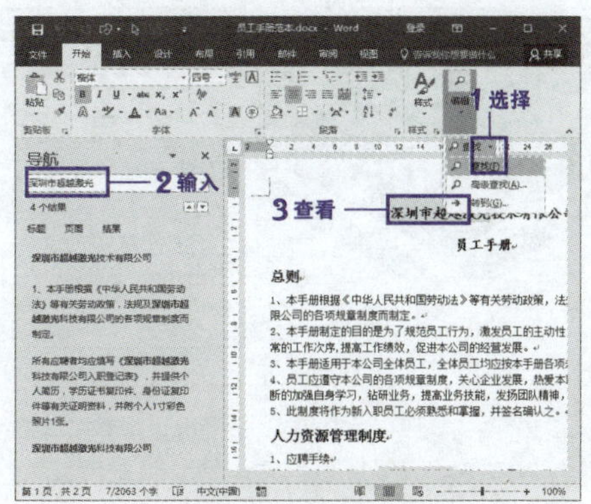

图 1-13 单击“查找”按钮

❷ 在“编辑”选项组中单击“替换”按钮，弹出“查找和替换”对话框，选择“替换”选项卡，在“查找内容”文本框中输入“深圳市超越激光”文本，在“替换为”文本框中输入“智泰”文本，单击“全部替换”按钮，弹出信息提示框，单击“确定”按钮，如图1-14所示。

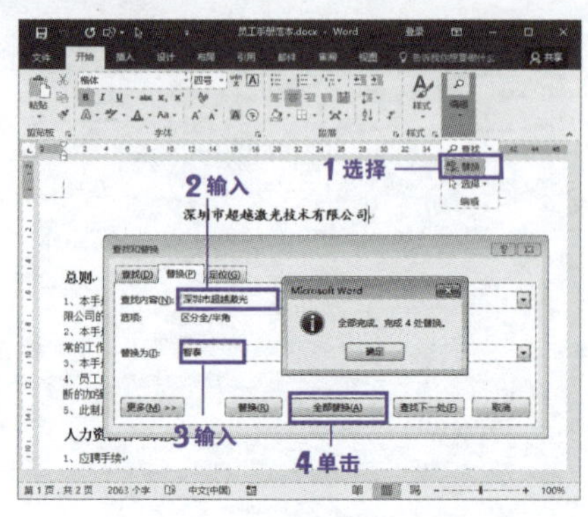

图 1-14 选择“替换”选项卡

❸ 设置完后可查看替换效果，此时文档中“深圳市超越激光”已全部替换成“智泰”，如图1-15所示。

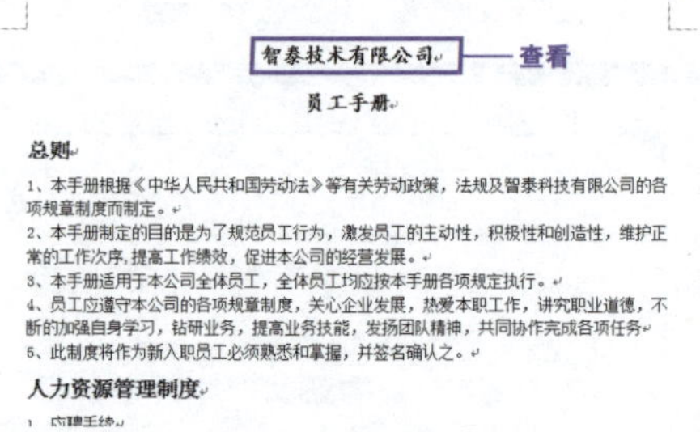

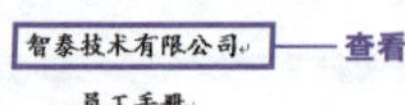

员工手册

总则

1、本手册根据《中华人民共和国劳动法》等有关劳动政策，法规及智泰科技有限公司的各项规章制度而制定。
2、本手册制定的目的是为了规范员工行为，激发员工的主动性，积极性和创造性，维护正常的工作次序，提高工作绩效，促进本公司的经营发展。
3、本手册适用于本公司全体员工，全体员工均应按本手册各项规定执行。
4、员工应遵守本公司的各项规章制度，关心企业发展，热爱本职工作，讲究职业道德，不断的加强自身学习，钻研业务，提高业务技能，发扬团队精神，共同协作完成各项任务
5、此制度将作为新入职员工必须熟悉和掌握，并签名确认之。

人力资源管理制度

1、应聘手续

图 1-15 查看替换效果

技巧拓展

按【Ctrl+H】组合键可快速弹出“查找和替换”对话框。

Extra tip >>>>>>>>>>>>>

实例005 设置字符格式

难度系数：★★★ 适用版本：07/13/16/17

技巧介绍： 通常来说，一篇完整的文本除了文本内容全面丰富外，文本格式也要进行设置，这样文档才会精美优良，从而引起关注。下面为大家介绍如何设置字符格式。

创建一个新的Word文档，选择“开始”选项卡，单击“字体”选项组的“对话框启动器”按钮，弹出“字体”对话框，选择“字体”选项卡，将“中文字体”设置为“宋体”，“西文字体”设置为“Times New Roman”，将“字形”设置为“常规”，“字号”设置为“五号”，单击“设为默认值”按钮，弹出信息提示框，选择“所有基于所有Normal.dotm模板的文档（A）”选项，单击“确定”按钮保存，如图1-17所示。

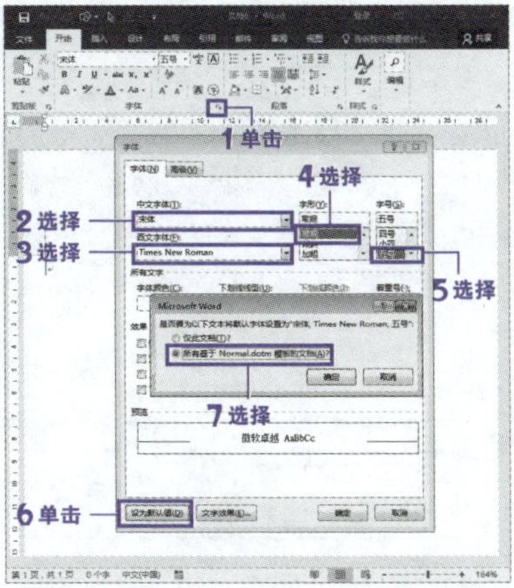

图 1-16 单击“设为默认值”按钮

技巧拓展

在信息提示框中的“仅此文档”选项表示此设置只对本文档起作用；而“所有基于所有Normal.dotm模板的文档（A）”选项是指对所有新创建的Word文档有效。

Extra tip

实例 006 设置文本字体和字号

难度系数：★★★　适用版本：07/10/13/16/17

技巧介绍： 公司行政部员工小佳在编辑完文档后想要对文本设置文本格式以便能突出重点。

下面为大家介绍设置文本字体和字号等格式的几种方法。

① 在Word中打开“素材\第01章\实例006\召开会议的通知”文档，选中标题，在“开始”选项卡中将“字体”设置为“楷体”，“字号”设置为“四号”，加粗显示，如图 1-17所示。

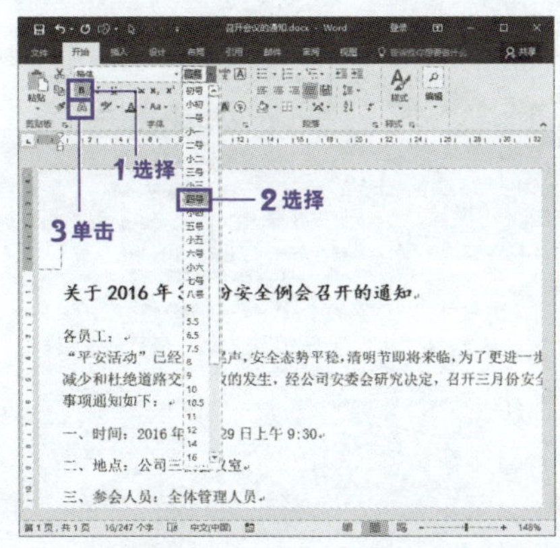

图 1-17 设置文本字体和字号

② 还可以在“字体”对话框中设置字体和字号格式，将“中文字体”设置为“楷体”，“西文字体”设置为“Times New Roman”，将“字形”设置为“加粗”，“字号”设置为“四号”，单击“确定”按钮，如图 1-18所示。

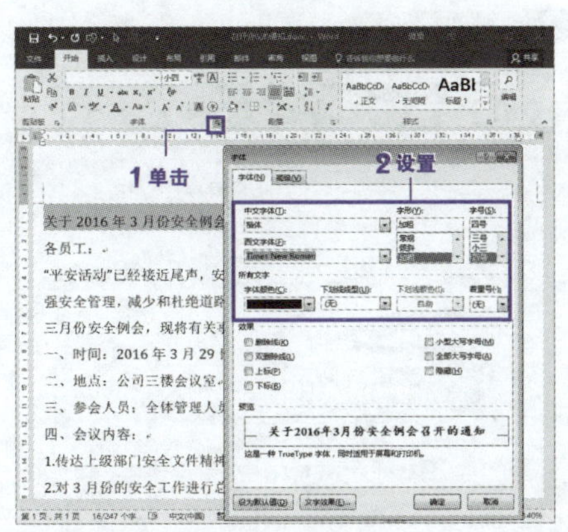

图 1-18 选择“字体”选项卡

③ 还可以选中文档标题，直接设置文本字体和字号格式，如图 1-19所示。

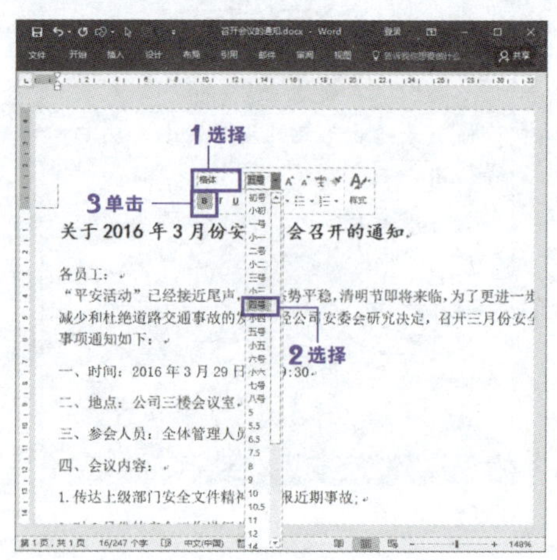

图 1-19 设置文本字体和字号

技巧拓展

还可以在“字体”对话框中设置字体颜色、设置下划线线型和颜色、添加着重号，如图 1-20所示。

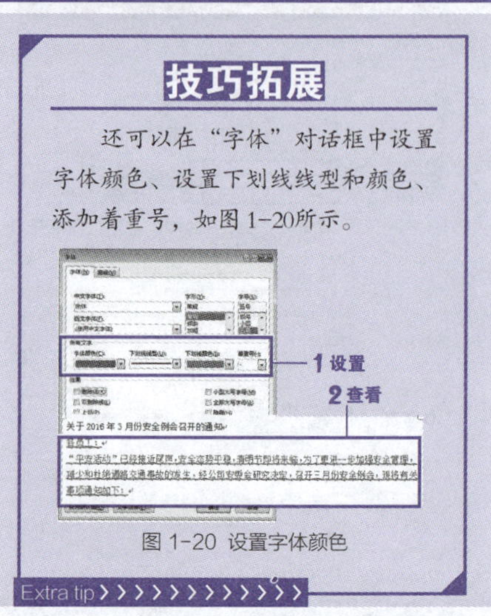

图 1-20 设置字体颜色

Extra tip

实例 007 设置文字环绕方式

难度系数：★★

适用版本：07/10/13/16/17

技巧介绍： 在编辑Word文档时经常需要在文档中插入图片，但是插入图片后会发现图片通常无法位于满意位置，那么应该怎样解决这个问题呢？

① 在Word中打开“素材\第01章\实例007\企业管理制度”文档，选中图片，选择“图片工具—格式”选项卡，在“排列”选项组中单击“环绕文字”下拉按钮，选择“浮于文字上方”选项，如图 1-21所示。

② 此时即可任意拖动图片至满意位置，如图 1-22所示。

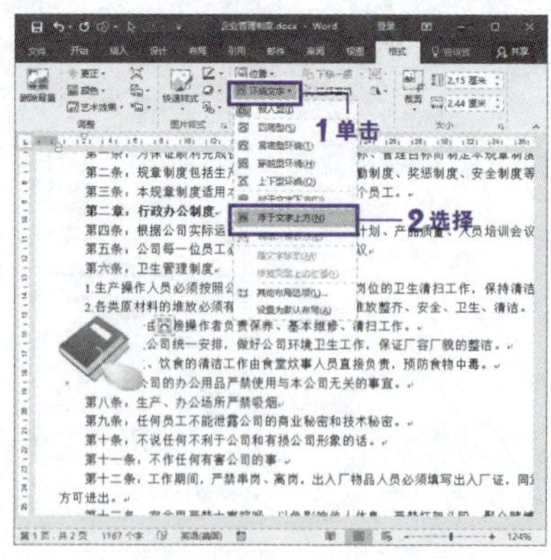

图 1-21 选择“浮于文字上方”选项

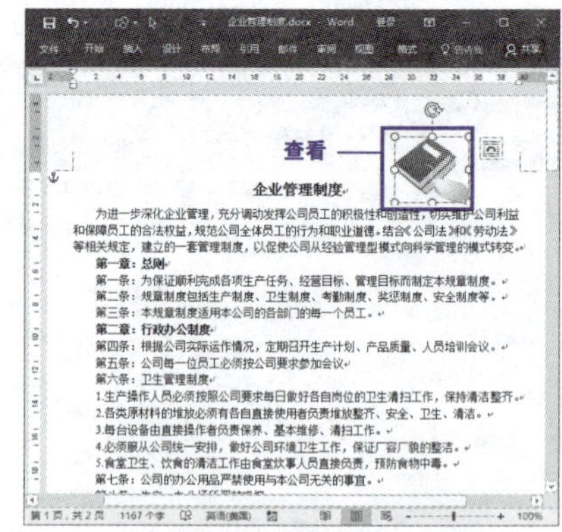

图 1-22 查看设置效果

技巧拓展

在“环绕文字”下拉列表中有7种环绕方式，如图 1-23所示，下面分别介绍各环绕方式的用法：

a.嵌入型环绕：将图片对象置于文档文字中的插入点处，图片对象与文字处于不同层。只能从一个段落标记拖动到另一个段落标记处。

b.四周型环绕：图片环绕在四周，可以跨多行。不管图片是否为矩形图片，文字以矩形方式环绕在图片四周。

c.紧密型环绕：图片环绕在四周，可以跨多行，但当“编辑环绕顶点”时移动顶部或底部的编辑点，使中间的编辑点低于两边时，文字不能进入图片的边框。如果图片是矩形，则文字以矩形方式环绕在图片周围，如果图片是不规则图形，则文字将紧密环绕在图片四周。

d.穿越型环绕：与紧密型类似，但当“编辑环绕顶点”时移动顶部或底部的编辑点，使中间的编辑点低于两边时，文字可以进入图片的边框，文字可以穿越不规则图片的空白区域环绕图片。

e.上下型环绕：完全占据一行，文字环绕在图片上方和下方。

f.衬于文字下方：图片在下、文字在上分为两层，文字将覆盖图片。

g.浮于文字上方：图片在上、文字在下分为两层，图片将覆盖文字。

图 1-23 介绍各环绕方式的用法

Extra tip

实例 008 字符颜色的设置

难度系数：★★★ 适用版本：07/10/13/16/17

技巧介绍： 在编辑文档时，通常会对文本设置字体颜色来使其更美观和具有特色。

下面为大家介绍如何设置字符颜色。

在Word中打开“素材\第01章\实例008\公司停电放假通知”文档，选中需要设置颜色的文本，在“开始”选项卡的“字体”选项组中单击“字体颜色”下拉按钮，在展开的列表中选择满意的颜色（如红色），如图 1-24所示。

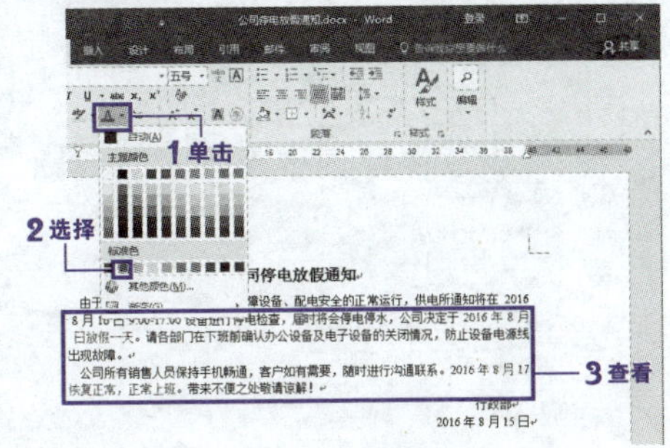

图 1-24 单击“字体颜色”下拉按钮

技巧拓展

除了可以为文本设置颜色，还可以为文本添加底纹使其更醒目，在“字体”选项组中单击“以不同颜色突出显示文本”下拉按钮，在列表中选择满意的颜色（如黄色），如图 1-25所示。

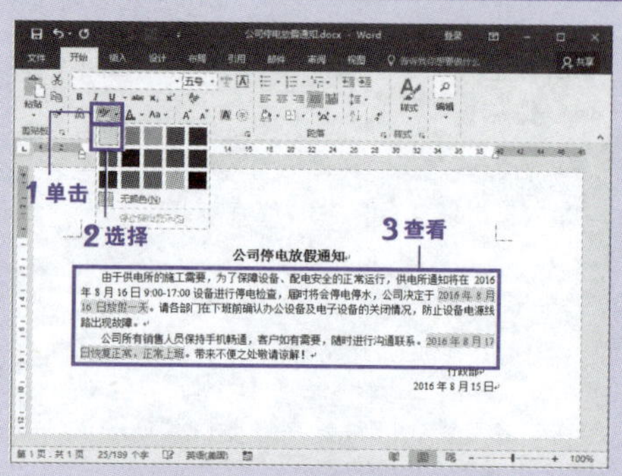

图 1-25 单击“以不同颜色突出显示文本”下拉按钮

Extra tip

实例009 设置字符缩放、间距和位置

难度系数：★★★ 适用版本：07/10/13/16/17

技巧介绍： 在编辑文档时，字符间距一般默认为标准形式，当然，根据实际需要可以调整文档的字符间距及进行缩放操作。下面为大家介绍如何设置字符缩放、间距和位置。

① 在Word中打开“素材\第01章\实例009\召开会议的通知”文档，按【Ctrl+A】组合键选中全文，在“开始”选项卡中单击“字体”的“对话框启动器”按钮，弹出“字体”对话框，选择“高级”选项卡，在“字符间距”选项组中可以设置缩放比例，还可以将字符间距设为“加宽”，将“磅值”设为“1磅”，将“位置”设为“提升”，将“磅值”设为“1磅”，单击“确定”按钮保存，如图 1-26所示。

② 设置完后可查看设置效果，如图 1-27所示。

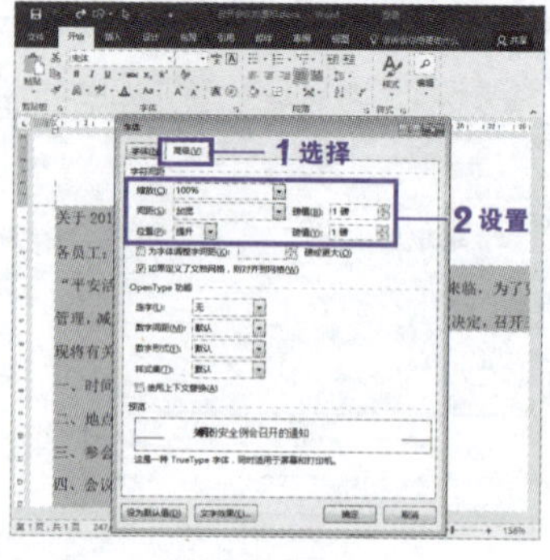

图 1-26 选择“高级”选项卡

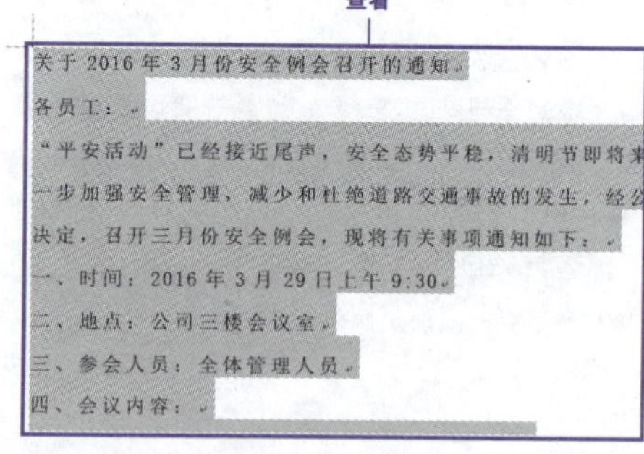

图 1-27 查看设置效果

技巧拓展

单击鼠标右键，执行“字体”命令，也可以弹出“字体”对话框，如图 1-28所示。

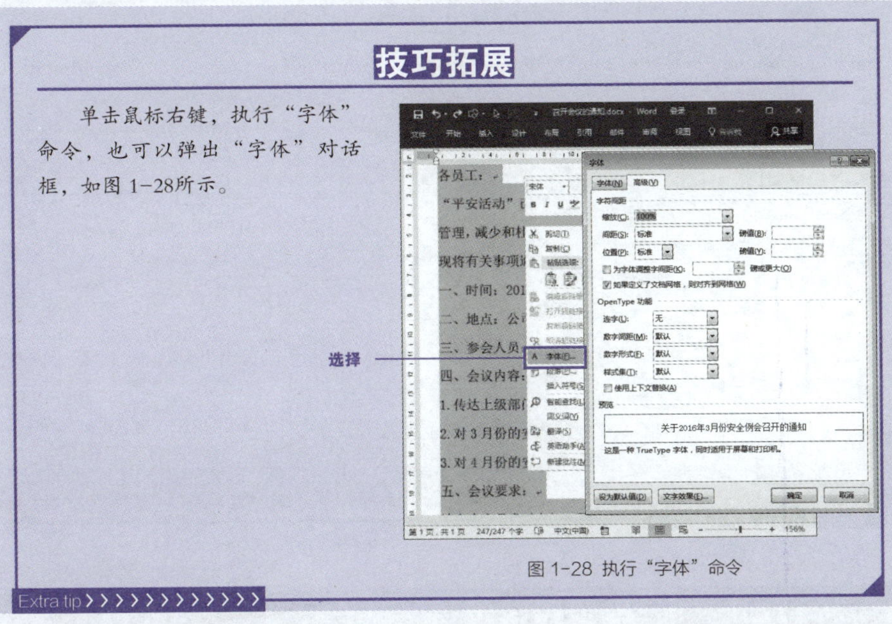

图 1-28 执行“字体”命令

Extra tip

实例 010 设置段落对齐方式

难度系数：★★★

适用版本：07/10/13/16/17

技巧介绍： 为了使文档更美观，通常会对文本设置段落格式。那么，应该怎样设置呢？

下面为大家介绍如何设置段落对齐方式。

在Word中打开“素材\第01章\实例010\关于安全卫士检查的通知”文档，选中需要设置对齐方式的文本，单击“开始”选项卡中“段落”选项组的“对话框启动器”按钮，弹出“段落”对话框，选择“缩进和间距”选项卡，将“对齐方式”设置为“右对齐”，单击“确定”按钮保存设置，如图 1-29所示。

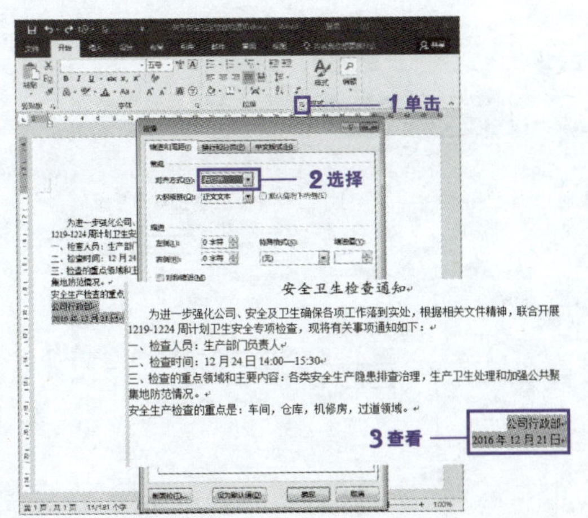

图 1-29 选择“缩进和间距”选项卡

技巧拓展

在段落“对齐方式”下拉列表中有5种对齐方式，如图 1-30所示，下面分别介绍各对齐方式的用法。

a.左对齐：是指将文本或段落靠文档左边对齐；

b.居中：让文本或段落靠中间对齐；

c.右对齐：是指将文本或段落靠文档右边对齐；

d.两端对齐：是将文字段落的左右两端的边缘都对齐；

e.分散对齐：让文本在一行内靠两侧对齐，字与字之间会拉开一定的距离。

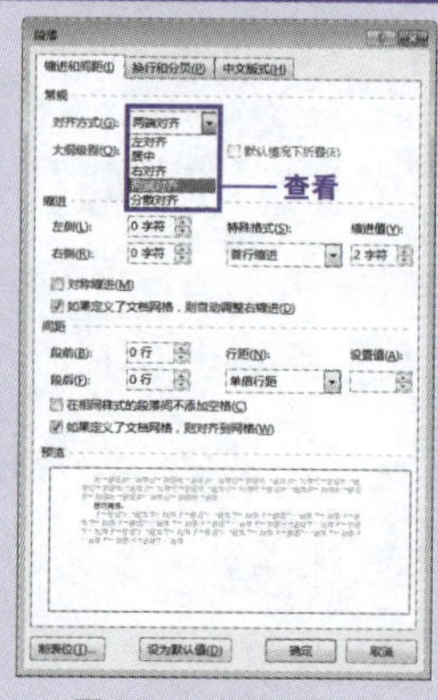

图 1-30 查看对齐方式

Extra tip

实例 011 设置段落缩进

难度系数：★★★ 适用版本：07/10/13/16/17

技巧介绍： 在编辑长篇文档时，通常需要设置段落缩进来美化文档。那么应该怎样设置段落缩进呢？下面为大家介绍如何设置段落缩进。

① 在Word中打开“素材\第01章\实例010\关于安全卫士检查的通知”文档，选中文本，单击鼠标右键，执行“段落”命令，弹出“段落”对话框，在“特殊格式”下拉列表中选择“首行缩进”选项，将“缩进值”设为“2字符”，单击“确定”按钮保存，如图 1-31所示。

② 设置完后可查看效果，如图 1-32所示。

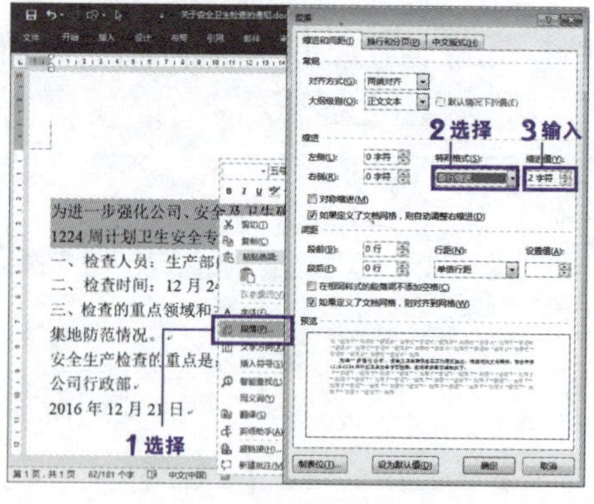

图 1-31 选择“首行缩进”选项

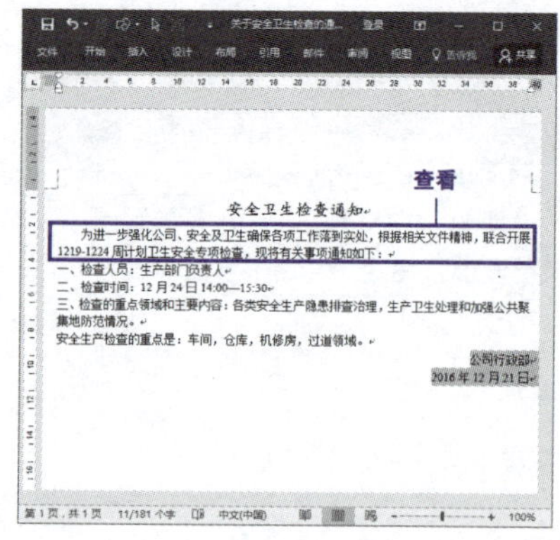

图 1-32 查看设置效果

技巧拓展

a.在“特殊格式”下拉列表中有“首行缩进”和“悬挂缩进”两种缩进方式，下面分别介绍这两种缩进方式的用法及特点：

首行缩进：是指每段第一行向右空出的距离或者字符个数,中文文档习惯上要向右空两个字符，即首行缩进2个字符；

悬挂缩进：与首行缩进相反，段落的第一行向左伸出左缩进的范围之外。

b.除了可以通过上述两种缩进方式缩进段落外，还可以通过调整缩进值来缩进段落，具体操作步骤如下：在“缩进”选项组中将左侧缩进值设为“2字符”，单击“确定”按钮保存，如图 1-33所示。

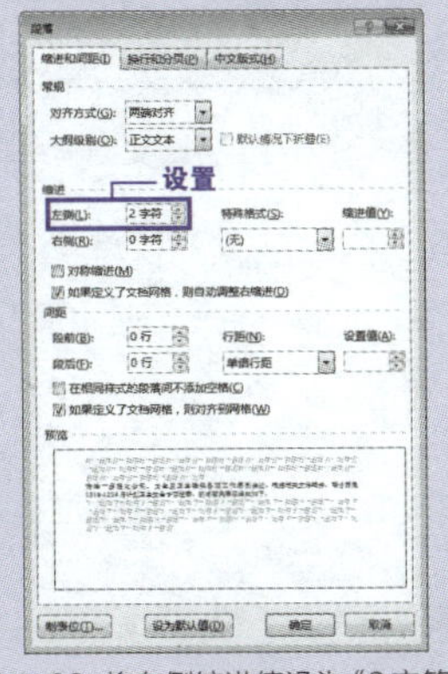

图 1-33 将左侧缩进值设为“2 字符”

Extra tip

实例 012 设置段落间距和行距

难度系数：★★★ 适用版本：07/10/13/16/17

技巧介绍： 在编辑工作簿时，经常需要设置段落间距和行距来调整文档格式，那么，应该怎样设置段落间距和行距呢？下面为大家介绍如何设置段落间距和行距。

① 在Word中打开“素材\第01章\实例012\关于召开年度总结大会的通知”文档，按【Ctrl+A】键选中全文，单击“段落”选项组的“对话框启动器”按钮，弹出“段落”对话框，在“间距”选项组中将“行距”设为“1.5倍行距”，单击“确定”按钮保存，如图 1-34所示。

② 设置完后可查看效果，如图 1-35所示。

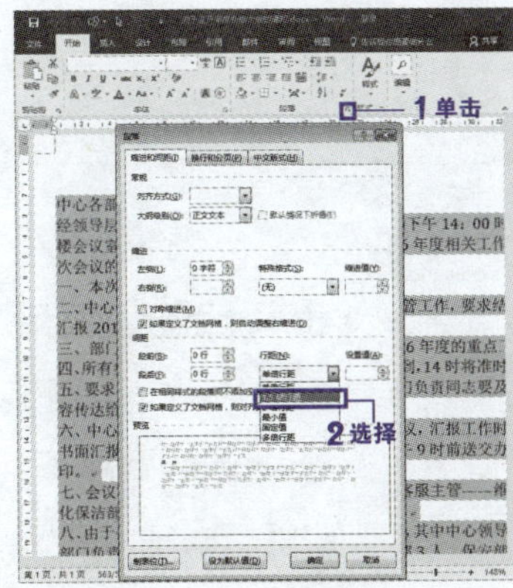

图 1-34 设置行距值

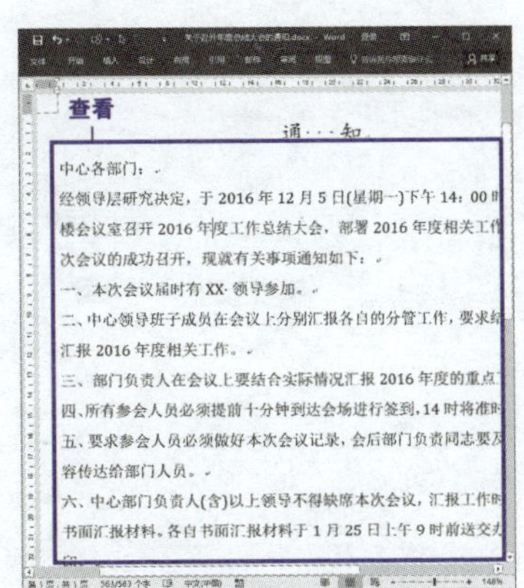

图 1-35 查看设置效果

技巧拓展

a.除了可以设置行距外，还可以在“段落”对话框中设置段间距，在“间距”选项组中将“段前”设为“2行”，“段后”设为“1行”，如图1-36所示。

b.设置完后可查看效果，如图1-37所示。

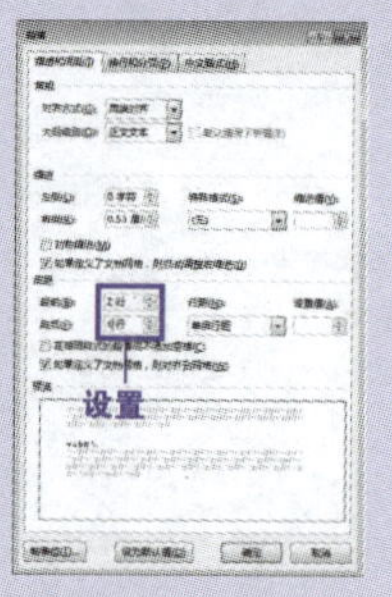

图1-36 设置段间距

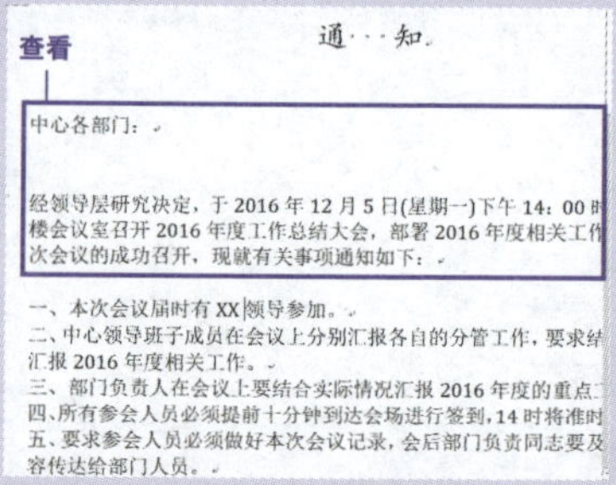

图1-37 查看设置效果

Extra tip

实例013 设置边框和底纹

难度系数：★★★ 适用版本：07/13/16/17

技巧介绍： 为了美化或突出显示文本和关键词，对文本设置边框或底纹；在字符外套上各种线条，就是边框，在文字的下边设置颜色或图案就是底纹。那么，应该怎样设置呢？

1. 在Word中打开“素材\第01章\实例013\处罚通知”文档，选中文本，在“段落”选项组中单击“边框”下拉按钮，在下拉列表中选择“边框和底纹”选项，如图1-38所示。

2. 弹出“边框和底纹”对话框，选择“边框”选项卡，在左侧列表中选择“方框”选项，在右侧“应用于”下拉列表中选择“文字”选项，如图1-39所示。

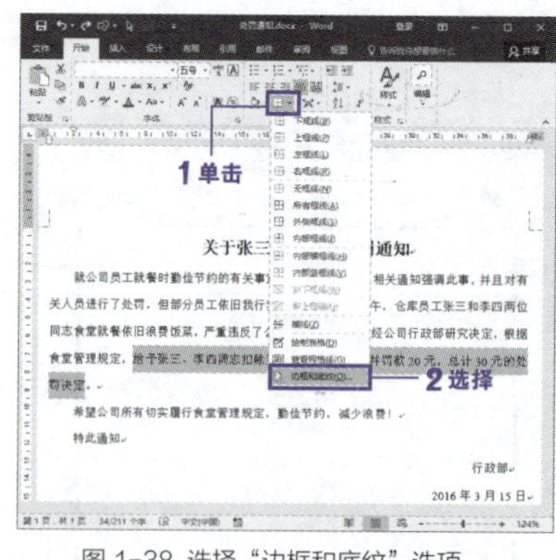

图1-38 选择“边框和底纹”选项

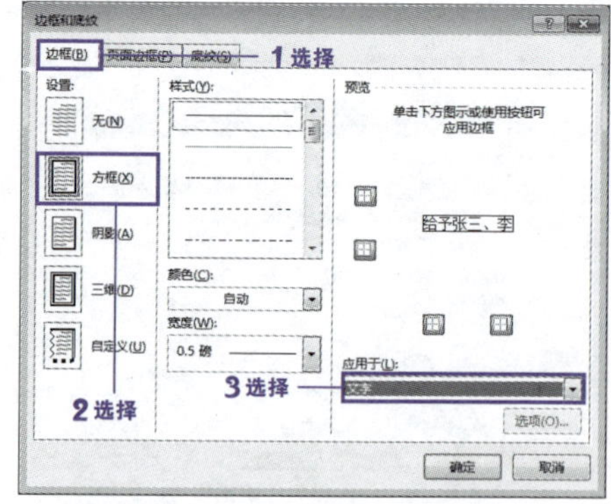

图1-39 设置文本边框

3. 选择“底纹”选项卡，设置填充颜色，并在“应用于”下拉列表中选择“文字”选项，单击“确定”按钮保存，如图1-40所示。

4. 设置完后可查看设置效果，此时已在文本中成功添加边框和底纹，如图1-41所示。

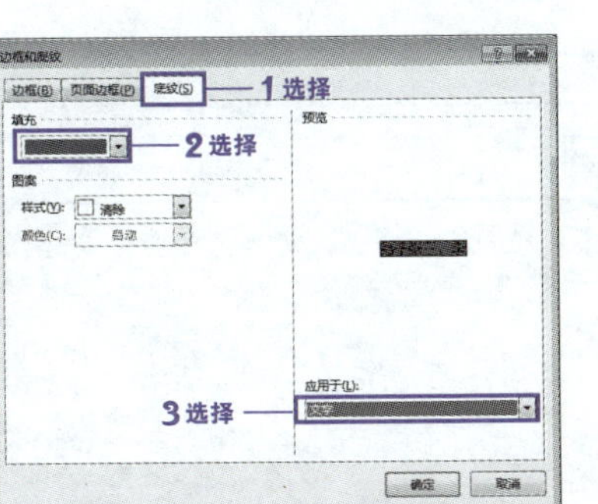

图 1-40 设置底纹填充颜色

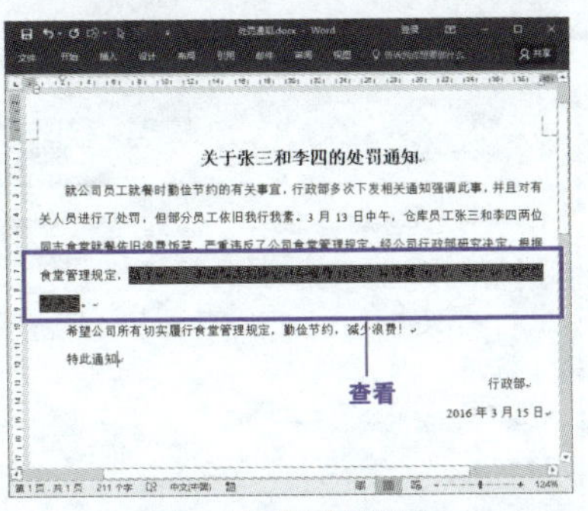

图 1-41 查看设置效果

技巧拓展

除了可以在“边框和底纹”对话框中设置边框和底纹外，还可以直接在“字体”选项组中设置边框和底纹。在“字体”选项组中单击“字符边框”按钮即可添加边框，单击“以不同颜色突出显示文本”按钮即可设置底纹，如图 1-42 所示。

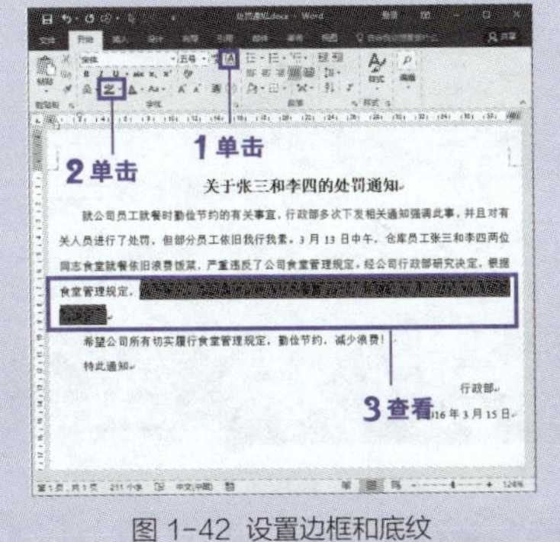

图 1-42 设置边框和底纹

Extra tip

实例 014 添加编号

难度系数：★★★ 适用版本：07/13/16/17

技巧介绍： 编辑Word文档时，通常会遇到需要添加编号的情况，在文本内容较多的情况下直接输入将会浪费很多时间，也很容易出错。有什么办法可以快速添加编号呢？

在Word中打开“素材\第01章\实例014\关于内部人员招聘的通知”文档，选中要编号的文档，在“段落”选项组中单击“编号”下拉按钮，在“编号库”中选择满意的编号格式，如图 1-43所示。

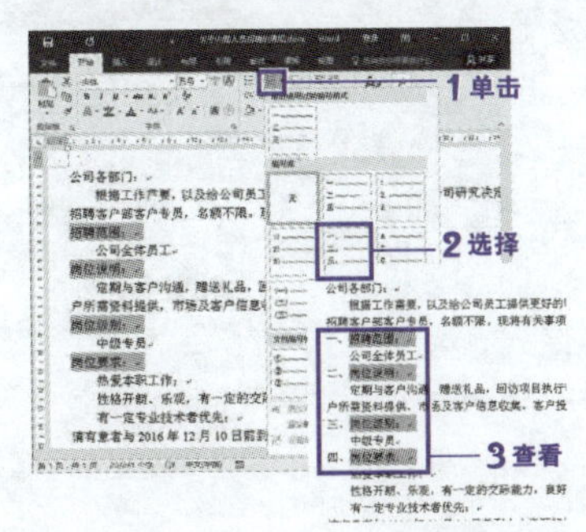

图 1-43 在“编号库”中选择满意的编号格式

技巧拓展

除了可以选择在“编号库”内置的编号格式外，还可以自定义编号格式，具体操作步骤如下。

a.在“编号”下拉列表中选择“定义新编号格式”选项，弹出“定义新编号格式”对话框，在“编号样式”下拉列表中选择“一,二,三（简）…”选项，在“编号格式”文本框中输入“第一条”，设置对齐方式，单击“确定”按钮保存，如图 1-44所示。

b.设置完后可查看效果，如图 1-45所示。

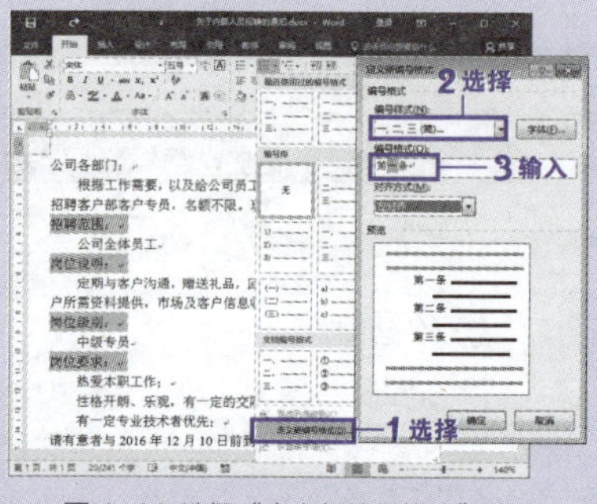

图 1-44 选择“定义新编号格式”选项

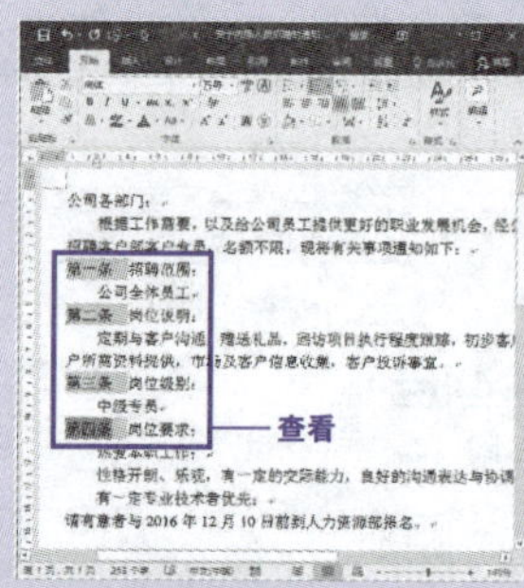

图 1-45 查看效果

Extra tip

实例 015 添加多级列表

难度系数：★★★ 适用版本：07/13/16/17

技巧介绍： 在编写员工手册等文档时，通常含有很多条规则，此时我们就需要为文档添加多级列表了。那么，应该怎样添加呢？下面为大家介绍如何添加多级列表。

① 在Word中打开“素材\第01章\实例015\员工手册”文档，选中需要设置的文本，在“段落”选项组中单击“多级”下拉按钮，在下拉列表中选择“定义新的多级列表”选项，如图 1-46所示。

② 弹出“定义新多级列表”对话框，将“编号样式”设为“一,二,三（简）…”，将“编号格式”设为“第一条”，单击“确定”按钮保存，效果如图 1-47所示。

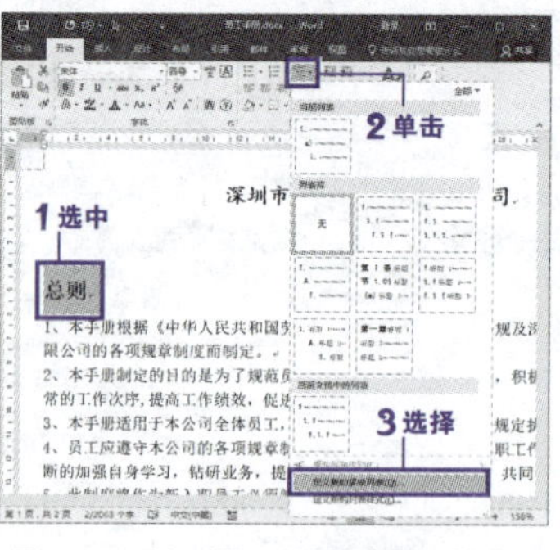

图 1-46 选择“定义新的多级列表”选项

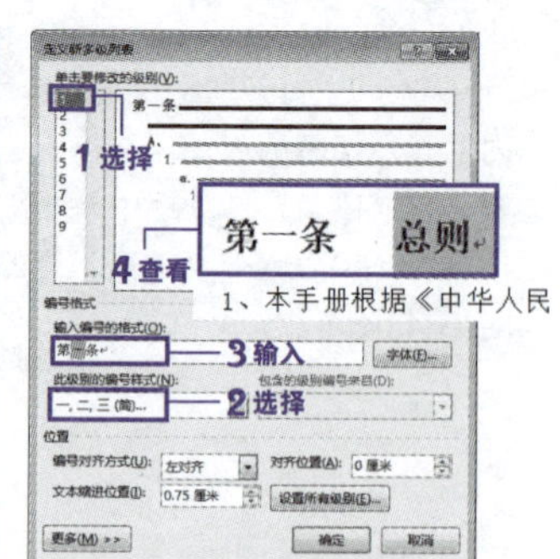

图 1-47 设置新的编号样式

❸ 继续选中文本内容，在“多级列表”下拉列表中选择“当前文档中的列表”中的选项，如图 1-48所示。

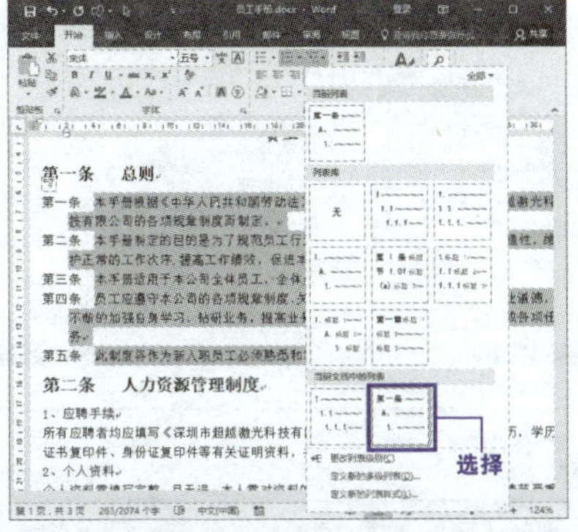

图 1-48 继续设置列表选项

❹ 再次单击“多级列表”下拉按钮，在列表中选择“更改列表级别”选项，在其级联列表中选择“2级”（即A、——），效果如图 1-49所示。

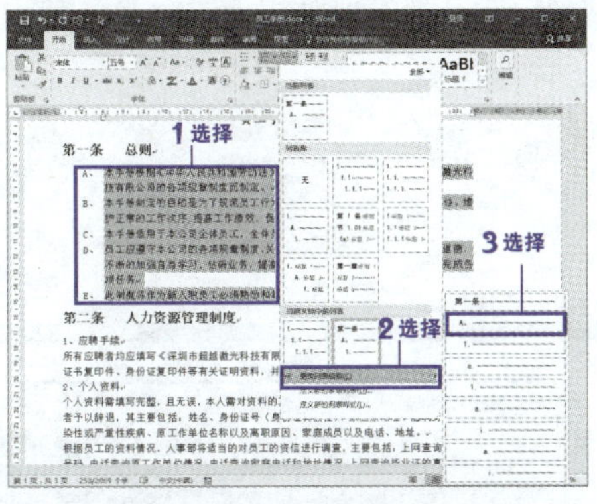

图 1-49 选择“更改列表级别”选项

技巧拓展

如果需要调整编号值，可选中编号单击鼠标右键，执行“设置编号值”命令，弹出“起始编号”对话框，将值设置为“二”，单击“确定”按钮保存，查看设置效果，如图 1-50所示。

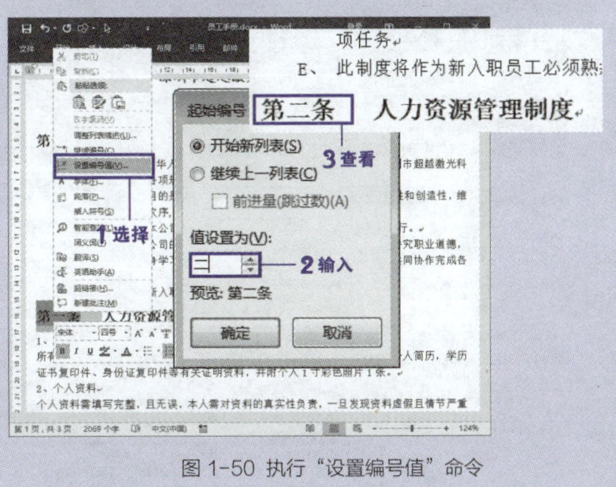

图 1-50 执行“设置编号值”命令

Extra tip >>>>>>>>>>>>>>

实例 016 添加项目符号

难度系数：★★★ 适用版本：07/13/16/17

技巧介绍： 在编辑文档时，我们可以在其中添加项目符号，从而使文档更美观、更具有条理性。那么，应该怎么添加项目符号呢？下面为大家介绍如何添加项目符号。

在Word中打开“素材\第01章\实例016\员工手册”文档，选中需要添加项目符号的文本，在“段落”选项组中单击“项目符号”下拉按钮，在“项目符号库”中选择满意的项目符号，效果如图 1-51所示。

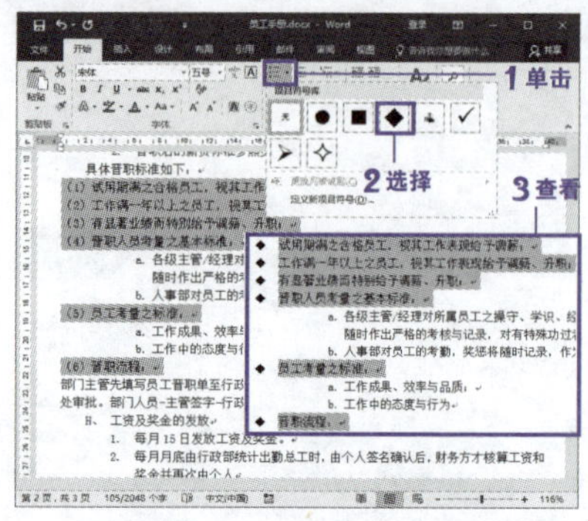

图 1-51 单击“项目符号”下拉按钮

技巧拓展

除了可以选择内置的项目符号外，还可自定义新的项目符号，具体操作步骤如下。

a.选中需要添加项目符号的文本，在“段落”选项组中单击“项目符号”下拉按钮，选择“定义新项目符号”选项，弹出“定义新项目符号”对话框，单击“符号”按钮，如图 1-52所示。

b.弹出“符号”对话框，选择满意的符号，单击“确定”按钮保存，如图 1-53所示。

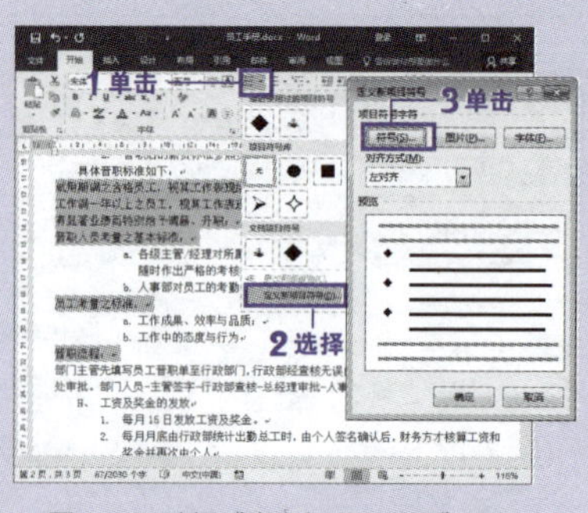

图 1-52 选择“定义新项目符号”选项

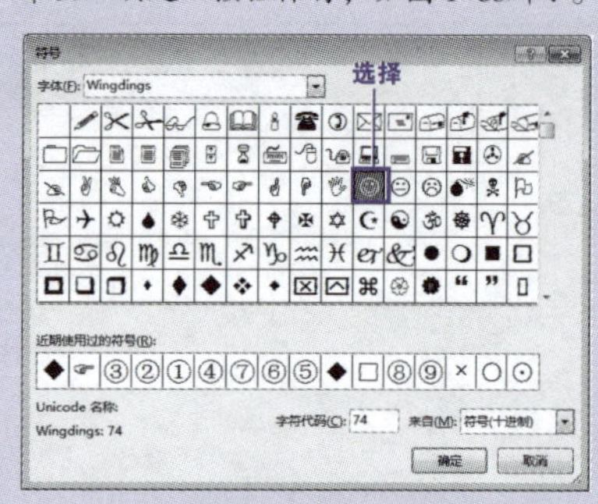

图 1-53 选择满意的符号

c.设置完后可查看效果，如图 1-54所示。

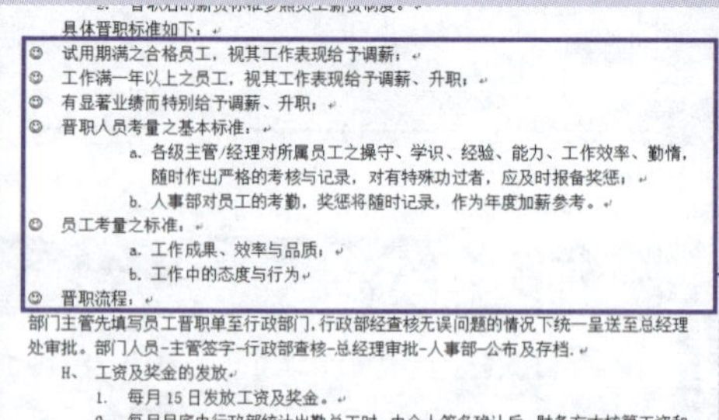

图 1-54 设置完后可查看效果

Extra tip

实例 017 设置自动保存文档的时间

难度系数：★★★ 适用版本：07/13/16/17

技巧介绍： 在编辑文档时，我们可能会遭遇突然死机或者Word软件停止工作的情况，因此会导致自己辛辛苦苦编辑的文档毁于一旦。那么，有什么办法可以尽量避免这种情况呢？

在Word中单击“文件”菜单，选择“选项”选项，弹出“Word 选项”对话框，在左侧列表中选择“保存”选项，在“保存文档”选项组中将“保存自动恢复信息时间间隔”设为“3分钟”，单击“确定”按钮保存，如图1–55所示。

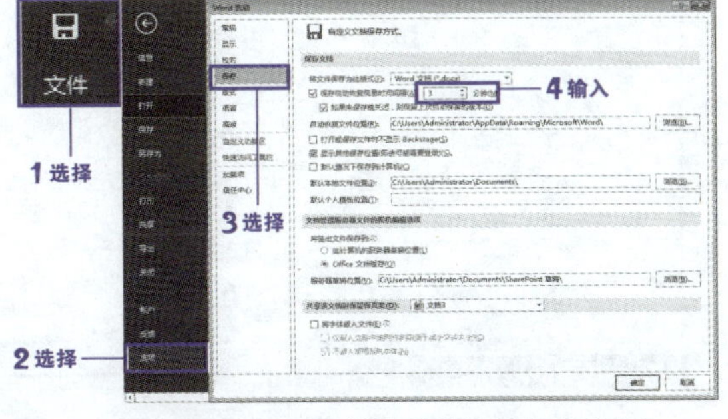

图 1–55 设置“保存自动恢复信息时间间隔”

技巧拓展

除了可以设置自动保存时间外，还要有随时保存文档的习惯。

Extra tip

实例 018 关闭拼写语法错误标记

难度系数：★★★ 适用版本：07/13/16/17

技巧介绍： 我们在编辑Word文档时经常看到在文档中有红色或者绿色的波浪线，这些波浪线可以实时检查文档内容的正确性，但是这些波浪线有时候也会影响我们的工作。

在Word中单击“文件”菜单，选择“选项”，弹出“Word 选项”对话框，在左侧列表中选择“校对”选项，在“在Word中更正拼写和语法时”选项组中取消勾选“键入时检查拼写”复选框，如图 1–56所示。

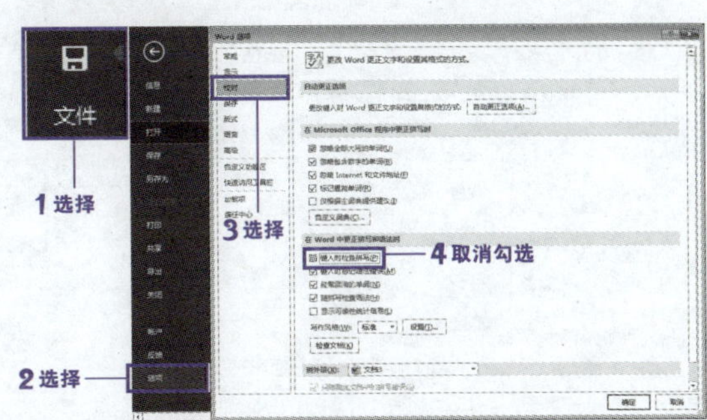

图 1–56 取消勾选“键入时检查拼写”复选框

技巧拓展

除了可以在“文件”菜单中关闭拼写语法错误标记外，还可以在“审阅”选项卡中关闭拼写语法错误标记。选择“审阅”选项卡，在“校对”选项组中选择“拼写和语法”选项，弹出“语法”窗格，单击“忽略规则”按钮，即可关闭拼写语法错误标记，如图 1-57所示。

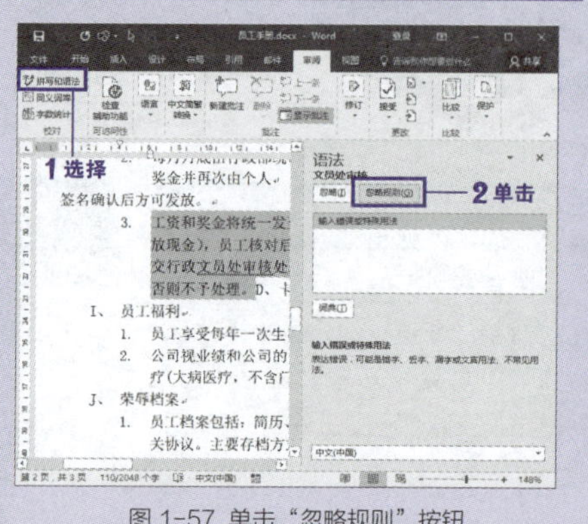

图 1-57 单击“忽略规则”按钮

Extra tip

实例 019 考勤制度文案样式

难度系数：★★ 适用版本：07/13/16/17

技巧介绍： 每个公司都有着自己的考勤制度表，考勤内容丰富多彩，样式也千变万化。那么应该怎么制作考勤样式呢？下面为大家介绍考勤制度表的制作方法。

① 在Word中打开“素材\第01章\实例019\员工考勤制度”文档，选中文档标题，选择“开始”选项卡，在“样式”下拉列表中选择“标题1”选项，如图 1-58所示。

② 选中文本，在“样式”下拉列表中选择“标题2”选项，如图 1-59所示。

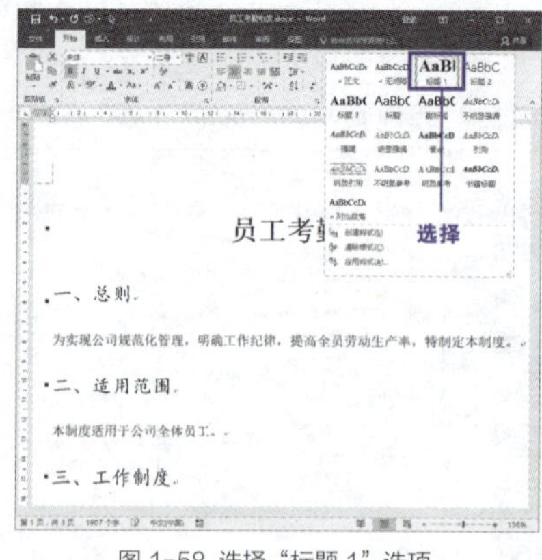

图 1-58 选择“标题 1”选项

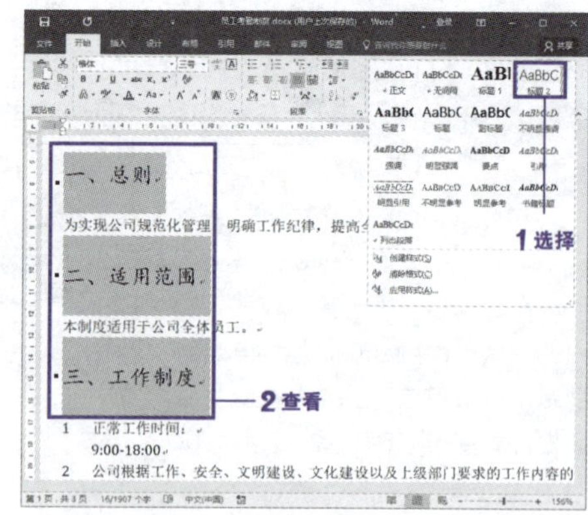

图 1-59 选择“标题 2”选项

③ 可以在“编号”和“多级列表”下拉列表中为考勤内容设置编号等，如图 1-60所示。

❹选中文本，在“样式”下拉列表中选择“明显强调”选项，选中文本，将对齐方式设为“右对齐”，如图 1–61所示。

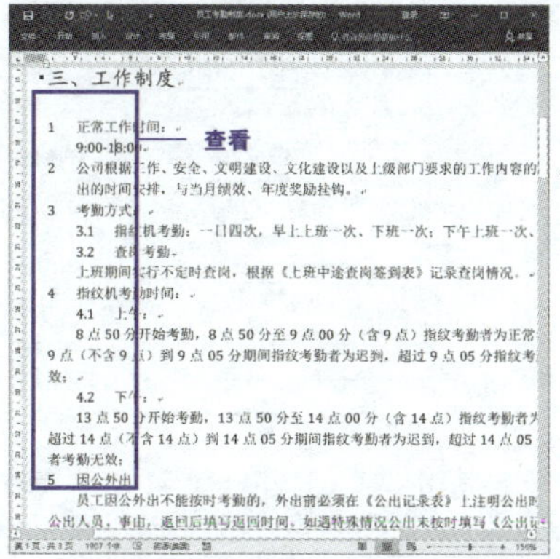

图 1-60 为考勤内容设置编号

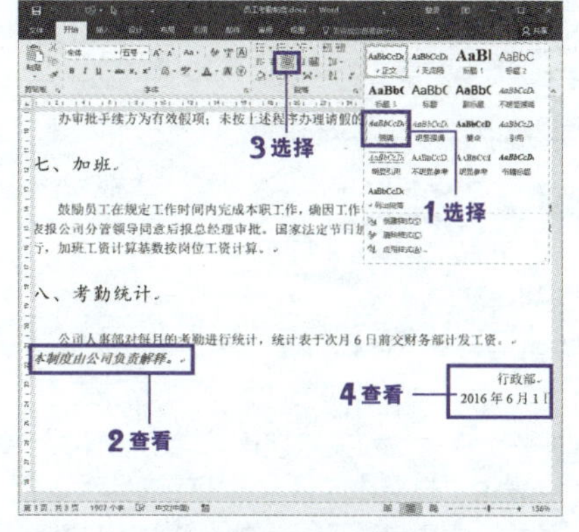

图 1-61 设置文本格式

技巧拓展

如果对内置的样式不满意，可以自定义新样式。在“样式”下拉列表中选择“创建样式”选项，在“根据格式化创建样式”对话框中可以设置满意的样式，如图 1–62所示。

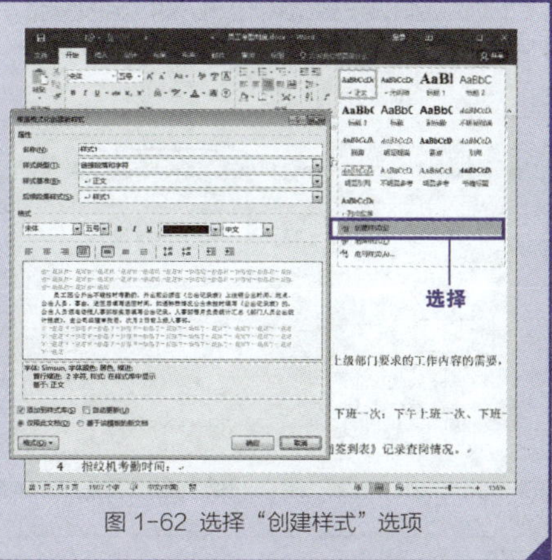

图 1-62 选择“创建样式”选项

Extra tip

实例 020 设置标题级与落款

难度系数：★★
适用版本：07/13/16/17

技巧介绍： 行政人员在编辑文档，特别是编辑规章制度等方面需要设置多种标题和格式的文档，可是如果直接在文档中设置格式的话将会浪费时间，那么应该怎样做呢？

❶创建一个新的Word文档，选中“标题1”，单击鼠标右键，执行“修改”命令，弹出“修改格式”对话框，在此对话框中可以修改标题1格式，单击“格式”按钮。在展开的列表中选择“段落”选项，如图 1–63所示。

❷弹出“段落”对话框，可以将段落设置为“首行缩进2字符”“1.5倍行距”，单击“确定”按钮保存，如图 1–64所示。

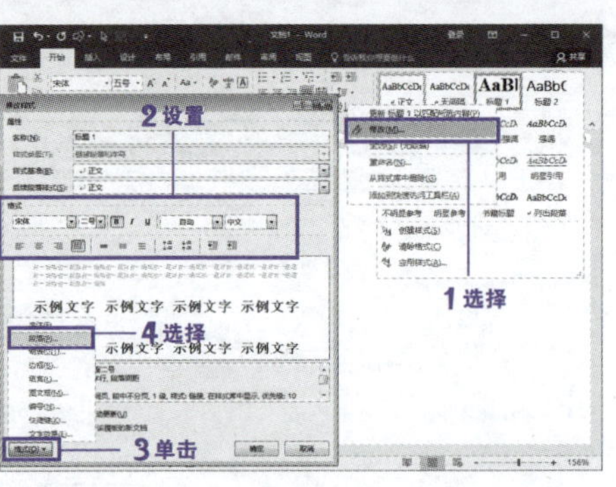

图 1-63 执行“修改”命令

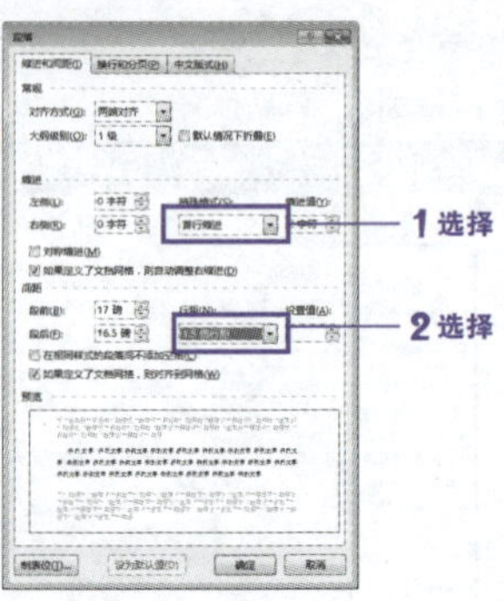

图 1-64 设置段落格式

❸ 单击样式下拉按钮，选择“创建样式”选项，弹出“根据格式化创建新样式”对话框，将名称设置为“落款”，单击“确定”按钮，如图 1–65所示。

❹ 在“根据格式化创建新样式”对话框中，将字体设为加粗、对齐方式设为右对齐，单击“确定”按钮保存，如图 1–66所示。

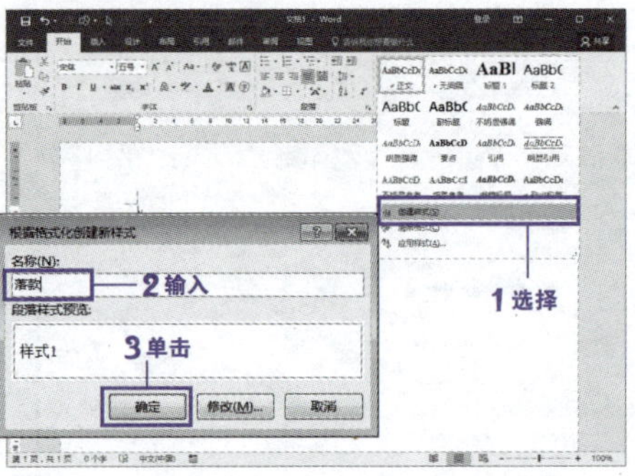

图 1-65 选择“创建样式”选项

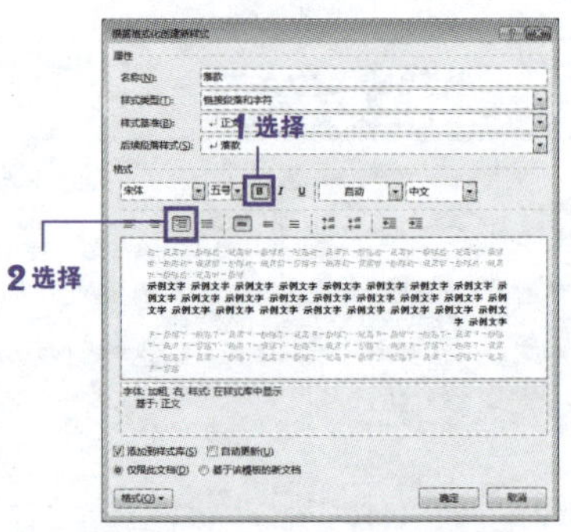

图 1-66 设置文本格式

技巧拓展

在“修改样式”对话框中，“添加到样式库（S）”是指用户可以把当前已经完成设置的格式、文字或者段落保存到样式库中，以便下次继续使用；“自动更新(U)”是指每当手动设置应用了此样式的段落格式，都将自动重新定义此样式。Word会更新活动文档中用此样式设置格式的所有段落中，如图 1–67所示。

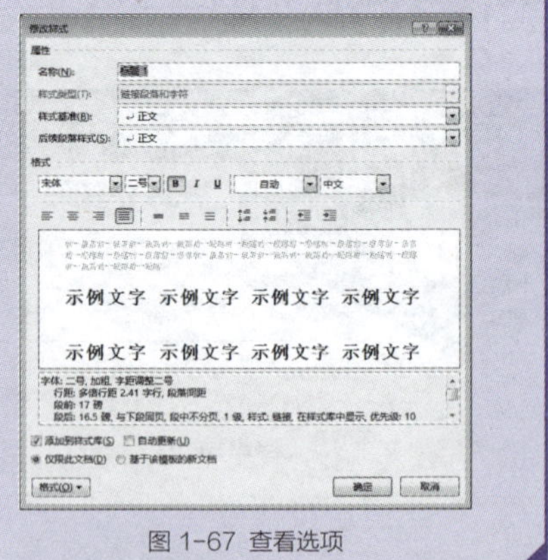

图 1-67 查看选项

Extra tip

职场小知识

蚁群效应

简介： 减掉工作流程中的多余工作，严格地组织分工和组织框架，自我组织能力特别强，高效完成工作。

蚁群效应又称Ant effect，是人们从蚂蚁群体的组织和分工中总结出来的灵活的组织建设和运转方式。蚂蚁有严格的组织分工，但它们的分工能够迅速根据环境进行调整。蚁群效应之所以成为“高效”的代名词，正是在于通过组织结构和岗位设置发挥了团队成员的组织能力。

蚂蚁的世界一直为人类学者与社会学者所关注，它们的组织体系和快速灵活的运转能力始终是人类学习的楷模。蚂蚁有严格的组织分工和由此形成的组织框架，但它们的组织框架在具体的工作情景中有相当大的弹性，比如它们在工作场合的自组织能力特别强，不需要任何领导人的监督就可以形成一个很好的团队而有条不紊地完成工作任务。

蚂蚁做事很讲流程，但它们对流程的认识是直接指向于工作效率的。比如，蚂蚁发现食物后，如果有两只蚂蚁，它们会分别走两条路线回到巢穴，边走边释放出一种它们自己才能识别的化学外激素做记号，先回到巢穴者会释放更重的气味，这样同伴就会走最近的路线去搬运食物。从工效学的角度看，人类的工作过程（流程和具体动作）都可能存在多余环节，提高工作效率的一个重要途径就是如何去发现和减掉那些多余环节。但工效学的概念则是减少了不必要的动作，节约了成本并提高了效能。

蚂蚁做事有分工，但它们的分工是有弹性的。一只蚂蚁搬食物往回走时，碰到下一只蚂蚁，会把食物交给它，自己再回头；碰到上游的蚂蚁时，将食物接过来，再交给下一只蚂蚁。蚂蚁要在哪个位置换手并不一定，唯一固定的是起始点和目的地。

蚁群效应的优势集中表现如下。

弹性——能够迅速根据环境变化进行调整；

强韧——一个个体的弱势，并不影响整体的高效运作；

组织——无须太多的自上而下的控制或管理，就能自我完成工作。

综上所述，蚁群效应无疑是现代企业在组织发展中所梦寐以求的工作方式。

第2章 Chapter 2

行政文案操作基础

作为一名行政人员，编辑文档、文案等材料是再平常不过的事情了，不过大多数的编辑过程是很枯燥的，那么，怎么才能高效迅速地完成任务呢？下面用20个实例为大家介绍行政文案的操作基础，比如如何制作企业联合公文的页眉、如何自动插入日期、如何为员工手册添加页眉、如何插入目录、如何使用SmartArt图形等。

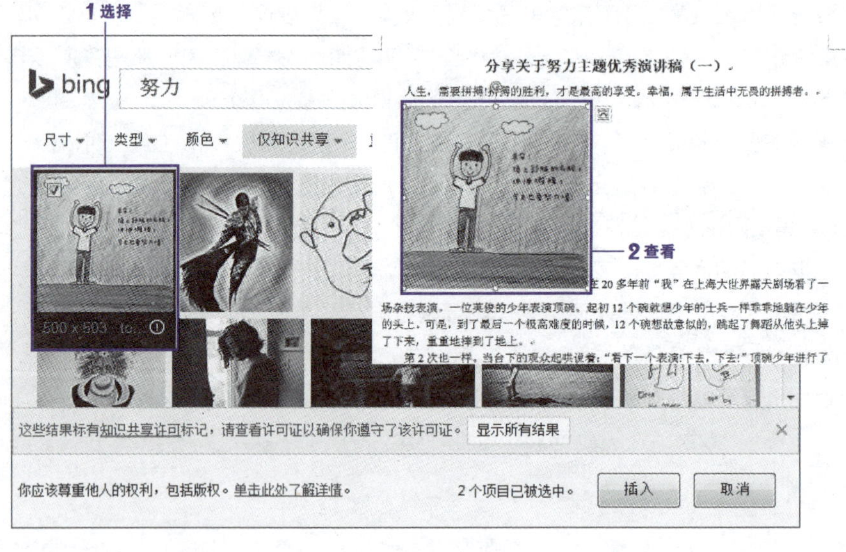

实例021 制作企业联合公文的眉首

难度系数：★★★ 适用版本：07/13/16/17

技巧介绍： 行政人员小芳需要制作一份企业联合公文，企业公文一般都有固定的格式，但刚毕业的她并不知道应该怎么制作。

1 创建新的Word文档，我们首先设置公文文件打印纸张，我们公文的页面大小一般为A4格式，选择“布局”选项卡，单击“页面设置”的“对话框启动器”按钮，弹出“页面设置”对话框，选择“纸张”选项卡，将“纸张大小”设为“A4”，如图 2-1所示。

2 选择“页边距”选项卡，将“页边距”“上”“下”“左”“右”分别设置为“3.7厘米”“3.5厘米”“2.8厘米”“2.6厘米”，选择“版式”选项卡，将“页脚”设置为“0.7厘米”，如图 2-2所示。

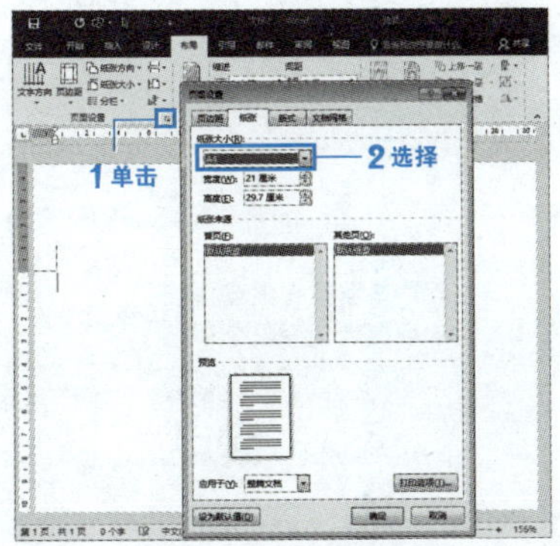

图 2-1 设置纸张大小

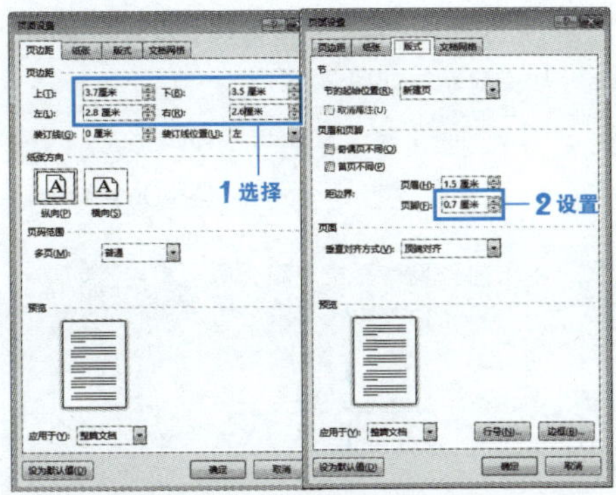

图 2-2 设置“页边距”和“版式”

3 首先输入公文份数序号“00001”，然后输入秘密等级和保密期限、紧急程度，注意秘密等级和保密期限的位置在文首部分的右上角第一行，两字之间空一格。秘密等级和保密期限之间用★隔开，紧急程度的位置在文首部分右上角第二行，两字之间空一格，如图 2-3所示。

4 选择“插入”选项卡，在“表格”选项组中单击“表格”下拉按钮，选择“2x2表格”样式，并在表格中输入发文机关标识，如图2-4所示。

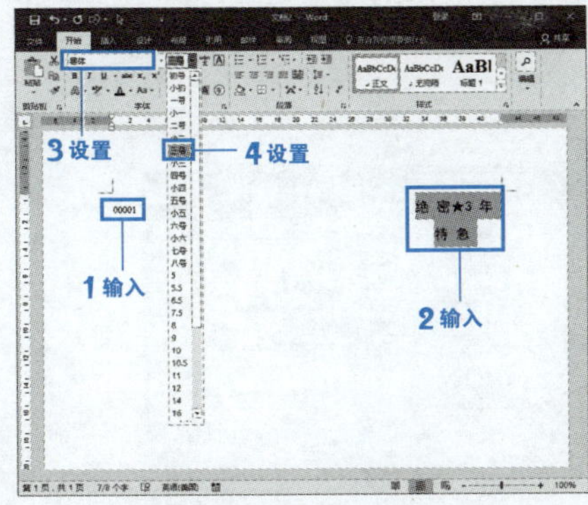

图 2-3 输入秘密等级和保密期限、紧急程度

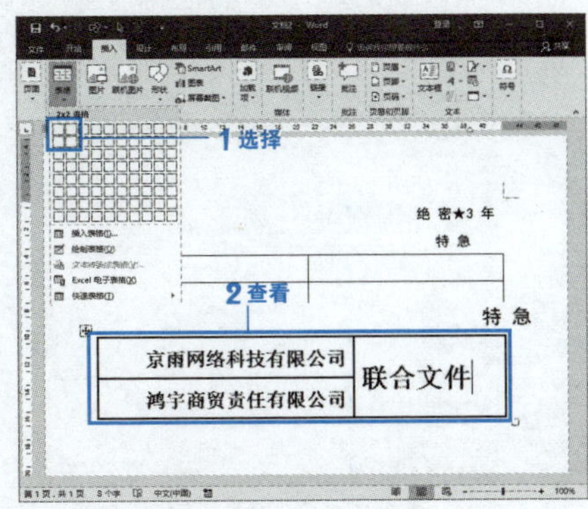

图 2-4 输入发文机关标识

⑤选中表格，选择“表格工具—设计”选项卡，单击“边框”下拉按钮，选择“无框线”选项，并将字体设置为“宋体”“二号”、红色居中显示，如图2-5所示。

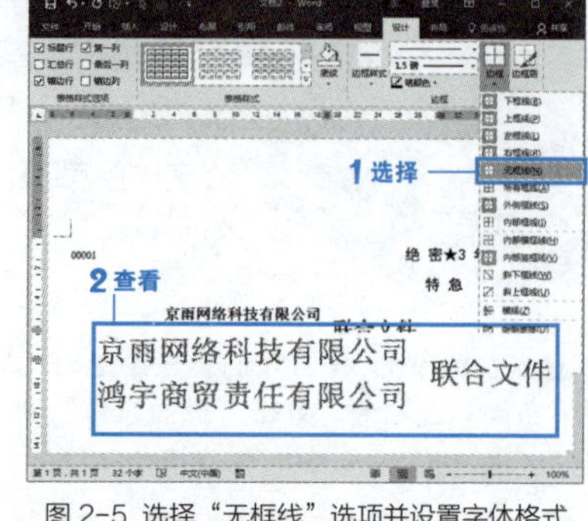

图 2-5 选择“无框线”选项并设置字体格式

⑥接下来输入发文字号，发文字号是由发文机关代字、年份和序号组成。在发文机关标识下空2行处输入发文字号，字体格式设为仿宋、三号、居中显示，如图 2-6所示。

⑦最后我们来输入签发人，签发人平行排列于发文字号右侧，空一字，字体格式为仿宋、三号，如图 2-7所示。

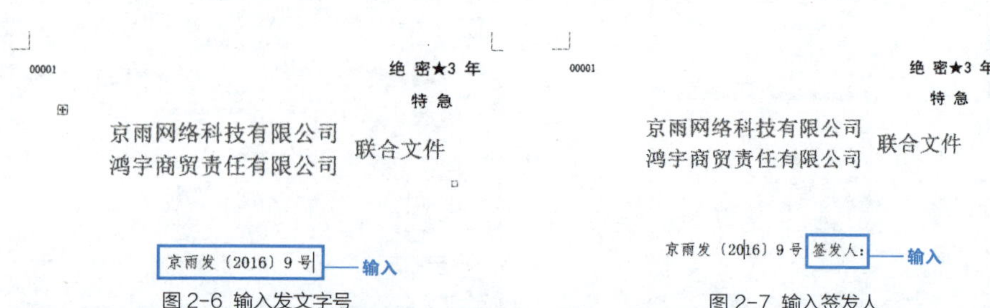

图 2-6 输入发文字号

图 2-7 输入签发人

技巧拓展

a.在此为大家详细介绍实例21中如何制作联合发文机关标识。插入表格后选中表格，单击鼠标右键，执行“合并单元格”命令，并输入文本，如图 2-8所示。

b.选中表格，单击鼠标右键，执行“表格属性”命令，弹出“表格属性”对话框，单击“选项”按钮，在“表格选项”对话框中将单元格边距都设为0厘米，如图 2-9所示。

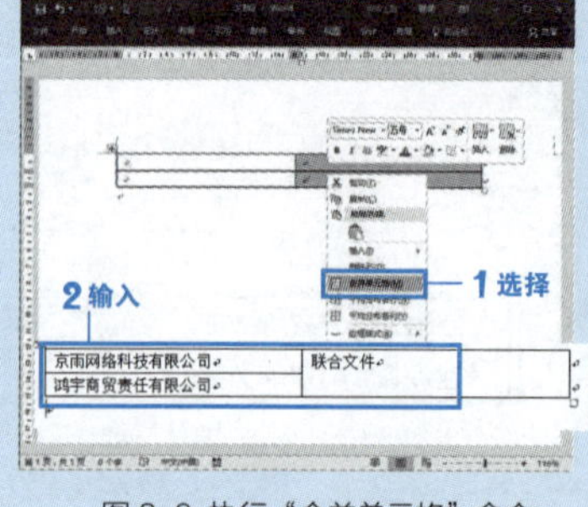

图 2-8 执行“合并单元格”命令

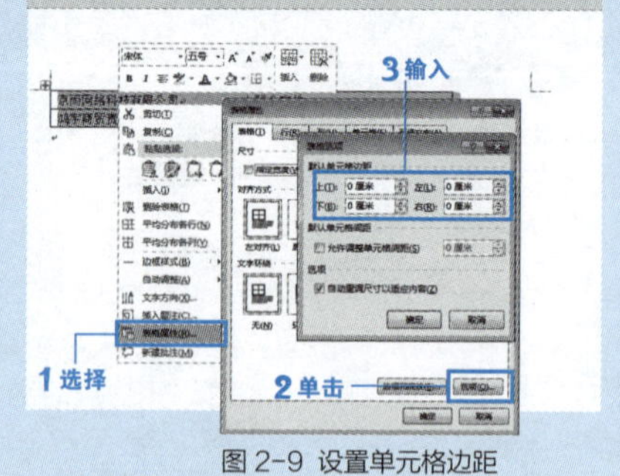

图 2-9 设置单元格边距

c.拖动鼠标即可调整单元格大小，并设置为无边框，如图 2-10所示

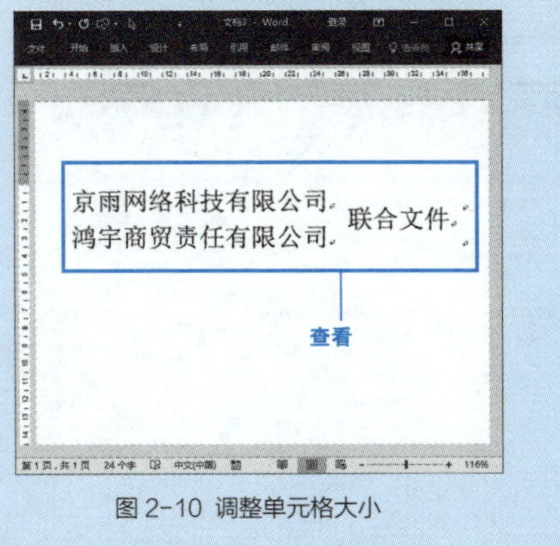

图 2-10 调整单元格大小

Extra tip

实例 022 制作发文单位印章

难度系数：★★★ 适用版本：07/13/16/17

技巧介绍： 在编辑完公司内部流通的公文文件时，经常为了工作方便，直接使用电子印章加盖在文件中。那么，如何使用Word制作公司印章呢？

❶在Word中打开“素材\第02章\实例022\关于员工2016年春节放假通知”文档，选择“插入”选项卡，在“插图”选项组中单击“形状”下拉按钮，在下拉列表中选择“椭圆”图形，如图 2-11所示。

❷按住【Shift】键拖动鼠标绘制合适大小的圆形，在“绘图工具—格式”选项卡中将“形状填充”设为“白色”，“形状轮廓”设为“红色”，如图 2-12所示。

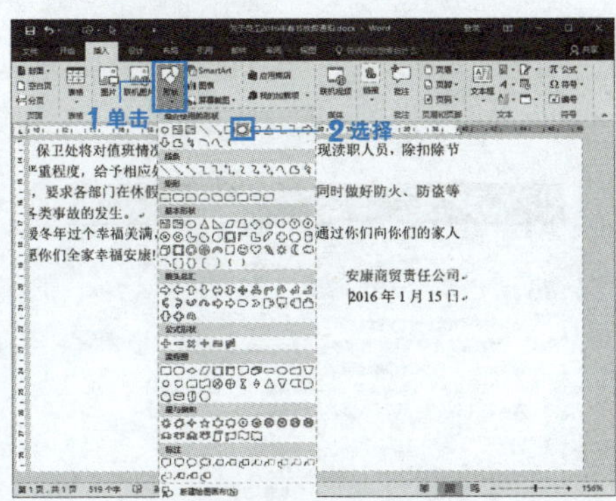

图 2-11 选择“椭圆”图形

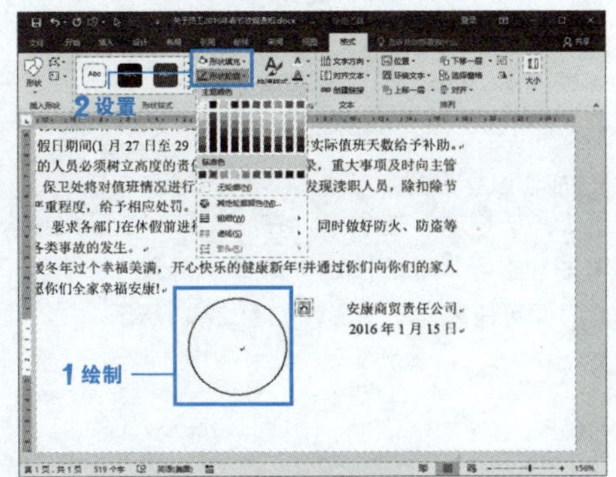

图 2-12 绘制圆形并设置形状格式

❸在新插入的圆形中插入文本框，并输入公司名称，选择“绘图工具—格式”选项卡，在“艺术字样式”选项组中单击“文字效果”下拉按钮，选择“转换”选项，在其级联列表中选择“拱形”，并调整字体和文本的格式，使之和圆形相匹配，如图 2-13所示。

④接下来绘制五角星，在“形状”下拉列表中选择“星型：五角”选项，并将五角星形状填充和形状轮廓都设为红色，如图 2-14所示。

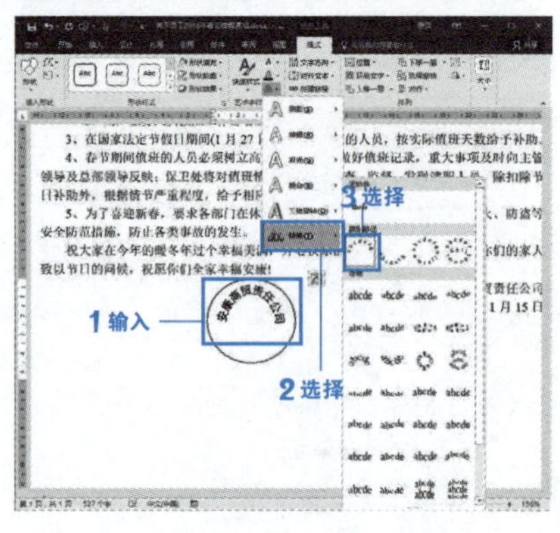

图 2-13 选择“转换”选项

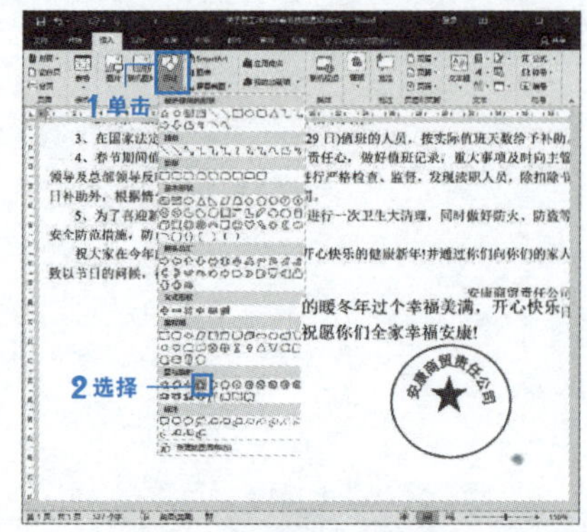

图 2-14 绘制并设置五角星形状

⑤继续绘制文本框并输入文本“行政部”，在“绘图工具—格式”选项卡中将文本框形状轮廓设为无轮廓，行政填充设为无填充，并将文本颜色设为红色，如图 2-15所示。

⑥设置完后选择“开始”选项卡，在“编辑”选项组中单击“选择”下拉按钮，选择“选择对象”选项，如图 2-16所示。

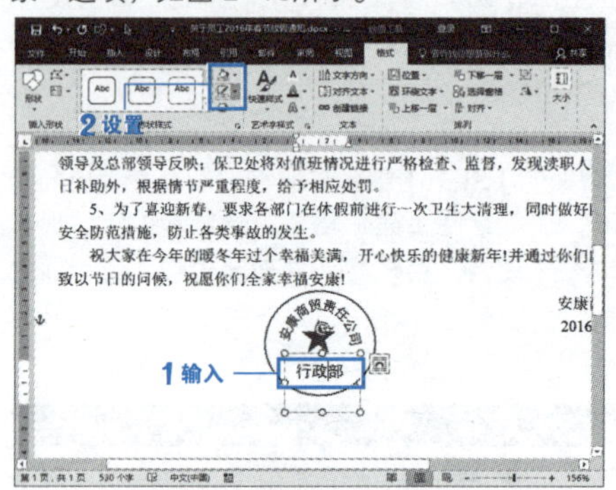

图 2-15 继续绘制文本框并输入文本

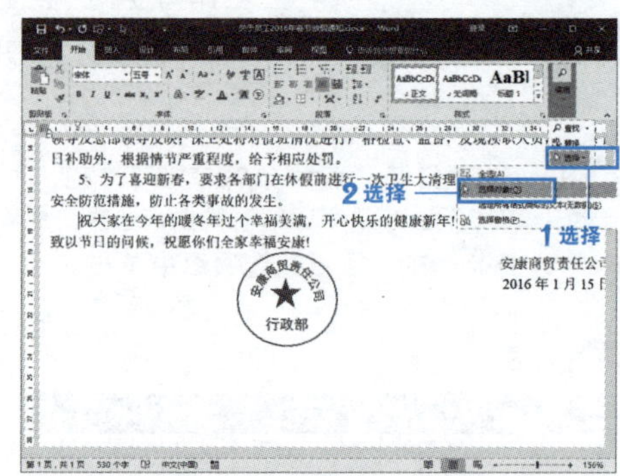

图 2-16 选择“选择对象”选项

⑦拖动鼠标选择所有新绘制的图形，选择“绘图工具—格式”选项卡，在“排列”选项组中单击“组合”下拉按钮，选择“组合”选项，此时即可任意拖动图形，如图 2-17所示。

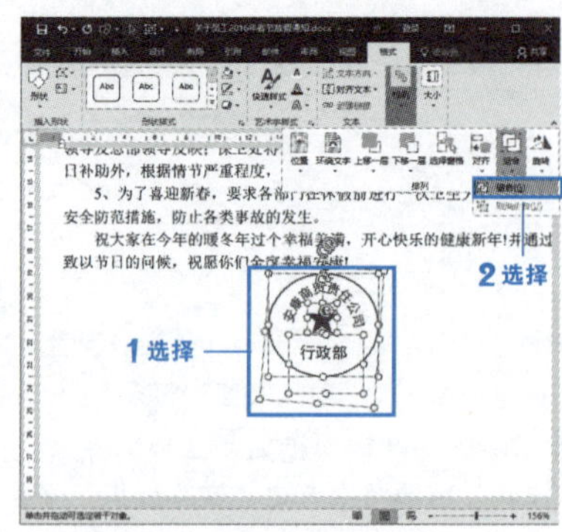

图 2-17 选择“组合”选项

技巧拓展

a.如果需要使用该印章，可拖动该组合图形至合适位置，单击鼠标右键，执行“置于底层”命令，在其级联列表中选择“衬于文字下方”选项，效果如图2-18所示。

b.电子公章还不具备法律效力，所以一般使用于在公司内部流通的文件。

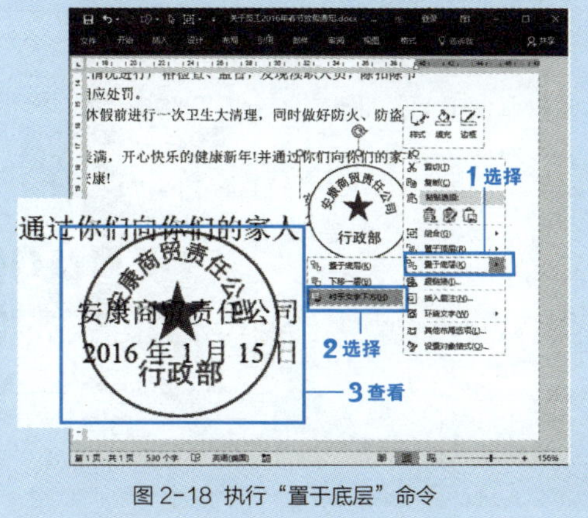

图 2-18 执行“置于底层”命令

Extra tip >>>>>>>>>>>>>>

实例 023 快速插入网络图片

难度系数：★★★ 适用版本：07/13/16/17

技巧介绍： 行政办公人员小朱需要在新编辑的文档中快速插入网络图片，可是她不知道应该如何操作。

下面为大家介绍如何在文档中快速插入网络图片。

1. 在Word中打开“素材\第02章\实例023\优秀演讲稿”文档，选择“插入”选项卡，在“插图”选项组中单击“联机图片”按钮，弹出“插入图片”提示框，在文本框中输入“努力”，单击“搜索”按钮，如图 2-19所示。
2. 弹出提示框，在提示框中选择满意的图片，单击“插入”按钮即可在文档中插入网络图片，如图 2-20所示。

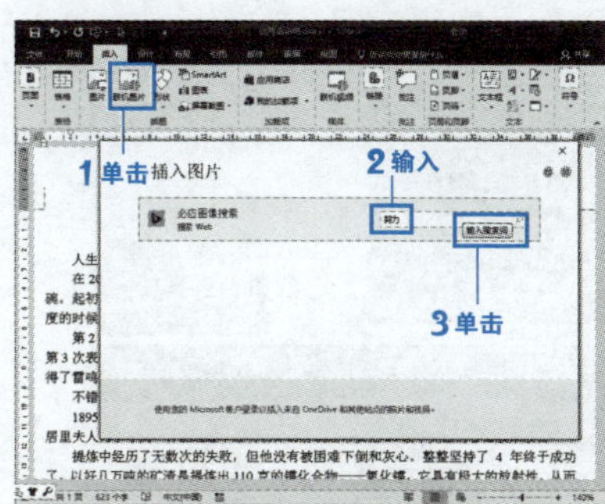

图 2-19 单击“联机图片”按钮

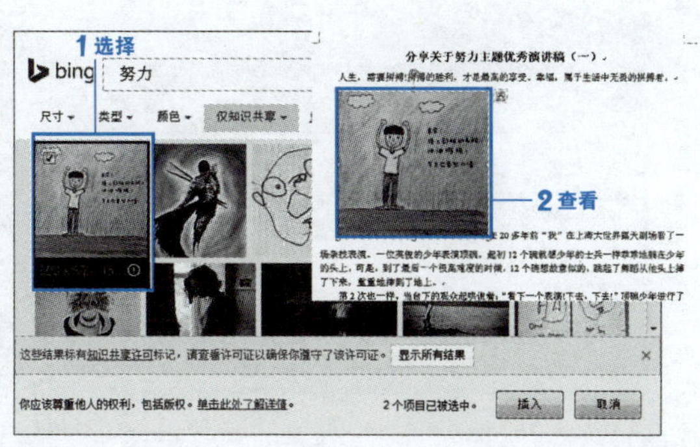

图 2-20 单击“插入”按钮

技巧拓展

在搜索结果页面中还可以根据图片尺寸（如大、中、小）、图片类型（如照片、插画、素描等）、图片颜色（如红色、白色等）来更精确地查找出所需的图片，如图2-21所示。

图2-21 设置图片类型

Extra tip

实例024 添加产品展示图片

难度系数：★★★ 适用版本：07/13/16/17

技巧介绍： 作为一名行政部员工，小彩需要经常编辑文档并需要为文档添加图片。那么，应该怎样添加图片呢？下面为大家介绍如何添加图片。

1 创建新的Word文档，选择“插入”选项卡，在“插图”选项组中单击“图片”按钮，弹出“插入图片”对话框，选择需要插入的图片，单击“插入”按钮，如图2-22所示。

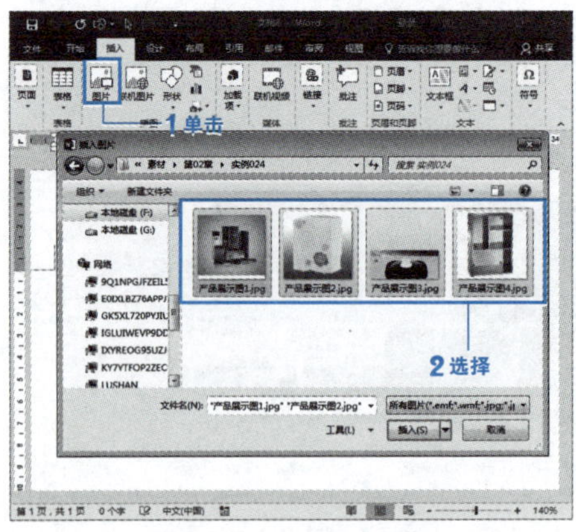

图2-22 单击“图片”按钮

2 选择“图片工具—格式”选项卡，在“大小”选项组中可以设置图片的高度和宽度，如图2-23所示。

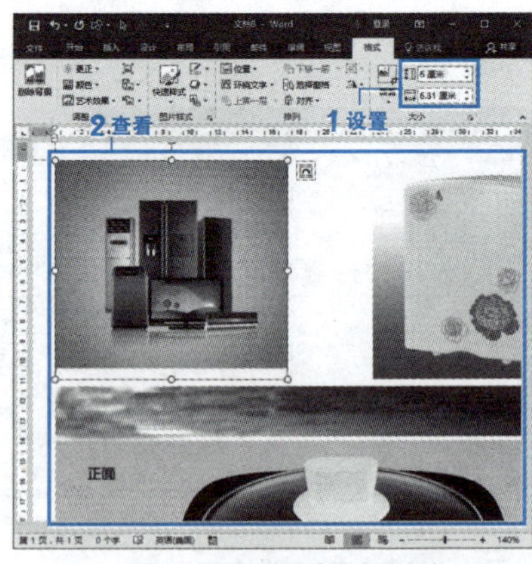

图2-23 设置图片高度和宽度

技巧拓展

可以对新插入的图片进行“删除背景”等操作，具体操作步骤如下。

a.选中图片，在“图片工具—格式”选项卡下的“调整”选项组中单击“删除背景”按钮，跳转至“背景消除”选项卡，单击“保留更改”按钮，如图 2-24所示。

b.设置完后可查看删除结果，如图 2-25所示。

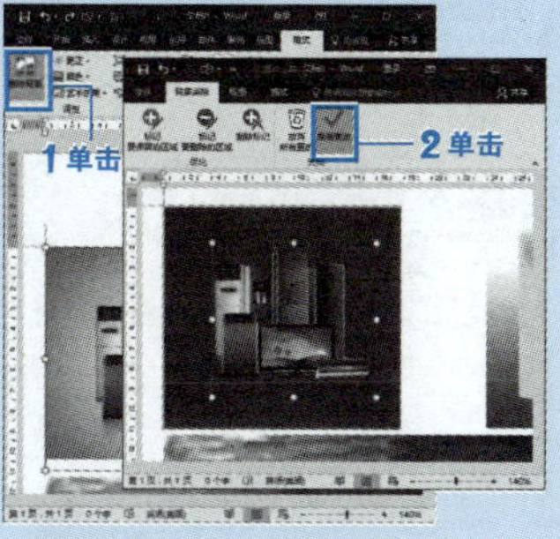

图 2-24 单击“删除背景”按钮

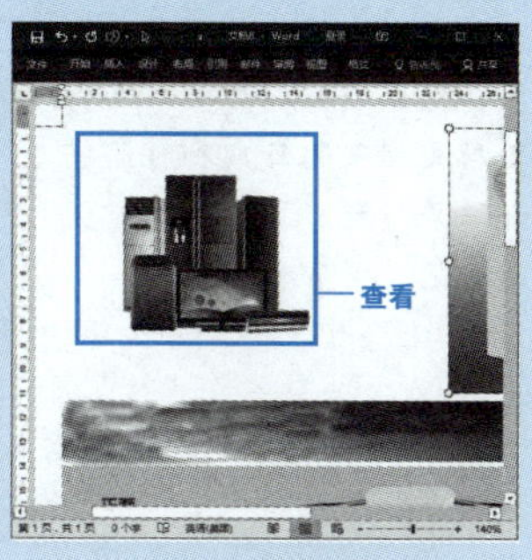

图 2-25 查看效果

Extra tip >>>>>>>>>>>>>>

实例 025 为放假通知自动插入日期

难度系数：★★★　适用版本：07/10/13/16/17

技巧介绍： 行政部小王在得知公司停电的消息后需要编辑一份通知来告知广大员工。那么有什么办法可以快速插入日期呢？下面为大家介绍如何为放假通知自动插入日期。

1 在Word中打开“素材\第02章\实例025\公司停电放假通知”文档，选择“插入”选项卡，在“文本”选项组中单击“日期和时间”按钮，在弹出的“日期和时间”对话框中选择合适的日期格式，如图 2-26所示。

2 设置完后可查看效果，如图 2-27所示。

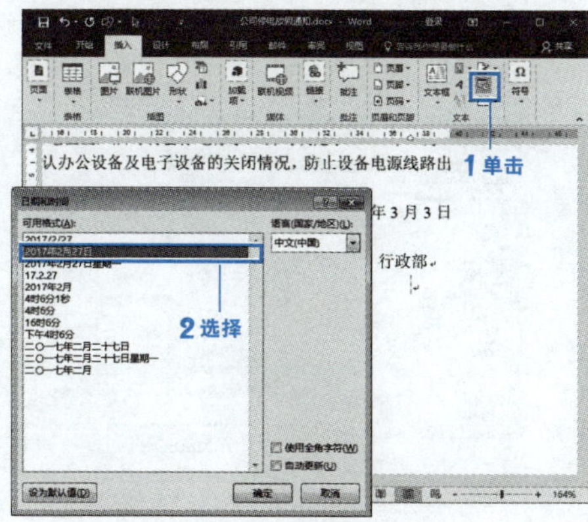

图 2-26 单击“日期和时间”按钮

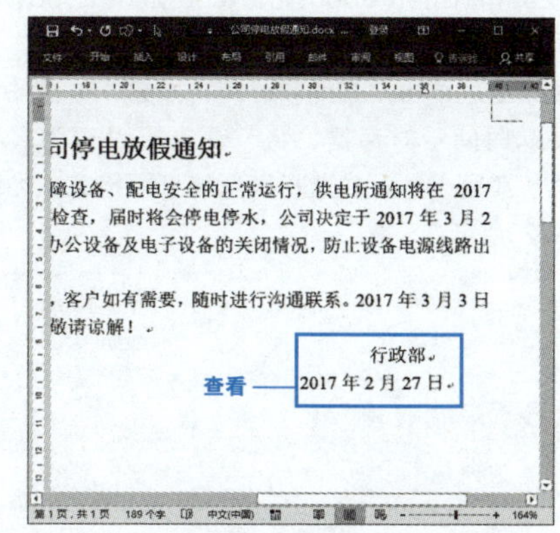
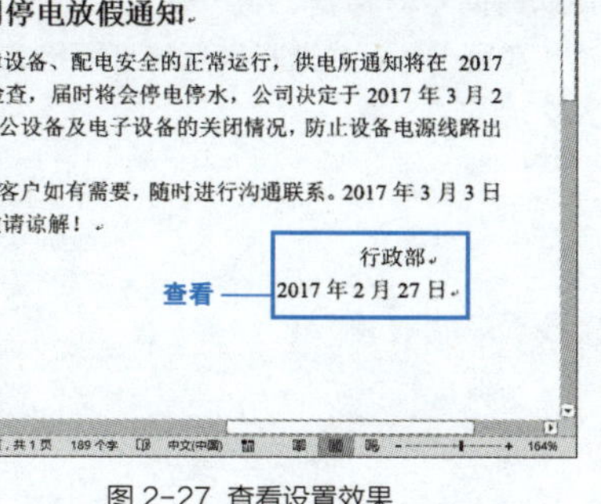

图 2-27 查看设置效果

技巧拓展

在“日期和时间”对话框中有12种可用格式，用户可以根据需要选择合适的格式，勾选“自动更新”复选框后文档中的日期和时间将会随着实际日期和时间变化而变化，如图2-28所示。

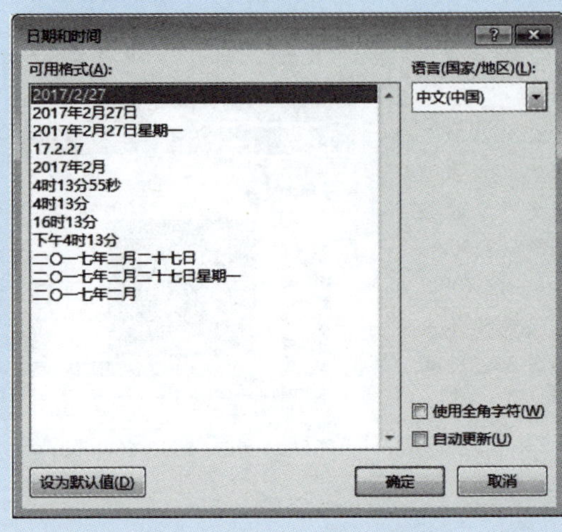

图2-28 勾选“自动更新”复选框

Extra tip

实例026 处理日期插入后的格式问题

难度系数：★★★ 适用版本：07/10/13/16/17

技巧介绍： 在编辑各种通知时通常需要编辑中英两份，小王在编辑完英文通知并执行自动插入日期和时间时，显示的是中文格式下的时间。如何在英文格式下自动插入日期和时间呢？

在Word中打开“素材\第02章\实例026\Informed about the company's power off”文档，选择“插入”选项卡，在“文本”选项组中单击“日期和时间”按钮，弹出“日期和时间”对话框，将“语言”设置为“英语（美国）”，并选择满意的日期格式，如图2-29所示。

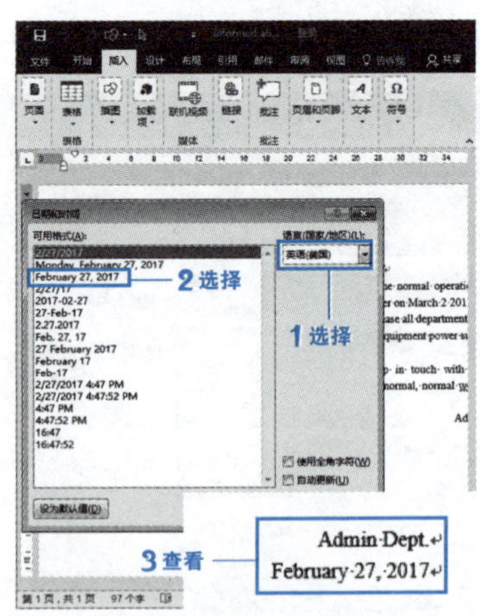

图2-29 将“语言”设置为“英语（美国）”

技巧拓展

键盘上按下【Alt+Shift+D】组合键，可以以域的形式插入时间和日期。单击鼠标右键执行“编辑域”命令，以后可以随时更新域。如图 2-30所示。

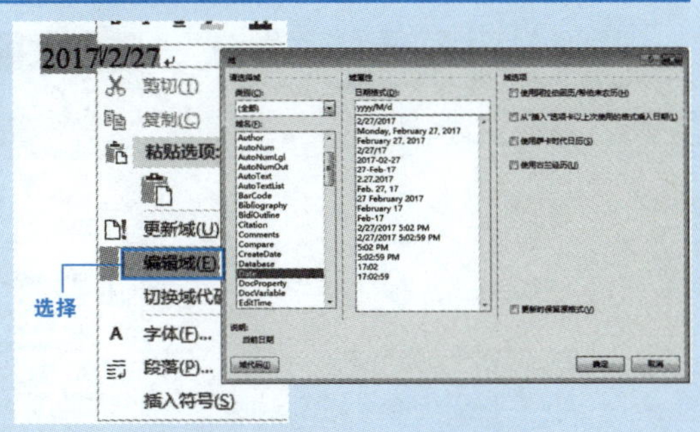

图 2-30 执行“编辑域”命令

Extra tip >>>>>>>>>>>>

实例 027 利用标尺设置段落格式

难度系数：★★★ 适用版本：全版本

技巧介绍： 我们一般在“段落”对话框中来设置段落格式，那么，有没有其他的办法来设置段落格式呢？下面为大家介绍如何利用标尺设置段落格式。

❶在Word中打开“素材\第02章\实例027\员工培训内容”文档，在“标尺”中选择“首行缩进”标记，并将“首行缩进”标记拖动至“2”的位置即设置为首行缩进2字符，如图 2-31所示。

❷还可以设置全文的所有缩进值。选中全文，选择“标尺”下方的“左缩进”和“右缩进”并拖动至满意位置，如图 2-32所示。

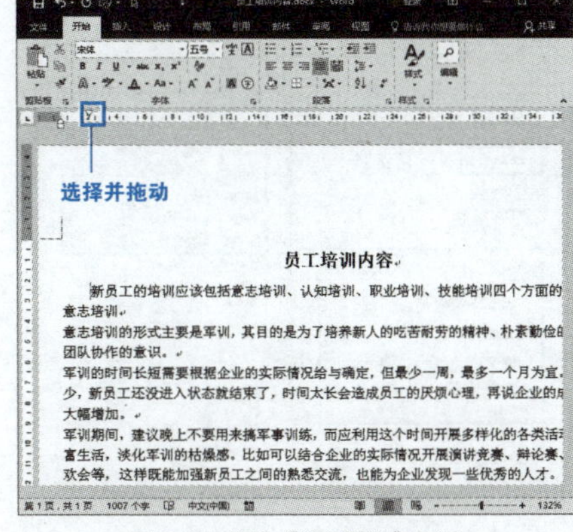

图 2-31 拖动“首行缩进”标记

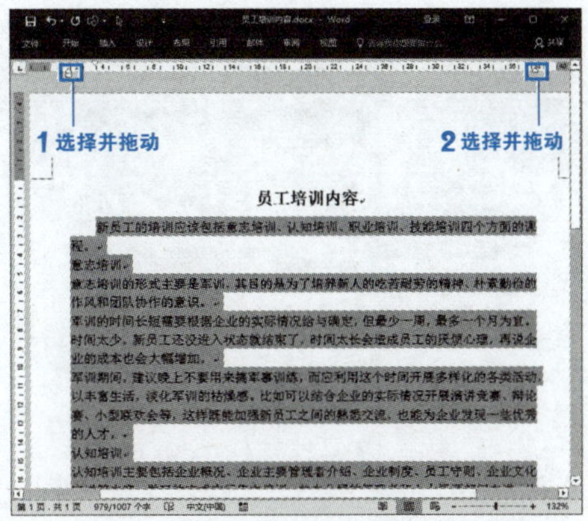

图 2-32 设置全文缩进值

第1章 第2章 第3章 第4章 第5章 第6章 第7章 第8章 第9章 第10章

技巧拓展

还可以在“段落”选项组中单击“增加缩进量”按钮来增加段落的缩进级别，如图 2-33所示。

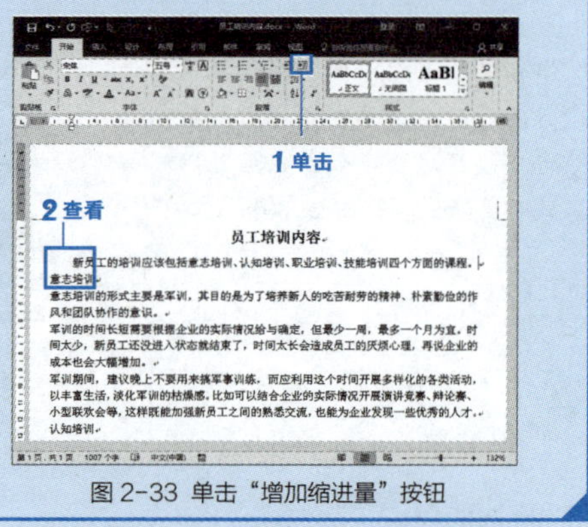

图 2-33 单击“增加缩进量”按钮

Extra tip > > > > > > > > > > > > >

实例 028 在辞职申请书中添加特殊效果

难度系数：★★★ 适用版本：07/13/16/17

技巧介绍： 行政部员工张三不想再做现在这份工作，因此需要编辑辞职申请书，他想将辞职申请书中的离职时间突出显示，可是不知道该怎么操作。

① 在Word中打开“素材\第02章\实例028\辞职申请书”文档，选中需要添加特殊效果的文本，单击“字体”选项组的“对话框启动器”按钮，在弹出的“字体”对话框中单击“文字效果”按钮，如图 2-34所示。

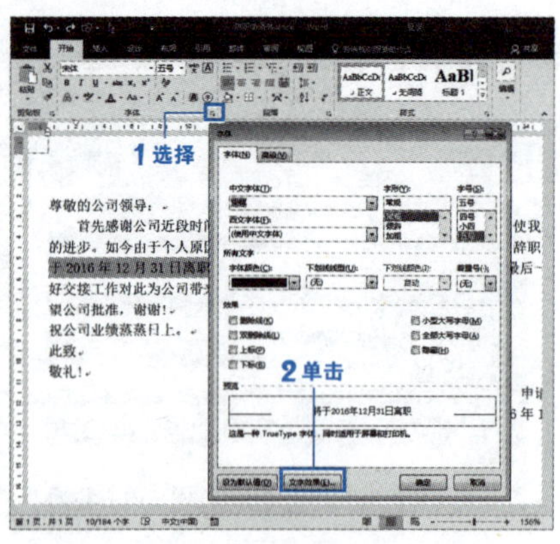

图 2-34 单击“文字效果”按钮

② 弹出“设置文本效果格式”窗格，单击“文本填充与轮廓”按钮，选择“文本填充”选项，选择“渐变填充”选项并设置填充颜色，单击“文字效果”按钮，设置阴影效果和三维格式，如图 2-35所示。

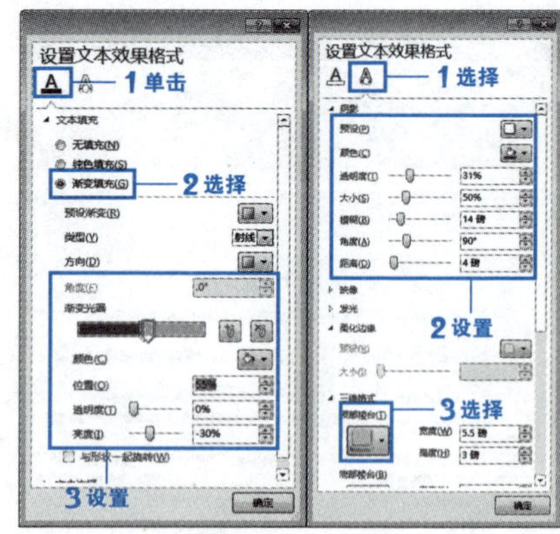

图 2-35 设置文字效果

③设置完后可查看效果，如图 2-36所示。

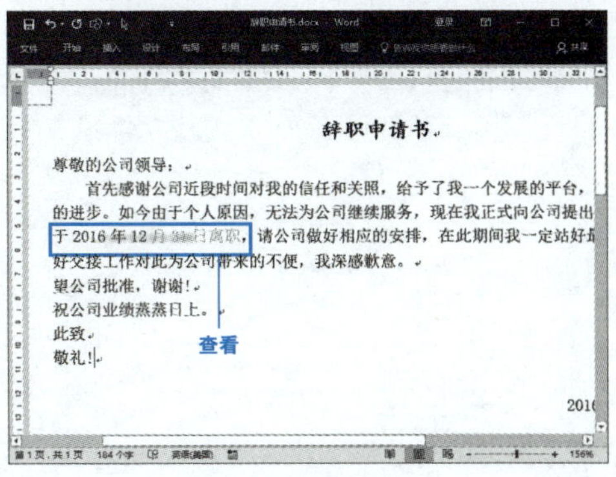

图 2-36 查看设置效果

技巧拓展

如果需要清除格式，可选中需要清除格式的文本，在“字体”选项组中单击“清除格式”按钮，即可清除所有格式，如图 2-37所示。

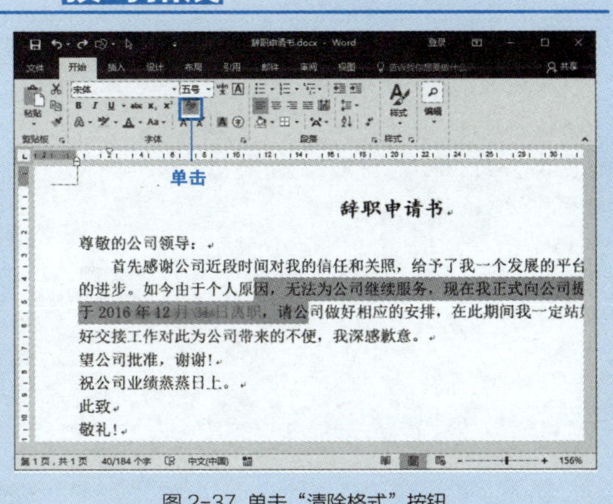

图 2-37 单击“清除格式”按钮

Extra tip

实例 029 为物资管理条例应用样式

难度系数：★★★ 适用版本：全版本

技巧介绍： 行政部员工小佳在编辑完办公室物资管理条例后需要为此条例应用样式，可是她不知道应该怎样操作。下面为大家介绍如何为物资管理条例应用样式。

①在Word中打开“素材\第02章\实例029\办公室物资管理条例”文档，选中标题，在“样式”下拉列表中选择“标题1”样式，如图 2-38所示。

②按住【Ctrl】键选择不连续文本，在“样式”下拉列表中选择“标题2”样式，如图 2-39所示。

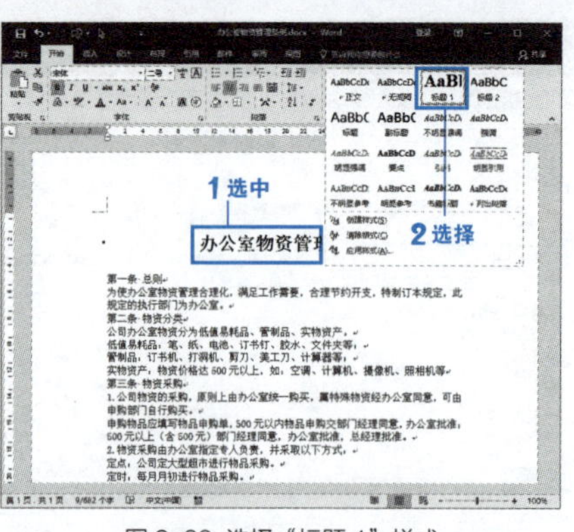

图 2-38 选择“标题 1”样式

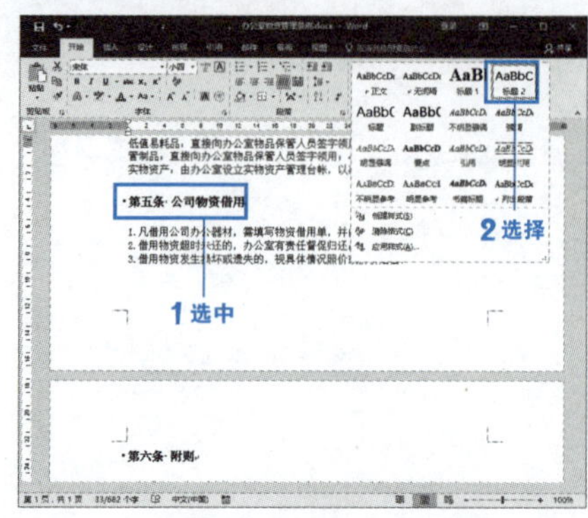

图 2-39 选择“标题 2”样式

技巧拓展

如果对原有样式不满意，可选中样式，单击鼠标右键，执行“修改”命令，在“修改样式”对话框中可以修改样式，如图2-40所示。

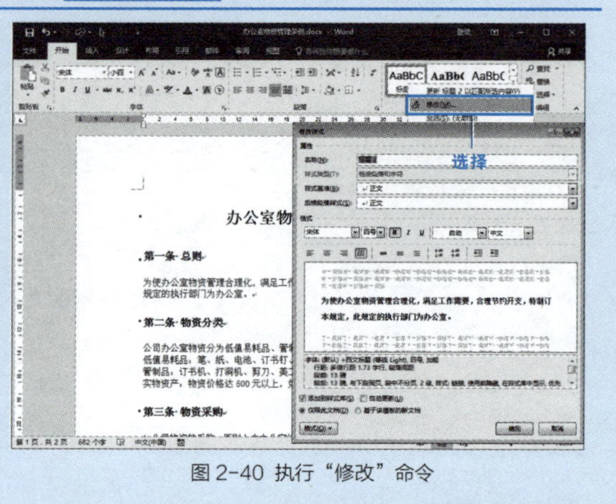

图 2-40 执行“修改”命令

Extra tip >>>>>>>>>>>>>

实例030 为员工手册添加页码

难度系数：★★★ 适用版本：07/13/16/17

技巧介绍： 行政部员工晓霞需要为新编辑的员工手册添加页码，可是她不知道应该怎样添加。

下面为大家介绍如何为员工手册添加页码。

1 在Word中打开“素材\第02章\实例030\员工手册”文档，选择“插入”选项卡，在“页眉和页脚”选项组中单击“页码”下拉按钮，在展开的下拉列表中选择“页面底端”选项，在其级联列表中选择满意的页码样式（如普通数字2），如图 2-41所示。

2 设置完后可查看效果，单击“关闭页眉和页脚”按钮或双击正文部分即可保存设置，如图 2-42所示。

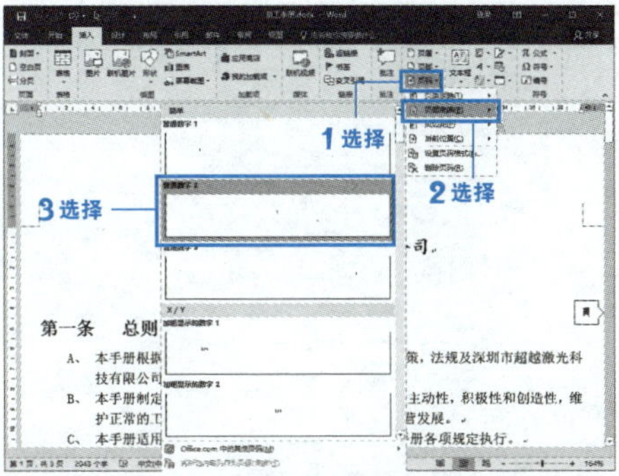

图 2-41 选择“页面底端”选项

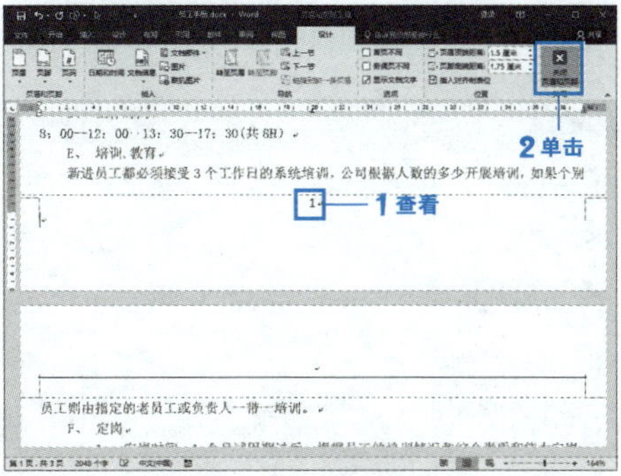

图 2-42 查看设置效果

技巧拓展

如果需要设置页码格式可在“页码”下拉列表中选择“设置页码格式”选项，在弹出的“页码格式”对话框中选择满意的“编号格式”，如图2-43所示。

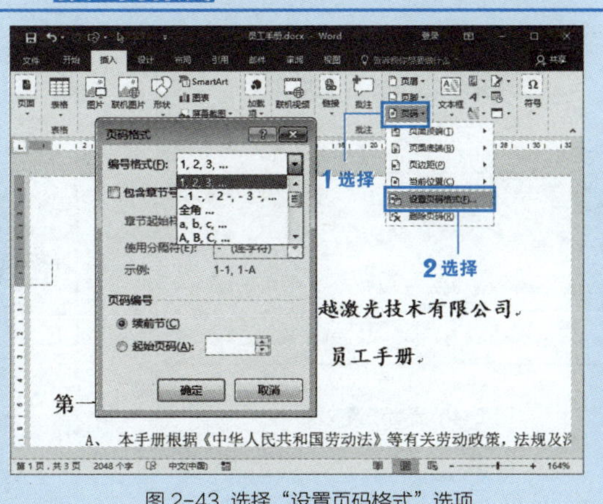

图 2-43 选择“设置页码格式”选项

Extra tip >>>>>>>>>>>>>>

实例 031 给公司文档设置大纲级别

难度系数：★★★ 适用版本：07/13/16/17

技巧介绍： 除了可以在“样式”下拉列表中设置文档样式外，还可以直接使用Word中的大纲功能来设置文本级别。下面为大家介绍如何在Word文档中设置大纲级别。

① 在Word文档中打开“素材\第02章\实例031\办公室物资管理条例”文档，选择“视图”选项卡，在“视图”选项组中单击“大纲视图”按钮，如图 2-44所示。

② 此时已经进入大纲模式，选中第一行，将“级别”设为“1级”，按【Ctrl】键选中多项条例，将“级别”设为“2级”，其他文本为“正文文本”，如图 2-45所示。

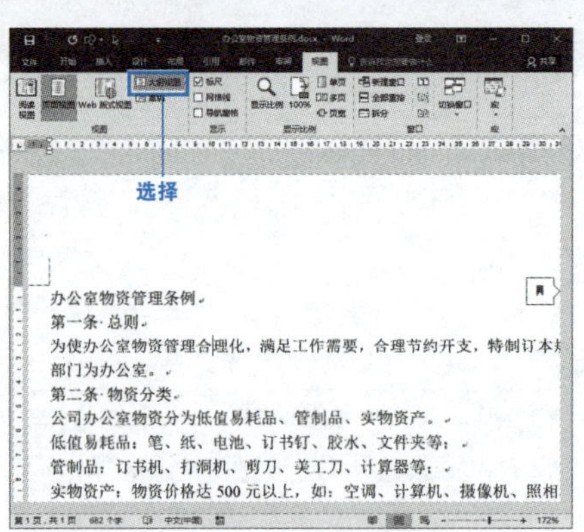

图 2-44 单击"大纲视图"按钮

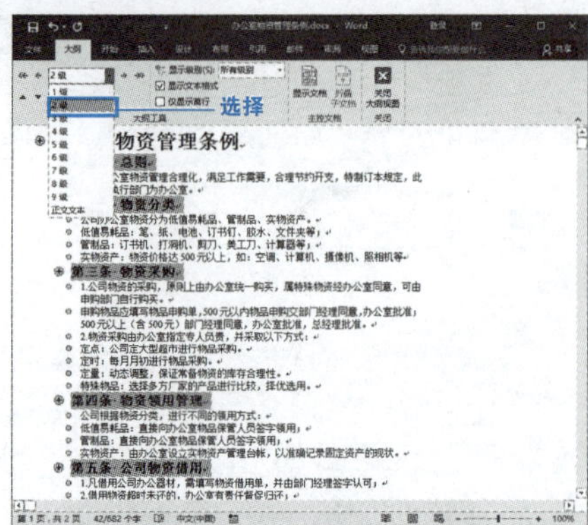

图 2-45 设置大纲级别

③单击"关闭大纲视图"按钮即可退出大纲模式，效果如图 2-46所示。

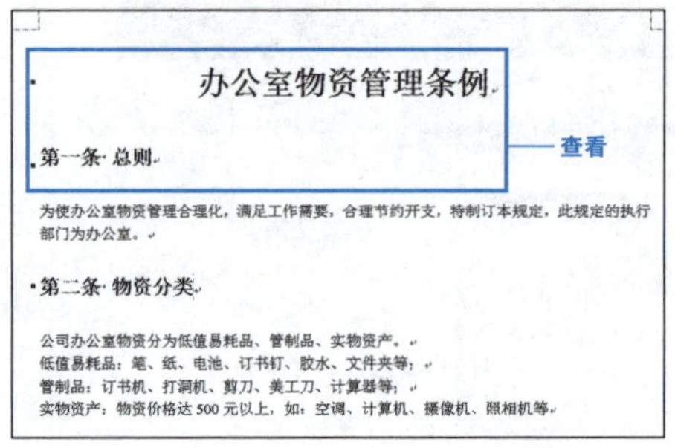

图 2-46 查看设置效果

技巧拓展

在"大纲"选项卡的"大纲工具"选项中 « 表示将级别提升至标题1，← 表示升级，→ 表示降级，» 表示降级为正文，如图 2-47所示。

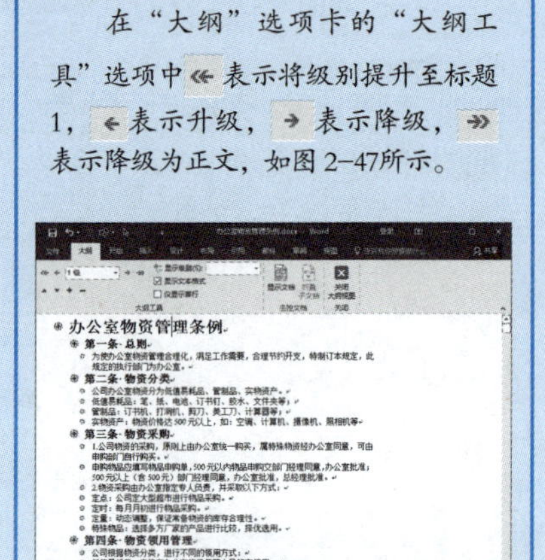

图 2-47 选择"大纲"选项卡

Extra tip

实例 032 给人事文档插入目录

难度系数：★★★　适用版本：07/10/13/16/17

技巧介绍： 在一篇完整的文档中通常包含了目录和正文内容，在Word中制作目录，相对来说比较复杂，那么，应该怎样制作目录呢？下面为大家介绍如何为文档插入目录。

①在Word中打开“素材\第02章\实例032\员工招聘管理制度”文档，将光标插入点置于文档最上方，选择“插入”选项卡，在“页面”选项组中单击“分页”按钮，此时将会新添加一页，并插入分页符，如图 2-48所示。

②将鼠标光标置于新插入的页中，选择“引用”选项卡在“目录”选项组中单击“目录”下拉按钮，选择“自动目录1”选项，如图 2-49所示。

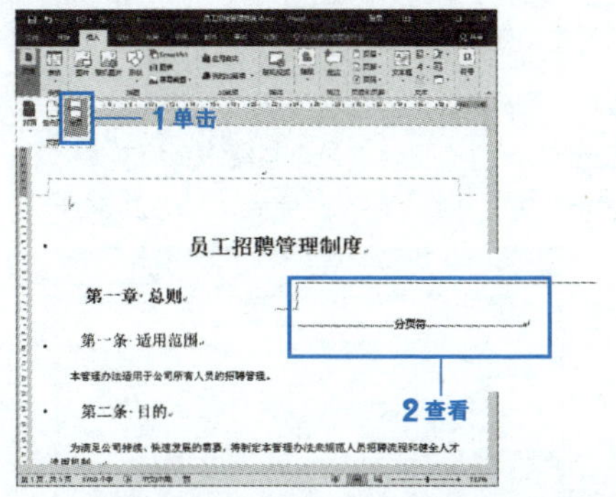

图 2-48 单击“分页”按钮插入分页符

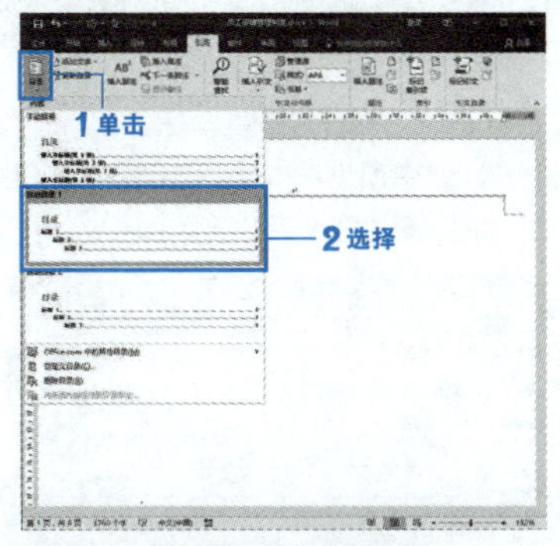

图 2-49 选择“自动目录 1”选项

③此时将自动创建目录，将行距设置“1.5倍行距”，并按住【Ctrl】键并单击任意一条目录可快速调整至文档中对应的文本，如图 2-50所示。

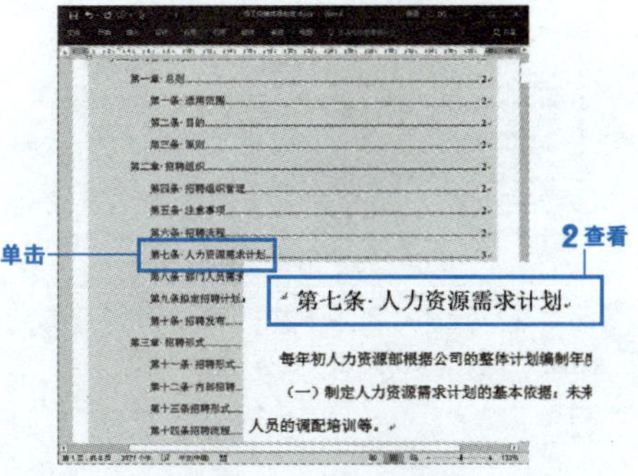

图 2-50 查看创建效果

技巧拓展

a.如果在文档中修改了内容，可以单击“目录”选项组中的“更新目录”按钮来更新目录，如图 2-51所示。

b.在创建目录时，除了可以自动创建目录外，还可以采用手动创建目录，即在“目录”下拉列表中选择“手动目录”选项，如图 2-52所示。

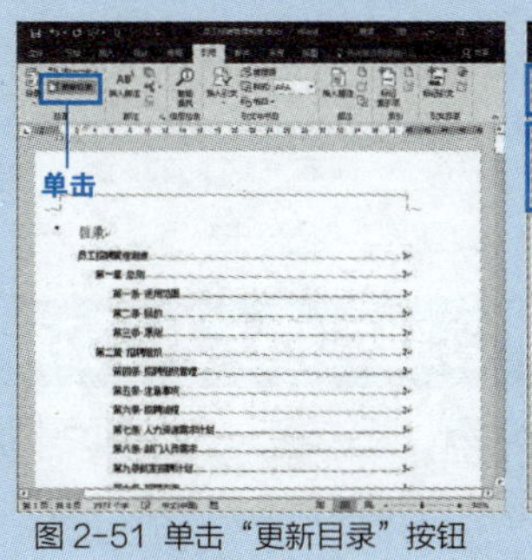

图 2-51 单击“更新目录”按钮

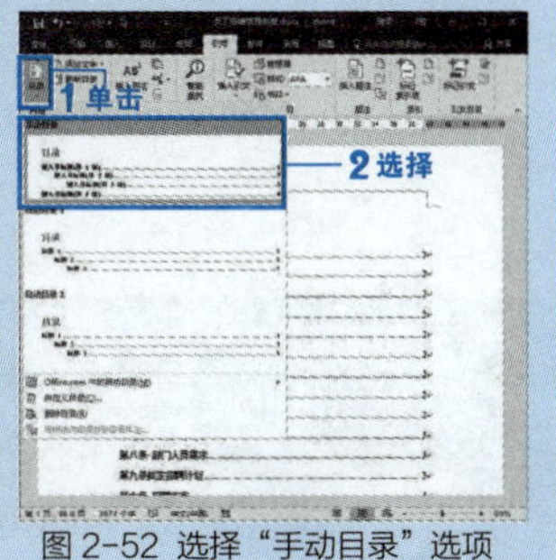

图 2-52 选择“手动目录”选项

Extra tip

实例033 为你的办公软件添加字体

难度系数：★★★ 适用版本：全版本

技巧介绍： 作为行政人员，经常需要编辑各种文档，但是有时候会遇到在Word软件中找不到所需字体的情况。那么，此时应该怎么办呢？

❶首先在搜索引擎中下载字体，并放在指定文件夹中，选中所有字体，单击鼠标右键执行“复制”命令，如图2–53所示。

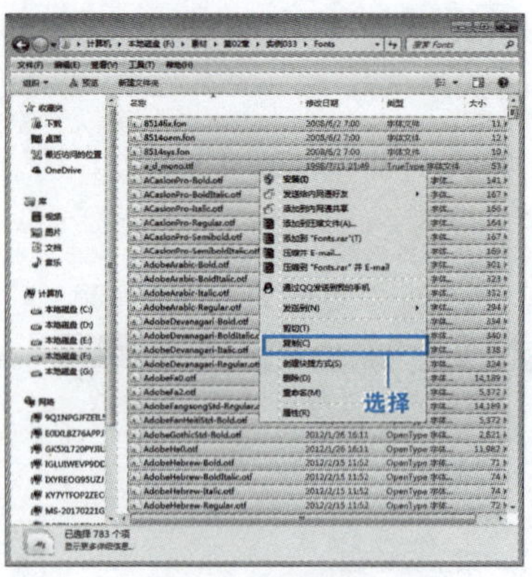

图2-53 下载字体

❷ 打开系统的字体库文件夹“C:\Windows\Fonts”，这个文件夹包含系统本身的字体，单击鼠标右键，执行“粘贴”命令，如图2–54所示。

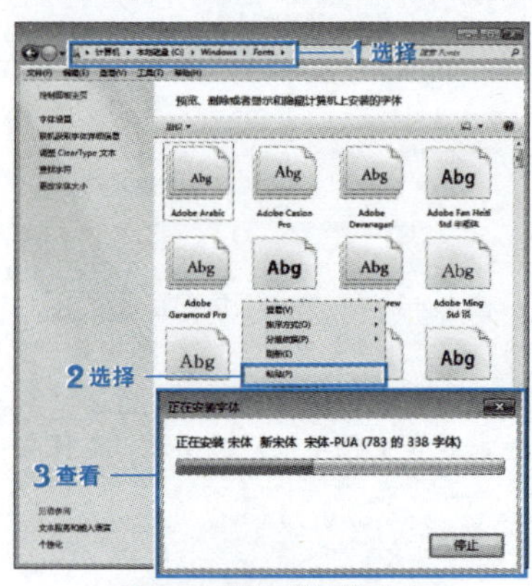

图2-54 执行“粘贴”命令

❸此时在Word的字体下拉列表中可以查看到新添加的字体，如图2–55所示。

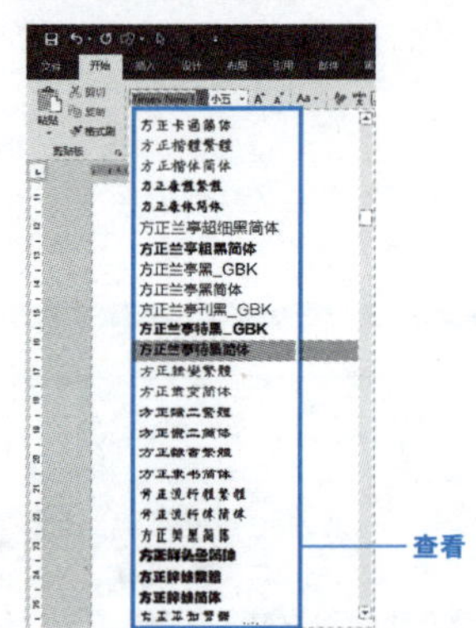

图2-55 查看新添加的字体

实例034 使用自制的图片作为项目符号

难度系数：★★★ 适用版本：07/10/13/16/17

技巧介绍： 当文档中有多项条例时通常需要添加项目符号来加以区分各条例，除了使用内置的项目符号样式外，还可以使用其他图片或形状来作为项目符号，使其文档更具有特色吗？

1 在Word中打开“素材\第02章\实例034\工作行为规范”文档，选中正文部分，在“段落”选项组中单击“项目符号”下拉按钮，在下拉列表中选择“定义新项目符号”选项，弹出“定义新项目符号”对话框，单击“图片”按钮，如图 2-56所示。

2 弹出“插入图片”对话框，选择需要插入的图片，单击“插入”按钮，返回至“定义新项目符号”对话框，单击“确定”按钮保存，如图 2-57所示。

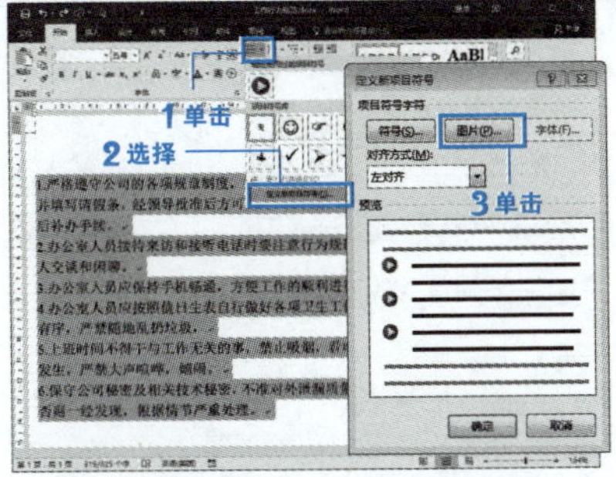

图 2-56 选择“定义新项目符号”选项

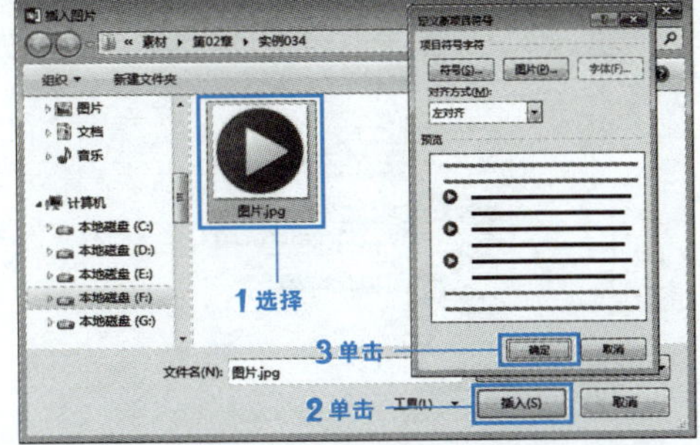

图 2-57 选择需要插入的图片

3 设置完后可查看添加效果，如图 2-58所示。

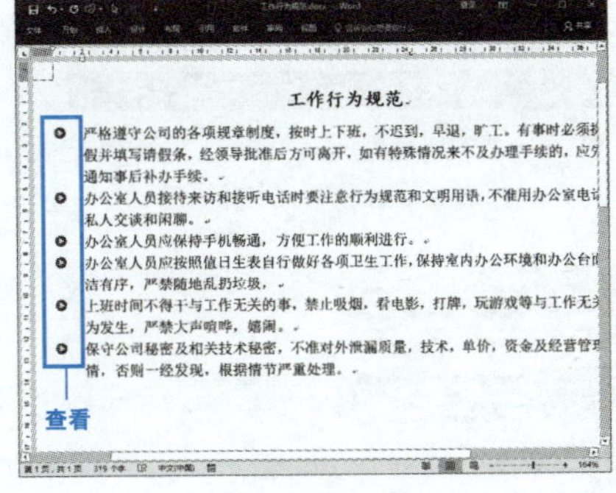

图 2-58 查看添加图片效果

技巧拓展

在“定义新项目符号”对话框中不仅可以设置“符号”作为项目符号，还可以设置“对齐方式”，如图 2-59所示。

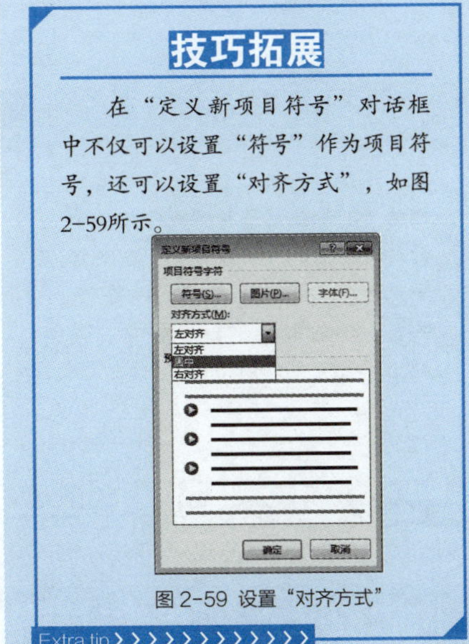

图 2-59 设置“对齐方式”

Extra tip

实例 035 利用批注审阅考核报告

难度系数：★★★ 适用版本：07/10/13/16/17

技巧介绍： 通常一份考核报告需要经过各个部门多次审阅修改才能确定下来，各个部门对同一份报告都有着不同的意见。可在报告中添加批注来表达对报告内容的看法和意见。

①在Word中打开"素材\第02章\实例035\公司绩效考核分析报告"文档，选中需要添加批注的文本，选择"审阅"选项卡，在"批注"选项组中单击"新建批注"按钮，如图2-60所示。

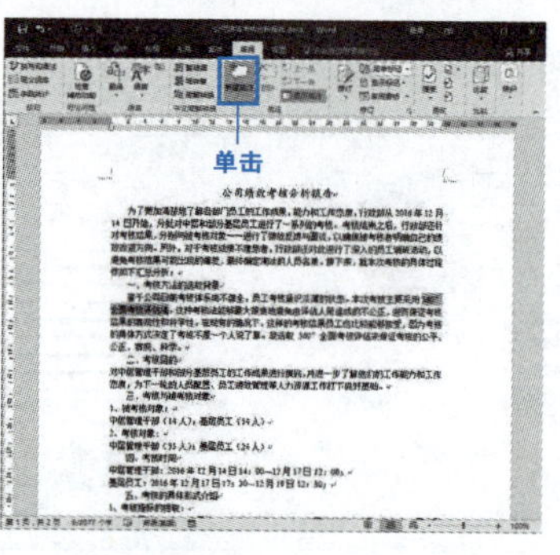

图2-60 单击"新建批注"按钮

②此时被选中的文本将会添加红色底纹，并且在文档右侧出现批注框，在框中输入文本即可成功添加批注，如图2-61所示。

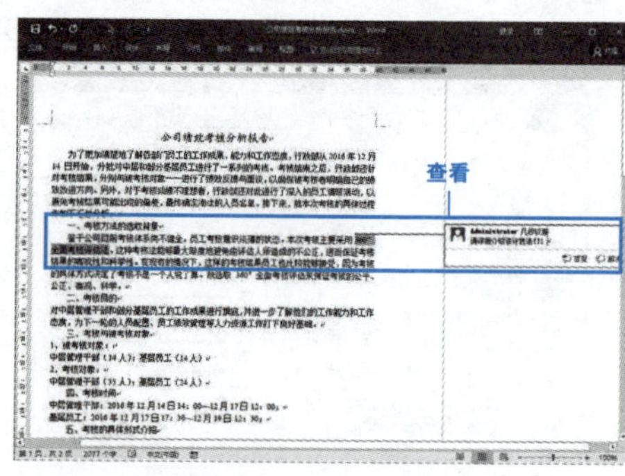

图2-61 添加批注

技巧拓展

如果需要删除批注，可在"批注"选项组中单击"删除"下拉按钮，选择"删除"选项（如果需要删除所有批注则选择"删除文档中的所有批注"选项即可）；当文档中批注较多时可单击"上一条/下一条"按钮来查看上一条/下一条批注，如图2-62所示。

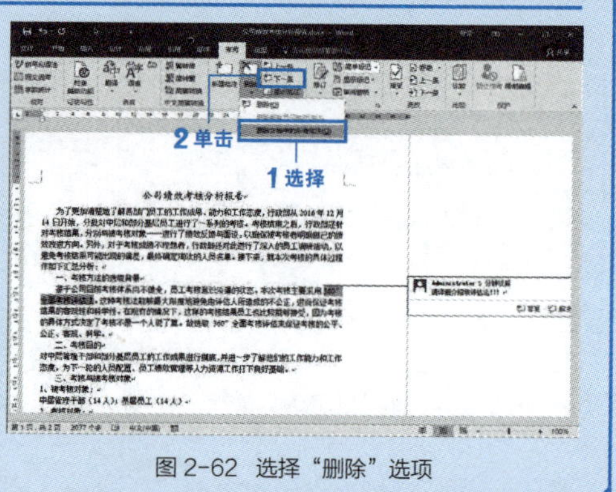

图2-62 选择"删除"选项

Extra tip

实例036 用修订状态审阅报告

难度系数：★★★ 适用版本：07/10/13/16/17

技巧介绍： 除了可以为文档添加批注外，还可以使用修订功能来审阅文档。

下面为大家介绍如何使用修订功能审阅报告。

①在Word中打开"素材\第02章\实例036\公司绩效考核分析报告"文档，选择"审阅"选项卡，在"修订"选项组中单击"修订"下拉按钮，选择"修订"选项，此时已经启动修订功能，如图2-63所示。

② 在文档中修订内容，删除文本时会将删除的文本呈红色显示并在文本中添加了删除线，添加文本时会将新添加的文本呈红色显示并添加红色下划线，修改文本时会在删除的文本中添加删除线并在新输入的文本下添加下划线，如图2-64所示。

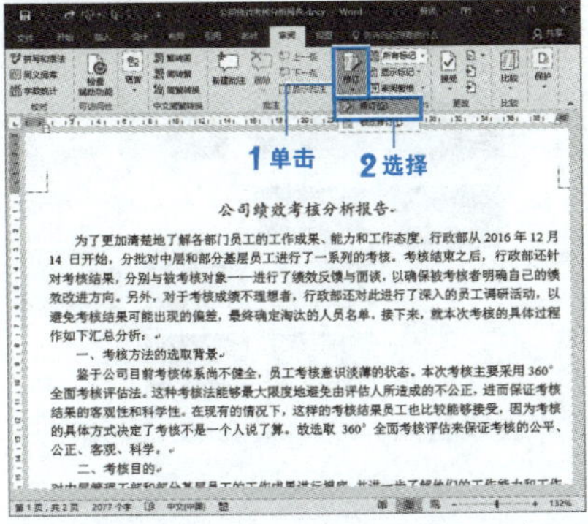

图2-63 选择“修订”选项

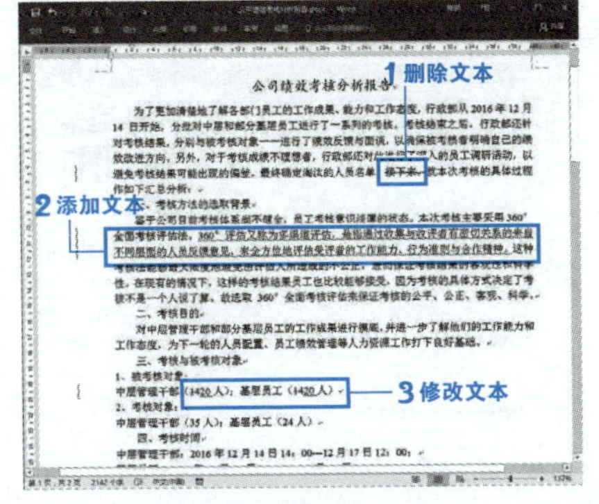

图2-64 修订内容

技巧拓展

a.修订完后如果接受修订后的内容可以在“更改”选项组中单击“接受”下拉按钮，选择“接受此修订”选项，此时将会保留新插入的文本，如图2-65所示。

b.如果不接受修订后的内容，可以在“更改”选项组中单击“拒绝”下拉按钮，选择“拒绝更改”选项，此时将会保留原有文本，如图2-66所示。

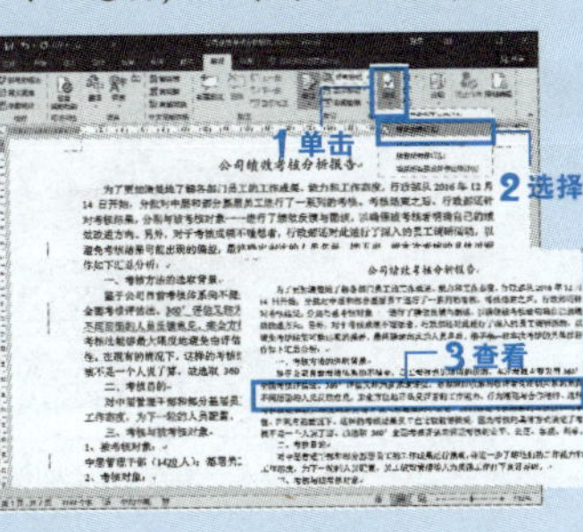

图2-65 选择“接受此修订”选项

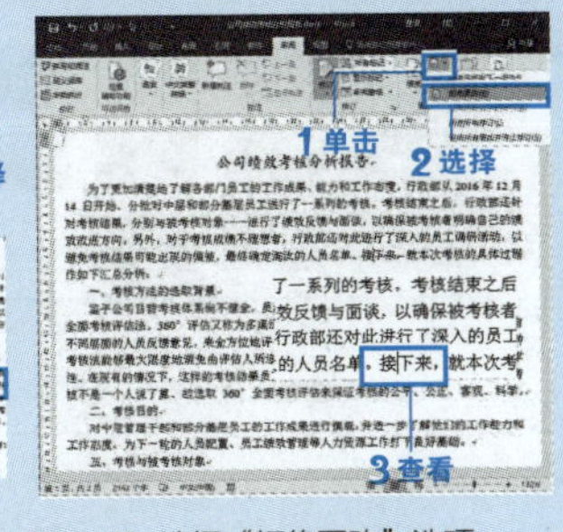

图2-66 选择“拒绝更改”选项

Extra tip

实例037 用SmartArt设置晚会流程图

难度系数：★★★ 适用版本：07/10/13/16/17

技巧介绍： 行政部员工晓慧应领导的要求需要使用SmartArt图形绘制出本次年会的活动流程图，可是她不知道如何绘制。

① 创建新的word文档，选择“插入”选项卡，在“插图”选项组中单击“SmartArt”按钮，弹出“选择SmartArt图形”对话框，在右侧列表中选择“流程”选项，选择“重复蛇形流程”样式流程图，如图2-67所示。

②单击流程图中“文本”字样输入具体晚会内容流程，如图 2-68所示。

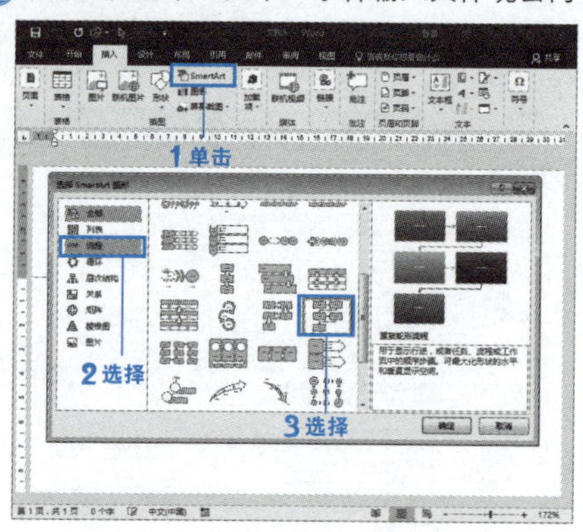

图 2-67 选择“重复蛇形流程”样式流程图

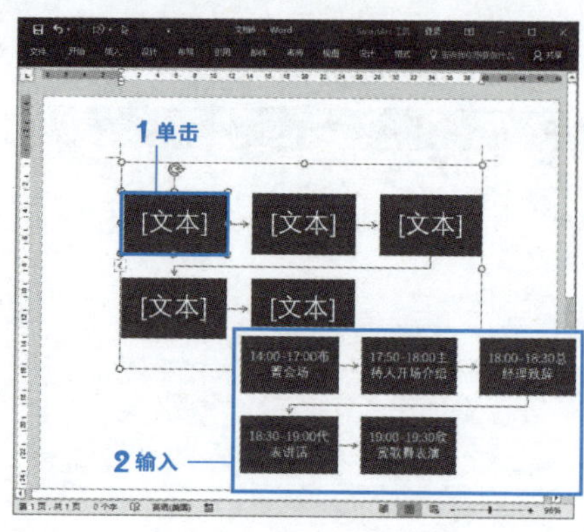

图 2-68 输入晚会内容流程

③当流程图中矩形框不够时可以选择“SmartArt工具—设计”选项卡，在“创建图形”选项组中单击“添加形状”下拉按钮，选择“从后面添加形状”选项，如图 2-69所示。

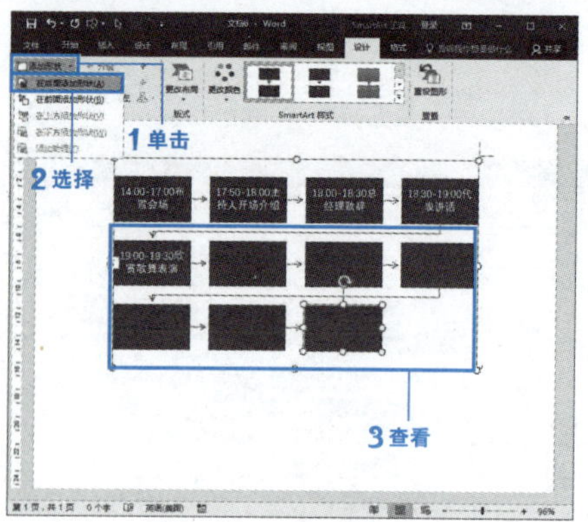

图 2-69 选择“从后面添加形状”选项

④在“创建图形”选项组中单击“文本窗格”按钮，在弹出的“在此处键入文字”窗格中继续输入流程文本，此时也会在流程图中显示出来，如图 2-70所示。

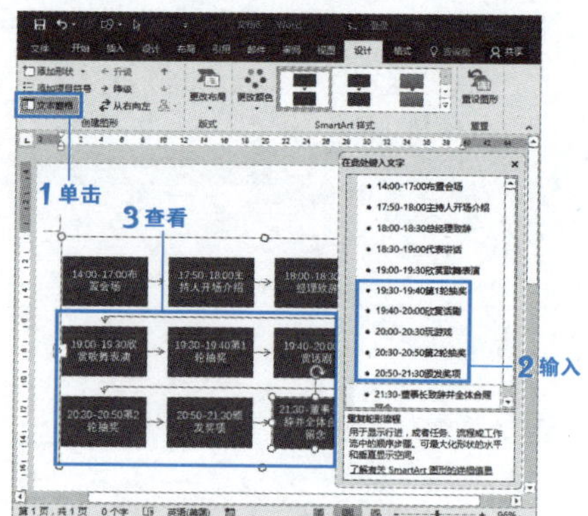

图 2-70 单击“文本窗格”按钮

⑤设置完后为流程图添加标题即可完成操作，如图 2-71所示。

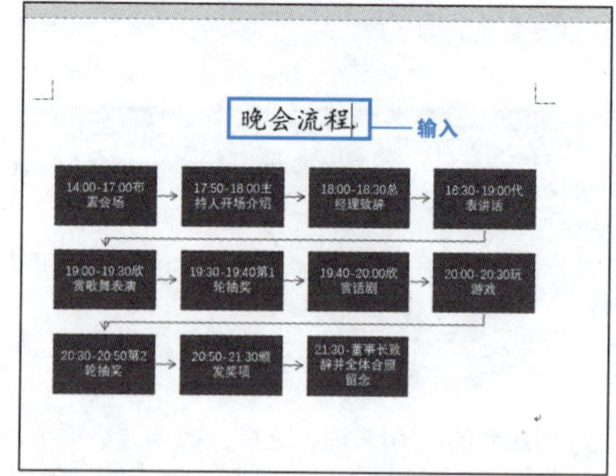

图 2-71 添加标题

技巧拓展

可以在“SmartArt工具—设计”选项卡中更改流程图颜色，具体操作步骤如下。

选择“SmartArt工具—设计”选项卡，在“SmartArt样式”选项组中单击“更改颜色”下拉按钮，在展开的下拉列表中选择“彩色-个性化”选项，如图 2-72所示。

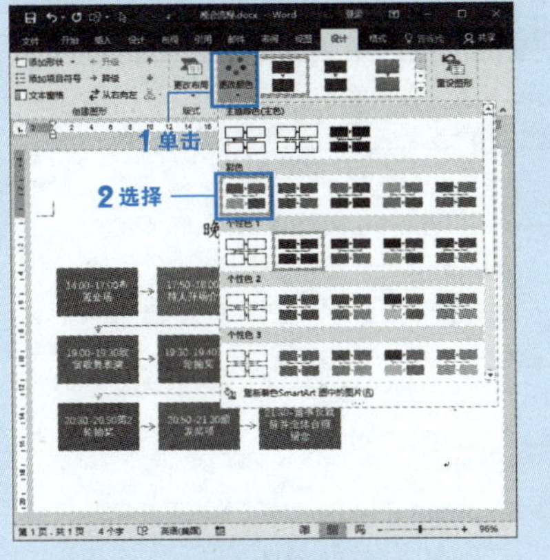

图 2-72 单击“更改颜色”下拉按钮

Extra tip

实例 038 给文档格式加保护伞

难度系数：★★★ 适用版本：07/13/16/17

技巧介绍： 行政人员小王在编辑完文档后希望对文档进行格式保护，以防止他人随意修改文档格式。可是他不知道应该怎样设置保护。下面为大家介绍如何设置格式保护。

1. 在Word中打开“素材\第02章\实例038\办公室物资管理条例”文档，选择“审阅”选项卡，在“保护”选项组中单击“限制编辑”按钮，弹出“限制编辑”窗格，勾选“限制对选定的样式设置格式”和“仅允许在文档中进行此类型的编辑”复选框，单击“是，启动强制保护”按钮，如图 2-73所示。

2. 弹出“启动强制保护”对话框，输入新密码并确认新密码，如图 2-74所示。

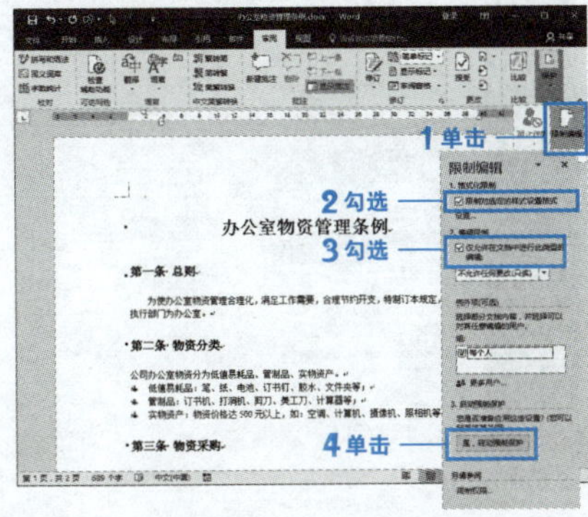

图 2-73 单击“限制编辑”按钮

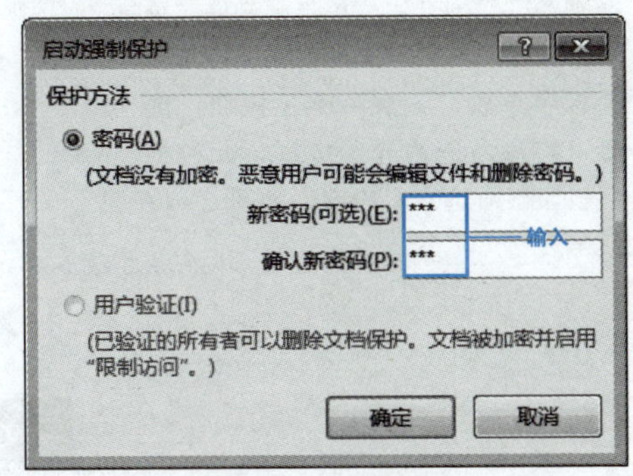

图 2-74 输入新密码及确认新密码

第1章 第2章 第3章 第4章 第5章 第6章 第7章 第8章 第9章 第10章

③此时功能区呈灰色不可用状态，效果如图2-75所示。

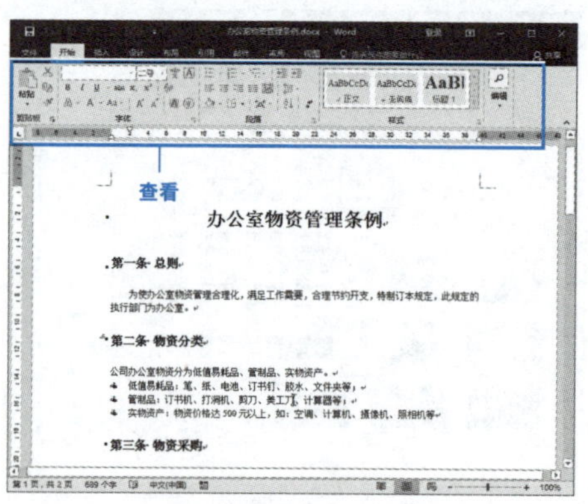

图 2-75 查看设置效果

技巧拓展

如果需要取消保护可单击“停止保护”按钮，在弹出的“取消保护文档”对话框中输入正确的密码即可成功取消保护，如图 2-76所示。

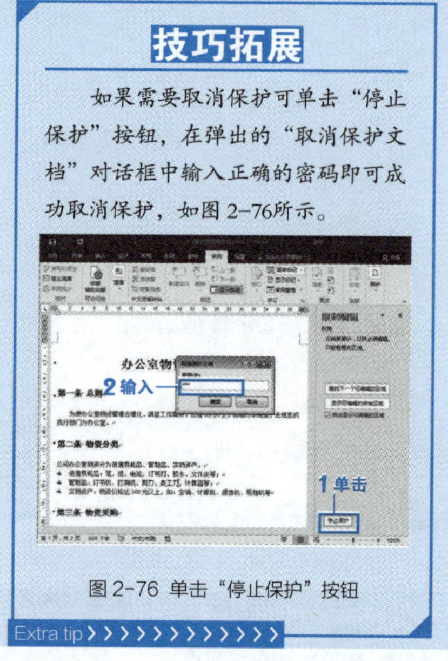

图 2-76 单击“停止保护”按钮

Extra tip

实例 039 只打印文档中的部分内容

难度系数：★★☆ 适用版本：07/13/16/17

技巧介绍： 作为一名行政人员，编辑文档并将其打印出来是家常便饭的事情，可是，如果只需要打印文档中的部分内容该怎样操作呢？

在Word中打开“素材\第02章\实例039\员工招聘管理制度”文档，选择需要打印的文本，单击“文件”菜单，选择“打印”选项，在“打印”面板中单击“设置”下拉按钮，选择“打印所选内容”选项，此时将会打印出所选文本内容，如图 2-77所示。

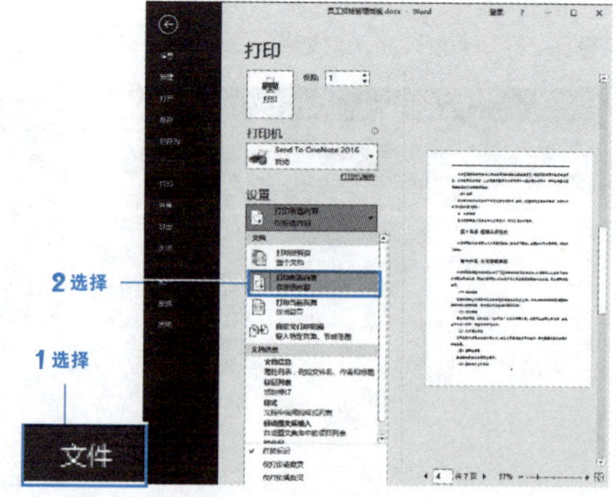

图 2-77 选择“打印所选内容”选项

技巧拓展

除了可以打印所选内容外，还可以自定义打印范围，具体操作步骤如下。

在“设置”下拉列表中选择“自定义打印范围”选项，在“页数”文本框中输入“2-6”，表示打印文档中的第2页到第6页，如果在“页数”文本框中输入“2,6”，表示打印文档中的第2页和第6页，如图 2-78所示。

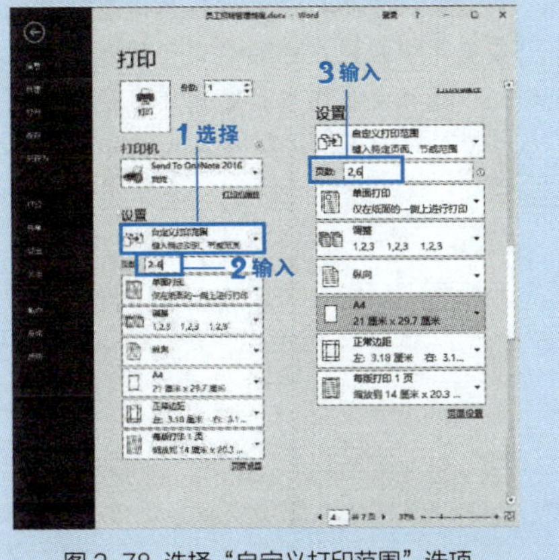

图 2-78 选择“自定义打印范围”选项

Extra tip

实例 040 如何打印文档附属信息

难度系数：★★★ 适用版本：07/13/16/17

技巧介绍： 行政部小张在编辑完工作簿后希望能打印文档中的附属信息，如文档属性、文档背景色等。可是他不知道应该怎样操作才会打印出这些信息。

在Word中打开“素材\第02章\实例040\关于2016年春节放假通知”文档，单击“文件”菜单，选择“选项”，弹出“Word 选项”对话框，在左侧列表中选择“显示”选项，在“打印选项”选项组中勾选所有复选框，如图 2-79所示。

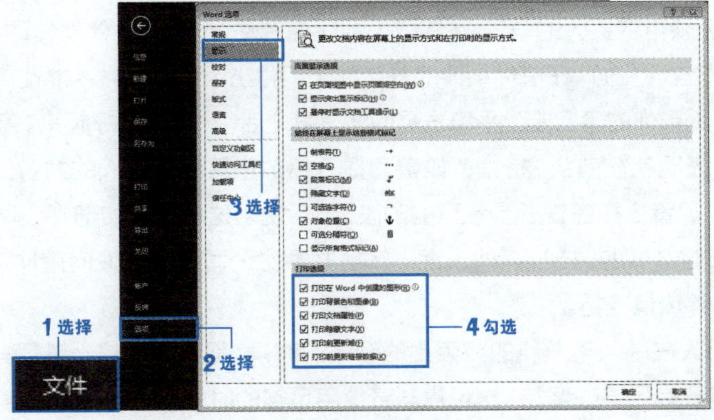

图 2-79 勾选复选框

第1章 第2章 第3章 第4章 第5章 第6章 第7章 第8章 第9章 第10章

技巧拓展

如果只需要打印文档附属信息可在“设置”下拉列表中的“文档信息”选项组中选择文档附属信息选项，如文档信息、标记列表等，如图 2-80所示。

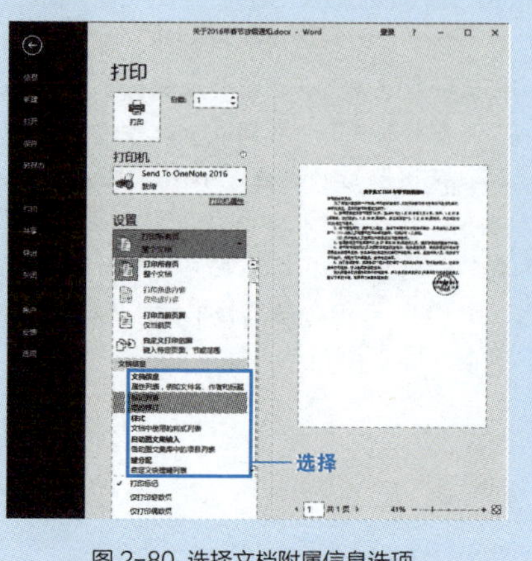

图 2-80 选择文档附属信息选项

Extra tip

职场小知识

飞轮效应

简介： 万事开头难，做每件事情的开始都必须付出艰巨的努力才能使个人的事业之轮转动起来，成功离不开坚持不懈的努力。

飞轮效应又称Flywheel Effect，是指为了使静止的飞轮转动起来，一开始你必须使很大力气，一圈圈反复地推，每转一圈都很费力，但是每一圈的努力都不会白费，飞轮之后会转动得越来越快。达到某一临界点后，飞轮的重量和冲力会成为推动力的一部分。这时，你无须再费更大的力气，飞轮依旧会快速转动，而且会不停地转动。

这一原理告诉我们，在每件事情的开头都必须付出艰巨的努力才能使个人的事业之轮转动起来，而当你的事业走上平稳发展的快车道之后，一切都会好起来。万事开头难，努力再努力，光明就在前头。持续的改善和提升绩效中蕴藏了巨大的力量。只要指出实际的成就——尽管最初还在逐步累积的阶段，然后说明这些步骤如何呼应具体可行的经营理念。当你这么做的时候，其他人逐渐了解并察觉公司正在加速向前冲，他们因此也会团结一致，并热情支持。

同样地，人在进入某一新的或陌生的领域的时候，都会经历这一过程。如果要让飞轮转起来，就要有足够的坚持，这也意味着得用足够的时间来保证。要坚信成功离不开坚持不懈的努力！

Chapter 3

第 3 章 文秘案头常备技巧

作为一位文秘和行政人员，经常需要设置各种文档格式，因此，常用办公技巧是必须要掌握的。本章将使用20个实例为大家介绍行政人员的常备技巧，如：如何一键设置段落缩进，如何使用图文混排功能制作邀请函、如何利用模板创建名片、如何制作封底和书签、如何妙用格式刷等。

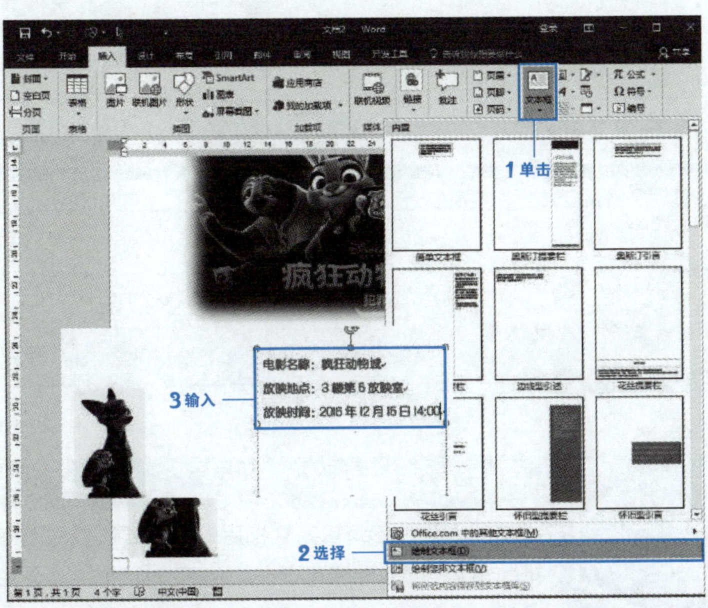

实例041 设置会议通知的段落和页面

难度系数：★★★ 适用版本：07/13/16/17

技巧介绍： 召开公司会议是每个公司的必做之事，而编辑会议通知就是每个行政人员的常规任务，一份优秀的会议通知不仅需要内容简短完整，格式也是很重要的要素。

①创建新的Word文档，选择“布局”选项卡，单击“页面设置”的“对话框启动器”按钮，在“页面设置”对话框中将上下左右边距都设为“2.5厘米”，如图3-1所示。

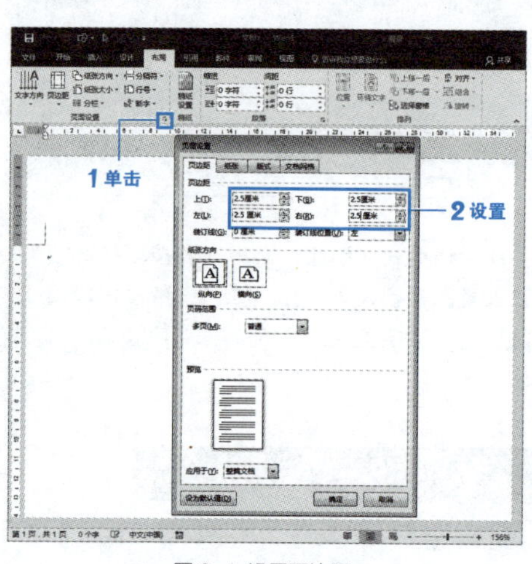

图3-1 设置页边距

②输入会议通知内容，选中全文单击鼠标右键执行“段落”命令，在“段落”对话框中将行距设置为“1.5倍行距”，如图3-2所示。

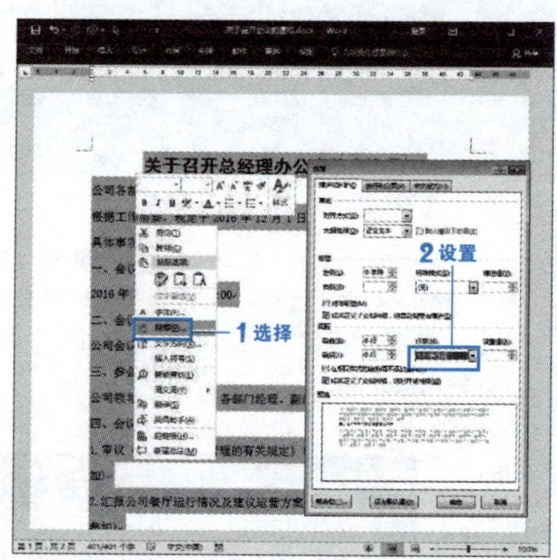

图3-2 设置段落行距

技巧拓展

一般正规文件都是“A4”页面，上下左右边距2.5厘米，标题字体为二号黑体、加粗显示，正文字体为四号宋体。

Extra tip

实例042 一键段落缩进

难度系数：★★★ 适用版本：07/13/16/17

技巧介绍： 在编辑完文档后通常需要设置段落缩进方式来排版页面，那么除了可以在“段落”对话框中设置段落缩进方式外，还有其他便捷的方式来设置吗?

在Word中打开“素材\第03章\实例042\关于召开会议的通知”文档，选中全文，在“段落”选项组中单击“增加缩进量”按钮，即可快速设置段落缩进，如图 3-3所示。

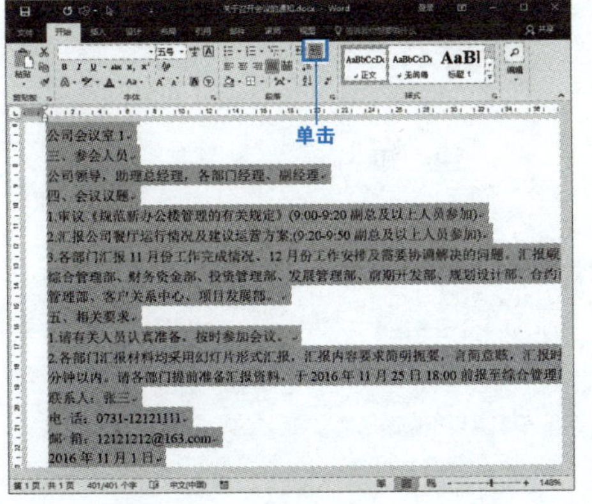

图 3-3 单击“增加缩进量”按钮

技巧拓展

除了可以快速设置段落缩进外，还可以快速设置段落行距，具体操作步骤如下。

选中全文，在“段落”选项组中单击“行与段落间距”下拉按钮，选择合适的行距，如图 3-4所示。

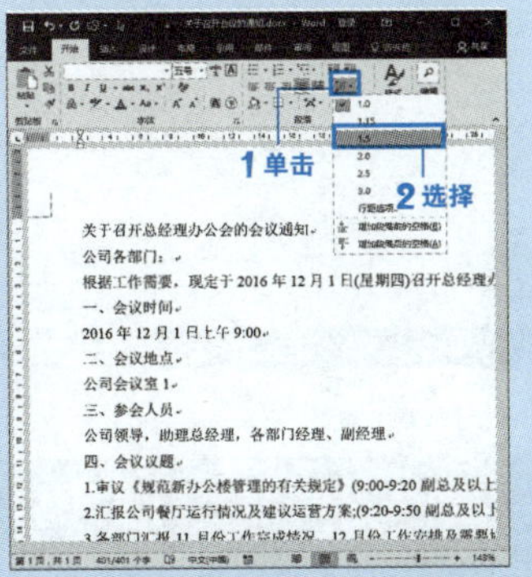

图 3-4 单击“行与段落间距”下拉按钮

Extra tip

实例043 利用字体组快速添加边框和底纹

难度系数：★★★ 适用版本：07/13/16/17

技巧介绍： 行政人员在编辑文档后可以为文字添加边框和底纹以便突出显示文本内容，那么有什么办法可以快速添加边框和底纹呢？

在Word中打开“素材\第03章\实例043\关于缴纳社保的通知”文档，选中需要添加边框和底纹的文本内容，在“字体”选项组中单击“字符边框”按钮，此时选中的文本将会添加边框，然后单击“字符底纹”按钮，此时选中的文本将会添加底纹，效果如图 3-5所示。

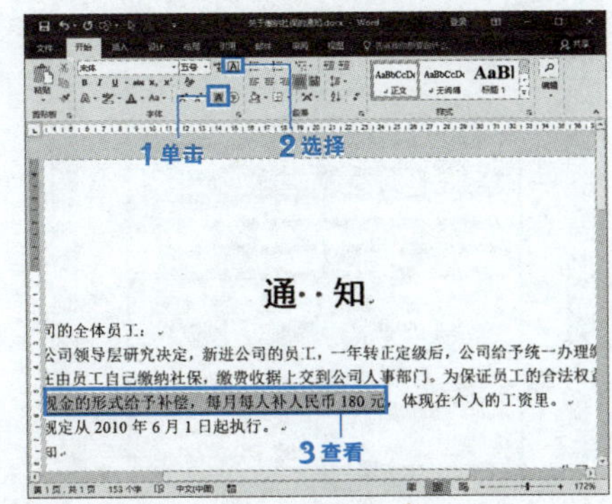

图 3-5 添加边框和底纹

技巧拓展

如果认为字符底纹突出不明显，可在“字体”选项组中单击“以不同颜色突出显示文本”下拉按钮，选择满意的颜色（如青绿），效果如图 3-6所示。

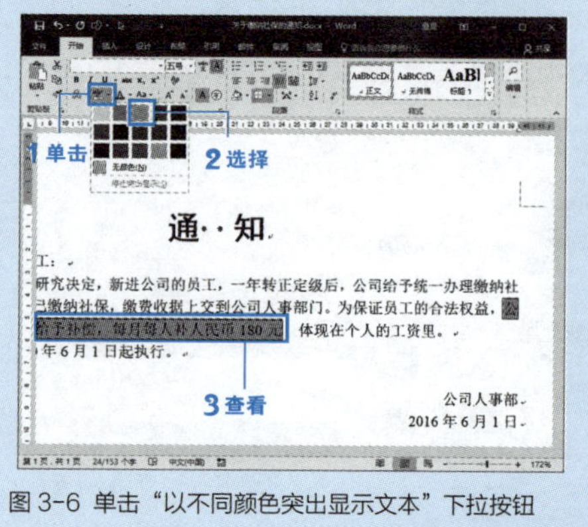

图 3-6 单击“以不同颜色突出显示文本”下拉按钮

Extra tip >>>>>>>>>>>>>

实例 044 感谢信常用的格式与内容版式

难度系数：★★★ 适用版本：07/13/16/17

技巧介绍： 感谢信是为表示感谢而写的一种专用书信。收信者和写信者均可是个人或单位。感谢信可以直接寄送给对方单位或个人，也可公开张贴或送报社、电台。

① 在Word中打开“素材\第03章\实例044\致公司的感谢信”文档，在此篇文档中可以看到有标题，有被感谢的人物称呼，在正文中叙述了写感谢信的原因，并在结尾处写了表示感谢的内容，在感谢信末尾还写了感谢者的单位名称并写了日期，如图 3-7所示。

② 除了有单位写给单位的感谢信外，还有个人写给个人的感谢信，格式和前者相似，如图 3-8所示。

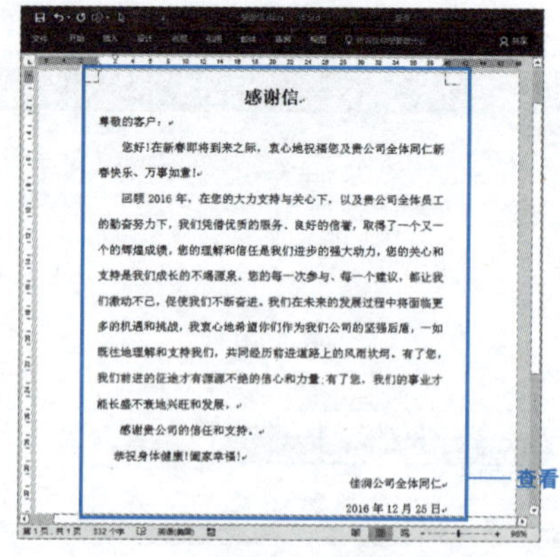

感谢信

尊敬的客户：

您好!在新春即将到来之际，衷心地祝福您及贵公司全体同仁新春快乐、万事如意!

回顾 2016 年，在您的大力支持与关心下，以及贵公司全体员工的勤奋努力下，我们凭借优质的服务、良好的信誉，取得了一个又一个的辉煌成绩，您的理解和信任是我们进步的强大动力，您的关心和支持是我们成长的不竭源泉。您的每一次参与、每一个建议，都让我们激动不已，促使我们不断奋进。我们在未来的发展过程中将面临更多的机遇和挑战，我衷心地希望你们作为我们公司的坚强后盾，一如既往地理解和支持我们，共同经历前进道路上的风雨坎坷。有了您，我们前进的征途才有源源不绝的信心和力量;有了您，我们的事业才能长盛不衰地兴旺和发展。

感谢贵公司的信任和支持。

恭祝身体健康!阖家幸福!

佳润公司全体同仁

2016 年 12 月 25 日

图 3-7 查看致公司的感谢信格式

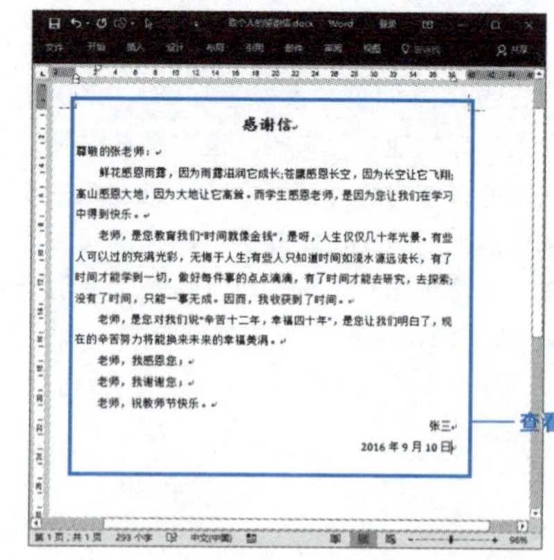

感谢信

尊敬的张老师：

鲜花感恩雨露，因为雨露滋润它成长;苍鹰感恩长空，因为长空让它飞翔;高山感恩大地，因为大地让它高耸。而学生感恩老师，是因为您让我们在学习中得到快乐。

老师，是您教育我们"时间就像金钱"，是呀，人生仅仅几十年光景。有些人可以过的充满光彩，无悔于人生;有些人只知道时间如流水源远流长，有了时间才能学到一切，做好每件事的点点滴滴，有了时间才能去研究，去探索;没有了时间，只能一事无成。因而，我收获到了时间。

老师，是您对我们说"辛苦十二年，幸福四十年"，是您让我们明白了，现在的辛苦努力将能换来未来的幸福美满。

老师，我感恩您;

老师，我谢谢您;

老师，祝教师节快乐。

张三

2016 年 9 月 10 日

图 3-8 查看致个人的感谢信格式

技巧拓展

感谢信格式：

①标题：正中写标题“感谢信”三字；

②顶格写被感谢的单位名称或个人姓名、称呼，后加冒号；

③正文：写感谢的内容，如叙述先进事迹，赞扬好的品德作风以及产生的效果；

④结尾：写表示感谢、敬意的话；

⑤署名：写单位名称或个人姓名、日期。

感谢信要求把被感谢对象的人物、事件准确精当地叙述出来，评价要恰当，文字要精练，感情要真诚、朴素。

Extra tip >>>>>>>>>>>>>

实例 045 图文混排制作精美邀请函

难度系数：★★★　适用版本：07/13/16/17

技巧介绍： 行政部员工小陈需要为即将到来的客户答谢会设计邀请函，可是她不知道怎样制作，为此，她感到很苦恼。下面，为大家介绍如何使用图文混排功能来制作邀请函。

①创建新的Word文档，选择“布局”选项卡，单击“页面设置”选项组的“对话框启动器”按钮，在弹出的“页面设置”对话框中选择“页边距”选项卡，将上下左右边距设为“1厘米”，选择“纸张”选项卡，将宽度设为“10厘米”，高度设为“14.5厘米”，单击“确定”按钮保存，如图 3-9所示。

②在文档中输入文本，将第1行设为“黑体四号”、加粗显示，其余文本设为“宋体五号”，将最后2行的段落对齐方式设为“右对齐”，如图 3-10所示。

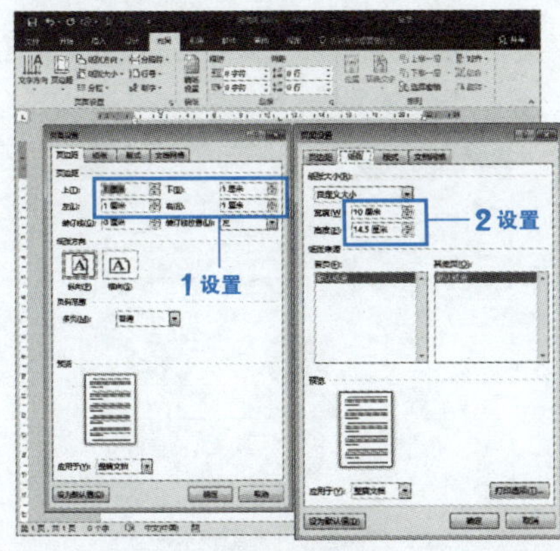

图 3-9 进行页面设置

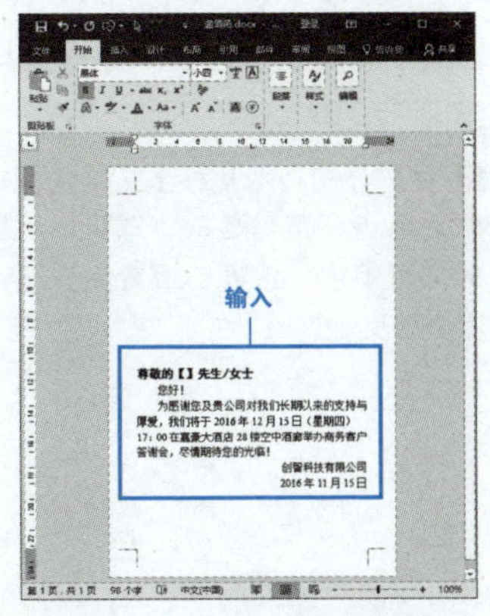

图 3-10 输入文本并设置格式

③ 选择“设计”选项卡，单击“页面边框”按钮，弹出“边框和底纹”对话框，选择“方框”选项，将边框颜色设为“红色”，宽度设为“1.5磅”，单击“确定”按钮保存，如图 3-11所示。

④选择“插入”选项卡，在“插图”选项组中单击“图片”按钮，在“插入图片”对话框中选择需要插入的图片，单击“插入”按钮，如图 3-12所示。

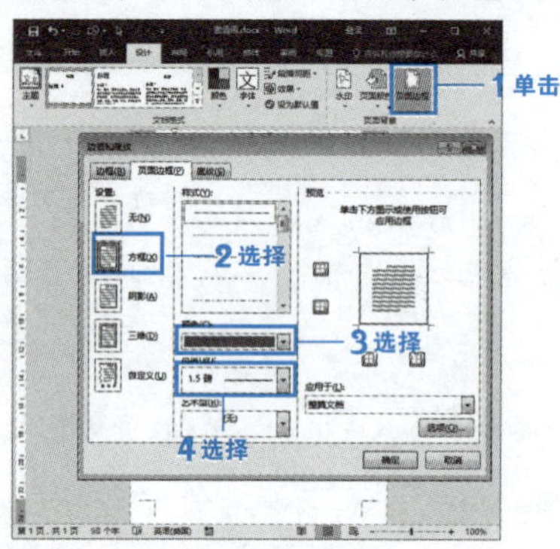

图 3-11 设置页面边框

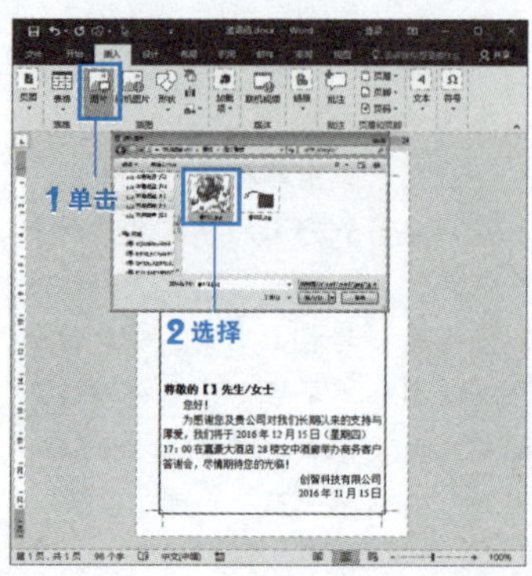

图 3-12 插入图片

⑤调整图片大小，并选择“图片工具—格式”选项卡，在“排列”选项组中单击“环绕文字”下拉按钮，选择“衬于文字下方”选项，如图 3-13所示。

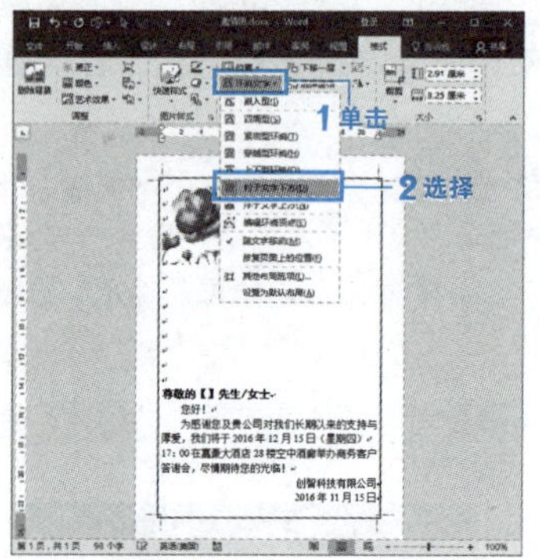

图 3-13 选择“衬于文字下方”选项

⑥选中新插入的图片，按【Ctrl】键拖动图片即可执行复制图片操作，选中复制的图片，在“排列”选项组中单击“旋转对象”下拉按钮，选择“水平翻转”选项，如图 3-14所示。

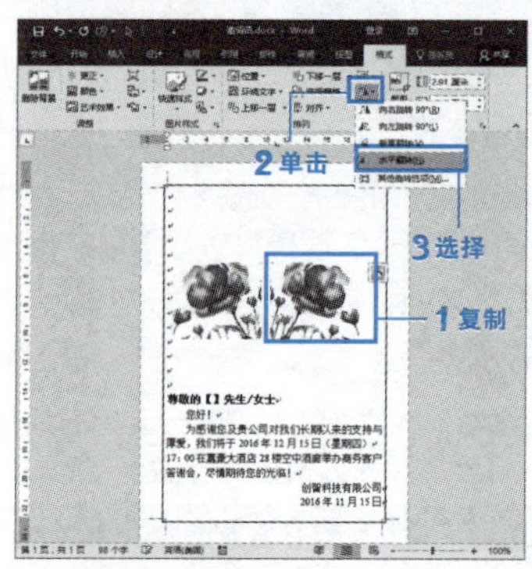

图 3-14 选择“水平翻转”选项

⑦拖动图片。分别将图片移至文档边框左下、右下角处，单击“布局选项”按钮，选择“在页面上的位置固定”选项，设置完后适当调整文本位置，效果如图 3-15所示。

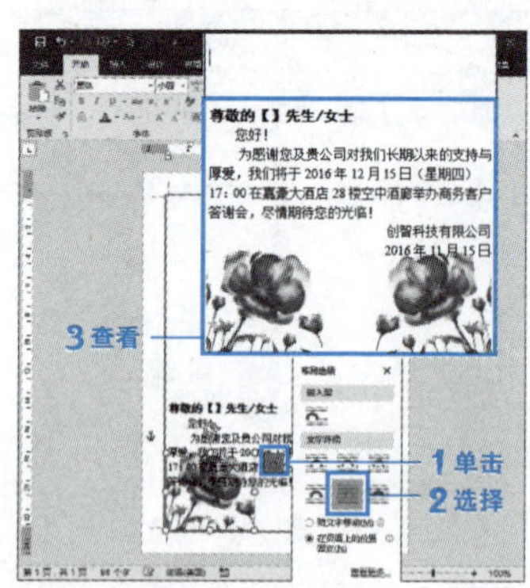

图 3-15 选择“在页面上的位置固定”选项

8 继续在“插入图片”对话框中插入图片，效果如图 3-16所示。

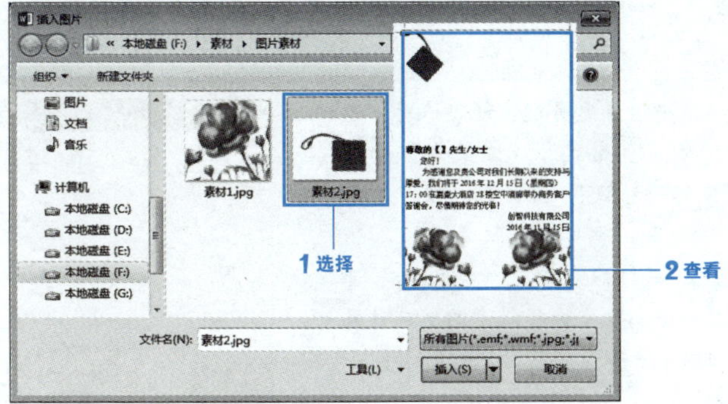

图 3-16 继续插入图片

9 选中“插入”选项卡，在“文本”选项组中单击“文本框”下拉按钮，选择“绘制文本框”选项，如图 3-17所示。

10 在文档中绘制文本框，并输入文本“邀请函”，将字体设为“隶书初号”，居中显示，选择“图片工具—格式”选项卡，在“形状样式”选项组中将“形状轮廓”设置为“无轮廓”，如图 3-18所示。

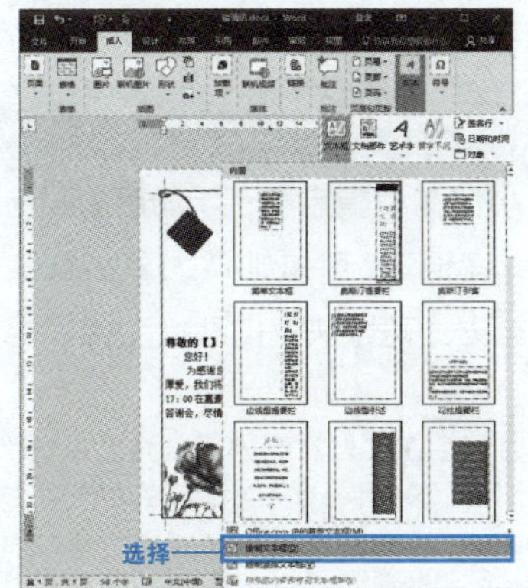

图 3-17 选择“绘制文本框”选项

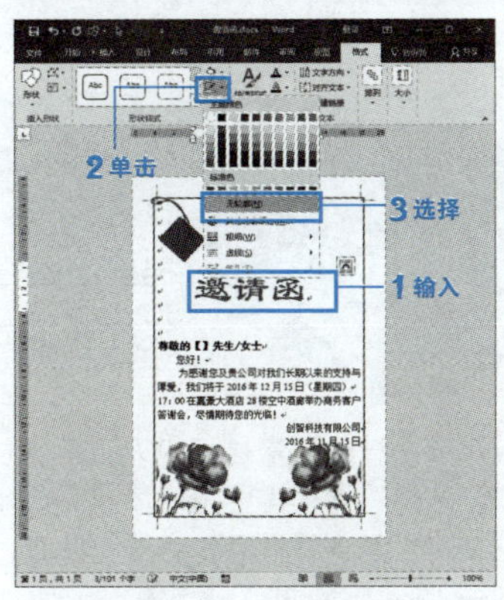

图 3-18 绘制文本框并输入文本

11 设置完后可查看效果，如图 3-19所示。

图 3-19 查看设置效果

技巧拓展

为了使邀请函更美观，还可以对“邀请函”文本设置格式，选中文本，选择“绘图工具—格式”选项卡，在“艺术字样式”选项组中单击“文本效果”下拉按钮，在下拉列表中选择“发光”选项，在其级联列表中选择满意的发光效果（如“发光：8磅；金色 主题4”），如图 3-20所示。

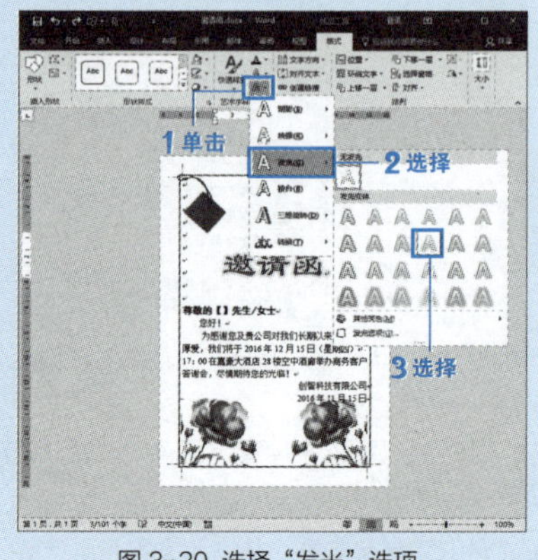

图 3-20 选择“发光”选项

Extra tip

实例 046 自动拼写和语法检查的妙用

难度系数：★★★　适用版本：07/13/16/17

技巧介绍： 行政部员工小佳在编辑完员工手册后想要检查文档里面是否有输入错误或者语法，可是她认为直接在文档中很难发现错误，那么有什么办法可以快速自动检查错误呢？

① 在Word中打开“素材\第03章\实例046\员工手册”文档，选择“审阅”选项卡，在“校对”选项组中单击“拼写和语法”按钮，如图 3-21所示。

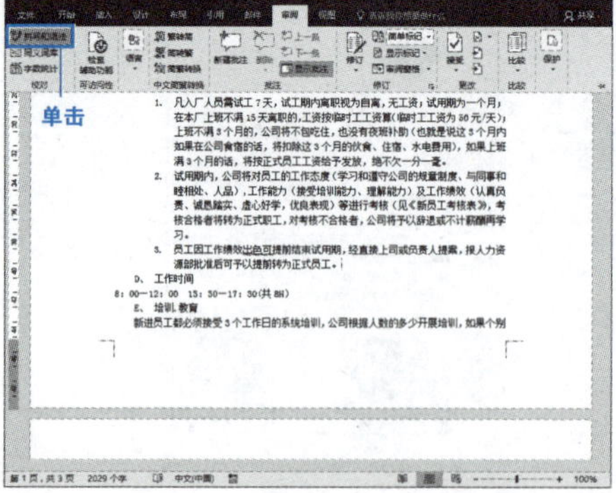

图 3-21 单击“拼写和语法”按钮

② 此时将会在文档右侧弹出窗格，在窗格中将会标记出语法错误或输入错误的地方，并解释错误原因。若经过检查后发现没有错误可单击“忽略规则”按钮，即可取消错误标记，如图 3-22所示。

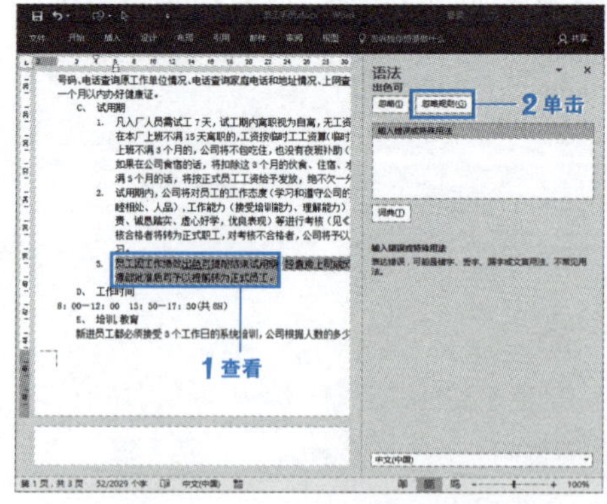

图 3-22 单击“忽略规则”按钮

技巧拓展

Office办公软件中默认开启了自动拼写检查和自动语法检查，对于使用英语的用户来说，这可能会比较有用。

但对于使用中文的用户来说，各种红线波浪使版面混乱，并且被检查出错误的语句、字词可能并没有什么问题。因此，也可以关闭自动拼写检查和自动语法检查功能。

Extra tip

实例047 为劳动合同设置纸张与装订线

难度系数：★★★ 适用版本：07/13/16/17

技巧介绍： 公司人事部员工在编辑完劳动合同后需要对其设置装订线，以便打印出来后可以直接进行装订。那么，应该怎样设置装订线呢？

1 在Word中打开“素材\第03章\实例047\劳动合同范本”文档，选择“布局”选项卡，单击“页面设置”选项组的“对话框启动器”按钮，弹出“页面设置”对话框，选择“页边距”选项卡，将“装订线”设置“2厘米”，如图 3-23所示。

2 选择“纸张”选项卡，将“纸张大小”设为“A4”，效果如图 3-24所示。

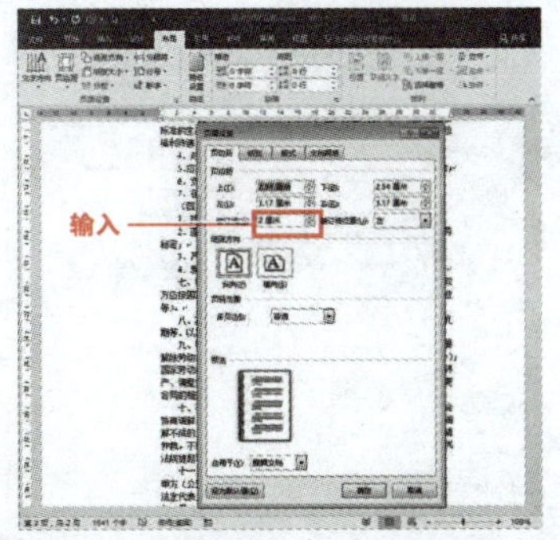

图 3-23 设置装订线距离

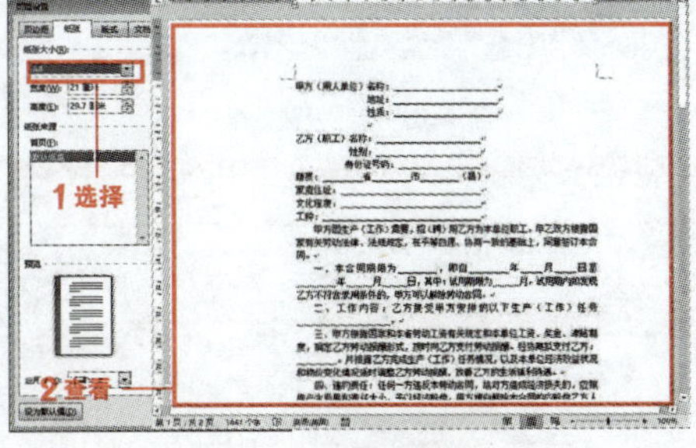

图 3-24 设置纸张大小

技巧拓展

如果对装订线位置不满意，可以在“页面设置”对话框中设置其他装订线位置，如图 3-25所示。

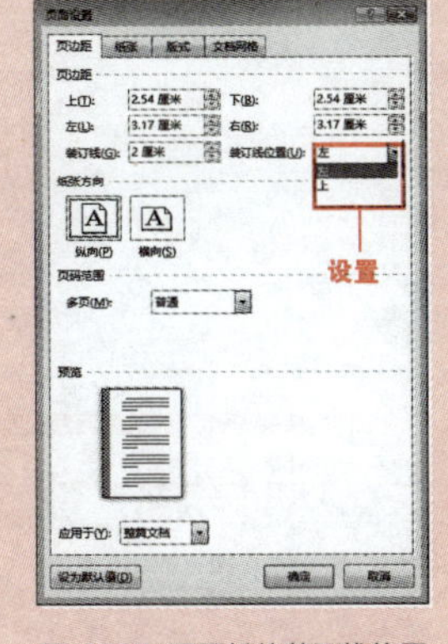

图 3-25 设置其他装订线位置

Extra tip

实例048 设置奇偶页不同的页眉页脚

难度系数：★★★ 适用版本：07/13/16/17

技巧介绍： 公司行政人员小花想在员工考勤制度中设置奇偶页不同的页眉和页脚，可是她不知道应该怎样设置。下面为大家介绍如何设置奇偶页不同的页眉页脚。

①在Word中打开“素材\第03章\实例048\员工考勤制度”文档，选择“插入”选项卡，在“页眉和页脚”选项组中单击“页眉”下拉按钮，选择“编辑页眉”选项，如图 3-26所示。

②在“页眉和页脚工具—设计”选项卡的“选项”选项组中勾选“奇偶页不同”复选框，此时则会出现“奇数页页眉”“偶数页页眉”“奇数页页脚”“偶数页页脚”，分别在第1页页眉、第1页页脚、第2页页眉、第2页页脚处输入不同的文本或插入图片等，如图 3-27所示。

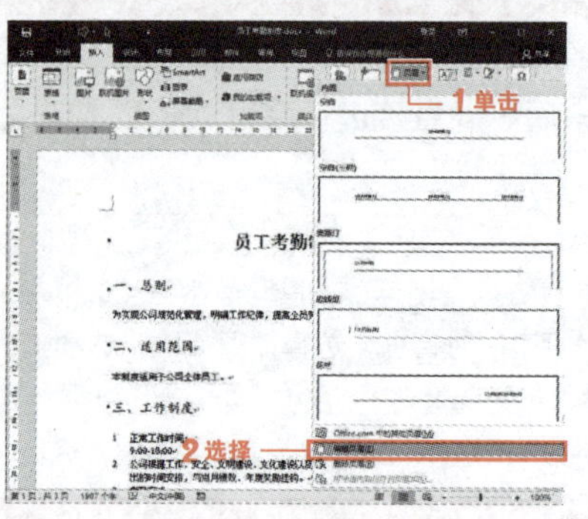

图 3-26 选择“编辑页眉”选项

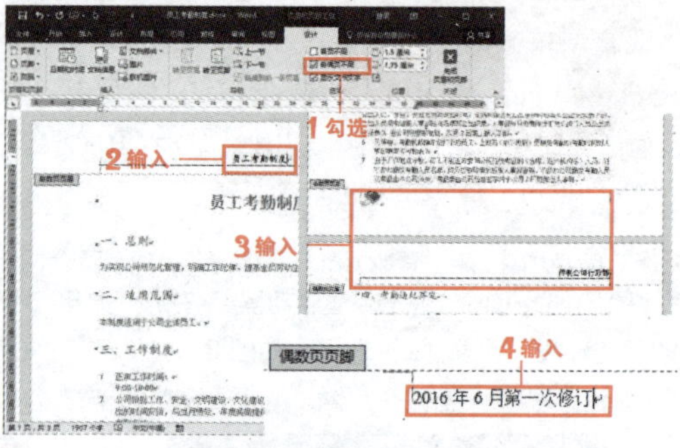

图 3-27 输入页眉和页脚

③设置完后双击文档保存，效果如图 3-28所示。

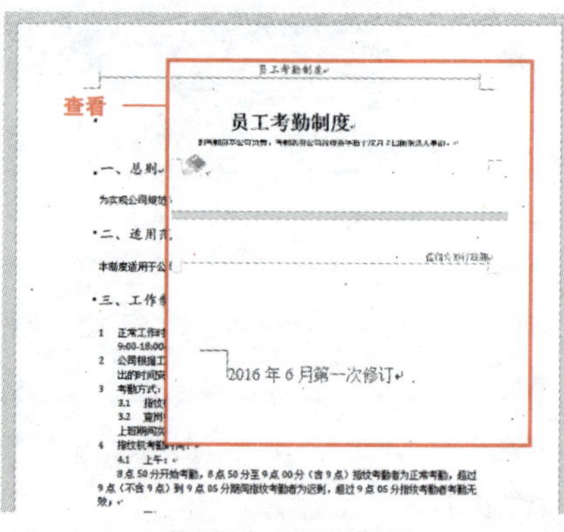

图 3-28 查看设置效果

技巧拓展

双击文档页眉处也可启动编辑页眉功能。

Extra tip

实例 049

难度系数：★★★ 适用版本：07/13/16/17

为投标函制作附录

技巧介绍： 公司行政部人员小佳需要为公司的投标函制作附录，作为一名刚毕业的大学生，还不知道应该怎样制作附录。因此，下面为大家介绍如何为投标函制作附录。

1 在Word中打开“素材\第03章\实例049\投标函”文档，选择“插入”选项卡，在“页面”选项组中单击“分页”按钮，如图3-29所示。

2 在新页中输入文本，并选择“插入”选项卡，在“表格”选项组中单击“表格”下拉按钮，选择“4x8”表格样式，如图3-30所示。

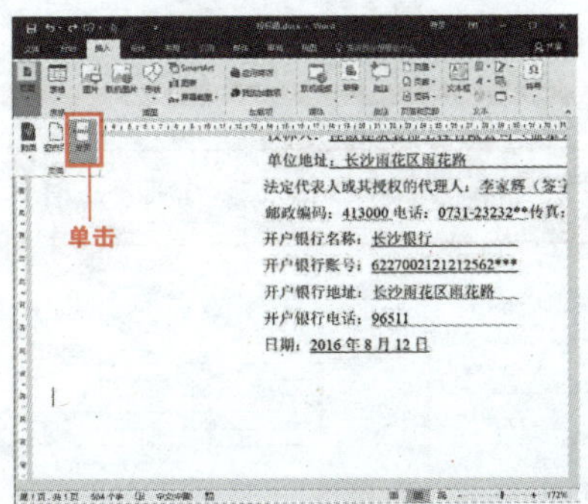

图3-29 单击“分页”按钮

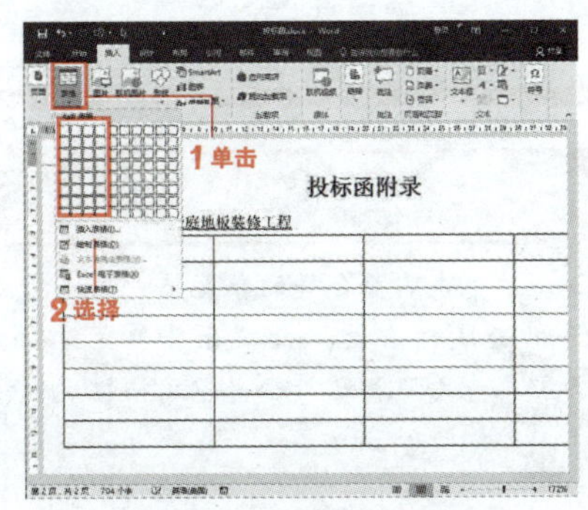

图3-30 选择“4x8”表格样式

3 在表格中输入文本，选中需要合并单元格的表格，选择“表格工具—布局”选项卡，在“合并”选项组中单击“合并单元格”按钮，并将对齐方式设置为“水平居中”对齐，效果如图3-31所示。

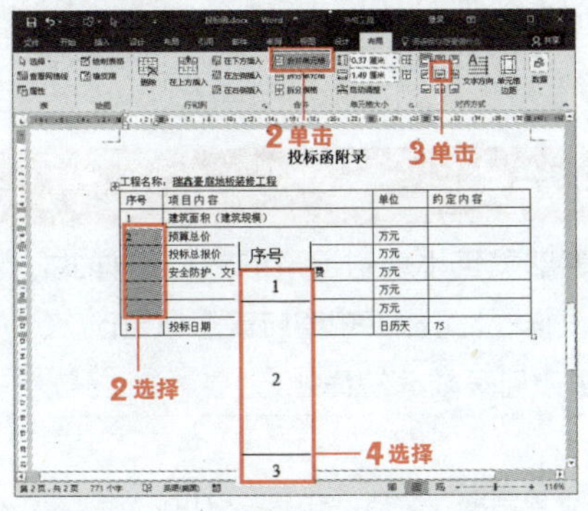

图3-31 合并单元格

4 选择需要拆分的单元格，在“合并”选项组中单击“拆分单元格”按钮，在“拆分单元格”对话框中将列数设为“2”，行数设为“3”，如图3-32所示。

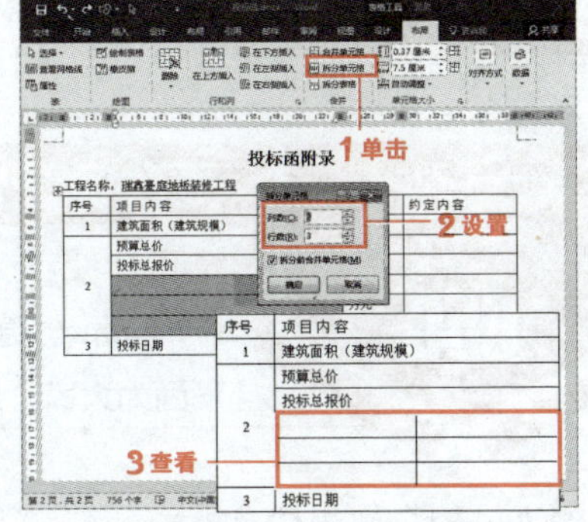

图3-32 拆分单元格

5 继续执行“合并单元格”命令，并输入文本，如图3-33所示。

6 如果绘制的表格不够用可选中表格底部，当出现“”符号时单击此符号即可新插入表格，在表格中输入文本，如图3-34所示。

投标函附录

工程名称：瑞鑫豪庭地板装修工程

序号	项目内容		单位	约定内容
1	建筑面积（建筑规模）			
2	预算总价		万元	
	投标总报价		万元	
	其中	安全防护、文明施工与环境保护费	万元	
		深基坑支护费（如有）	万元	
		桩基工程（如有）	万元	
3	投标日期		日历天	75

输入

图 3-33 输入文本

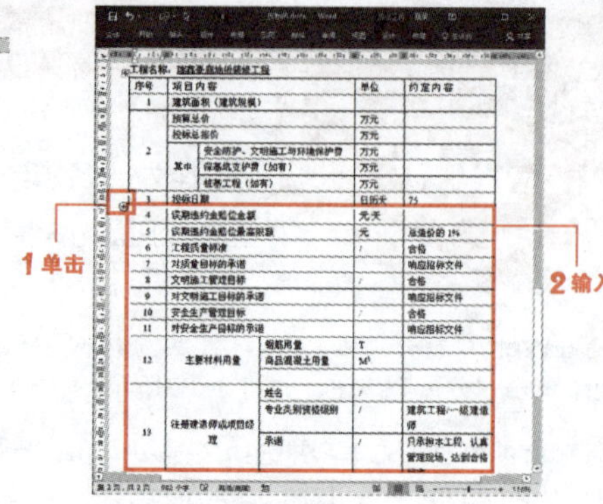

图 3-34 新插入表格

技巧拓展

单击需要合并的单元格，再单击鼠标右键执行“合并单元格”命令也可进行合并单元格操作，如图 3-35所示。

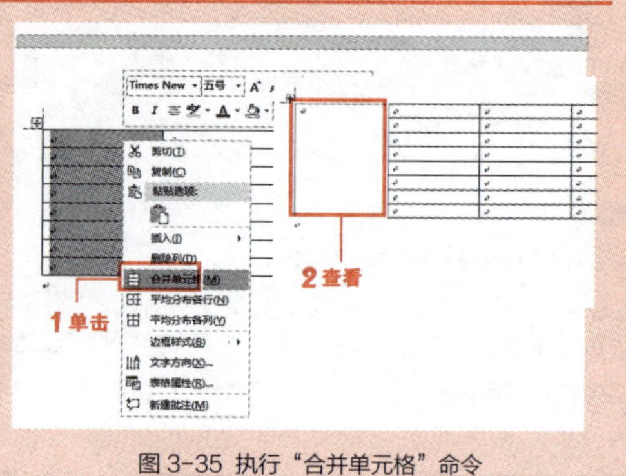

图 3-35 执行“合并单元格”命令

Extra tip

实例 050 更改目录前导符样式

难度系数：★★★ 适用版本：07/13/16/17

技巧介绍： 公司人事部员工小袁对目录的前导符样式不满意，因此，想更改前导符样式，可却不知道应该怎样更改。下面为大家介绍如何更改目录前导符样式。

① 在Word中打开“素材\第03章\实例050\员工招聘管理制度”文档，选择“引用”选项卡，在“目录”选项组中单击“目录”下拉按钮，在展开的下拉列表中选择“自定义目录”选项，如图3-36所示。

② 弹出“目录”对话框，在“目录”选项卡中更改前导符样式，单击“确定”按钮，如图 3-37所示。

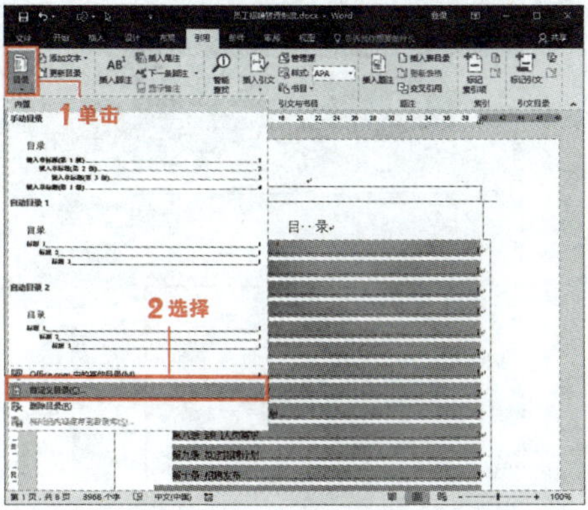

图 3-36 选择“自定义目录”选项

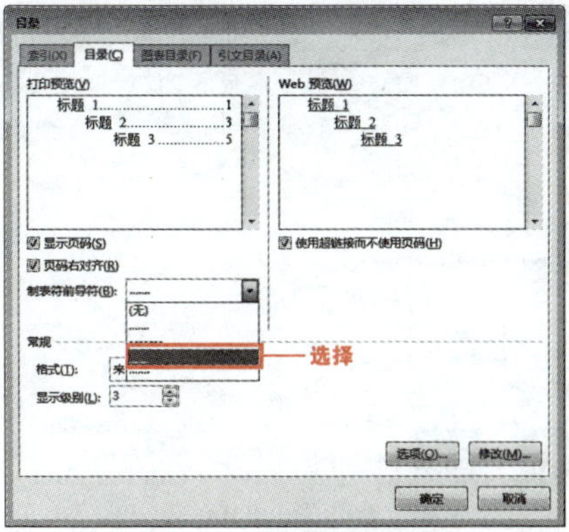

图 3-37 更改前导符样式

❸弹出信息提示框，单击“确定”按钮，效果如图 3-38所示。

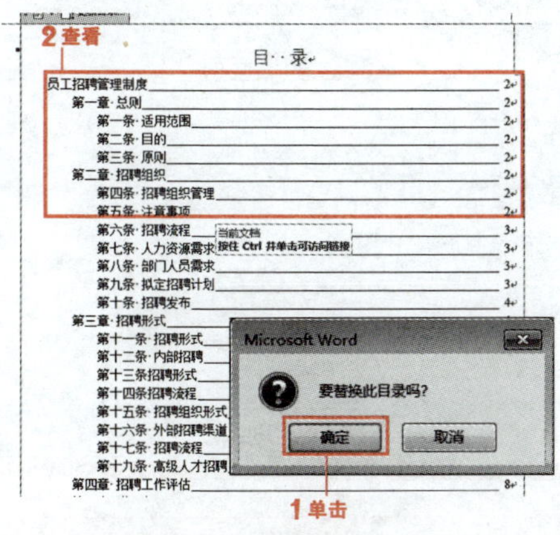

图 3-38 查看更改效果

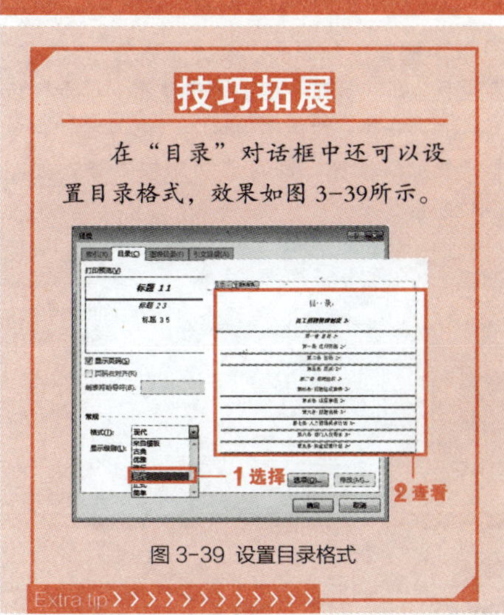

技巧拓展

在“目录”对话框中还可以设置目录格式，效果如图 3-39所示。

图 3-39 设置目录格式

Extra tip

实例 051 为文书制作封面和书签

难度系数：★★★ 适用版本：07\10\13\16\17

技巧介绍： 行政部门小红需要为本次商务谈判合同制作封面和书签，可是，她不知道应该怎么操作。

下面为大家介绍如何制作封面和书签。

❶ 在Word中打开“素材\第03章\实例051\商务谈判合同”文档，选择“插入”选项卡，在“页面”选项组中单击“封面”下拉按钮，在内置的封面样式中选择满意的封面样式(如平面)，如图 3-40所示。

❷修改新插入的封面文本，效果如图 3-41所示。

图 3-40 选择满意的封面样式

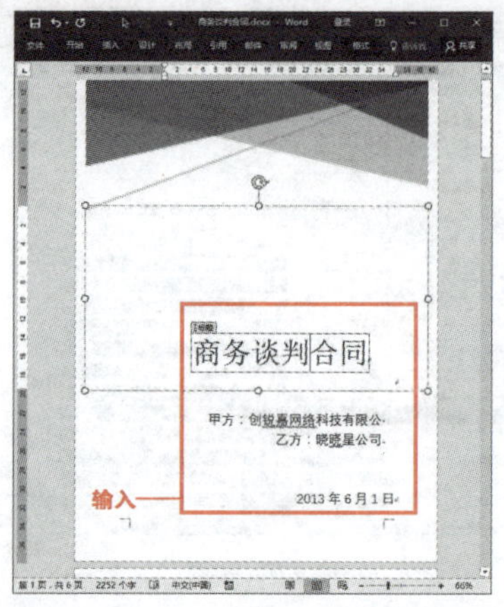

图 3-41 修改封面文本

③选中需要添加书签的文本，选择“插入”选项卡，在“链接”选项组中单击“书签”按钮，在“书签”对话框中输入“书签名”，单击“添加”按钮，即可成功添加书签，如图3-42所示。

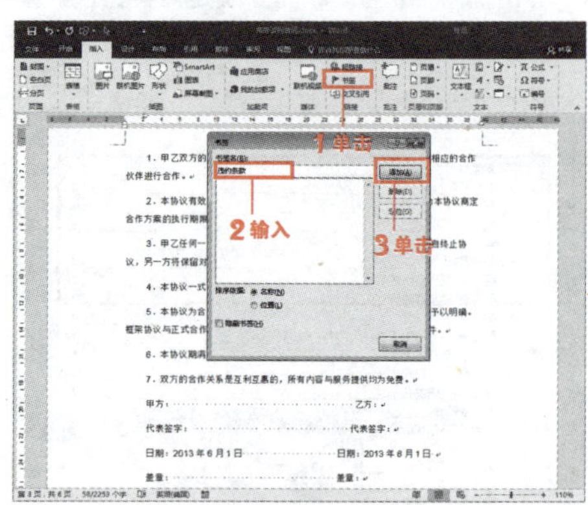

图 3-42 添加书签

技巧拓展

如果需要查看添加书签的文本位置，可在“书签”对话框中选中该书签，单击“定位”按钮即可跳转至该书签对应的文本位置，如图3-43所示。

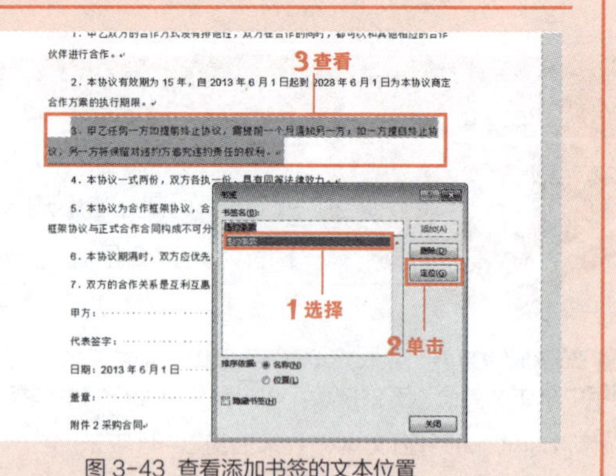

图 3-43 查看添加书签的文本位置

Extra tip

实例 052 利用模板创建名片

难度系数：★★★ 适用版本：07/16/17

技巧介绍： 行政部员工小敏需要为公司领导层员工创建名片，可是她不知道应该怎样操作。下面为大家介绍如何利用模板创建名片。

1 创建新的Word文档，选择“布局”选项卡，单击“页面设置”选项组的“对话框启动器”按钮，在“页面设置”对话框中选择“页边距”选项卡，将页边距均设为“1.27厘米”，选择“纸张”选项卡，将宽度设为“9厘米”，高度设为“5.5厘米”，如图 3-44所示。

2 选择“设计”选项卡，在“页面背景”选项组中单击“页面颜色”下拉按钮，选择“填充颜色”选项，弹出“填充效果”对话框，在“渐变”选项卡中将“颜色”设为“双色”，“颜色1”设为“浅绿”，“颜色2”设为“浅蓝”，将“底纹样式”设置为“斜下”，如图 3-45所示。

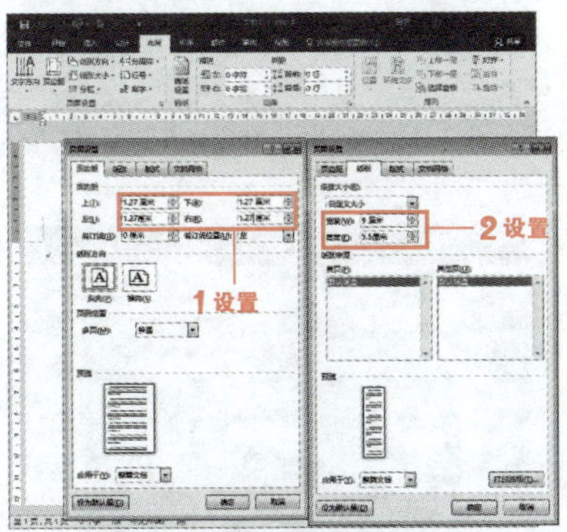

图 3-44 设置页边距和纸张大小

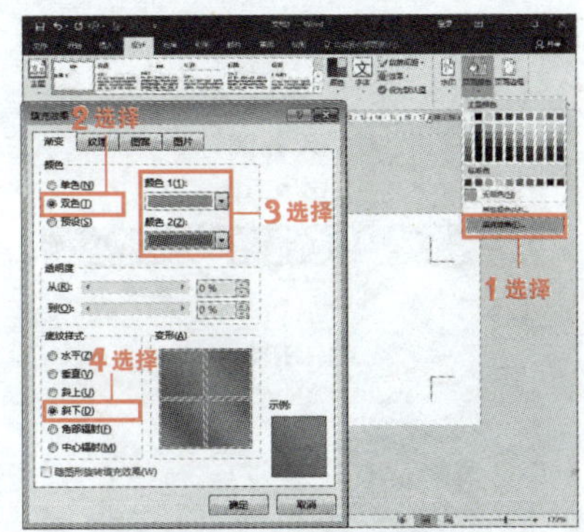

图 3-45 设置页面颜色

3 选择“插入”选项卡，在“插图”选项组中单击“图片”按钮，在弹出的“插入图片”对话框中选择需要插入的图片，单击“插入”按钮保存，如图 3-46所示。

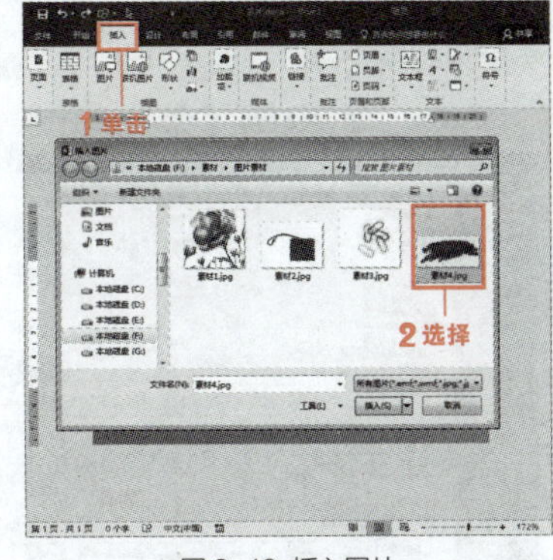

图 3-46 插入图片

4 调整图片边框，在“图片工具—格式”选项卡中单击“删除背景”按钮，在“背景消除”选项卡中单击“保留更改”按钮，如图 3-47所示。

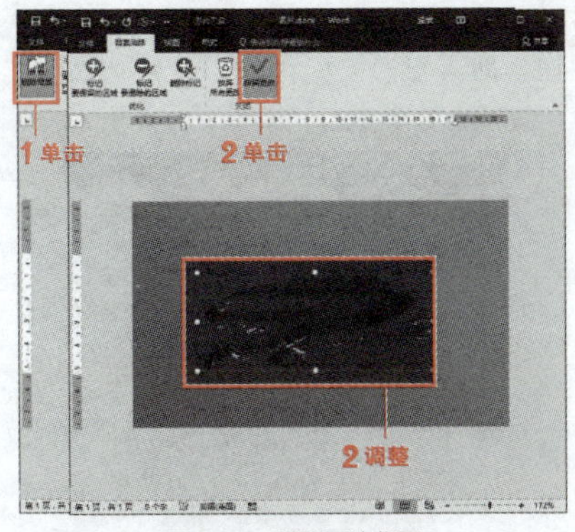

图 3-47 删除图片背景

5 在“图片工具—格式”选项卡中单击“环绕方式”下拉按钮，选择“浮于文字上方”选项，拖动图片至满意位置，如图 3-48所示。

⑥选择“插入”选项卡，在“文本”选项组中单击“文本框”下拉按钮，选择“绘制文本框”选项，如图3-49所示。

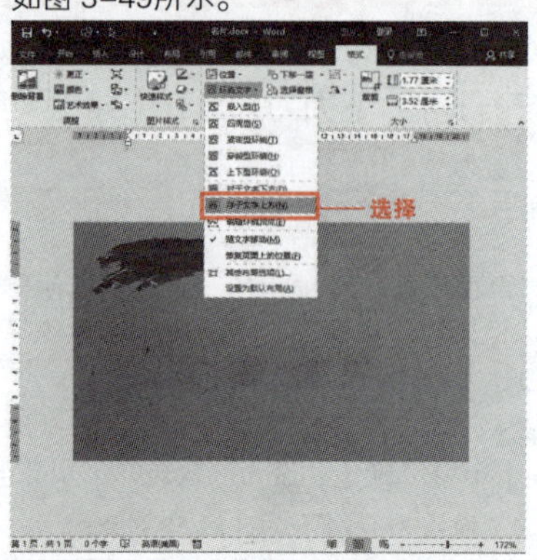

图3-48 选择“浮于文字上方”选项

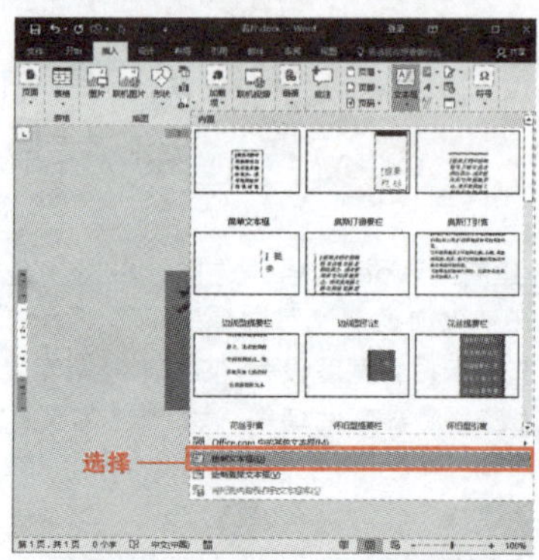

图3-49 选择“绘制文本框”选项

⑦绘制两个文本框，绘制完后，将文本框的“形状轮廓”设为“无轮廓”，“形状填充”设为“无填充”，如图3-50所示。

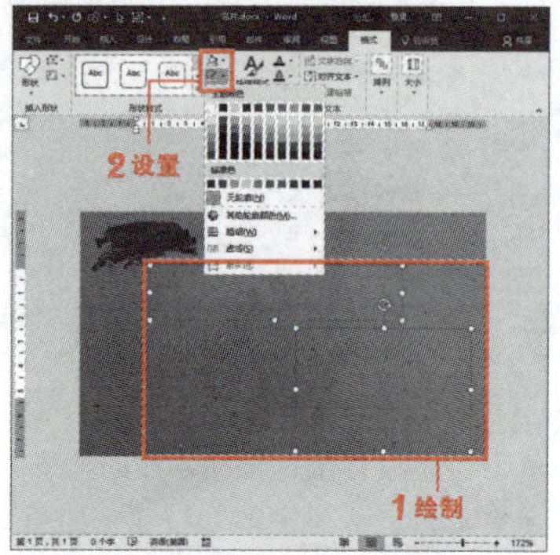

图3-50 设置文本框样式

⑧选择“开发工具”选项卡，在“控件”选项组中单击“格式文本内容控件”按钮，效果如图3-51所示。

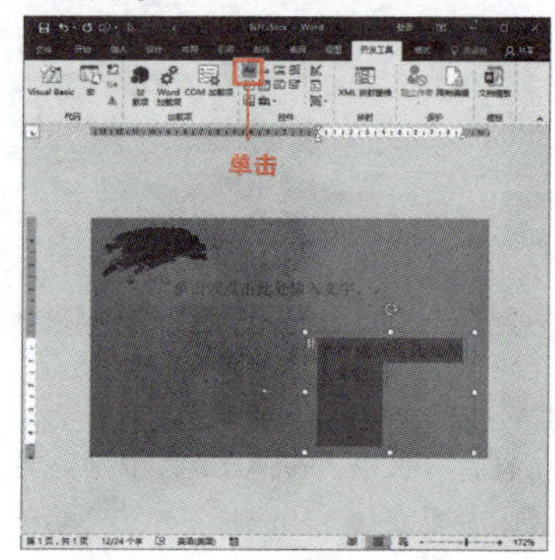

图3-51 单击“格式文本内容控件”按钮

⑨在“开发工具”选项卡中单击“设计模式”按钮，即可更改空间内容，设置文本内容字体，效果如图3-52所示。

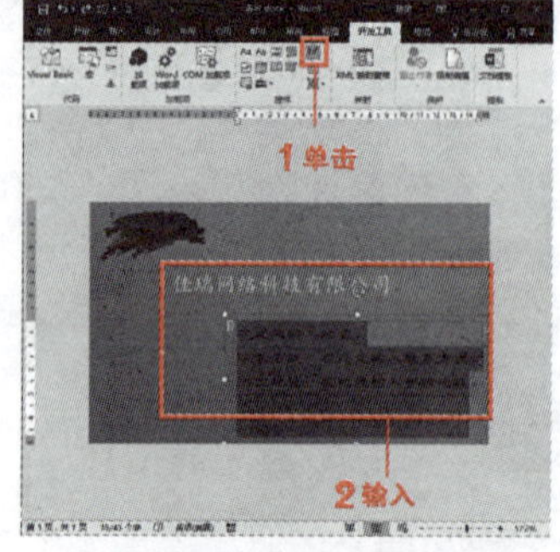

图3-52 单击“设计模式”按钮

⑩单击“文件”菜单，选择“另存为”选项，在“另存为”对话框中将“保存类型”设为“Word模板”，设置文件保存位置，如图3-53所示。

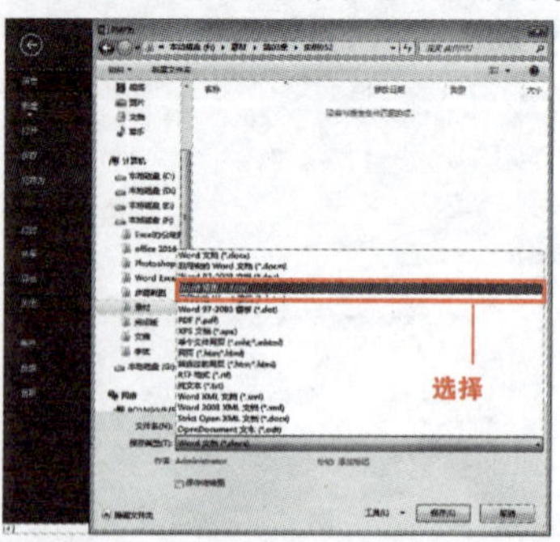

图3-53 设置文件保存类型

技巧拓展

如果选项卡中没有“开发工具”选项卡，可单击“文件”菜单，选择“选项”，弹出“Word选项”对话框，选择“自定义功能区”选项，在右侧“主选项卡”列表中勾选“开发工具”复选框，如图3-54所示。

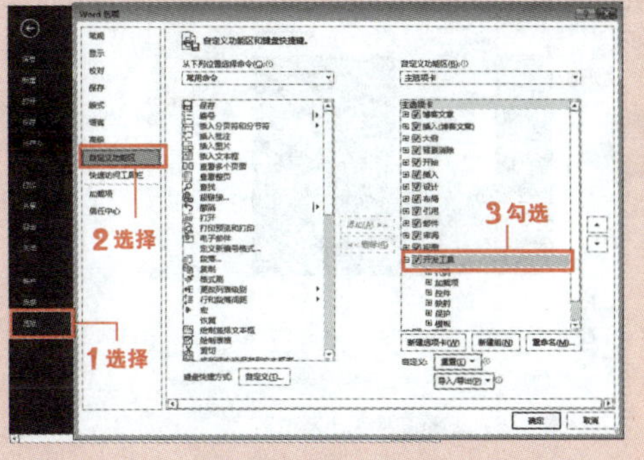

图3-54 勾选“开发工具”复选框

Extra tip

实例053 使用Word制作常用海报版面

难度系数：★★★ 适用版本：07/10/16/17

技巧介绍： 行政人员小凯需要对公司本周放映的电影设计出一份影片简介海报，可是他不会使用Photoshop等设计软件，因此感到很苦恼。

①创建新的Word文档，选择“布局”选项卡，在“页面设置”选项组中单击“页边距”下拉按钮，选择“自定义边距”选项，在“页面设置”选项组中将上下左右边距分别设为“0.5厘米”“0.5厘米”“0.6厘米”“0.6厘米”，单击“确定”按钮保存，如图3-55所示。

②选择“插入”选项卡，单击“图片”按钮，在“插入图片”对话框中选中需要插入的图片，单击“插入”按钮即可插入图片，如图3-56所示。

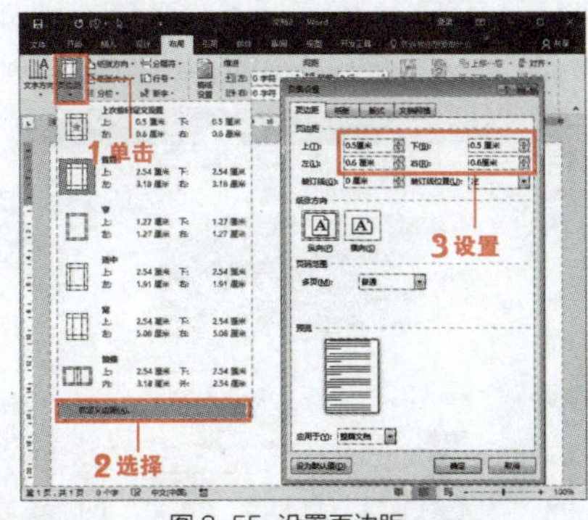

图3-55 设置页边距

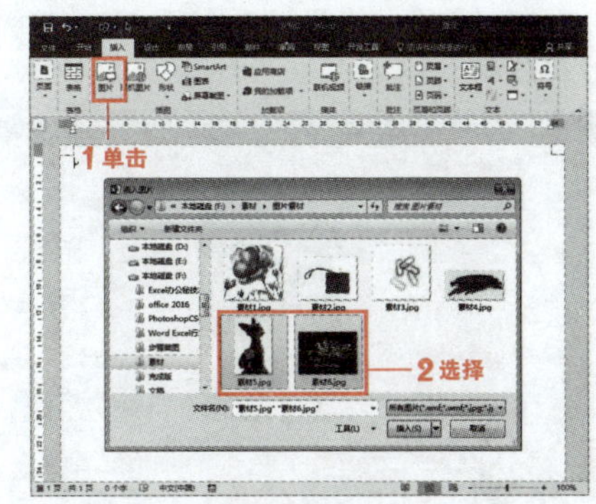

图3-56 插入图片

③在“图片工具—格式”选项卡中的“大小”选项组中调整图片大小，并单击“环绕文字”下拉按钮，选择“浮于文字上方”选项，如图3-57所示。

④在“图片样式”选项组中单击“图片效果”按钮，在展开的列表中选择“柔化边缘”选项，在其级联列表中选择“25磅”选项，如图3-58所示。

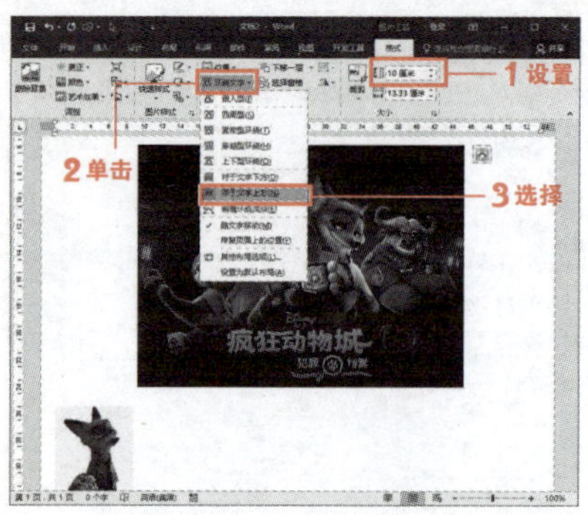

图3-57 调整图片大小及位置

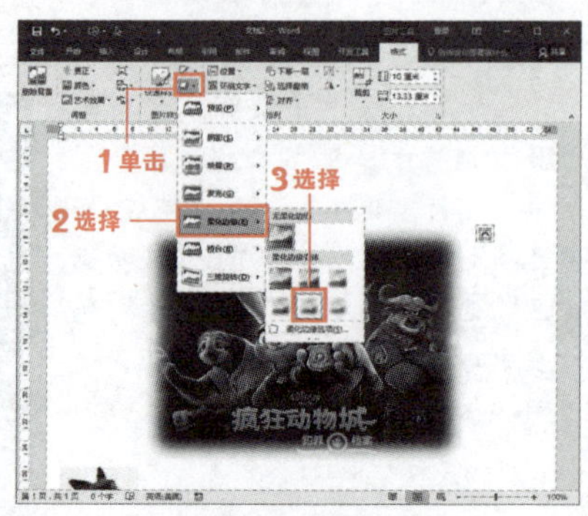

图3-58 选择“柔化边缘”选项

⑤选择“插入”选项卡，在“文本”选项组中单击“艺术字”下拉按钮，选择合适的艺术字样式，并输入文本，如图3-59所示。

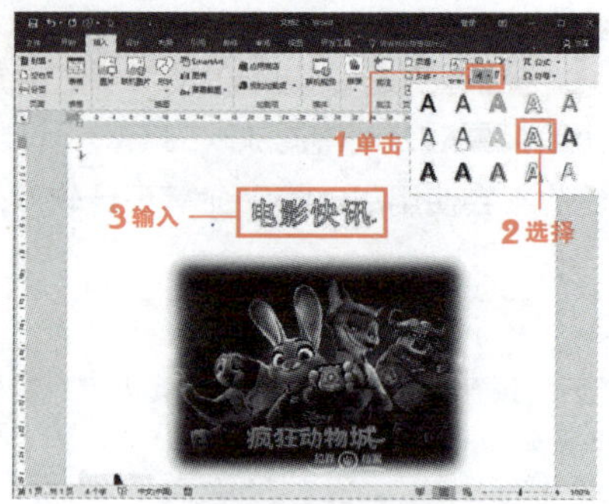

图3-59 输入艺术字

⑥单击“文本框”下拉按钮，选择“绘制文本框”选项，绘制文本框并在文本框汇总输入文本，设置文本格式，如图3-60所示。

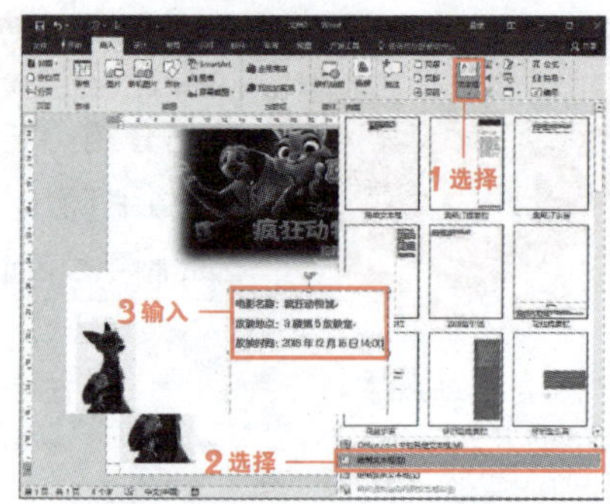

图3-60 绘制文本框

⑦在“插图”选项组中单击“形状”下拉按钮，在列表中选择“思想气泡：云”形状，如图3-61所示。

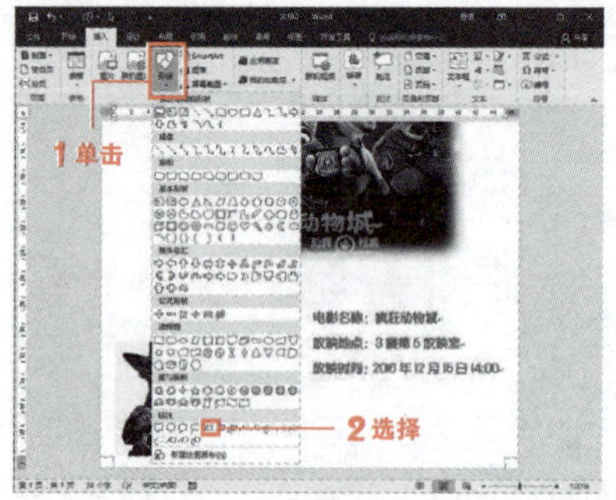

图3-61 单击“形状”下拉按钮

⑧在文档中绘制形状并按【Ctrl】键复制形状，将“形状填充”设置为“黄色”并输入文字，将字体设为红色加粗显示，如图3-62所示。

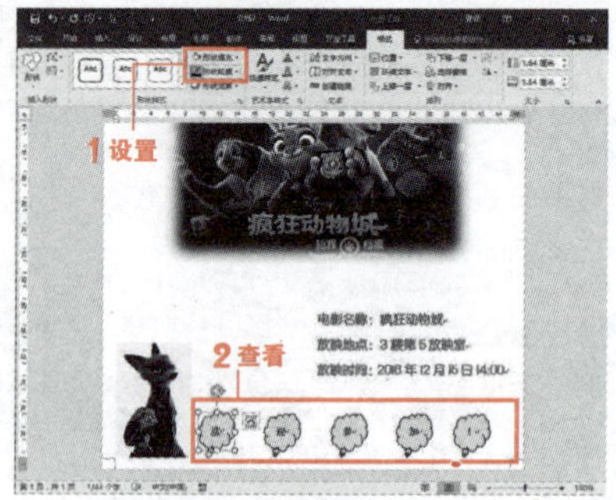

图3-62 绘制图形

9 单击“设计”选项卡下“页面背景”选项组中的“页面边框”按钮，在弹出的“边框和底纹”对话框中选择“方框”选项，将边框颜色设为“橙色，个性色2”，单击“确定”按钮保存，如图3-63所示。

10 设置完后可查看效果，如图3-64所示。

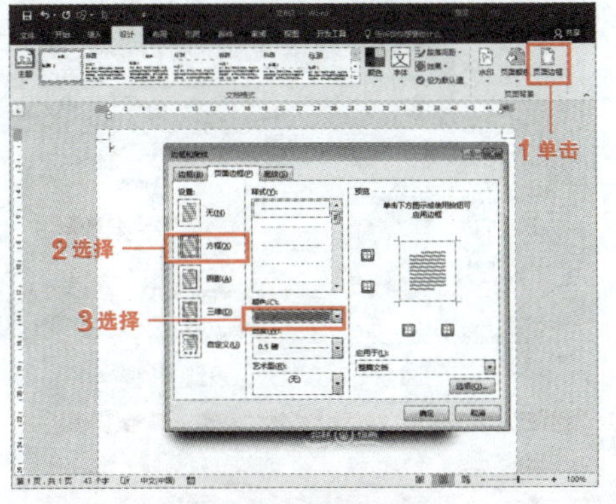

图3-63 设置页面边框

图3-64 查看设置效果

技巧拓展

在“边框和底纹”对话框中还可以设置“艺术型”边框，效果如图3-65所示。

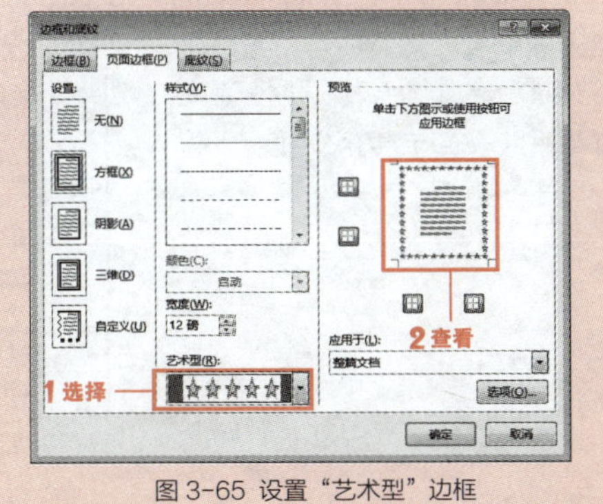

图3-65 设置“艺术型”边框

Extra tip >>>>>>>>>>>>>

实例054 锁定文档的修订功能

难度系数：★★★ 适用版本：07/13/16/17

技巧介绍： 行政部员工小张修订了员工考勤制度，为防止别人关闭修订功能，因此她想锁定文档的修订功能，可是又不知应该怎样操作。下面为大家介绍如何锁定文档的修订功能。

1 在Word中打开“素材\第03章\实例054\员工考勤制度”文档，选择“审阅”选项卡，在“修订”选项组中单击“修订”下拉按钮，选择“锁定修订”选项，弹出“锁定跟踪”对话框，输入密码以及确认密码，如图3-66所示。

2 此时“修订”功能已呈灰色不可用状态，选择“锁定修订”选项，输入正确密码即可取消锁定，如图3-67所示。

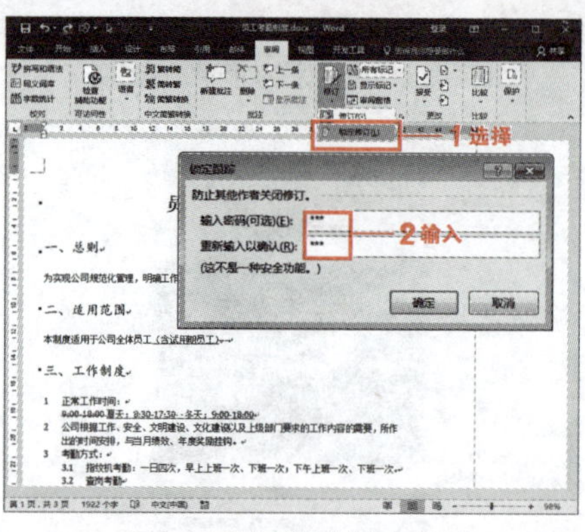

图 3-66 选择“锁定修订”选项

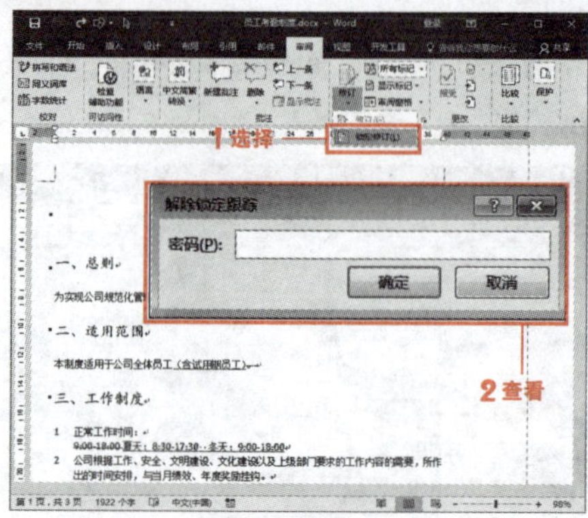

图 3-67 查看修订设置

技巧拓展

在“修订”选项组中单击“审阅窗格”下拉按钮，选择“垂直审阅窗格”选项，此时将会弹出“修订”窗格，并且在此窗格中将会显示具体修订内容，如图 3-68所示。

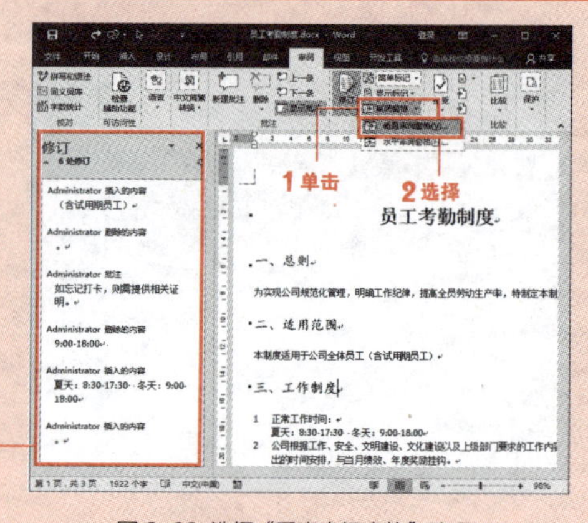

图 3-68 选择“垂直审阅窗格”选项

Extra tip

实例 055 为公司文档快速添加水印

难度系数：★★★ 适用版本：07/10/16/17

技巧介绍： 行政部员工小夏在编辑完公司文档后希望在文档中添加水印效果以确保唯一性，可是他不知道应该怎样操作。下面为大家介绍如何为公司文档快速添加水印。

① 在Word中打开“素材\第03章\实例055\商务合同”文档，选择“设计”选项卡，在“页面背景”选项组中单击“水印”下拉按钮，在展开的列表中选择满意的水印样式，如图 3-69所示。

② 设置完后无法直接在文档中查看效果，可选择“打印”选项，在“打印预览”中查看设置效果，如图 3-70所示。

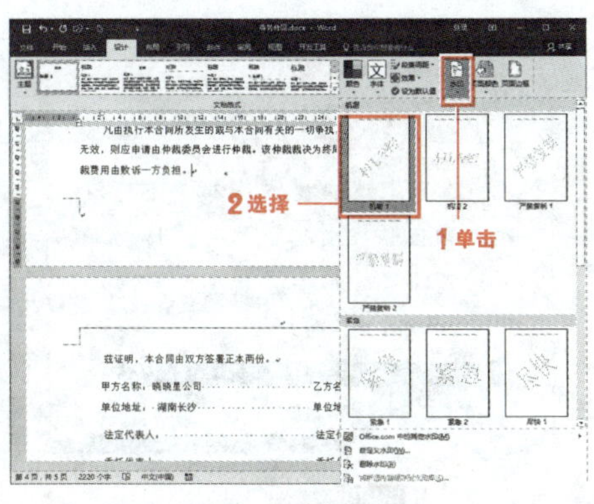

图 3-69 单击“水印”下拉按钮

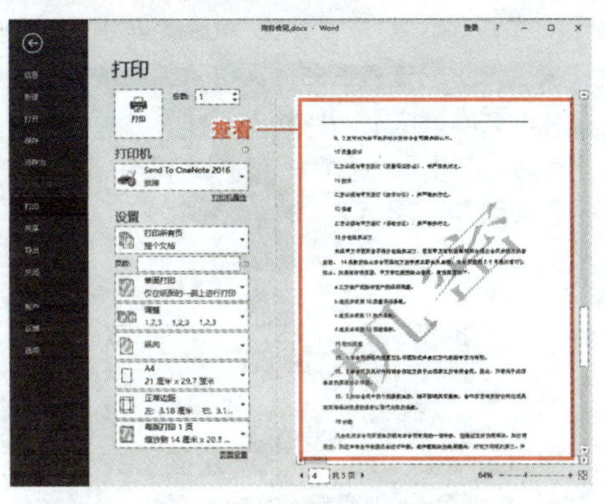

图 3-70 查看设置效果

技巧拓展

a.如果对内置的水印样式不满意，可以在“水印”下拉列表中选择“自定义水印”选项，弹出“水印”对话框，选择“文字水印”选项，在“文字”文本框中输入“创锐嘉网络”，将字体设为“微软雅黑”，颜色设为“红色”，如图 3-71所示。

b.设置完后可在打印预览中查看效果，如图 3-72所示。

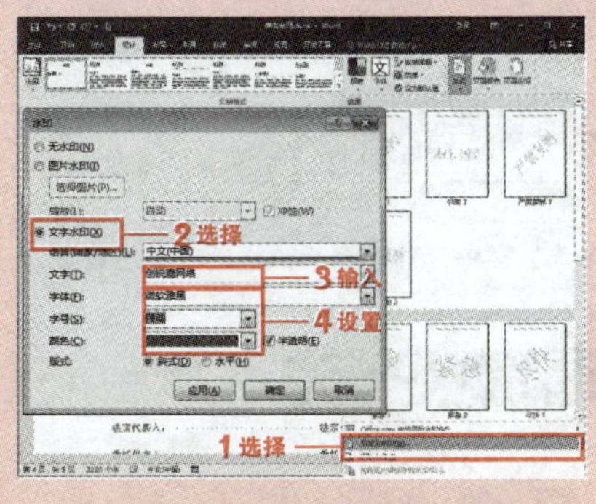

图 3-71 选择“自定义水印”选项

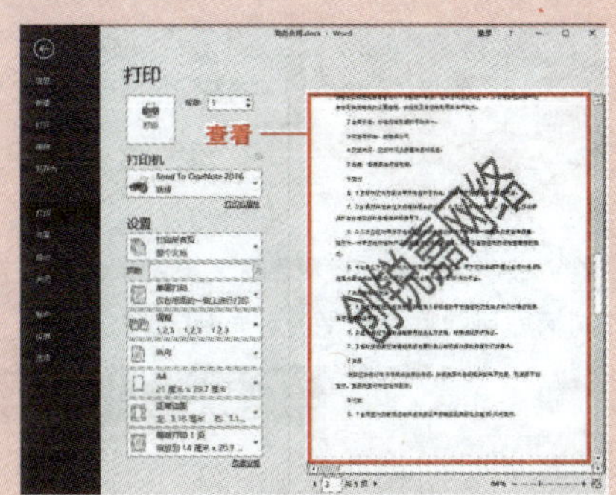

图 3-72 查看设置效果

Extra tip

实例 056

用快捷键快速调整文档字体

技巧介绍： 行政部员工小彩在编辑完文档后突然想到能否使用快捷键调整文档字体呢？

下面为大家介绍如何使用快捷键快速调整文档字体。

在Word中打开“素材\第03章\实例056\关于安全卫士检查的通知”文档，选中需要更改字体的文本，按【Ctrl+Shift+>】组合键即可增大字号，按【Ctrl+Shift+<】组合键即可减小字号，如图3-73所示。

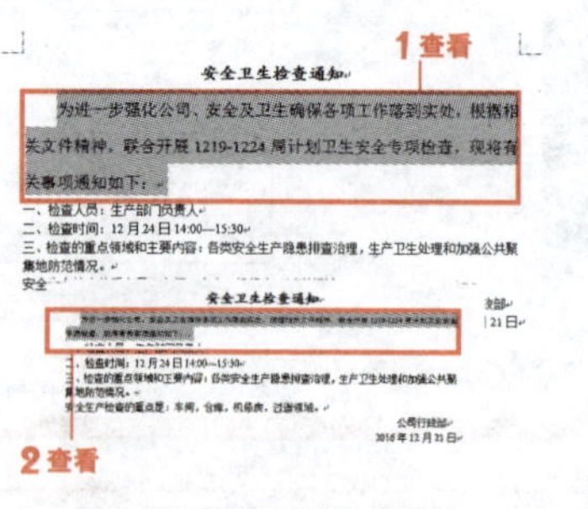

图3-73 使用快捷键调整字号

技巧拓展

除了上述快捷方法外，还可以在“字体”选项组中单击A按钮即可增大字号，单击A按钮即可减小字号，如图3-74所示。

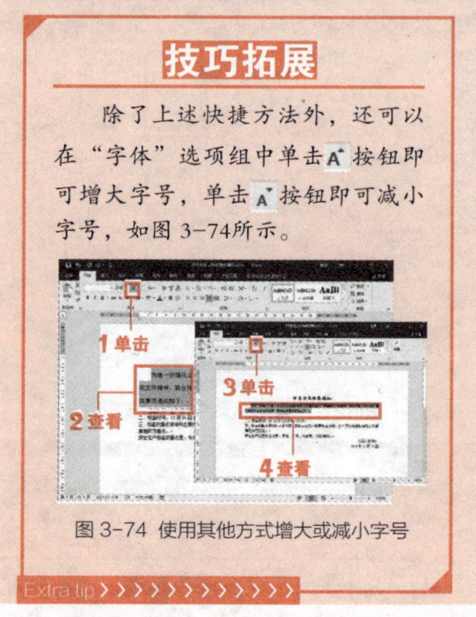

图3-74 使用其他方式增大或减小字号

Extra tip

实例057 使用控制柄快速旋转图片

难度系数：★★★ 适用版本：07/43/16/17

技巧介绍： 公司行政人员小佳需要将新插入的图片进行旋转操作，可是她不知道应该怎样操作。下面为大家介绍如何进行旋转图片。

在Word中打开“素材\第03章\实例057\产品简介”文档，选中图片，拖动鼠标旋转图片上方的控制柄即可快速旋转图片，如图3-75所示。

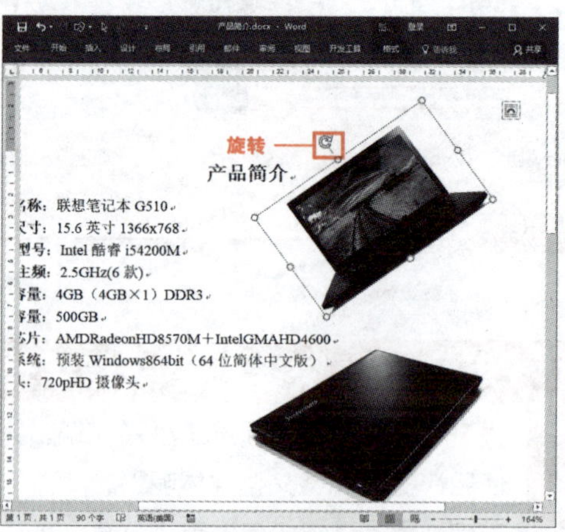

图3-75 旋转图片

技巧拓展

除了可以使用控制柄来旋转图片外，还可以在“图片工具—格式”选项卡中来设置图片具体旋转角度，具体操作步骤如下。

a.选中图片，选择“图片工具—格式”选项卡，在“排列”选项组中单击“旋转”下拉按钮，选择“其他旋转选项”，弹出“布局”对话框，在“大小”选项卡中设置图片旋转角度，如图 3–76所示。

b.设置完后可查看旋转效果，如图 3–77所示。

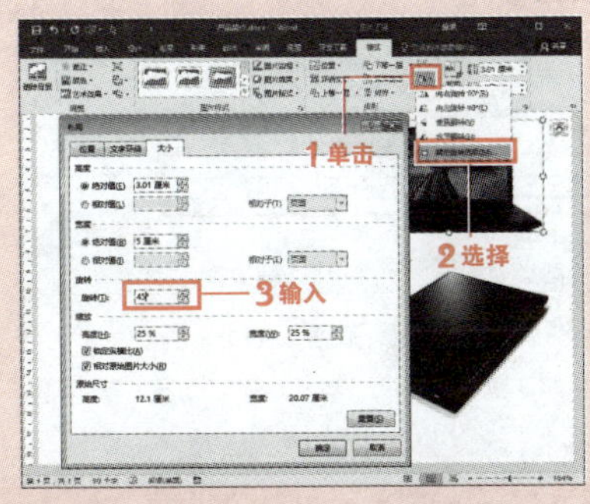

图 3–76 设置图片旋转角度

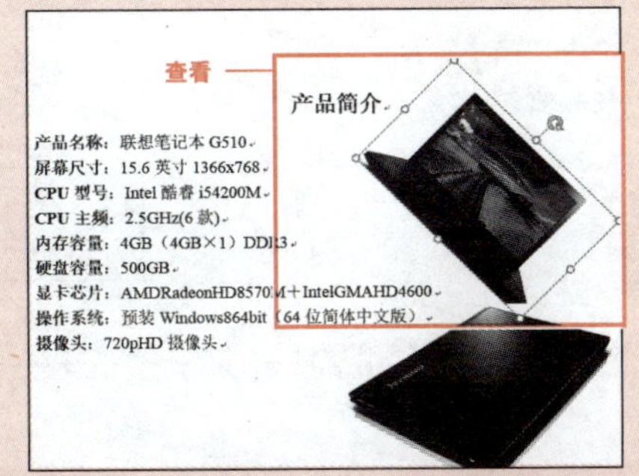

图 3–77 查看旋转效果

Extra tip > > > > > > > > > > > > >

实例 058 在文档中快速创建表格

难度系数：★★★ 适用版本：07/10/13/16/17

技巧介绍： 行政人员小惠需要在文档中创建表格来比较两件产品之间的差异，可是她不知道应该怎么样创建表格。下面为大家介绍如何在文档中创建表格。

创建新的Word文档，选择“插入”选项卡，单击“表格”下拉按钮，拖动鼠标选择“6x3表格”，即创建了一个3行、6列的表格，直接在表格中输入文本内容，如图 3–78所示。

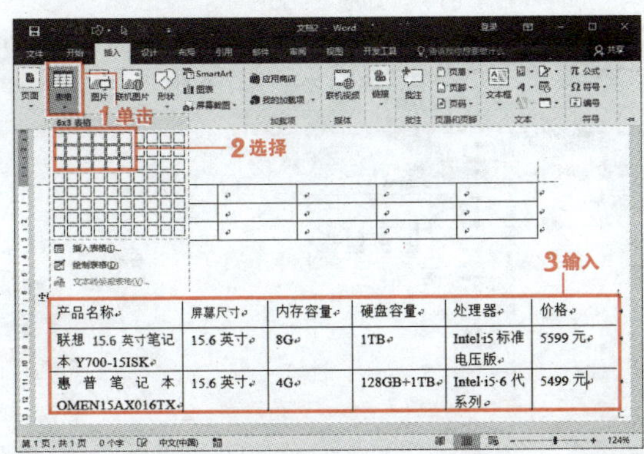

图 3–78 选择“6x3 表格”样式

技巧拓展

还可以执行“插入表格”命令来创建表格，具体操作步骤如下。

在“表格”下拉列表中选择“插入表格”选项，在弹出的“插入表格”对话框中设置表格的行数和列数，单击“确定”按钮保存，效果如图3-79所示。

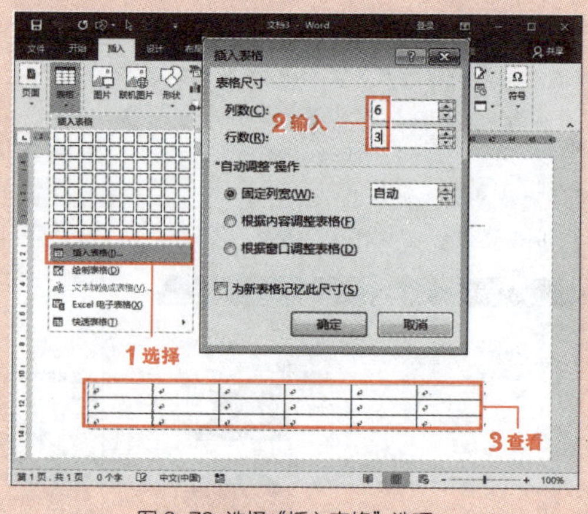

图3-79 选择“插入表格”选项

Extra tip > > > > > > > > > > > > >

实例059 利用Excel描述Word中的数据图

难度系数：★★★ 适用版本：07/10/13/16/17

技巧介绍： 公司行政部员工小唐需要在Word中插入图片,还要在Excel中编辑数据，可是他不知道应该怎么操作。下面为大家介绍如何利用Excel描述Word中的数据图。

① 创建新的Word文档，选择“插入”选项卡，在“插图”选项组中单击“图表”按钮，弹出“插入图表”对话框，选择合适的图表类型（如簇状柱形图），如图3-80所示。

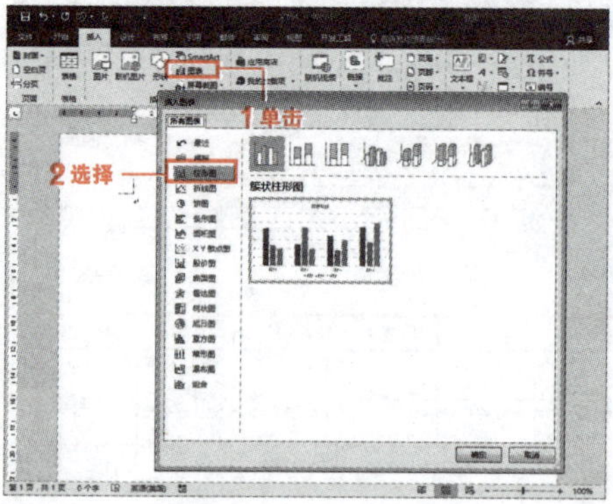

图3-80 单击“图表”按钮

② 此时将会在Word中弹出Excel工作簿，修改工作簿中的数据，此时Word中的图表也会相应发生变化，如图3-81所示。

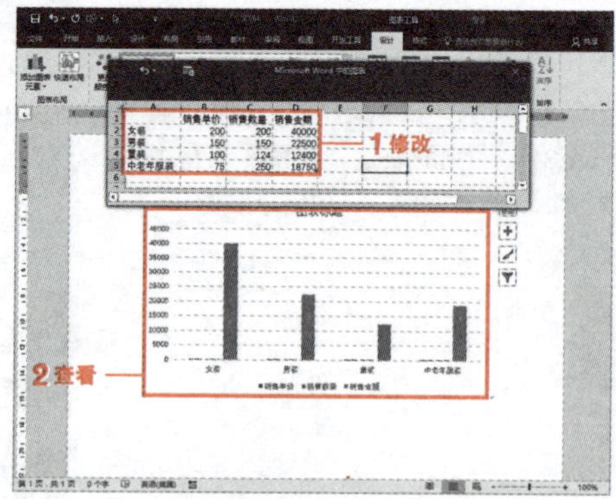

图3-81 修改表格中的数据

实例 060

难度系数：★★★　适用版本：07/10/13/16/17

格式刷的双击与单击

技巧介绍： 格式刷是Word中一个很强大的功能，使用格式刷能够将光标所在位置的所有格式复制到所选文字上面。可是，大部分用户都不清楚格式刷的具体妙用。

1 在Word中打开“素材\第03章\实例060\关于开展培训的通知”文档，选中文本，在“剪贴板”选项组中单击“格式刷”按钮，然后再选取需要复制格式的文本，如图 3-82所示。

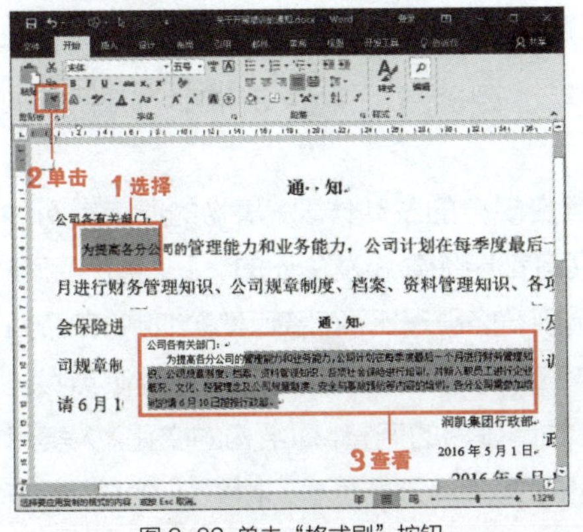

图 3-82 单击“格式刷”按钮

2 选中文本，双击“格式刷”按钮，然后再选取需要复制格式的文本，如图 3-83所示。

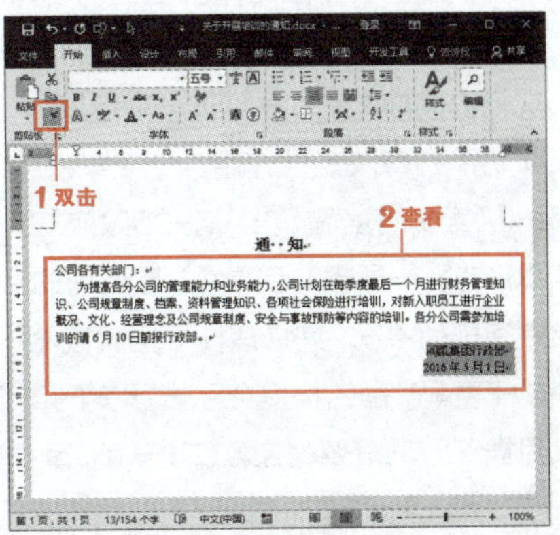

图 3-83 双击“格式刷”按钮

技巧拓展

单击格式刷：是指只可使用一次，使用后会自动取消使用状态。

双击格式刷：是指可多次使用，但使用完后，必须再次单击“格式刷”或按下【Esc】键来关闭格式刷。

Extra tip >>>>>>>>>>>>>

职场小知识

米格-25效应

简介： 事物内部结构合理，会产生“整体大于部分之和”的功效；结构不合理，整体功能就会小于结构各部分功能相加之和。

苏联研制生产的米格-25喷气式战斗机，以其优越的性能而广受世界各国青睐，然而，众多飞机制造专家却惊奇地发现：米格-25战斗机所使用的许多零部件与美国战机相比要落后得多，而其整体作战性能达到甚至超过了美国等其他国家同期生产的战斗机。造成这种现象的原因是，米格公司在设计时从整体考虑，对各零部件进行了更为协调的组合设计，使该机在升降、速度、应激反应等诸方面反超美机而成为当时世界一流。这一因组合协调而产生的意想不到的效果，被后人称为"米格-25效应"。

米格-25效应是指事物的内部结构是否合理，对其整体功能的发挥关系很大。结构合理，会产生"整体大于部分之和"的功效；结构不合理，整体功能就会小于结构各部分功能相加之和，甚至出现负值。

恩格斯讲过一个法国骑兵与马木留克骑兵作战的例子：骑术不精但纪律很强的法国兵，与善于格斗但纪律涣散的马木留克兵作战，若分散而战，3个"法"兵战不过2个"马兵"；若百人相对，则势均力敌；而千名法兵必能击败一千五百名马兵。说明法兵在大规模协同作战时，发挥了协调作战的整体功能，说明系统的要素和结构状况对系统的整体功能起着决定性作用。

从哲学高度看，"米格-25效应"是质量互变规律的生动体现。事物的质变有两种基本形态：一是量的积累；二是结构的变化。两者都能使事物发生质的飞跃。碳(C)原子的空间排列不同，其物理性质也就截然不同：金刚石坚硬无比，石墨则柔软细腻。田忌与齐威王赛马，是结构变化引发质变的一个经典。田忌三战三败后，请军事家孙膑点拨，以同样三匹马复赛，结果二胜一负，反操胜券，独因排序的调整，即结构的变化。人类思想和观点上的交流与碰撞，是结构变化促成质变的高级形态，也是"米格-25效应"价值的高层体现。其实，这就是中国传统文化中所提炼的"集思广益"思想。成功学大师拿破仑·希尔对此给予了极高评价，他认为，"集思广益"是人类最了不起的能耐，不但可以创造奇迹，开辟前所未有的新天地，还能激发人类的最大的潜能。常见的情况是，人们在思想的交流与碰撞中，一次就有可能产生独自一人10次才能完成的思考和联想。

尊重差异是脑力合作、集思广益的本质。只有重视不同个体的不同心理、情绪、智能，以及个人眼中所见、脑中所想的不同世界，才能相互吸收有益的东西，弥补各自的不足，做到资源整合，发挥整体大于部分之和的重要作用。

Chapter 4

第 4 章 行政文秘常用表格

作为一名行政人员，经常需要制作各种各样的图表，使用表格数据可以代替大量的文字说明，从而使内容更明确，文档更丰富。因此本章将介绍20个常用表格的制作方法，如制作员工档案表、制作会议计划表、制作办公事务管理表、制作办公用品登记表、制作车辆管理表等。

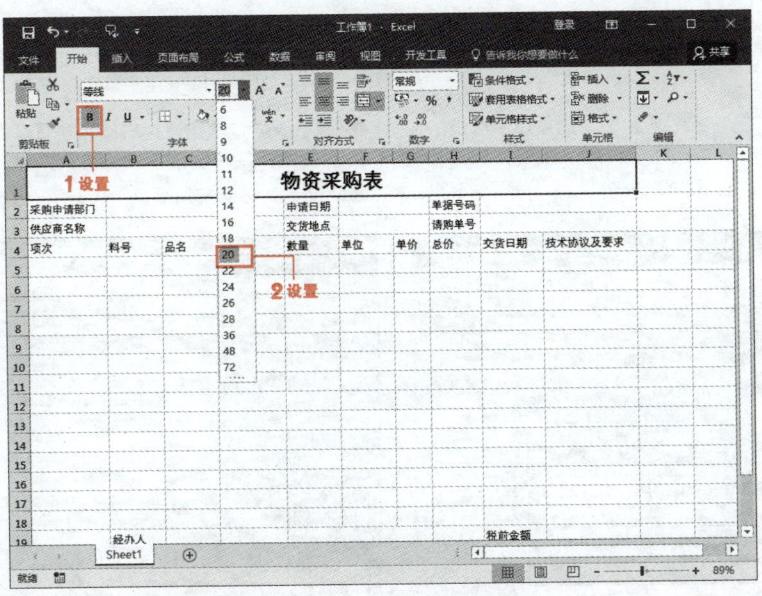

实例061 员工档案表

难度系数：★★★ 适用版本：2007/2010/2013/2016

技巧介绍： 人事部员工经常需要组织公司人员填写员工档案表，这对公司的管理和员工自身起着重要的作用。因此，下面为大家介绍如何制作员工档案表。

1 创建新的Excel工作簿，在工作簿中输入文本，如图 4-1所示。

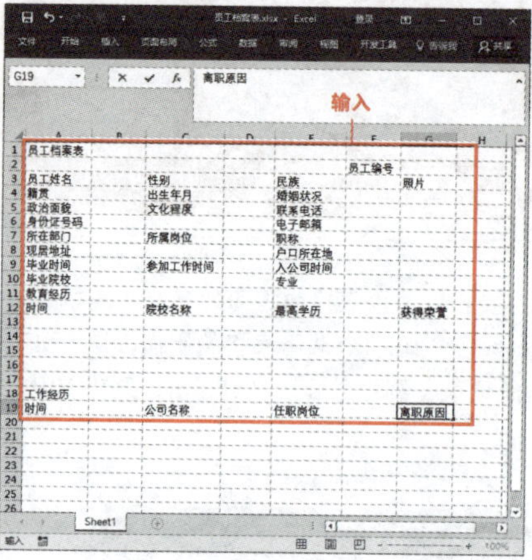

图 4-1 输入文本

2 在“对齐方式”选项组中单击“合并后居中”下拉按钮，执行“合并单元格”操作，如图 4-2所示。

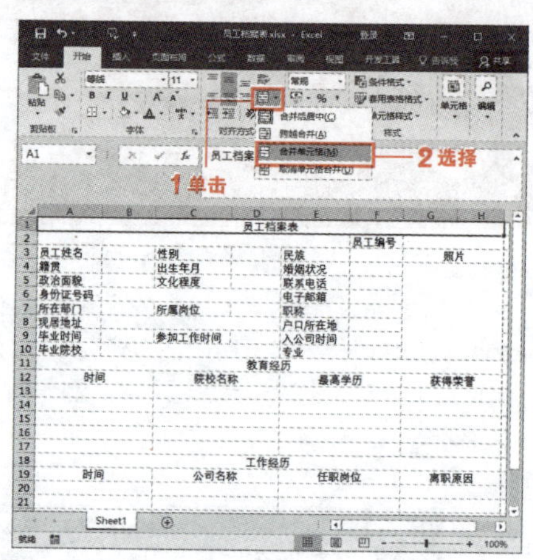

图 4-2 执行“合并单元格”操作

3 选中表格，在“单元格”选项组中单击“格式”下拉按钮，选择“行高”选项，将行高设为“30”，如图 4-3所示。

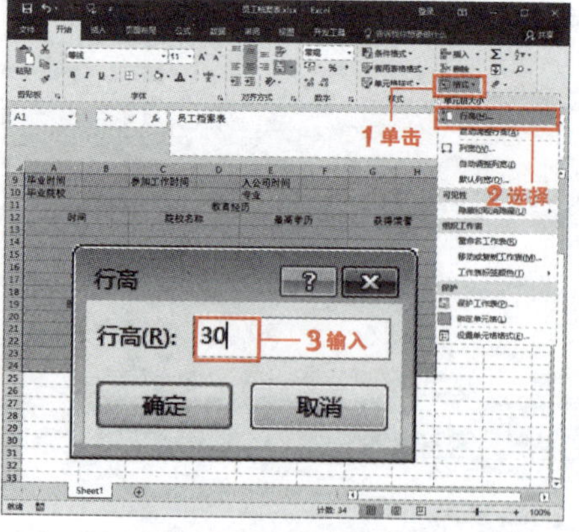

图 4-3 设置单元格行高

4 选中表格，单击鼠标右键，执行“设置单元格”命令，在“设置单元格格式”对话框中设置边框，如图 4-4所示。

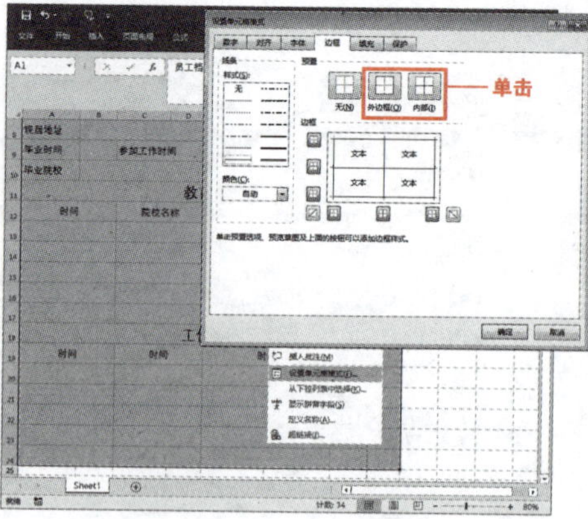

图 4-4 设置单元格边框

5 设置完后查看效果，并保存在“素材\第04章\实例061”文件夹中，如图 4-5所示。

员工档案表						
					员工编号	
员工姓名		性别		民族		照片
籍贯		出生年月		婚姻状况		
政治面貌		文化程度		联系电话		
身份证号码				电子邮箱		
所在部门		所属岗位		职称		
现居地址				户口所在地		
毕业时间		参加工作时间		入公司时间		
毕业院校				专业		

教育经历			
时间	院校名称	院校名称	院校名称

工作经历			
时间	时间	时间	时间

图 4-5 查看设置效果

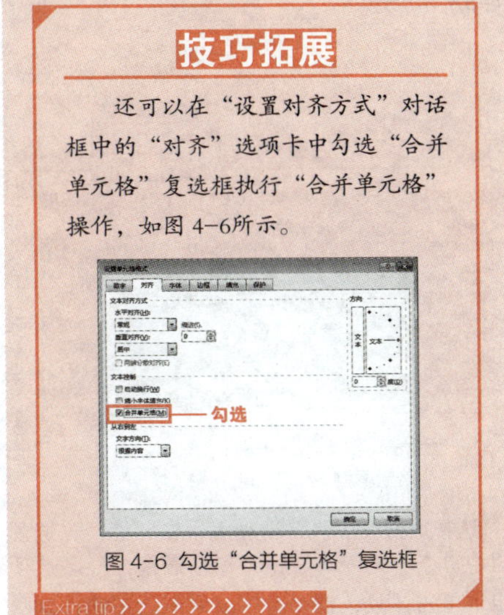

技巧拓展

还可以在“设置对齐方式”对话框中的“对齐”选项卡中勾选“合并单元格”复选框执行“合并单元格”操作，如图 4-6所示。

图 4-6 勾选“合并单元格”复选框

Extra tip

实例 062 档案调阅单

难度系数：★★★ 适用版本：07/10/13/16/17

技巧介绍： 档案资料属于公司内部限级文件，未经许可一般不得外借、外传。如果需调阅公司档案，均须填写《档案调阅单》并经各级领导签批后方能凭单调阅档案。

1 创建新的Excel文档，在工作簿中输入文本，并执行“合并单元格”操作，效果如图 4-7所示。

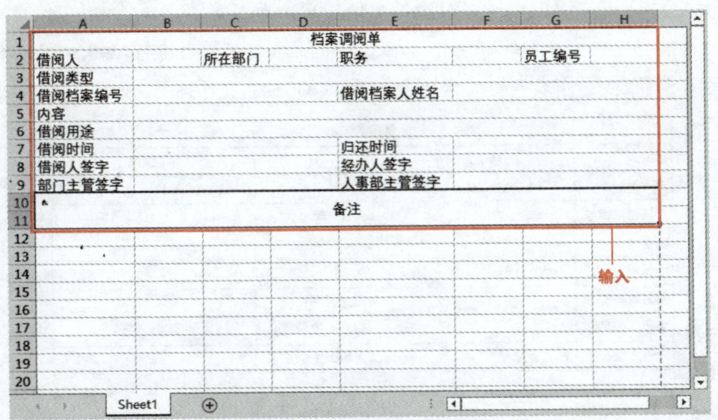

图 4-7 输入文本并合并单元格

❷选中表格，将单元格行高设为“25”，如图4-8所示。

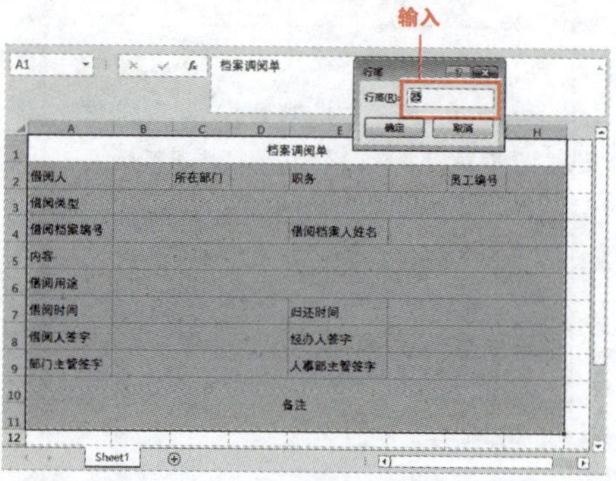

图4-8 设置单元格行高

❸在“字体”选项组中单击“边框”下拉按钮，在展开的列表中选择“所有框线”选项，如图4-9所示。

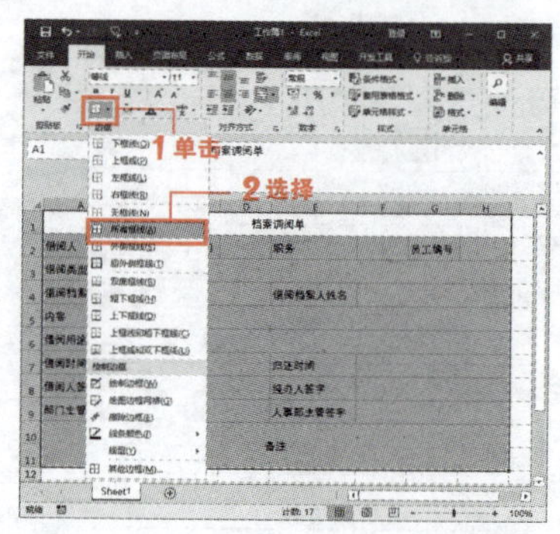

图4-9 选择“所有框线”选项

❹选择“开发工具”选项卡，在“控件”选项组中单击“插入”按钮，在“表单控件”选项组中单击“复选框（窗体控件）”按钮，如图4-10所示。

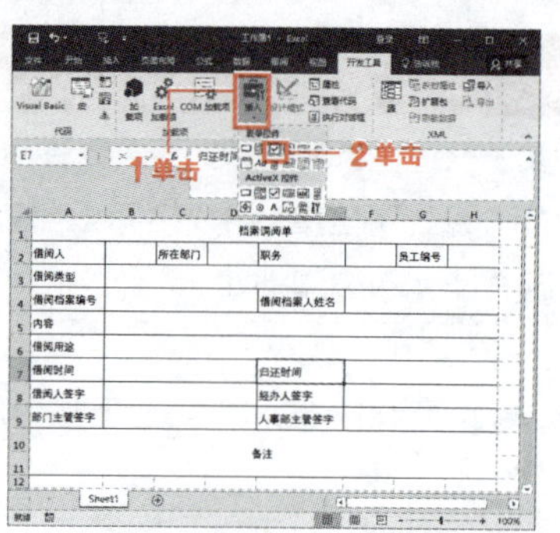

图4-10 单击“复选框（窗体控件）”按钮

❺在单元格中绘制复选框，单击鼠标右键，执行“编辑文字”命令，效果如图4-11所示。

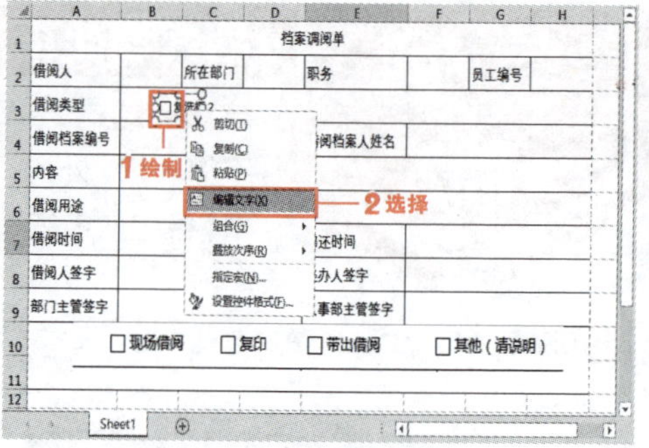

图4-11 执行“编辑文字”命令

❻设置完后可查看效果，并保存在“素材\第04章\实例062”文件夹中，效果如图4-12所示。

档案调阅单							
借阅人		所在部门		职务		员工编号	
借阅类型	☐现场借阅 ☐复印 ☐带出借阅 ☐其他（请说明）						
借阅档案编号				借阅档案人姓名			
内容							
借阅用途							
借阅时间				归还时间			
借阅人签字				经办人签字			
部门主管签字				人事部主管签字			
备注							

图4-12 查看设置效果

技巧拓展

根据公司的实际情况可在档案调阅单中添加相关内容。

Extra tip >>>>>>>>>>>>>

实例 063 通讯费报销单

难度系数：★★★ 适用版本：07/10/13/16/17

技巧介绍： 公司部分员工，特别是销售部门、客户部门的员工经常需要与客户联系，因此会产生大量的通讯费。作为公司行政人员，要学会制作通讯费报销单。

❶创建新的Excel文档，在工作簿中输入文本，并执行“合并单元格”操作，效果如图 4-13 所示。

❷设置行高值，并调整列宽以及文本格式，如图 4-14所示。

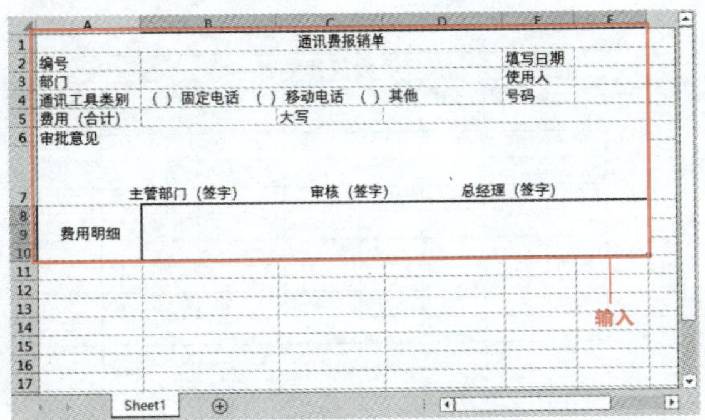

图 4-13 输入文本并执行“合并单元格”操作

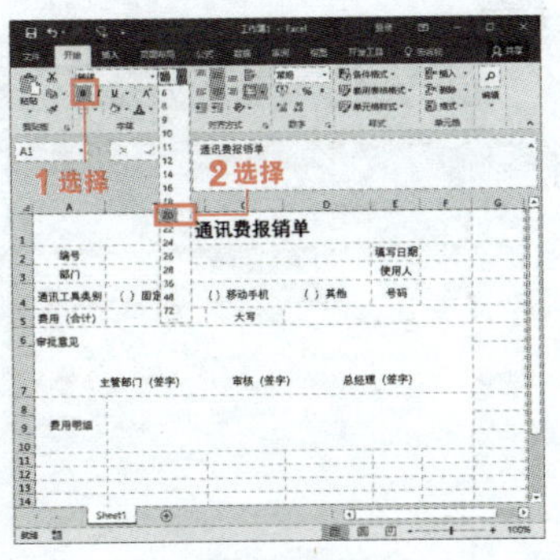

图 4-14 设置行高值

❸为单元格添加边框，并将工作簿保存在“素材\第04章\实例063”文件夹中，效果如图 4-15 所示。

通讯费报销单				
编号			填写日期	
部门			使用人	
通讯工具类别	( ) 固定电话	( ) 移动手机　( ) 其他	号码	
费用（合计）		大写		
审批意见 主管部门（签字）　审核（签字）　总经理（签字）				
费用明细				

图 4-15 查看设置效果

技巧拓展

按【Alt+Enter】组合键可以在单元格中执行“换行”操作。

Extra tip >>>>>>>>>>>>>

实例064 会议计划表

难度系数：★★★ 适用版本：07/10/13/16/17

技巧介绍： 无论是国企大公司，还是民营小公司都会召开公司会议。那么此时会议计划表就显得非常重要了，使用会议计划表可以很明确地查看会议的相关信息。

① 创建新的Excel文档，在工作簿中输入文本，将标题设为“宋体”“20”和加粗显示，单元格行高设为“20”，合并标题行单元格并居中显示，如图 4-16所示。

② 为单元格添加边框，并将工作簿保存在“素材\第04章\实例064”文件夹中，效果如图 4-17所示。

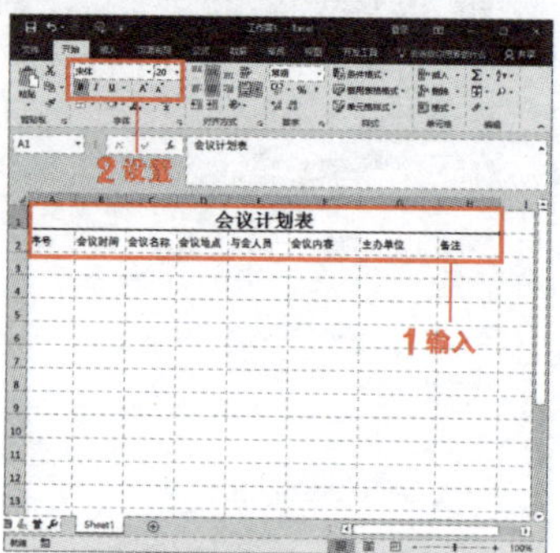

图 4-16 输入文本并设置文本

会议计划表

序号	会议时间	会议名称	会议地点	与会人员	会议内容	主办单位	备注

图 4-17 查看设置效果

技巧拓展

可拖动填充柄快速填充数据，并单击“自动填充选项”按钮，选择“填充序列”选项可依次填充数据，如图 4-18所示。

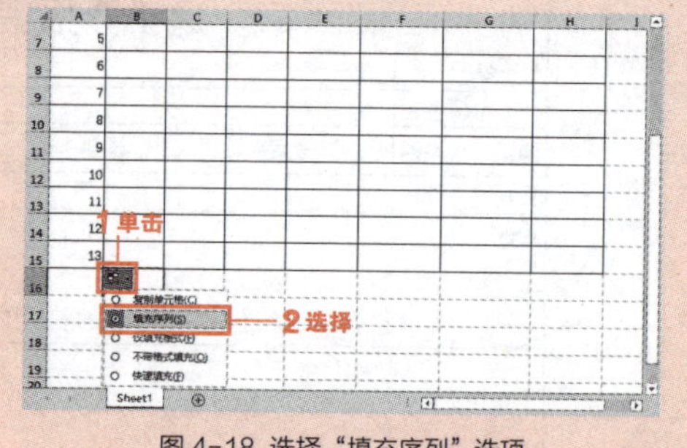

图 4-18 选择“填充序列”选项

Extra tip >>>>>>>>>>>>>

实例 065 印章使用范围表

技巧介绍： 公司大小事务都需要使用印章，不同的事务使用的印章也不尽相同。对于新进职员来说，对各种印章使用的范围并不熟悉，这时制作印章使用范围表就很有必要了。

1 创建新的Excel工作表，在单元格中输入文本，并执行“合并单元格”操作，选中A3：A11单元格区域，单击鼠标右键，执行“设置单元格格式”命令，在“对齐”选项组中单击“方向”按钮，如图 4-19所示。

2 调整行高，将行高设为“27”，并将单元格文本设为居中显示，如图 4-20所示。

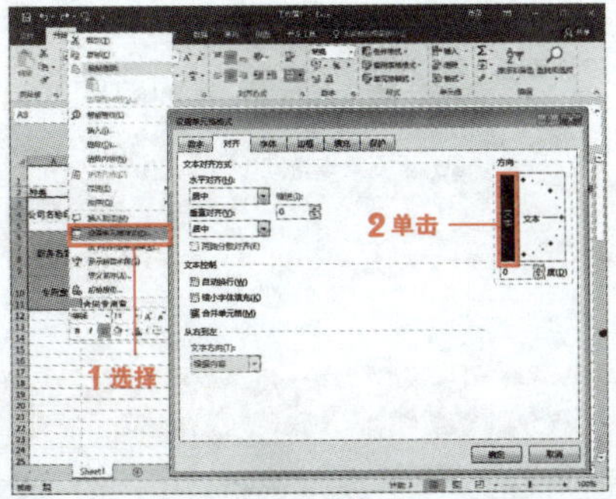

图 4-19 单击“方向”按钮

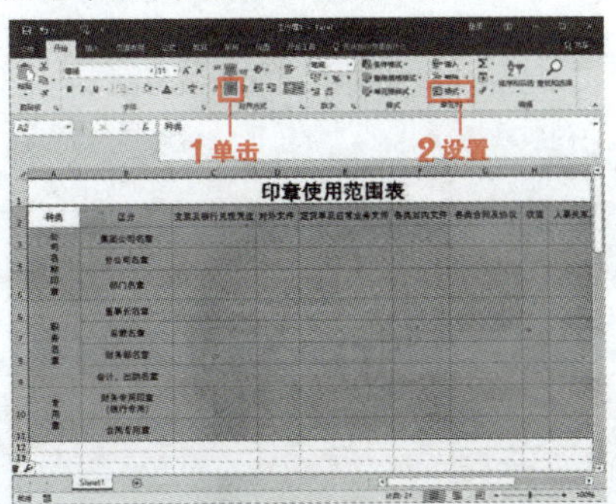

图 4-20 设置行高及文本对齐方式

3 选中“插入”选项卡，在“符号”选项组中单击“符号”按钮，弹出“符号”对话框，在“子集”下拉列表中选择“数学运算符”选项，在列表框中选择“√”符号，如图 4-21所示。

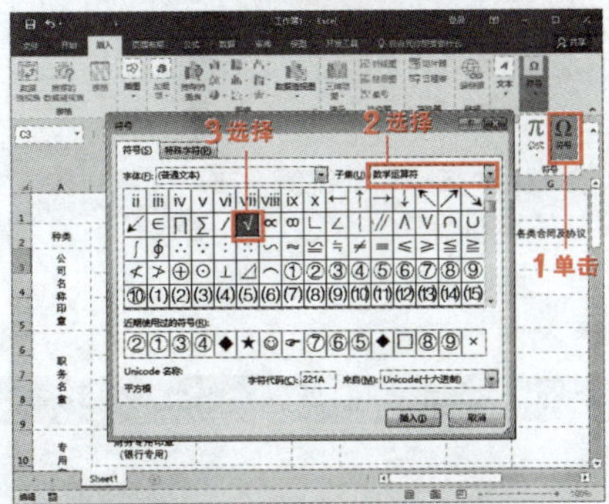

图 4-21 单击“符号”按钮

4 在单元格中插入“√”符号，并添加边框，查看设置效果，并保存在“素材\第04章\实例065”中，如图 4-22所示。

印章使用范围表

种类	区分	支票及银行兑现凭证	对外文件	定货单及日常业务文件	各类对内文件	各类合同及协议	收据	人事关系及有关证明
公司名称印章	集团公司名章	√	√	√	√		√	√
	分公司名章	√	√	√	√		√	√
	部门名章			√	√		√	
职务名章	董事长名章	√						
	总裁名章		√		√		√	
	财务部名章	√					√	
	会计、出纳名章	√						
专用章	财务专用印章（银行专用）	√					√	
	合同专用章					√		

图 4-22 查看设置效果

第1章 第2章 第3章 第4章 第5章 第6章 第7章 第8章 第9章 第10章

技巧拓展

在“设置单元格格式”对话框中可以设置文本方向，如图 4-23 所示。

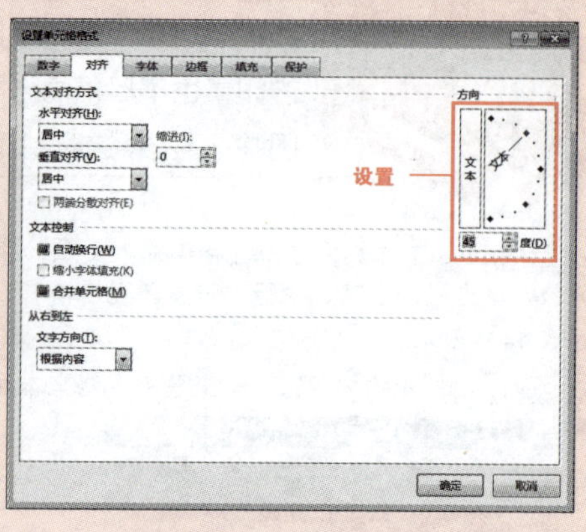

图 4-23 设置文本方向

Extra tip

实例 066 会议室使用安排表

难度系数：★★★ 适用版本：07/10/13/16/17

技巧介绍： 通常公司会议都会在会议室进行，由于部门人数较多，为了避免冲突，通常需要填写会议室使用安排表。下面为大家介绍如何制作会议室使用安排表。

① 创建新的Excel工作簿，在单元格中输入文本，将标题行字号设为20，并执行“合并单元格”操作，为单元格添加边框，如图 4-24 所示。

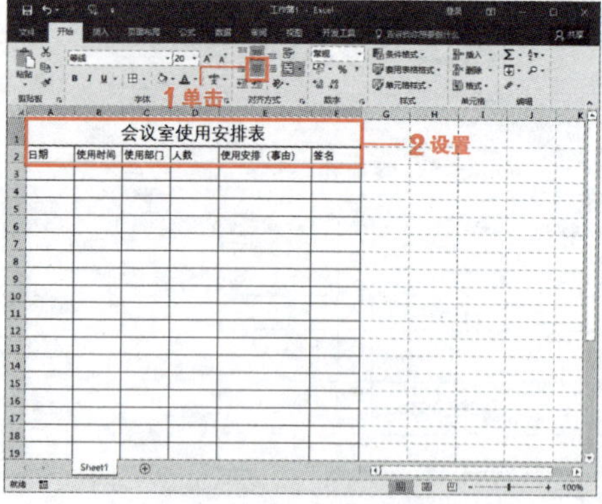

图 4-24 输入文本并设置格式

② 执行“合并单元格”命令并输入文本内容，设置完后保存在“素材\第04章\实例066”中，效果如图 4-25所示。

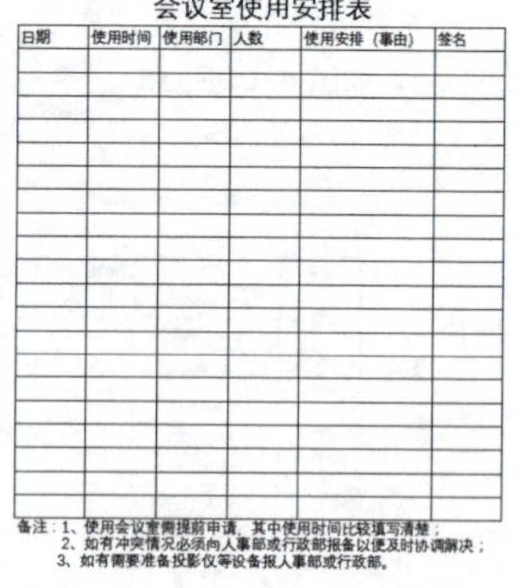

图 4-25 查看并保存工作簿

实例 067

难度系数：★★★ 适用版本：07\10\13\16\17

外勤费用报销单

技巧介绍： 对于经常出差、出外勤的人员来说需要经常填写外勤费用报销单，那么行政人员应该怎样制作该报销单呢？下面为大家介绍如何制作外勤费用报销单。

❶创建新的Excel工作簿，在工作簿中输入文本并合并单元格，将单元格行高设置为“20”，并将标题字号设为“20”、加粗显示，如图 4-26所示。

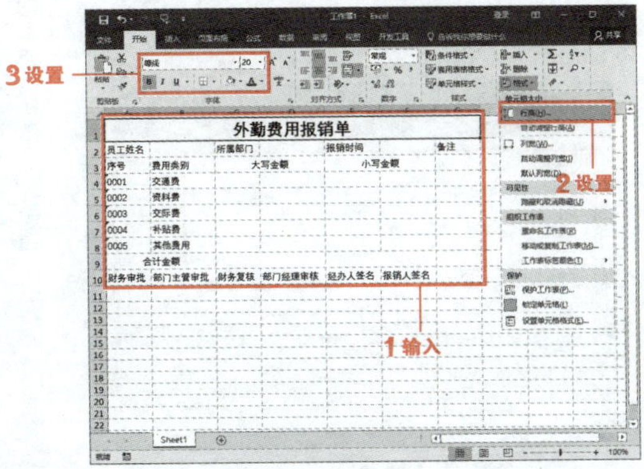

图 4-26 输入文本并设置格式

❷为表格添加边框，保存至“素材\第04章\实例067”文件夹中，效果如图 4-27所示。

外勤费用报销单

员工姓名		所属部门		报销时间		备注
序号	费用类别	大写金额		小写金额		
0001	交通费					
0002	资料费					
0003	交际费					
0004	补贴费					
0005	其他费用					
合计金额						
财务审批	部门主管审批	财务复核	部门经理审核	经办人签名	报销人签名	

图 4-27 查看设置效果

技巧拓展

一般在单元格中无法直接输入以“0”开头的数据，可先输入英文状态下的“'”符号（单引号），再输入0值，即可成功输入以“0”开头的数据。

Extra tip

实例068 会议记录表

难度系数：★★★

适用版本：07/10/13/16/17

技巧介绍： 一般在召开会议时都需要填写会议记录表，会议记录的填写可以及时记录相关会议内容，以便随时查看，还可以帮助员工理清思路、开展工作等。

❶创建新的Excel工作簿，在工作簿中输入文本，如图4-28所示。

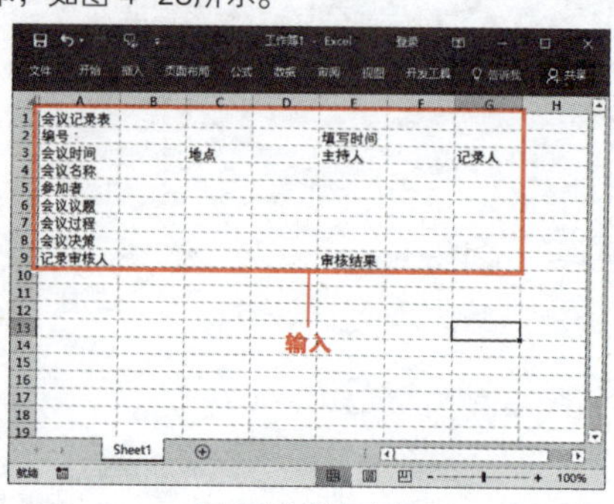

图4-28 输入文本

❷合并单元格，并在“格式”下拉列表中将行高值设为“25”，如图4-29所示。

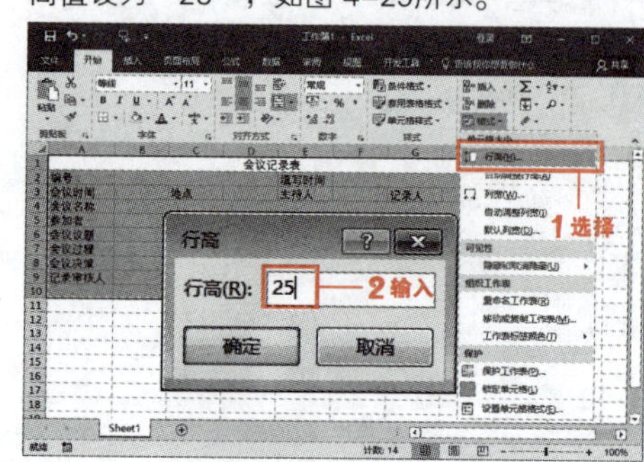

图4-29 设置行高值

❸设置文本格式，并为表格添加边框，保存至“素材\第04章\实例068”文件夹中，效果如图4-30所示。

会议记录表

编号： 填写时间

会议时间		地点		主持人		记录人	
会议名称							
参加者							
会议议题							
会议过程							
会议决策							
记录审核人				审核结果			

图4-30 查看设置效果

技巧拓展

执行“合并单元格”命令后，向下拖动单元格右下角的填充手柄即可快速合并单元格，效果如图4-31所示。

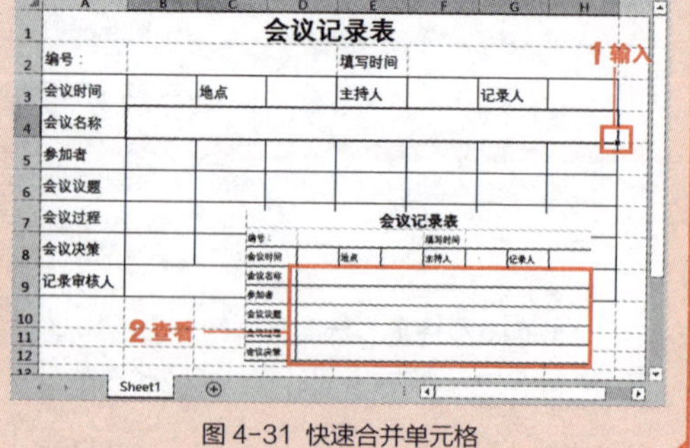

图4-31 快速合并单元格

Extra tip

实例 069

难度系数：★★★ 适用版本：07/10/13/16/17

招待费用报销单

技巧介绍： 由于公司之间业务往来频繁，通常需要接待合作公司的客户人员，因而就会产生招待费用并且需要填写招待费用报销单。那么，作为行政人员，应该如何制作招待费用报销单呢？

❶创建新的Excel工作簿，在工作簿中输入文本，如图 4-32所示。

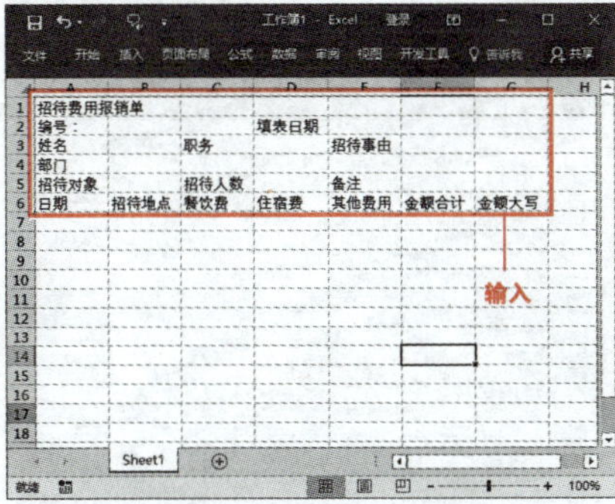

图 4-32 输入文本

❷在“格式”下拉列表中设置行高，并设置文本格式，如图 4-33所示。

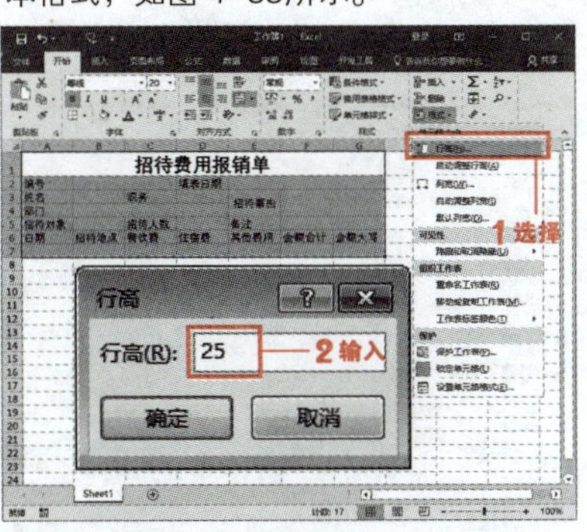

图 4-33 设置行高及文本格式

❸ 为表格添加边框，保存至“素材\第04章\实例069”文件夹中，效果如图 4-34所示。

招待费用报销单

编号： 填表日期

姓名		职务		招待事由		
部门						
招待对象		招待人数		备注		
日期	招待地点	餐饮费	住宿费	其他费用	金额合计	金额大写

图 4-34 查看设置效果

技巧拓展

在“字体”选项组的“边框”下拉列表中选择“绘制边框”选项即可绘制边框，效果如图 4-35所示。

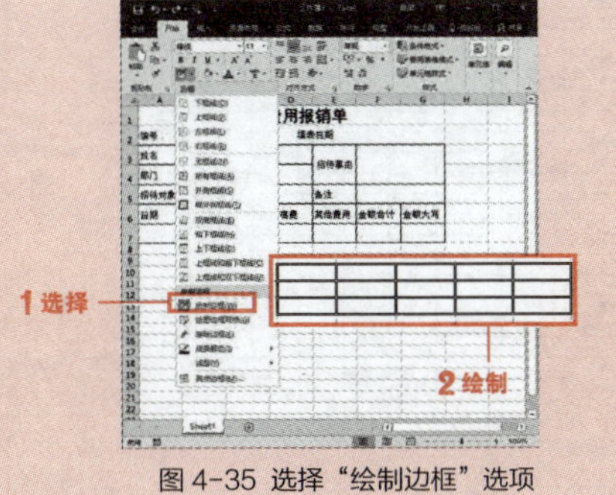

图 4-35 选择“绘制边框”选项

Extra tip >>>>>>>>>>>>>

第1章 第2章 第3章 第4章 第5章 第6章 第7章 第8章 第9章 第10章

实例 070 行政费用计划表

难度系数：★★★ 适用版本：07/10/13/16/17

技巧介绍： 在日常办公中，通常会产生各种费用，如薪资支出、各项办公费用等。那么，作为行政人员，应该怎样制作行政费用计划表呢？下面为大家介绍如何制作行政费用计划表。

1 创建新的Excel工作簿，在工作簿中输入文本，如图 4-36所示。

图 4-36 输入文本

2 执行“合并单元格”命令，并在“格式”下拉列表中设置行高值，将行高值设为“25”，如图 4-37所示。

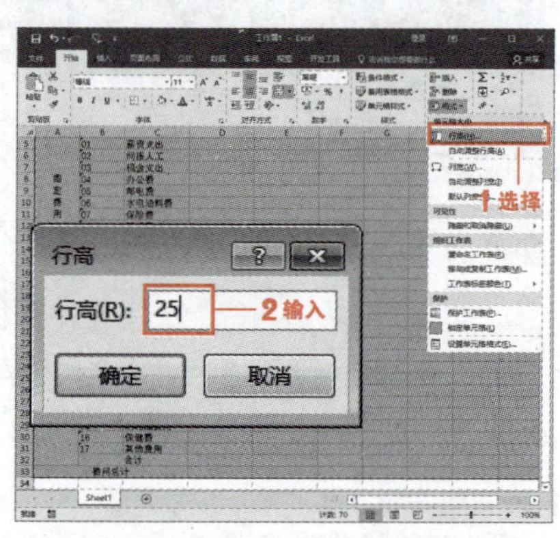

图 4-37 设置行高值及合并单元格

3 为表格添加边框，并保存至“素材\第04章\实例070”文件夹中，效果如图 4-38所示。

行政费用计划表

编号： 单位：元

科目			上年度平均数	本年度预算数				变动量	变动率%	备注
				一季度	二季度	三季度	四季度			
固定费用	01	薪资支出								
	02	间接人工								
	03	租金支出								
	04	办公费								
	05	邮电费								
	06	水电油料费								
	07	保险费								
	08	医保费								
	09	社保费								
	合计									
变动费用	01	加班费								
	02	差率费								
	03	运费								
	04	维护费								
	05	交际费								
	06	样品费								
	07	包装费								
	08	燃料费								
	09	职工福利费用								
	10	杂项购置费用								
	11	会务费								
	12	培训费								
	13	劳务费								
	14	间接材料费用								
	15	消耗品费用								
	16	保健费								
	17	其他费用								
	合计									
费用总计										

图 4-38 查看效果

技巧拓展

在“视图”选项卡的“显示”选项组中取消勾选“网格线”和“标题”复选框即可隐藏工作簿中的网格线和标题，效果如图 4-39所示。

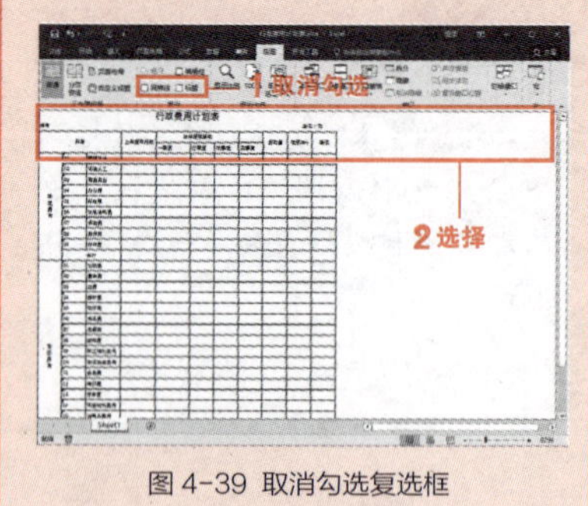

图 4-39 取消勾选复选框

Extra tip

实例 071 固定资产保管记录卡

难度系数：★★★ 适用版本：07/10/13/16/17

技巧介绍： 由于某些固定资产价格较贵，在使用时通常需要填写固定资产保管记录卡。那么，行政人员应该怎样制作固定资产保管记录卡呢？

①创建新的Excel工作簿，在工作簿中输入文本，如图 4-40所示。

图 4-40 输入文本

②设置文本格式、设置行高值，并执行“合并单元格”命令，如图 4-41所示。

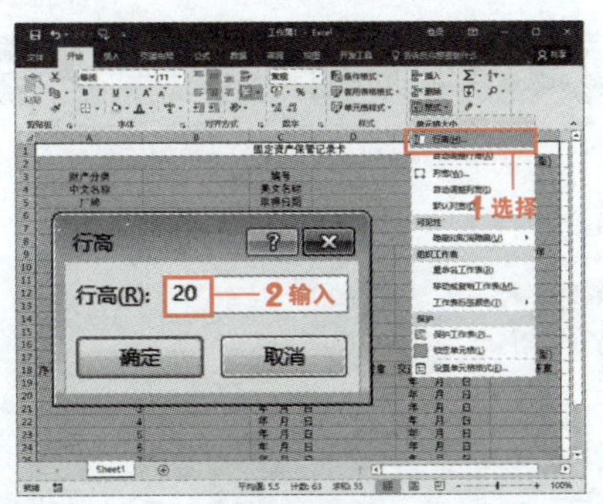

图 4-41 设置行高值

③为表格添加边框，之后保存至“素材\第04章\实例071”文件夹中，效果如图 4-42所示。

固定资产保管记录卡

（正面）

财产分类		编号			
中文名称		英文名称			
厂牌		取得日期			
规则		配件			
台币原价		原币值			
增加资本支出	原值	使用年龄	每年折旧额		
			第一年	年~ 年	最后一年
年 月					
年 月					
年 月					
年 月					
年 月					
年 月					

（背面）

序号	使用部门	接管日期	使用保管人签章	交还经管部门日期	经管部门签章
1		年 月 日		年 月 日	
2		年 月 日		年 月 日	
3		年 月 日		年 月 日	
4		年 月 日		年 月 日	
5		年 月 日		年 月 日	
6		年 月 日		年 月 日	
7		年 月 日		年 月 日	
8		年 月 日		年 月 日	
9		年 月 日		年 月 日	
10		年 月 日		年 月 日	

图 4-42 查看设置效果

技巧拓展

在Excel中，如果想要快速选择正在处理的整个单元格范围，可以按下【Ctrl+Shift+*】组合键。但是该命令将选择整个列和列标题，而不是该列表周围的空白单元格——你将得到所需的单元格。这一技巧不同于全选命令，全选命令将选择工作表中的全部单元格，包括那些你不打算使用的单元格。

Extra tip

实例072 办公用品领用登记表

难度系数：★★★　适用版本：07/10/13/16/17

技巧介绍： 公司办公人员特别是新进职员，通常需要领用各种办公用品。那么，行政人员应该怎样制作办公用品领用登记表呢？下面为大家介绍如何制作办公用品领用登记表。

1 创建新的Excel工作簿，在工作簿中输入文本，如图 4-43所示。

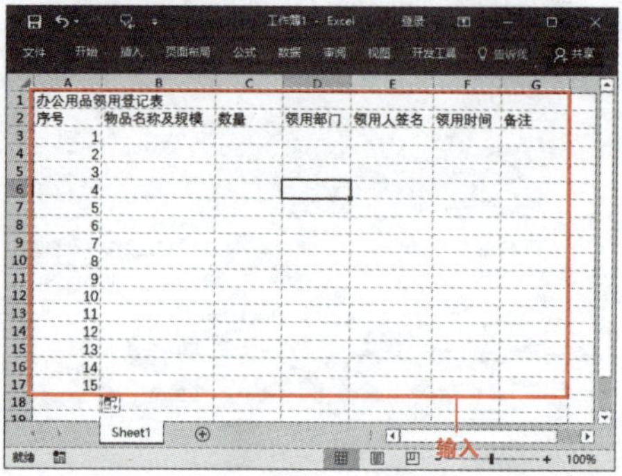

图 4-43 输入文本

2 将行高值设为“25”，并设置文本格式，如图 4-44所示。

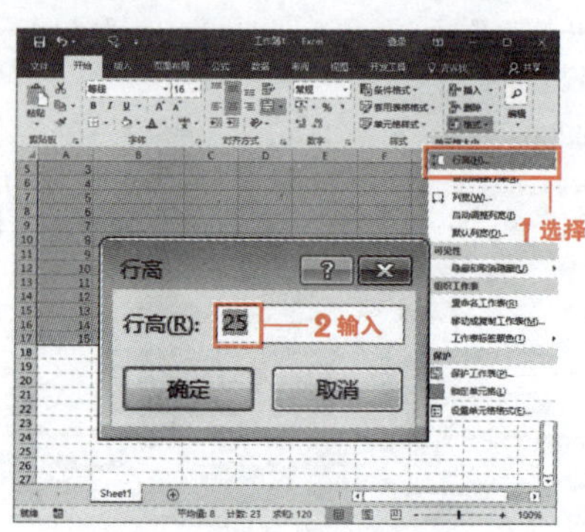

图 4-44 设置行高值和文本格式

3 为表格添加边框，并保存在“素材\第04章\实例072”文件夹中，效果如图 4-45所示。

办公用品领用登记表

序号	物品名称及规模	数量	领用部门	领用人签名	领用时间	备注
1						
2						
3						
4						
5						
6						
7						
8						
9						
10						
11						
12						
13						
14						
15						

图 4-45 查看设置效果

技巧拓展

如果通过按【Delete】键的方式来彻底清除单元格内容，仅会删除单元格文本内容，而格式和批注还保留着。要彻底清除单元格，可用以下方法：选定想要清除的单元格或单元格范围，在“开始”选项卡的“编辑”选项组中单击“清除”下拉按钮，选择“全部清除”选项，即可清除所有的文本、格式、批注等。

Extra tip

实例 073 固定资产报废申请表

难度系数：★★★ 适用版本：07/10/13/16/17

技巧介绍： 公司的固定资产由于故障或老化导致无法继续使用时，通常需要填写固定资产报废申请表以便公司进行管理。那么，行政人员应该怎样制作固定资产报废申请表呢？

1 创建新的Excel工作簿，在工作簿中输入文本，如图 4-46所示。

2 执行合并单元格操作并将行高值设为“25”，设置标题行文本格式，将字号设为“20”，加粗显示，如图 4-47所示。

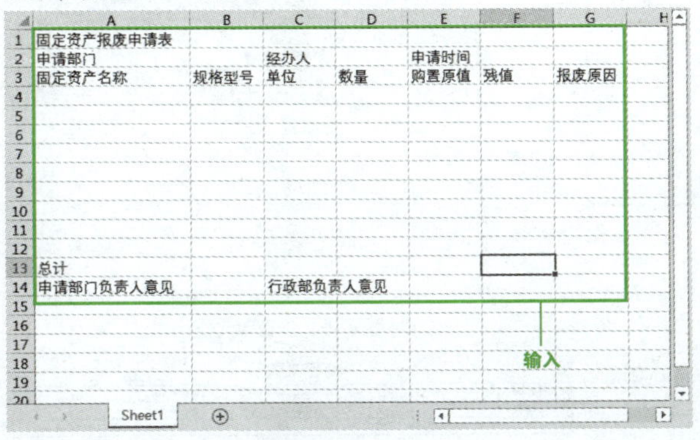

图 4-46 输入文本

图 4-47 设置行高值和文本格式

3 为表格添加边框，并保存至“素材\第04章\实例073”文件夹中，效果如图 4-48所示。

固定资产报废申请表

申请部门		经办人		申请时间		
固定资产名称	规格型号	单位	数量	购置原值	残值	报废原因
总计						
申请部门负责人意见		行政部负责人意见				

图 4-48 查看设置效果

技巧拓展

在Excel中拖动“缩放滑块”可放大或缩小页面，还可以按住【Ctrl】键并滚动鼠标上的滚轮来缩放页面，如图 4-49所示。

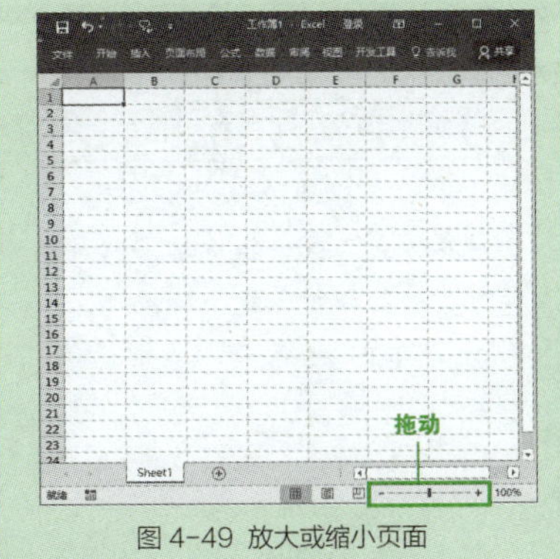

图 4-49 放大或缩小页面

Extra tip >>>>>>>>>>>>>

实例 074 物资采购表

难度系数：★★★ 适用版本：07/10/13/16/17

技巧介绍： 公司采购部在采购办公用品时通常需要填写采购订单，以便及时了解采购情况。因此，行政部门要懂得制作物资采购表。下面为大家介绍如何制作物资采购表。

1 创建新的Excel工作簿，在工作簿中输入文本，如图 4-50所示。

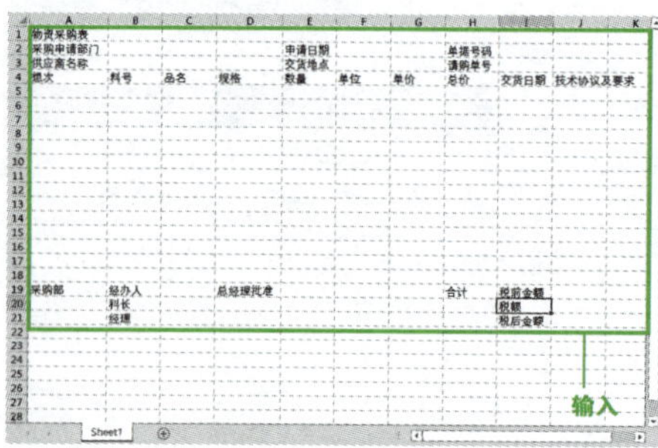

图 4-50 输入文本

2 进行合并单元格操作，设置文本格式，并设置行高值，如图 4-51所示。

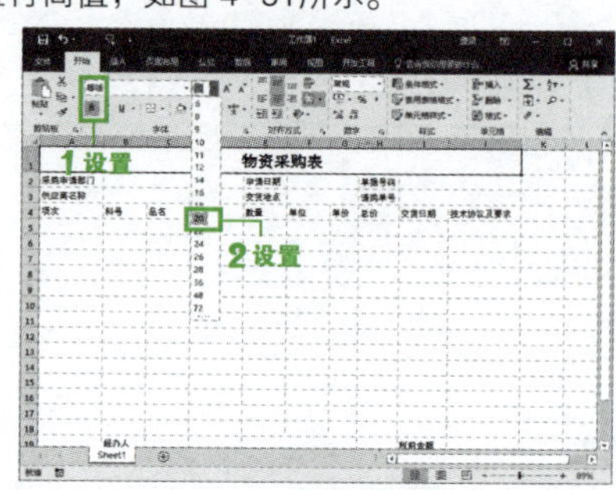

图 4-51 设置单元格格式

3 为表格添加边框，并保存在“素材\第04章\实例074”文件夹中，效果如图 4-52所示。

物资采购表

采购申请部门				申请日期			单据号码		
供应商名称				交货地点			请购单号		
项次	料号	品名	规格	数量	单位	单价	总价	交货日期	技术协议及要求
采购部	经办人		总经理批准				合计	税前金额	
	科长							税额	
	经理							税后金额	

图 4-52 查看效果

技巧拓展

当单元格中文本过长时，在“对齐方式”选项组中单击“自动换行”按钮即可进行换行操作，如图 4-53所示。

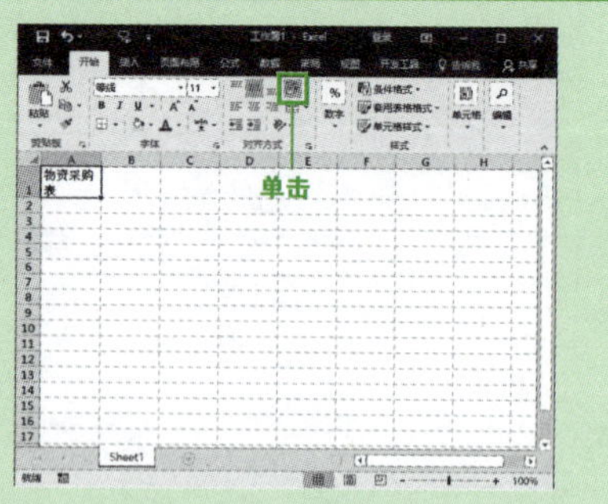

图 4-53 单击“自动换行”按钮

Extra tip ›››››››››››››

第1章 第2章 第3章 第4章 第5章 第6章 第7章 第8章 第9章 第10章

实例075 住宿人员资料表

难度系数：★★★ 适用版本：07/10/13/16/17

技巧介绍： 通常，住宿人员的构成比较复杂，为了统一管理，公司会要求新进职员填写住宿人员登记表。因此，公司行政部员工就需要学会制作住宿人员资料表。

1 创建新的Excel工作簿，在工作簿中输入文本，并设置文本格式，将行高设为“20”，如图4-54所示。

2 为表格添加边框并保存在“素材\第04章\实例075”文件夹中，效果如图 4-55所示。

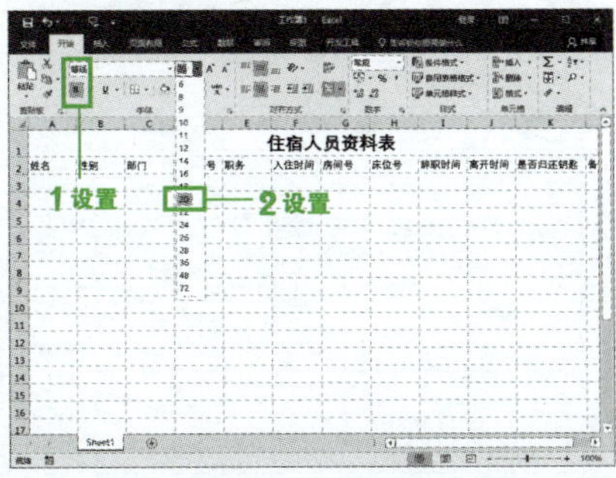

图 4-54 输入文本并设置格式

住宿人员资料表

姓名	性别	部门	身份证号	职务	入住时间	房间号	床位号	辞职时间	离开时间	是否归还钥匙	备注

图 4-55 查看设置效果

技巧拓展

按【Ctrl+U】组合键可快速为文本添加下划线。

Extra tip>>>>>>>>>>>>>

实例076 车辆管理表

难度系数：★★★ 适用版本：07/10/13/16/17

技巧介绍： 为了实现对公司公务公车的统一管理，员工在用车时通常需要填写车辆管理表。因此，行政人员需要懂得如何制作车辆管理表。下面为大家介绍如何制作车辆管理表。

1 创建新的Excel工作簿，在工作簿中输入文本，如图 4-56所示。

2 执行合并单元格操作，并设置行高值，如图 4-57所示。

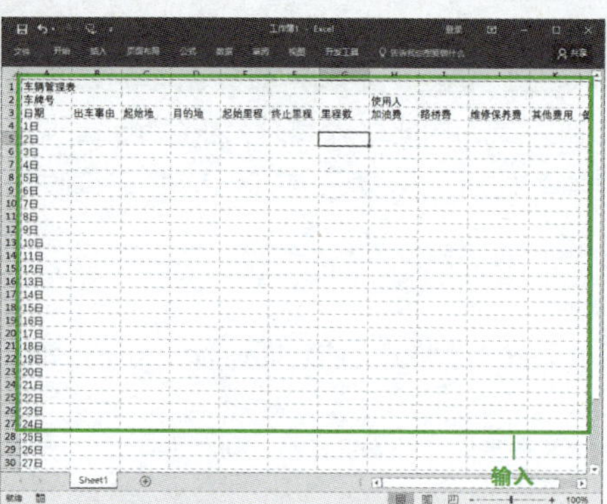

图 4-56 输入文本

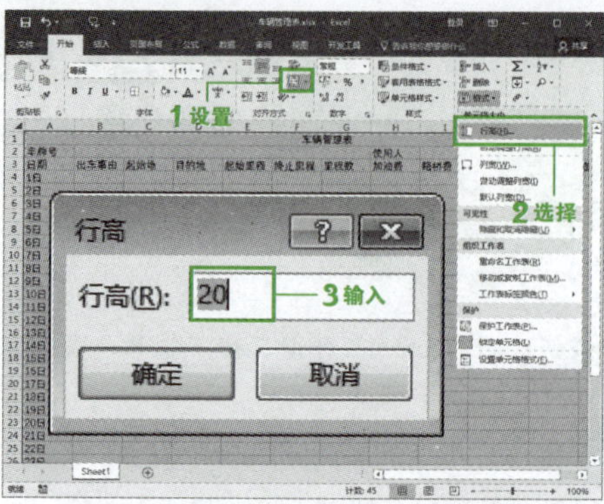

图 4-57 设置行高值

③为表格添加边框，之后保存至“素材\第04章\实例076”文件夹中，效果如图 4-58所示。

车辆管理表

车牌号							使用人				
日期	出车事由	起始地	目的地	起始里程	终止里程	里程数	加油费	路桥费	维修保养费	其他费用	备注
1日											
2日											
3日											
4日											
5日											
6日											
7日											
8日											
9日											
10日											
11日											
12日											
13日											
14日											
15日											
16日											
17日											
18日											
19日											
20日											
21日											
22日											
23日											
24日											
25日											
26日											
27日											
28日											
29日											
30日											

图 4-58 查看设置效果

技巧拓展

当工作表中表格较多时，可将标题行锁定，以便随时都能查看标题行，具体操作步骤如下。

选择“视图”选项卡，在“窗口”选项组中单击“冻结窗格”下拉按钮，选择“冻结首行”选项，如图 4-59所示。

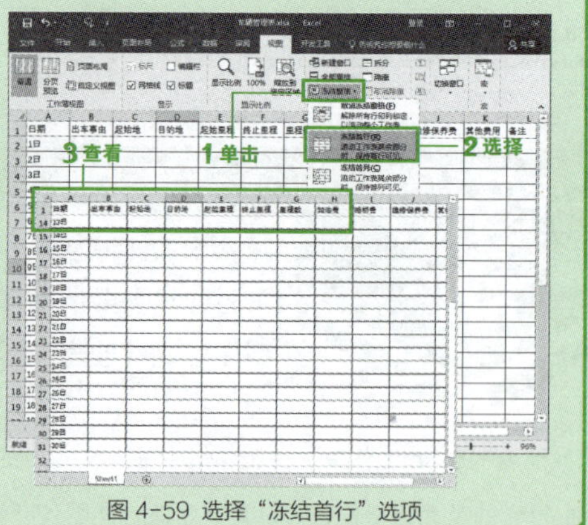

图 4-59 选择“冻结首行”选项

Extra tip

实例 077 卫生状况检查表

难度系数：★★ 适用版本：07/10/13/16/17

技巧介绍： 为了保证公司的日常工作，每天都需要安排人员打扫办公室卫生，此后还要对卫生状况进行检查。因此，行政人员要学会制作卫生状况检查表。

1 创建新的Excel工作簿，在工作表中输入文本，如图 4-60所示。

2 执行合并单元格操作并设置行高值，如图 4-61所示。

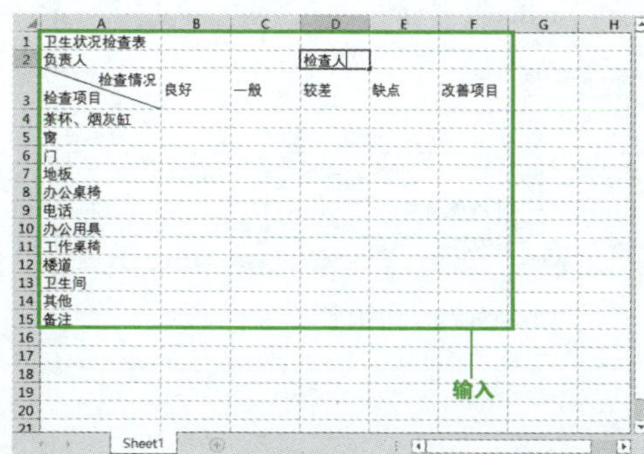

图 4-60 输入文本

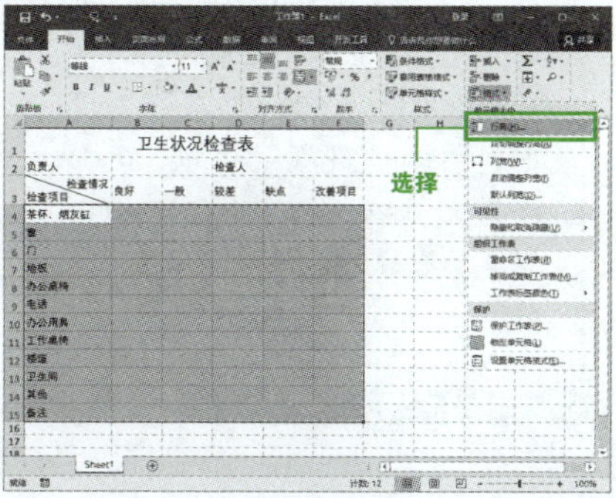

图 4-61 合并单元格

3 为表格添加边框，并保存至“素材\第04章\实例077”文件夹中，效果如图 4-62所示。

卫生状况检查表

负责人　　　　　　　　检查人

检查情况 / 检查项目	良好	一般	较差	缺点	改善项目
茶杯、烟灰缸					
窗					
门					
地板					
办公桌椅					
电话					
办公用具					
工作桌椅					
楼道					
卫生间					
其他					
备注					

图 4-62 查看效果

技巧拓展

在制作表格时有时候会遇到需要制作斜线表头的情况，下面为大家介绍如何制作斜线表头。

首先在单元格中输入文本，然后单击鼠标右键，执行“设置单元格格式”命令，在“设置单元格格式”对话框中选择“边框”选项卡，单击“斜线”按钮，设置完后调整文本位置，即可完成操作，如图 4-63所示。

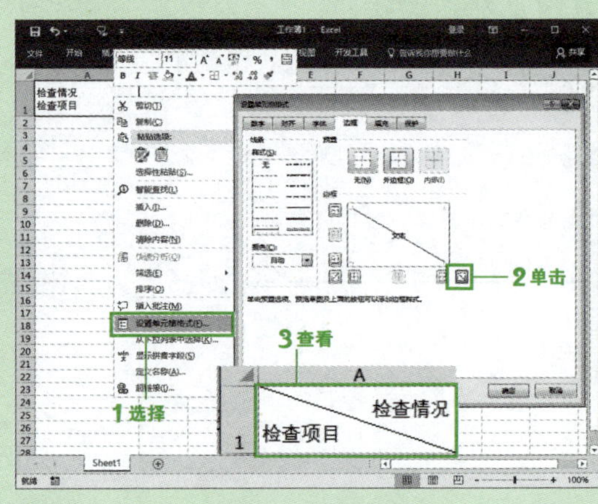

图 4-63 制作斜线表头

Extra tip

实例 078 安全检查报告表

难度系数：★★★ 适用版本：07/10/13/16/17

技巧介绍： 无论做什么事情，安全总是第一位的。因此，要随时注意检查安全问题并及时填写安全检查报告表，以便准确排查安全隐患。那么，行政人员如何制作安全检查报告表呢？

① 创建新的Excel工作簿，在工作表中输入文本，如图 4-64所示。

图 4-64 输入文本

② 执行合并单元格操作并设置行高值，如图 4-65所示。

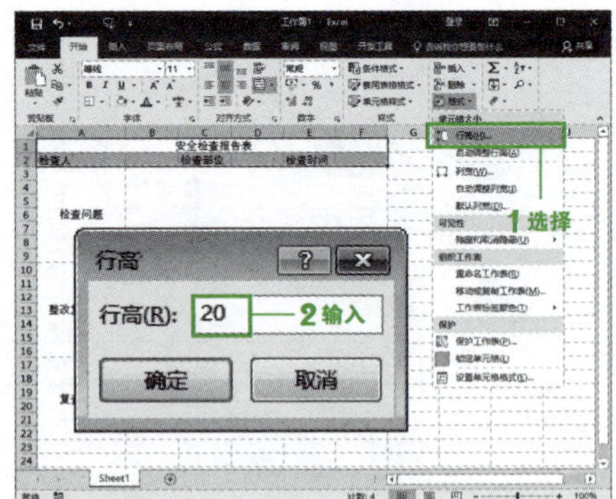

图 4-65 执行合并单元格操作

③ 为表格添加边框，并保存至“素材\第04章\实例078”文件夹中，效果如图 4-66所示。

安全检查报告表

检查人		检查部位		检查时间	
检查问题					
整改复查时间					
复查情况					

图 4-66 查看效果

技巧拓展

在Excel中输入符号最快的方式就是利用【Alt+数字】的方式，比如输入“√”符号，你可以按住【Alt】键不松，然后按小键盘的数字键：41420，即可快速输入“√”符号。

Extra tip >>>>>>>>>>>>>

实例 079 安保工作日报表

难度系数：★★★ 适用版本：07/10/13/16/17

技巧介绍： 为了保证公司的安全，安保人员需要定点巡逻并填写安保工作日报表。因此，行政人员需要学会制作安保工作日报表。下面为大家介绍如何制作安保工作日报表。

❶创建新的Excel工作簿，并在工作表中输入文本，如图 4-67所示。

❷设置行高值，并执行合并单元格操作，如图 4-68所示。

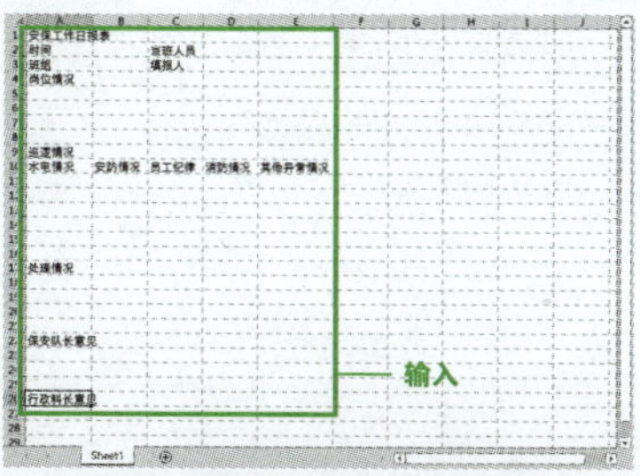

图 4-67 输入文本

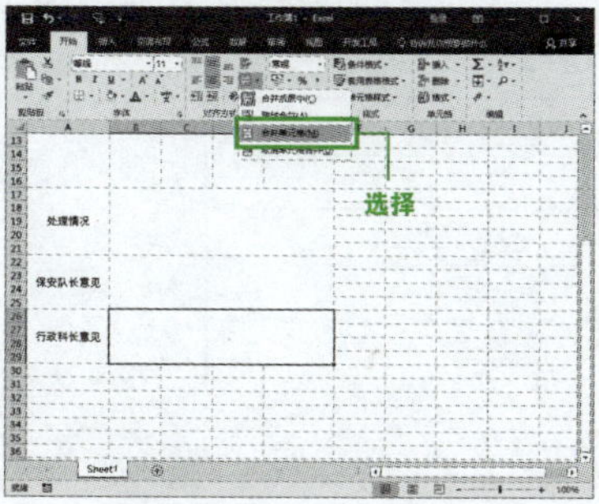

图 4-68 执行合并单元格操作

❸为表格添加边框，并保存至“素材\第04章\实例079”文件夹中，效果如图 4-69所示。

安保工作日报表

时间		当班人员		
班组		填报人		
岗位情况				
巡逻情况				
水电情况	安防情况	员工纪律	消防情况	其他异常情况
处理情况				
保安队长意见				
行政科长意见				

图 4-69 查看设置效果

技巧拓展

按【Ctrl+1】组合键即可快速弹出“设置单元格格式”对话框。

Extra tip >>>>>>>>>>>>>

实例080 行政后勤管理表

难度系数：★★★　适用版本：07/10/13/16/17

技巧介绍： 行政后勤部员工主要负责本部门的行政管理和日常事务，负责对会议文件决定的事项进行催办等，任务较重，需要用到的表格也比较多，后期管理是一大头。

1 创建新的Excel工作簿，在工作表中输入文本，如图 4-70所示。

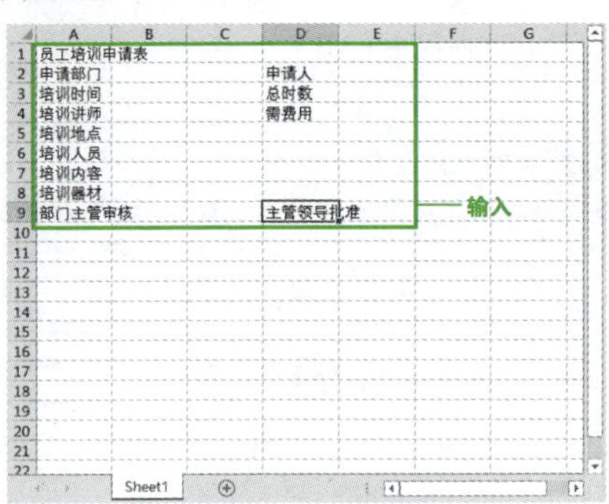

图 4-70 输入文本

2 合并单元格并将行高值设为“20”，如图4-71所示。

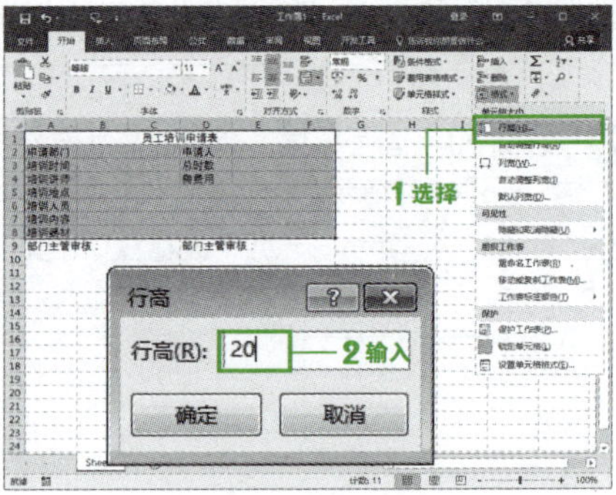

图 4-71 设置行高值

3 为表格添加边框，并保存至“素材\第04章\实例080”文件夹中，效果如图 4-72所示。

员工培训申请表

申请部门		申请人	
培训时间		总时数	
培训讲师		需费用	
培训地点			
培训人员			
培训内容			
培训器材			
部门主管审核： 年　月		部门主管审核： 年　月	

图 4-72 查看设置效果

技巧拓展

下面为大家介绍如何快速制作打钩的方框：在单元格中输入“R”，然后将字体设为“Wingdings 2”，此时“R”将快速变为打钩的方框，效果如图 4-73所示。

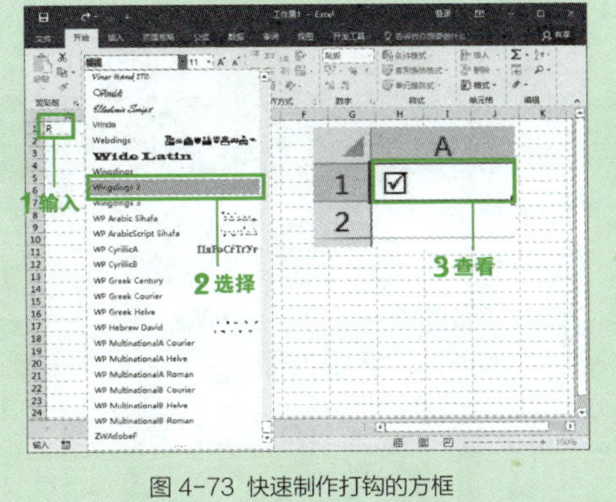

图 4-73 快速制作打钩的方框

Extra tip >>>>>>>>>>>>>

职场小知识

儒佛尔定律

简介：有效预测是英明决策的前提，没有预测活动，就没有决策的自由。

儒佛尔定律是由法国未来学家H.儒佛尔提出。他认为没有预测活动，就没有决策的自由。有效预测是英明决策的前提。在瞬息万变的市场大潮中，面对诸多的信息，你又怎样利用？只有预测！一个成功的企业家能从繁复的信息中预测出未来市场的走向，并马上将其转化为决策的行动。没有预测活动，就没有决策的自由。

香港的李嘉诚先生就是因为善于预测，才成就了自己现在的事业。20世纪50年代中期，李嘉诚创办了“长江塑胶厂”来生产塑料玩具。结果由于玩具市场饱和，工厂面临倒闭。也是一次偶然的机会，他翻阅到了一份报纸，发现一则信息，说的是当地一家小塑料厂将制作塑料花向欧洲销售。李嘉诚眼前一亮，马上想到了第二次世界大战以来，欧美生活水平虽有所提高，在经济上却还没有实力种植草皮和鲜花，因此，在一段时期内，塑料花必将被大量使用，成为他们用于各种装饰场合的必需品。有需求就有市场。李嘉诚认为这是一个难得的机会，于是马上决定企业转产生产塑料花。正是靠着这些塑料花，几年后的李嘉诚变为了富甲一方的成功商人。

精明的预测能为企业的发展决策提供自由的空间，使信息产生价值，转变成赚钱的机会。一个企业要发展，要提高经济效益，就必须了解国内外经济态势，熟悉市场要求和摸清与生产流通有关的各个环节。这些都需要广泛、及时、准确地掌握有利于企业发展的各种信息，才能综观全局，即预见未来并运筹帷幄，最终立于不败之地。

第5章 Chapter 5

行政文秘制图基础

作为一名行政人员，经常需要创建图表，使用图表可以更直观地展示数据以及数据之间的差距等，在Excel中可以快速创建各种类型的图表。本章将用20个实例为大家介绍图表的相关知识，比如图表的特点、如何插入图表、如何导入其他文件创建图表、如何打印图表、如何更改图表类型等。

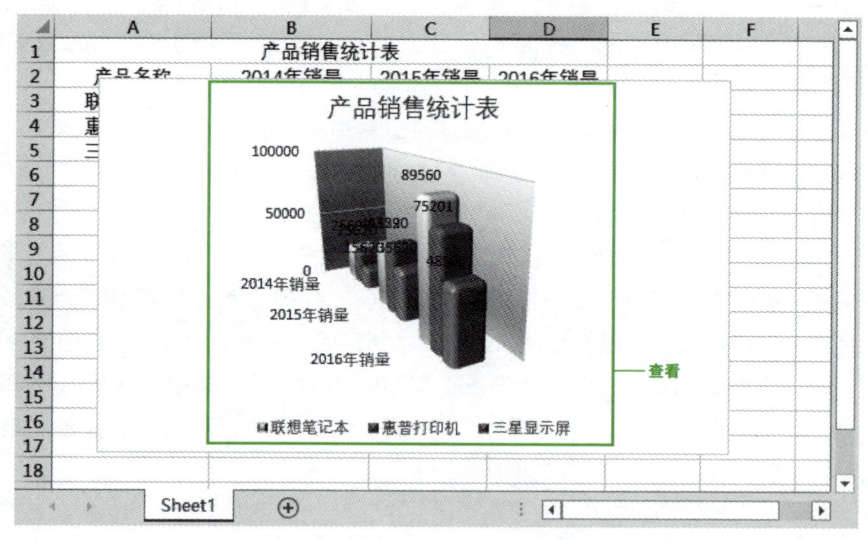

实例 081

难度系数：★★★ 适用版本：全版本

图表的最大特点

技巧介绍： 图表是图形化的数据，其由点、线、面等图形与数据文件按特定的方式组合而成。用户可以使用Excel工作簿内的数据制作图表，图表也存放在工作簿中，如图 5-1所示。

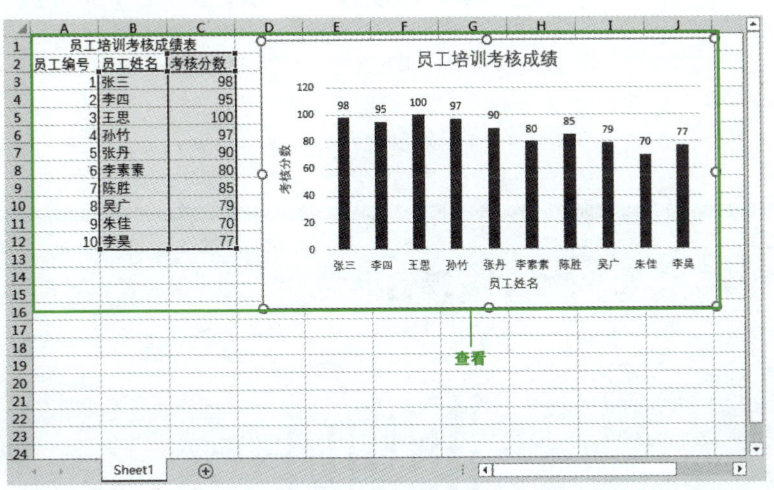

图 5-1 查看图表

技巧拓展

Excel 2016图表中有15种标准图表类型，包括柱形图、条形图、折线图、面积图、饼图、XY散点图、圆环图、雷达图、曲面图、气泡图、瀑布图、股价图、层级结构图表、统计图表、组合图等。每个标准图表类型下还有各种图表格式，如二维柱形图、三维柱形图等。

Extra tip

实例 082

难度系数：★★★ 适用版本：全版本

图表的图表元素知多少

技巧介绍： 在Excel图表中包含了众多图表元素，①处表示图表标题；②处表示坐标轴；③处表示坐标轴标题；④处表示数据标签；⑤处表示图例；⑥处表示趋势线，如图 5-2所示。

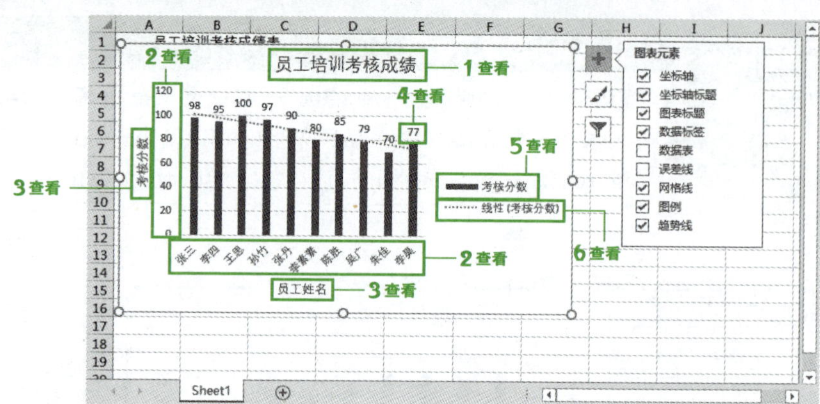

图 5-2 查看图表元素

技巧拓展

在Excel工作表中单击图表右上角“图表元素”按钮即可弹出“图表元素”框，如图 5-3 所示。

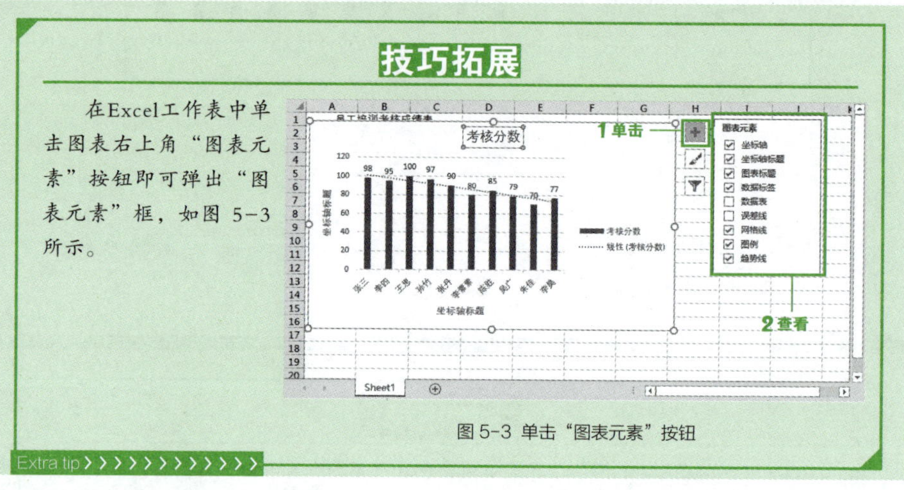

图 5-3 单击“图表元素”按钮

Extra tip

实例 083 图表类型有多少

难度系数：★★★ 适用版本：全版本

技巧介绍： 在Excel 2016中有很多图表类型，每种图表类型中还包含了若干个子图表类型，常用的图表有柱形图、折线图、组合图等，用户可以根据需要创建合适的图表。

① 柱形图。柱形图是用于显示一段时间内的数据变化或显示各项之间的比较情况，此图形可以很直观地比较各组数据之间的差别。在柱形图中，通常沿水平轴组织类别，而沿垂直轴组织数值。主要用于数据的统计与分析，柱形图有二维柱形图和三维柱形图等展示效果。二维柱形图又包括了簇状柱形图、堆积柱形图和百分比堆积柱形图等。三维柱形图包括了三维簇状柱形图、三维堆积柱形图和三维百分比堆积柱形图。簇状柱形图以二维垂直矩形显示数值，三维簇状柱形图仅以三维格式显示垂直矩形，而不以三维格式显示数据，如图 5-4所示。

②折线图。折线图可以显示随时间（根据常用比例设置）而变化的连续数据，因此适用于显示在相等时间间隔下数据的变化及其变化趋势。折线图有二维折线图和三维折线图等展示效果。在折线图中，类别数据沿水平轴均匀分布，所有值数据沿垂直轴均匀分布。二维折线图包括了折线图、堆积折线图、百分比堆积折线图以及带数据标记的折线图等，如图 5-5所示。

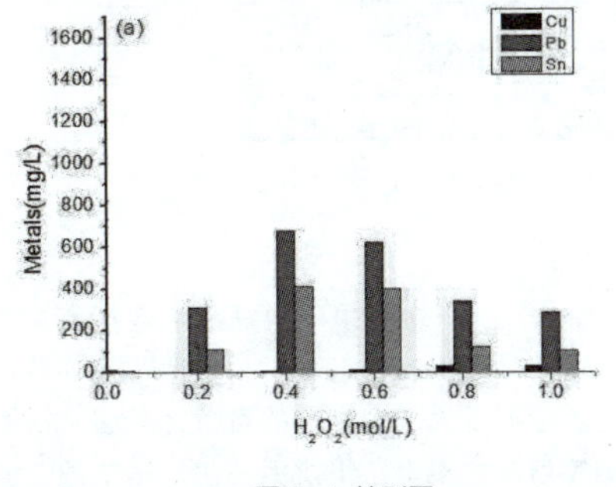

图 5-4 柱形图

图 5-5 折线图

③面积图。面积图又称区域图，强调数量随时间而变化的程度，也可用于引起人们对总值趋势的关注。通过显示所绘制的值的总和，面积图还可以显示部分与整体的关系。面积图有二维面积图和三维面积图等展示效果。二维面积图包括了面积图、堆积面积图、百分比堆积面积图等；三维面积图主要包括了三维面积图、三维堆积面积图和三维百分比堆积面积图等。堆积面积图还可以显示部分与整体的关系，如图 5-6所示。

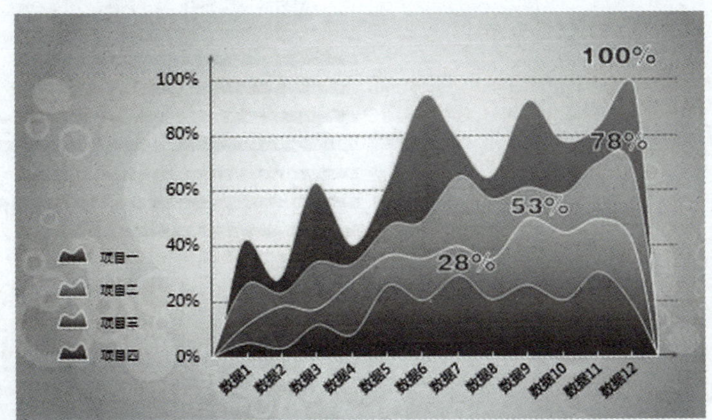

图 5-6 面积图

④XY散点图。XY散点图显示若干数据系列中各数值之间的关系，或者将两组数据绘制为XY坐标的一个系列。XY散点图有两个数值轴，沿水平轴（X轴）方向显示一组数值数据，沿垂直轴（Y轴）方向显示另一组数值数据。散点图将这些数值合并到单一数据点并以不均匀间隔来显示它们。散点图通常用于显示和比较数值，在要更改水平轴的刻度、要将轴的刻度转换为对数刻度、水平轴的数值不是均匀分布的、水平轴上有许多数据点等情况下可以使用XY散点图。XY散点图主要有散点图和气泡图等表现形式。散点图又包括了散点图、带平滑线和数据标记的散点图、带直线和数据标记的散点图等。气泡图包括了气泡图和三维气泡图等，如图 5-7所示。

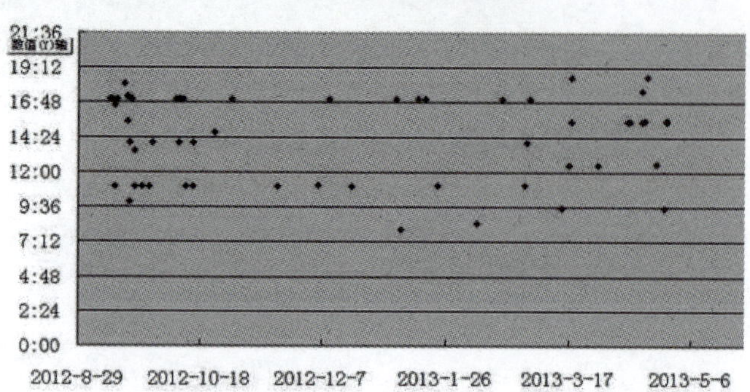

图 5-7 XY 散点图

5 饼图。饼图显示一个数据系列中各项的大小与各项总和的比例。饼图中的数据点（数据点：在图表中绘制的单个值，这些值由条形、柱形、折线、饼图或圆环图的扇面、圆点和其他被称为数据标记的图形表示。相同颜色的数据标记组成一个数据系列。）显示为整个饼图的百分比。整个饼图代表数据的总和。饼图有二维饼图、三维饼图和圆环饼图等展示效果。二维饼图还包括了饼图、复合饼图和复合条饼图等，如图 5-8所示。

6 条形图。条形图类似于柱形图，条形图显示各个项目之间的比较情况。描绘条形图的要素有3个：组数、组宽度、组限。在轴标签过长或者显示的数值是持续型的情况下可以使用条形图。条形图有二维条形图和三维条形图等展示效果，二维条形图包括了簇状条形图、堆积条形图、百分比堆积条形图等，三维条形图主要包括了三维簇状条形图、三维堆积条形图和三维百分比堆积条形图等，如图 5-9所示。

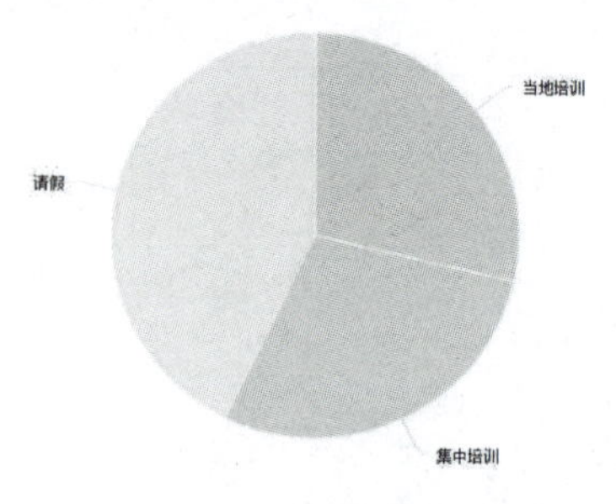

图 5-8 饼图

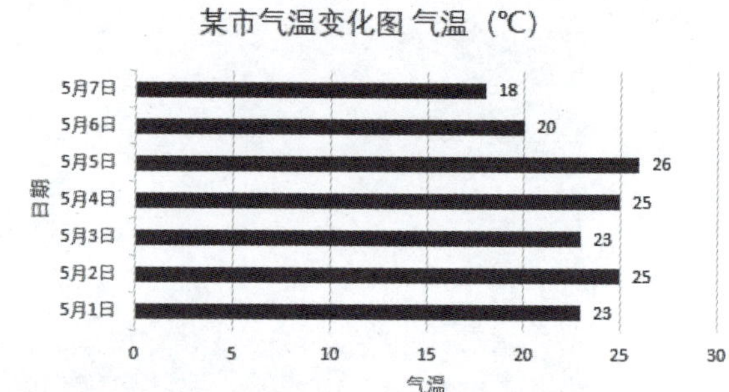

图 5-9 条形图

7 组合图。组合图是指在同一图表中显示两种或两种以上的图表类型，这便于用户进行多样式数据分析。组合图主要包括簇状柱形图和折线图的组合、簇状柱形图和次坐标上的折线图的组合，以及堆积面积图和簇状柱形图的组合等，用户还可以根据需要创建自定义组合图形，如图 5-10所示。

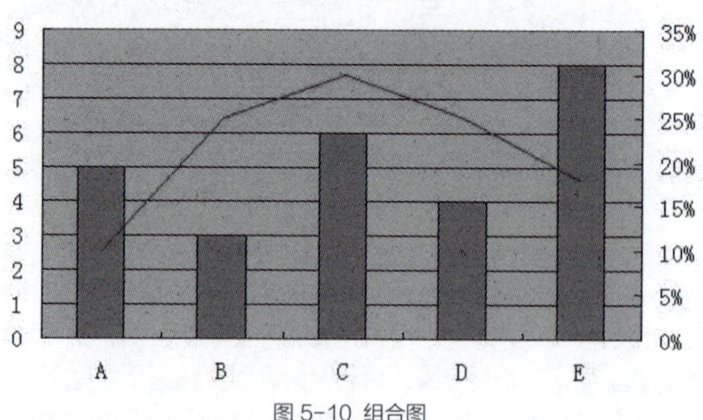

图 5-10 组合图

技巧拓展

创建完图表后还可以在“图表工具—设计”选项卡中单击“更改颜色”下拉按钮来更改图表颜色，如图 5-11所示。

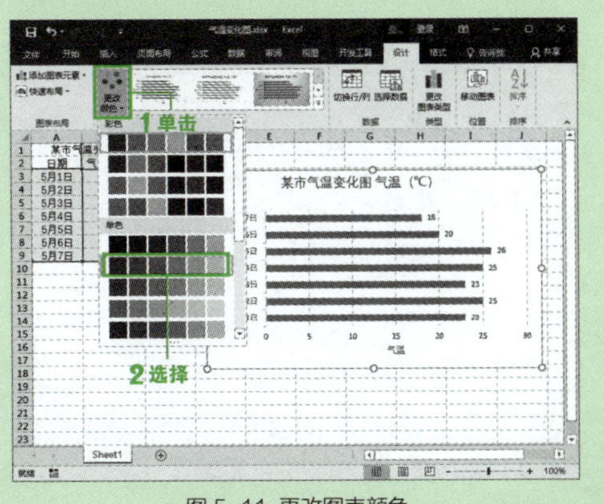

图 5-11 更改图表颜色

Extra tip > > > > > > > > > > > > >

第1章 第2章 第3章 第4章 第5章 第6章 第7章 第8章 第9章 第10章

实例 084 轻松插入图表

难度系数：★★★ 适用版本：07/10/13/16/17

技巧介绍： 行政人员小芳在编辑工作表时经常需要插入图表，可是她不知道应该怎样操作。

下面为大家介绍如何在Excel中插入图表。

1 在Excel中打开“素材\第05章\实例84\办公用品采购表”工作簿，选择“插入”选项卡，在“图表”选项组中单击“插入柱形图或条形图”下拉按钮，选择满意的图表类型（如簇状柱形图），如图 5-12所示。

2 修改图表标题并添加数据标签，效果如图 5-13所示。

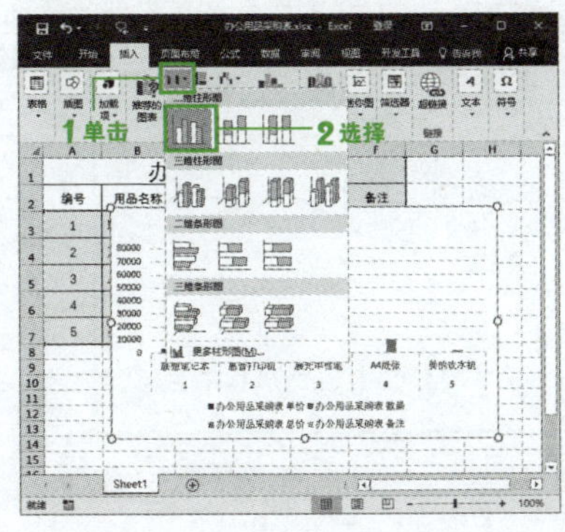

图 5-12 单击“推荐的图表”按钮

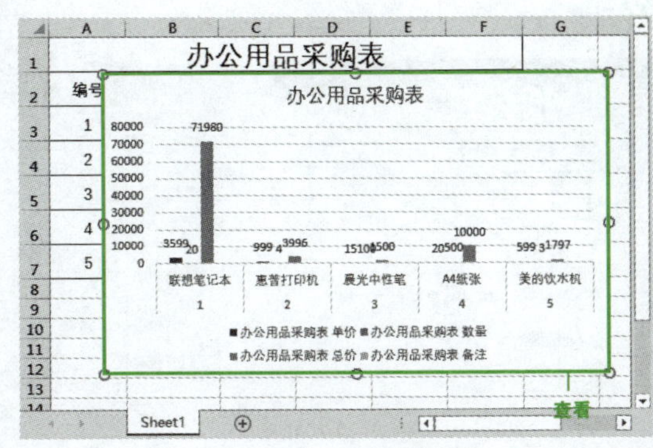

图 5-13 查看插入效果

技巧拓展

除了可以通过单击鼠标右键执行“编辑文字”命令来修改图表标题外，还可以通过双击标题来修改文本，如图 5-14 所示。

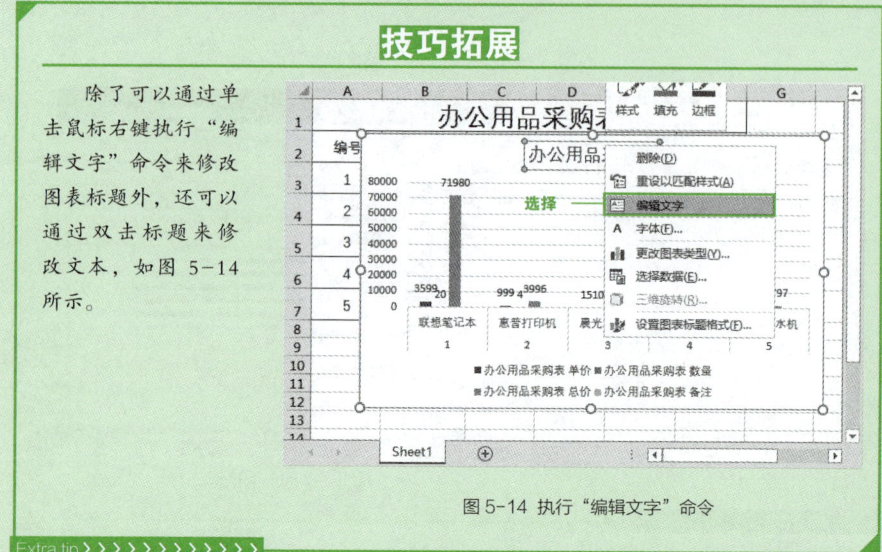

图 5-14 执行“编辑文字”命令

Extra tip

实例 085 使用已有数据创建图表

难度系数：★★★ 适用版本：07/10/13/16/17

技巧介绍： 行政部员工小华需要使用Excel工作表中的数据来创建图表，可是他不知道应该怎样操作才能成功创建图表。下面为大家介绍如何使用已有数据创建图表。

1 在Excel中打开“素材\第05章\实例85\气温变化图”，选择“插入”选项卡，在“图表”选项组中单击“推荐的图表”按钮，在“插入图表”对话框中选择“推荐的图表”选项卡，在列表中选择满意的图表类型（如折线图），如图 5-15所示。

2 设置完后即可成功在工作表中插入图表，如图 5-16所示。

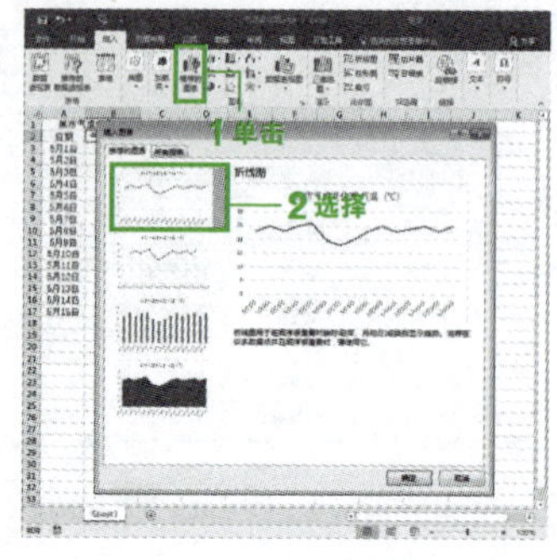

图 5-15 选择“推荐的图表”选项卡

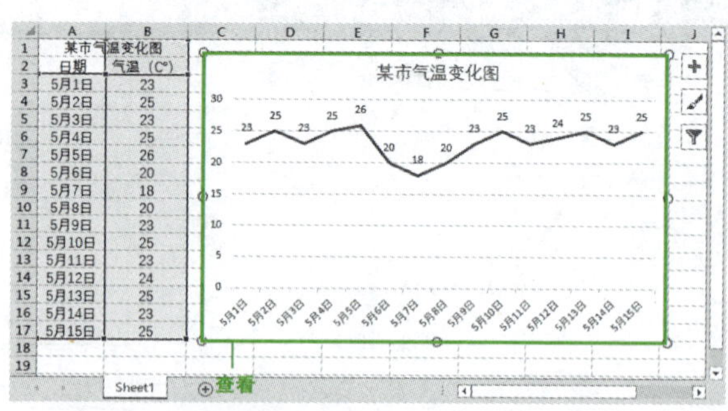

图 5-16 查看设置效果

技巧拓展

在“插入图表”对话框中除了可以选择推荐的图表外，还可以在“所有图表”选项卡中选择满意的图表类型，如图 5-17所示。

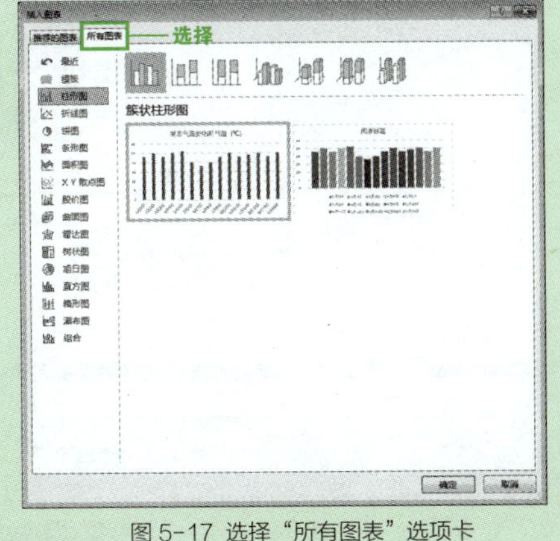

图 5-17 选择“所有图表”选项卡

Extra tip >>>>>>>>>>>>>

实例 086 导入其他文件创建图表

难度系数：★★★ 适用版本：07/10/13/16/17

技巧介绍： 公司销售部员工小王需要将Word文档中的工作表数据导入到Excel工作表中并创建图表，可是她不知道应该怎么操作。下面为大家介绍如何导入其他文件创建图表。

1 在Word中打开“素材\第05章\实例86\产品销售情况表”文档，选中图表，单击鼠标右键，执行“复制”命令，如图 5-18所示。

2 创建新的Excel工作簿，按【Ctrl+V】快捷键粘贴之前复制的表格，选中所有表格，选择“插入”选项卡，在“图表”选项组中单击“插入柱形图或条形图”下拉按钮，选择“簇状柱形图”图表类型，如图 5-19所示。

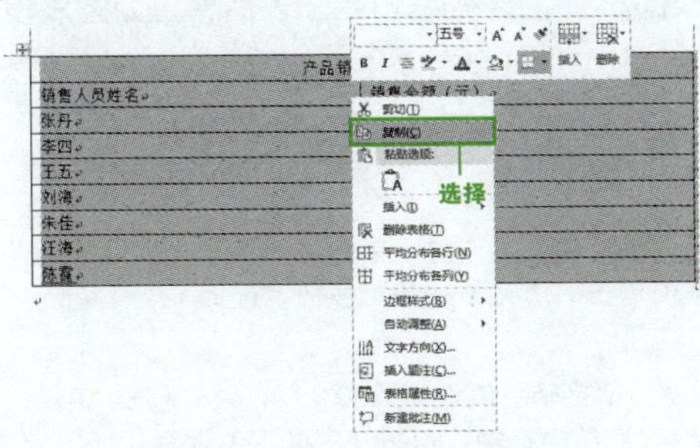

图 5-18 执行“复制”命令

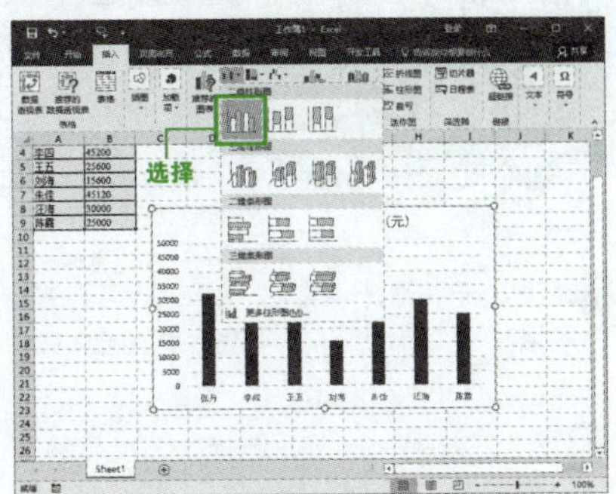

图 5-19 选择“簇状柱形图”图表类型

③设置完后可查看效果，如图 5-20所示。

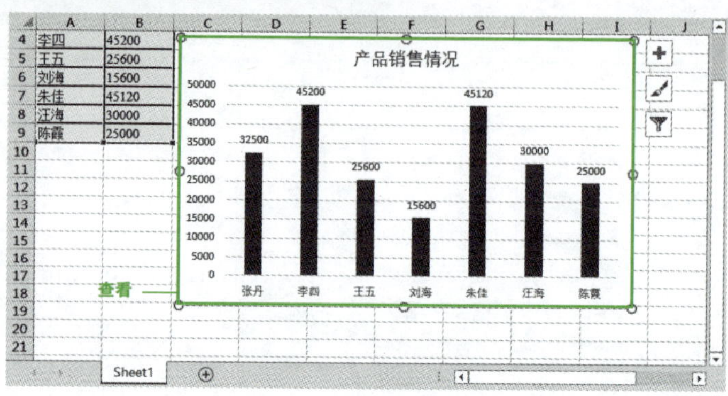

图 5-20 查看设置效果

技巧拓展

可以在“图表工具—设计”选项卡的“类型”选项组中单击“更改图表类型”按钮，在“更改图表类型”对话框中选择其他图表类型，如图 5-21所示。

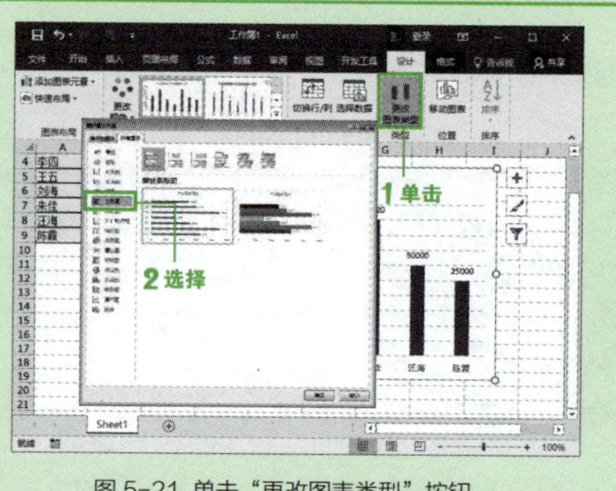

图 5-21 单击“更改图表类型”按钮

Extra tip

实例087 图表的三维背景

难度系数：★★★ 适用版本：07/13/16/17

技巧介绍： 行政部员工张芸在编辑完图表后希望为图表设置三维背景，使图表更美观并具有个性。可是她不知道应该怎样操作。下面为大家介绍如何为图表设置三维背景。

①在Excel中打开“素材\第05章\实例87\产品销售统计表”工作簿，单击鼠标右键，执行“设置背景墙格式”命令，在“设置背景墙格式”窗格中单击“填充与线条”按钮，选择“渐变填充”选项，如图 5-22所示。

②单击“效果”按钮，选择“三维旋转”选项，将“X旋转”值设为“60°”，“Y旋转”值设为“20°”，“透视”值设为“30°”，取消勾选“直角坐标轴”，将“深度”值设为“150”，选择“三维格式”选项，设置图表棱台格式，如图 5-23所示。

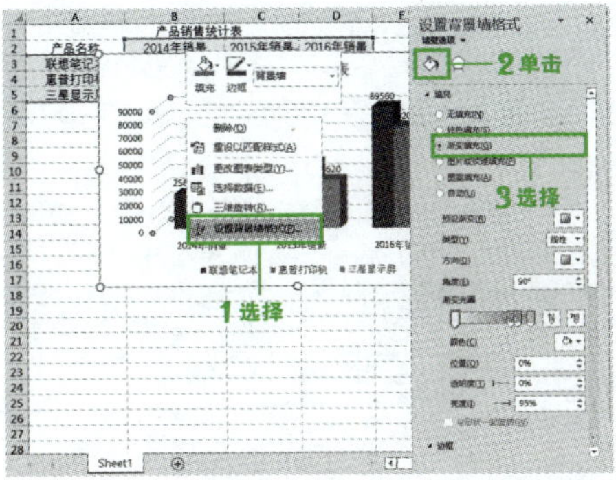

图 5-22 执行“设置背景墙格式”命令

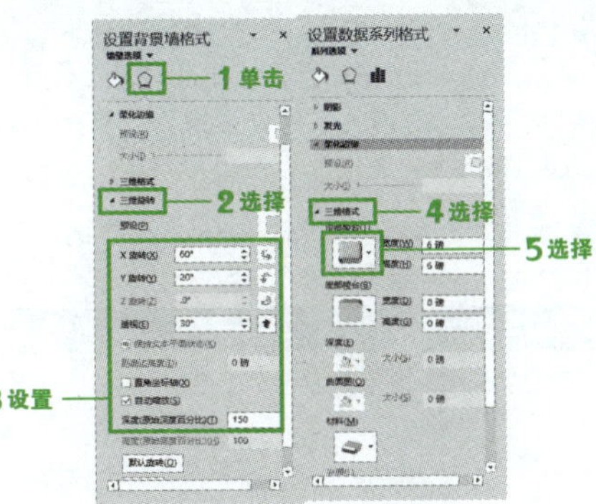

图 5-23 设置三维效果

❸设置完后可查看效果，如图5-24所示。

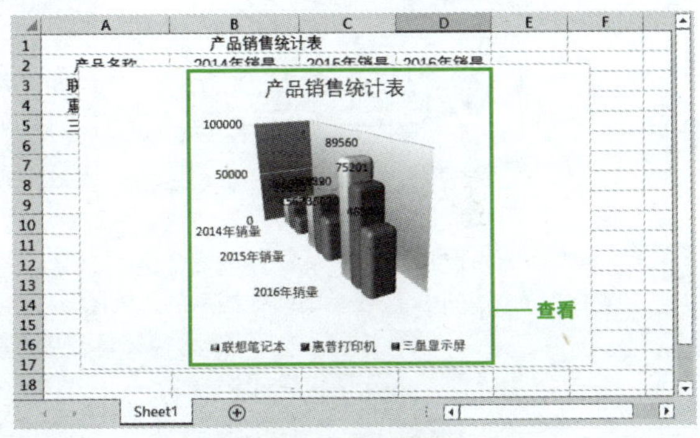

图 5-24 查看效果

技巧拓展

单击“图表样式”按钮，选择“颜色”选项，在下拉列表中可以选择其他颜色，效果如图 5-25所示。

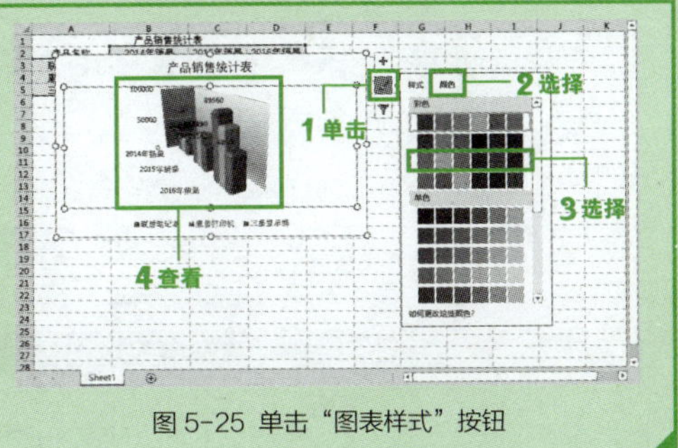

图 5-25 单击“图表样式”按钮

Extra tip >>>>>>>>>>>>>>

实例 088 让图表随数据的变化而自动更新

难度系数：★★★ 适用版本：07/13/16/17

技巧介绍： 行政部员工小朱在编辑完数据表并创建图表后发现少编辑了一些数据，为了提高工作效率，她想知道能否让图表随数据的变化而自动更新。

1 在Excel中打开“素材\第05章\实例88\办公用品领用记录表”工作簿，选择“公式”选项卡，在“定义的名称”选项组中单击“定义名称”下拉按钮，选择“定义名称”选项，在弹出的“新建名称”对话框将“名称”设置为“数量”，将“引用位置”设置为“=OFFSET(Sheet1!$B$1,1,COUNT(Sheet1!$B:$B))”，如图 5-26所示。

2 重复上一步操作调出自定义名称界面，名称设定为“办公用品名称”，输入内容为“=OFFSET(Sheet1!$A$1,1,COUNTA(Sheet1!$A:$A)-1)”，单击“确定”按钮保存，如图 5-27所示。

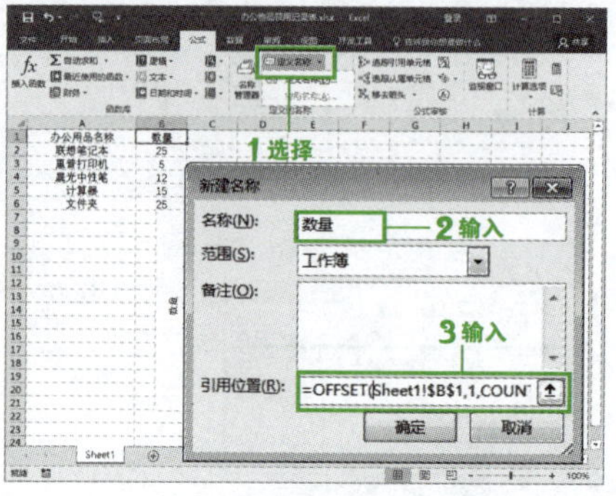

图 5-26 选择“定义名称”选项

新建名称

名称(N):	办公用品名称
范围(S):	工作簿
备注(O):	
引用位置(R):	=OFFSET(Sheet1!$A$1,1,COUN

1 输入　2 输入　确定　取消

图 5-27 继续新建名称

3 选中图表，单击鼠标右键，执行“选择数据”命令，在“选择数据源”对话框中单击“图例项”文本框中的“编辑”按钮，编辑数据系列，如图 5-28所示。

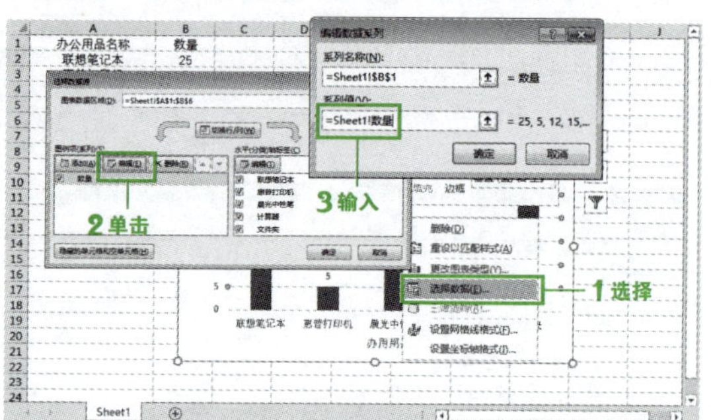

图 5-28 执行“选择数据”命令

4 继续修改“轴标签区域”名称，单击“确定”按钮保存设置，如图 5-29所示。

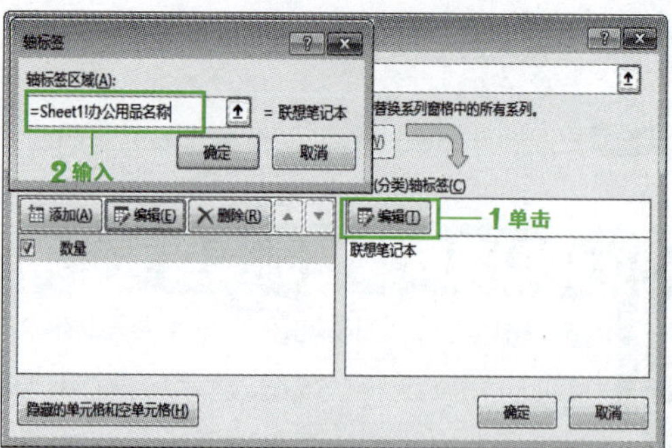

图 5-29 修改轴标签区域

⑤设置完后在单元格中输入数据，此时图表也会随之发生变化，如图 5-30所示。

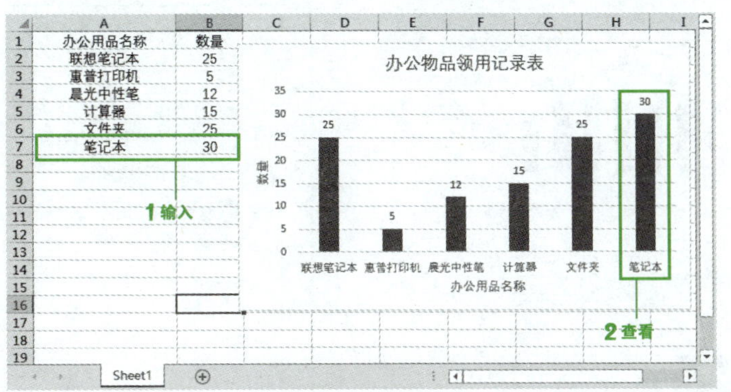

图 5-30 查看效果

技巧拓展

在“定义的名称”选项组中单击“名称管理器”按钮，即可弹出“名称管理器”对话框，在此对话框中可以编辑或删除名称，如图 5-31所示。

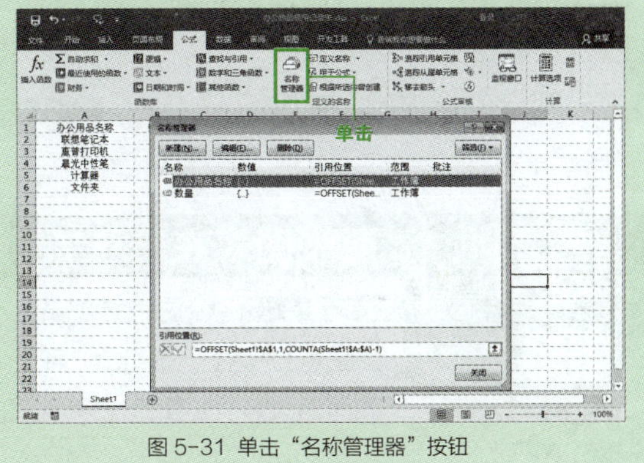

图 5-31 单击“名称管理器”按钮

Extra tip

实例 089 整页只打印一张图表

难度系数：★★★ 适用版本：07/13/16/17

技巧介绍： 公司行政人员小佳在创建一张图表后希望只打印此图表，可是她不知道应该怎么操作。

下面为大家介绍如何只打印一张图表。

① 在Excel中打开“素材\第05章\实例89\每日销售量统计表”工作簿，选中图表，选择“页面布局”选项卡，单击“页面设置”选项组的“对话框启动器”按钮，如图 5-32所示。

②在“页面设置”对话框中选择“图表”选项卡，单击“打印”按钮，弹出“打印”选项面板，单击“打印”按钮即可打印图表，如图 5-33所示。

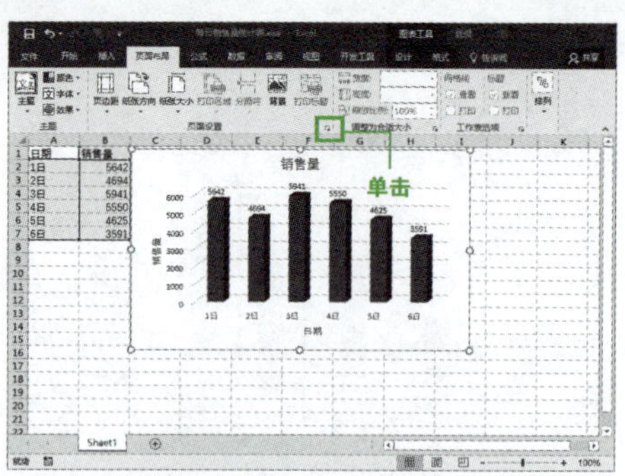

图 5-32 单击“对话框启动器”按钮

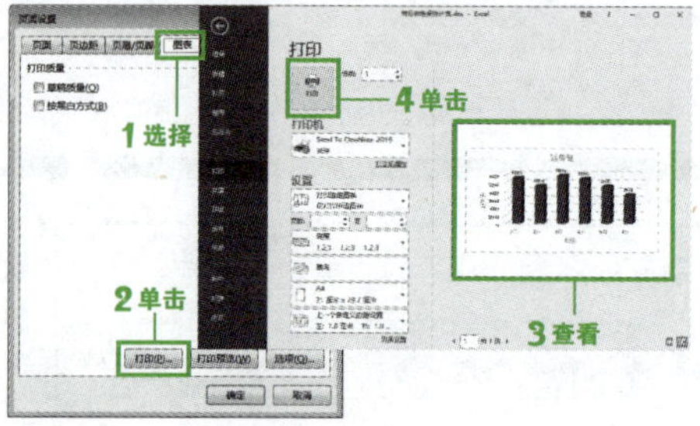

图 5-33 单击“打印”按钮

技巧拓展

在“页面设置”对话框的“图表”选项卡中可以设置“打印质量”，如图 5-34所示。

图 5-34 设置“打印质量”

Extra tip＞＞＞＞＞＞＞＞＞＞＞＞＞

实例 090 两张图表在一张 A4 纸上打印

难度系数：★★ 适用版本：07/13/16/17

技巧介绍： 公司销售部员工小竹在编辑完工作表后希望将两张图表打印在一张纸上，可是他不知道应该怎样操作。下面为大家介绍如何将两张图表打印在一张A4纸上。

① 在Excel中打开“素材\第05章\实例90\2015年和2016年销售量统计表”工作簿，选择“2016年”工作表，选中图表，单击鼠标右键，执行“复制”命令，如图 5-35所示。

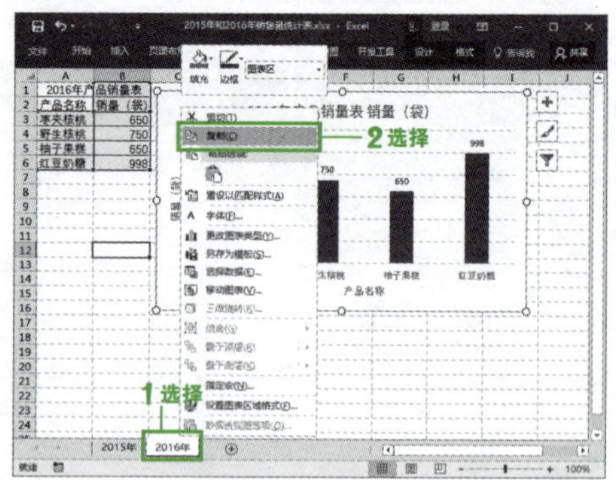

图 5-35 执行“复制”命令

②选择“2015年”工作表，按【Ctrl+V】键执行“粘贴”命令，如图 5-36所示。

③选中两张图表，选择“文件”菜单，选择“打印”选项，在“打印面板”中将打印纸张设置为“A4”，并在“打印预览”中可查看打印结果，此时即可将两张图表打印在一张A4纸上，如图5-37所示。

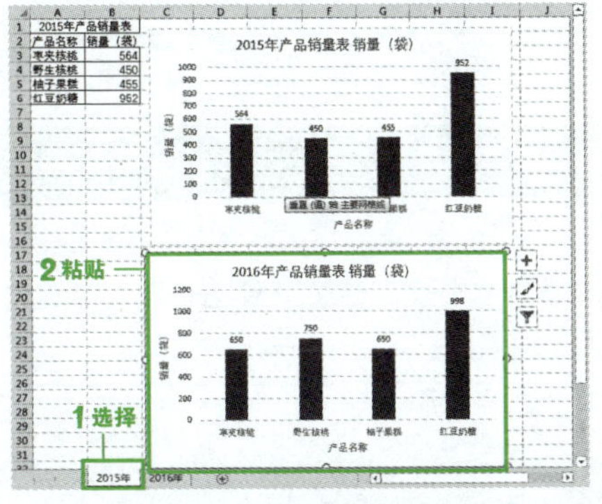

图 5-36 执行“粘贴”命令

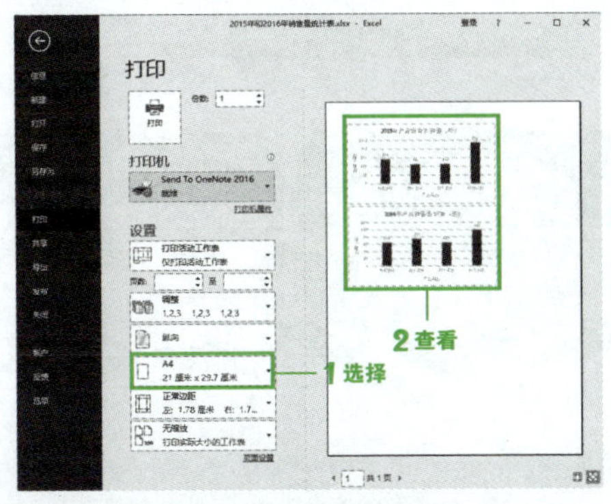

图 5-37 选择“打印”选项

技巧拓展

除了上述办法外，还可以将两张图表单独放置在一张空白的工作表中，然后再执行“打印”命令。

Extra tip >>>>>>>>>>>>>>

实例 091 让图表随表格一起打印

难度系数：★★★ 适用版本：07/13/16/17

技巧介绍： 公司行政部员工小张编辑完图表后希望可以将图表和表格一起打印。那么，有什么办法可以进行此操作呢？下面为大家介绍如何让图表随表格一起打印。

在Excel中打开“素材\第05章\实例91\值班次数统计表”工作簿，选择“文件”菜单，选择“打印”选项，在“打印”选项面板中即可查看预览效果，此时即可将图表和表格一起打印，如图 5-38所示。

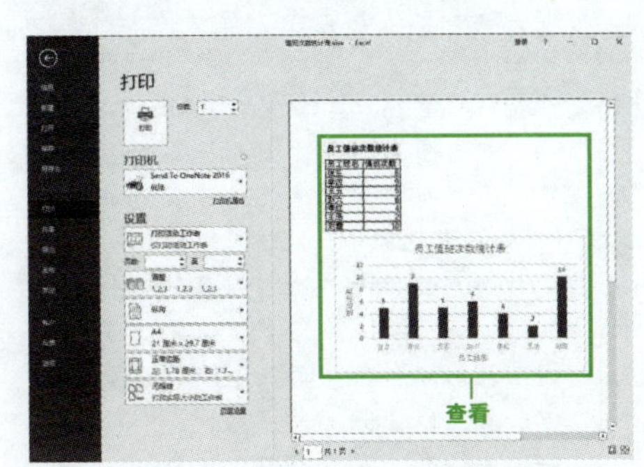

图 5-38 选择“打印”选项

技巧拓展

按【Ctrl+P】组合键即可快速弹出“打印”选项面板。

Extra tip

实例092 不打印工作表中的图表

难度系数：★★★ 适用版本：07/13/16/17

技巧介绍： 公司行政人员晓慧编辑完工作表后只需要打印表格而不需要打印工作表中的图表。除了删除图表再打印这种方法外，还有其他的办法吗？

① 在Excel中打开“素材\第05章\实例92\员工考核成绩表”工作簿，选中单元格，选择“页面布局”选项卡，单击“页面设置”的“对话框启动器”按钮，弹出“页面设置”对话框，选择“工作表”选项卡，在“打印”选项组中勾选“草稿质量”复选框，单击“确定”按钮保存，如图5-39所示。

② 设置完后可在“打印预览”中查看效果，如图5-40所示。

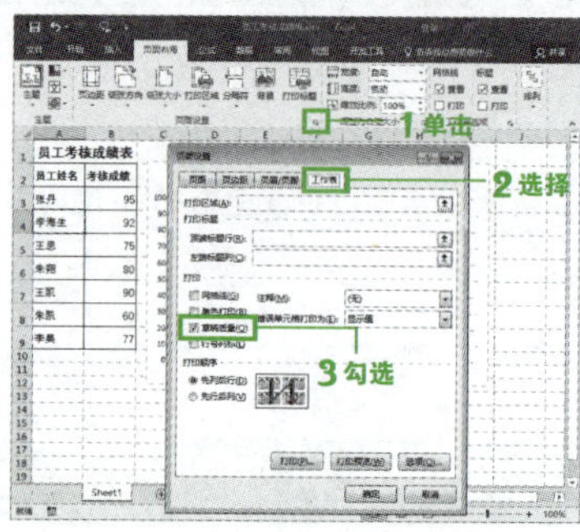

图5-39 勾选“草稿质量”复选框

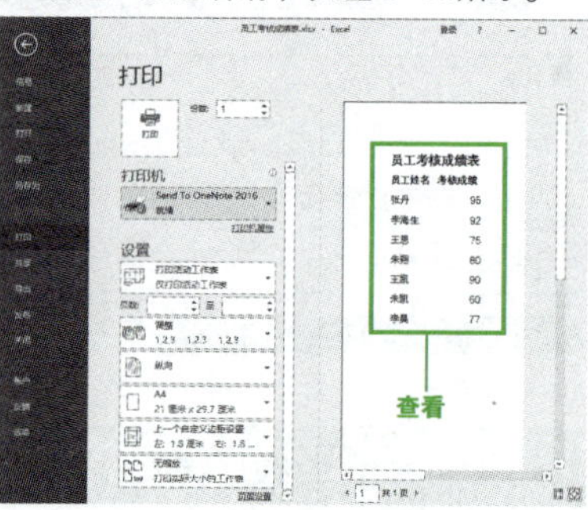

图5-40 查看效果

技巧拓展

除了上述办法外，还可以在“设置图表区格式”窗格中设置不打印工作表中的图表，具体操作步骤如下。

选中图表，单击鼠标右键，执行“设置图表区域格式”命令，在弹出的“设置图表区格式”窗格中单击“大小与属性”按钮，选择“属性”选项，取消勾选“打印对象”复选框，此时工作表中的图表就不会被打印出来，如图5-41所示。

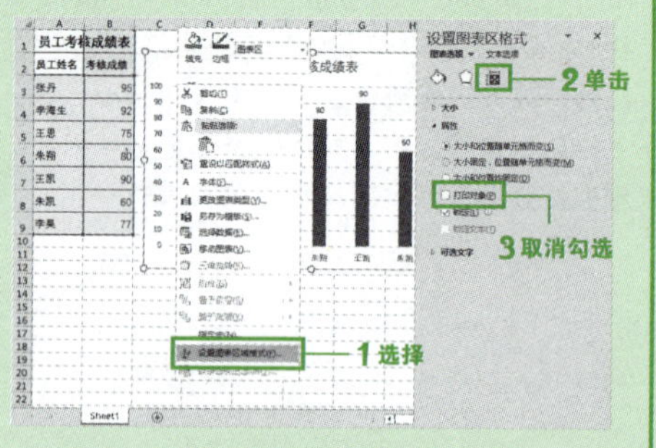

图5-41 执行“设置图表区域格式”命令

Extra tip

实例093 图表也可以保存为 PDF 文件

难度系数：★★★ 适用版本：07/13/16/17

技巧介绍： 公司行政人员晓芳需要将新编辑的Excel图表保存为PDF格式。可是她不知道应该怎样操作。

下面为大家介绍如何将图表保存为PDF格式。

在Excel中打开“素材\第05章\实例93\员工考核成绩表”工作簿，选择“文件”菜单，选择“另存为”选项，在“另存为”对话框中设置文件保存位置，并将“保存类型”设为“PDF(*.pdf)”，如所图5-42所示。

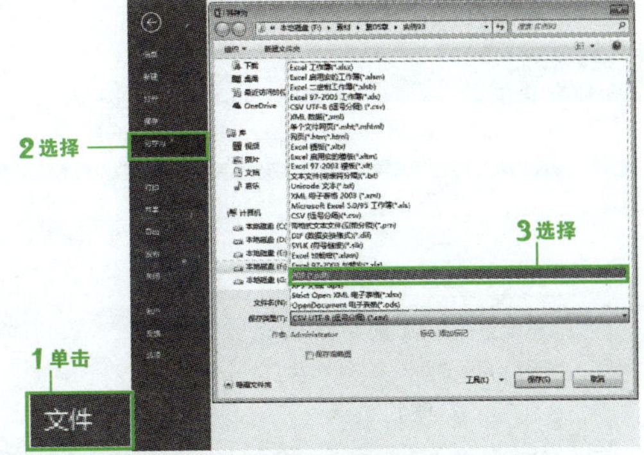

图 5-42 设置保存类型

技巧拓展

PDF，是Portable Document Format的简称，意思便携式文件格式，是由Adobe Systems在1993年用于文件交换所发展出的文件格式。它的优点在于跨平台、能保留文件原有格式（Layout）、开放标准，能免版税（Royalty-free）自由开发PDF相容软体，是一个开放标准，2007年12月成为ISO 32000国际标准。

Extra tip > > > > > > > > > > > > >

实例094 将图表保存为图片文件

难度系数：★★★ 适用版本：07/10/13/16/17

技巧介绍： 公司销售部员工晓芳在编辑完工作表后希望将图表保存为图片文件，以便随时查看图表文件，可是她不知道应该怎样设置。下面为大家介绍如何将图表保存为图片文件。

1. 在Excel中打开“素材\第05章\实例94\销售部员工销售统计表”工作簿，选择“文件”菜单，选择“另存为”选项，在“另存为”对话框中设置文件保存位置，并将“保存类型”设为“网页（*.htm,*.html）”格式类型，在弹出的信息提示框中单击“是”按钮，如图 5-43所示。

2. 在保存的文件夹中可查看保存效果，在“销售部员工销售统计表”文件夹中查看图片文件，如图 5-44所示。

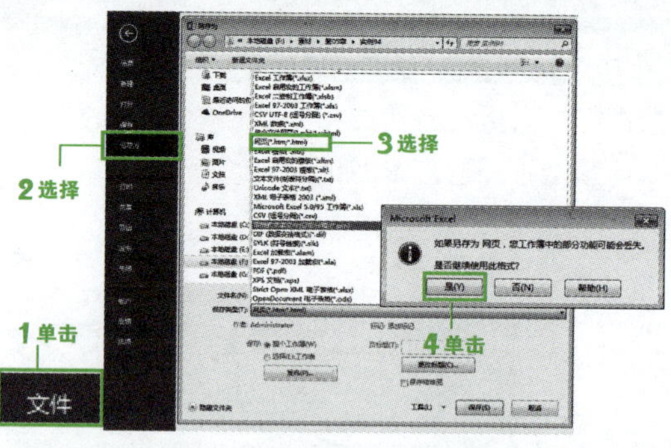

图 5-43 设置文件保存类型

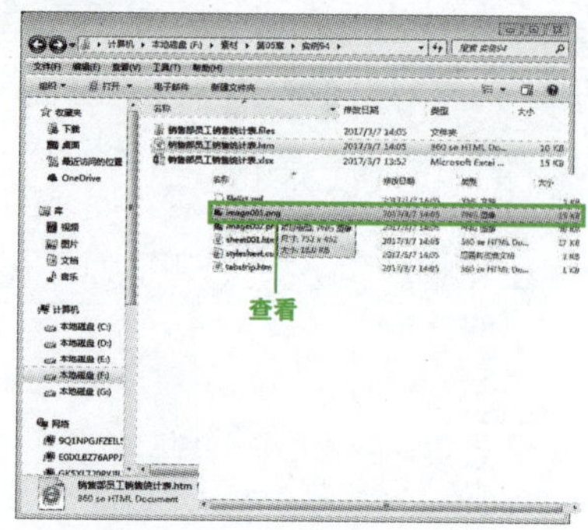

图 5-44 查看图片文件

技巧拓展

除了可以采用上述方法外，还可以执行“复制”和“粘贴”命令，在“粘贴”选项中选择“图片”选项，即可将图表保存为图片文件，如图 5-45所示。

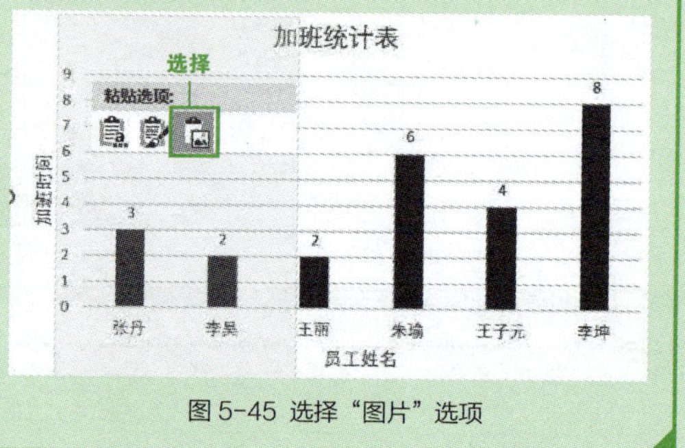

图 5-45 选择“图片”选项

Extra tip

实例 095 更改图表类型

难度系数：★★★　适用版本：07/13/16/17

技巧介绍： 公司行政部员工小华在编辑完工作表后对创建的图表效果不满意，因此，她想更改图表类型。那么，有什么办法可以快速更改图表类型呢？

① 在Excel中打开“素材\第05章\实例95\物品销售表”工作簿，选择“图表工具—设计”选项卡，在“类型”选项组中单击“更改图表类型”按钮，在“更改图表类型”对话框中选择其他图表类型（如饼图），如图 5-46所示。

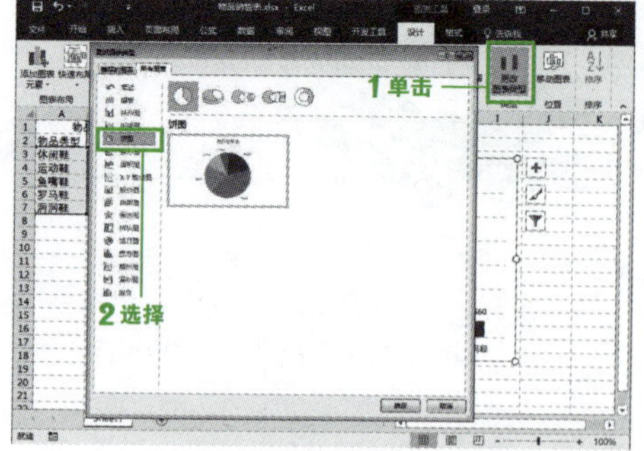

图 5-46 选择其他图表类型

②设置完后可查看更改效果类型，如图 5-47所示。

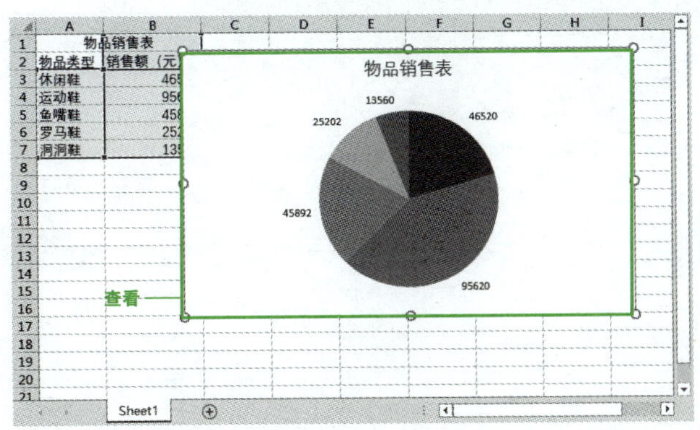

图 5-47 查看更改效果类型

技巧拓展

除了上述方法外，还可以选中图表，单击鼠标右键，执行“更改图表类型”命令来更改图表类型，如图 5-48所示。

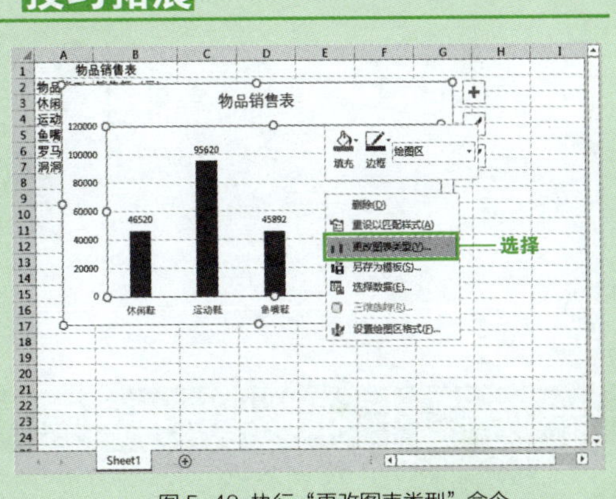

图 5-48 执行“更改图表类型”命令

Extra tip >>>>>>>>>>>>>

实例 096 在一个图表中使用两种图表类型

难度系数：★★★ 适用版本：07/13/16/17

技巧介绍： 公司行政部员工小海在编辑完产品销售统计表后发现图表中的两个数列大小相差太多，因此，希望能在一个图表中使用两种图表类型。可是，不知道应该怎样操作。

①在Excel中打开“素材\第05章\实例96\产品销售统计表”工作簿，选中数据，单击鼠标右键，执行“更改系列图表类型”命令，如图 5-49所示。

② 弹出“更改图表类型”对话框，在“组合”选项中将“销售数量”的图表类型设置为“折线图”，并勾选“次坐标轴”复选框，单击“确定”按钮保存设置，如图 5-50所示。

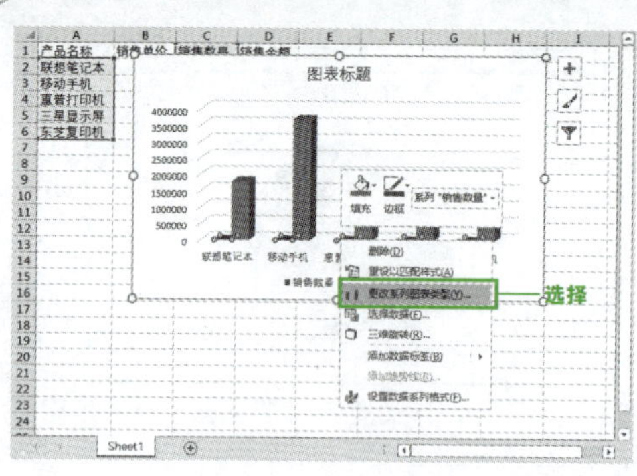

图 5-49 执行“更改系列图表类型”命令

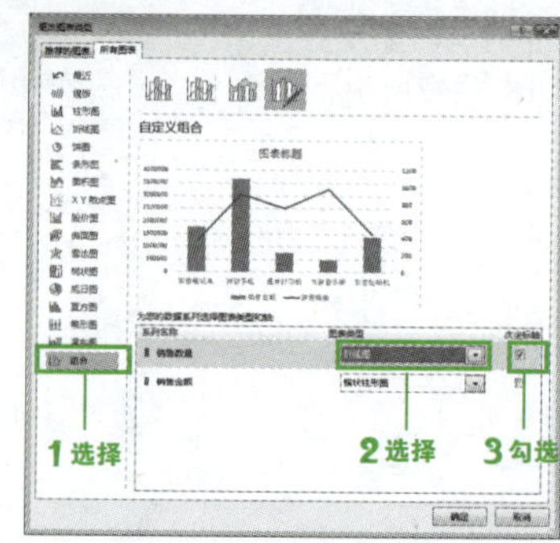

图 5-50 更改“销售数量”的图表类型

③设置完后可查看效果，如图 5-51所示。

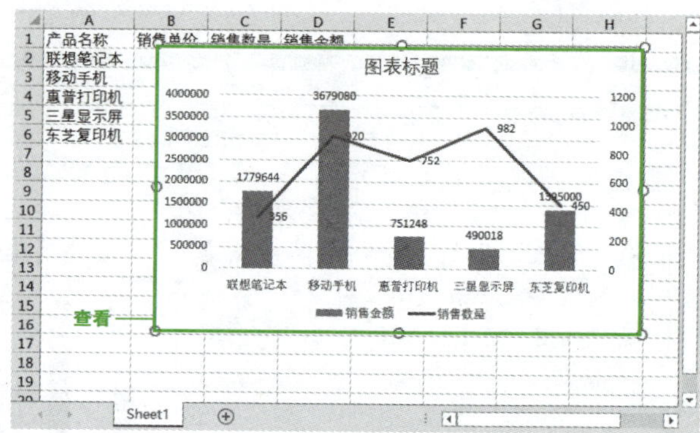

图 5-51 查看设置效果

实例 097 准确地选择图表中的项目

难度系数：★★★ 适用版本：07/13/16/17

技巧介绍： 公司行政部员工小惠发现日常选择图表中的项目时，使用的方法都是直接用鼠标单击。因此，她想知道能否通过其他方式来准确地选择图表中的相应项目。

在Excel中打开“素材\第05章\实例97\饮料销售情况表”工作簿，选择“图表工具—格式”选项卡，在“当前所选内容”选项组中单击文本框下拉按钮，在下拉列表中即可选择所需的图表项目，如图 5-52所示。

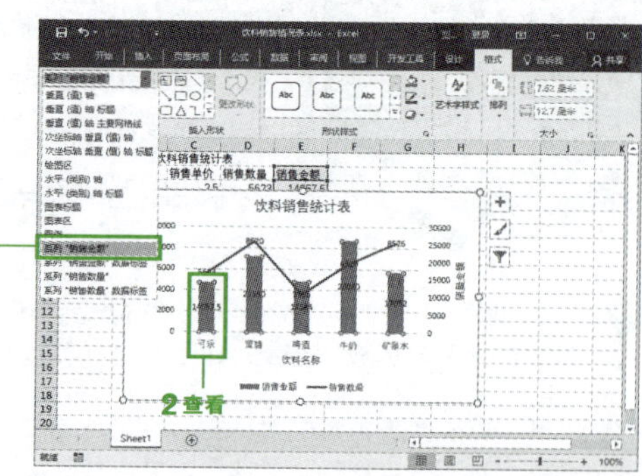

图 5-52 在“当前所选内容”选项组中单击文本框下拉按钮

技巧拓展

选中图表中的项目后，单击该选项组中的“设置所选内容格式”按钮，即可在弹出的窗格中设置格式，如图 5-53所示。

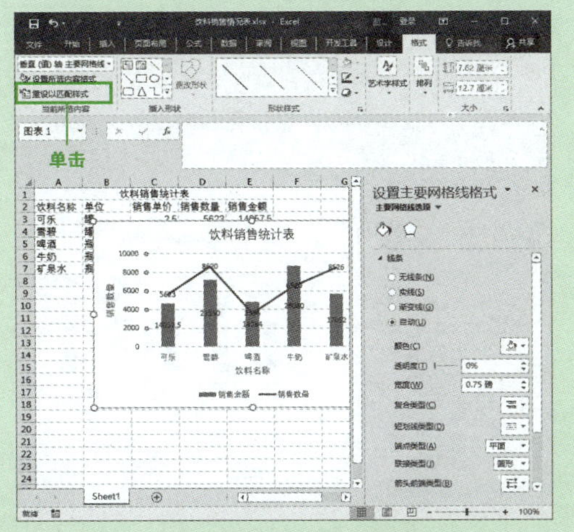

图 5-53 单击“设置所选内容格式”按钮

Extra tip

实例 098 为图表设置数据标签

难度系数：★★ 适用版本：07/10/13/16/17

技巧介绍： 公司行政部人员小佳创建完图表后希望能在图表中添加数据标签，以便查看图表具体数值。可是她不知道应该怎样设置数据标签。

1 在Excel中打开“素材\第05章\实例98\饮料销售情况表”工作簿，选择“图表工具—设置”选项卡，在“图表布局”选项组中单击“添加图表元素”下拉按钮，选择“数据标签”选项，在其级联列表中选择满意的选项（如数据标签外），如图 5-54所示。

2 设置完后可查看效果，如图 5-55所示。

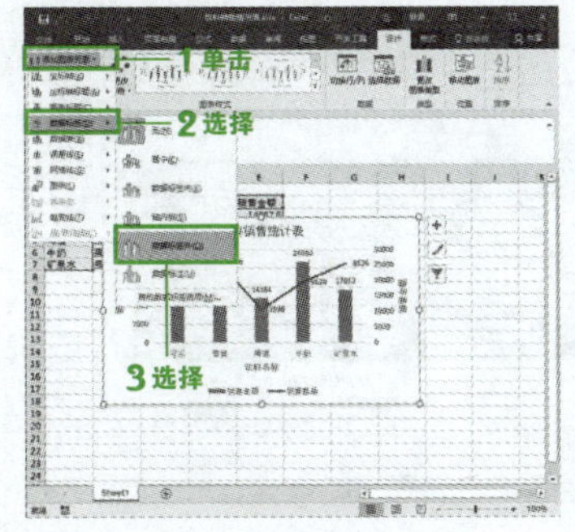

图 5-54 选择“数据标签”选项

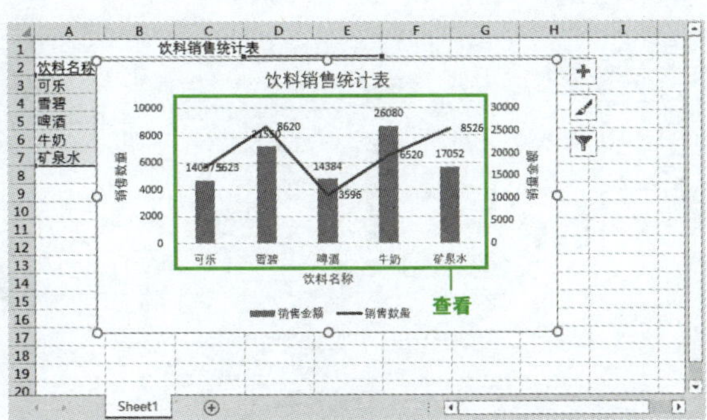

图 5-55 查看设置效果

技巧拓展

除了使用上述办法来添加数据标签外，还可以单击图表右上角的图表元素按钮，在列表中勾选“数据标签”复选框并单击右侧符号，选择“数据标签外”选项，如图5-56所示。

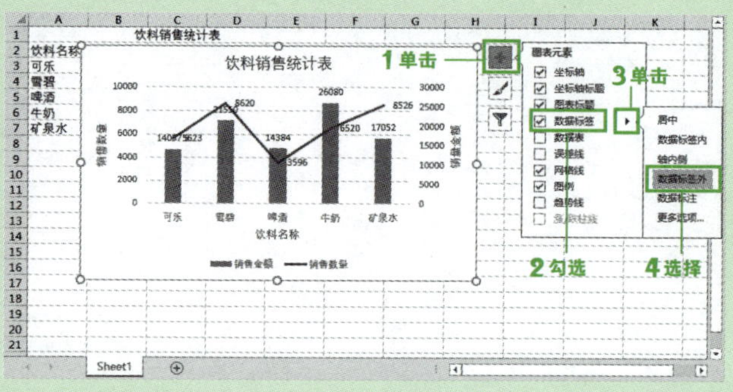

图 5-56 选择“数据标签外”选项

Extra tip > > > > > > > > > > > > >

实例 099 为图表添加漂亮的背景

难度系数：★★★　适用版本：07/10/13/16/17

技巧介绍： 公司行政部员工小佳认为原始图表的背景很单调，因此她想为新编辑的图表添加背景使其更美观，可是不知道应该怎样操作。下面为大家介绍如何为图表添加背景。

① 在Excel中打开“素材\第05章\实例99\员工加班统计表”工作簿，选中图表，单击鼠标右键执行“设置绘图区格式”命令，在弹出的“设置绘图区格式”窗格中单击“填充与线条”按钮，在“填充”选项中选择“图片或纹理填充”选项，单击“关闭”按钮即可保存，如图5-57所示。

② 设置完后可查看效果，如图5-58所示。

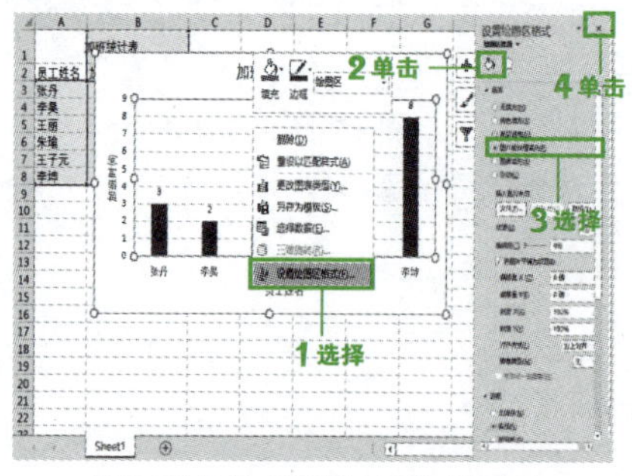

图 5-57 执行“设置绘图区格式”命令

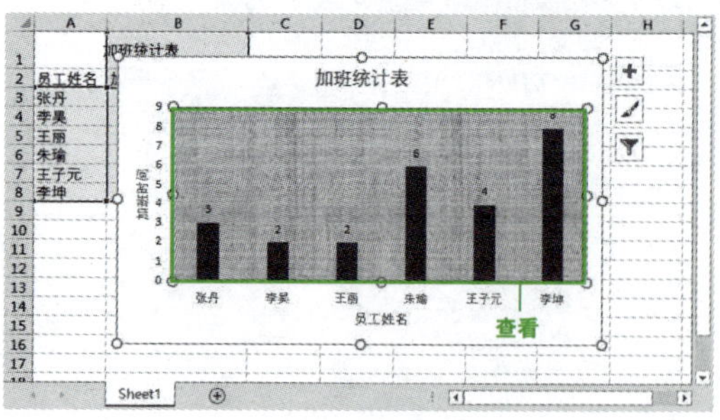

图 5-58 查看设置效果

技巧拓展

a.如果需要将图表背景设置为图片，可单击“文件”按钮，在“插入图片”对话框中选择需要插入的图片，单击“插入”按钮，如图 5-59所示。

b.设置完后查看插入效果，如图 5-60所示。

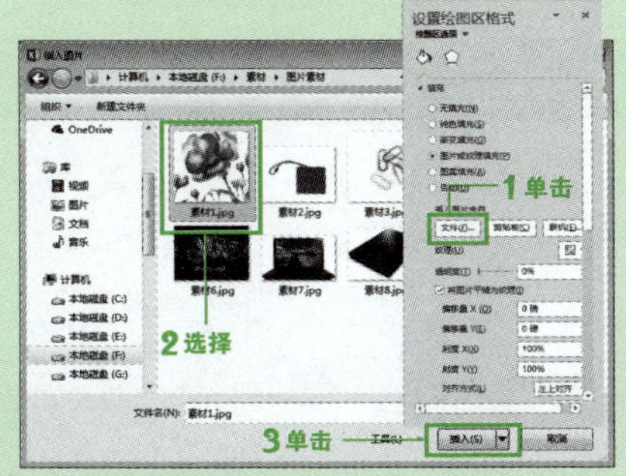

图 5-59 单击“文件”按钮

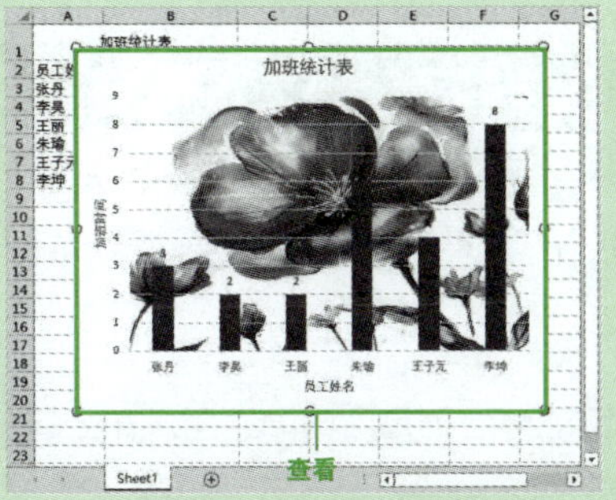

图 5-60 查看插入效果

Extra tip

实例 100 反向坐标轴的数值

难度系数：★★★ 适用版本：07/13/16/17

技巧介绍： 公司行政部员工小敏希望能将图表中坐标轴的数值反向显示，可是她不知道应该怎么操作。

下面为大家介绍如何反向坐标轴的数值。

1 在Excel中打开“素材\第05章\实例100\2015年上半年产品销售情况表”工作簿，选中横坐标，单击鼠标右键，执行“设置坐标轴格式”命令，在“设置坐标轴格式”窗格中勾选“逆序类别”复选框，如图 5-61所示。

2 设置完后可查看效果，如图 5-62所示。

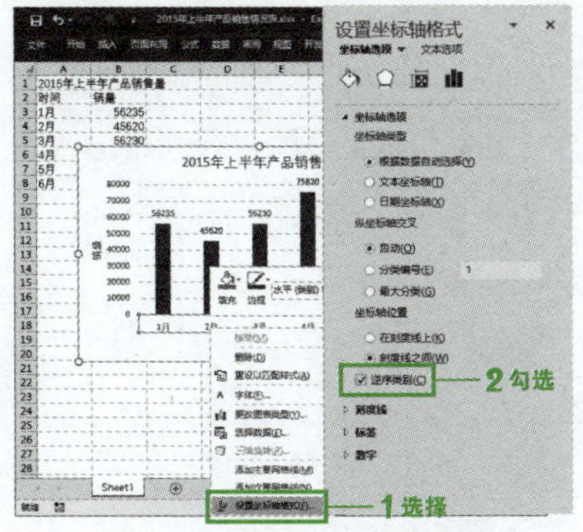

图 5-61 勾选“逆序类别”复选框

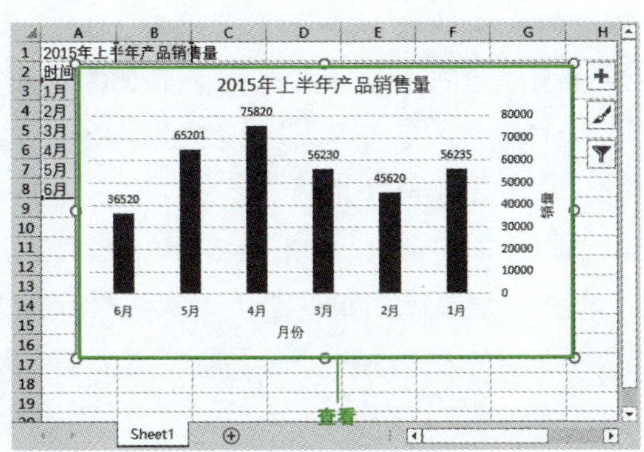

图 5-62 查看设置效果

技巧拓展

双击坐标轴同样会弹出"设置坐标轴格式"窗格。

Extra tip >>>>>>>>>>>>>

职场小知识

吉德林法则

简介: 把难题清清楚楚地写出来，便已经解决了一半，只有先认清问题，才能很好地解决问题。

吉德林法则是由美国通用汽车公司管理顾问查尔斯·吉德林提出的。他认为把难题清清楚楚地写出来，便已经解决了一半，只有先认清问题，才能很好地解决问题。

谁都会遇到难题，人如此，企业也是如此。在瞬息万变的环境下，怎样才能最有效地解决难题，并没有一个固定的规律。但是，成功并不是没有方法和程序可循的。遇到难题，不管你要怎样解决它，首要的前提是看清难题的关键在哪里。找到了问题的关键，也就找到了解决问题的方法，剩下的就是如何来具体解决了。

英国的麦克斯亚郡曾有一个妇女向法院控告，说她丈夫迷恋足球已经到了无以复加、不能容忍的地步，严重影响了他们的夫妻关系。她要求生产足球的厂商——宇宙足球厂赔偿她精神损失费10万英镑。在我们看来，这一指控毫无道理。但在结果宣判之前，种种迹象表明，这位妇女的要求得到了大多数陪审团成员的支持。想到马上就要支付巨额的赔偿费，宇宙足球厂的老板很是忧虑。这时，宇宙足球厂的公关顾问认为，对公司来说，问题的关键就是这位妇女的控告让公司损失了大笔的钱，要是能通过这次控告重新赚回损失的钱，问题不就迎刃而解了吗？于是，他向公司建议：与其在法庭上与陪审团进行无谓的陈述，还不如利用这一离谱的案例，为公司大造声势，向人们证明宇宙厂生产的足球魅力之大。于是，他们与各媒体进行了沟通，让他们对这场官司进行大肆渲染。果然，这场官司经传媒的不断轰炸后，宇宙足球厂名声大振，产品销量一下子就翻了四倍。与损失10万英镑比起来，宇宙足球厂算是因小祸而得了大福。

因此，要想解决问题，必须清楚问题出在哪里。看到了问题的症结所在，也就找到了解决问题的办法。所以，遇到问题后首要的就是要分析问题，只有这样，在解决问题时才会得心应手，事半功倍。

Chapter 6

第6章 数据图表美化技巧

在创建图表时可以对图表进行美化操作，使其更美观、更具有特色。因此，本章将通过20个实例为大家介绍数据图表的美化技巧，如如何快速更改图例项名称、如何制作双坐标图表、如何隐藏图表网格线、如何为图表添加垂直线、如何突出显示图表中的负值等。

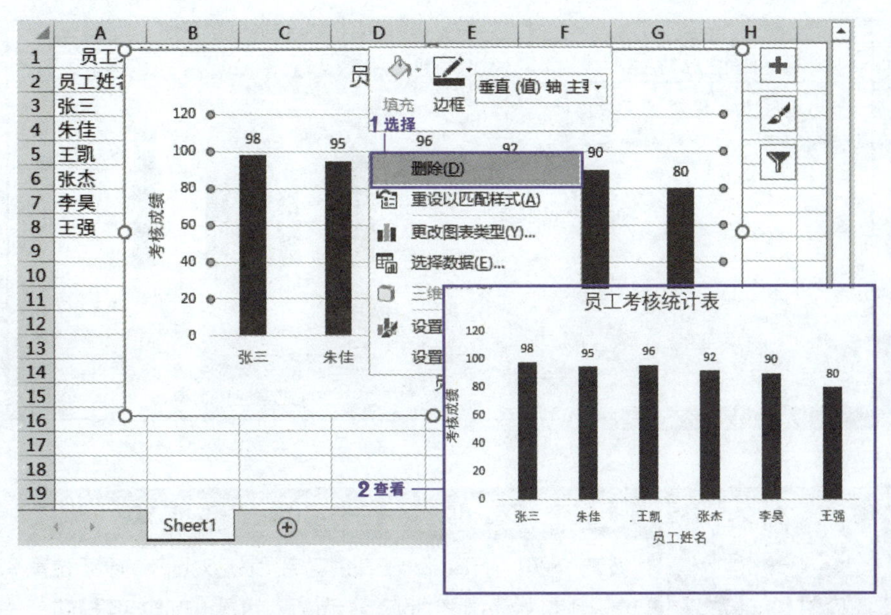

实例101 调整图表大小

难度系数：★★★ 适用版本：全版本

技巧介绍： 行政部员工小张在创建完图表后希望能调整图表大小，可是他不知道应该怎样操作。

下面为大家介绍如何调整图表大小。

在Excel中打开“素材\第06章\实例101\办公用品采购表”工作簿，选中图表，选择“图表工具—格式”选项卡，在“大小”选项组中设置图表的高度和宽度，即可调整图表大小，如图 6-1所示。

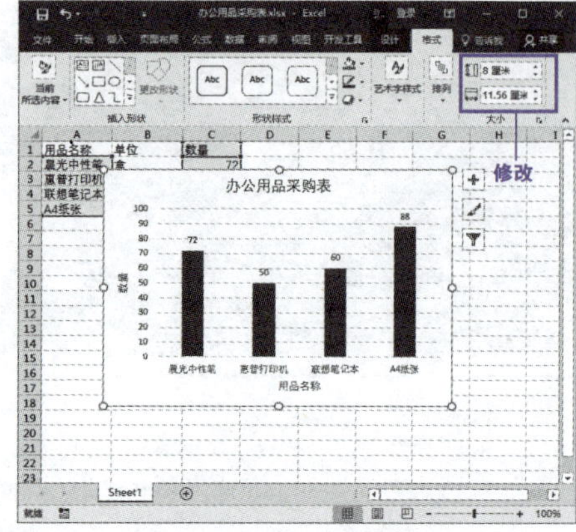

图 6-1 设置图表高度和宽度

技巧拓展

通过直接拖动图表四周的圆圈符号也可快速调整图表大小，如图 6-2所示。

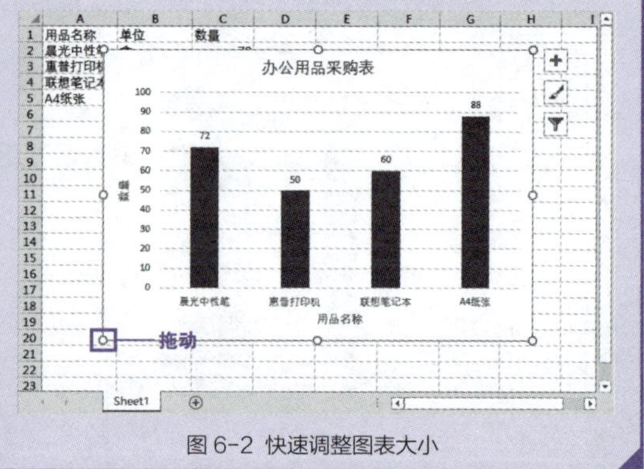

图 6-2 快速调整图表大小

Extra tip >>>>>>>>>>>>>>

实例102 快速调整图例的显示位置

难度系数：★★★ 适用版本：全版本

技巧介绍： 行政部小王在创建完图表后对图表的显示位置不满意，因此，她想调整图例的显示位置，可是不知道如何操作。

下面为大家介绍如何快速调整图例的显示位置。

❶在Excel中打开“素材\第06章\实例102\各地气温表”工作簿，选中图例，单击鼠标右键，执行“设置图例格式”命令，在弹出的“设置图例格式”窗格中将图例位置设为“靠上”，如图 6–3所示。

❷设置完后可查看效果，如图 6–4所示。

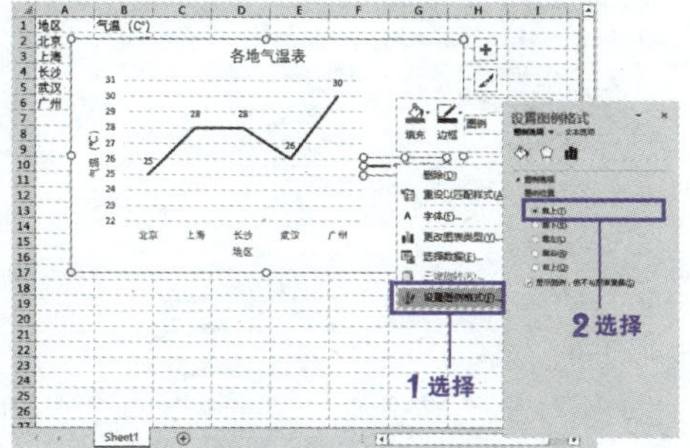

图 6-3 执行“设置图例格式”命令

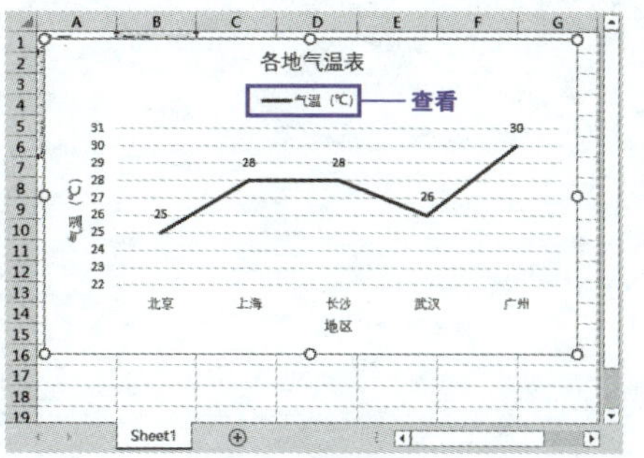

图 6-4 查看效果

技巧拓展

除了上述方法外，还可以直接拖动图例来调整位置，如图 6–5所示。

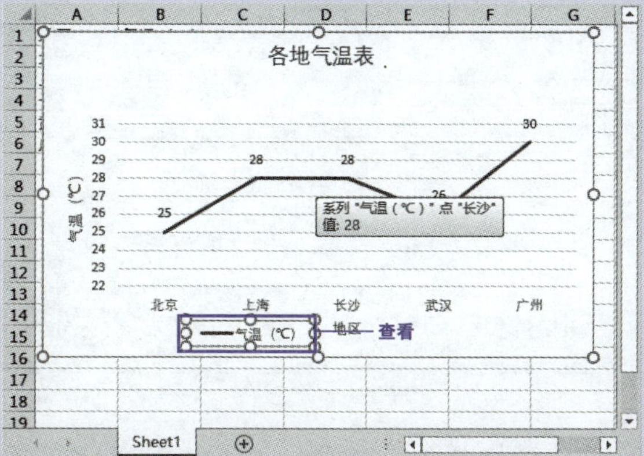

图 6-5 拖动图例

Extra tip›››››››››››››

实例 103 快速更改图例项名称

难度系数：★★★

适用版本：07/10/13/16/17

技巧介绍： 销售部员工小凯在编辑完图表后发现将图例项名称编辑错误了，因此，他想知道能否直接修改图例项名称。下面为大家介绍如何快速更改图例项名称。

❶在Excel中打开“素材\第06章\实例103\服装销售统计表”工作簿，选中图例，单击鼠标右键，执行“选择数据”命令，如图 6-6所示。

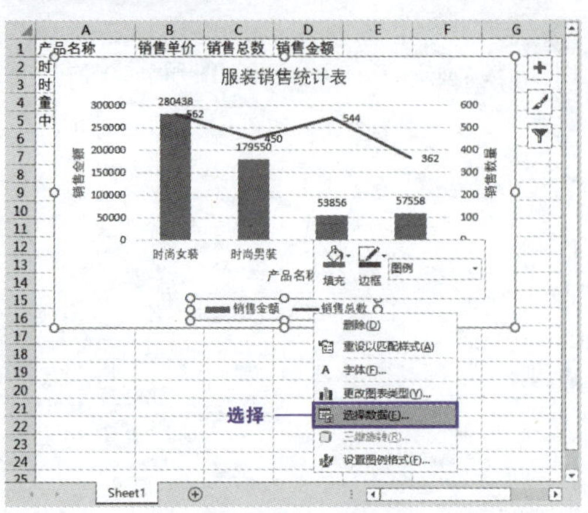

图 6-6 执行“选择数据”命令

❷弹出“选择数据源”对话框，单击“编辑”按钮，在“编辑数据系列”对话框中将“系列名称”设为“销售数量”，如图 6-7所示。

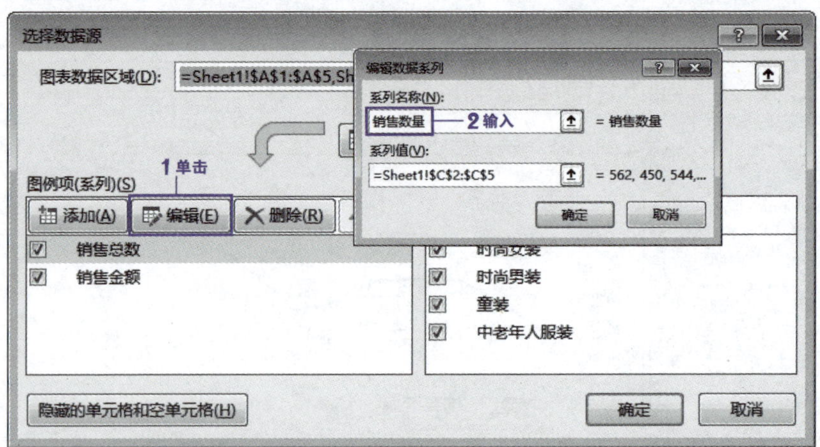

图 6-7 修改系列名称

❸设置完后可查看效果，如图 6-8所示。

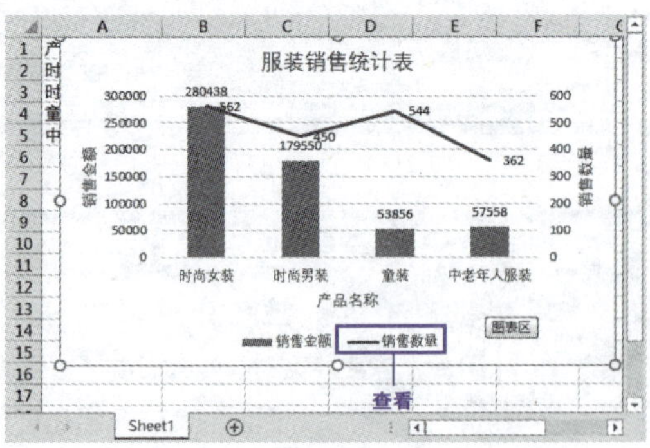

图 6-8 查看效果

技巧拓展

除了上述办法外，还可以直接在表格中修改文本，图表中的图例名将会自动更新。

Extra tip

实例 104 调整多个图表的尺寸

难度系数：★★★ 适用版本：07/10/13/16/17

技巧介绍： 行政部员工小婉在创建完图表后想调整图表的尺寸，通常，她只会调整一个图表的尺寸，现在面对多个图表的情况，不知道应该怎样操作了。

① 在Excel中打开“素材\第06章\实例104\2015年与2016年产品销量表”工作簿，按【Ctrl】键选中两个图表，单击鼠标右键，执行“大小和属性”命令，在弹出的“设置形状格式”窗格中单击“大小”选项，将高度设为“6”，宽度设为“12”，单击“关闭”按钮即可保存，如图 6-9所示。

②设置完后可查看效果，此时两个图表的尺寸大小一致，如图 6-10所示。

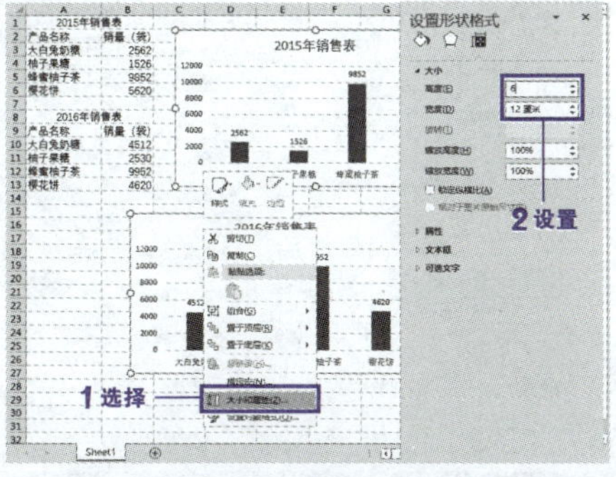

图 6-9 执行“大小和属性”命令

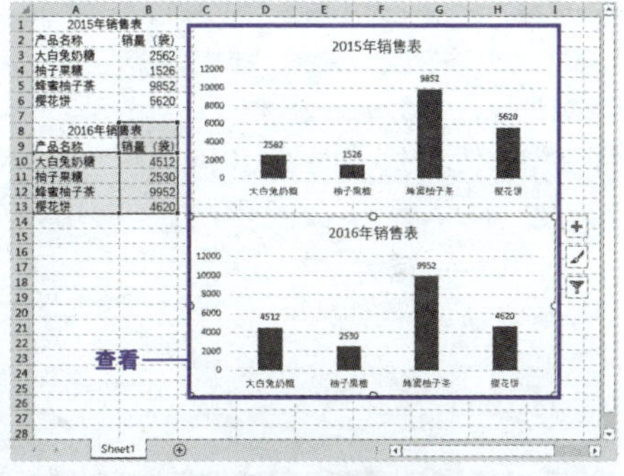

图 6-10 查看效果

技巧拓展

选中图表，在“绘图工具—格式”选项卡的“大小”选项组中设置图表的高度和宽度，如图 6-11所示。

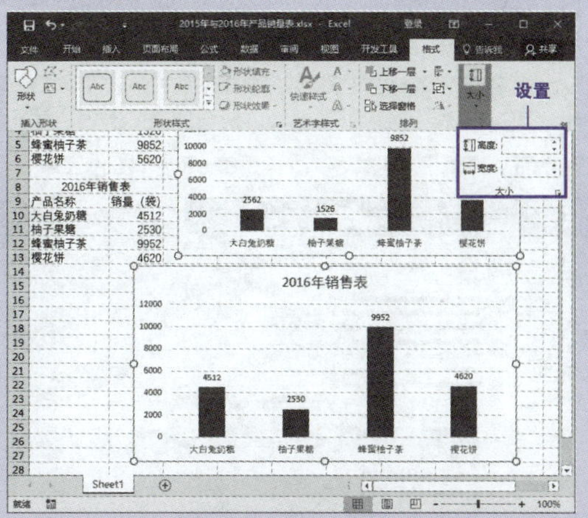

图 6-11 设置图表的高度和宽度

Extra tip

第1章 第2章 第3章 第4章 第5章 第6章 第7章 第8章 第9章 第10章

实例105 等比例放大或缩小图表

难度系数：★★★ 适用版本：07/10/13/16/17

技巧介绍： 行政部员工小曹希望能将创建好的图表按等比例缩放，可是他不知道应该怎么操作。

下面为大家介绍如何将图表等比例缩放。

在Excel中打开“素材\第06章\实例105\员工值班表”工作簿，选中图表，单击鼠标右键，执行“设置图表区域格式”命令，弹出“设置图表区格式”窗格，单击“大小与属性”按钮，选择“大小”选项，勾选“锁定纵横比”复选框，并修改缩放比例，此时图表将会等比例缩放，如图 6-12所示。

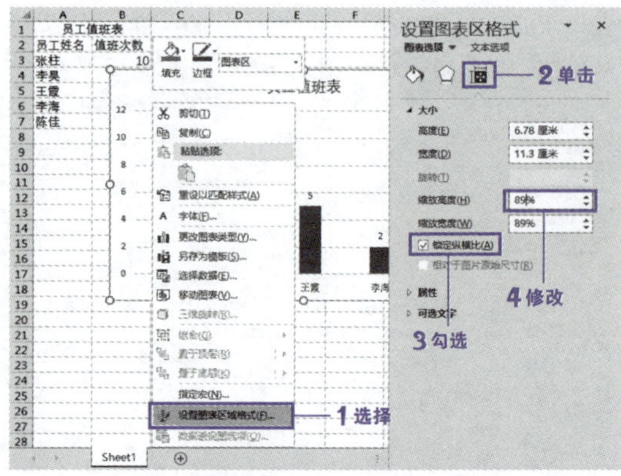

图 6-12 勾选“锁定纵横比”复选框

实例106 快速移动图表位置

难度系数：★★★ 适用版本：全版本

技巧介绍： 公司员工贾汪需要快速移动图表位置，可是不知道应该怎样执行此操作。

下面为大家介绍如何快速移动图表位置。

1 在Excel中打开“素材\第06章\实例106\气温变化图”工作簿，单击鼠标右键，执行“移动图表”命令，弹出“移动图表”对话框，选择“对象位于”选项，并选择“Sheet2”，如图 6-13所示。

2 设置完后可查看已将图表移动至“Sheet2”工作表中，如图 6-14所示。

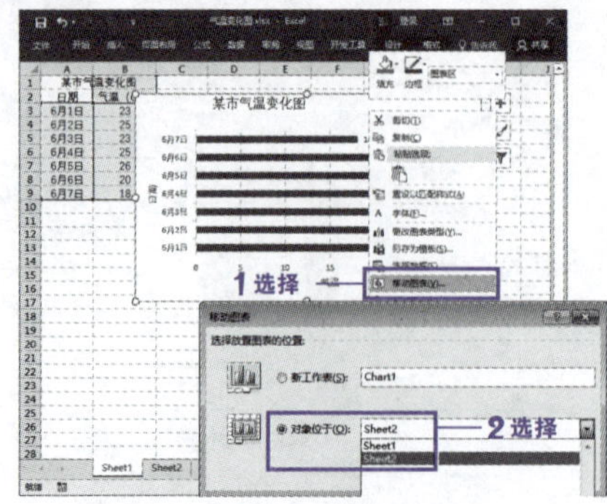

图 6-13 执行“移动图表”命令

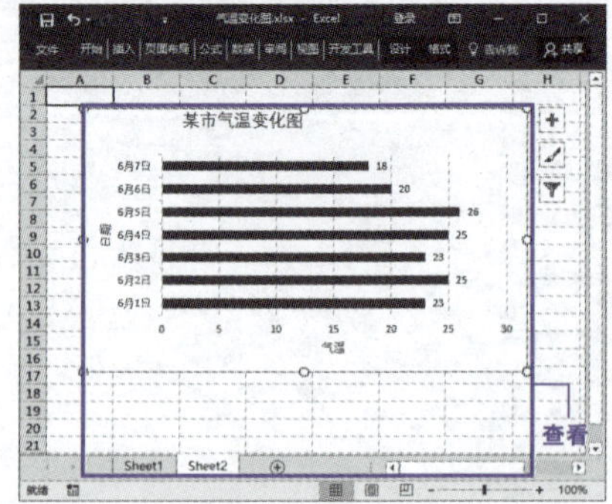

图 6-14 查看移动效果

技巧拓展

如果是在同一工作表中移动图表，可直接拖动图表来移动位置。

Extra tip

实例 107 调整图表绘图区大小

难度系数：★★★ 适用版本：07/10/13/16/17

技巧介绍： 行政人员小白在编辑完图表后发现图表的绘图区较小，因此想调整图表绘图区大小，可是不知道应该怎么操作。下面为大家介绍如何调整图表绘图区大小。

在Excel中打开“素材\第06章\实例107\销售情况表”工作簿，选中图表绘图区，拖动绘图区边框处的圆圈符号即可调整绘图区大小，效果如图 6-15所示。

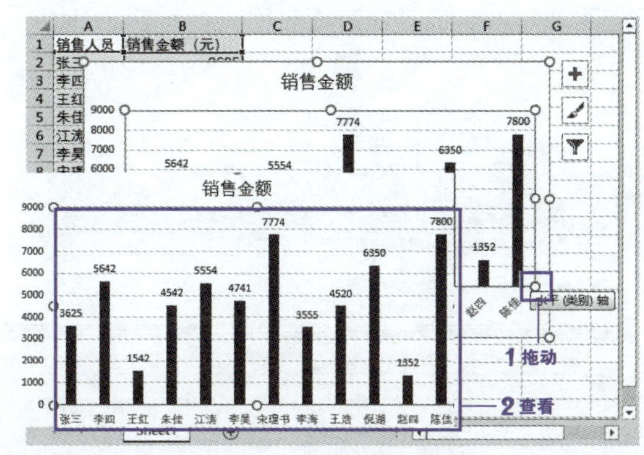

图 6-15 调整绘图区大小

技巧拓展

选中绘图区，单击鼠标右键，执行“设置绘图区格式”命令，在弹出的“设置绘图区格式”窗格中可以设置绘图区的格式，如填充颜色、边框颜色等，如图 6-16所示。

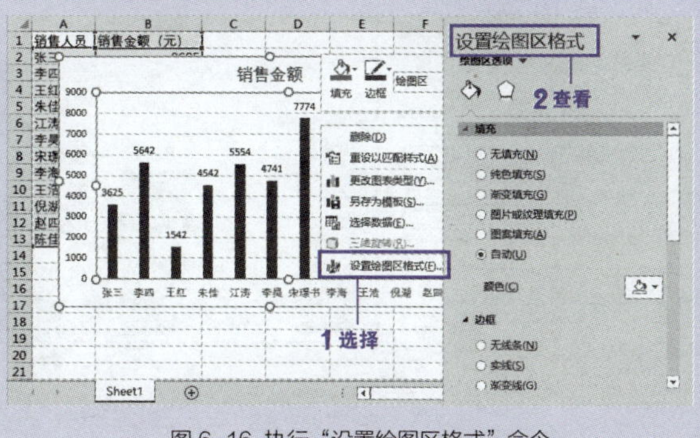

图 6-16 执行“设置绘图区格式”命令

Extra tip

实例108 改变数据系列的图表格式

难度系数：★★★ 适用版本：07/10/13/16/17

技巧介绍： 销售部员工小敏对创建好的数据系列的图表格式不满意，因此想更改图表格式，可是不知道应该怎样操作。下面为大家介绍如何改变数据系列的图表格式。

❶ 在Excel中打开“素材\第06章\实例108\车辆销售情况表”工作簿，选中数据系列，单击鼠标右键，执行“设置数据系列格式”按钮，弹出“设置数据系列格式”窗格，单击“效果”按钮，选择“三维格式”选项，将“顶部棱台”设置为“斜面”，如图 6-17所示。

❷设置完后可查看效果，如图 6-18所示。

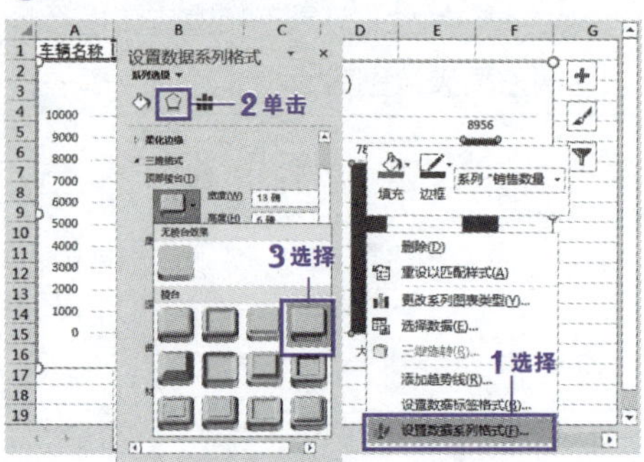

图 6-17 执行“设置数据系列格式”按钮

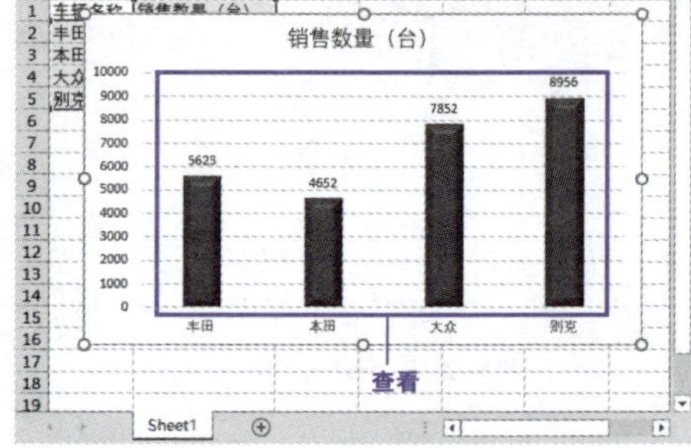

图 6-18 查看效果

技巧拓展

在“设置数据系列格式”窗格中单击“填充与线条”按钮，选择“边框”选项，将边框颜色设为“红色”，宽度设为“5磅”，效果如图 6-19所示。

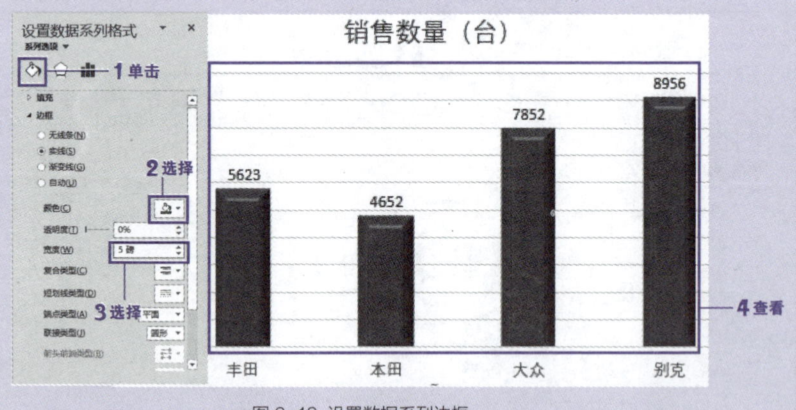

图 6-19 设置数据系列边框

Extra tip

实例 109

难度系数：★★★ 适用版本：07/10/13/16/17

删除\显示图例项

技巧介绍： 公司销售部小红在编辑图表时不小心将图例项误删了，因此，需要重新显示图例，可是不知道应该怎样操作。下面为大家介绍如何删除\显示图例项。

在Excel中打开“素材\第06章\实例109\产品销售表”工作簿，选择“图表工具—设计”选项卡，在“图表布局”选项组中单击“添加图表元素”下拉按钮，选择“图例”选项，在其级联列表中选择“顶部”选项，如图 6-20所示。

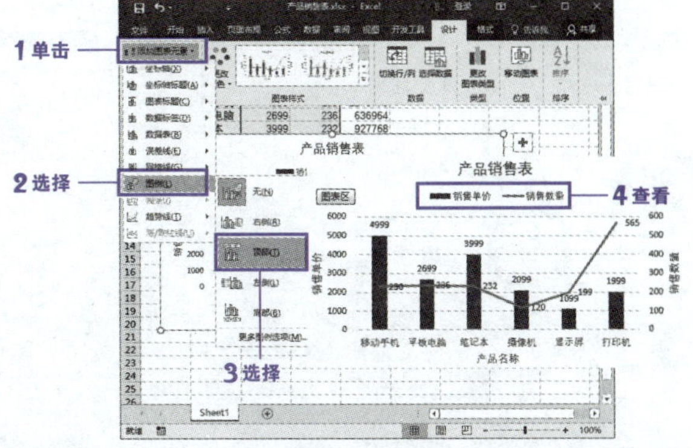

图 6-20 显示图例

技巧拓展

如果需要删除可直接选中图例，并按【Backspace】键即可快速删除，或在“图表元素”列表中取消勾选“图例”选项，如图 6-21所示。

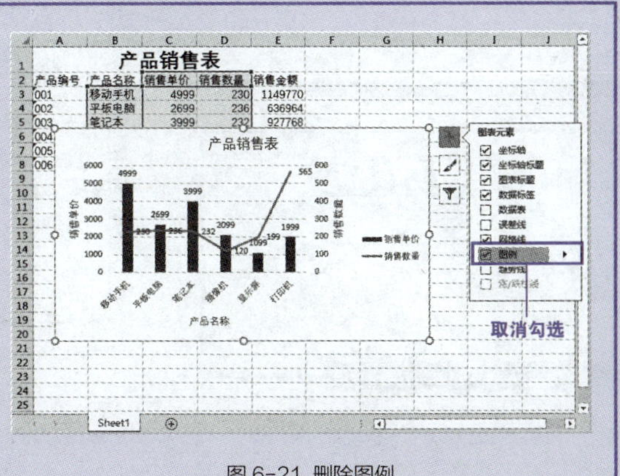

图 6-21 删除图例

Extra tip

实例 110

难度系数：★★★ 适用版本：07/10/13/16/17

快速复制图表格式

技巧介绍： 销售部员工小唐需要创建多个格式一样的图表，她发现如果一个一个地创建图表并设置格式将会浪费大量时间，因此，想知道能否快速复制图表格式。

❶在Excel中打开“素材\第06章\实例110\门店销售情况对比表”工作簿，选中已经设置好格式的图表，单击鼠标右键，执行“复制”命令，如图 6-22所示。

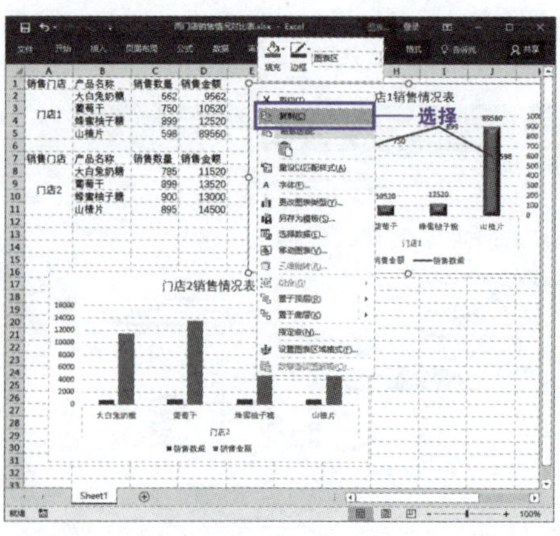

图 6-22 执行“复制”命令

❷选中未创建格式的图表，在“开始”选项卡的“剪贴板”选项组中单击“粘贴”下拉按钮，选择“选择性粘贴”选项，在“选择性粘贴”对话框中选择“格式”选项，如图 6-23所示。

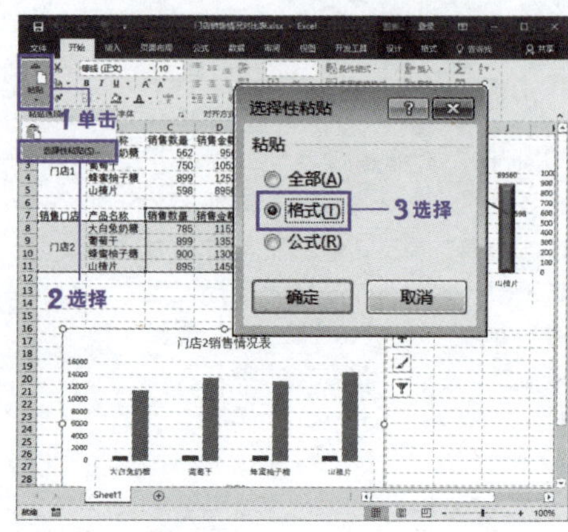

图 6-23 选择“选择性粘贴”选项

❸设置完后可查看效果，如图 6-24所示。

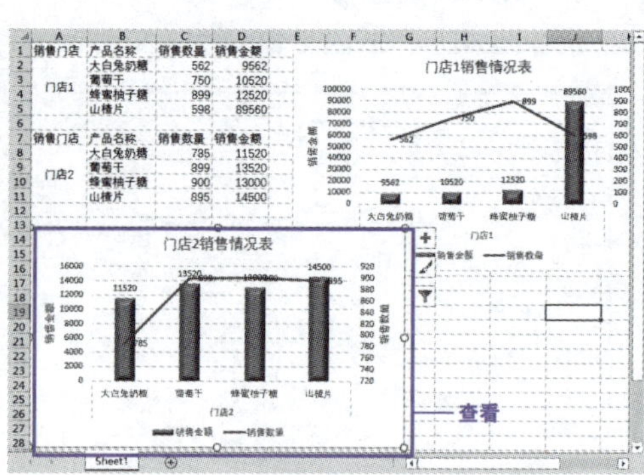

图 6-24 查看效果

技巧拓展

在“选择性粘贴”对话框中除了可以复制“格式”外，还可以设置“公式”和“全部”。

Extra tip

实例 111 制作双坐标图表

难度系数：★★　适用版本：07/10/13/16/17

技巧介绍： 公司销售部员工王昊需要制作双坐标图表来使图表更全面，也更容易被人理解，却不知道应该怎么操作。下面为大家介绍如何制作双坐标图表。

❶在Excel中打开“素材\第06章\实例111\食品销售统计表”工作簿，单击“图表元素”按钮，在“图表元素”列表中勾选“坐标轴标题”复选框，如图 6-25所示。

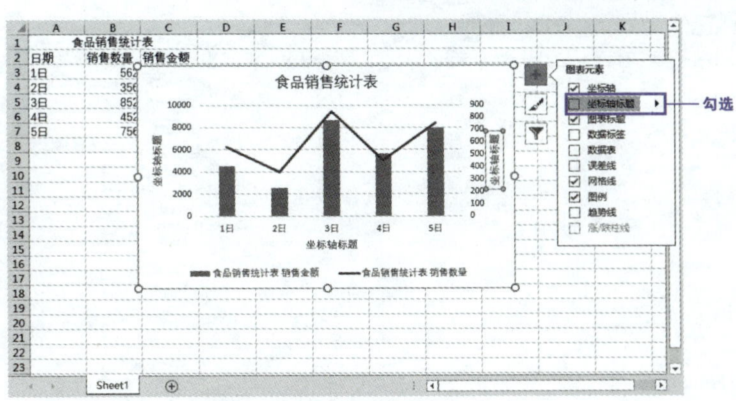

图 6-25 勾选“坐标轴标题”复选框

❷修改坐标轴标题名称，即可成功创建双坐标图表，如图 6-26所示。

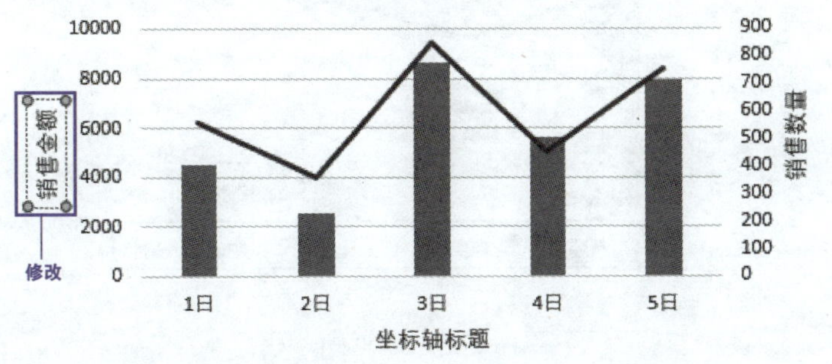

图 6-26 修改坐标轴标题名称

技巧拓展

并非所有图表类型都适合做成双坐标的，需要用更加具体数值来创建双坐标图表。

Extra tip >>>>>>>>>>>>>>

实例 112 设置图表中文本格式

难度系数：★★

适用版本：07/10/13/16/17

技巧介绍： 公司行政部员工小王创建图表后对图表中的文本格式不满意，因此想修改图表中的文本格式，可是不知道应该怎样操作。下面为大家介绍如何设置图表中文本格式。

① 在Excel中打开“素材\第06章\实例112\服装销售统计表”工作簿，选中文本，单击鼠标右键，执行“字体”命令，弹出“字体”对话框，将“中文字体”设为“黑体”，“字体样式”设为“加粗”，“字体颜色”设为“红色”，如图6-27所示。

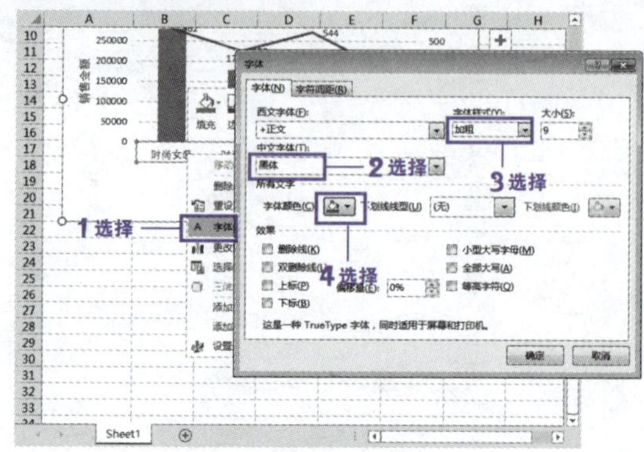

图6-27 设置文本格式

② 设置完后可查看效果，如图6-28所示。

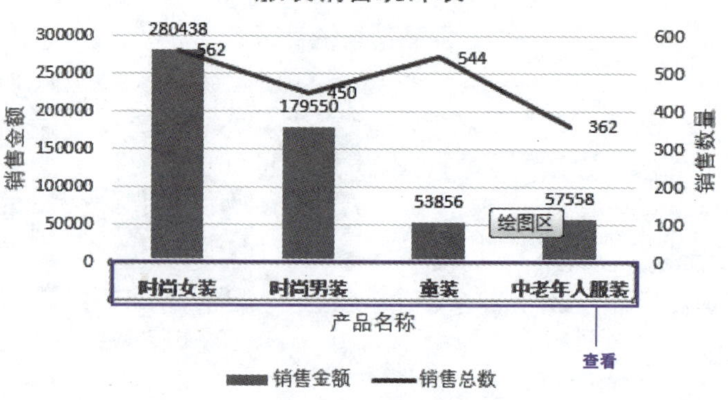

图6-28 查看效果

技巧拓展

除了上述办法外，还可以直接在“字体”选项组中设置文本格式，如图6-29所示。

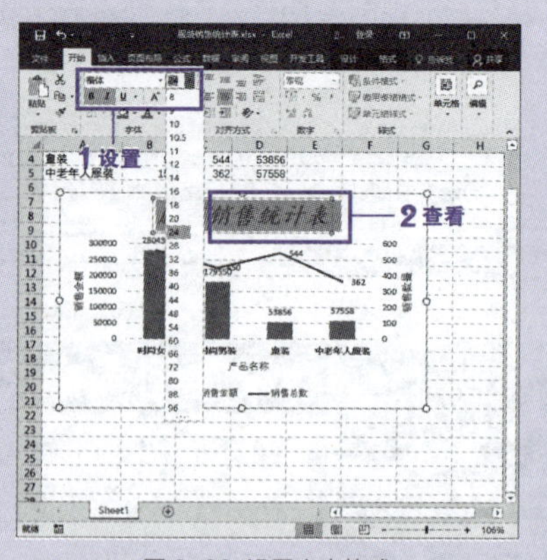

图6-29 设置文本格式

Extra tip

实例 113 设置图表样式

难度系数：★★☆ 适用版本：07/10/13/16/17

技巧介绍： 公司办公人员小陈在编辑完图表后想设置图表样式，使其更美观，可是不知道应该怎么设置。

下面为大家介绍如何设置图表样式。

❶在Excel中打开“素材\第06章\实例113\员工加班时数统计表”工作簿，选中图表，选择“图表工具—设计”选项卡，在“图表样式”下拉列表中选择满意的图表样式（如样式5），如图 6-30所示。

❷设置完后可查看效果，如图 6-31所示。

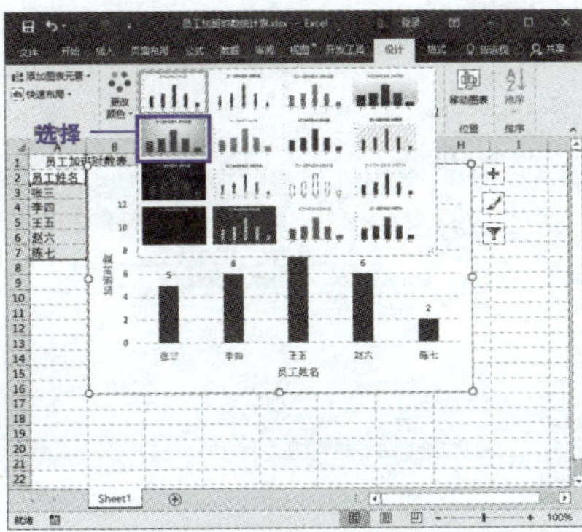

图 6-30 选择满意的图表样式

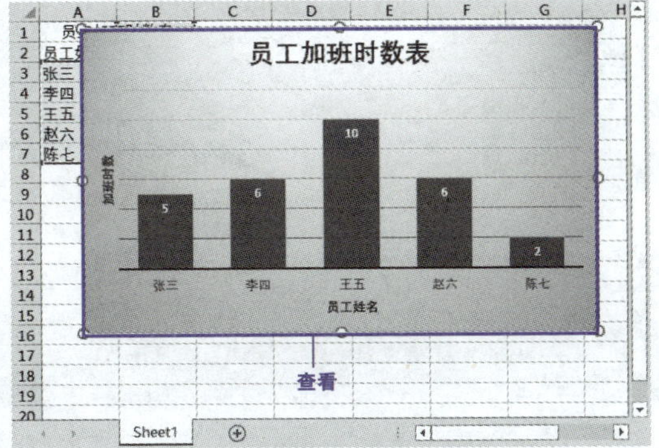

图 6-31 查看设置效果

技巧拓展

单击“更改颜色”下拉按钮即可选择满意的图表颜色，如图 6-32所示。

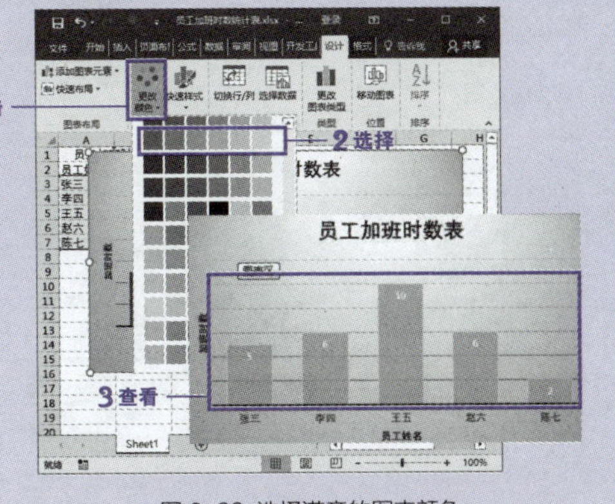

图 6-32 选择满意的图表颜色

Extra tip

第1章 第2章 第3章 第4章 第5章 第6章 第7章 第8章 第9章 第10章

实例 114 设置坐标轴格式

难度系数：★★ 适用版本：07/10/13/16/17

技巧介绍： 公司办公人员小佳在编辑完图表后想要设置坐标轴格式，可是不知道应该怎么操作。

下面为大家介绍如何设置坐标轴格式。

❶在Excel中打开“素材\第06章\实例114\产品销售统计表”工作簿，选中坐标轴，单击鼠标右键，执行“设置坐标轴格式”命令，在弹出的“设置坐标轴格式”窗格中单击“填充与线条”按钮，选择“纯色填充”选项，将“颜色”设为“红色”，如图 6-33所示。

❷设置完后可查看效果，如图 6-34所示。

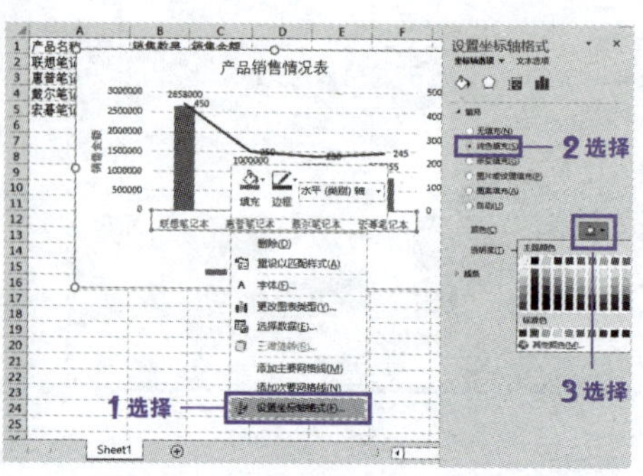

图 6-33 执行“设置坐标轴格式”命令

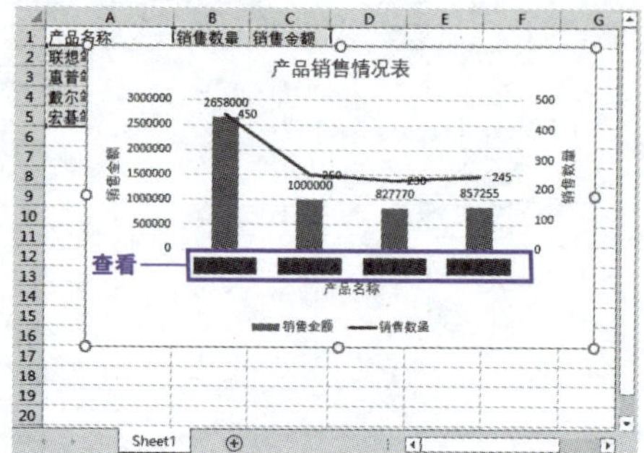

图 6-34 查看效果

技巧拓展

还可以在“设置坐标轴格式”窗格中单击“效果”按钮，设置阴影效果，如图 6-35所示。

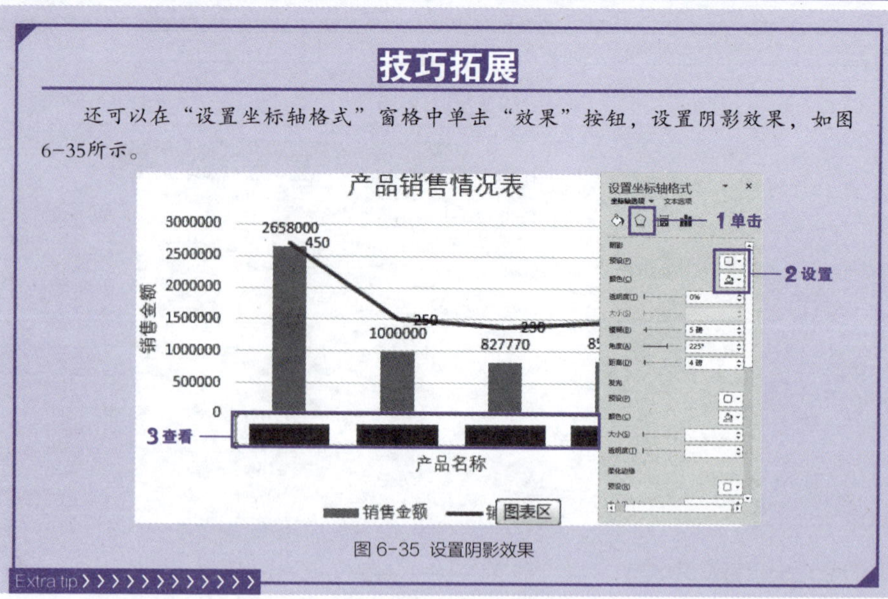

图 6-35 设置阴影效果

Extra tip

实例 115 隐藏图表网格线

难度系数：★★★ 适用版本：07/10/13/16/17

技巧介绍： 公司行政部员工小吴想要隐藏图表网格线，可是不知道应该怎么操作。

下面为大家介绍如何隐藏图表网格线。

在Excel中打开“素材\第06章\实例115\员工考核成绩表”工作簿，选中图表中的网格线，单击鼠标右键，执行“删除”命令，效果如图 6-36所示。

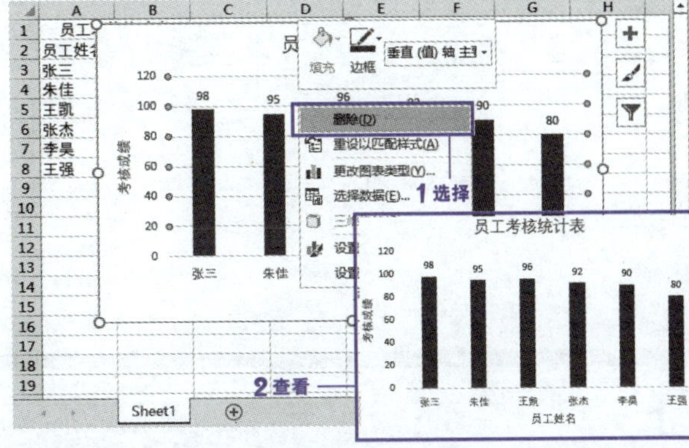

图 6-36 执行“删除”命令

技巧拓展

除了上述办法外，还可以选中网格线，单击鼠标右键，执行“设置网格线格式”命令，在“设置主要网格线格式”窗格中选择“无线条”选项，效果如图 6-37所示。

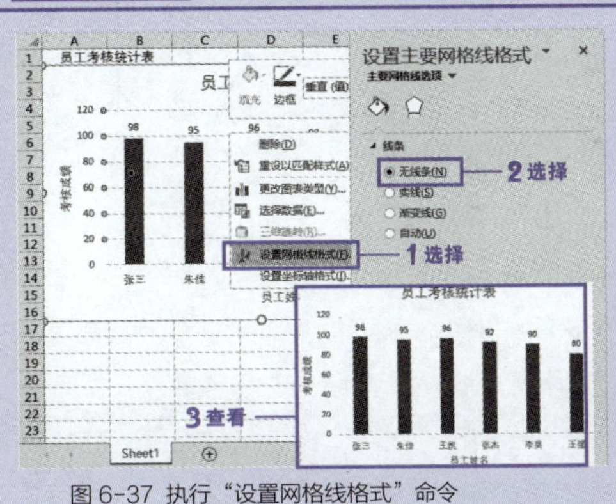

图 6-37 执行“设置网格线格式”命令

Extra tip >>>>>>>>>>>>>

实例 116 让图表中的负值显示与众不同

难度系数：★★★ 适用版本：07/10/13/16/17

技巧介绍： 公司行政部员工小朱在编辑完天气统计表时发现图表中有负数值，因此想突出显示图表中的负数值，可是不知道应该怎样操作。

①在Excel中打开"素材\第06章\实例116\各地气温表"工作簿，选中数据系列，单击鼠标右键，执行"设置数据系列格式"命令，在"设置数据系列格式"窗格中，选择"纯色填充"选项，勾选"以互补色代表负值"复选框，并将颜色设置为"红色""黄色"，如图 6-38所示。

②设置完后可查看效果，如图 6-39所示。

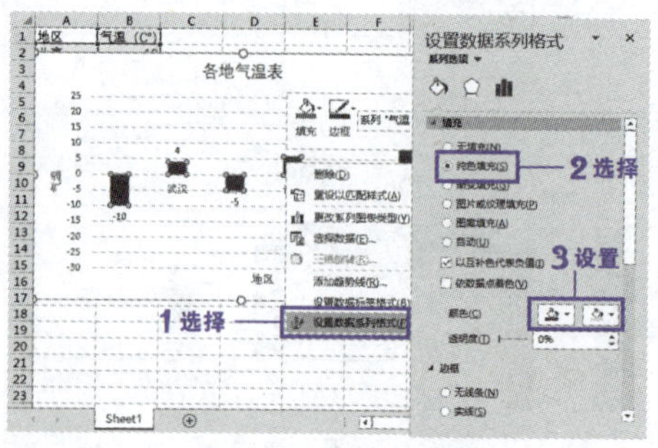

图 6-38 勾选"以互补色代表负值"复选框

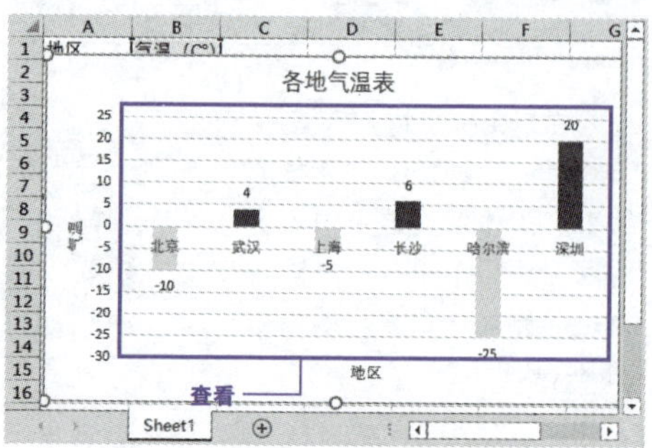

图 6-39 查看设置效果

技巧拓展

在"设置数据系列格式"窗格中可以调整数据系列的透明度，如图 6-40所示。

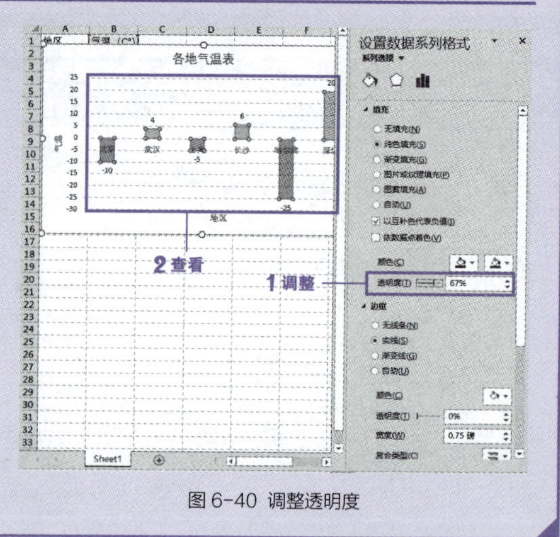

图 6-40 调整透明度

Extra tip

实例117 为折线图的数据系列设置效果

难度系数：★★★ 适用版本：07/10/13/16/17

技巧介绍： 公司销售部员工小赵发现创建好的图表数据系列效果不明显，因此，想为数据系列设置效果使其更明显。可是，不知道应该怎样操作。

❶在Excel中打开“素材\第06章\实例117\产品采购信息表”工作簿，选中折线图，选择“图表工具—格式”中选项卡，在“形状样式”选项组中单击“形状效果”下拉按钮，在下拉列表中选择“发光”选项，在其级联列表中选择“发光：8磅；绿色，主题色6”选项，如图 6-41所示。

❷设置完后可查看效果，如图 6-42所示。

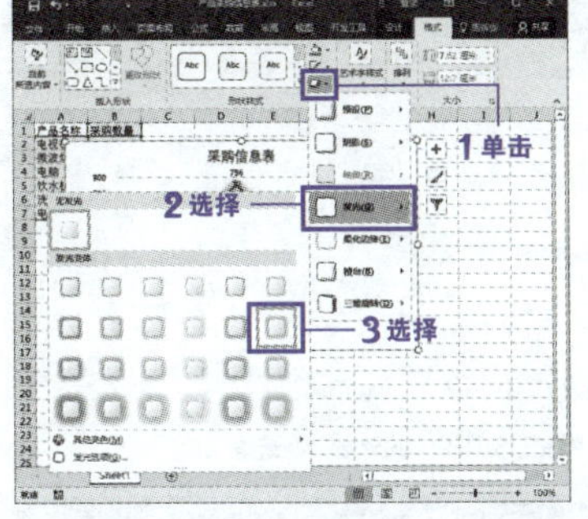

图 6-41 单击“形状效果”下拉按钮

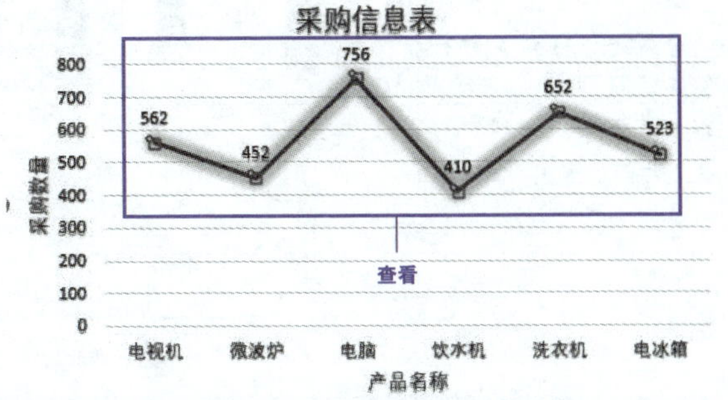

图 6-42 查看效果

技巧拓展

还可以在“设置数据系列格式”窗格中设置发光效果，如图 6-43所示。

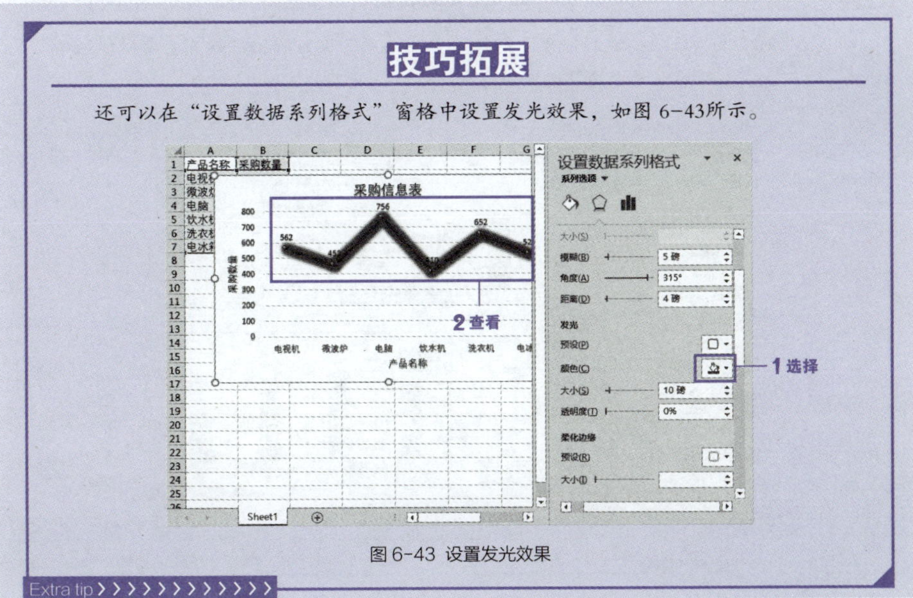

图 6-43 设置发光效果

Extra tip

实例 118 为图表添加垂直线

难度系数：★★
适用版本：07/10/13/16/17

技巧介绍： 公司销售部员工小方想要为图表添加垂直线，可是不知道应该怎样操作。

下面为大家介绍如何为图表添加垂直线。

在Excel中打开"素材\第06章\实例118\产品销售统计表"工作簿，单击"图表元素"按钮，在"图表元素"列表中单击"网格线"右侧 ▶ 按钮，在其级联列表中勾选"主轴主要垂直网格线"复选框，效果如图 6-44所示。

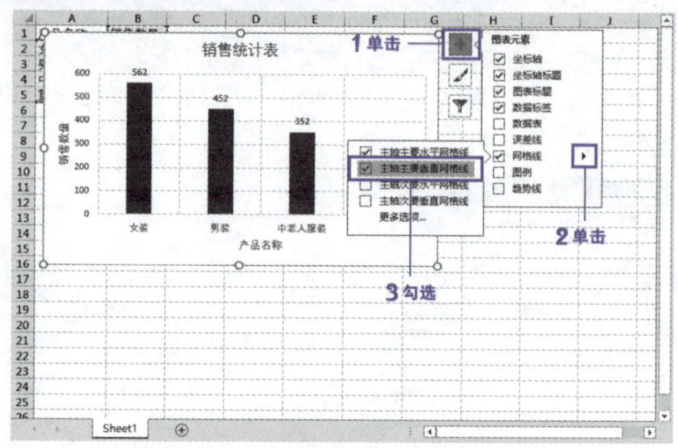

图 6-44 勾选"主轴主要垂直网格线"复选框

技巧拓展

在"网格线"选项的级联列表中选择"更多选项"即可弹出"设置主要网格线格式"对话框，在此对话框中即可设置网格线的格式，效果如图 6-45所示。

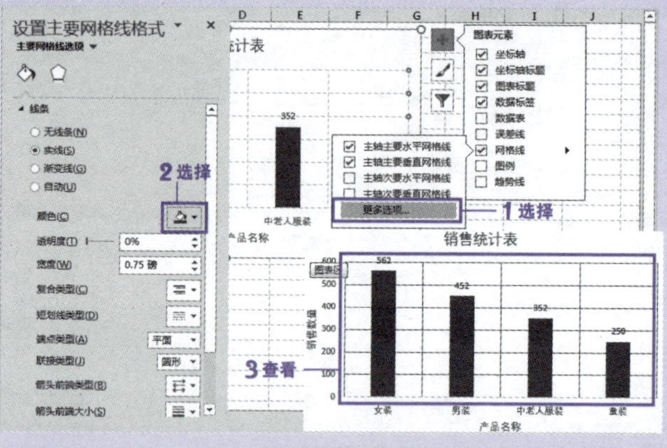

图 6-45 选择"更多选项"

Extra tip

实例 119 修改数据标签样式

难度系数：★★ 适用版本：07/10/13/16/17

技巧介绍： 公司销售部员工小佳发现图表中的数据标签的样式比较单一，因此想修改数据标签的样式，可是不知道应该怎样修改。下面为大家介绍如何修改数据标签样式。

❶在Excel中打开“素材\第06章\实例119\第二季度两地产品销售表”工作簿，选中数据标签，单击鼠标右键，执行“更改数据标签形状”命令，在其级联列表中选择满意的形状（如对话气泡：矩形），如图 6-46所示。

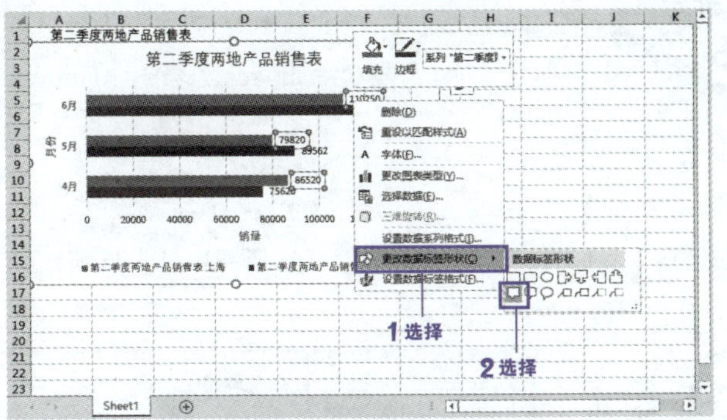

图 6-46 执行“更改数据标签形状”命令

❷设置完后可查看效果，如图 6-47所示。

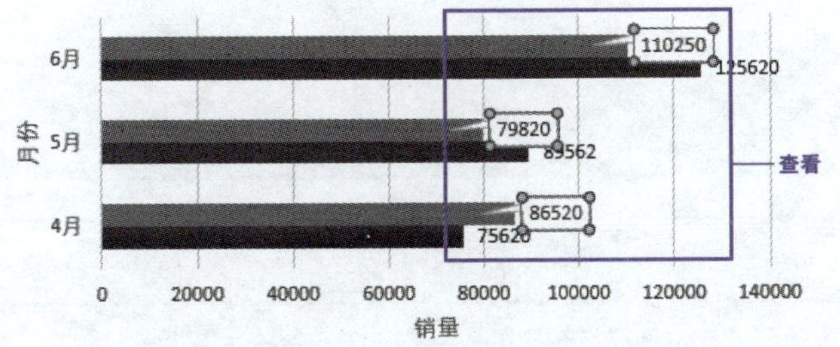

图 6-47 查看设置效果

技巧拓展

为了使图表更醒目，还可以在“图表工具—格式”选项卡的“形状样式”选项组设置形状填充样式和形状轮廓样式，如图 6-48所示。

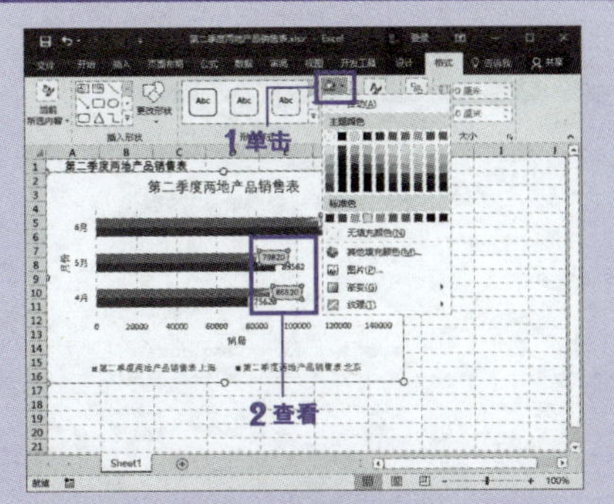

图 6-48 设置形状填充样式和形状轮廓样式

Extra tip

实例120 向图表追加数据系列

难度系数：★★★ 适用版本：07/10/13/16/17

技巧介绍： 公司办公人员在编辑完图表后发现图表中缺少了数据系列，因此，需要在图表中添加数据系列。可是不知道应该怎样添加。下面介绍如何在图表中添加数据系列。

①在Excel中打开“素材\第06章\实例120\公司产品销售表”工作簿，在工作表中选择需要添加到图表中的数据，单击鼠标右键，执行“复制”命令，如图 6-49所示。

②选中图表区，按【Ctrl+V】键即可快速添加数据系列，效果如图 6-50所示。

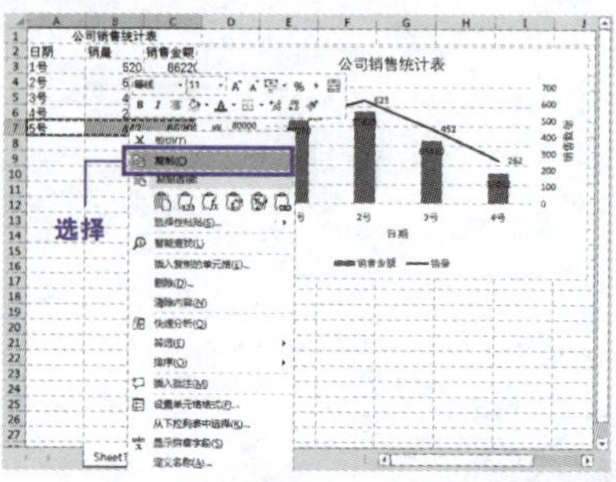

图 6-49 执行“复制”命令

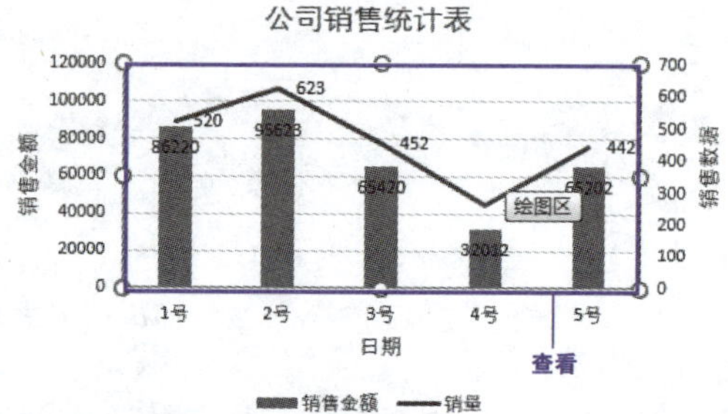

图 6-50 粘贴数据

技巧拓展

除了上述办法外，还可以在“图表工具—设计”选项卡中添加数据系列，具体操作步骤如下。

a.选中图表，选择“图表工具—设计”选项卡，在“数据”选项组中单击“选择数据”按钮，弹出“选择数据源”对话框，将“图表数据区域”设为“=Sheet1!$A$2:$C$7”，如图 6-51所示。

b.设置完后可查看效果，如图 6-52所示。

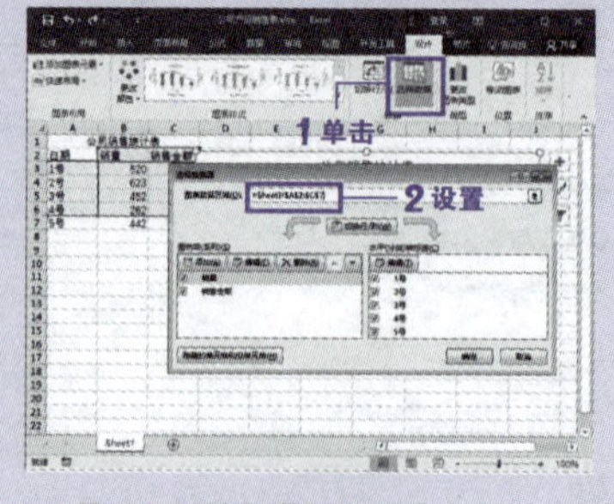

图 6-51 单击“选择数据”按钮

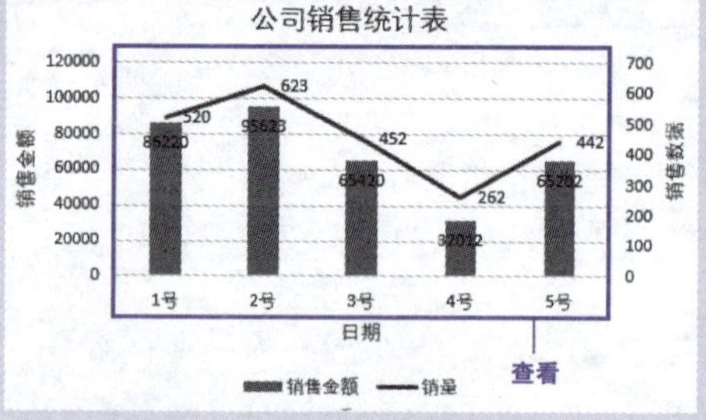

图 6-52 查看效果

Extra tip

职场小知识

手表定律

简介: 对同一个人或同一个组织，不能同时采用两种不同的方法，也不能同时设置两个不同目标。

手表定律是指一个人有一块手表时，可以知道现在是几点钟，当他同时拥有两块手表时，却无法确定准确时间。两块手表并不能告诉一个人更准确的时间，反而会让看手表的人失去对准确时间的信心。下面给大家讲一个小故事。

森林里生活着一群猴子，每天太阳升起的时候它们外出觅食，太阳落山的时候回去休息，日子过得平淡而幸福。

一名游客穿越森林，把手表落在了树下的岩石上，被猴子猛可拾到了。聪明的猛可很快就搞清了手表的用途，于是，它成了整个猴群的明星，每只猴子都向它请教确切的时间。之后，整个猴群的作息时间也由猛可来规划，它逐渐建立起威望，当上了猴王。

做了猴王的猛可认为是手表给自己带来了好运，于是它每天在森林里寻找，希望能够拾到更多的表。功夫不负有心人，猛可又拥有了第二块、第三块表。

但出乎猛可的意料，得到了三块手表的猛可有了新的麻烦，因为每块手表的时间显示得都不相同，猛可不能确定哪块手表上显示的时间是正确的。群猴也发现，每当有猴子来问时间时，猛可总是支支吾吾回答不上来。猛可的威望大降，整个猴群的作息时间也变得一塌糊涂。

这个小故事给我们一个非常直观的启发，就是对同一个人或同一个组织，不能同时采用两种不同的方法，也不能同时设置两个不同目标，甚至每一个人不能由两个人同时指挥，否则，将使这个企业或这个人无所适从。特别是对于一个企业来说，更不能同时采用两种不同的管理方法，否则将使这个企业无法发展。在这方面美国在线与时代华纳的合并就是一个典型的失败案例。美国在线是一个年轻的互联网公司，企业文化强调操作灵活、决策迅速，要求一切为快速抢占市场的目标服务。而时代华纳在长期的发展过程中建立起强调诚信之道和创新精神的企业文化。两家企业合并后，企业高级管理层并没有很好地解决两种价值标准的冲突，导致员工完全搞不清企业未来的发展方向。最终，时代华纳与美国在线的“世纪联姻”以失败告终。这也是手表定律的一个间接体现，要搞清楚时间，一块走时准确的表就已足够，而要想发展企业，一种经营理念也已足够。

综上所述，每个人更是不能同时选择两种不同的价值观，否则，你的行为也将陷入混乱。

第 7 章 Chapter 7

实用参数调整设定

行政人员在编辑工作表时通常会遇到各种各样的小问题，这会导致工作效率的降低，因此本章将使用20个实例为大家介绍实用参数调整设定，如如何选择难以选择的数据系列、如何自动绘制参考线、如何设置图表互补色、如何进行数据排序、如何隔行填色网格线等。

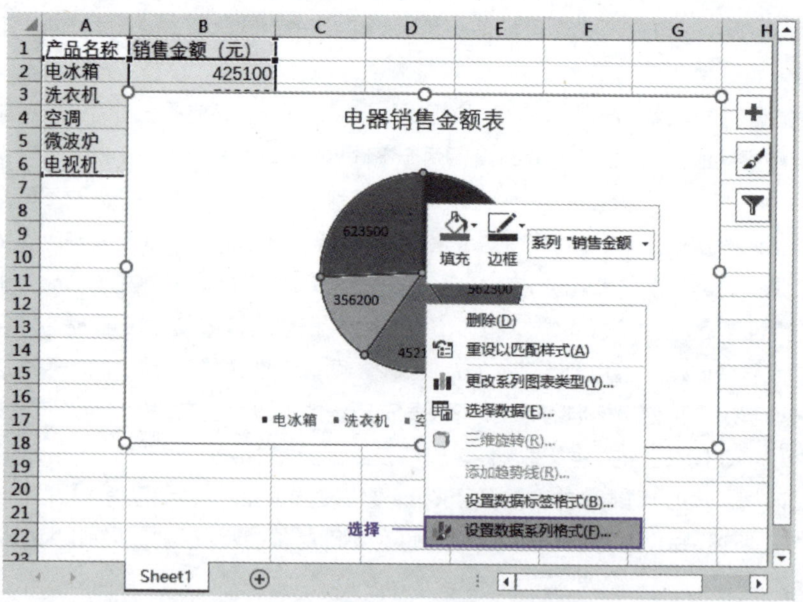

实例 121

难度系数：★★★ 适用版本：07/10/13/16/17

设置图表字体格式

技巧介绍： 公司部门员工小竹在创建完图表后想要设置字体格式，可是他不知道应该怎样操作。

下面为大家介绍如何设置图表字体格式。

在Excel中打开“素材\第07章\实例121\销售明细表”工作簿，选中图表标题，选择“图表工具—格式”选项卡，在“艺术字样式”选项组中单击“文本轮廓”下拉按钮，选择满意的文本颜色（如红色），如图 7–1所示。

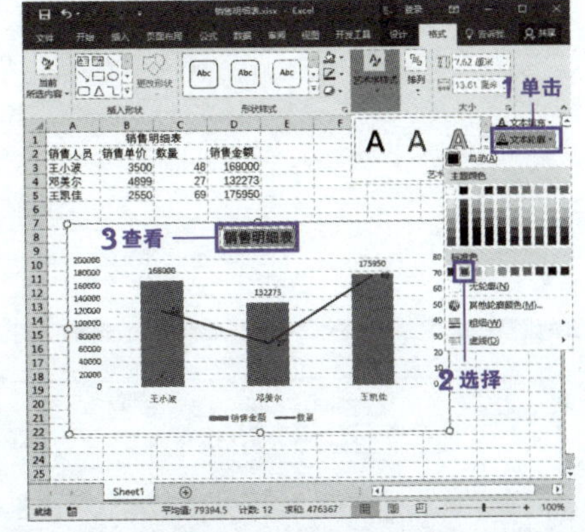

图 7–1 单击“文本轮廓”下拉按钮

技巧拓展

还可以在“艺术字样式”选项组中单击“文字效果”下拉按钮，选择“发光”选项，在其级联列表中选择文字发光效果，如图 7–2 所示。

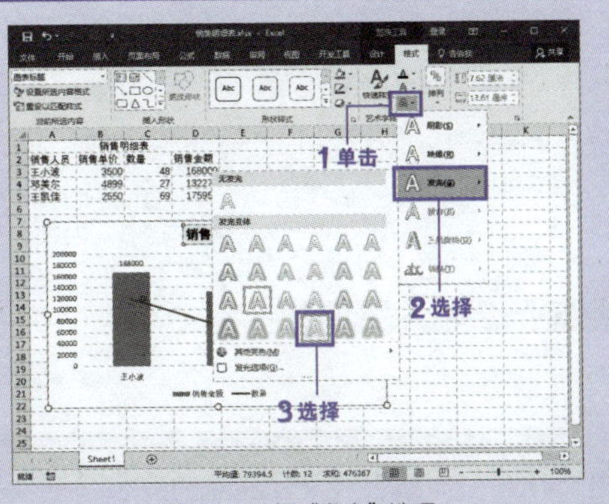

图 7–2 选择“发光”选项

Extra tip >>>>>>>>>>>>>

实例 122

难度系数：★★★ 适用版本：07/10/13/16/17

选择难以选择的数据系列

技巧介绍： 公司行政人员小王在创建好图表后发现由于数据差距较大，导致某一项的数据系列无法正常显示。因此，她想知道如何选择这些数据系列。

在Excel中打开“素材\第07章\实例122\销售明细表”工作簿，选中图表，选择“图表工具—格式”选项卡，在“当前所选内容”选项组中单击文本框下拉按钮，在列表中选择“系列‘销售数量’”选项，效果如图 7-3所示。

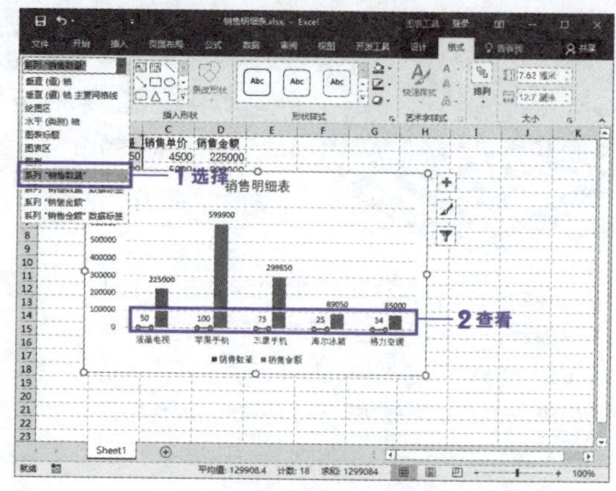

图 7-3 选择“系列‘销售数量’”选项

技巧拓展

在“当前所选内容”选项组中单击“重设以匹配样本”按钮，即可弹出设置格式窗格，如图 7-4所示。

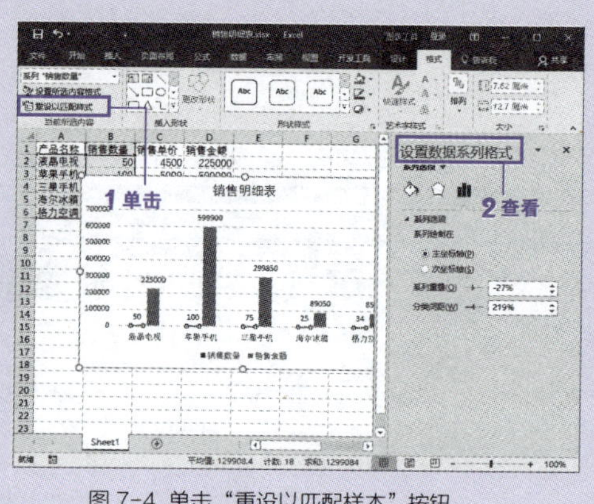

图 7-4 单击“重设以匹配样本”按钮

Extra tip

实例 123 让 F4 键完成重复的设置任务

难度系数：★★★ 适用版本：07/13/16/17

技巧介绍： 公司行政员工小嘉需要重复设置图表格式，因此她想知道能否使用快捷键快速重复设置。

下面为大家介绍如何重复设置任务。

① 在Excel中打开“素材\第07章\实例123\销售表”工作表，选中第一个数据系列，在“形状样式”选项组中将“形状填充”设置为“黄色”，如图 7-5所示。

② 按【F4】键即可快速重复设置，即快速设置其他数据系列的形状填充颜色，如图 7-6所示。

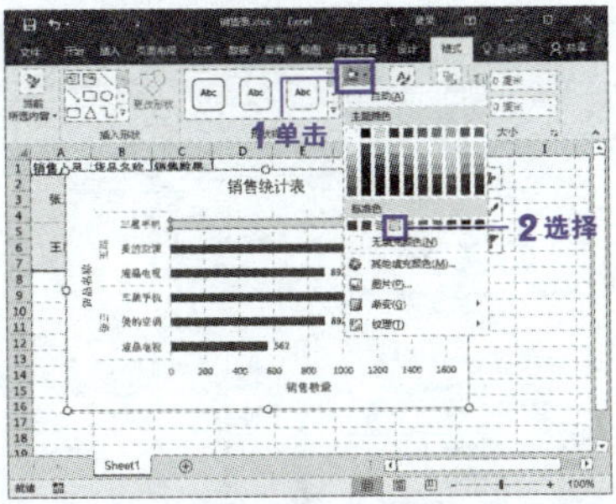

图 7-5 设置形状填充颜色

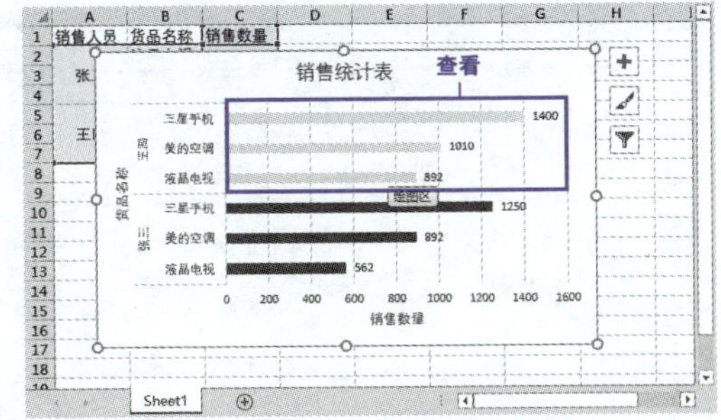

图 7-6 按【F4】键快速重复设置

技巧拓展

【F4】键除了可以重复设置数据系列的填充颜色外，还可以设置图表标题、坐标轴等填充颜色，如图 7-7所示。

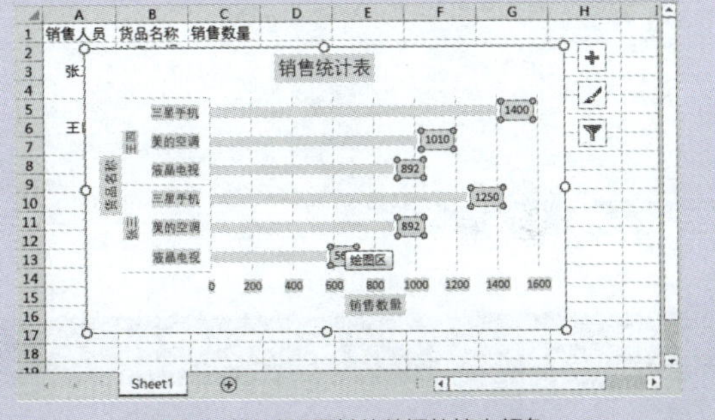

图 7-7 快速设置其他数据的填充颜色

Extra tip >>>>>>>>>>>>

实例 124 跨计算机复制自定义图表类型

难度系数：★★☆ 适用版本：07/10/13/16/17

技巧介绍： 公司行政部员工小涛希望能跨计算机实现复制自定义图表类型的操作，可是他不知道应该怎样操作。下面为大家介绍如何实现跨计算机复制自定义图表类型。

在计算机中打开以下文件目录“C:\Users\Administrator\AppData\Roaming\Microsoft\Templates\Charts”，复制其中的图表类型至其他的计算机中对应的位置即可完成操作，如图 7-8所示。

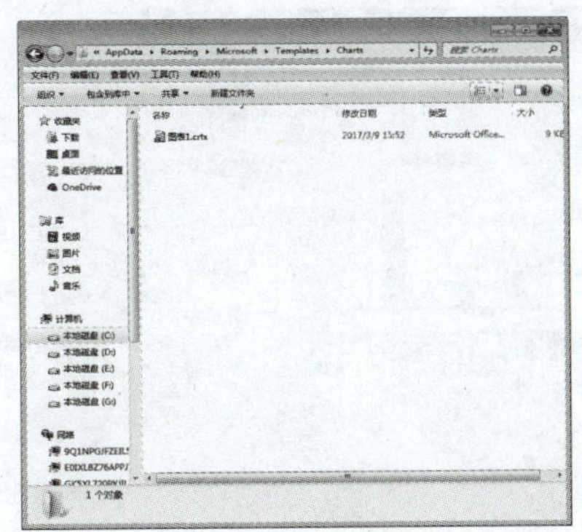

图 7-8 打开文件夹位置

选中图表，单击鼠标右键，执行“另存为模板”命令即可保存图表类型，如图 7-9所示。

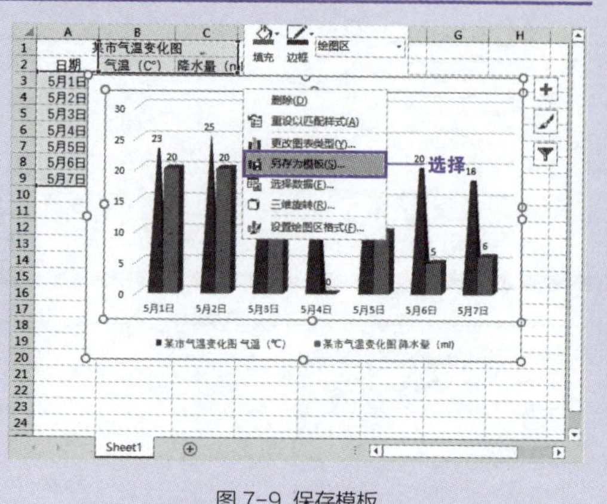

图 7-9 保存模板

Extra tip >>>>>>>>>>>>>>

实例 125 不显示刻度线

难度系数：★★☆　适用版本：07/10/13/16/17

技巧介绍： 公司办公人员小江在创建好图表后希望能隐藏刻度线，可是他不知道应该怎样操作。

下面为大家介绍如何隐藏刻度线。

❶在Excel中打开“素材\第07章\实例125\某地气温变化表”工作簿，双击图表水平轴，弹出“设置坐标轴格式”对话框，单击“坐标轴选项”按钮，选择“刻度线”选项，将“主要类型”和“次要类型”设为“无”，如图 7-10所示。

❷设置完后可查看效果，如图 7-11所示。

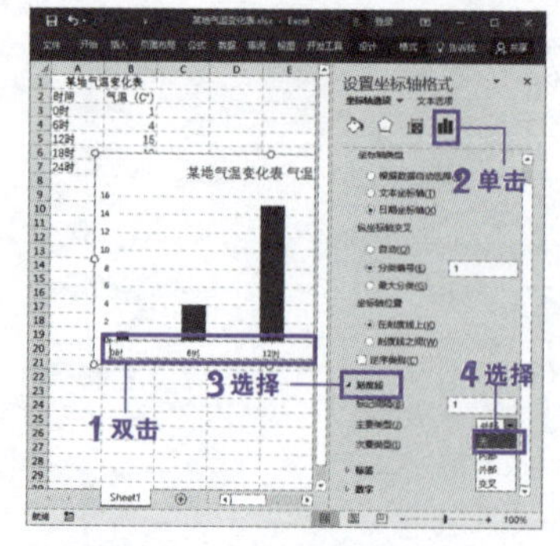

图 7-10 选择“刻度线”选项

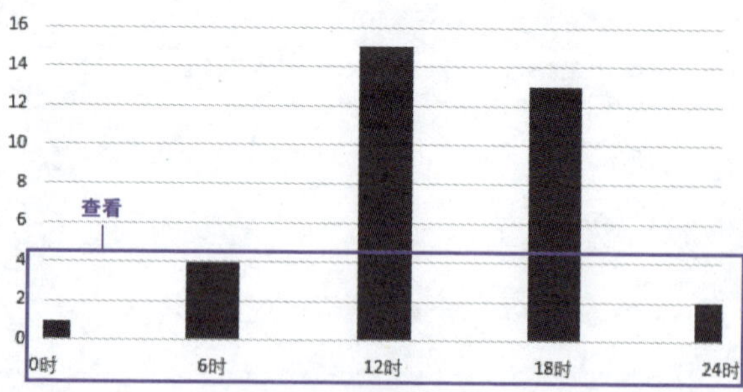

图 7-11 查看设置效果

技巧拓展

在“设置坐标轴格式”窗格中，“主要类型”下拉列表中的“交叉”选项是指让刻度线与图表网格线交叉显示，如图 7-12所示。

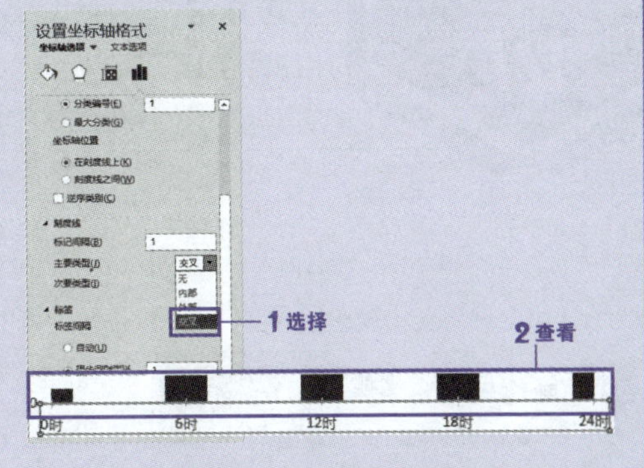

图 7-12 选项“交叉”选项

Extra tip

实例126 将图表锚定到单元格

难度系数：★★★ 适用版本：07/10/13/16/17

技巧介绍： 公司行政人员小吴希望能将图表锚定到单元格中，可是她不知道应该怎样操作。

下面为大家介绍如何将图表锚定到单元格。

在Excel中打开“素材\第07章\实例126\饮料销售情况表”工作簿，假设我们要将图表锚定于单元格B9:G24。选中图表，按住【Alt】键，用鼠标拖动图表，这时图表会成整行或整列地移动位置，将图表的左上角对齐在B9左上角，这样图表的左上角就锚定于B9的左上角了。继续选中图表，将鼠标置于图表的右下角，鼠标变为双向斜箭头，按住【Alt】键，用鼠标拖动图表右下角，这时图表会成整行或整列地调整大小。将图表的右下角对齐在G24右下角，这样图表的右下角就锚定于G24的右下角了，如图 7-13所示。

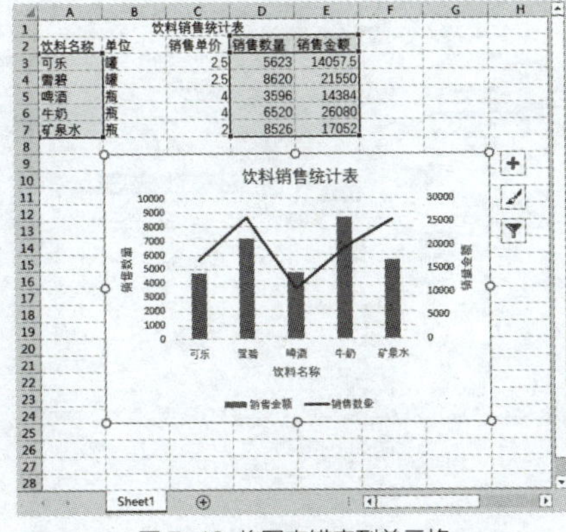

图 7-13 将图表锚定到单元格

技巧拓展

将图表锚定于单元格后，我们可以通过调整列宽和行高来调整图表的大小和位置。注意，当把多个图表都锚定在某一列或行的单元格上，既可实现图表的精确对齐，又可快速批量地调整图表大小，这比通过图表选项进行逐一调整更灵活方便。

Extra tip

实例127 照相机的用途

难度系数：★★☆ 适用版本：07/10/13/16/17

技巧介绍： 办公人员小陈突然发现在Excel功能区中有“照相机”按钮，但是他不知道此按钮的功能，因此想知道照相机的用途。下面为大家介绍照相机的用途。

❶在Excel中打开“素材\第07章\实例127\各部门人数比较表”工作簿，选中工作表及图表区域，选择“开始”选项卡，在“新建组”选项组中单击“照相机”按钮，如图 7-14所示。

❷ 此时选中区域将会出现虚线边框，在目标位置处单击，即可复制所选内容，如图 7-15所示。

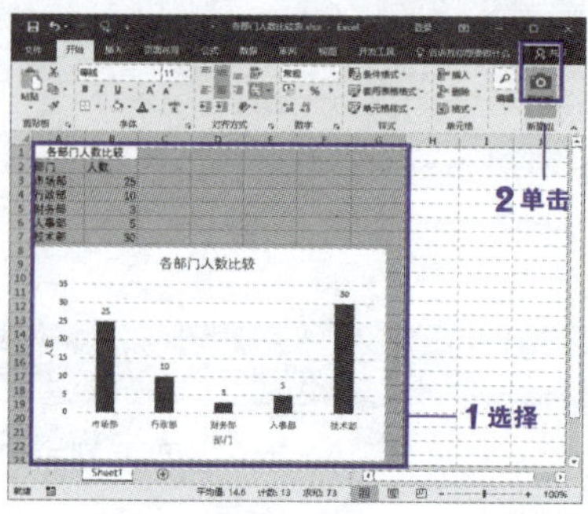

图 7-14 单击“照相机”按钮

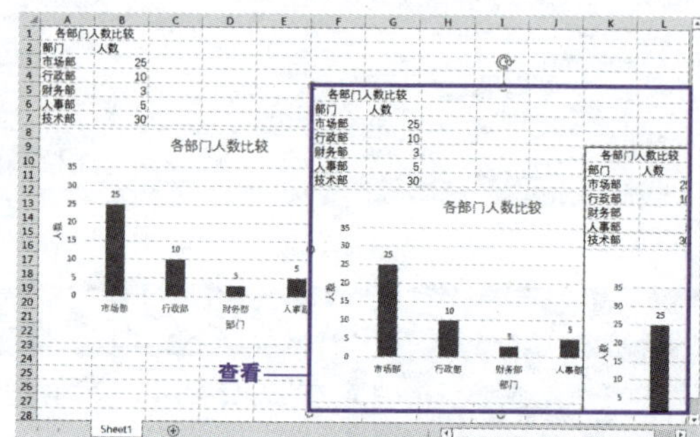

图 7-15 查看设置效果

技巧拓展

一般情况下，“照相机”按钮并没有显示在Excel功能区中，使用时需要添加至功能区，具体操作步骤如下。

单击“文件”菜单，选择“选项”，弹出“Excel 选项”对话框，选择“自定义功能区”选项，单击“主选项卡”列表框下单击“新建组”按钮，在“从下列位置选择命令”下拉列表中选择“不在功能区中的命令”选项，在列表中选择“照相机”选项，单击“添加”按钮，即可在“主选项卡”列表中成功添加“照相机”选项，如图 7-16所示。

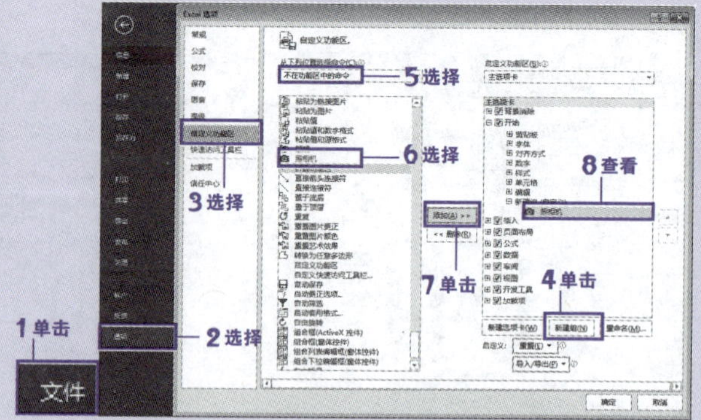

图 7-16 添加“照相机”选项

Extra tip

实例 128 反转条形图的分类次序

难度系数：★★★ 适用版本：07/10/13/16/17

技巧介绍： 公司办公人员小李想要反转条形图中的分类次序，可是他不知道应该怎样操作。

下面为大家介绍如何反转条形图的分类次序。

1 在Excel中打开“素材\第07章\实例128\2015年利润表”工作簿，双击“垂直（类别）轴”，弹出“设置坐标轴格式”窗格，单击“坐标轴选项”按钮，在“坐标轴选项”栏中勾选“逆序类别”复选框，如图 7-17所示。

2 设置完后可查看效果，如图 7-18所示。

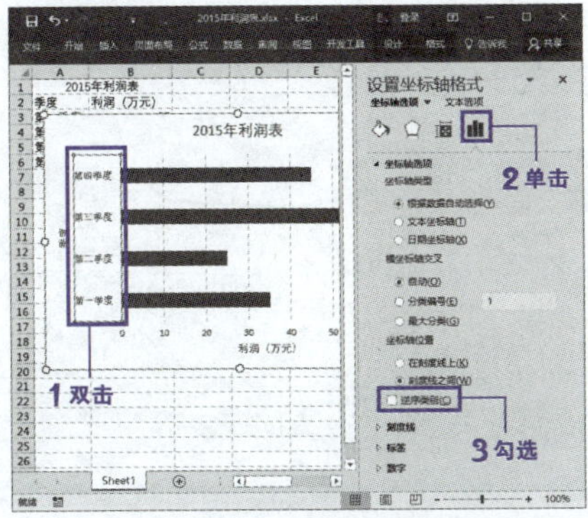

图 7-17 勾选“逆序类别”复选框

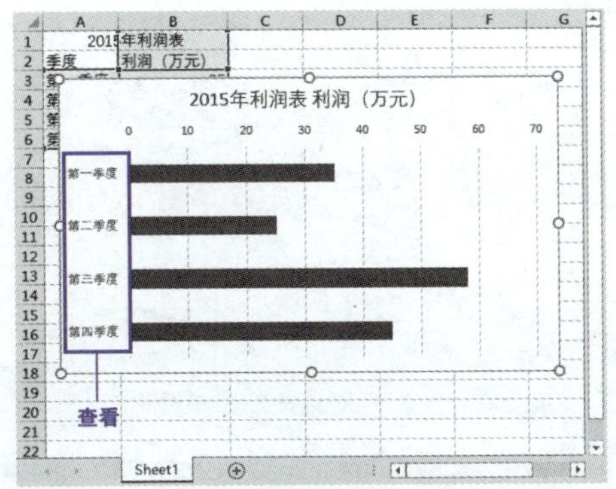

图 7-18 查看设置效果

技巧拓展

除了双击“垂直（类别）轴”来弹出“设置坐标轴格式”窗格外，还可以单击鼠标右键，执行“设置坐标轴格式”命令，也可弹出“设置坐标轴格式”窗格，如图 7-19所示。

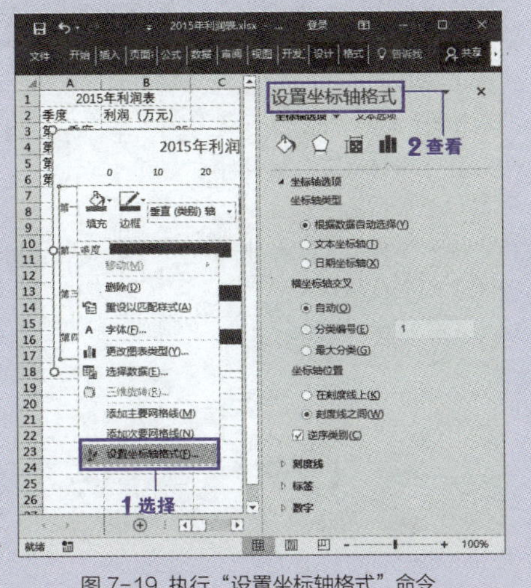

图 7-19 执行“设置坐标轴格式”命令

Extra tip

实例129 让曲线图从Y轴开始

难度系数：★★ 适用版本：07/10/13/16/17

技巧介绍： 公司办公人员小佳发现曲线图的默认图表是从X轴的两个刻度线之间开始的，因此，她想让曲线图从Y轴开始绘制，可是不知道应该怎样操作。

❶在Excel中打开"素材\第07章\实例129\2016年A产品销售金额表"工作簿，选中"水平（类别）轴"，单击鼠标右键，执行"设置坐标轴格式"命令，在"设置坐标轴格式"窗格中单击"坐标轴选项"按钮，在"坐标轴选项"栏下选择"在刻度线上"单选按钮，如图7-20所示。

❷设置完后可查看效果，如图7-21所示。

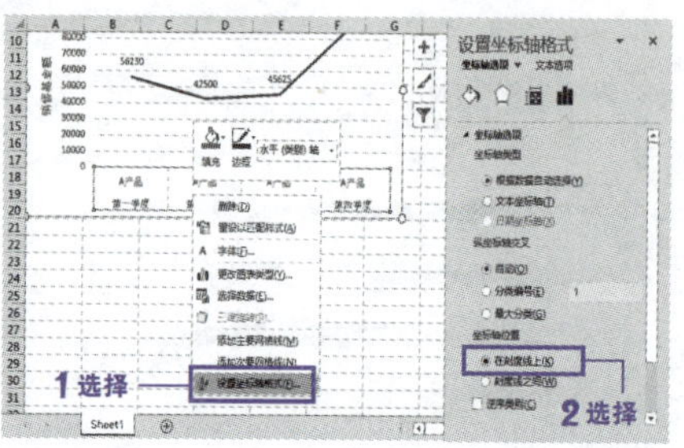

图7-20 选择"在刻度线上"单选按钮

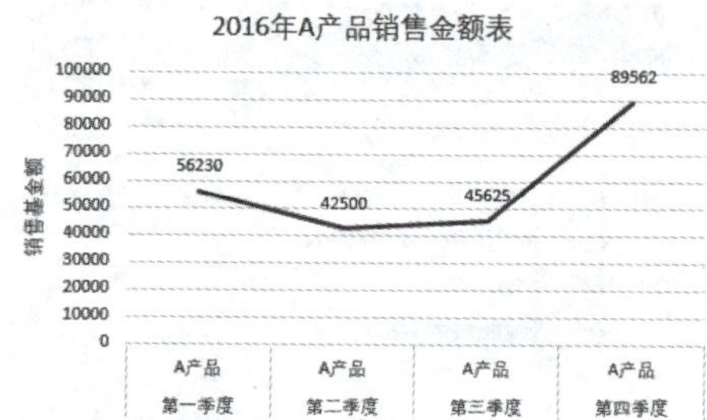

图7-21 查看设置效果

技巧拓展

可以实现将"水平（类别）轴"显示在上方，具体操作步骤如下。

双击"垂直轴"，在"设置坐标轴格式"窗格中单击"坐标轴选项"按钮，在"横坐标轴交叉"栏中选择"最大坐标轴值"单选按钮，效果如图7-22所示。

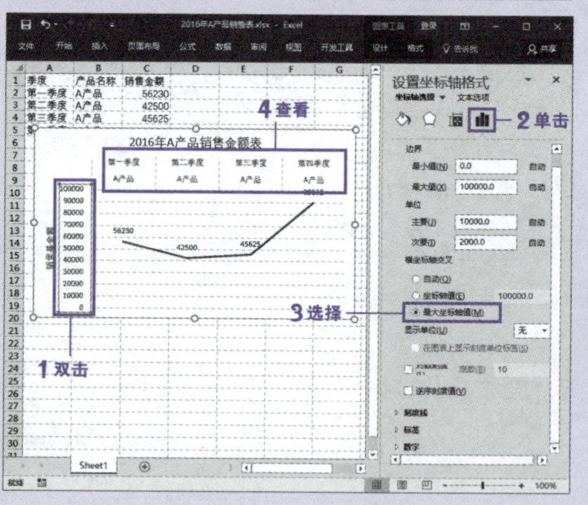

图7-22 选择"最大坐标轴值"单选按钮

Extra tip

实例 130 设置图表的互补色

难度系数：★★★ 适用版本：07/10/13/16/17

技巧介绍： 行政部员工小锦想为图表中的数据系列设置互补色，可是不知道应该怎样操作。

下面为大家介绍如何设置图表的互补色。

在Excel中打开“素材\第07章\实例130\产品利润表”工作簿，双击数据系列，弹出“设置数据系列格式”窗格，单击“填充与线条”按钮，在“填充”栏下选择“纯色填充”选项，并勾选“以互补色代表负值”复选框，将颜色设为“红色”和“绿色”，效果如图 7-23所示。

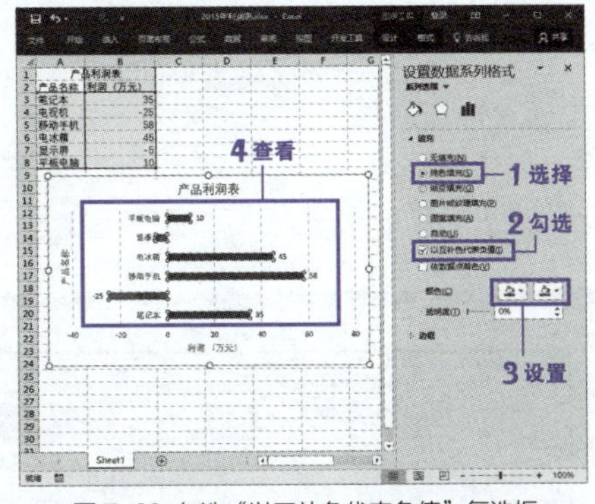

图 7-23 勾选“以互补色代表负值”复选框

技巧拓展

在“填充”栏下勾选“依数据点着色”复选框即可对数据系列着色，效果如图 7-24所示。

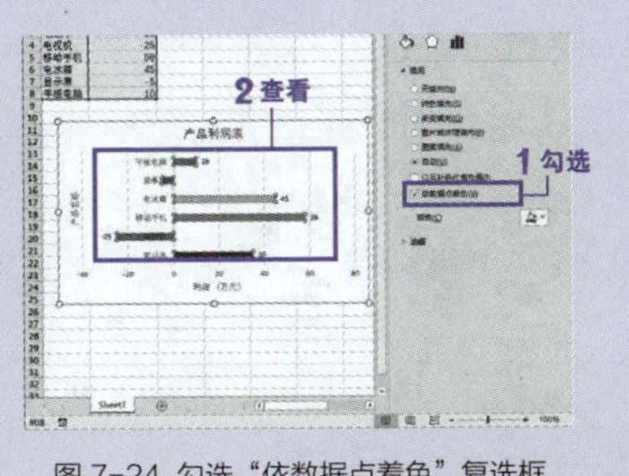

图 7-24 勾选“依数据点着色”复选框

Extra tip

实例 131 解开散点图的困惑

难度系数：★★★ 适用版本：07/10/13/16/17

技巧介绍： 公司办公人员王晓在工作表中创建了散点图并想要将散点图的数据标签设为地区名称，可是她发现无法实现此操作。下面为大家介绍如何设置散点图的数据标签。

① 在Excel中打开“素材\第07章\实例131\各地区销售金额表”工作簿，选中第1个数据点，在公式编辑栏中输入“=”，然后单击数据点对应名称的单元格（A1），如图 7-25所示。

② 按【Enter】键显示结果，继续设置其他数据点名称，如图 7-26所示。

第1章 第2章 第3章 第4章 第5章 第6章 第7章 第8章 第9章 第10章

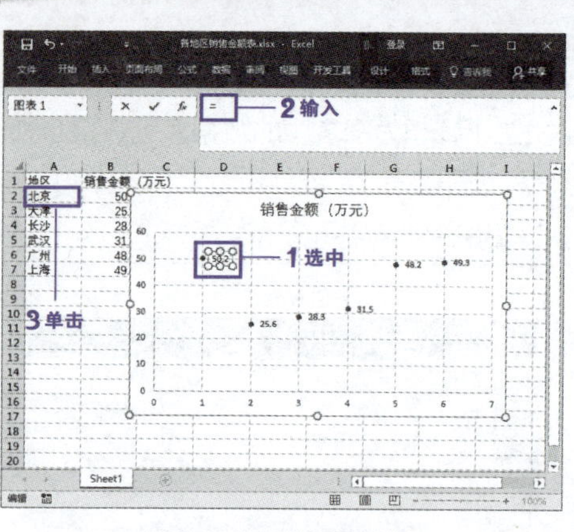

图 7-25 设置数据标签链接

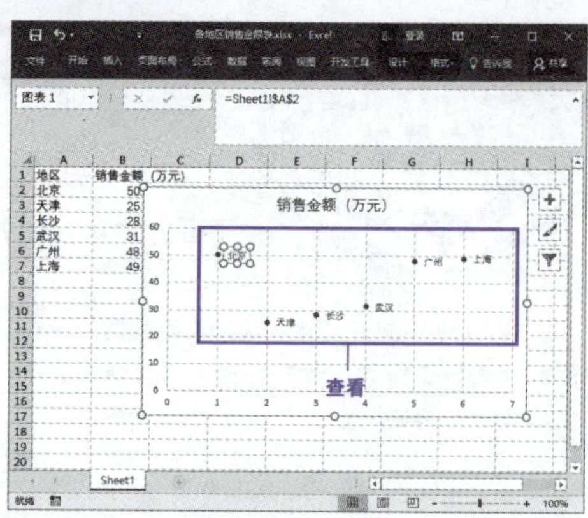

图 7-26 显示结果

技巧拓展

除了上述办法外，还可以双击“数据标签”，在“设置数据标签格式”窗格中勾选“X值”复选框，效果如图 7-27所示。

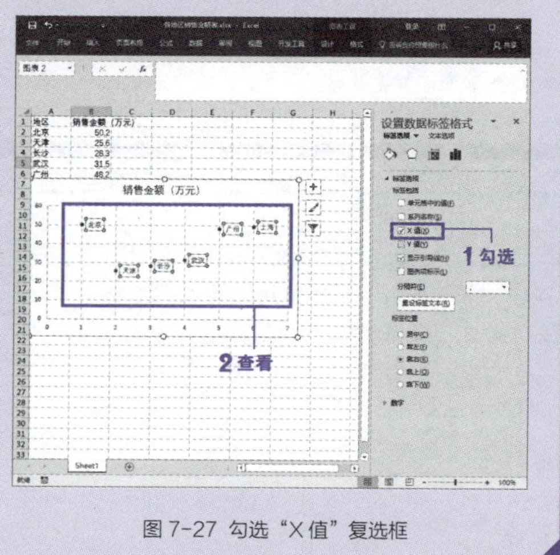

图 7-27 勾选“X值”复选框

Extra tip

实例 132 分开绘制图表

难度系数：★★☆ 适用版本：07/10/13/16/17

技巧介绍： 公司销售部员工小王在创建图表时希望将A、B两产品的数据系列分开绘制，可是不知道应该怎样操作。下面为大家介绍如何分开绘制图表。

① 在Excel中打开“素材\第07章\实例132\2015年AB产品销量表”工作簿，此时发现只有一个数据系列，如图 7-28所示。而我们希望能绘制A、B产品两个数据系列，那么，应该怎样操作呢?

② 首先选择需要绘制图表的数据，并在“插入”选项组中绘制图表，继续选择其他数据并绘制图表，效果如图 7-29所示。

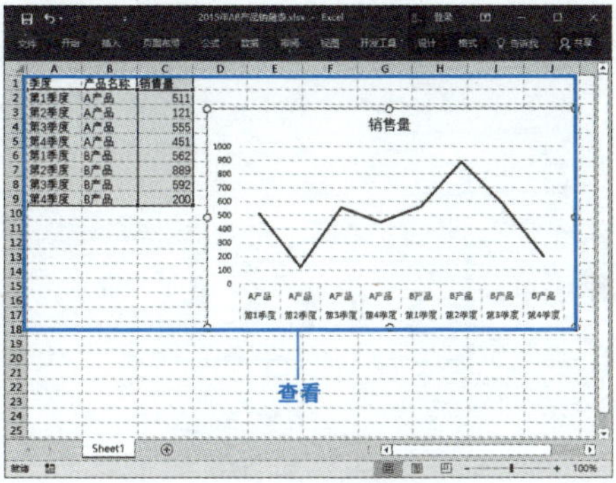

图 7-28 查看原始效果

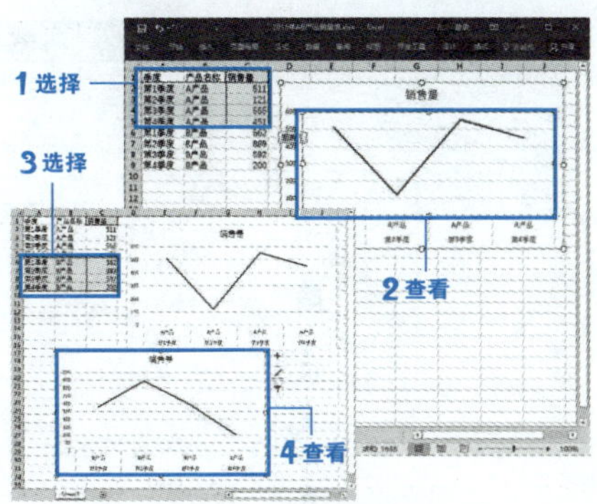

图 7-29 绘制图表

❸选中其中一张图表，单击鼠标右键，执行“复制”命令，并按【Ctrl+V】组合键将图表粘贴至另一张图表中，效果如图 7-30所示。

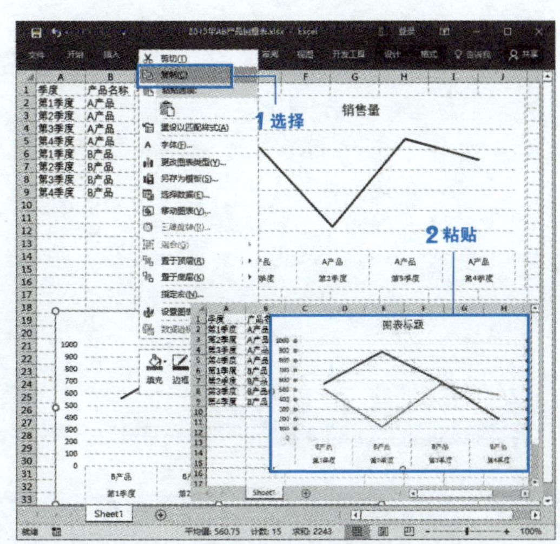

图 7-30 复制并粘贴图表

实例 133 作图前先将数据排序

难度系数：★★★ 适用版本：07/10/13/16/17

技巧介绍： 公司行政部员工小胡在创建图表前想要将数据进行排序，可是不知道应该怎样操作。

下面为大家介绍如何在作图前先将数据排序。

❶在Excel中打开“素材\第07章\实例133\产品销量表”工作簿，选中单元格，选择“开始”选项卡，在“编辑”选项组中单击“排序和筛选”下拉按钮，选择“升序”选项，此时B列中的数据将会按“升序”排列，如图 7-31所示。

❷在“插入”选项组中绘制图表，此时创建的图表中最长的柱形将会显示在最后面，效果如图 7-32所示。

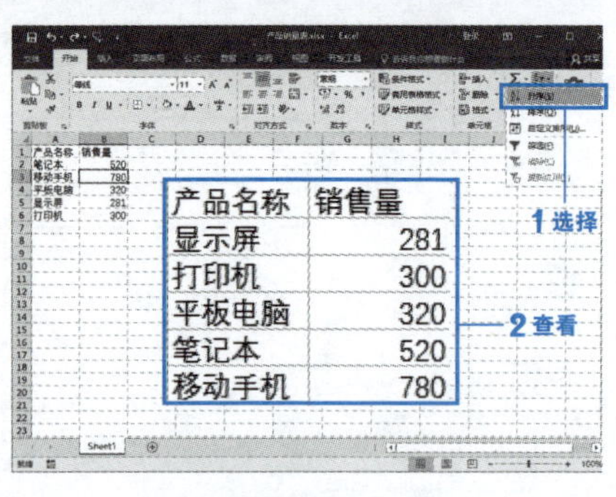

图 7-31 选择“升序”选项

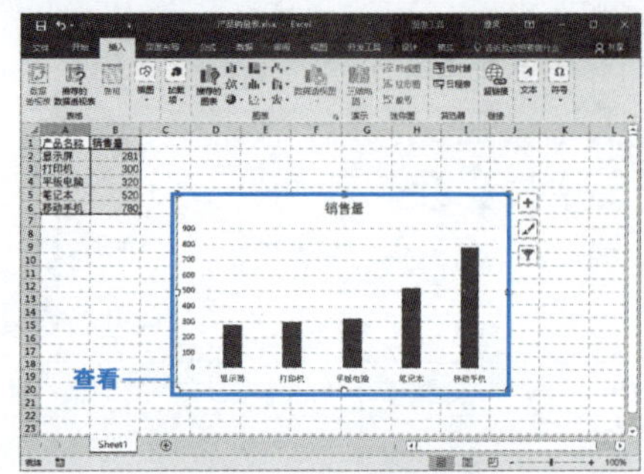

图 7-32 查看效果

技巧拓展

除了可以在创建图表前对数据进行排列外，在创建图表后选中单元格，在“编辑”选项组中单击“排序和筛选”下拉按钮，选择“升序”选项，也可以对数据进行排列，如图 7-33所示。

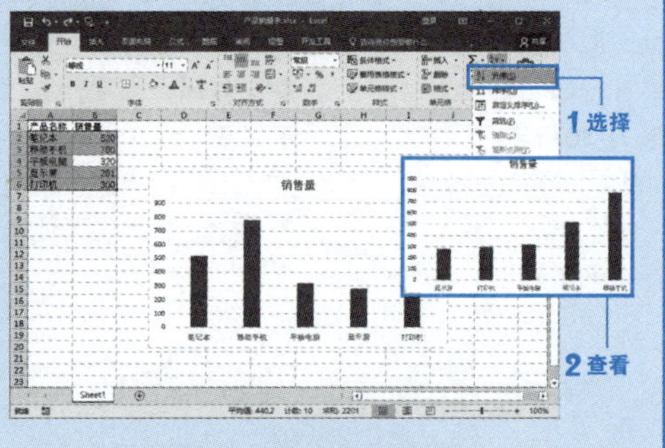

图 7-33 在创建图表后排列数据

Extra tip

实例134 将数据分离为多个系列

难度系数：★★★ 适用版本：07/10/13/16/17

技巧介绍： 公司行政人员小郭在创建完饼图后希望能将饼图中的数据系列分离出来，可是不知道应该怎样操作。下面为大家介绍如何将数据分离为多个系列。

1 在Excel中打开“素材\第07章\实例134\电器销售金额表”工作簿，选中数据系列，单击鼠标右键，执行“设置数据系列格式”命令，如图 7-34所示。

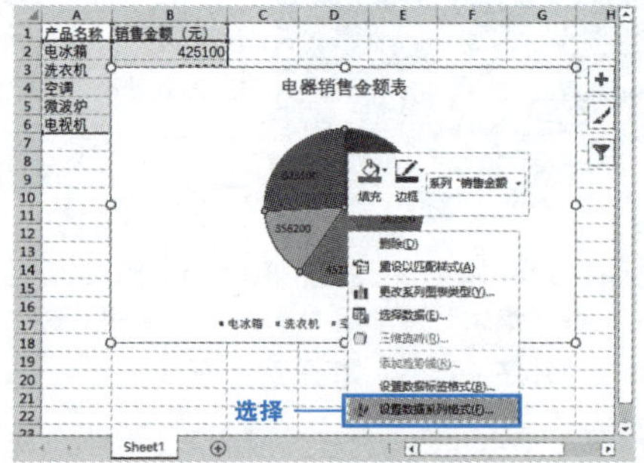

图 7-34 执行“设置数据系列格式”命令

②在“设置数据系列格式”窗格中单击“系列选项”按钮，拖动“饼图分离程度”下面的滑块来调整分离程度，如图 7-35所示。

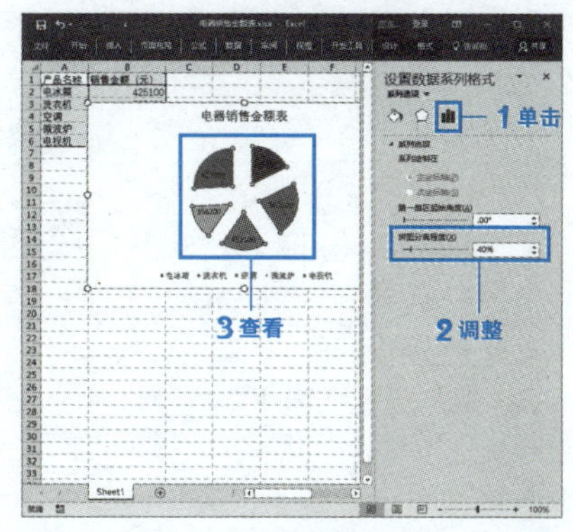

图 7-35 调整分离程度

技巧拓展

除了上述办法外，还可以拖动鼠标手动分离数据系列，如图 7-36所示。

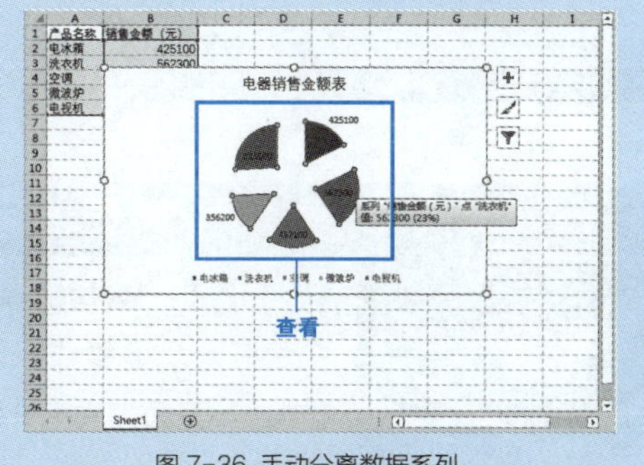

图 7-36 手动分离数据系列

Extra tip

实例 135 为图表添加趋势线

难度系数：★★★ 适用版本：07/10/13/16/17

技巧介绍： 公司行政人员小朱在创建完图表后想要为图表添加趋势线以便查看数据发展的趋势，可是不知道应该怎样操作。下面为大家介绍如何为图表添加趋势线。

在Excel中打开“素材\第07章\实例135\某产品订单数量变化表”工作簿，单击图表右上角的“图表元素”按钮，在列表中勾选“趋势线”复选框，此时将会在图表中添加趋势线，如图 7-37所示。

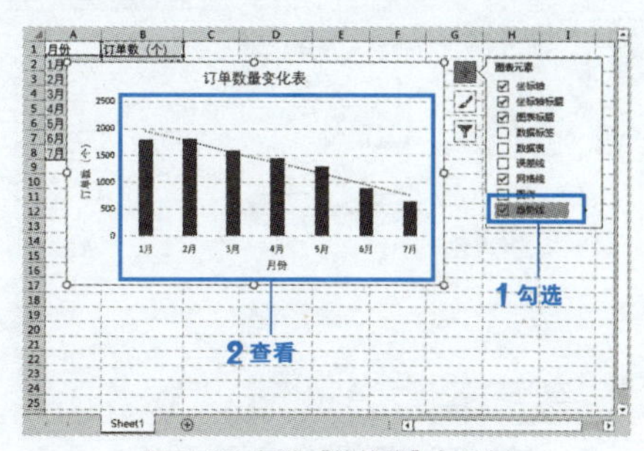

图 7-37 勾选“趋势线”复选框

技巧拓展

还可以单击“趋势线”右侧的 ▶ 按钮，选择“更多选项”，弹出“设置趋势线格式”窗格，在此窗格中可以选择其他趋势线类型，如图 7-38 所示。

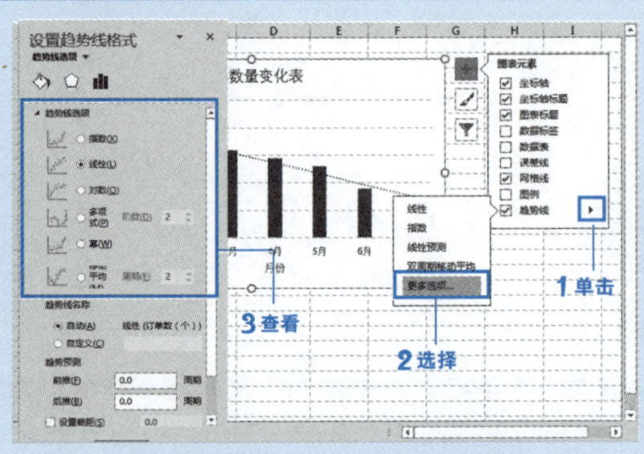

图 7-38 选择其他趋势线类型

Extra tip

实例 136 自动绘制参考线

难度系数：★★★ 适用版本：07/10/13/16/17

技巧介绍： 公司销售部员工小汪在创建完图表后想要在图表中绘制一条参考线以便更直观查看数据，可是不知道应该怎样操作。下面为大家介绍如何绘制参考线。

① 在Excel中打开“素材\第07章\实例136\产品销量表”工作簿，选中单元格区域，选择“插入”选项卡，在“图表”选项组中单击“插入柱形图或条形图”按钮，在列表中选择“更多柱形图”选项，如图 7-39所示。

② 弹出“插入图表”对话框，选择“组合”选项，将“销售量”的图表类型设为“簇状柱形图”，将“平均销售量”的图表类型设为“折线图”，单击“确定”按钮保存设置，如图 7-40所示。

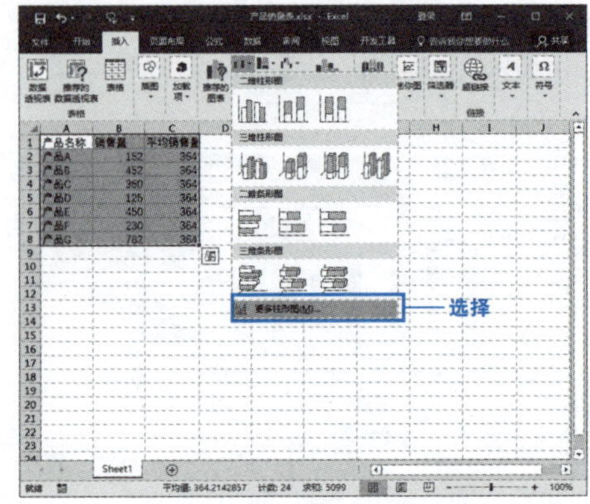

图 7-39 选择“更多柱形图”选项

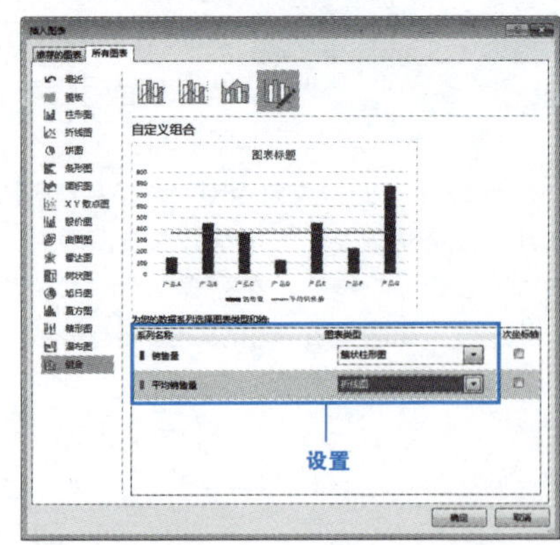

图 7-40 选择“组合”选项

❸设置完后可查看效果，如图 7-41所示。

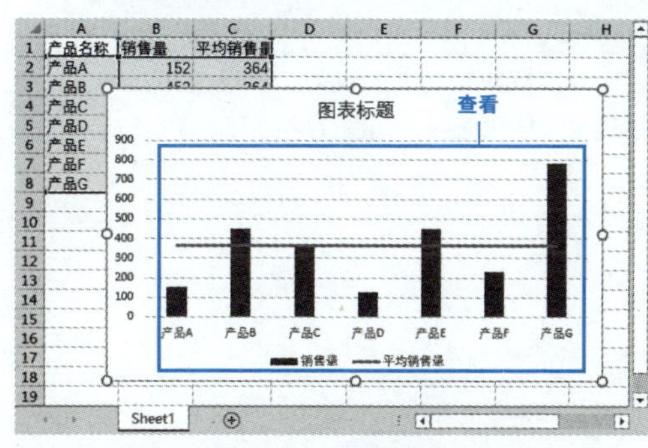

图 7-41 查看设置效果

技巧拓展

除了可以将平均销售量作为参考线外，还可以设置一个最大值作为参考线，操作步骤与上述相同，如图 7-42所示。

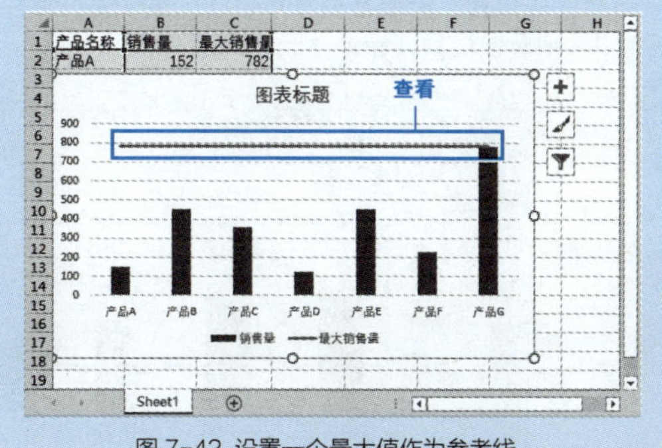

图 7-42 设置一个最大值作为参考线

Extra tip

实例 137 显示汇总的数据标签

难度系数：★★★ 适用版本：07/10/13/16/17

技巧介绍： 公司行政部人员小佳在创建完图表后想要显示汇总后的数据标签，可是不知道应该怎样操作。

下面为大家介绍如何显示汇总后的数据标签。

❶在Excel中打开“素材\第07章\实例137\产品销量情况表”工作簿，选中“合计销售”的数据系列，单击鼠标右键执行“更改系列图表类型”命令，如图 7-43所示。

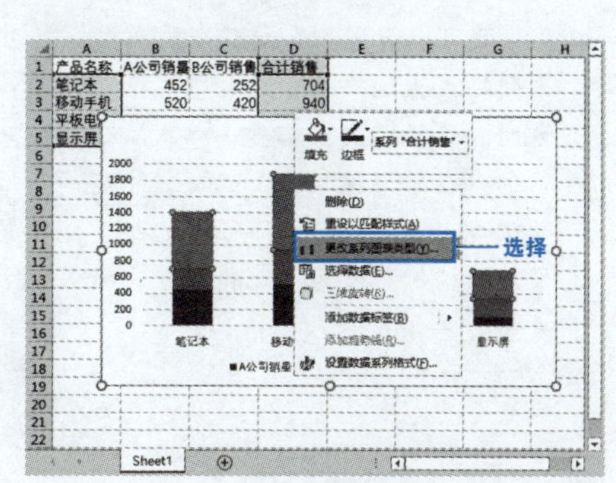

图 7-43 执行“更改系列图表类型”命令

②弹出“更改图表类型”对话框，将“合计销售”对话框的图表类型设为“折线图”，单击“确定”按钮保存，如图 7-44所示。

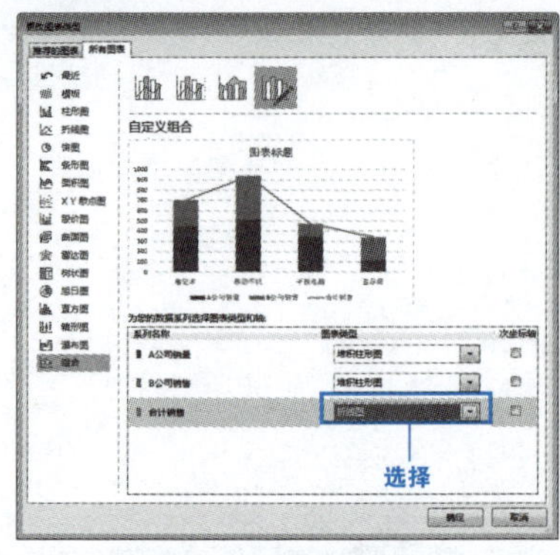

图 7-44 更改图表类型

③选中“合计销售”数据系列，单击“图表元素”按钮，勾选“数据标签”复选框，即可为“合计销售”添加数据标签，如图 7-45所示。

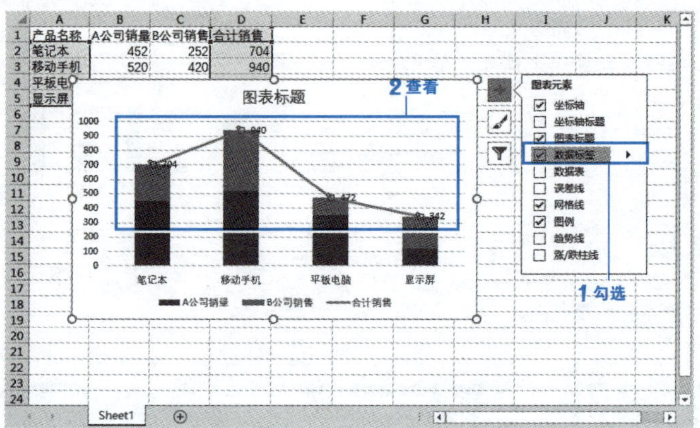

图 7-45 勾选“数据标签”复选框

技巧拓展

还可以设置“合计销售”数据系列格式，选中“合计销售”数据系列，选择“图表工具—格式”选项卡，在“形状样式”选项组中将“形状填充”设为“无填充”，“形状轮廓”设为“无轮廓”，效果如图 7-46所示。

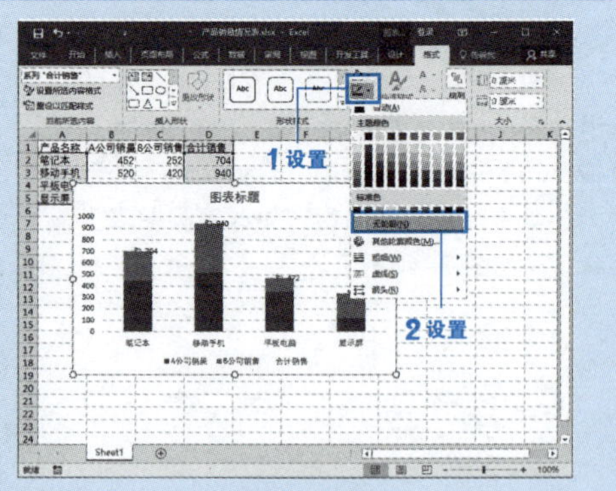

图 7-46 设置形状样式

Extra tip

实例 138 突出标识特定的数据

难度系数：★★★ 适用版本：07/10/13/16/17

技巧介绍： 公司销售人员小华想要将销售业绩前三名的数据突出显示，可是不知道应该怎样操作。

下面为大家介绍如何突出标识特定的数据。

1 在Excel中打开“素材\第07章\实例138\员工销售业绩表”工作簿，选中B2：B11区域单元格，在“开始”选项卡的“样式”选项组中单击“条件格式”下拉按钮，在展开的下拉列表中选择“项目选取规则”选项，在其级联列表中选择“前10项”选项，在“前10项”对话框中输入“3”，并设置填充颜色，如图 7-47所示。

2 设置完后可查看效果，此时销售业绩排名前三的数据将会突出显示，如图 7-48所示。

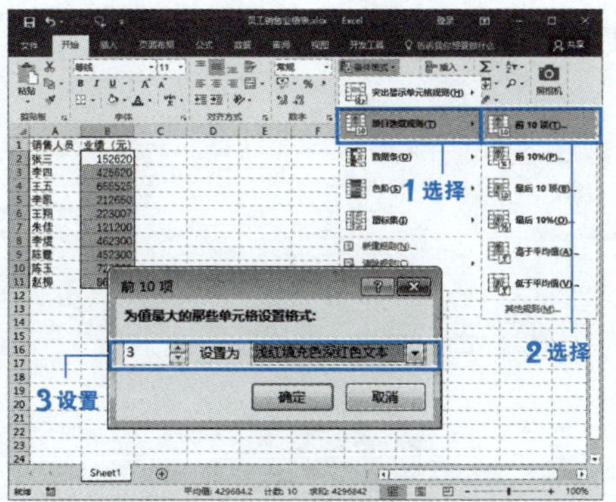

图 7-47 选择“项目选取规则”选项

	A	B	C	D	E
1	销售人员	业绩（元）			
2	张三	152620			
3	李四	425620			
4	王五	655525			
5	李凯	212650			
6	王翔	223007			
7	朱佳	121200			
8	李煜	462300			
9	陈霞	452300			
10	陈玉	726000			
11	赵柳	865620			

查看

图 7-48 查看设置效果

技巧拓展

除了可以使用内置的格式外，还可以自定义格式，具体操作步骤如下。

在“前10项”对话框中可以选择“自定义格式”选项，弹出“设置单元格格式”对话框，将字体设置为红色加粗，将填充颜色设置为绿色，如图 7-49所示。

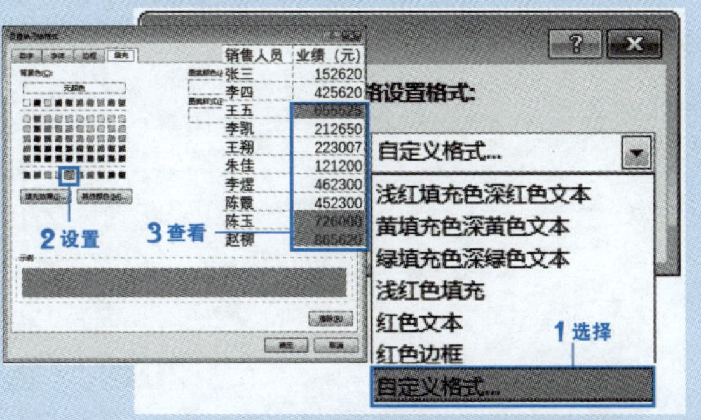

图 7-49 选择“自定义格式”选项

Extra tip

第1章 第2章 第3章 第4章 第5章 第6章 第7章 第8章 第9章 第10章

实例139 快速为图表添加误差线

难度系数：★★★ 适用版本：07/10/13/16/17

技巧介绍： 公司办公人员小涛在创建完图表后想要快速为图表添加误差线，可是不知道应该怎样添加。

下面为大家介绍如何快速为图表添加误差线。

在Excel中打开“素材\第07章\实例139\各项费用表”工作簿，选中图表，单击“图表元素”按钮，在列表中勾选“误差线”复选框，效果如图 7-50所示。

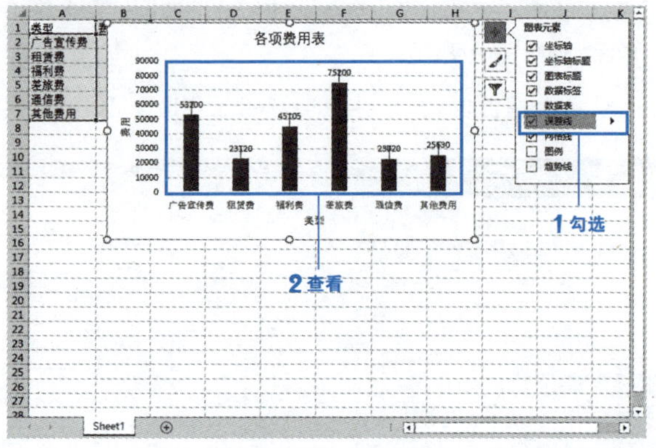

图 7-50 勾选“误差线”复选框

技巧拓展

还可以设置误差线格式，具体操作步骤如下。

a.单击“误差线”右侧的“▶”按钮选择“更多选项”，弹出“设置误差线格式”窗格，单击“误差线选项”按钮，在“垂直误差线”选项中选择“正偏差”选项，如图 7-51所示。

b.设置完后可查看效果，如图 7-52所示。

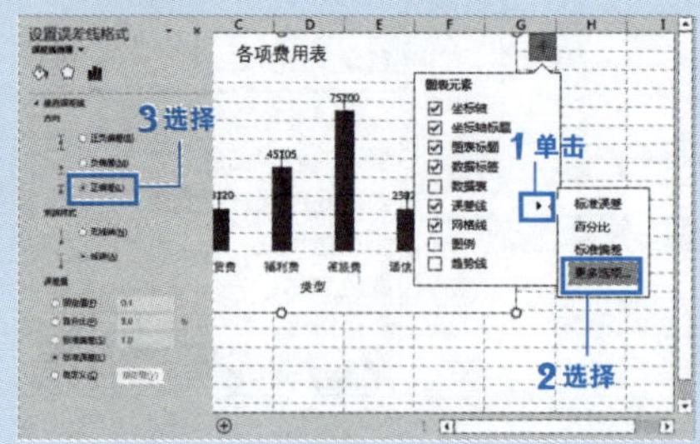

图 7-51 选择“正偏差”选项

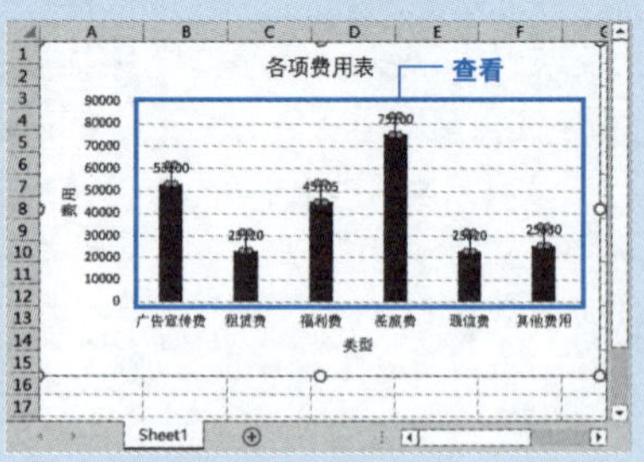

图 7-52 查看设置效果

Extra tip

实例 140 隔行填色的网格线

难度系数：★★★ 适用版本：07/10/13/16/17

技巧介绍： 公司办公人员小佳想要为图表绘图区的网格线设置为交替填充的效果，可是不知道应该怎样操作。下面为大家介绍如何设置隔行填色的网格线。

❶在Excel中打开“素材\第07章\实例140\各类糖果销售表”工作簿，在C列中输入数据并选中数据，在“插入”选项卡中创建图表，如图7-53所示。

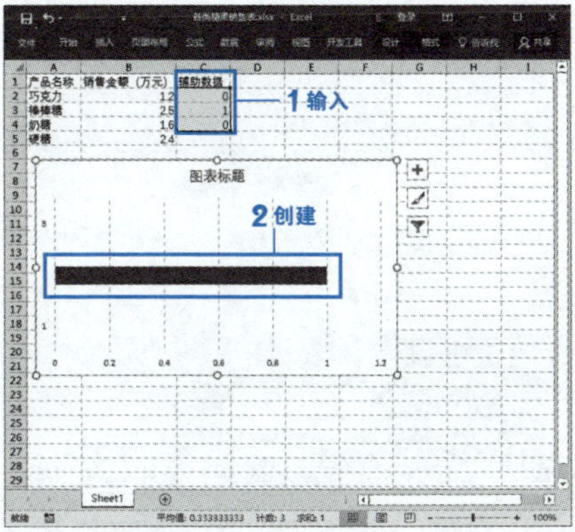

图 7-53 输入数据

❷双击水平坐标轴，在“设置坐标轴格式”窗格中单击“坐标轴选项”按钮，在“坐标轴选项”栏下将“最小值”设为“0.0”，“最大值”设为“1.0”，选择“最大坐标轴值”单选按钮，如图 7-54所示。

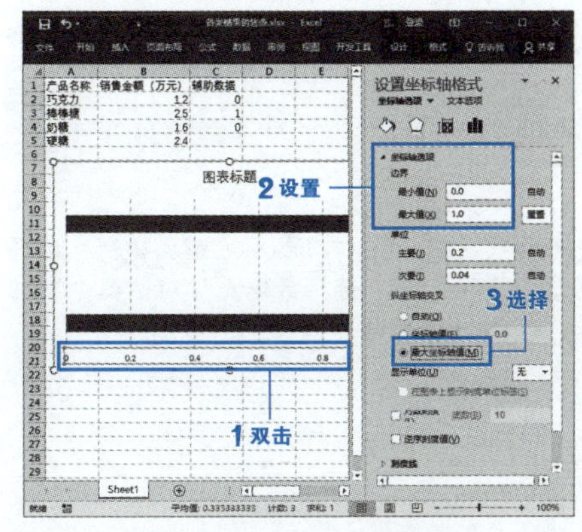

图 7-54 设置水平坐标轴格式

❸双击垂直坐标轴，在“设置坐标轴格式”窗格中单击“坐标轴选项”按钮，在“坐标轴选项”栏下选择“最大分类”单选按钮，设置完后单击“关闭”按钮，如图 7-55所示。

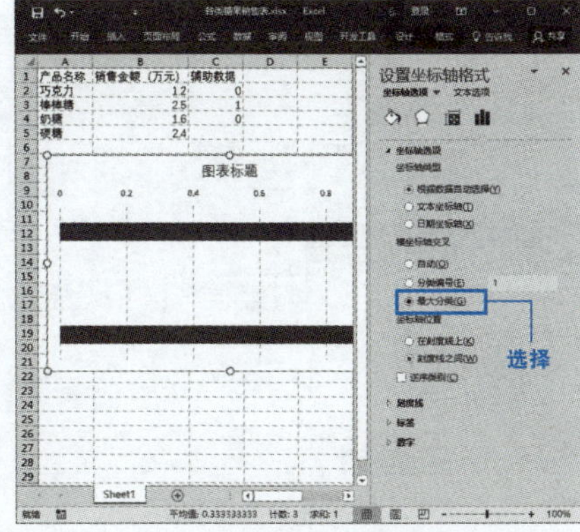

图 7-55 设置垂直坐标轴格式

❹双击数据系列，在“设置数据系列格式”窗格中单击“系列选项”按钮，在“系列选项”栏下将“分类间距”设置为“0%”，如图7-56所示。

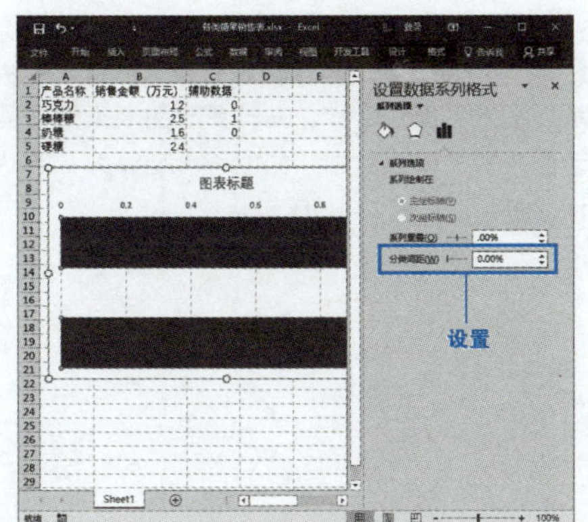

图 7-56 设置分类间距

⑤选中图表，选择“图表工具—格式”选项卡，在“形状样式”选项组中将“形状填充”设为浅绿色，如图7-57所示。

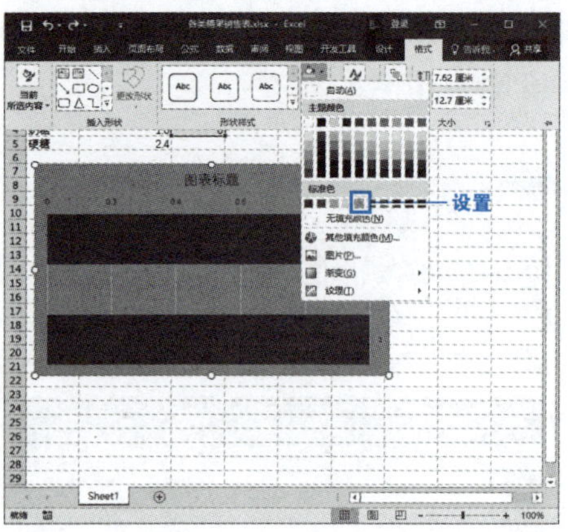

图7-57 设置形状填充

⑥选中数据系列，选择“图表工具—格式”选项卡中将“形状轮廓”设为“黄色”，“形状填充”设为“红色”，效果如图7-58所示。

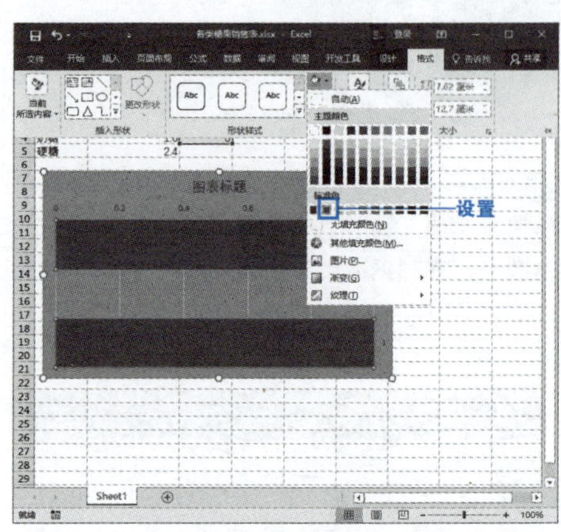

图7-58 设置形状轮廓颜色

⑦选中数据系列，单击鼠标右键，执行“选择数据”选项，在“选择数据源”对话框中添加A列和B列中的数据，如图7-59所示。

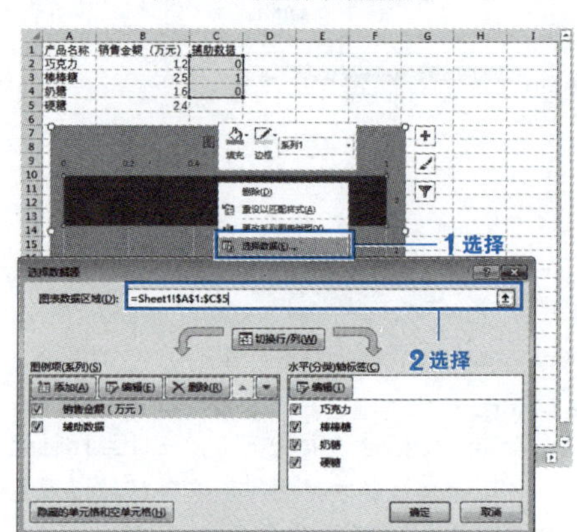

图7-59 添加数据源

⑧选中数据系列，单击鼠标右键，执行“更改系列图表类型”命令，在“更改图表类型”对话框中将“辅助数据”的图表类型设为“簇状柱形图”，如图7-60所示。

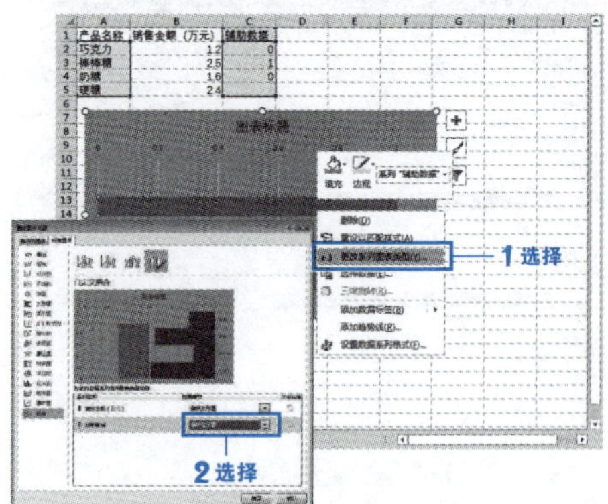

图7-60 更改图表类型

9 双击“簇状柱形图”，在“设置数据系列格式”窗格中将“分类间距”设为“150%”，如图 7-61所示。

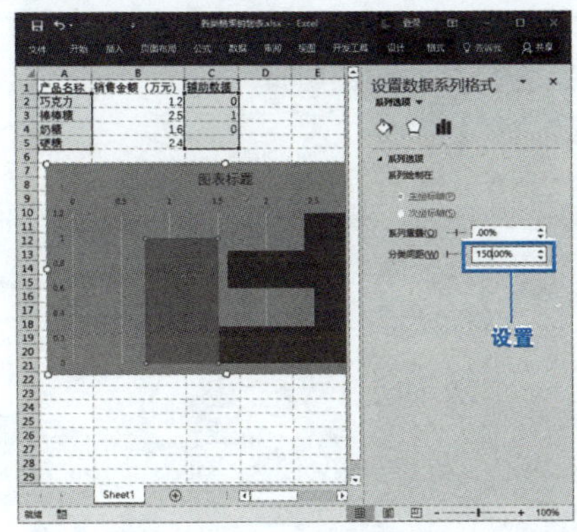

图 7-61 设置分类间距

职场小知识

皮尔斯定律

简介：该定律和奥格尔维法则有一些共通之处，核心思想为：雇用比自己更强的人，就能让公司更进一步，反之则只能变得更差，要善用比自己更强的人才。

皮尔斯定律由美国贝尔电话电报公司实验室著名科学家，“卫星通讯之父”约翰·皮尔斯提出。旨在告诉我们做人要贵有自知之明，能看到自己的不足，才能弥补这一不足。我们只有意识到自己的无知，才能进步。

在美国人心目中，林肯可能是最有威望的总统。美国人都认为，从来没有比林肯讲话所用的字句更优美的人了！有人曾歌颂他所写的散文“像音乐一般的悦耳！”随便举个例子吧：他在第二次总统就职演说中，曾说了这么一句名言：With malice towards none, with charity for all!（勿以怨恨对待任何人，请以慈爱加给所有的人！）

那么谁是林肯的老师呢？他们是肯塔基州森林地带的数位巡游的村儒学究、伊利诺伊州第八司法区等地的许多人。林肯曾每天和许多农夫、商人、律师、讼棍商讨着国家大事、世界大事，从他们身上学习到许多的知识和道理。林肯成功的秘诀是：“每个人都可能做他的教师。”

林肯之所以能取得如此大的成功，关键在于他能正确地认识自己的不足，善于向每个可能弥补自己不足的平凡人学习。“每个人都可能做他的教师”，这就是他成功的秘方。只有先认识到自己的无知，才能形成自己虚心向人学习的动力，才能发掘潜能，不断取得进步，达到预定的目标，迈向成功。意识到无知，是有知的开始。

真正的强者总是善于隐藏自己的锋芒，成熟的管理者应该掌握一种外圆内方，绵里藏针的管理、处事技巧。总之，多一份谦虚就多一点机会。

第 8 章 Chapter 8

行政报表的对比图

作为一名行政人员，使用图表来显示数据可以将问题的重点有效地表达出来，因此，本章将使用20个实例来介绍如何设置图表格式，如如何切割背景图片的饼图、介绍半圆式饼图、介绍Web2.0风格的图表、如何避免凌乱的曲线图、如何将绘图区任意划分等。

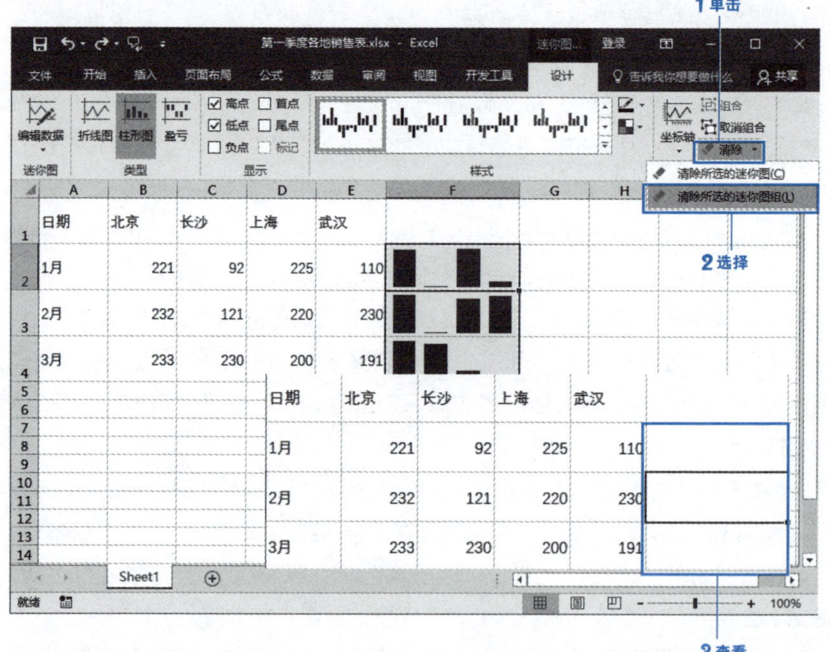

实例 141

难度系数：★★★ 适用版本：07/13/16/17

粗边面积图

技巧介绍： 公司行政部员工小陈想绘制出粗边面积图来以使图表效果突出显示，可是不知道应该怎样操作。下面为大家介绍如何制作粗边面积图。

1 在Excel中打开“素材\第08章\实例141\前5日销售金额表”工作簿，在“插入”选项卡中单击“插入折线图或面积图”按钮，选择“二维折线图”选项，如图 8–1所示。

2 选中A1：B6区域单元格，按【Ctrl+C】组合键执行复制命令，并粘贴至图表区，此时图表是两条重合的折线图，如图 8–2所示。

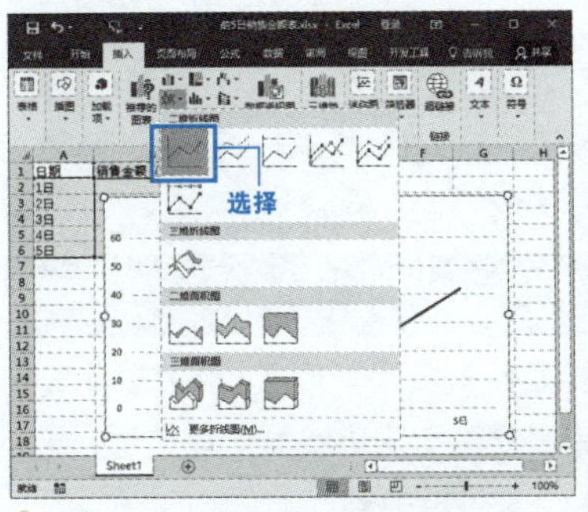

图 8–1 选择“二维折线图”选项

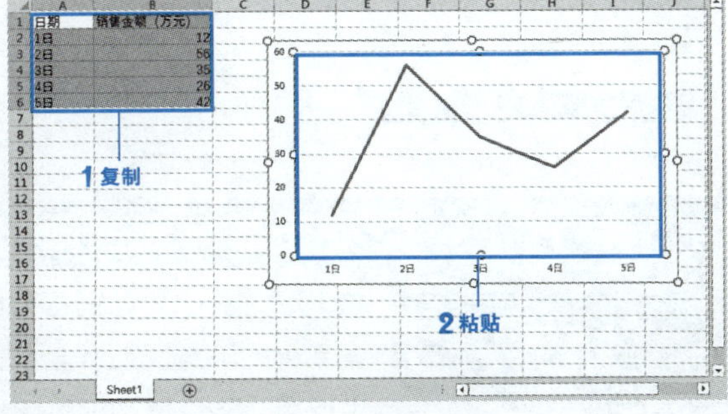

图 8–2 复制数据

3 选中图表，单击鼠标右键，执行“更改系列图表类型”命令，在“更改图表类型”对话框中将第2条数据系列的图表类型设为“面积图”，单击“确定”按钮保存，如图 8–3所示。

4 选中折线图，选择“图表工具—格式”选项卡，在“形状样式”选项组中单击“形状轮廓”下拉按钮，在下拉列表中选择“粗细”选项，在其级联列表中选择“6磅”选项，效果如图 8–4所示。

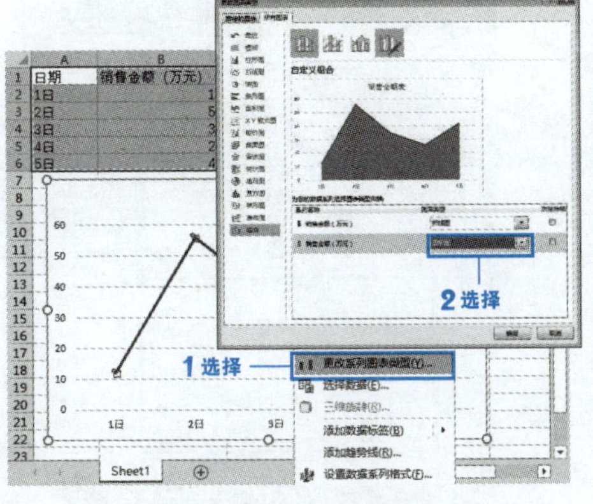

图 8–3 执行“更改系列图表类型”命令

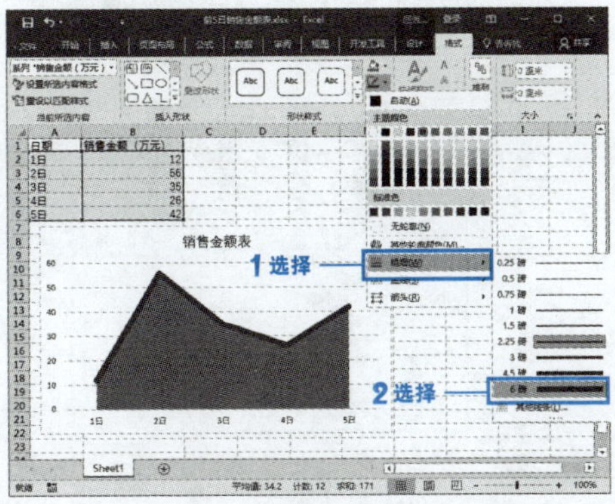

图 8–4 选择“粗细”选项

技巧拓展

可以在“图表工具—设计”选项卡的“图表布局”选项组中单击“快速布局”下拉按钮，在下拉列表中选择“布局2”样式，如图 8-5 所示。

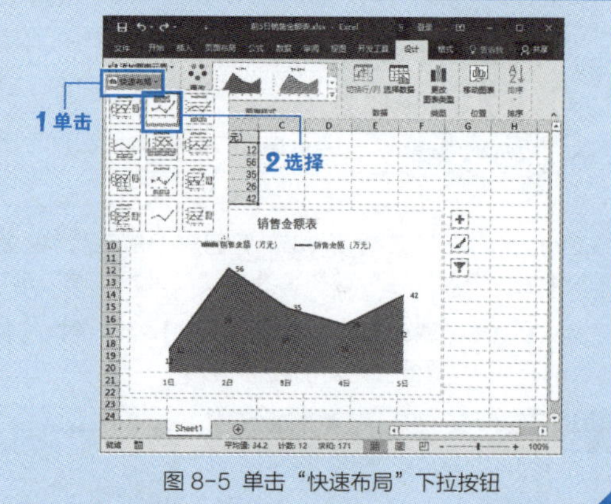

图 8-5 单击“快速布局”下拉按钮

Extra tip

实例 142 处于最前面的网格线

难度系数：★★

适用版本：07/10/13/16/17

技巧介绍： 公司销售部员工小磊发现图表的网格线都在数据系列的下方，因此，他想知道能否将网格线置于最前面。下面为大家介绍如何将网格线置于最前面。

1 在Excel中打开“素材\第08章\实例142\各类糖果销售表”工作簿，复制图表并粘贴图表，如图8-6所示。

2 选中复制图表的数据系列，选择“图表工具—格式”选项卡，单击“形状填充”下拉按钮，将填充颜色设为“无填充”，继续将图表区和绘图区的填充颜色设为“无填充”，效果如图 8-7 所示。

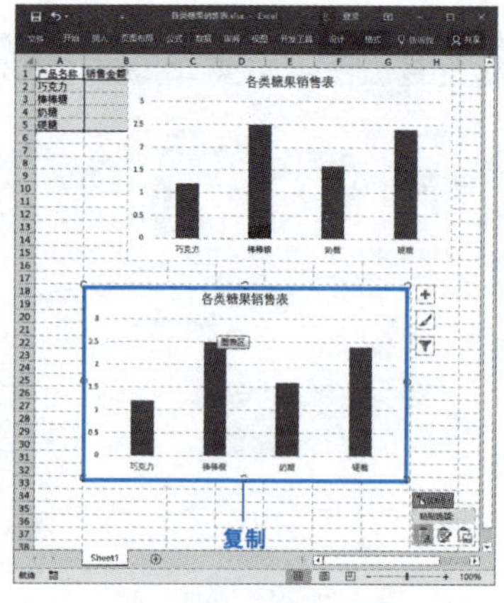

图 8-6 复制并粘贴图表

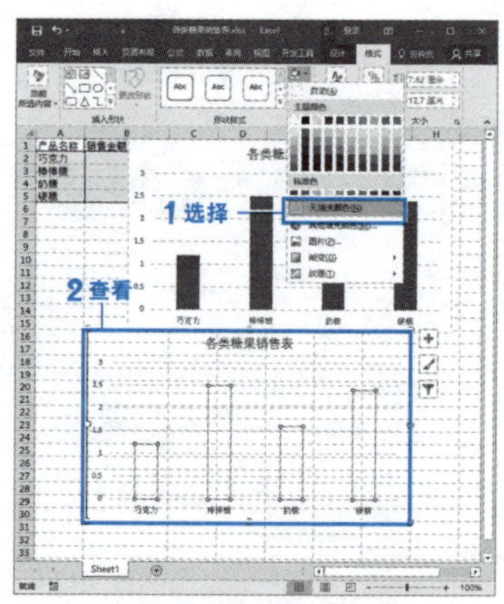

图 8-7 设置形状填充颜色

③选中设置透明图表中的网格线，选中“图表工具—格式”选项卡，单击“形状轮廓”下拉按钮，将“形状轮廓”设为“黑色”，如图 8-8所示。

④将设置透明的图表覆盖在原图表上，效果如图 8-9所示。

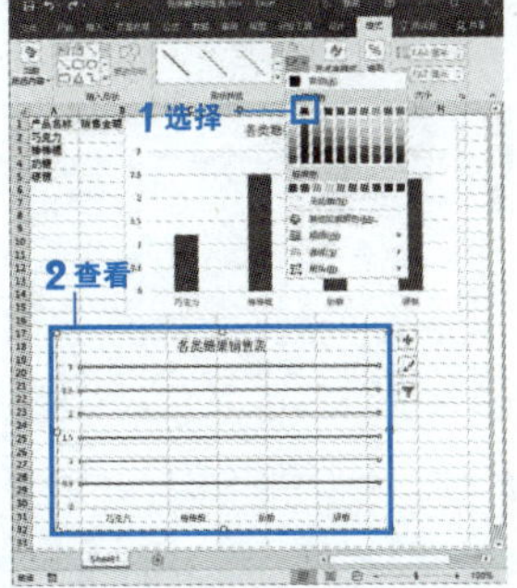

图 8-8 设置形状轮廓

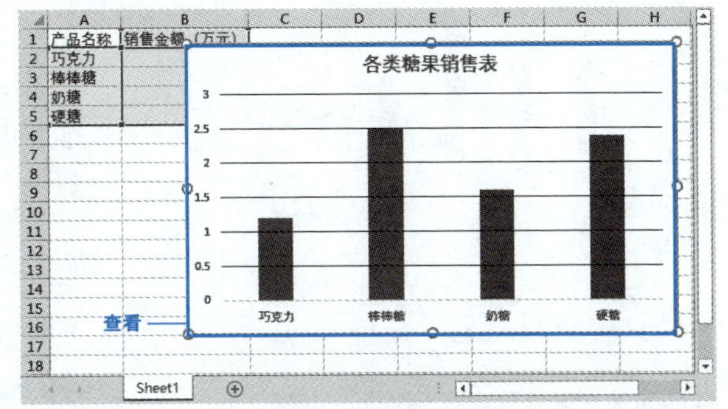

图 8-9 查看设置效果

技巧拓展

双击网格线，弹出“设置主要网格线格式”窗格，将“箭头前端类型”设为“圆型箭头”，如图 8-10所示。

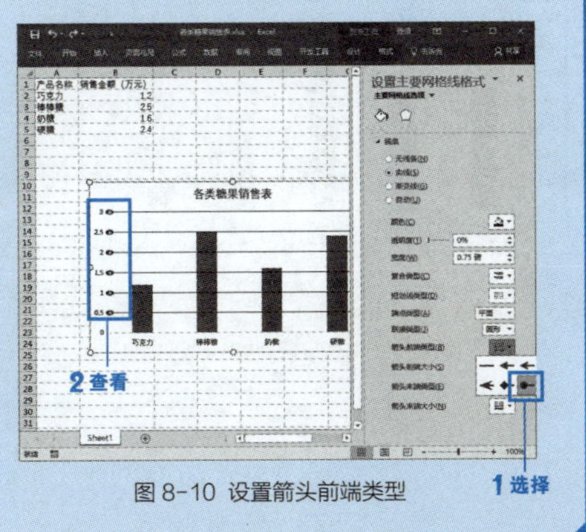

图 8-10 设置箭头前端类型

Extra tip

实例 143 只有刻度线的 Y 轴

难度系数：★★★ 适用版本：07/10/13/16/17

技巧介绍： 公司销售部员工小海希望能将Y轴只设置刻度线，可是他不知道应该怎样操作。

下面为大家介绍如何实现创建的图表Y轴只有刻度线。

①在Excel中打开“素材\第08章\实例143\产品销量表”工作簿，选中图表，单击“图表元素”按钮，在列表中取消勾选“网格线”复选框，如图 8-11所示。

②双击Y轴，在“设置坐标轴格式”窗格中单击“坐标轴选项”按钮，选中“数字”选项，在“格式代码”文本框中输入“0"-"”，单击“添加”按钮，如图 8-12所示。

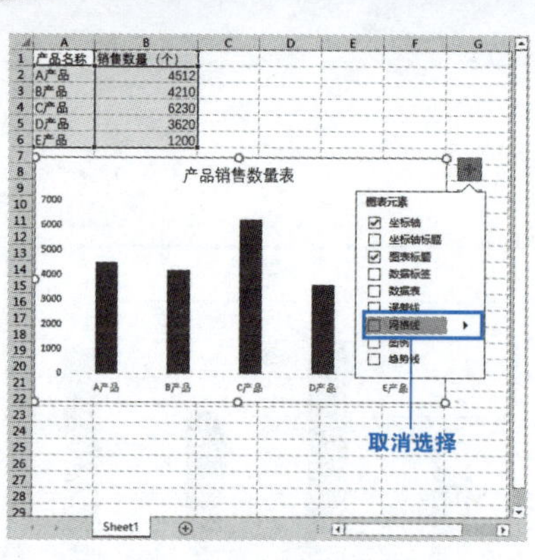

图 8-11 取消勾选“网格线”复选框

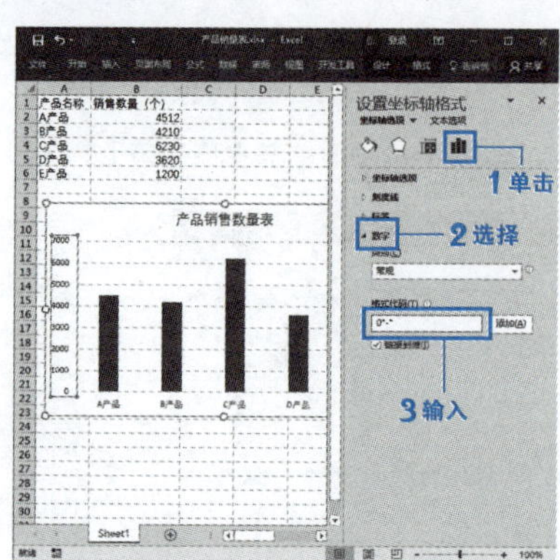

图 8-12 选中“数字”选项

③设置完后可查看效果，如图 8-13所示。

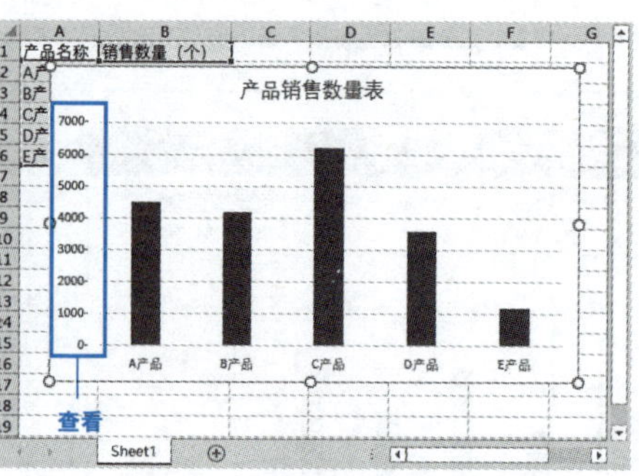

图 8-13 查看设置效果

技巧拓展

在“格式代码”对话框中输入的“"”为英文状态下的双引号，如图 8-14所示。

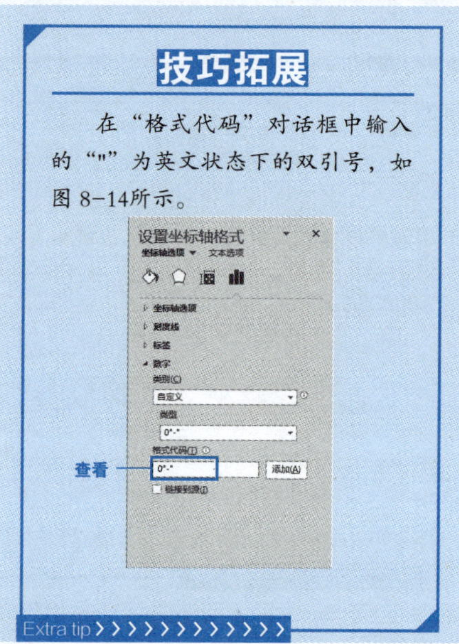

Extra tip

实例144 切割背景图片的饼图

难度系数：★★ 适用版本：07/10/13/16/17

技巧介绍： 公司办公人员小舒经常会看到那种切割图片的饼图。因此，她也想达到此效果，可是不知道应该怎样设置。下面为大家介绍如何设置切割背景图片的饼图。

①在Excel中打开“素材\第08章\实例144\费用统计表”工作簿，选中B2：B5区域单元格中任意单元格，执行复制命令，并粘贴至图表中，如图 8-15所示。

❷双击数据系列，弹出“设置数据系列格式”窗格，单击“系列选项”按钮，在“系列选项”中选择“次坐标轴”单选按钮，如图 8-16所示。

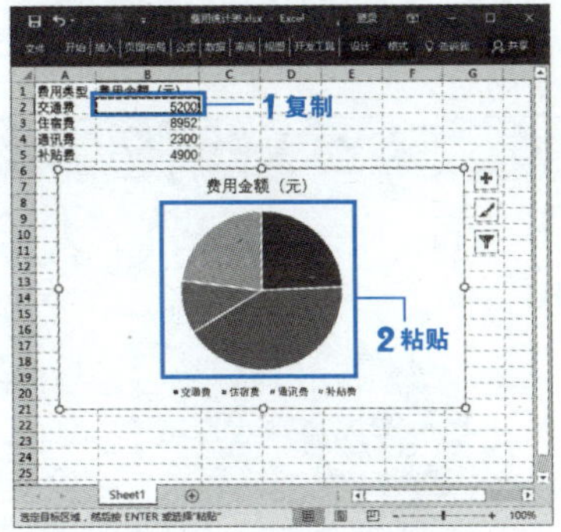

图 8-15 添加数据系列

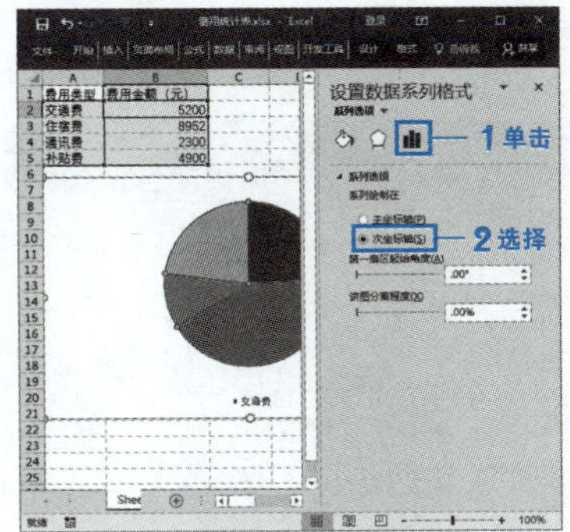

图 8-16 选择“次坐标轴”单选按钮

❸单击“填充与线条”按钮，选择“图片或纹理填充”选项，单击“文件”按钮，在“插入图片”对话框中选择背景图片，如图 8-17所示。

❹设置完后可查看效果，如图 8-18所示。

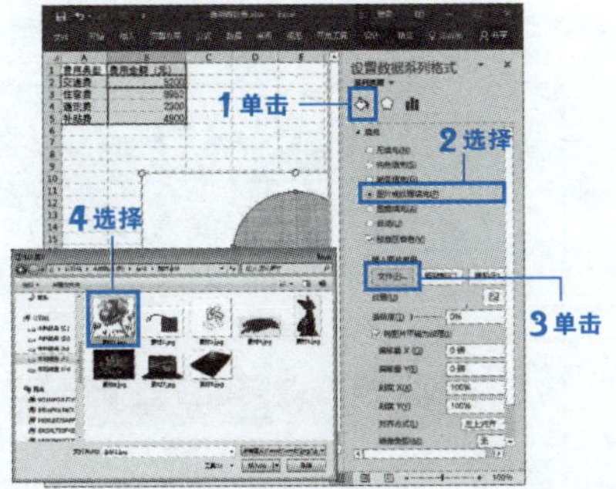

图 8-17 选择背景图片

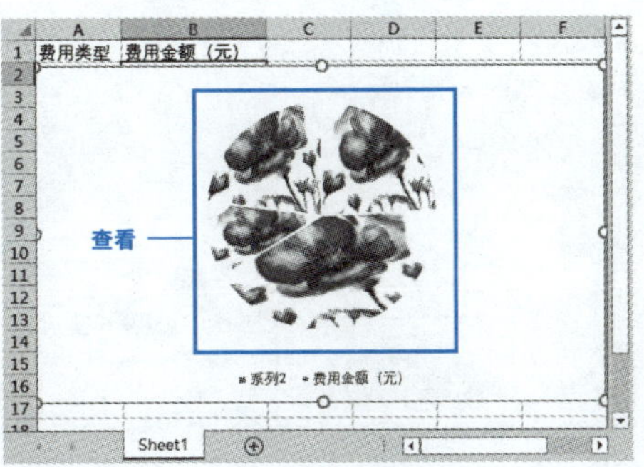

图 8-18 查看设置效果

技巧拓展

除了上述办法外，还可以使用圆形图片填充绘图区。

Extra tip

实例 145 半圆式饼图

难度系数：★★★ 适用版本：07/10/13/16/17

技巧介绍： 公司销售部员工小彩想要将饼图设置为半圆式饼图，可是她不知道应该怎样操作。

下面为大家介绍如何创建半圆式饼图。

第1章 第2章 第3章 第4章 第5章 第6章 第7章 第8章 第9章 第10章

❶在Excel中打开“素材\第08章\实例145\费用明细表”工作簿，双击数据系列，在“设置数据系列格式”窗格中将“第一扇区起始角度”设为“270”，如图 8-19所示。

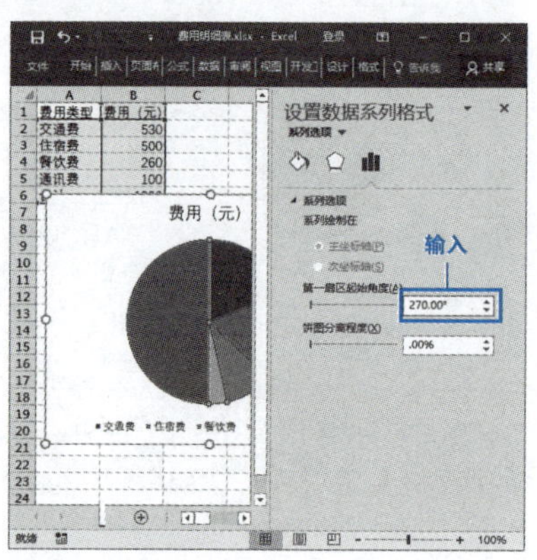

图 8-19 将“第一扇区起始角度”设为“270”

❷选中图表中最大的扇区，在“设置数据点格式”窗格中单击“填充与线条”按钮，选择“填充”栏下的“无填充”选项，如图 8-20所示。

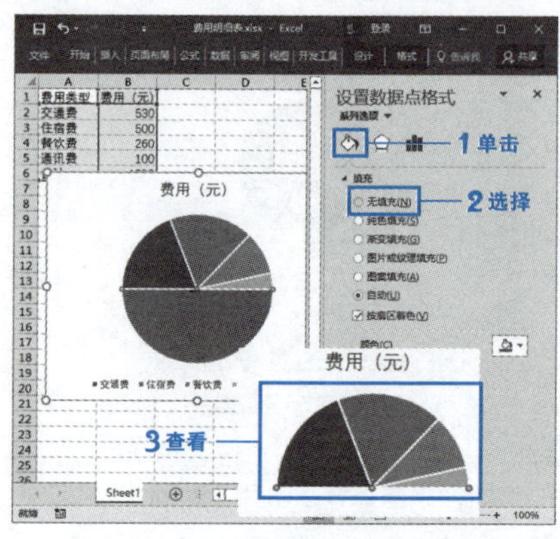

图 8-20 选择“无填充”选项

❸为数据系列添加数据标签并删除多余的数据标签，如图 8-21所示。

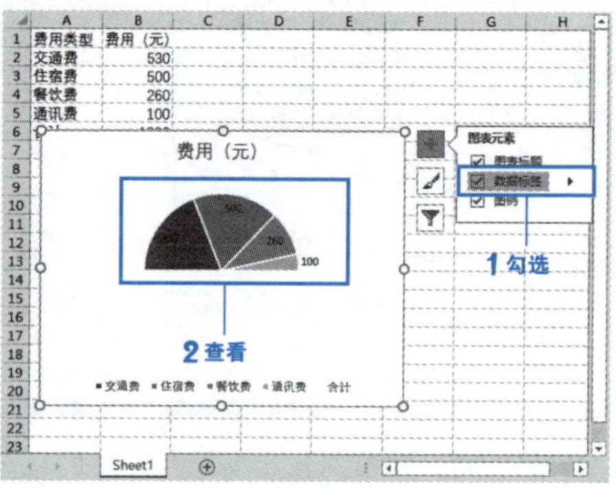

图 8-21 为数据系列添加数据标签

技巧拓展

如果需要重新显示最大扇区，只需在“填充”栏下选择“纯色填充”选项，效果如图 8-22所示。

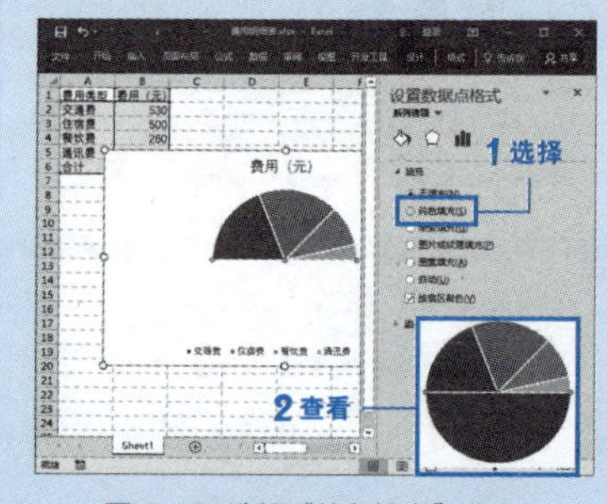

图 8-22 选择“纯色填充”选项

Extra tip

实例 146 Web2.0 风格的图表

难度系数：★★★ 适用版本：07/10/13/16/17

技巧介绍： 公司办公人员小惠希望能创建出Web2.0风格的图表，可是她不知道应该怎样操作。

下面为大家介绍如何创建Web2.0风格的图表。

❶首先要下载取色器，在搜索引擎中搜索“取色器下载”可搜索出很多取色器软件，下载并安装即可使用，我在此下载的是Colors Lite软件，如图 8–23所示。

❷ 单击“从屏幕中选取”按钮，在对话框中即可准确显示该颜色的RGB值，如图 8–24所示。

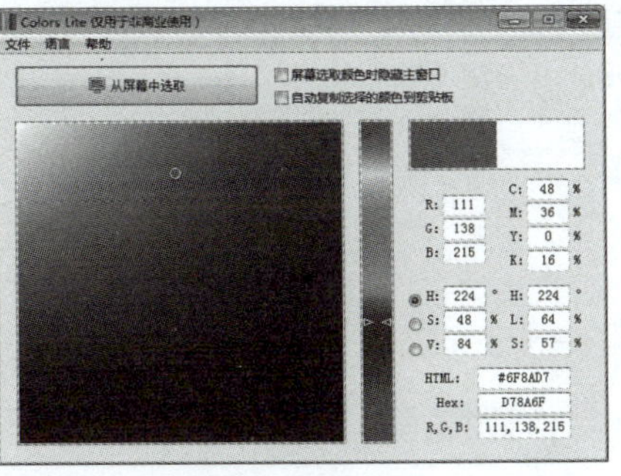

图 8–23 下载软件

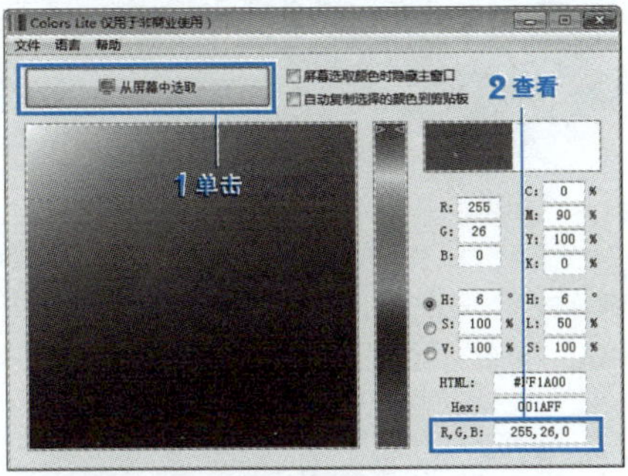

图 8–24 单击“从屏幕中选取”按钮

❸在Excel中打开“素材\第08章\实例146\产品销售表”工作簿，选中数据系列，单击“填充”下拉按钮，选择“其他填充颜色”选项，弹出“颜色”对话框，选择“自定义”选项卡，设置颜色模式，如图 8–25所示。

❹设置完后可查看效果，如图 8–26所示。

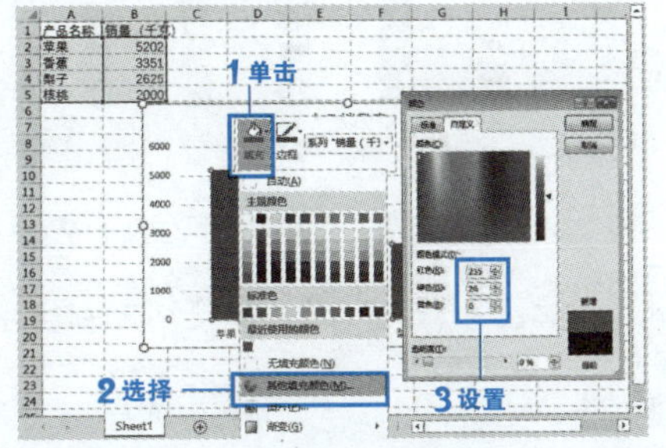

图 8–25 设置颜色模式

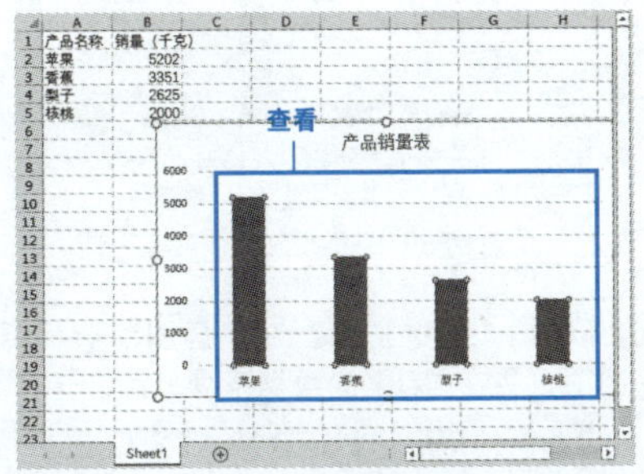

图 8–26 查看效果

技巧拓展

除了可以使用取色器来查看Web2.0风格颜色的RGB值，还可以使用搜索引擎（如360安全浏览器）中的截图功能来查看图片的RGB值，如图 8–27所示。

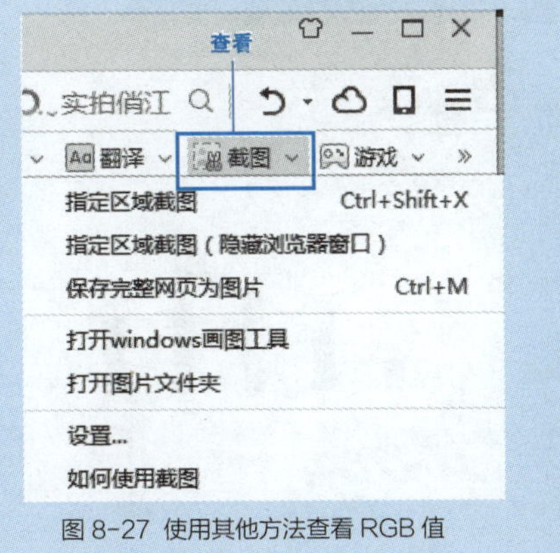

图 8–27 使用其他方法查看 RGB 值

Extra tip

实例147 处理图表中的超大值

难度系数：★★★ 适用版本：07/10/13/16/17

技巧介绍： 公司办公人员小张发现创建完的图表中有一个项目是超大值，这看起来非常不美观，因此他想对该项数据系列进行处理，可是又不知道应该怎样操作。

❶在Excel中打开“素材\第08章\实例147\产品销售数量表”工作簿，在工作表中将B5单元格数据修改为“1000”，使D的图表显示为合适的高度，如图 8–28所示。

❷选中“D”的数据标签，将数据标签数据更改为“9000”，如图 8–29所示。

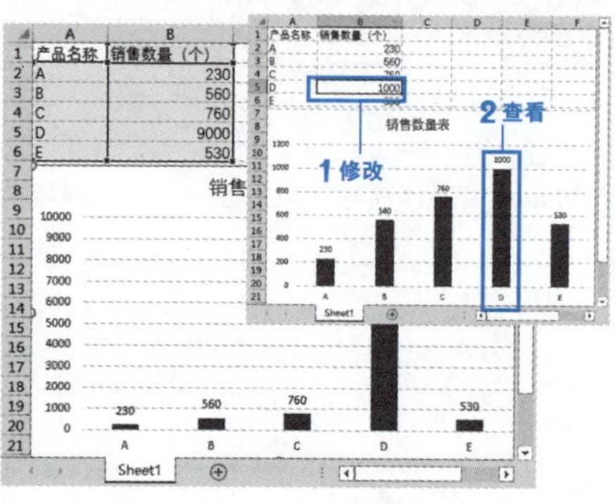

图 8–28 修改数据源

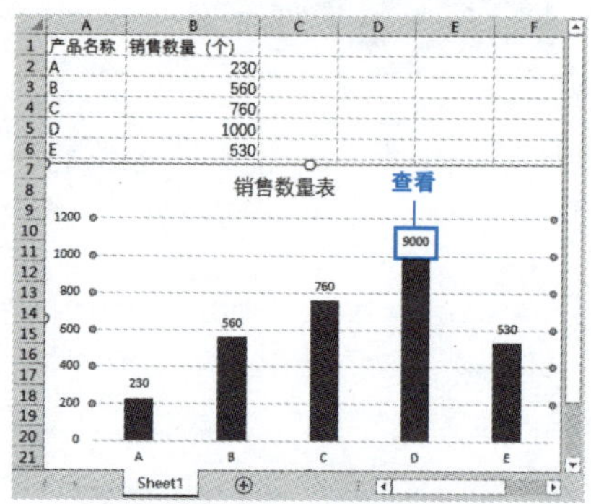

图 8–29 更改数据标签

❸选择“插入”选项卡，在“插图”选项组中单击“形状”下拉按钮，在下拉列表中选择“矩形”选项，将在“D”的数据系列上绘制矩形，如图 8–30所示。

❹ 选中绘制的矩形形状，选择“绘图工具—格式”选项卡，在“形状样式”选项组中单击“形状填充”下拉按钮，将“形状填充”设为“白色”，单击“形状轮廓”下拉按钮，将“形状轮廓”设为“无轮廓”，如图 8–31所示。

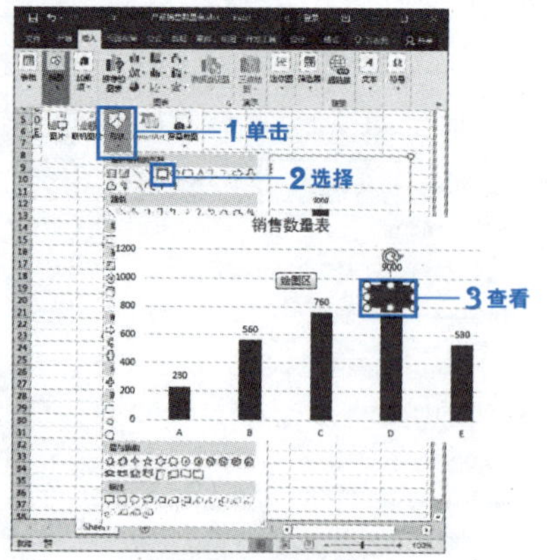

图 8–30 绘制矩形形状

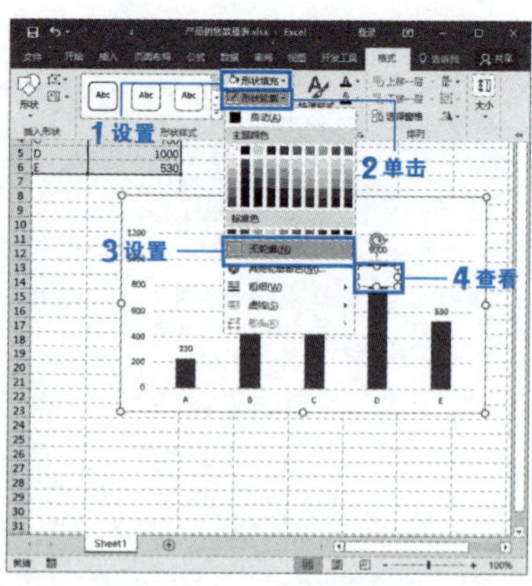

图 8–31 设置形状样式

5 适当旋转矩形形状，将矩形形状覆盖在柱形图上方表示中间省略一段数据，效果如图8-32所示。

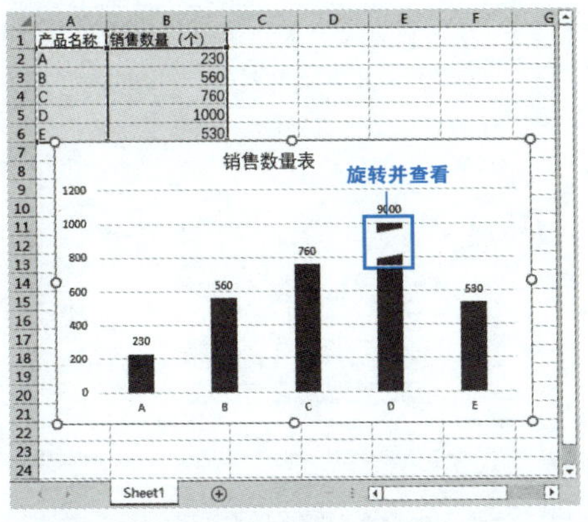

图 8-32 查看设置效果

技巧拓展

除了可以使用矩形图形外，还可以使用其他形状，如图 8-33所示。

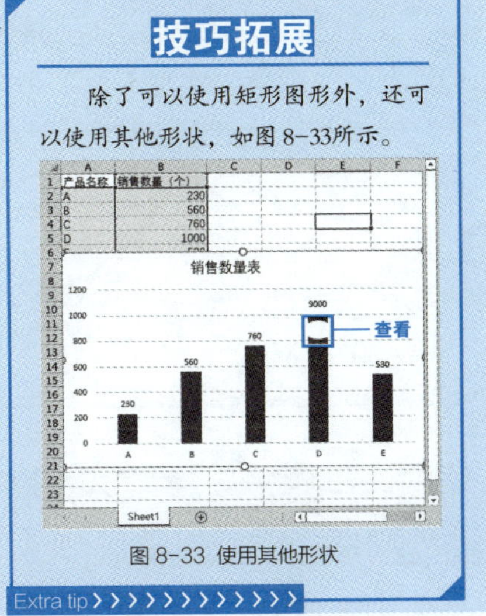

图 8-33 使用其他形状

Extra tip

实例148 不同数量级的趋势比较

难度系数：★★★ 适用版本：07/10/13/16/17

技巧介绍： 公司办公人员小华在进行数据系列趋势分析时发现两个数据系列的数据差距较大，导致无法很直观地查看其数据变化。因此，他感到很苦恼。

1 在Excel中打开“素材\第08章\实例148\两地全年平均气温变化表”工作簿，双击Y坐标轴，弹出“设置坐标轴格式”窗格，单击“坐标轴选项”按钮，在“坐标轴选项”栏下选择“坐标轴值”单选按钮，在其文本框中输入“-15”，如图 8-34所示。

2 双击图表水平坐标轴，在“设置坐标轴格式”窗格中单击“坐标轴选项”按钮，在“坐标轴选项”栏下选择“在刻度上”单选按钮，如图 8-35所示。

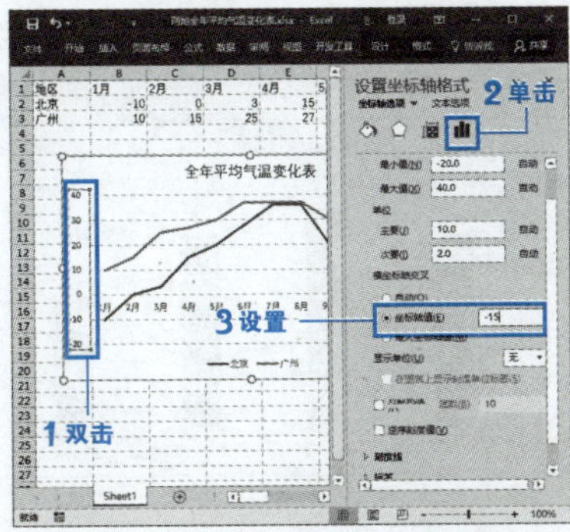

图 8-34 选择“坐标轴值”单选按钮

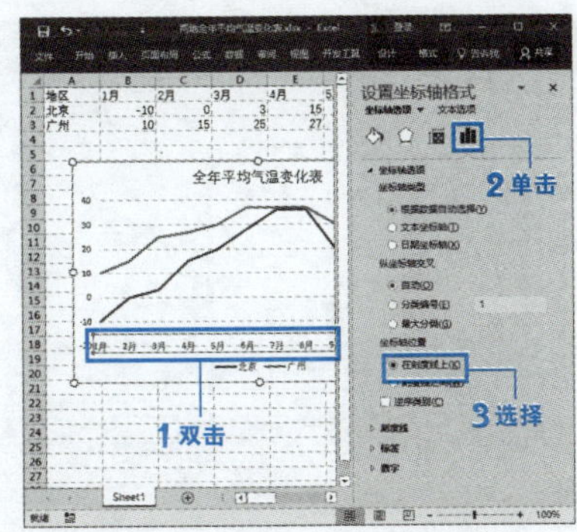

图 8-35 选择“在刻度上”单选按钮

③设置完后可查看效果，如图 8-36所示。

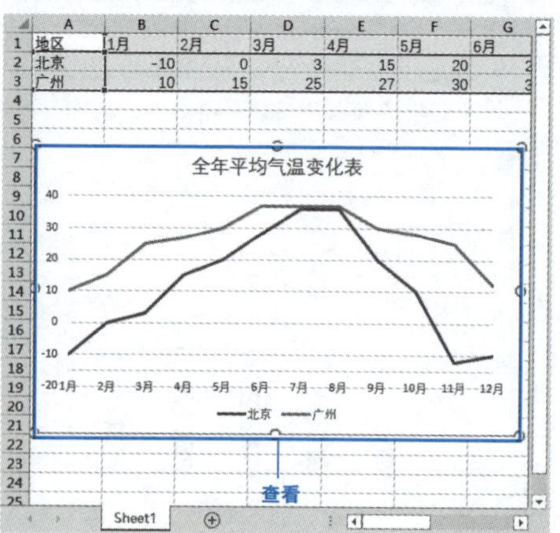

图 8-36 查看设置效果

技巧拓展

可以在工作表中添加辅助数据“0”，并复制在图表中，此时即可看到在图表中添加了一条基准线，如图 8-37所示。

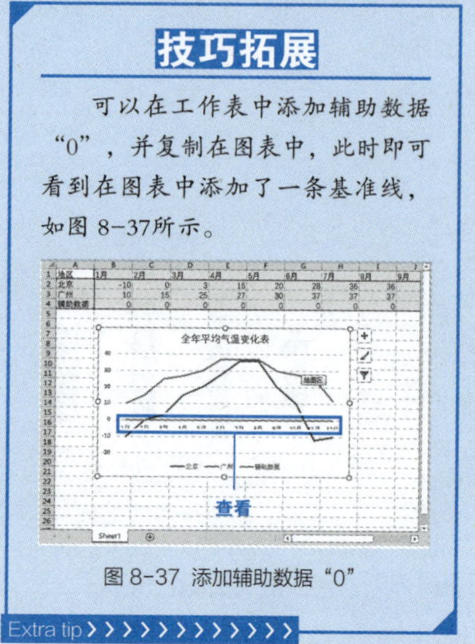

图 8-37 添加辅助数据“0”

Extra tip

实例149 不同数量级的分类比较

难度系数：★★★ 适用版本：07/10/13/16/17

技巧介绍： 公司办公人员小张发现在Excel图表中的数据系列之间的值跨度较大，导致图表中小数值不能准确显示。可是他不知道应该怎样解决。下面为大家介绍如何解决该问题。

①在Excel中打开“素材\第08章\实例149\产品销售表”工作簿，双击垂直坐标轴，弹出“设置坐标轴格式”窗格，单击“坐标轴选项”按钮，在“坐标轴选项”栏下勾选“对数刻度”复选框，并在“底数”文本框中输入“10”，单击“关闭”按钮保存，如图 8-38所示。

②设置完后可查看效果，此时图表中小数值的数据系列也能很清楚地显示，如图 8-39所示。

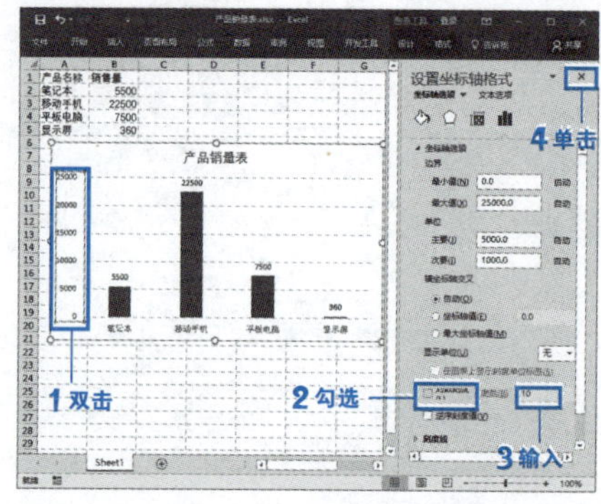

图 8-38 勾选“对数刻度”复选框

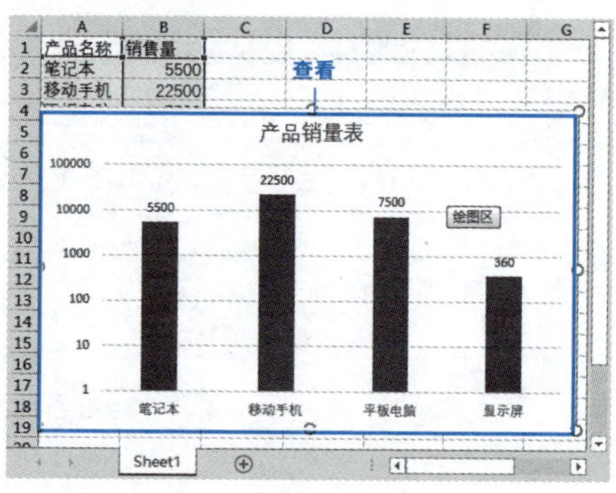

图 8-39 查看设置效果

技巧拓展

将“底数”设为“10”，表示刻度值以当前值的10倍进行递增，即最小刻度值为1，则第二个刻度值为10。

Extra tip

实例150 巧妙设置三维图表的透明度

难度系数：★★☆ 适用版本：07/10/13/16/17

技巧介绍：公司销售人员小陈在创建完三维图表后发现图表中前面的数据将后面的数据遮挡住，导致无法查看后面的数据。因此，他想知道应该怎样解决这个问题。

在Excel中打开“素材\第08章\实例150\产品第一季度销量表”工作簿，依次双击数据系列，在“设置数据系列格式”窗格中单击“填充与线条”按钮，在“填充”栏下选择“纯色填充”选项，设置填充颜色，并拖动“透明度”的滑块至合适位置，效果如图 8-40所示。

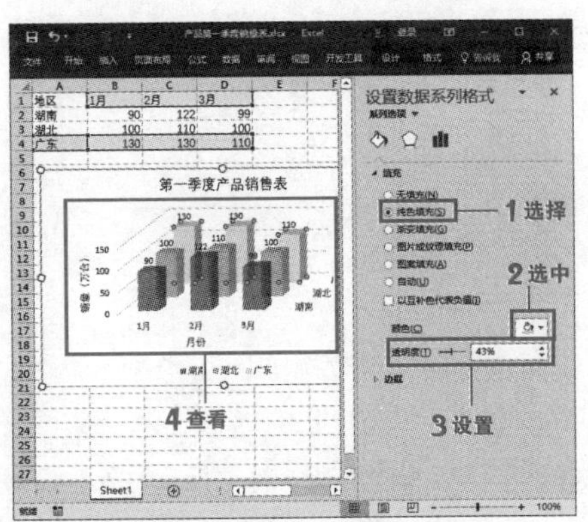

图 8-40 选择“纯色填充”选项

技巧拓展

除了上述办法来显示后面的数据外，还可以设置数据标签的“形状样式”来突出显示后面的数据，如图 8-41所示。

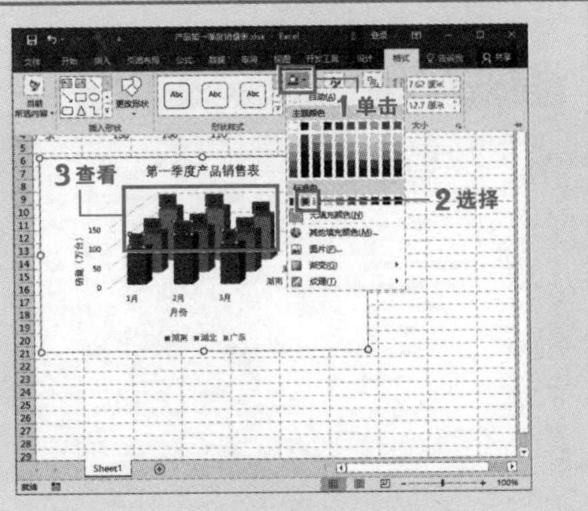

图 8-41 设置数据标签的“形状样式”

Extra tip

实例151 避免负数的标签覆盖

难度系数：★★★ 适用版本：07/10/13/16/17

技巧介绍： 公司办公人员小朱在创建图表时发现数据中有负值，因此他希望负数的图形和坐标轴标签不要覆盖在一起，可是不知道应该怎样操作。

❶在Excel中打开“素材\第08章\实例151\2016年产品销售表”工作簿，在C2单元格中输入“=IF(B2>0,-23,23)”，按【Enter】键输出结果，并拖动鼠标向下填充公式，如图8-42所示。

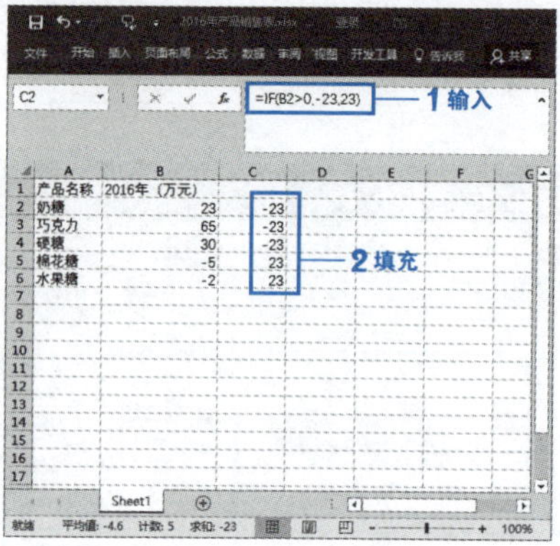

图8-42 输入公式

❷选中A2：C6单元格区域，在“插入”选项卡中插入“堆积条形图”，双击垂直坐标轴，在弹出的“设置坐标轴格式”窗格中单击“坐标轴选项”按钮，在“坐标轴选项”栏下勾选“逆序类别”复选框，如图8-43所示。

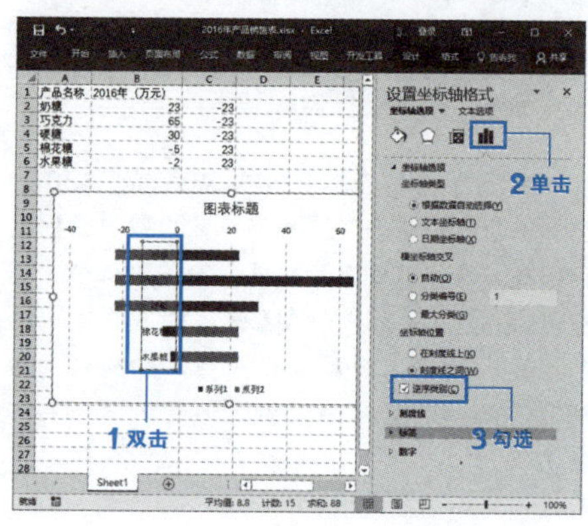

图8-43 勾选“逆序类别”复选框

❸选择“标签”选项，将“标签位置”设为“低”，单击“关闭”按钮，如图8-44所示。

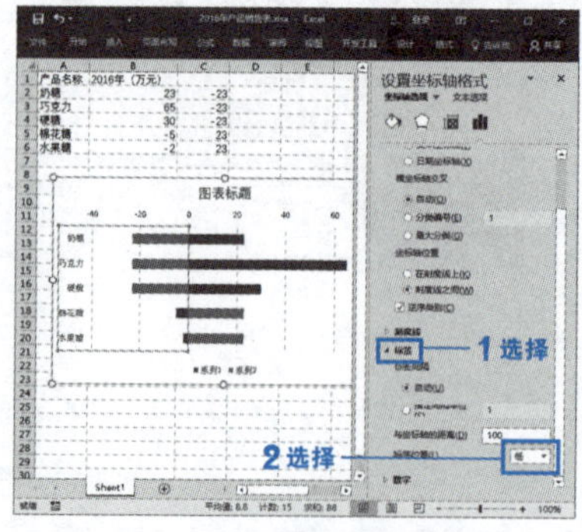

图8-44 设置标签位置

❹在图表中选中“系列2”数据系列，单击图表右上角“图表元素”按钮，在列表中单击“数据标签”右侧的按钮，选择“更多选项”，在“设置数据标签格式”窗格中勾选“类别名称”复选框，如图8-45所示。

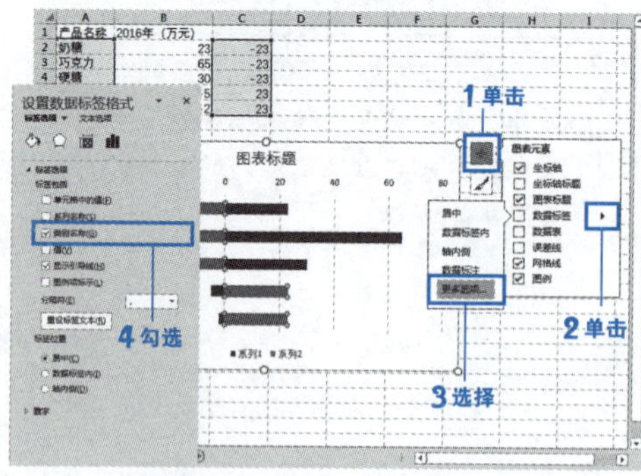

图8-45 勾选“类别名称”复选框

5 选中系列2，选择“图表工具—格式”选项卡，在“形状样式”选项组中将“形状轮廓”设为“无轮廓”，将“形状填充”设为“无填充”，如图 8-46所示。

6 设置完后可查看效果，如图 8-47所示。

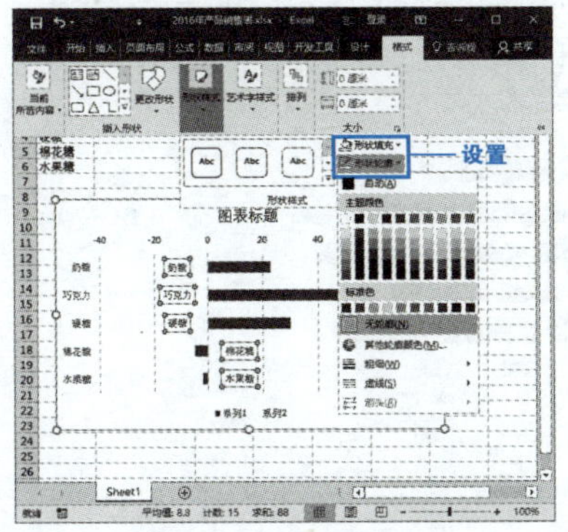

图 8-46 设置形状样式

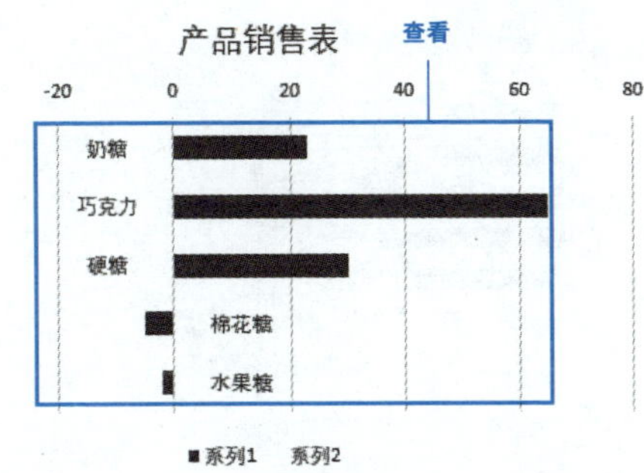

图 8-47 查看效果

实例 152 居于条形之间的分类轴标签

难度系数：★★★ 适用版本：07/10/13/16/17

技巧介绍： 公司办公人员小江发现新创建的条形图的分类标签字符太多导致图表不美观不协调。因此，他想调整分类轴标签位置。下面为大家介绍如何调整分类轴标签字符位置。

1 在Excel中打开“素材\第08章\实例152\各门店产品销量表”工作簿，复制A2：B6区域单元格，并粘贴至图表中，如图 8-48所示。

2 选中新添加的数据系列，单击图表右上角的“图表元素”按钮，取消勾选“坐标轴”复选框，并单击“数据标签”右侧的 ▸ 按钮，选择“更多选项”，如图 8-49所示。

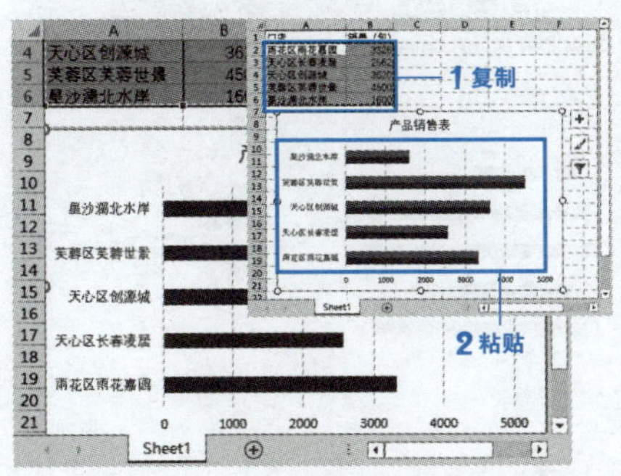

图 8-48 复制并粘贴数据

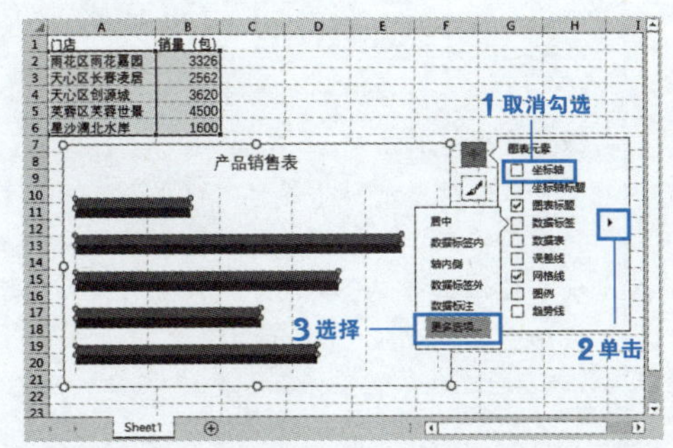

图 8-49 选择“更多选项”

3 弹出“设置数据标签格式”窗格，单击“标签选项”按钮，在“标签选项”栏下勾选“单元格中的值”复选框，在“数据标签区域”中选择A2：A6区域单元格，如图 8-50所示。

4 取消勾选“值”复选框，在“标签位置”选项中选择“轴内侧”单选按钮，如图 8-51所示。

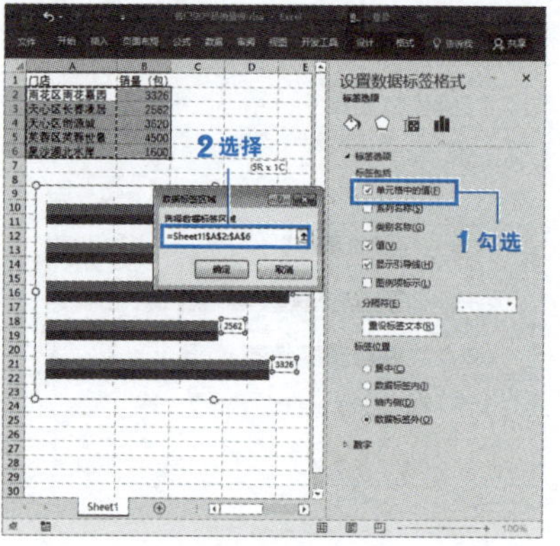

图 8-50 勾选“单元格中的值”复选框

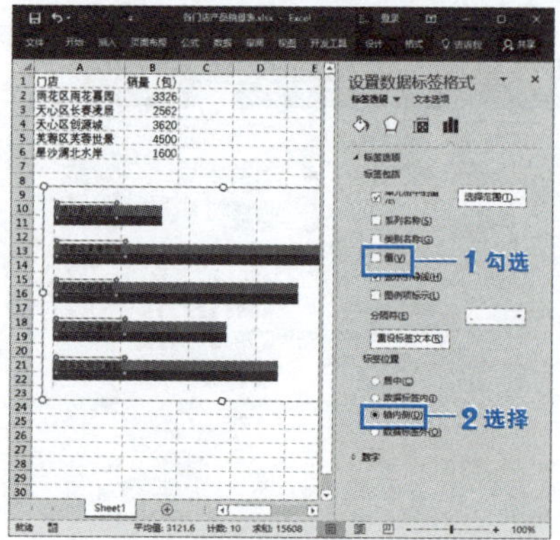

图 8-51 选择“轴内侧”单选按钮

5 选中新添加的数据系列，在“图表工具—格式”选项卡中将“形状样式”设为“无填充”“无轮廓”，效果如图 8-52所示。

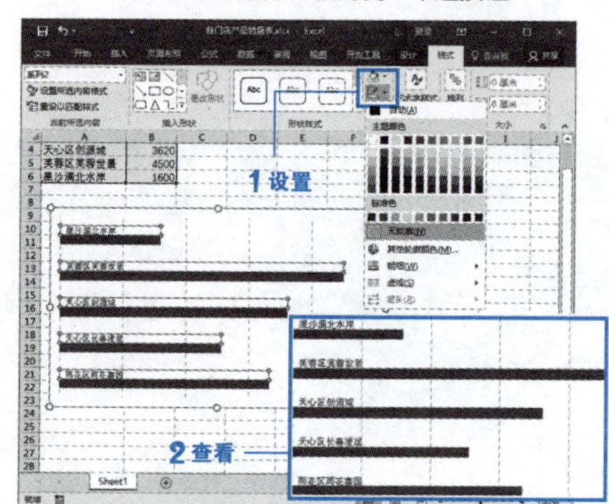

图 8-52 设置形状样式

技巧拓展

可以将条形图加宽显示。具体操作步骤如下。

双击数据系列，弹出“设置数据系列格式”窗格，单击“系列选项”按钮，将“分类间距”设置为“70%”，如图 8-53所示。

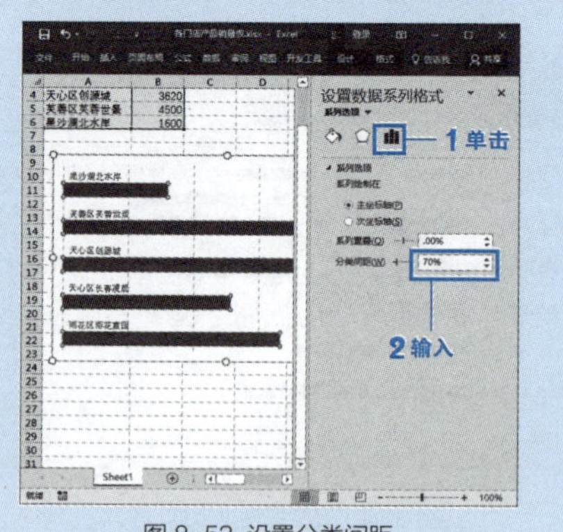

图 8-53 设置分类间距

Extra tip

实例 153 手风琴式折叠的条形图

难度系数：★★★ 适用版本：07/10/13/16/17

技巧介绍： 公司办公人员王晓发现创建的条形图中由于分类项目较多导致图表不美观。应该她想修改显示效果。下面为大家介绍如何将图表设置为手风琴式折叠的条形图。

❶在Excel中打开"素材\第08章\实例153\某产品4月销售表"工作簿，在工作表右侧输入辅助数据，将前5位和后5位的数据分离开，中间空5行，再将中间的数据分离开，首尾各留20行，做成61行的数据，如图 8-54所示。

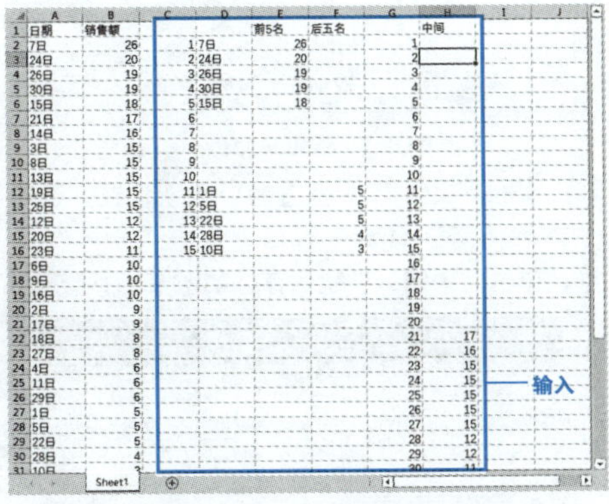

图 8-54 输入辅助数据

❷选中D1：F16区域单元格，在"插入"选项卡中创建"堆积条形图"，如图 8-55所示。

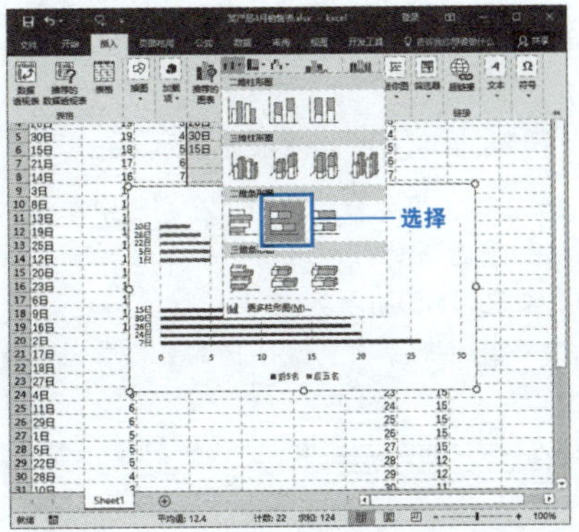

图 8-55 创建"堆积条形图"

❸双击"垂直轴"，在"设置坐标轴格式"窗格的"坐标轴选项"按钮下勾选"逆序类别"按钮，效果如图 8-56所示。

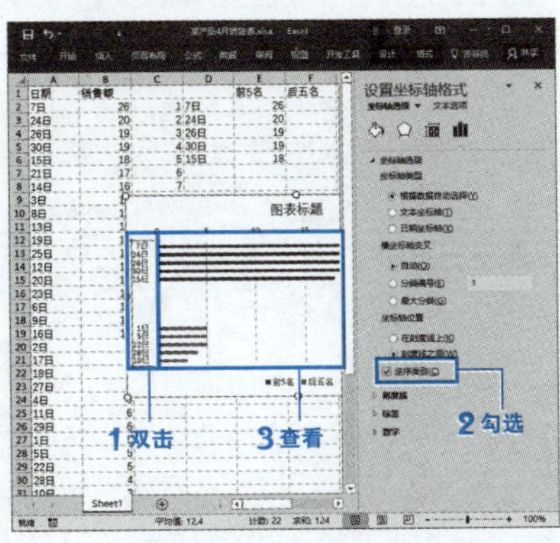

图 8-56 勾选"逆序类别"按钮

❹选中H1：H62单元格区域，将数据复制并粘贴至图表中，效果如图 8-57所示。

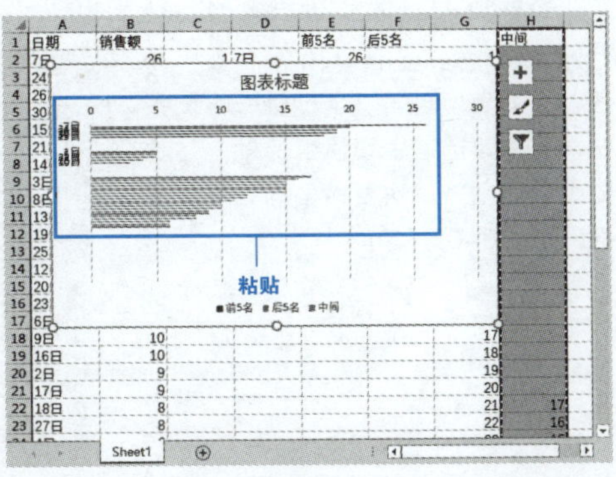

图 8-57 复制并粘贴数据

⑤双击新添加的数据系列，在“设置数据系列格式”窗格中选择“次坐标轴”单选按钮，单击“关闭”按钮保存，如图 8-58所示。

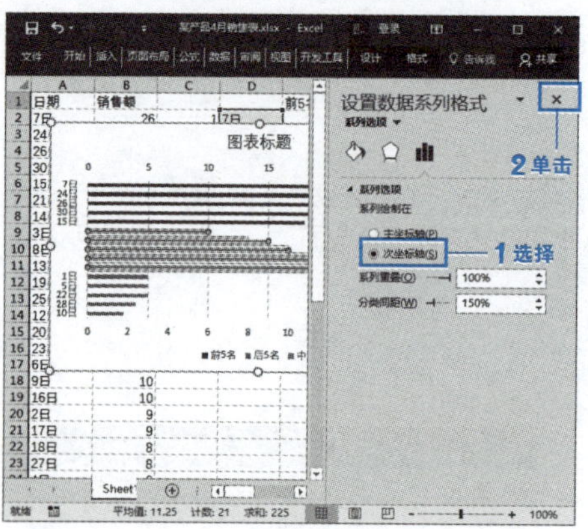

图 8-58 选择“次坐标轴”单选按钮

⑥双击“次坐标轴 水平轴”，在“设置坐标轴格式”窗格中，将“最大值”设“120”，如图 8-59所示。

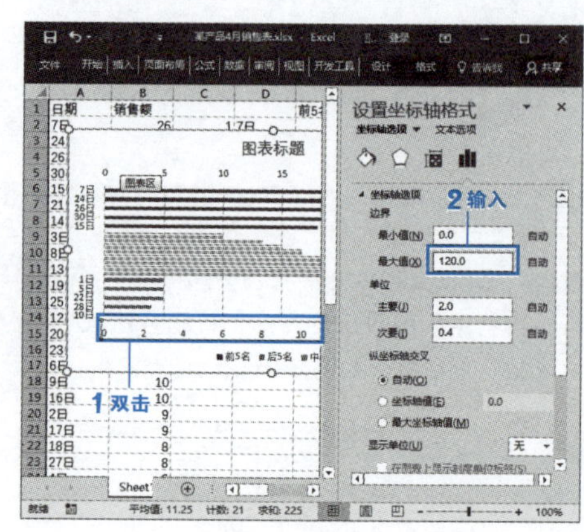

图 8-59 设置最大值

⑦单击“图表元素”按钮，在列表中单击“坐标轴”右侧按钮，勾选“次要纵坐标轴”复选框，如图 8-60所示。

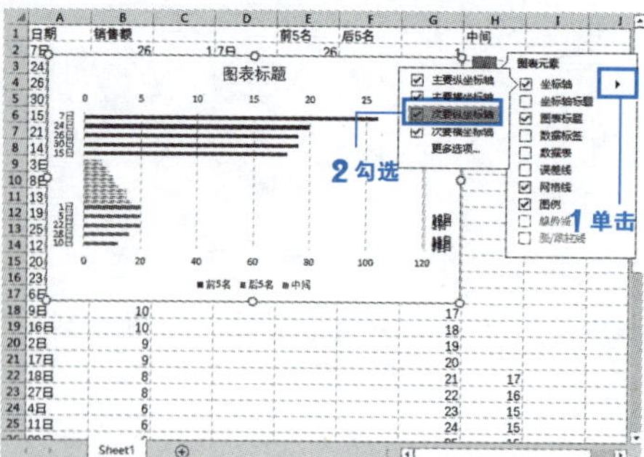

图 8-60 勾选“次要纵坐标轴”复选框

⑧单击“次坐标轴 垂直轴”按钮，在“设置坐标轴格式”窗格中勾选“逆序类别”复选框，单击“关闭”按钮保存，如图 8-61所示。

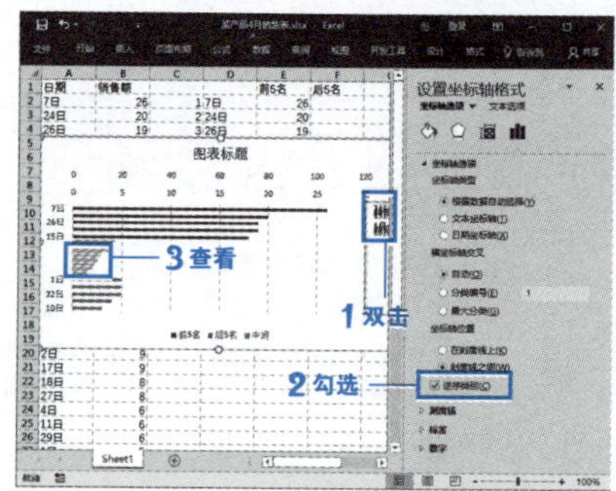

图 8-61 勾选“逆序类别”复选框

⑨选中图表，单击“图表元素”按钮，在列表中单击“坐标轴”右侧按钮，取消勾选“主要横坐标轴”“次要纵坐标轴”“次要横坐标轴”复选框，如图 8-62所示。

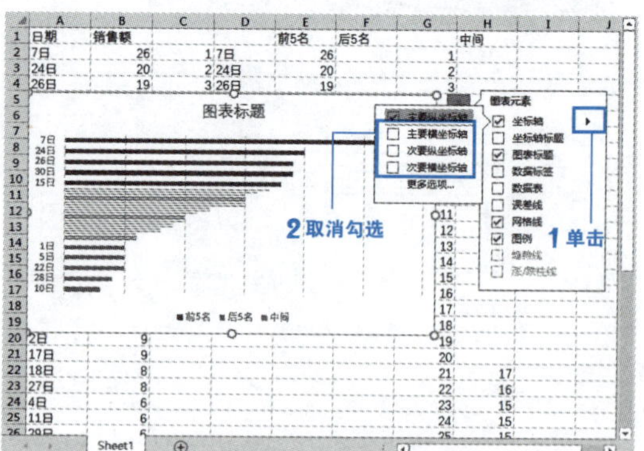

图 8-62 单击“图表元素”按钮

第1章 第2章 第3章 第4章 第5章 第6章 第7章 第8章 第9章 第10章

⑩ 为前5名和后5名添加数据标签，效果如图8-63所示。

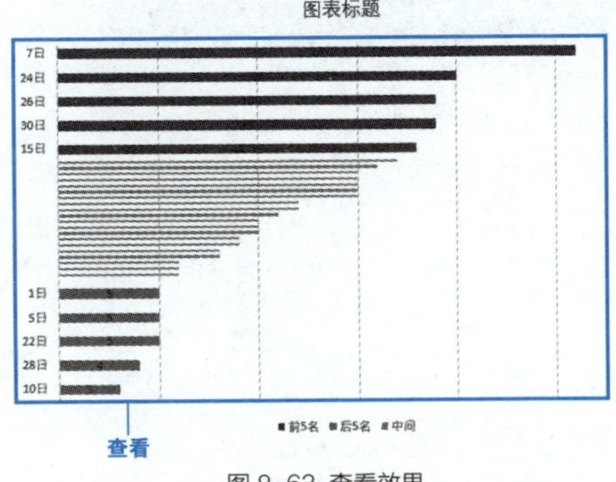

图 8-63 查看效果

技巧拓展

使用手风琴式折叠式的条形图可以隐藏中间的数据而重点突出两端的数据，这不仅节省了空间，而且还突出了重点。

Extra tip

实例 154 清晰的小而多组图

难度系数：★★★ 适用版本：07/13/16/17

技巧介绍： 公司办公人员小宋发现要是在图表中有太多的数据系列就会显得很凌乱，因此，她想解决这个问题，可是又不知道怎样操作。下面为大家介绍如何创建清晰的组图。

① 在Excel中打开“素材\第08章\实例154\某产品去年销售表”工作簿，此时可以看到图表中的折线图错乱地交织在一起，显得很凌乱，如图 8-64所示。

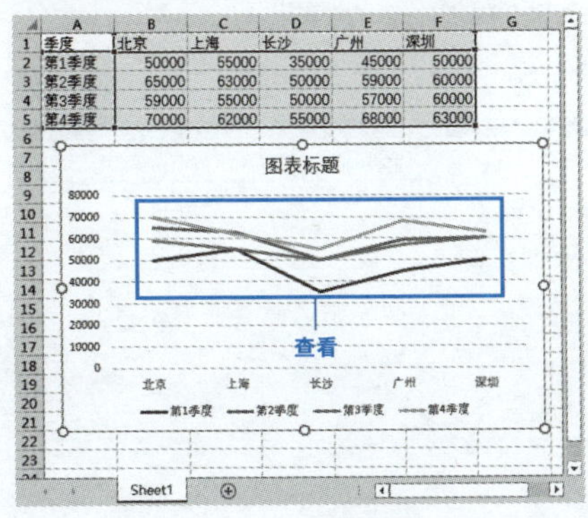

图 8-64 查看效果

② 选中A1：B5区域单元格，选中“插入”选项卡，在“图表”选项组中单击“插入折线图或面积图”下拉按钮，在下拉列表中选择“带数据标记的折线图”选项，如图 8-65所示。

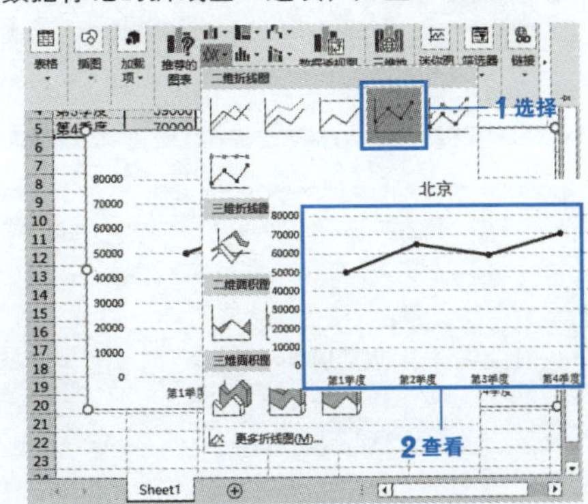

图 8-65 选择“带数据标记的折线图”选项

③ 双击“垂直轴”，在“设置坐标轴格式”窗格中单击“坐标轴选项”按钮，将“最小值”设为“0”，“最大值”设为“350000”，将“显示单位”设为“10000”，单击“关闭”按钮保存设置，如图 8-66所示。

④ 复制5张图表，选中第2张图表中的数据，单击鼠标右键执行“选择数据”命令，在“选择数据源”对话框中单击“编辑”按钮，在“编辑数据系列”对话框中设置“系列名称”和“系列值”，单击“确定”按钮保存，如图 8-67所示。

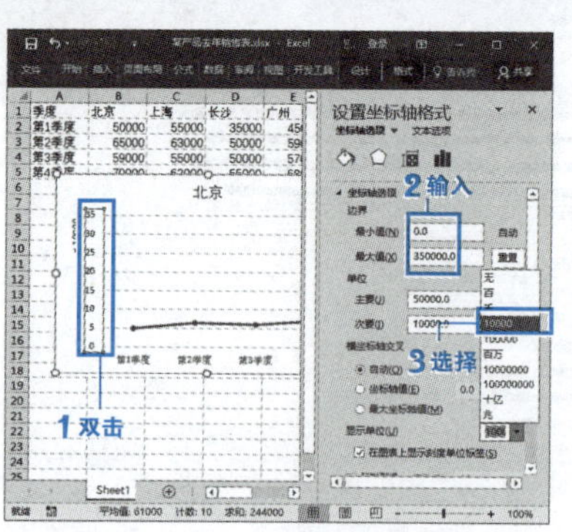

图 8-66 单击“坐标轴选项”按钮

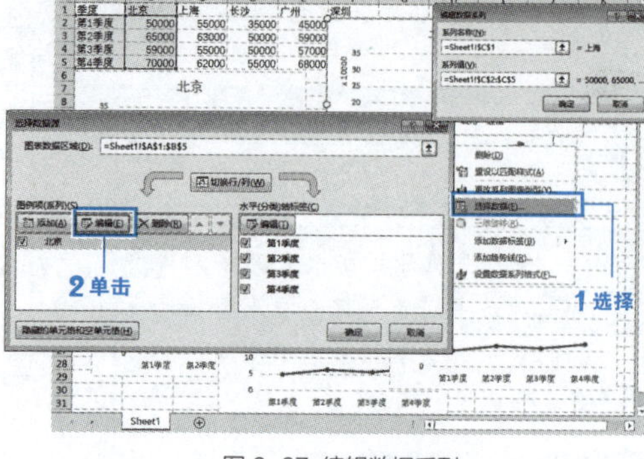

图 8-67 编辑数据系列

❺使用同样的方法设置其他图表数据系列，如图 8-68所示。

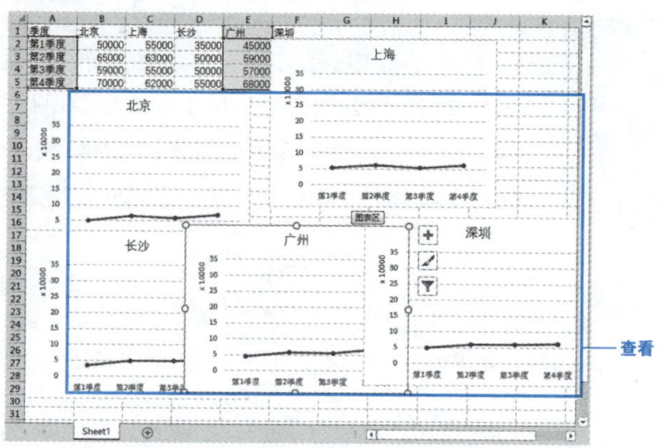

图 8-68 查看设置效果

技巧拓展

除了可以在“选择数据源”对话框中编辑数据系列外，还可以直接在工作表中复制数据并粘贴至图表中。

Extra tip

实例 155 迷人的小图表

难度系数：★★★ 适用版本：07/13/16/17

技巧介绍： 公司办公人员小朵经常在工作表中看到迷你图，她认为这非常体现专业性并且很美观，因此也想创建这种图表。下面为大家介绍如何创建迷你图。

❶在Excel中打开“素材\第08章\实例155\电子产品销售表”工作簿，选中需要插入迷你图的F2单元格，选择“插入”选项卡，在“迷你图”选项组中单击“柱形图”按钮，在弹出的“创建迷你图”对话框中选择所需数据范围，单击“确定”按钮保存，如图 8–69所示。

❷设置完后可查看已成功在F2单元格中插入迷你图，拖动鼠标向下复制迷你图，效果如图 8–70所示。

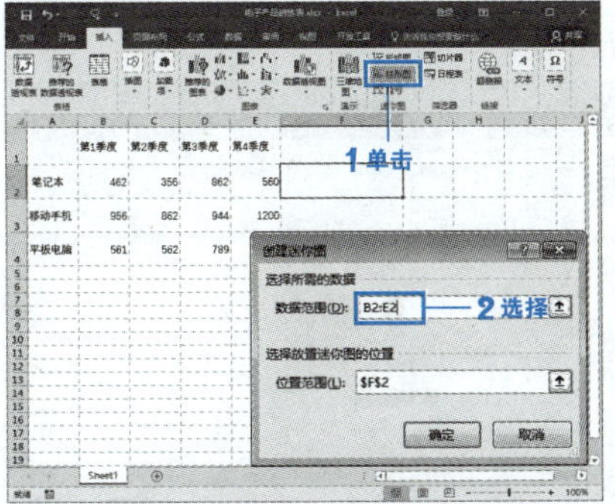

图 8-69 单击“柱形图”按钮

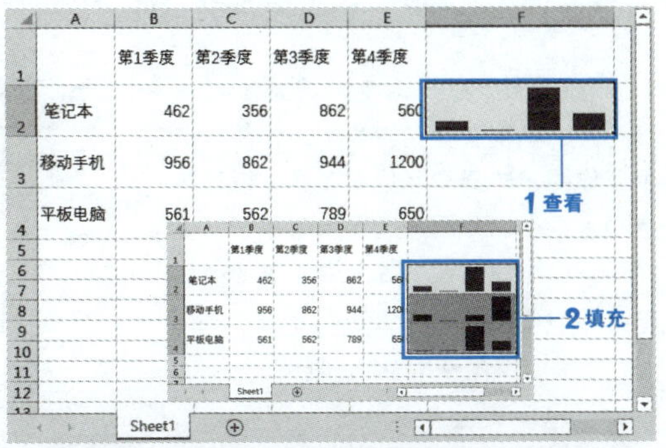

图 8–70 插入迷你图

❸选中“迷你图工具—设计”选项卡，在“显示”选项组中勾选“高点”、“低点”复选框，此时迷你图的最大值和最小值将突出显示，效果如图 8–71所示。

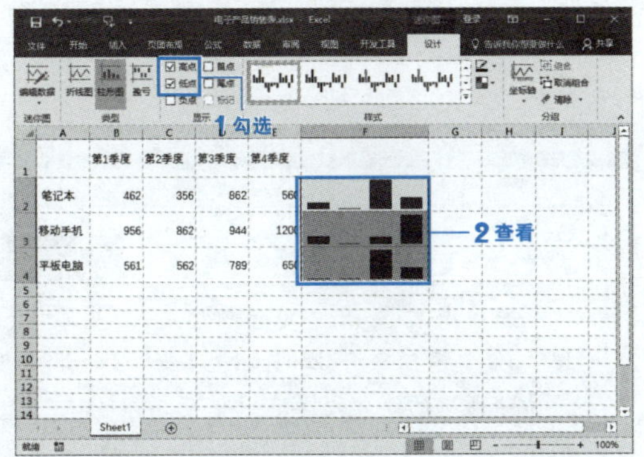

图 8–71 勾选“高点”、“低点”复选框

技巧拓展

在“迷你图工具—设计”选项卡的“类型”选项组中单击“折线图”按钮即可快速更改迷你图图表类型，如图 8–72所示。

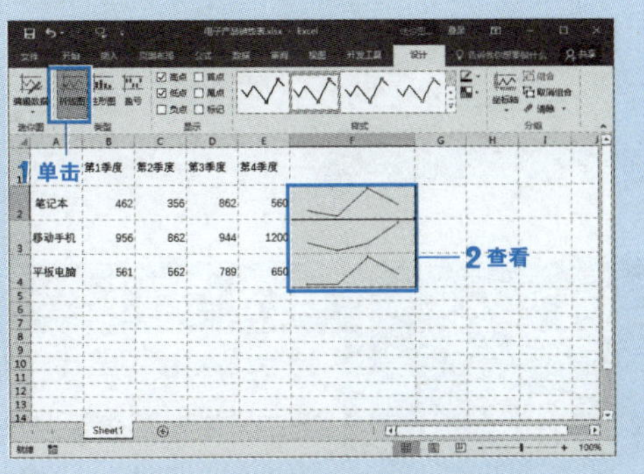

图 8–72 更改迷你图图表类型

Extra tip

实例 156 清除迷你小图形

难度系数：★★★ 适用版本：07/13/16/17

技巧介绍： 公司办公人员小王在创建完迷你图后想要删除图形，可是发现按【Backspace】键无法删除，因此感到很苦恼。下面为大家介绍如何清除迷你图。

在Excel中打开"素材\第08章\实例156\第一季度各地销售表"工作簿，选中迷你图，选择"迷你图工具—设计"选项卡，在"分组"选项卡中单击"清除"下拉按钮，在下拉列表中选择"清除所选的迷你图组"选项即可清除所有的迷你图，效果如图 8-73所示。

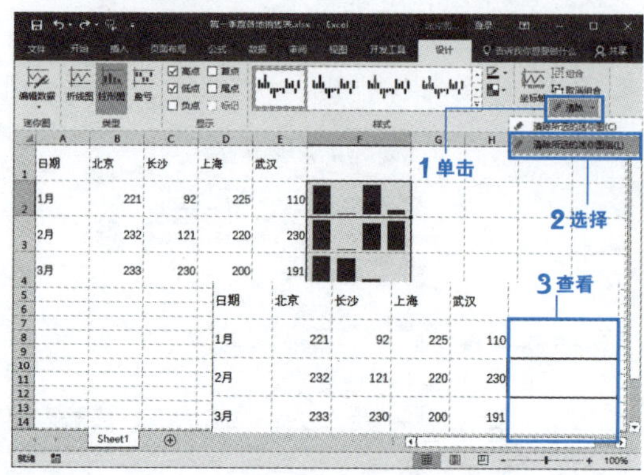

图 8-73 选择"清除所选的迷你图组"选项

技巧拓展

如果只需要删除某一项迷你图，在"清除"下拉列表中选择"清除所选的迷你图"选项即可，效果如图 8-74所示。

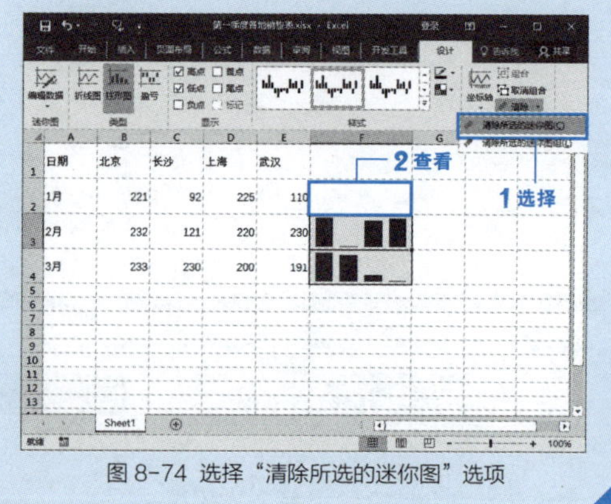

图 8-74 选择"清除所选的迷你图"选项

Extra tip

实例 157 对升学率图表创建分割线

难度系数：★★★ 适用版本：07/10/13/16/17

技巧介绍： 学校主任王老师想要创建本市高中的升学率情况表，并为图表添加分割线来更直观地查看各学校升学率的达标情况。可是她不知道应该怎样操作。

1 在Excel中打开“素材\第08章\实例157\各学校升学率比较表”工作簿，在工作表中输入辅助数据，其中X的值为预定的升学率的达标值，Y值是根据当前行的数据行数来定义，因为当前行数是8行，即Y值设为10即可，如图 8–75所示。

2 选中A1：B9区域单元格，在“插入”选项卡中创建条形图。选中D1：E3区域单元格，按【Ctrl+C】组合键复制工作表数据，选中图表，选择“开始”选项卡，在“剪贴板”选项组中单击“粘贴”下拉按钮，选择“选择性粘贴”选项，在“选择性粘贴”对话框中勾选“首列中的类别（X标签）”复选框，单击“确定”按钮保存，如图 8–76所示。

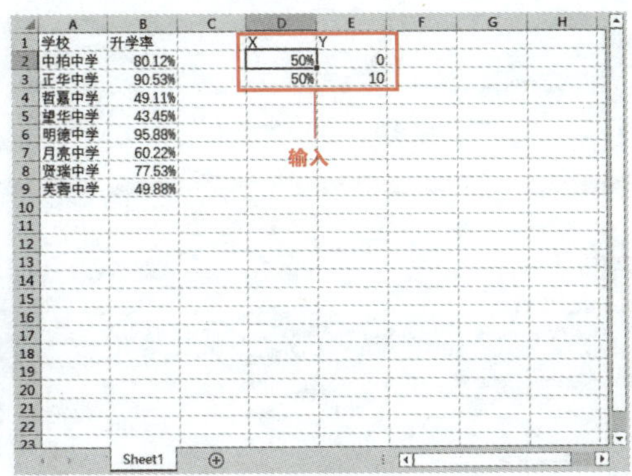

图 8–75 输入辅助数据

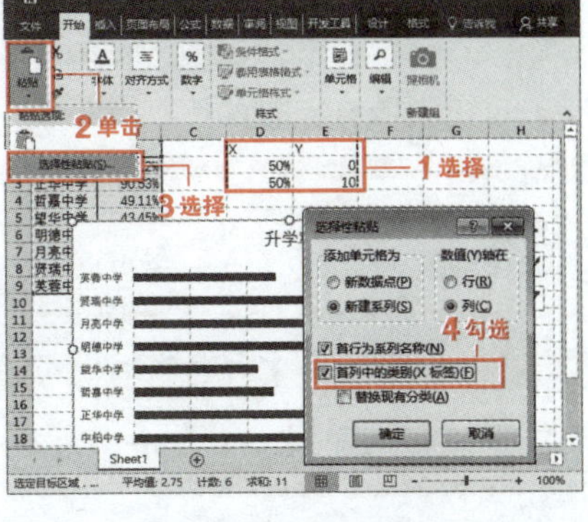

图 8–76 勾选“首列中的类别（X 标签）”复选框

3 选中新添加数据系列，单击鼠标右键，执行“更改系列图表类型”命令，在“更改图表类型”对话框中将图表类型设为“带平滑线和数据标记的散点图”，如图 8–77所示。

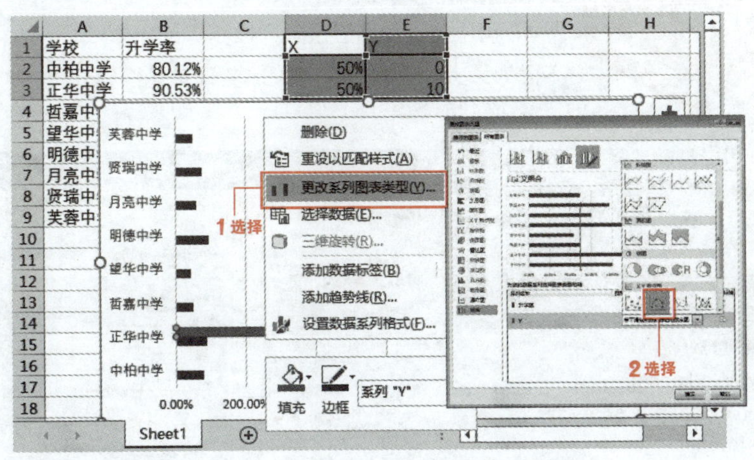

图 8–77 修改图表类型

4 双击“次坐标轴 垂直轴”，弹出“设置坐标轴格式”窗格，单击“坐标轴选项”按钮，在“坐标轴选项”栏下将边界最大值设为“10”，单击“关闭”按钮保存，如图 8–78所示。

5 单击“图表元素”按钮，勾选“图表标题”和“数据标签”复选框，如图 8–79所示。

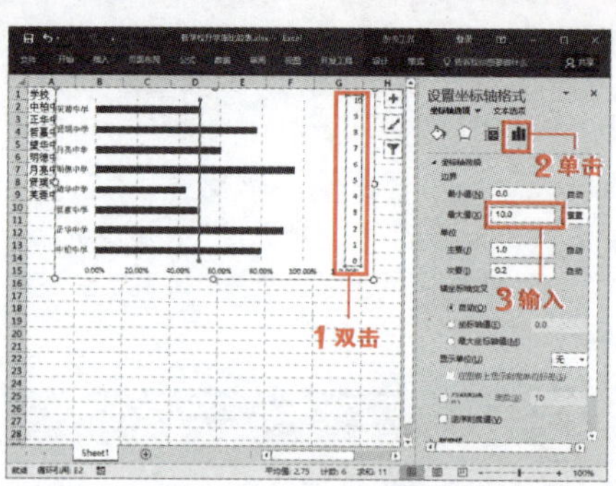

图 8-78 设置边界值

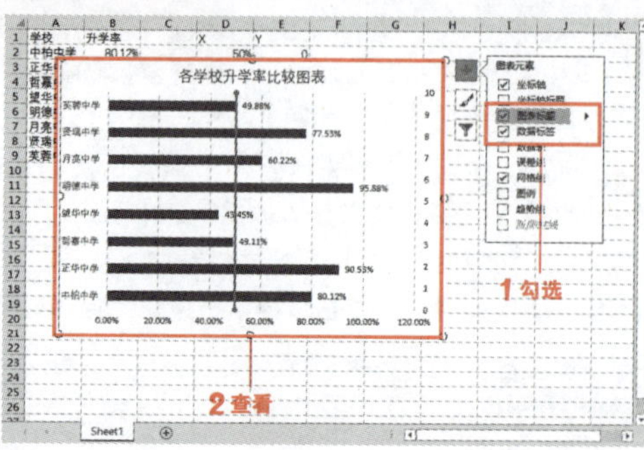

图 8-79 美化图表

技巧拓展

使用散点图图表类型是由于两项数据可以确定一条直线，可以将该直线看作分割线。

Extra tip > > > > > > > > > > > > > >

实例158 利用 VBA 实现单元格计算

难度系数：★★★ 适用版本：07/10/13/16/17

技巧介绍： 公司办公人员小陈希望使用VBA来计算单元格数据，可是他不知道应该怎样操作。

下面为大家介绍如何利用VBA实现单元格计算。

① 在Excel中打开“素材\第08章\实例158\员工销售表”工作簿，选择“开发工具”选项卡，在“代码”选项组中单击“Visual Basic”按钮，弹出VBA界面，单击“模块1”，在对话框中输入代码“Const Price As Single = 89

```
Sub 计算销售额()
Dim sh As Worksheet
Set sh = Worksheets("sheet1")
Dim n As Integer
n = 2
Do
sh.Cells(n, 3) = sh.Cells(n, 2) * Price
n = n + 1
Loop Until sh.Cells(n, 2) = ""
End Sub
```

”，如图 8-80所示。

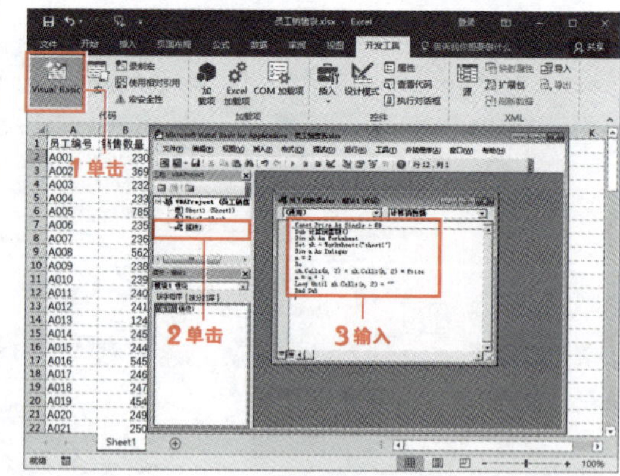

图 8-80 输入代码

❷单击“文件”选项卡，选择“保存 员工销售表”选项或按【Ctrl+S】组合键即可保存，如图 8-81所示。

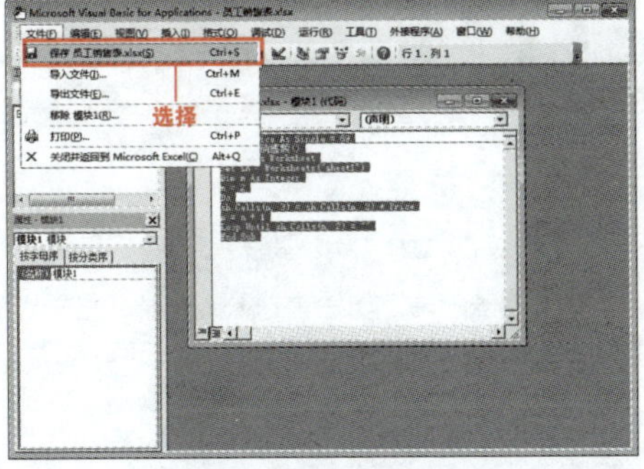

图 8-81 保存代码

❸单击“运行”选项卡，选择“运行子过程/用户窗体”选项，在“宏”对话框中选择“计算销售额”，单击“运行”按钮，即可运行宏，如图 8-82所示。

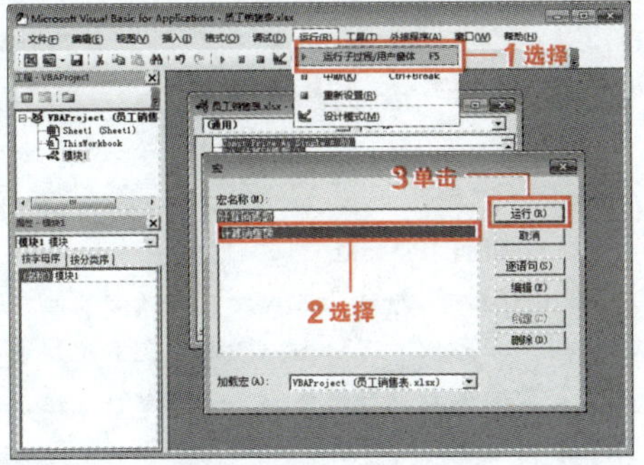

图 8-82 运行宏

❹设置完后即可看到已经快速计算出销售额，效果如图 8-83所示。

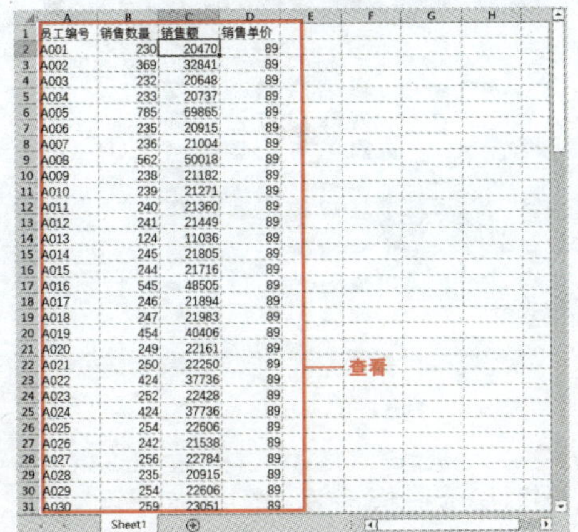

员工编号	销售数量	销售额	销售单价
A001	230	20470	89
A002	369	32841	89
A003	232	20648	89
A004	233	20737	89
A005	785	69865	89
A006	235	20915	89
A007	236	21004	89
A008	562	50018	89
A009	238	21182	89
A010	239	21271	89
A011	240	21360	89
A012	241	21449	89
A013	124	11036	89
A014	245	21805	89
A015	244	21716	89
A016	545	48505	89
A017	246	21894	89
A018	247	21983	89
A019	454	40406	89
A020	249	22161	89
A021	250	22250	89
A022	424	37736	89
A023	252	22428	89
A024	424	37736	89
A025	254	22606	89
A026	242	21538	89
A027	256	22784	89
A028	235	20915	89
A029	254	22606	89
A030	259	23051	89

图 8-83 查看计算结果

技巧拓展

当数据较少时可以直接使用公式填充来计算销售额，但是若数据较多时使用公式填充的方式将会降低工作效率，此时使用VBA就很有必要了。

Extra tip

实例 159 将数据标签按值的大小显示为不同颜色的优良差等级

难度系数：★★★　适用版本：07/10/13/16/17

技巧介绍： 公司办公人员小新想要将图表中的数据系列按值的大小显示为不同颜色，可是他不知道应该怎样操作。下面介绍如何将数据标签按值大小显示为不同颜色优良差等级。

❶在Excel中打开“素材\第08章\实例159\员工销售表”工作簿，在“插入”选项卡中创建“簇状柱形图”，如图 8-84所示。

❷单击“图表元素”按钮，在列表中单击“数据标签”右侧的按钮，选择“数据标签外”选项，并取消勾选“网格线”复选框，如图 8-85所示。

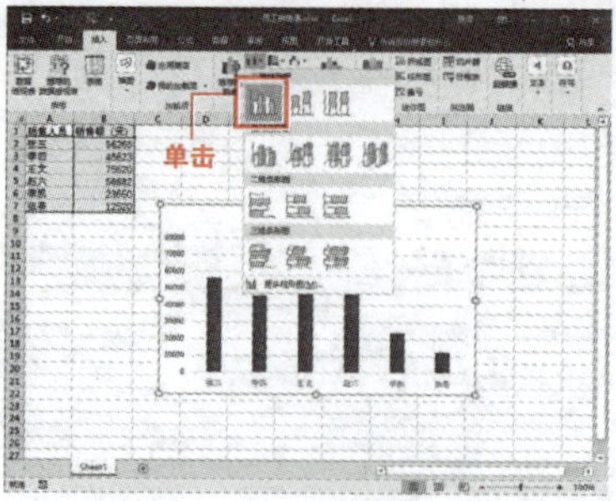

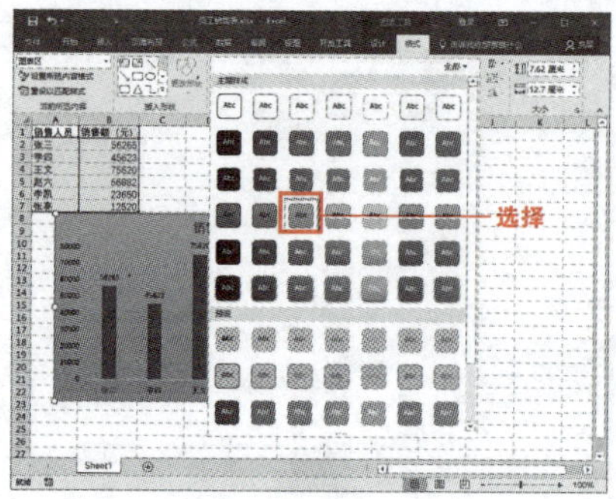

图8-84 创建“簇状柱形图”

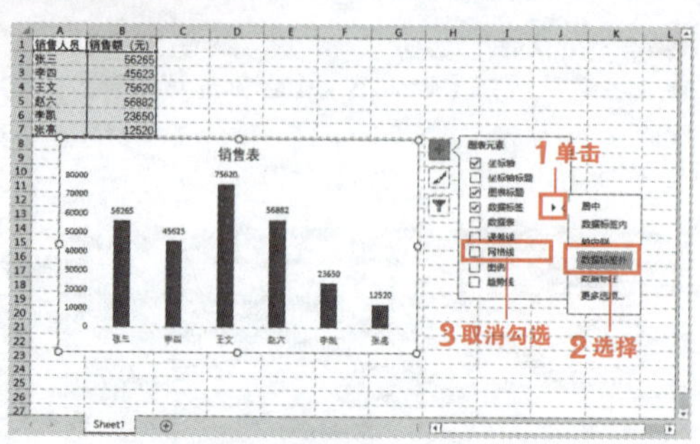

图8-85 选择“数据标签外”选项

③选中图表区，选择“图表工具—格式”选项卡，单击“形状样式”下拉按钮，在下拉列表中选择满意的形状样式（微效果-橙色，强调颜色2），如图8-86所示。

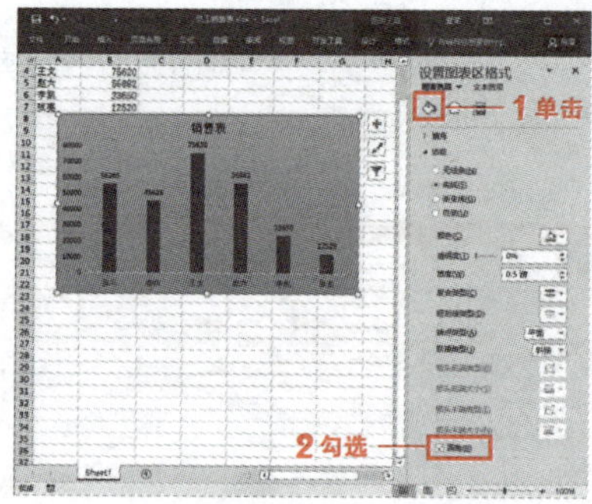

图8-86 设置图表样式

④双击图表，在弹出的“设置图表区格式”窗格中单击“填充与线条”按钮，选择“边框”选项，勾选“圆角”复选框，如图8-87所示。

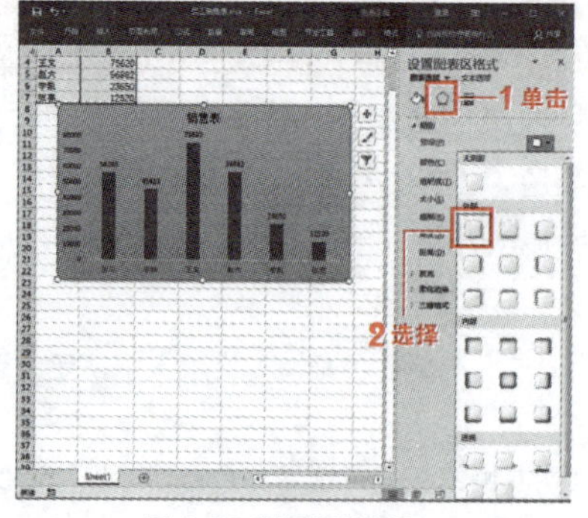

图8-87 勾选“圆角”复选框

⑤在“设置图表区格式”窗格中单击“效果”按钮，在“阴影”选项中将阴影效果设为“偏移：右下”，单击“关闭”按钮保存，如图8-88所示。

⑥双击图表数据系列，弹出“设置数据标签格式”窗格，单击“标签选项”按钮，选择“数字”选项，在“格式代码”中输入“[红色][>60000]"优";[绿色][<30000]"差";"良"”，单击“添加”按钮，如图8-89所示。

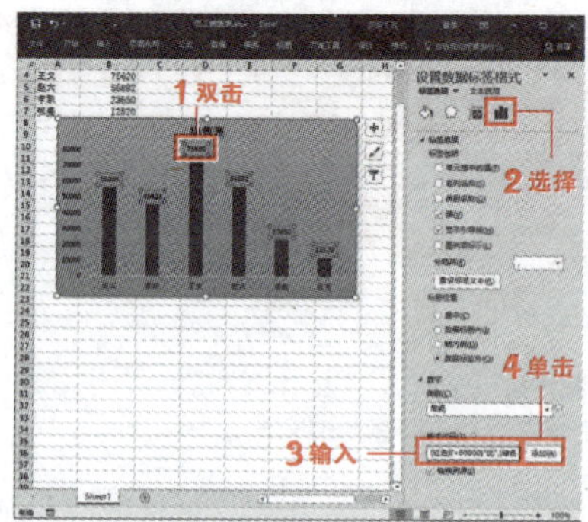

图8-88 设置阴影效果

图8-89 输入格式代码

7 设置完后查看效果，如图 8-90所示。

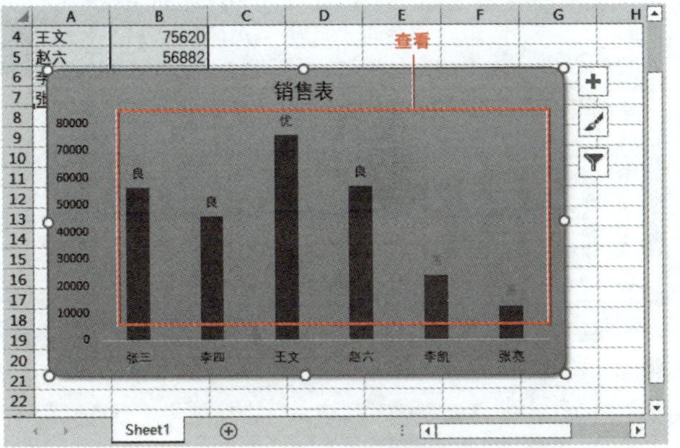

图 8-90 查看设置效果

技巧拓展

格式代码的符号都需要在英文状态下输入，如图 8-91所示。

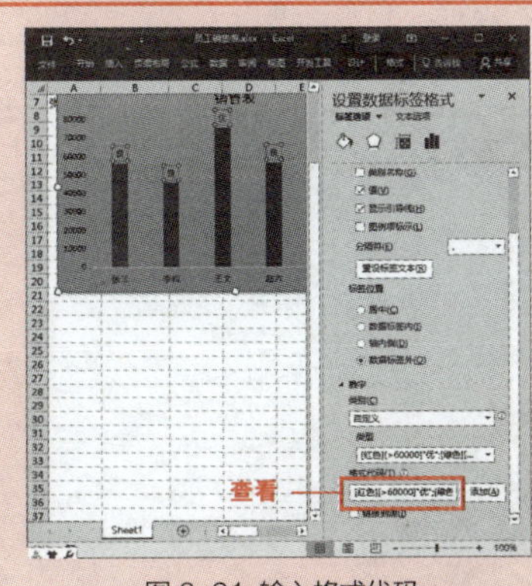

图 8-91 输入格式代码

Extra tip

实例 160 将绘图区任意划分

难度系数：★★★ 适用版本：07/10/13/16/17

技巧介绍： 学校数学老师张老师在创建完学生考试图表后想要任意划分绘图区，可是他不知道应该怎样操作。

下面为大家介绍如何将绘图区任意划分。

1 在Excel中打开“素材\第08章\实例160\学生考试成绩表”工作簿，在D2：F10区域单元格中输入辅助数据，并选中D2：F10区域单元格，在“插入”选项卡中创建“堆积柱形图”，如图 8-92所示。

2 删除图例项，双击垂直轴，在弹出的“设置坐标轴格式”窗格中单击“坐标轴选项”按钮，在“坐标轴选项”栏下将最大值设为“100”，如图 8-93所示。

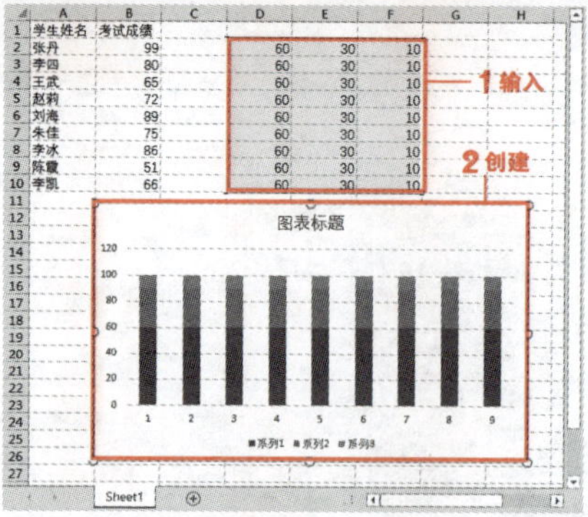

图 8-92 输入辅助数据

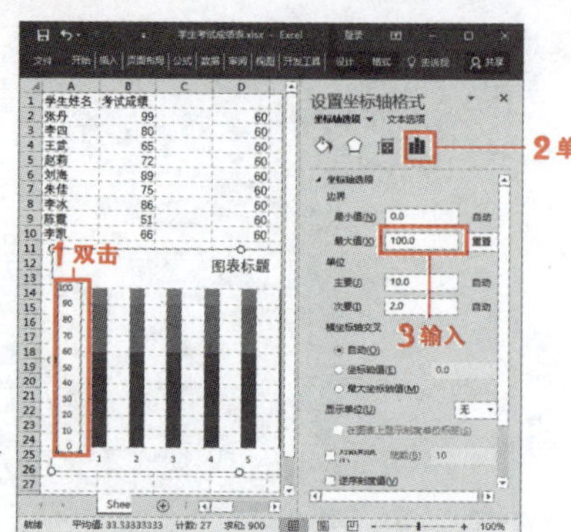

图 8-93 设置边界最大值

3 双击图表中的数据系列，在“设置数据系列格式”窗格中将“分类间距”设为“0”，单击“关闭”按钮保存，效果如图 8-94所示。

4 选中图表，选择“图表工具—设计”选项卡，在“数据”选项组中单击“选择数据”按钮，在“选择数据源”对话框中单击“添加”按钮，在“编辑数据系列”对话框中将“系列名称”设为“=Sheet1!$B$1”，“系列值”设为“=Sheet1!$B$2:$B$10”，单击“确定”按钮保存，如图 8-95所示。

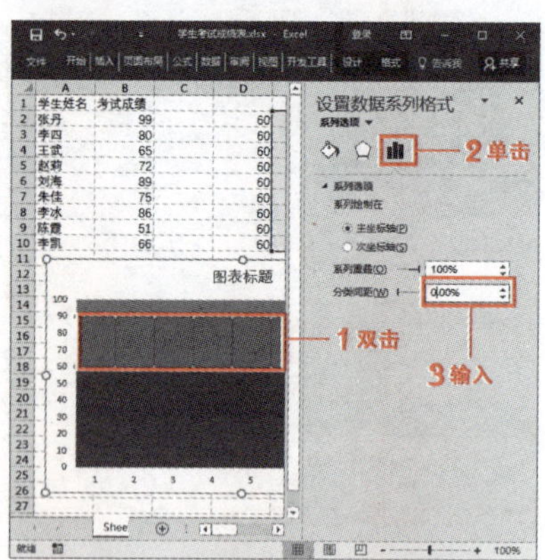

图 8-94 设置数据系列分类间距

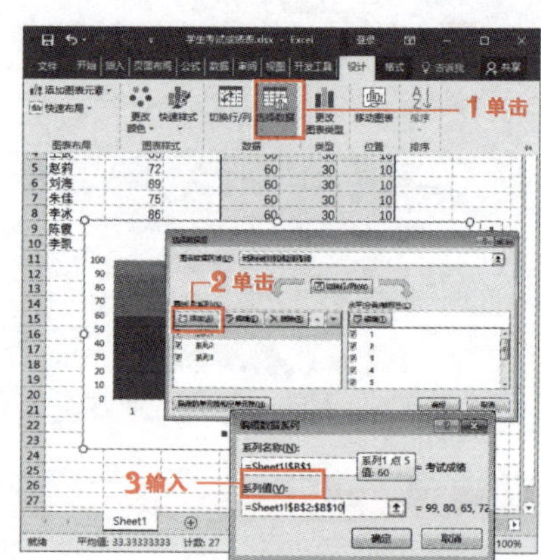

图 8-95 添加数据

5 在“水平（分类）轴标签”列表框中单击“编辑”按钮，在“轴标签区域”文本框中选取“=Sheet1!$A$2:$A$10”，单击“确定”按钮，如图 8-96所示。

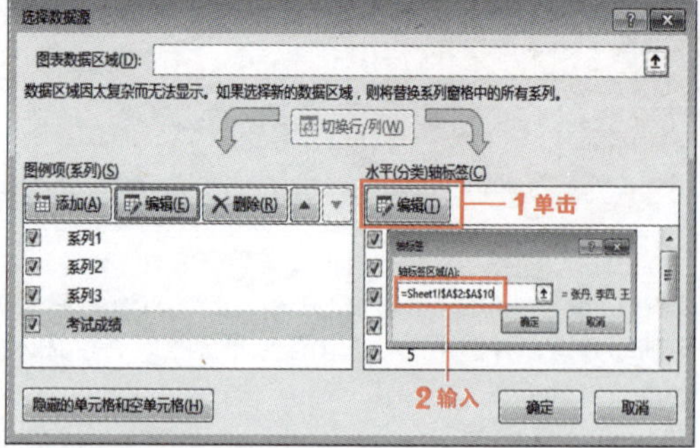

图 8-96 编辑“水平（分类）轴标签”

6 选中图表，单击鼠标右键执行“更改系列图表类型”命令，在“更改图表类型”对话框中将“考试成绩”图表类型设为“折线图”，并勾选“次坐标轴”复选框，如图 8-97所示。

7 删除图例项，并为图表添加标题和数据系列，效果如图 8-98所示。

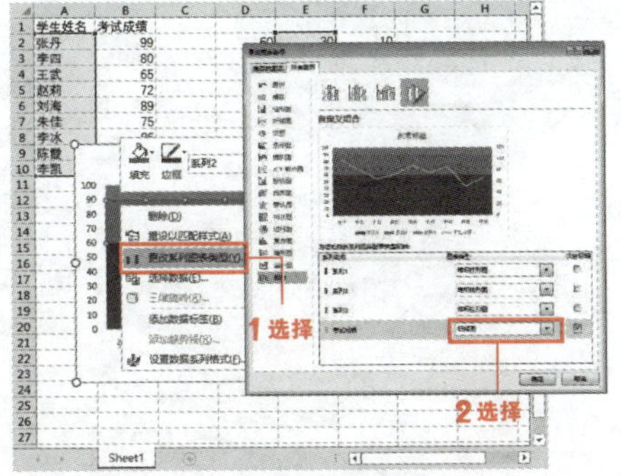

图 8-97 更改图表类型

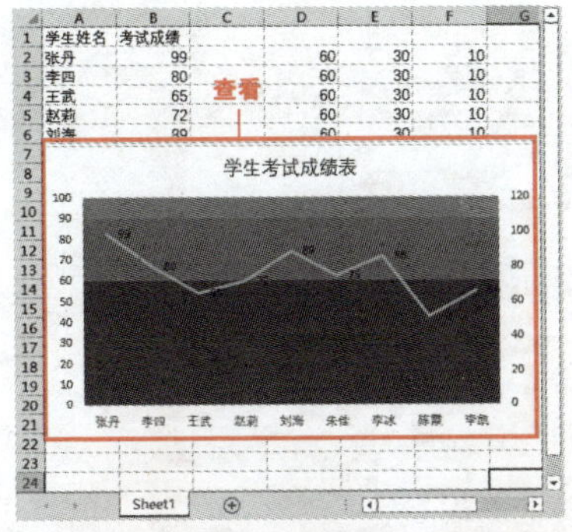

图 8-98 查看设置效果

技巧拓展

使用堆积柱形图可以将绘图区任意划分，使用条形图可以将绘图区实现等分效果。

Extra tip

职场小知识

羊群效应

简介： 从众心理很容易导致盲从，而盲从往往会陷入骗局或遭到失败。

“羊群效应”也称“从众效应”，是个人的观念或行为由于真实的或想象的群体的影响或压力，而向与多数人相一致的方向变化的现象。表现为对特定的或临时的情境中的优势观念和行为方式的采纳，以及对长期性的占优势地位的观念和行为方式的接受。经济学中的“羊群效应”是指市场上存在那些没有形成自己的预期或没有获得一手信息的投资者，他们将根据其他投资者的行为来改变自己的行为。

羊群是一种很散乱的组织，平时在一起也是盲目地左冲右撞，如果一头羊发现了一片肥沃的绿草地，并在那里吃到了新鲜的青草，后来的羊群就会一哄而上。“羊群效应”就是比喻人都有一种从众心理，从众心理很容易导致盲从，而盲从往往会陷入骗局或遭到失败。因此，在具备一定客观前提下，每个人都要有自己的原则，并不受外界干扰和影响。

第9章 Chapter 9

文秘统计的条件图

作为一名行政人员，经常需要创建专业而又复杂的图表，本章将使用20个实例来介绍文秘统计的条件图，如对赢利图表创建三色条件格式、标示产量表的最大值、自由选择进出库数据、动态显示成本的圆环图、Office软件的联动等。

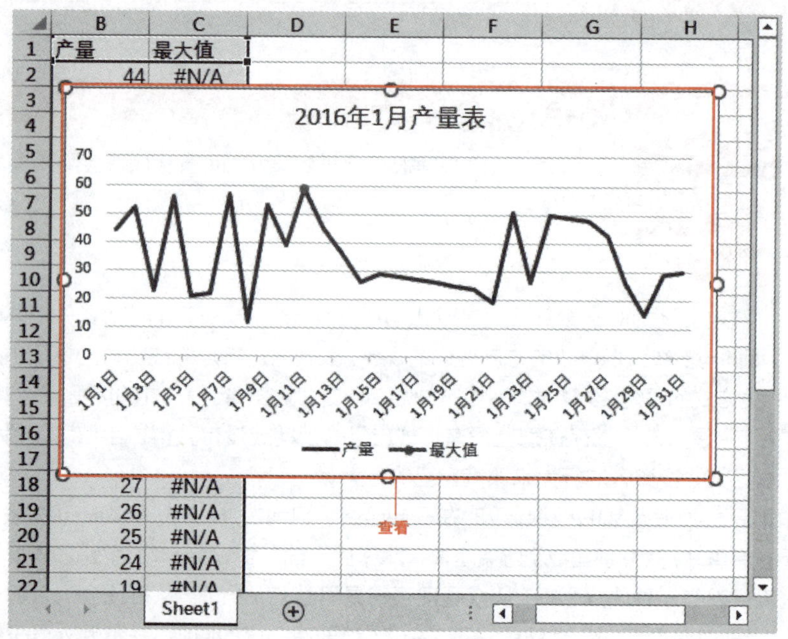

实例 161 对赢利图表创建三色条件格式

难度系数：★★★ 适用版本：07/10/13/16/17

技巧介绍： 公司办公人员小蕊在创建图表时想要将柱形图的数据系列进行三色填充实现图表的条件格式，她想将三个范围分别设置不同的条件格式，可是不知道应该怎样操作。

1 在Excel中打开“素材\第09章\实例161\2015年和2016年产品赢利表”工作簿，选择A1：C9区域单元格，在“插入”选项卡中创建“簇状柱形图”，并在E2单元格中输入“=IF(C2>8,C2,0/0)”，在F2单元格中输入“=IF(C2<3,C2,0/0)”，并依次向下填充公式至第9行，如图 9-1所示。

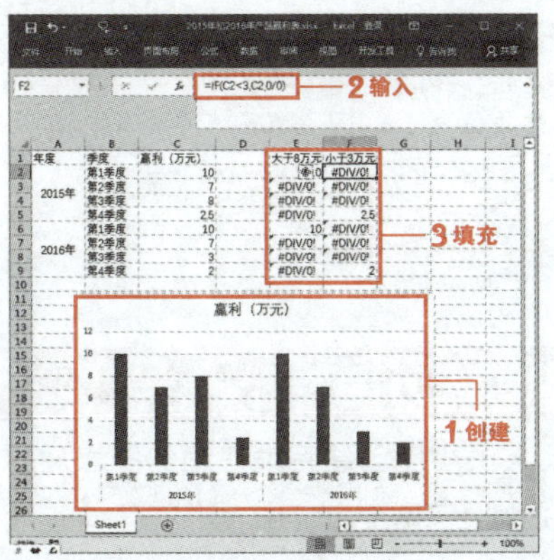

图 9-1 创建图表

2 选中图表，单击鼠标右键执行“选择数据”命令，在“选择数据源”对话框中单击“添加”按钮，在“编辑数据系列”对话框中将“系列名称”设为“=Sheet1!$E$1”，将“系列值”设为“=Sheet1!$E$2:$E$9”，单击“确定”按钮保存设置，如图 9-2所示。

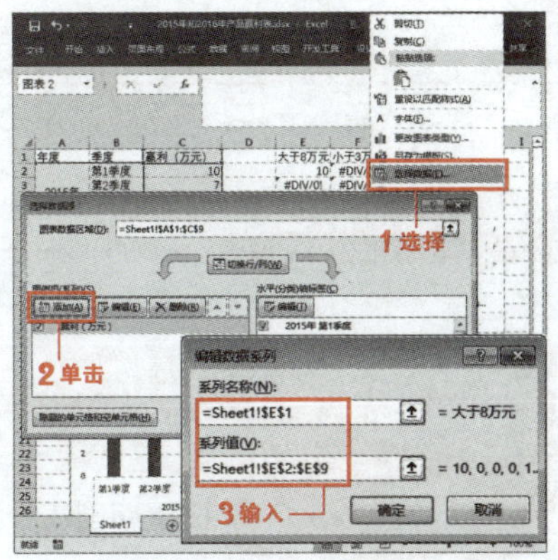

图 9-2 执行“选择数据”命令

3 使用相同的方法编辑“小于3万元”的数据系列，效果如图 9-3所示。

4 双击图表中数据系列，在弹出的“设置数据系列格式”窗格中单击“系列选项”按钮，将“系列重叠”设为“100%”，“分类间距”设为“0”，效果如图 9-4所示。

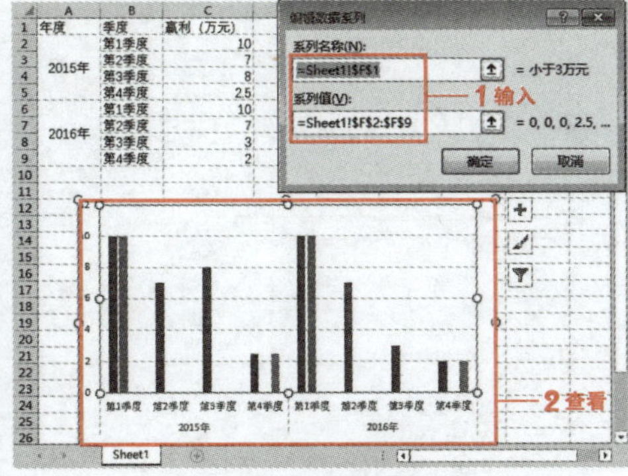

图 9-3 继续添加数据

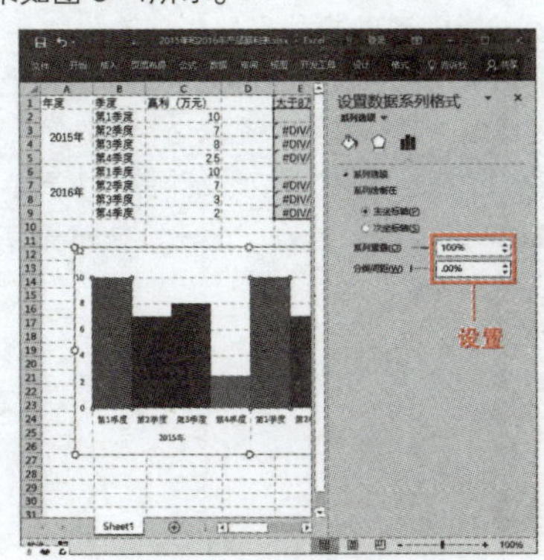

图 9-4 设置“系列重叠”和“分类间距”

5 为图表添加数据系列、图表标题和图例，此时已经将“大于8万元”“小于3万元”和“其他”三个范围分别设置了三种颜色，效果如图9–5所示。

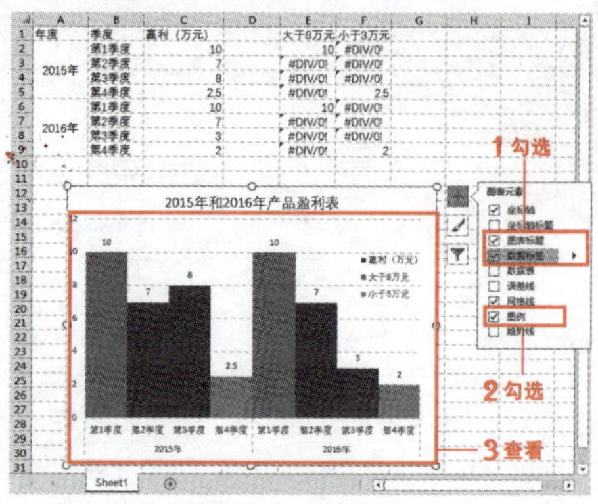

图 9–5 查看设置效果

技巧拓展

公式“=IF(C2>8,C2,0/0)”是指如果C2单元格的值大于8，那么在图表中创建一个值为8的数据点，否则忽略，0/0的结果为错误值，图表本身具有忽略错误的功能。

Extra tip >>>>>>>>>>>>>

实例 162 对折线图按星期创建分割线

难度系数：★★★　适用版本：07/10/13/16/17

技巧介绍： 公司办公人员小佳创建完销售趋势图表后想要按星期创建分割线，可是她不知道应该怎样操作。

下面为大家介绍如何对折线图按星期创建分割线。

1 在Excel中打开“素材\第09章\实例162\2016年1月销售表”工作簿，在“插入”选项卡中创建“折线图”，双击“水平（类别）轴”，在“设置坐标轴格式”窗格中单击“坐标轴选项”按钮，在“坐标轴选项”栏下选择“日期坐标轴”选项，并将“主要单位”设置为“7”天，单击“关闭”按钮保存，如图 9–6所示。

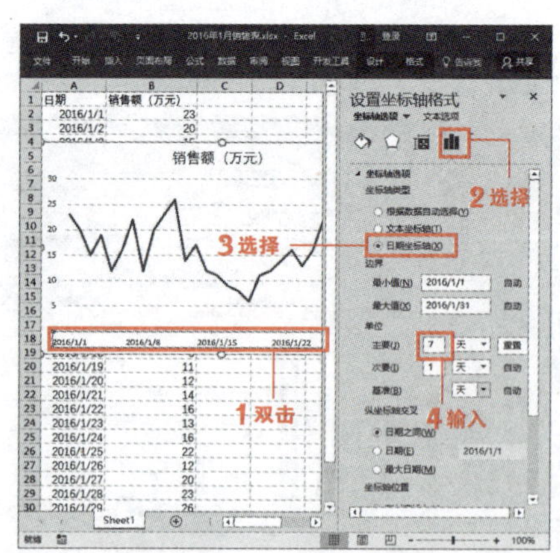

图 9–6 选择“日期坐标轴”选项

② 选中图表，单击“图表元素”按钮，在列表中单击“网格线”右侧的按钮，取消勾选“主轴主要水平网格线”复选框，并勾选“主轴主要垂直网格线”复选框，如图 9-7所示。

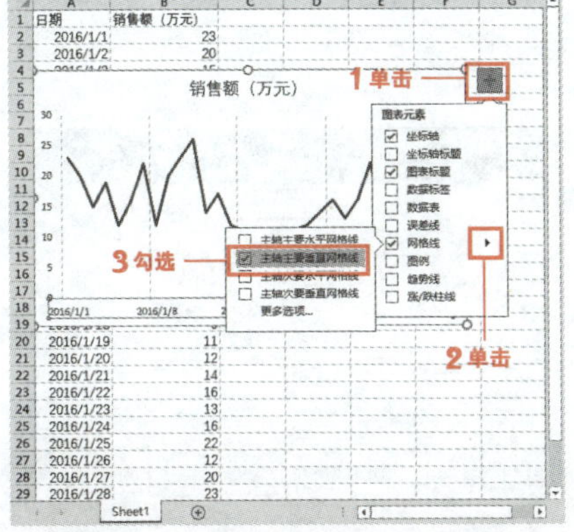

图 9-7 勾选“主轴主要垂直网格线”复选框

③ 双击“水平（类别）轴”，在“设置坐标轴格式”窗格中单击“坐标轴选项”按钮，在“刻度线位置”选项中选择“在刻度线上”单选按钮，如图 9-8所示。

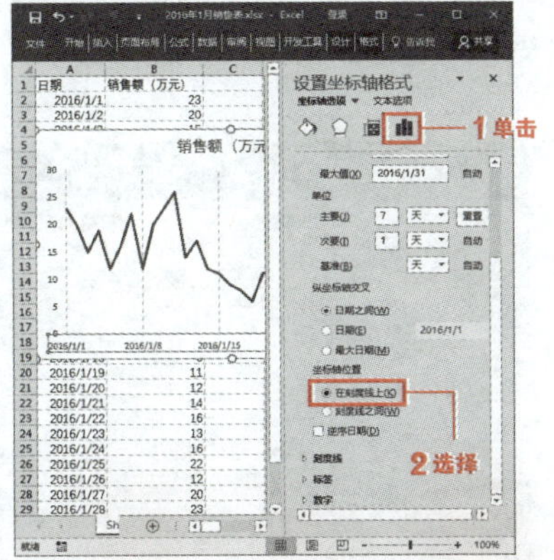

图 9-8 选择“在刻度线上”单选按钮

技巧拓展

可以在“图表工具—设计”选项卡的“图表样式”下拉列表中选择满意的样式（如样式10），效果如图 9-9所示。

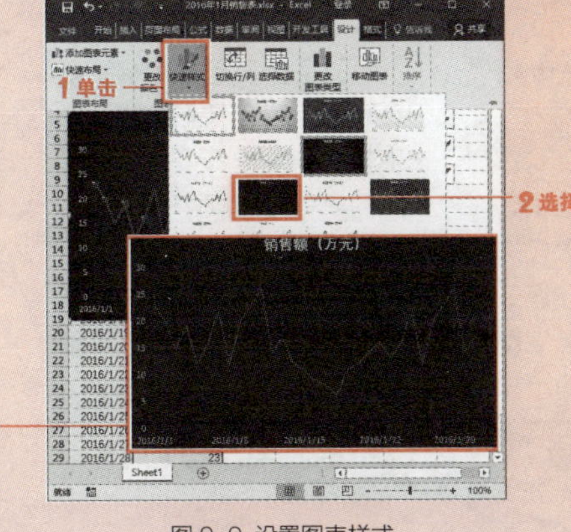

图 9-9 设置图表样式

Extra tip

实例 163

难度系数：★★★

添加平均线并对高于平均线者突出显示

技巧介绍： 张老师想要将这次学生考试成绩添加平均线并对高于平均线者突出显示，可是他不知道应该怎样操作。下面介绍如何为图表添加平均线并对高于平均线者突出显示。

第1章 第2章 第3章 第4章 第5章 第6章 第7章 第8章 第9章 第10章

①在Excel中打开“素材\第09章\实例163\学生考试成绩表”工作簿，在D1：F1区域单元格中输入辅助列，选中D2单元格，在公式编辑栏中输入“=AVERAGE($B$2:$B$15)”，按【Enter】键输入结果，并拖动鼠标向下填充公式至D15单元格，如图9–10所示。

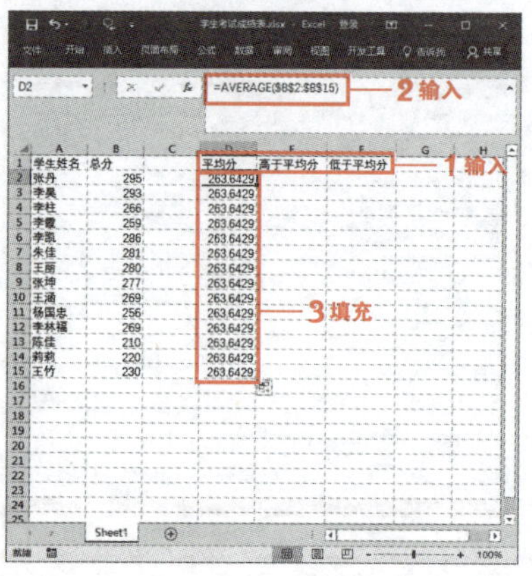

图9–10 添加辅助数据

②选中E2单元格，在公式编辑栏中输入“=IF(B2>D2,B2,NA())”，按【Enter】键输出结果，拖动鼠标向下填充公式至E15单元格，选中F2单元格，在公式编辑栏中输入“=IF(B2<D2,B2,NA())”，按【Enter】键输出结果，拖动鼠标向下填充公式至F15单元格，如图9–11所示。

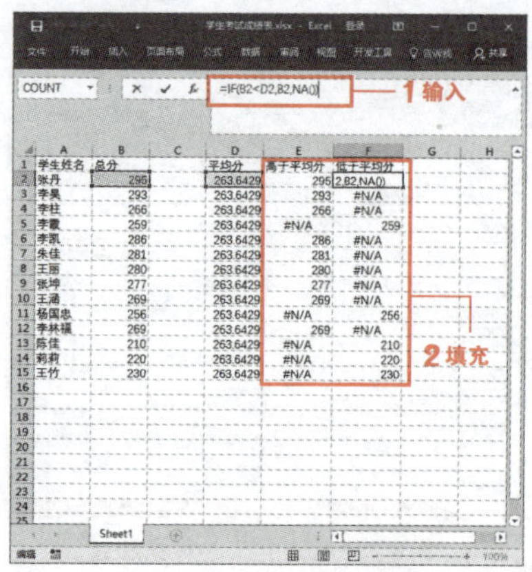

图9–11 输入公式

③选中A1：A15、D1：F15区域单元格，选择“插入”选项卡，单击“插入柱形图或条形图”下拉按钮，在下拉列表中选择“更多柱形图”选项，在“插入图表”对话框中选择“所有图表”选项卡，选择“组合”选项，将“平均分”图表类型更改为“折线图”，将“低于平均分”图表类型设置为“簇状柱形图”，单击“确定”按钮保存设置，如图9–12所示。

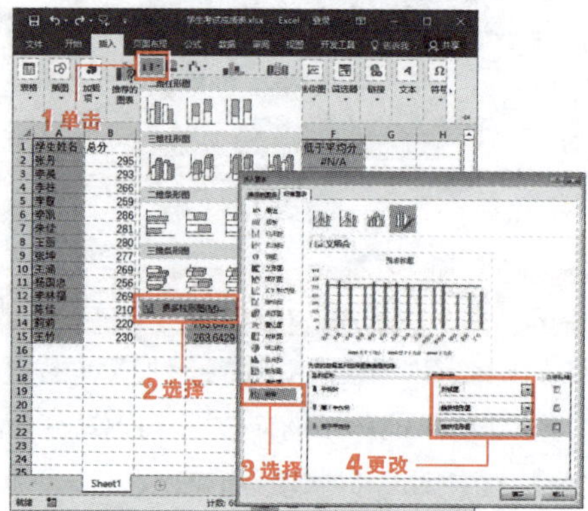

图9–12 插入图表

④选中“高于平均数”的数据系列，选择“图表工具—设计”选项卡，在“形状样式”选项组中单击“形状效果”下拉按钮，选择“棱台”选项，在其级联列表中选择“斜面”样式，如图9–13所示。

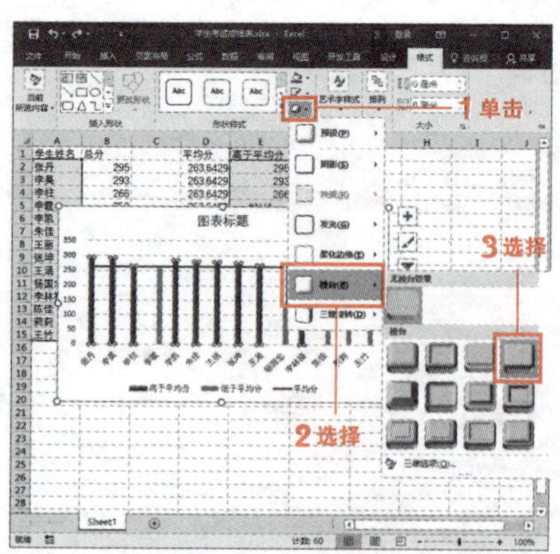

图9–13 设置形状效果

5 设置完后可查看效果，如图 9–14所示。

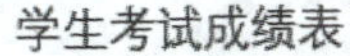

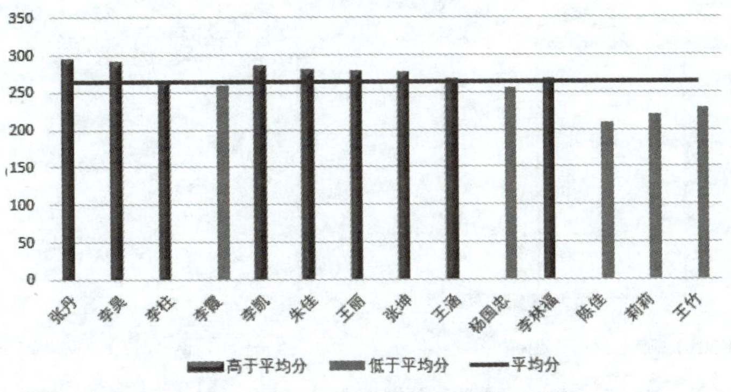

图 9–14 查看效果

技巧拓展

单击鼠标右键，执行“更改图表类型”命令可以更改图表类型，如图 9–15所示。

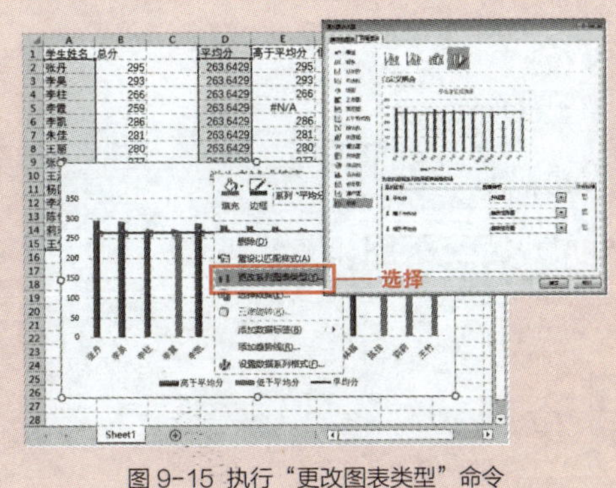

图 9–15 执行“更改图表类型”命令

Extra tip > > > > > > > > > > > > > >

实例 164 标示产量表的最大值

难度系数：★★★
适用版本：07/10/13/16/17

技巧介绍： 公司办公人员小朱需要创建1月份产量图表并同时标示出最大值，可是他不知道应该怎样操作。

下面为大家介绍如何标示产量表的最大值。

1 在Excel中打开“素材\第09章\实例164\2016年1月产量表”工作簿，选中C2单元格，在公式编辑栏中输入“=IF(B2=MAX($B$3:$B$32),B2,NA())”，按【Enter】键输出结果，并拖动鼠标向下填充公式至C32单元格，效果如图 9–16所示。

2 选中A1：C32区域单元格，在“插入”选项卡中单击“插入折线图或面积图”下拉按钮，创建折线图，如图 9–17所示。

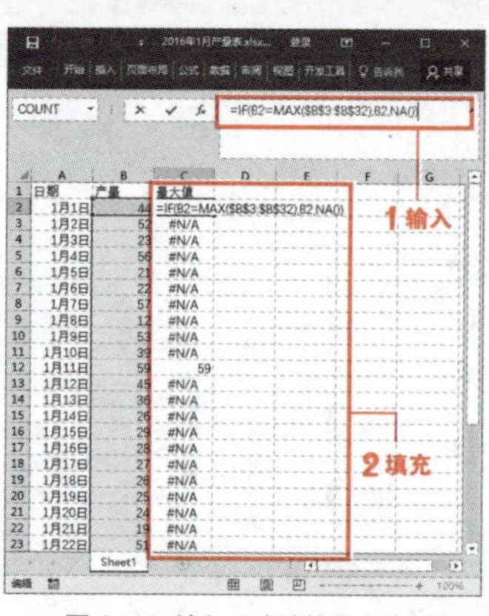

图 9-16 输入公式计算最大值

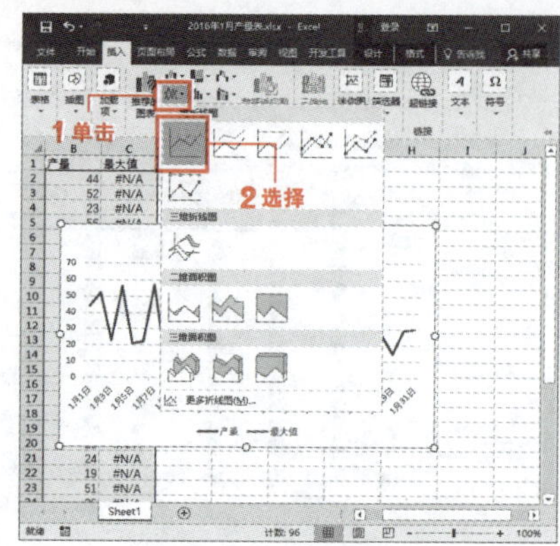

图 9-17 创建折线图

3 选中图表，单击鼠标右键执行"更改系列图表类型"命令，在"更改图表类型"对话框中将最大值的图表类型设为"带数据标记的折线图"，单击"确定"按钮保存，如图 9-18所示。

4 设置完后可查看效果，如图 9-19所示。

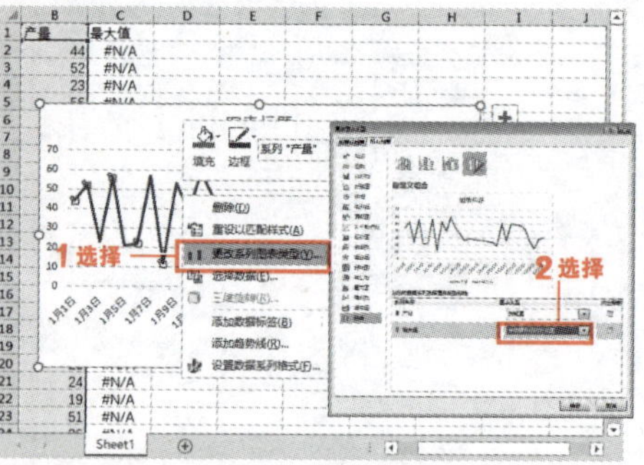

图 9-18 更改图表类型

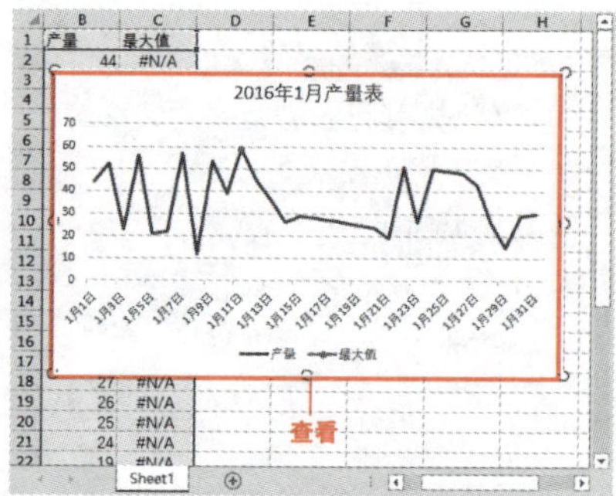

图 9-19 查看设置效果

技巧拓展

在"更改图表类型"对话框中选择"组合"选项，可以选择"堆积面积图-簇状柱形图"选项，如图 9-20所示。

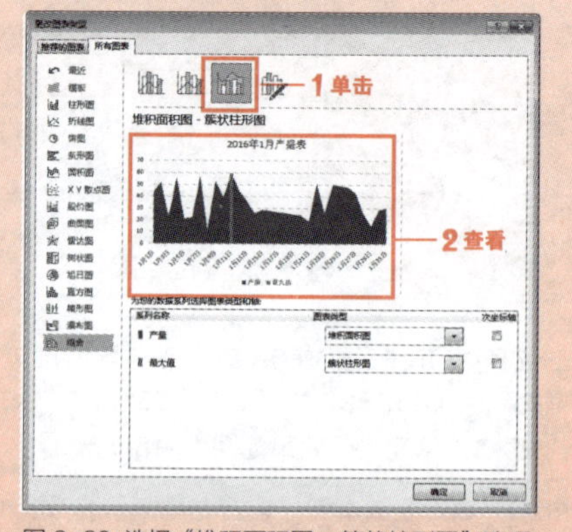

图 9-20 选择"堆积面积图 - 簇状柱形图"选项

Extra tip

实例 165 任意标示进出库第N大值

难度系数：★★★ 适用版本：07\10\13\16\17

技巧介绍： 公司办公人员李贵在创建仓库进出库明细表时需要对其创建图表，并且可以任意显示第N大值。可是他不知道应该怎样操作。

❶在Excel中打开“素材\第09章\实例165\仓库进出库明细表”工作簿，在D1：G1区域单元格输入辅助数据，选中F2单元格，在公式编辑栏中输入“=IF(B2=LARGE($B$2:$B$13,$E$1),B2,−1)”，并拖动鼠标向下填充至F13单元格，选中G2单元格，在公式编辑栏中输入“=IF(C2=LARGE($C$2:$C$13,$E$1),C2,−1)”，同样拖动鼠标向下填充至G13单元格，如图9−21所示。

❷ 选中A1：C13区域单元格，在“插入”选项卡中创建折线图，选中F1：G13区域单元格，按【Ctrl+C】组合键复制数据，并按【Ctrl+V】组合键粘贴数据至图表中，效果如图9−22所示。

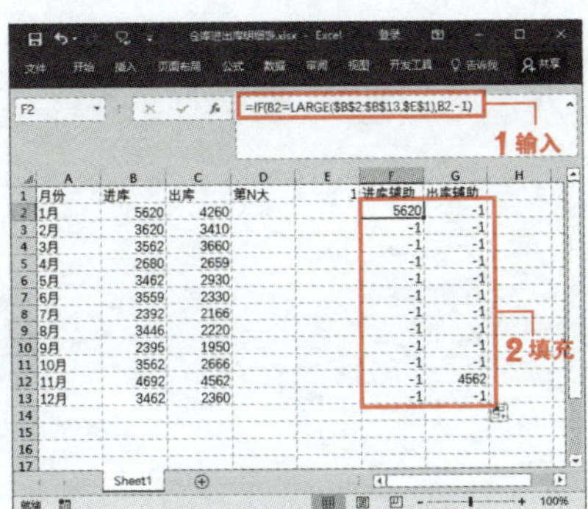

图9−21 输入辅助数据

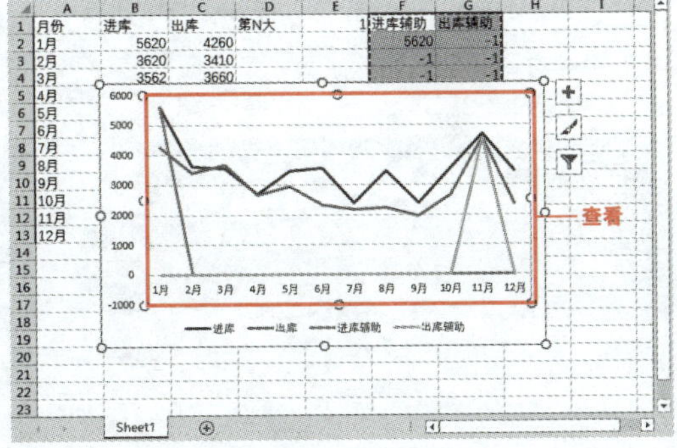

图9−22 创建折线图

❸选中图表，单击“图表元素”按钮，取消勾选“网格线”、“图例”复选框，如图9−23所示。

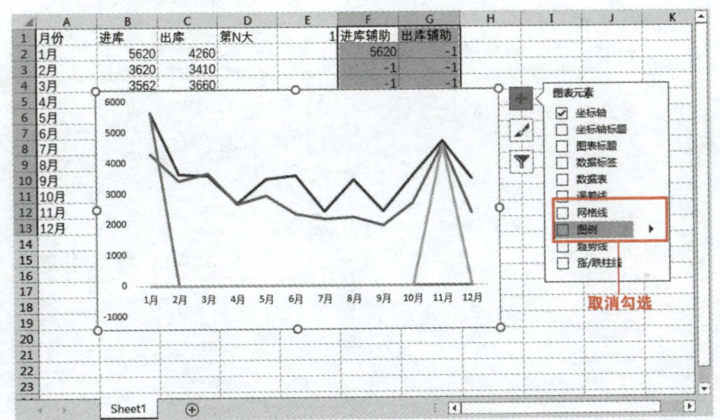

图9−23 取消勾选复选框

❹选中数据系列，单击鼠标右键执行“更改系列图表类型”命令，在“更改图表类型”对话框中将“进库辅助”的图表类型设为“带数据标记的折线图”，如图9-24所示。

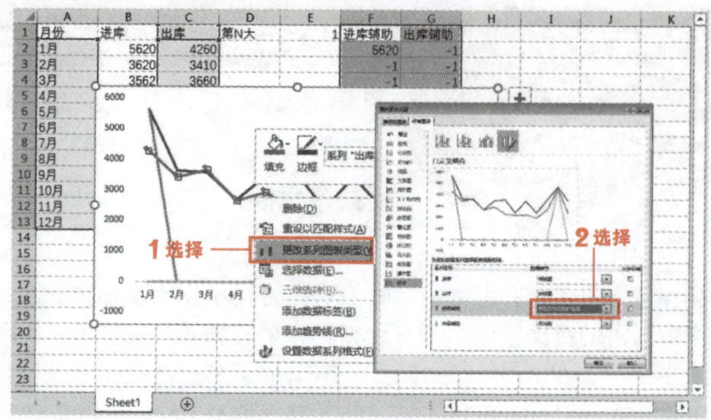

图 9-24 更改图表类型

❺双击“进库辅助”数据系列，在弹出的“设置数据系列格式”窗格中单击“填充与线条”按钮，选择“线条”选项，在“线条”栏下选择“无线条”选项，单击“标记”选项，在“数据标记选项”栏下选择“内置”单选按钮，将大小设为“10”，如图9-25所示。

❻选中“进库辅助”数据系列，单击鼠标右键，并单击“填充”下拉按钮，将填充颜色设为“蓝色”，如图9-26所示。

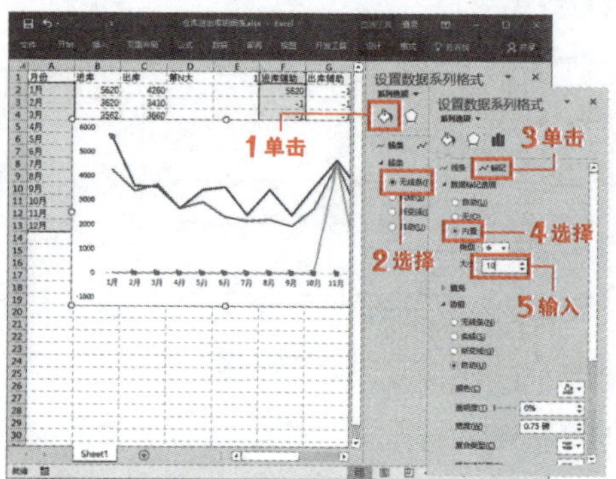

图 9-25 单击“填充与线条”按钮

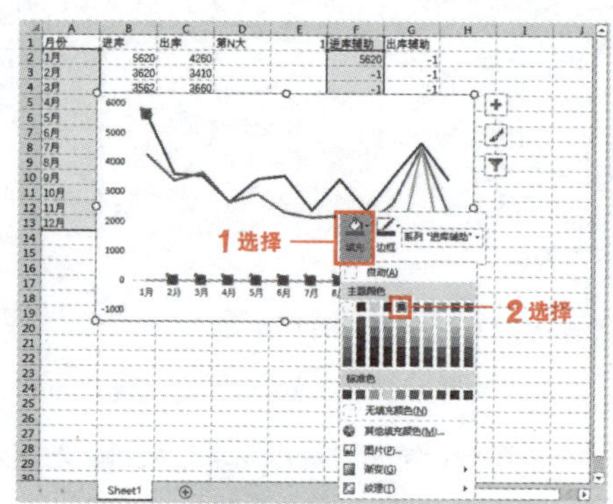

图 9-26 设置填充颜色

❼使用同样的操作方法设置“出库辅助”数据系列，将“出库辅助”图表类型设为“带数据标记的折线图”，并填充颜色设为“红色”，如图9-27所示。

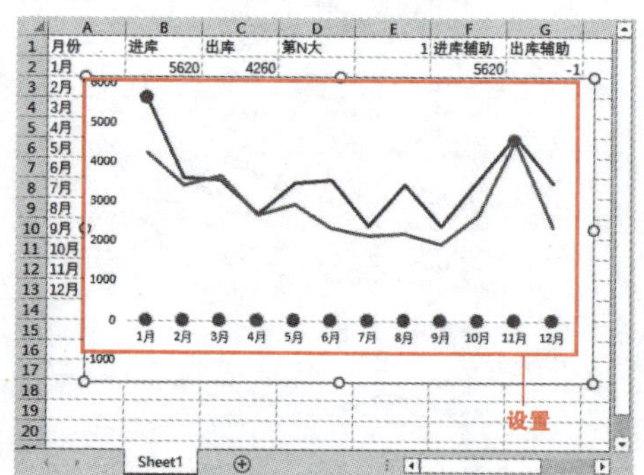

图 9-27 设置“出库辅助”数据系列

❽双击“垂直（值）轴，在“设置坐标轴格式”窗格中单击“坐标轴选项”按钮，在“坐标轴选项”栏下将“最小值”设为“0”，“最大值”设为“6000”，单击“关闭”按钮保存，如图9-28所示。

⑨ 为图表添加图表标题、添加图例、添加背景格式，设置完后可查看效果，如图 9-29所示。

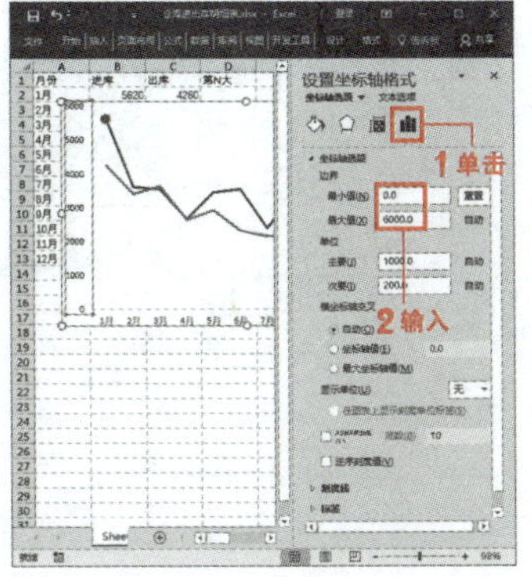

图 9-28 设置边界最值

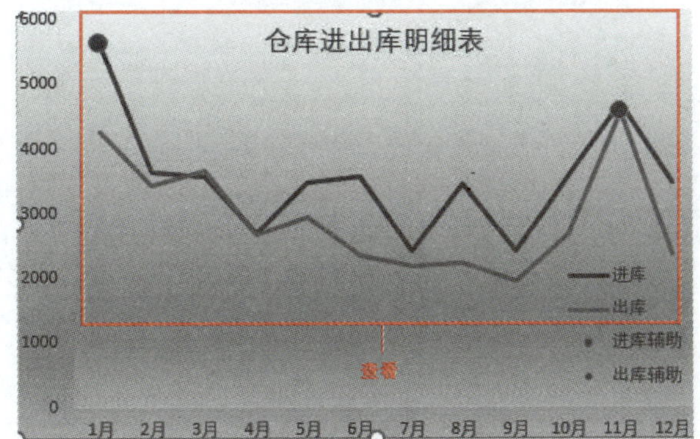

图 9-29 查看设置效果

技巧拓展

图表中标示的第几大值是根据工作表中E1单元格中的数据决定的，若将E1单元格中的数据修改为5，即标示图表中第5大值，效果如图 9-30所示。

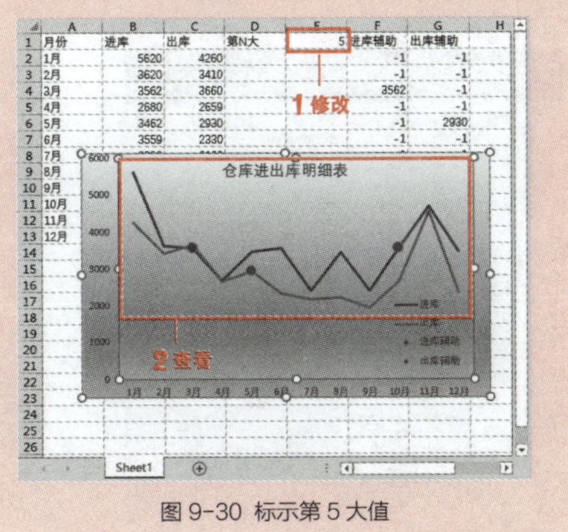

图 9-30 标示第 5 大值

Extra tip

实例 166 按退货率标示图表系列点

难度系数：★★★ 适用版本：07\10\13\16\17

技巧介绍： 公司办公人员小佳正在统计本公司生产线的退货率，她需要按退货率标示图表系列点，但是不知道应该怎样操作。下面为大家介绍如何按退货率标示图表系列点。

① 在Excel中打开“素材\第09章\实例166\公司各组退货率统计表”工作簿，在C1：D10区域单元格中输入辅助数据，并选中A1：D10区域单元格，在“插入”选项卡中创建簇状条形图，如图 9-31所示。

② 选中数据系列，单击鼠标右键执行“更改系列图表类型”命令，在“更改图表类型”对话框中将“轻微超标”和“严重超标”的图表类型均设为“折线图”，如图 9-32所示。

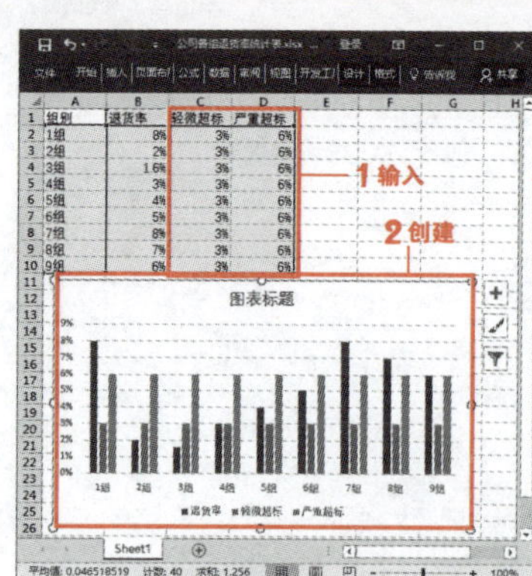

图 9-31 创建图表

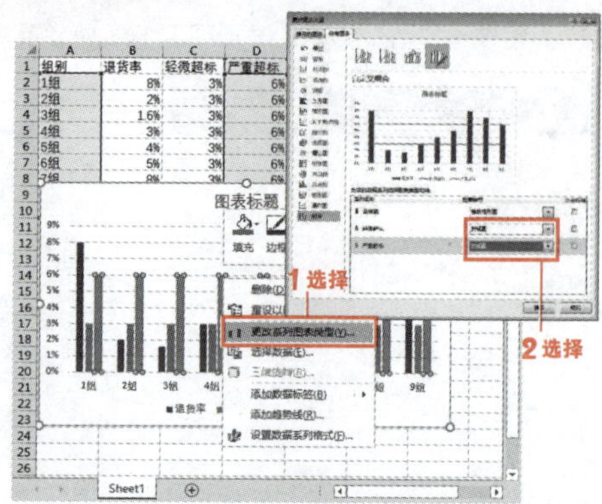

图 9-32 更改图表类型

❸双击“退货率”数据系列，在“设置数据系列格式”窗格中单击“系列选项”按钮，将“分类间距”设为“0”，单击“关闭”按钮保存，如图 9-33所示。

❹将“轻微超标”数据系列和“严重超标”数据系列线条颜色分别设为“黄色”和“红色”，如图 9-34所示。

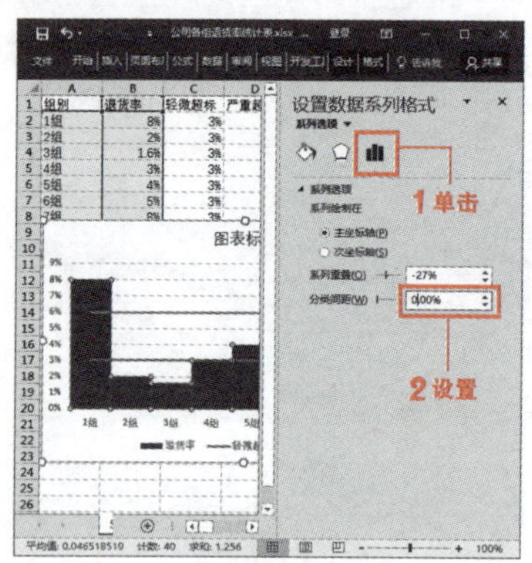

图 9-33 设置系列“分类间距”

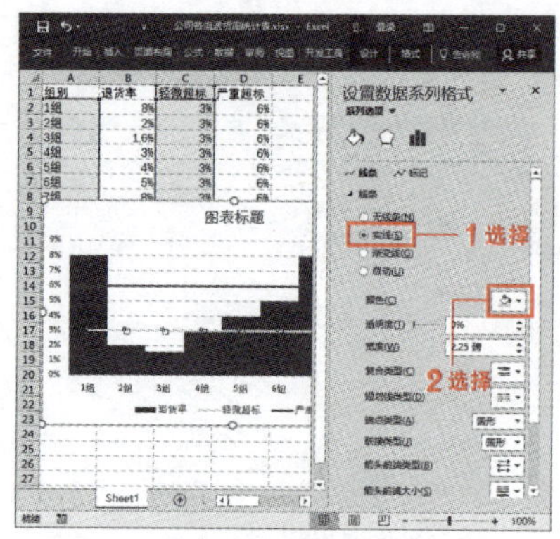

图 9-34 设置线条颜色

❺修改图表标题名称，并添加“退货率”数据标签，双击数据标签，在“设置数据标签格式”窗格中单击“标签选项”按钮，在“数字”栏下的“格式代码”文本框中输入“[红色][>0.06]0%;[黄色][>0.02]0%;0%”，单击“添加”按钮，如图 9-35所示。

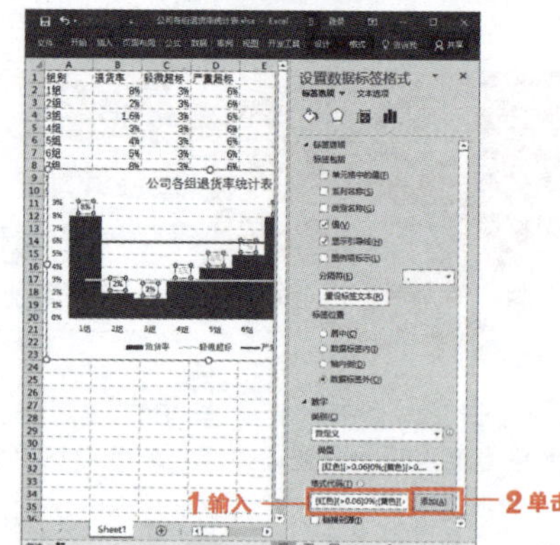

图 9-35 设置数据标签格式

⑥设置完后可查看效果，如图 9-36所示。

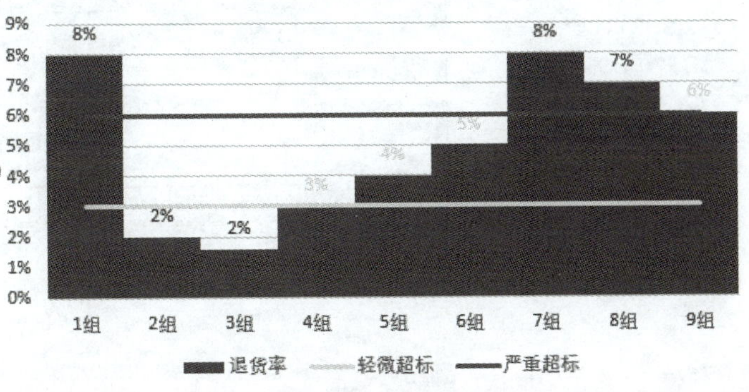

图 9-36 查看设置效果

技巧拓展

选中数据系列，单击鼠标右键，执行“设置数据系列格式”命令也可弹出“设置数据系列格式”窗格。

Extra tip>>>>>>>>>>>>>

实例 167 不采用辅助区而创建最大值、最小值与平均值的风格线

难度系数：★★★ 适用版本：07/10/13/16 通

技巧介绍： 公司办公人员小敏经常添加辅助数据来突出标示最大值、最小值等特殊风格线，但是她想知道如果不借助辅助数据能否创建这些风格线。

① 在Excel中打开“素材\第09章\实例167\员工销售表”工作簿，选择“公式”选项卡，在“定义的名称”选项组中单击“定义名称”下拉按钮，选择“定义名称”选项，在“新建名称”对话框中将“名称”设为“最小值”，在“引用位置”文本框中输入“=(Sheet1!$B$2:$B$11)^0*MIN(Sheet1!$B$2:$B$11)”，即产生一个数量等于员工人员的数组，所有值都等于销售表中的最小值，如图 9-37所示。

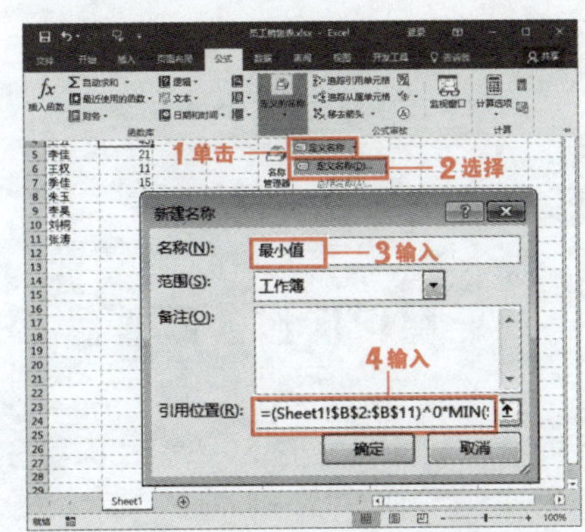

图 9-37 新建“最小值”命令

②使用同样的操作方法继续创建“平均值”“最大值”，在“引用位置”文本框输入的公式分别为“=(Sheet1!$B$2:$B$11)^0*AVERAGE(Sheet1!$B$2:$B$11)”、“=(Sheet1!$B$2:$B$11)^0*MAX(Sheet1!$B$2:$B$11)”，如图9-38所示。

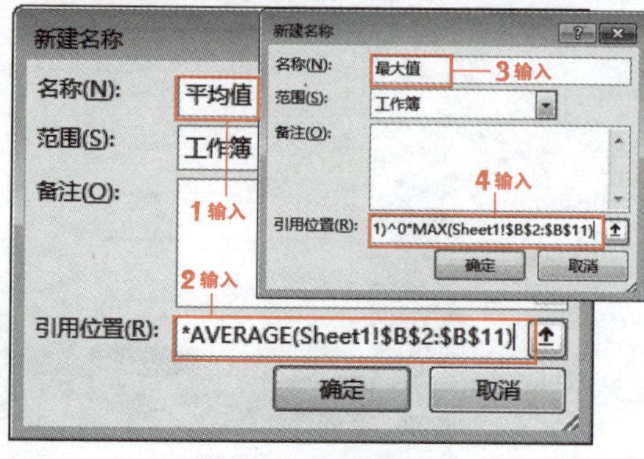

图 9-38 继续新建名称

③选中A1:B11区域单元格，在“插入”选项卡中创建簇状柱形图，选中数据系列，单击鼠标右键，执行“选择数据”命令，在“选择数据源”中单击“添加”按钮，在“编辑数据系列”对话框中将“系列名称”设为“最小值”，将“系列值”设为“=Sheet1!最小值”，单击“确定”按钮保存，如图9-39所示。

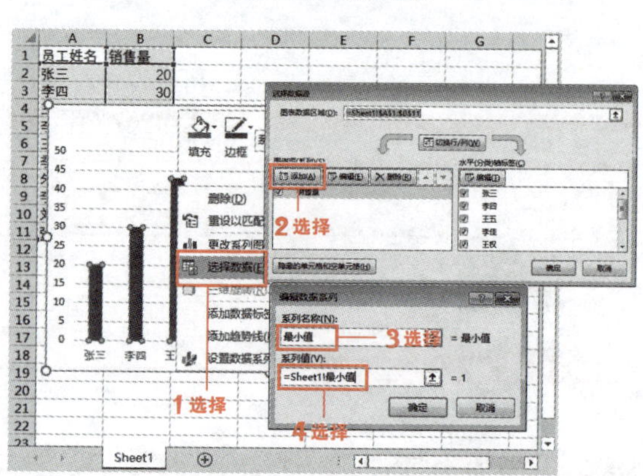

图 9-39 添加数据系列

④使用同样的操作方法添加“平均值”“最大值”数据系列，单击“确定”按钮保存，效果如图9-40所示。

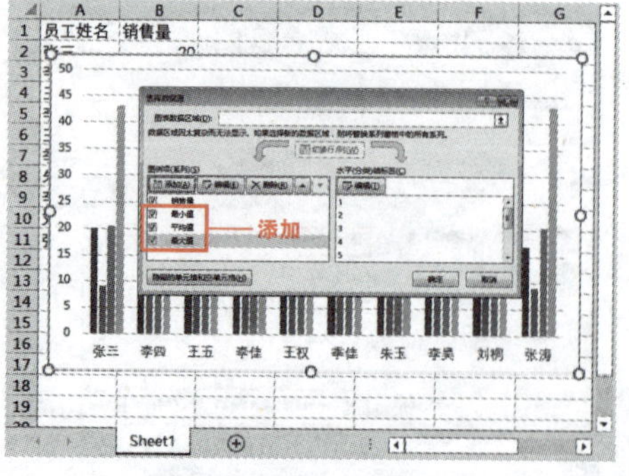

图 9-40 继续添加数据系列

⑤选中数据系列，单击鼠标右键，执行“更改系列图表类型”命令，在“更改图表类型”对话框中将“最大值”“最小值”“平均值”的图表类型均设为“折线图”，如图9-41所示。

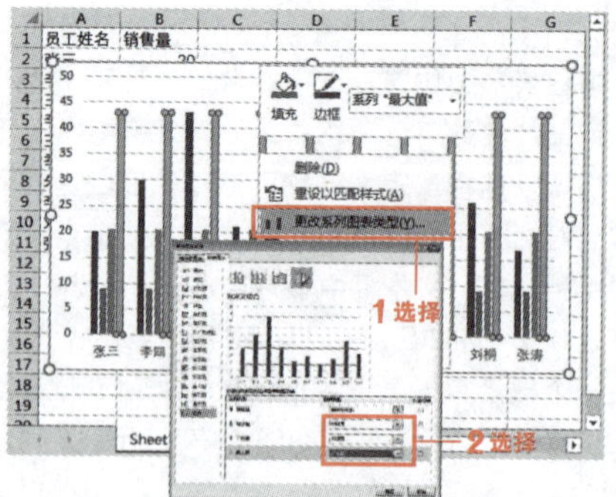

图 9-41 更改图表类型

⑥为图表添加数据系列、图例、图表标题，并删除网格线，效果如图9-42所示。

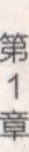

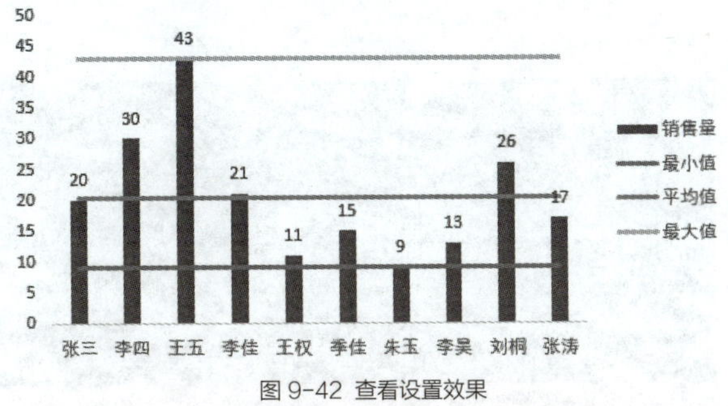

图 9-42 查看设置效果

技巧拓展

按【Ctrl+F3】组合键即可快速弹出“名称管理器”对话框。

Extra tip >>>>>>>>>>>>>

实例 168

难度系数：★★★ 适用版本：07/10/13/16/17

展示不良率与良品率分布情况

技巧介绍： 公司品管部员工小袁想使用图表来展示不良率与良品率的分布情况，可是她不知道应该怎样操作。

下面为大家介绍如何展示不良率与良品率分布情况。

❶在Excel中打开“素材\第09章\实例168\产品质量表”工作簿，选中A1：A5区域单元格，再按住【Ctrl】键，选择C1：D5区域单元格，在“插入”选项卡中创建“百分比堆积面积图”，如图 9-43所示。

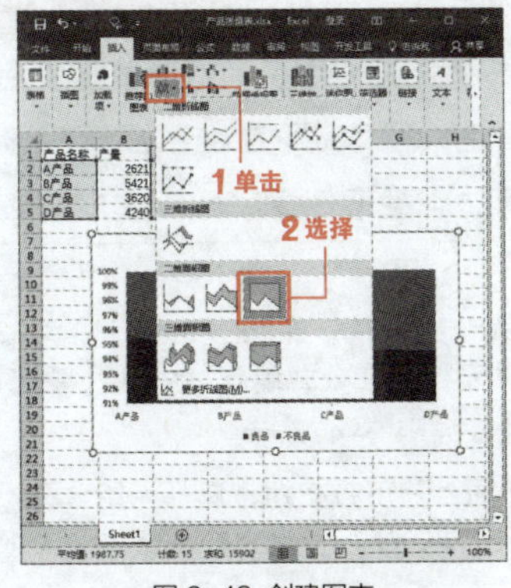

图 9-43 创建图表

❷双击图表“垂直（值）轴”，弹出“设置坐标轴格式”窗格，单击“坐标轴选项”按钮，在“坐标轴选项”栏下将“最小值”设为“0”，主要单位设为“0.1”，单击“关闭”按钮保存，如图 9-44所示。

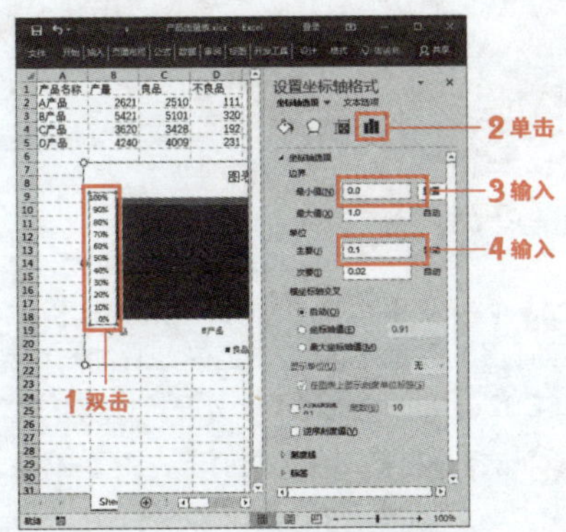

图 9-44 单击“坐标轴选项”按钮

3 为图表添加数据标签，并修改图表标题，效果如图 9-45所示。

图 9-45 查看设置效果

技巧拓展

选中图表垂直轴，单击鼠标右键，执行“设置坐标轴格式”命令也可弹出“设置坐标轴格式”窗格，如图 9-46所示。

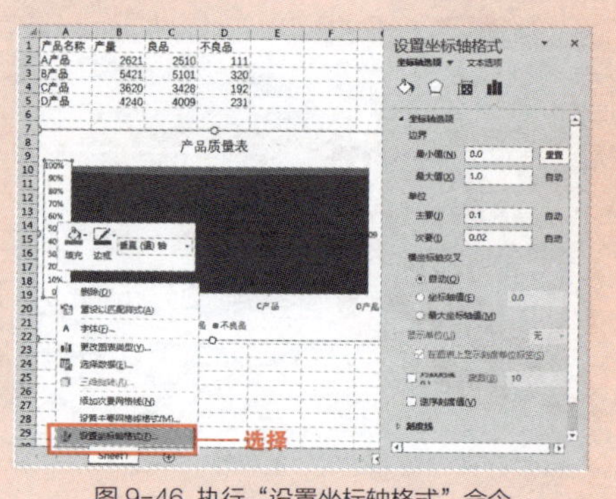

图 9-46 执行“设置坐标轴格式”命令

Extra tip

实例169 动态截取任意段数据生成图表

难度系数：★★★

技巧介绍： 公司办公人员小张在创建完上月销售图表后想要实现动态截取任意段数据生成图表，可是她不知道应该怎样操作。下面为大家介绍如何动态截取任意段数据生成图表。

1 在Excel中打开“素材\第09章\实例169\上月产品销售表”工作簿，在D2、E2单元格中输入辅助数据，它们控制显示的开始日期与结束日期。选中F2单元格，在公式编辑栏中输入“=$E$2-$D$2+1”，这是用于计算开始日期与结束日期之间的天数，如图 9-47所示。

2 选择“开发工具”选项卡，在“控件”选项组中单击“插入”下拉按钮，选择“组合框（窗体控件）”选项，在工作表中绘制组合框，并选中控件单击右键，执行“设置控件格式”命令，如图 9-48所示。

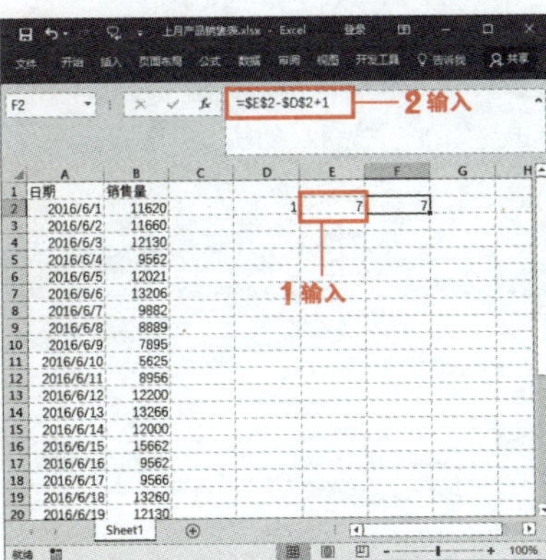

图 9-47 输入辅助数据

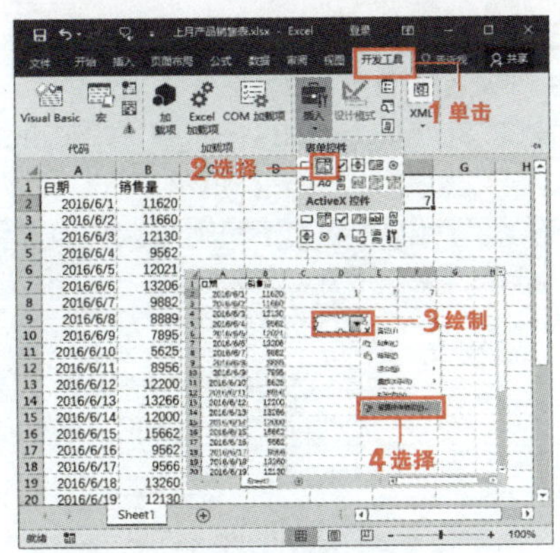

图 9-48 执行“设置控件格式”命令

3在“设置控件格式”对话框中选择“控制”选项卡，将“数据源区域”设为“$A$2:$A$31”，“单元格链接”设为“$D$2”，将“下拉显示项数”设为“6”，单击“确定”按钮保存，效果如图 9-49所示。

4使用同样的操作方法继续绘制组合框，效果如图 9-50所示。

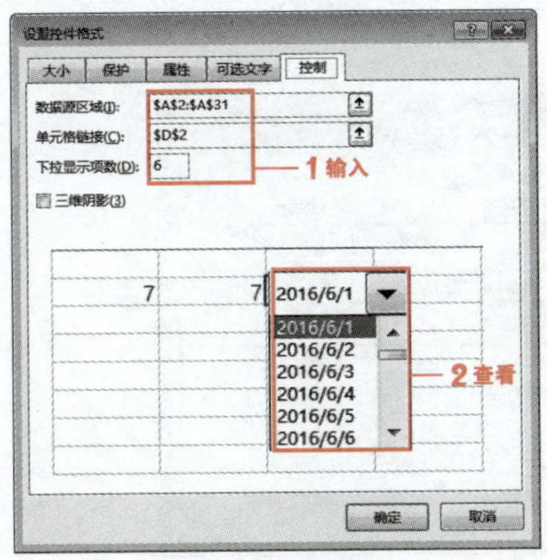

图 9-49 设置控件格式

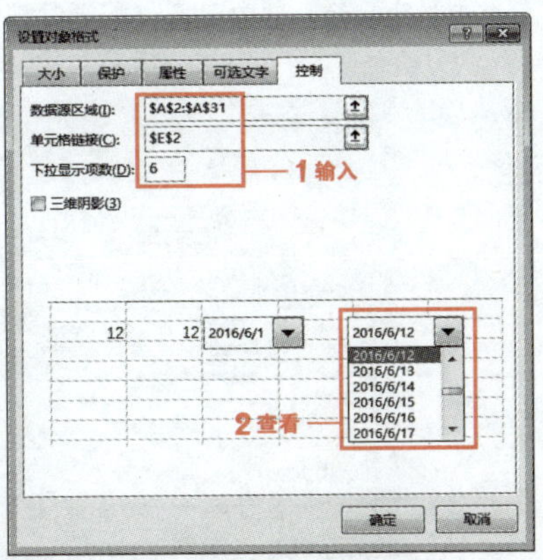

图 9-50 继续绘制组合框

5按【Ctrl+F3】组合键弹出“名称管理器”对话框，单击“新建”按钮，弹出“编辑名称”对话框，将“名称”设为“动态日期”，在“引用位置”文本框中输入“=OFFSET(Sheet1!$A$1,Sheet1!$D$2,0,Sheet1!$F$2,1)”，如图 9-51所示。

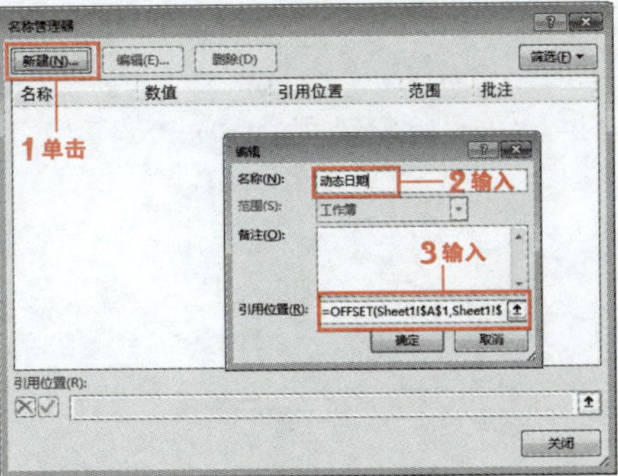

图 9-51 创建名称“动态日期”

⑥使用同样的操作方法创建“动态数据”名称，在“引用位置”文本框中输入“=OFFSET(Sheet1!$B$1,Sheet1!$D$2,0,Sheet1!$F$2,1)”，如图9-52所示。

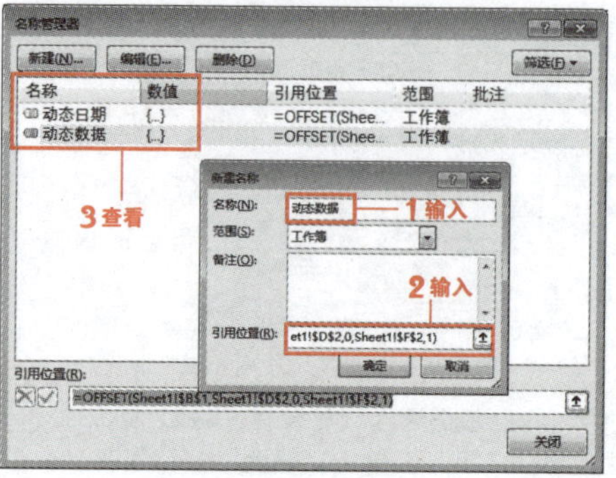

图9-52 继续创建名称

⑦创建空白的柱形图表，单击鼠标右键执行“选择数据”选项，在“选择数据源”对话框中单击“添加”按钮，如图9-53所示。

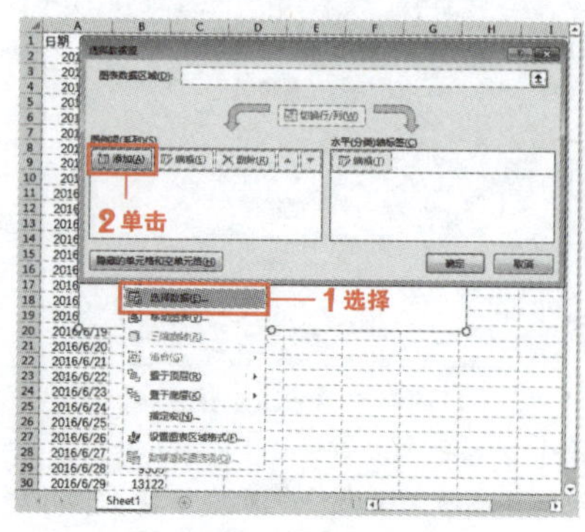

图9-53 执行“选择数据”选项

⑧弹出“编辑数据系列”对话框，在“系列值”文本框中输入“=Sheet1!动态数据”，在“水平（分类）轴标签”栏中单击“编辑”按钮，在“轴标签”对话框中将“轴标签区域”设为“=Sheet1!动态日期”，单击“确定”按钮保存，如图9-54所示。

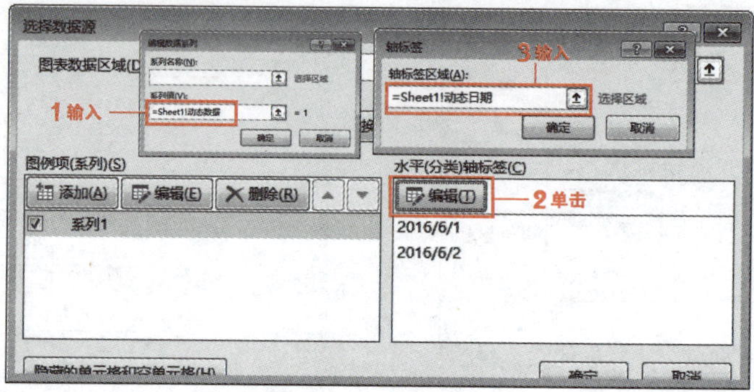

图9-54 添加数据源

⑨设置完后可查看到空白图表已经显示出数据，并且通过空间调整日期，图表中的数据也会发生变化，效果如图9-55所示。

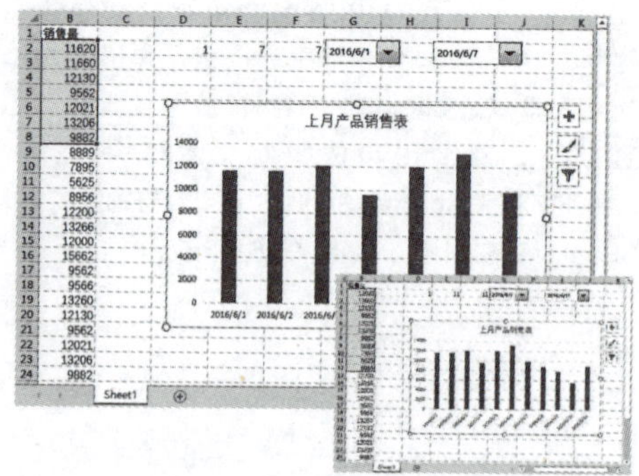

图9-55 查看设置效果

技巧拓展

公式“=OFFSET(Sheet1!$A$1,Sheet1!$D$2,0，Sheet1!$F$2,1)”是指以A1单元格为参照，向下偏移行数为D2中指定的值，提取的行为F2单元格中指定的值；

公式“=OFFSET(Sheet1!$B$1,Sheet1!$D$2,0,Sheet1!$F$2,1)”是指以B1单元格为参照，向下偏移行数为D2中指定的值，提取的行为F2单元格中指定的值。

Extra tip＞＞＞＞＞＞＞＞＞＞＞＞＞

实例 170 自由选择进出库数据

难度系数：★★★ 适用版本：07/10/13/16/17

技巧介绍： 公司办公人员小姜在创建商品进出库明细表时希望能自由选择进出库数据，可是她不知道应该怎样操作。下面为大家介绍如何自由选择进出库数据。

❶在Excel中打开“素材\第09章\实例170\商品进出库明细表”工作簿，在A9单元格中输入辅助数据“1”，在A11单元格中输入公式“=A1”，按【Enter】键输出结果，并拖动鼠标向下填充至A16单元格，如图 9-56所示。

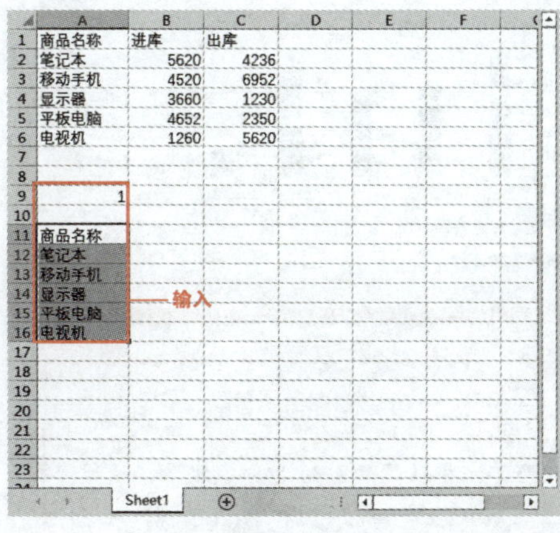

图 9-56 输入辅助数据

❷选中B11单元格，在公式编辑栏中输入“=OFFSET(A1,0,$A$9)”，按【Enter】键输入结果，拖动鼠标向下填充至B16单元格，此时B11:B16区域单元格的返回值将受控于A9单元格，将A9单元格的值修改为2时，将显示出库数据，如图 9-57所示。

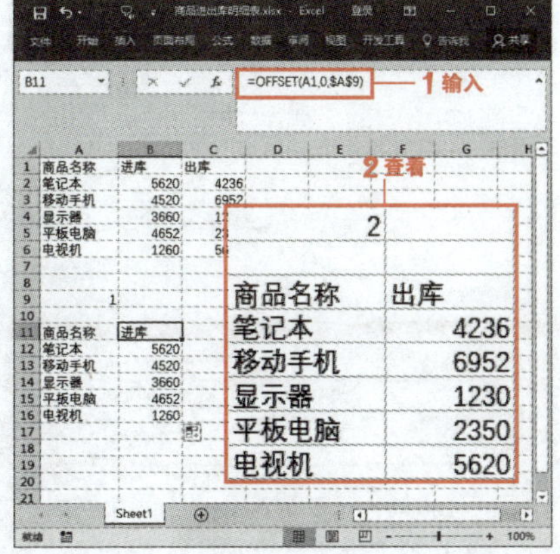

图 9-57 输入公式

❸选中A11:B16区域单元格，在“插入”选项卡中创建簇状柱形图，选择“开发工具”选项卡，在“控件”选项组中单击“插入”下拉按钮，选择“选项按钮（窗体控件）”选项，如图 9-58所示。

❹在图表中绘制控件，单击鼠标右键，执行“设置控件格式”命令，在“设置控件格式”对话框中选择“控制”选项卡，在“单元格链接”文本框中输入“$A$9”，单击“确定”按钮保存，如图 9-59所示。

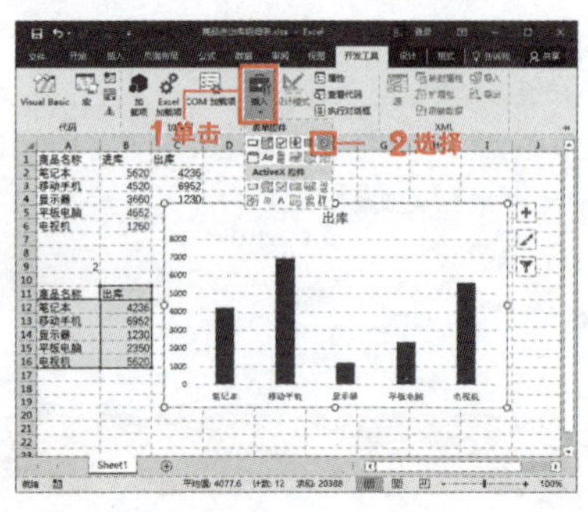

图 9-58 选择“选项按钮（窗体控件）”选项

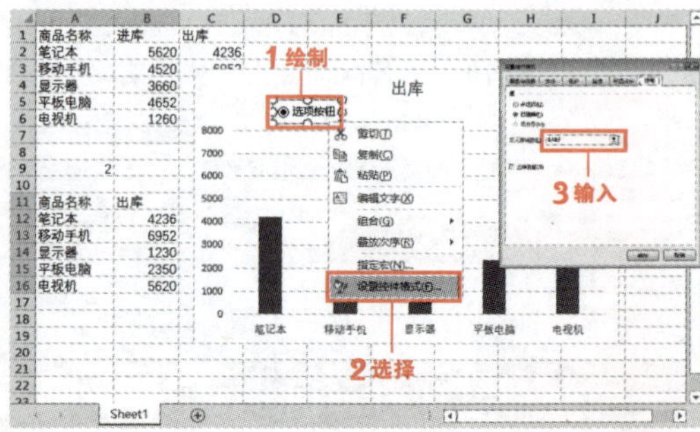

图 9-59 执行“设置控件格式”命令

❺复制一个控件，并将控件名称分别修改为“进库”“出库”。此时若选中“进库”单选按钮，将会在图表中显示进库数据；选中“出库”单选按钮，则会在图表中显示出库数据，效果如图 9-60所示。

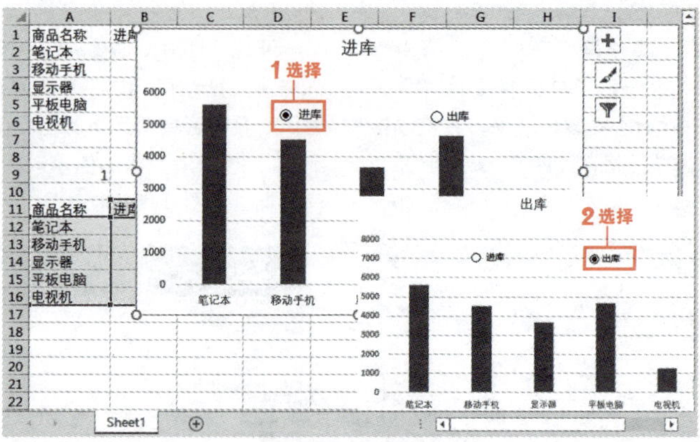

图 9-60 查看设置效果

技巧拓展

offset函数的含义：以指定的（单元格或相连单元格区域的引用）为参照系，通过给定偏移量得到新的引用。

返回的引用可以是一个单元格也可以是一个区域（可以指定行列数）。

其函数的语法格式为=offset(reference,rows,cols,height,width)，即=Offset（参照单元格，行偏移量，列偏移量，返回几行，返回几列）。

Extra tip

第1章 第2章 第3章 第4章 第5章 第6章 第7章 第8章 第9章 第10章

实例 171 利用复选框控制图表系列

难度系数：★★★ 适用版本：07/10/13/16/17

技巧介绍： 学校李老师在创建图表时想要利用复选框来控制图表数据系列，可是她不知道应该怎样操作。

下面为大家介绍如何利用复选框控制图表系列。

1 在Excel中打开“素材\第09章\实例171\三年级各班各科目平均分统计表”工作簿，在F1:H1区域单元格中均输入“TURE”辅助数据，选择“开发工具”选项卡，在“控件”选项组中单击“插入”下拉按钮，选择“复选框（窗体控件）”选项，如图 9-61所示。

2 在工作表中绘制复选框，单击鼠标右键执行“编辑文字”命令，将复选框名称修改为“语文”，继续选中该复选框，单击鼠标右键，执行“设置控件格式”命令，在“设置对象格式”对话框中将“单元格链接”设为“$F$1”，单击“确定”按钮，如图 9-62所示。

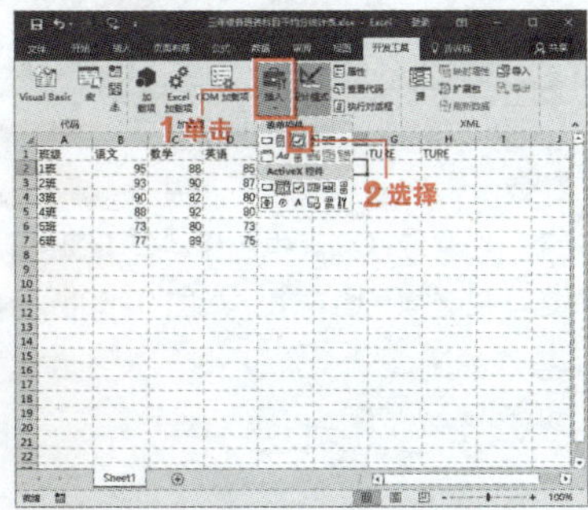

图 9-61 选择“复选框（窗体控件）”选项

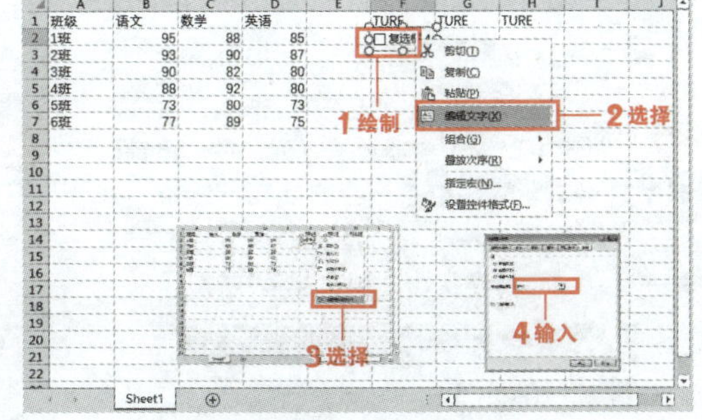

图 9-62 执行“设置控件格式”命令

3 继续绘制复选框，并将复选框名称分别改为“数学”“英语”，链接的单元格分别设为“G1”和“H1”。按【Ctrl+F3】组合键弹出“名称管理器”对话框，单击“新建”按钮，在“新建名称”对话框中将“名称”设为“语文”，“引用位置”设为“=IF(Sheet1!$F$1,Sheet1!$B$2:$B$7,Sheet1!$B$2:$B$7*0-1)”，单击“确定”按钮，如图 9-63所示。

4 使用同样的操作方法继续新建名称“数学”“英语”，其“引用位置”分别为“=IF(Sheet1!$G$1,Sheet1!$C$2:$C$7,Sheet1!$C$2:$C$7*0-1)”“=IF(Sheet1!$H$1,Sheet1!$D$2:$D$7,Sheet1!$D$2:$D$7*0-1)”，如图 9-64所示。

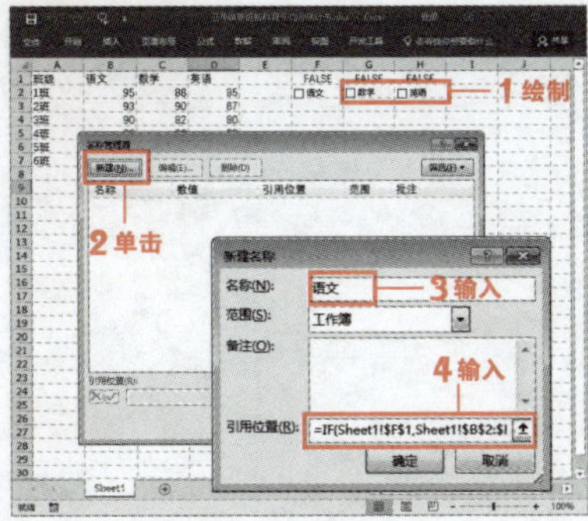

图 9-63 新建名称

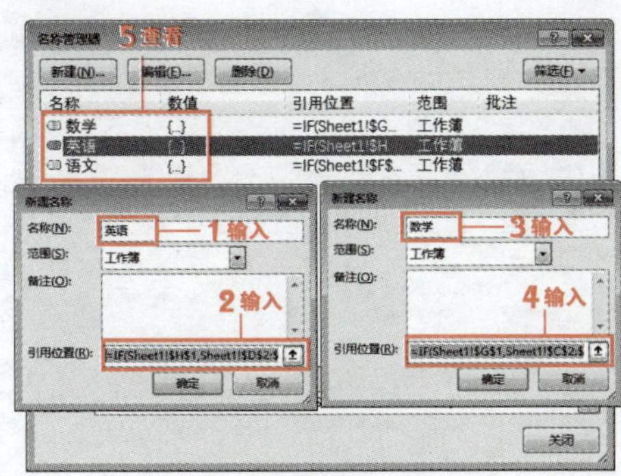

图 9-64 继续创建名称

⑤ 创建一个空白折线图，选中图表，单击鼠标右键，执行“选择数据”命令，在“选择数据源”对话框中单击“添加”按钮，弹出“编辑数据系列”对话框，将“系列名称”设为“语文”，“系列值”设为“=Sheet1!语文”，单击“确定”按钮保存，如图 9-65所示。

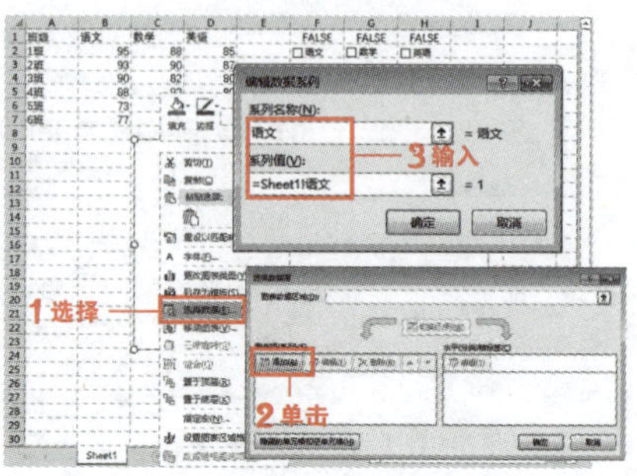

图 9-65 执行“选择数据”命令

⑥ 继续添加“数学”“语文”两个数据系列，单击“水平（分类）轴标签”栏中的“编辑”按钮，在“轴标签区域”文本框中输入“=Sheet1!$A$2:$A$7”，单击“确定”按钮保存，如图 9-66所示。

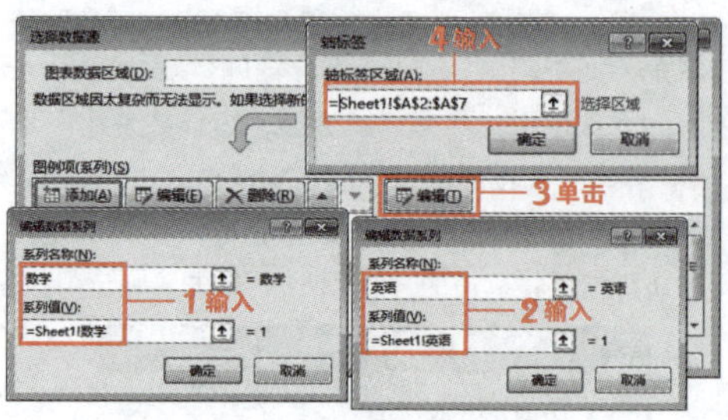

图 9-66 添加数据系列

⑦ 在图表中，双击各项数据系列，在“设置数据系列格式”对话框中选择“填充与线条”按钮，在“线条”栏下勾选“平滑线”复选框，单击“关闭”按钮保存，如图 9-67所示。

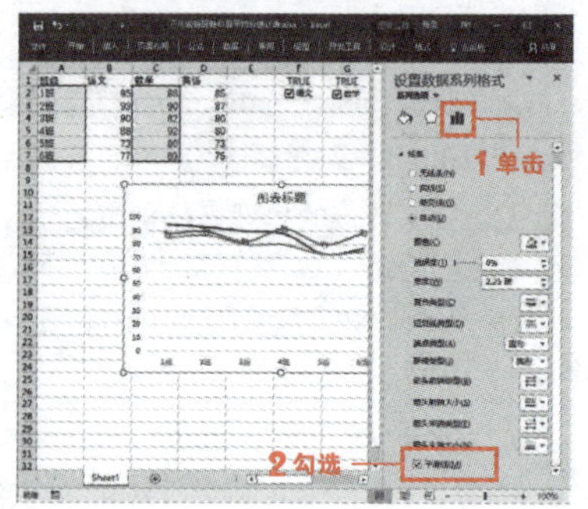

图 9-67 勾选“平滑线”复选框

⑧ 选中复选框，单击鼠标右键执行“叠放次序”命令，在其级联列表中选择“置于顶层”选项，并拖动复选框至图表上，如图 9-68所示。

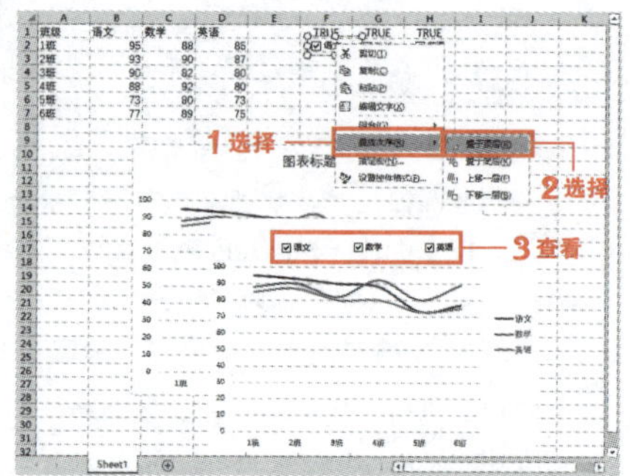

图 9-68 选择“置于顶层”选项

⑨ 双击“垂直（值）轴”，在“设置坐标轴格式”窗格中将边界“最小值”设为“0”，“最大值”视为“100”，单击“关闭”按钮保存。此时取消勾选“语文”复选框，图表中将会隐藏“语文”系列，如图 9-69所示。

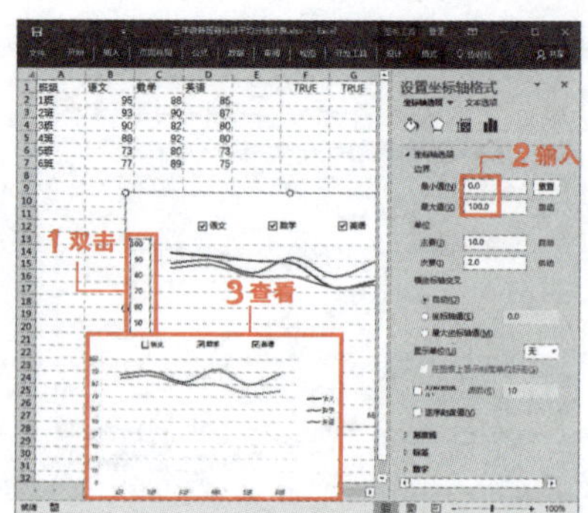

图 9-69 设置边界最值

第1章 第2章 第3章 第4章 第5章 第6章 第7章 第8章 第9章 第10章

技巧拓展

绘制复选框后单击鼠标右键即可选中该复选框。

Extra tip >>>>>>>>>>>>>>

实例 172 利用柱形图显示前 N 名总成绩

难度系数：★★★ 适用版本：07/10/13/16/17

技巧介绍： 学校李老师想要创建一个图表来展示学生考试前*N*名的总成绩，并且希望随着*N*的变化，图表能动态更新，可是她不知道应该怎样操作。

① 在Excel中打开“素材\第09章\实例172\学生考试成绩排名表”工作簿，在D1：E1区域单元格中输入辅助数据，选中E3单元格，在公式编辑栏中输入“=LARGE(B$2:B$21,$E$1-ROW(A1)+1)”，按【Enter】键即可输出结果，并向下填充公式至E21单元格，如图 9-70所示。

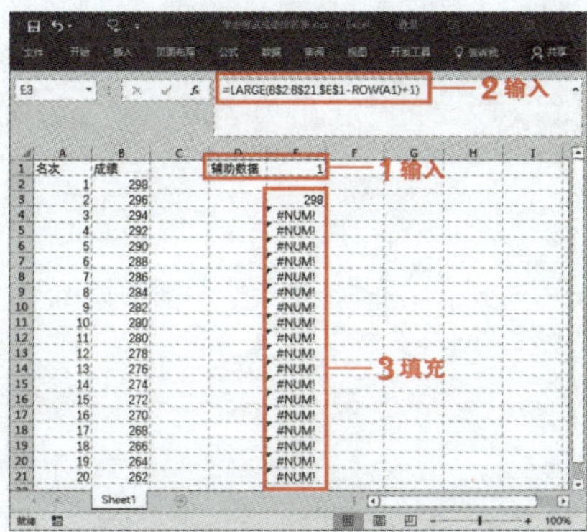

图 9-70 输入辅助数据

② 选中F3区域单元格，在公式编辑栏中输入“=SUM(IF(ISERROR(E3:E21),0,E3:E21))”，按【Shift+Ctrl+Enter】组合键即可输出结果，此公式用于计算前N名之和的，因为N的数值不固定，因此使用ISERROR函数来排除错误值。若更改E1单元格的值，可以看到自动返回前N名值，并计算出前N名总成绩，如图 9-71所示。

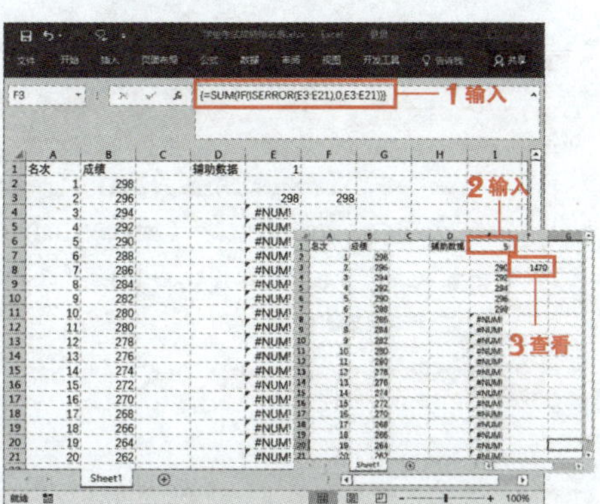

图 9-71 输入公式

③选中F3单元格，创建柱形图，并将图表标题修改为“前　名总成绩”，选择“开发工具”选项卡，在“控件”选项组中单击“插入”下拉按钮，选择“组合框（窗体控件）”选项，如图 9-72所示。

④在图表中绘制组合框，单击鼠标右键执行“设置控件格式”命令，在“设置对象格式”对话框中将“数据源区域”设为“$A$2:$A$21”，“单元格链接”设为“$E$1”，单击“确定”按钮保存，如图 9-73所示。

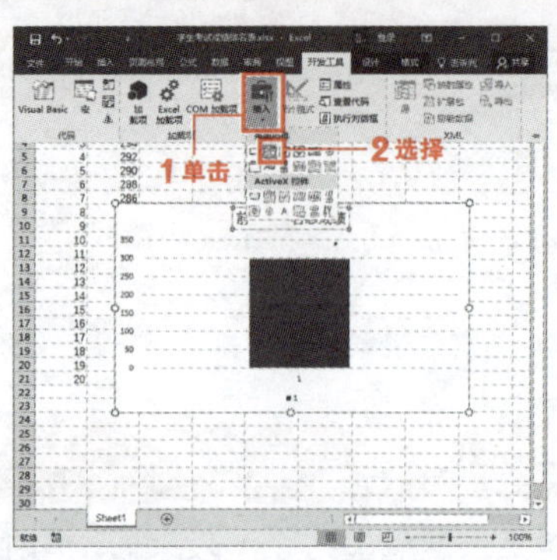

图 9-72 选择“组合框（窗体控件）”选项

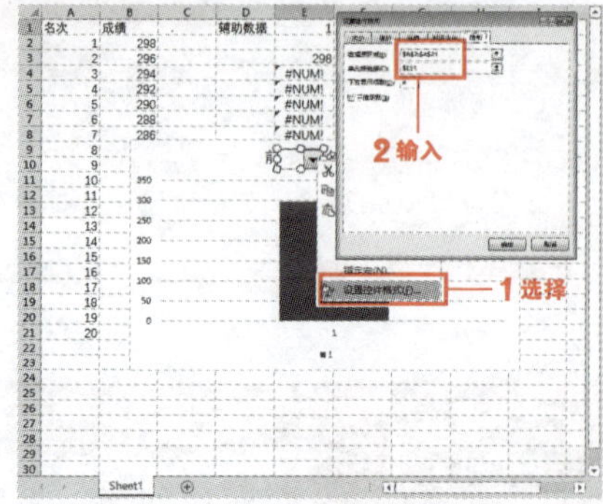

图 9-73 执行“设置控件格式”命令

⑤为图表添加数据标签，在组合框下拉列表中选择“9”，此时图表将自动计算前9名总成绩，如图 9-74所示。

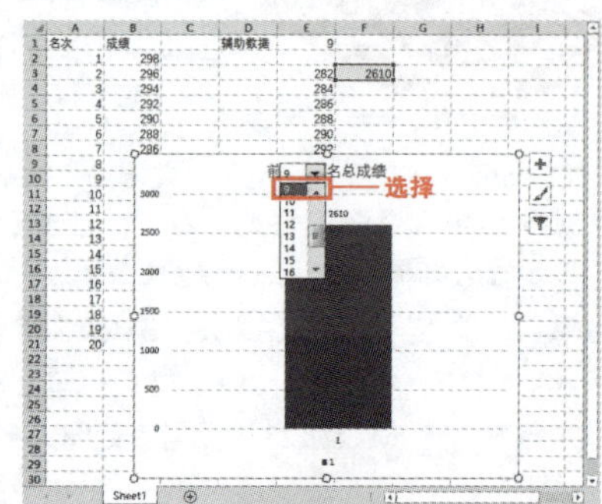

图 9-74 查看设置效果

技巧拓展

上述实例中的公式“=LARGE(B$2:B$21,$E$1-ROW(A1)+1)”是用来提取E1单元格中指定的前N名的数据，当前E1单元格中的值为1，因此公式中只有一个返回值，其他均显示为错误值。

Extra tip > > > > > > > > > > > > >

实例173 动态显示成本的圆环图

难度系数：★★★　适用版本：07\10\13\16\17

技巧介绍： 公司办公人员小海想要创建能动态显示成本的图表，可是他不知道应该怎样操作。

下面为大家介绍如何创建动态显示成本的圆环图。

①在Excel中打开“素材\第09章\实例173\2016年产品消耗成本统计表”工作簿，选择“开发工具”选项卡，在“控件”选项组中单击“插入”选项组，选择“选项按钮（窗体控件）”选项，并绘制在工作表中，如图 9-75所示。

❷ 选中该按钮，单击鼠标右键，执行“设置控件格式”命令，选择“控制”选项卡，在“单元格链接”文本框中输入“$D$1”，单击“确定”按钮，并将按钮名称修改为“生产成本”，如图 9–76所示。

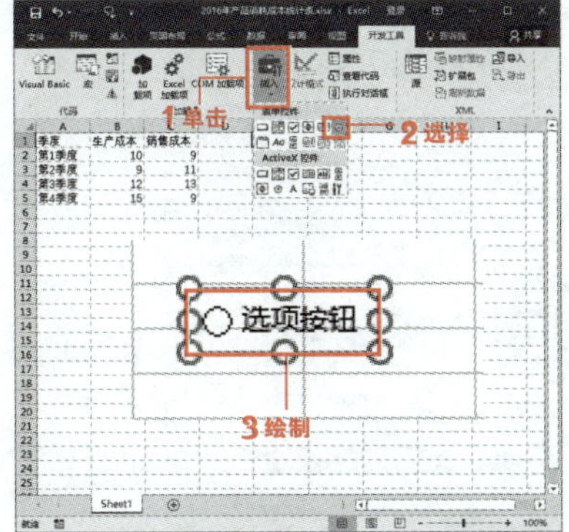

图 9–75 选择“选项按钮（窗体控件）”选项

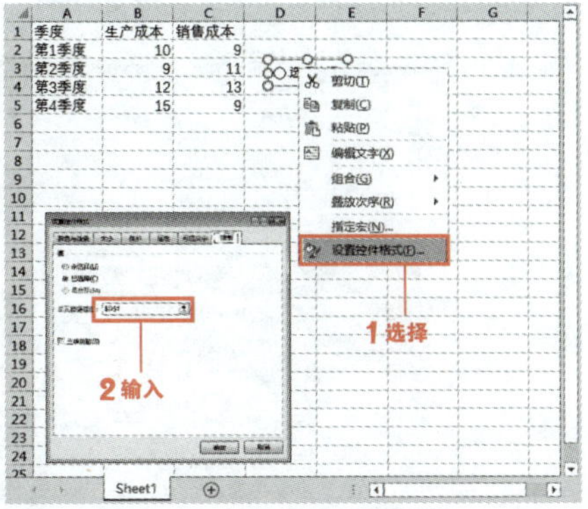

图 9–76 执行“设置控件格式”命令

❸ 继续绘制两个选项按钮，将按钮名称分别更改为“销售成本”、“所有成本”，在“单元格链接”文本框中均输入“$D$1”，此时单击任意选项按钮可以控制D1单元格中值在1–3之间切换。按【Ctrl+F3】组合键弹出“名称管理器”对话框，单击“新建”按钮，在“新建名称”对话框中将“名称”设为“生产成本”，在“引用位置”文本框中输入“=IF(OR(Sheet1!$D$1=1,Sheet1!$D$1=3),Sheet1!$B$2:$B$5,0)”，单击“确定”按钮，如图 9–77所示。

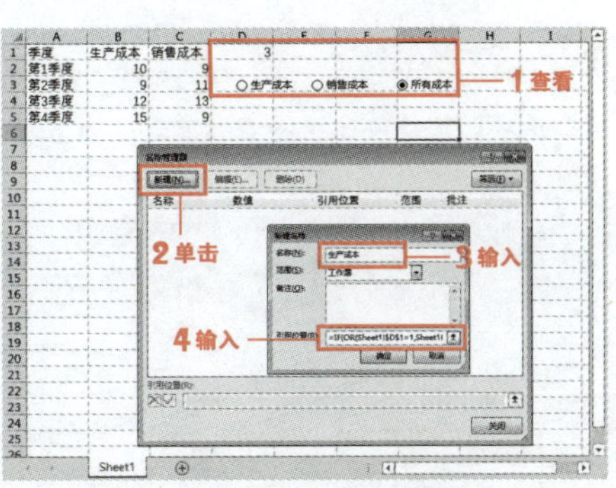

图 9–77 新建名称

❹ 继续新建名称“销售成本”，在“引用位置”文本框中输入“=IF(OR(Sheet1!$D$1=2,Sheet1!$D$1=3),Sheet1!$C$2:$C$5,0)”，如图 9–78所示。

❺ 在“插入”选项卡中创建一个空白圆环图，单击鼠标右键执行“选择数据”选项，在“选择数据源”对话框中单击“添加”按钮，在“编辑数据系列”对话框中将“系列名称”设为“生产成本”，“系列值”设为“=Sheet1!生产成本”，单击“确定”按钮保存，如图 9–79所示。

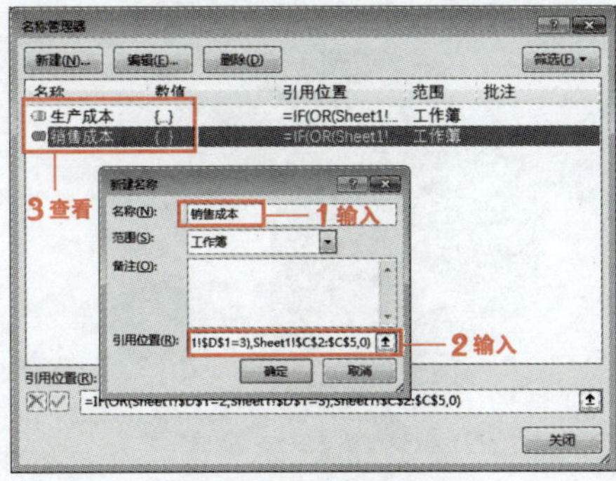

图 9–78 继续新建名称

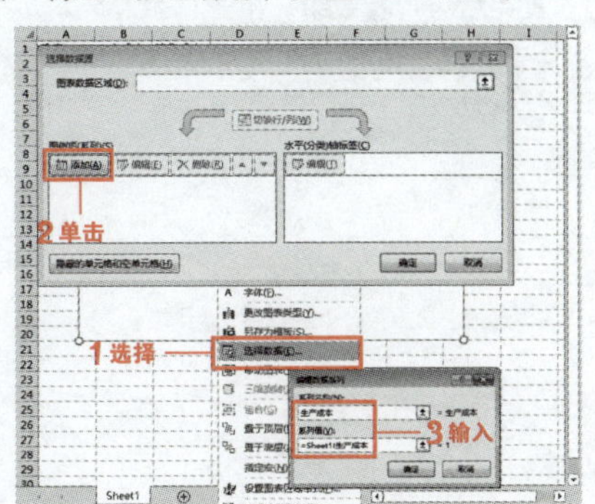

图 9–79 添加数据系列

6 继续添加系列，将“系列名称”设为“销售成本”，“系列值”设为“=Sheet1!销售成本”，单击“水平（分类）轴标签”栏中的“编辑”按钮，在“轴标签区域”文本框中输入“=Sheet1!$A$2:$A$5”，单击“确定”按钮，如图 9-80所示。

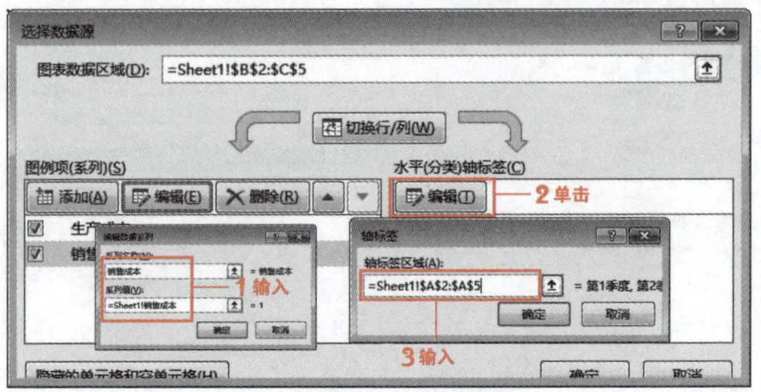

图 9-80 继续添加数据系列

7 选中选项按钮，单击鼠标右键执行“叠放次序”命令，在其级联列表中选择“置于顶层”选项，拖动按钮至图表上方，如图 9-81所示。

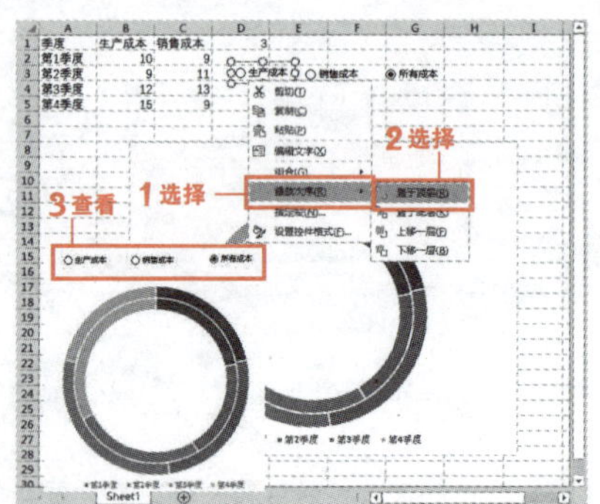

图 9-81 选择“置于顶层”选项

8 为图表添加数据标签，双击数据系列，在“设置数据系列格式”窗格中单击“系列选项”按钮，在“系列选项”栏下将“圆环图内径大小”设为“10%”，如图 9-82所示。

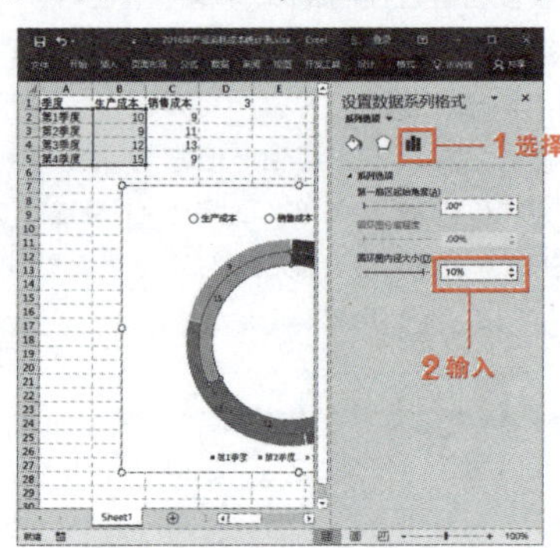

图 9-82 设置圆环图内径大小

9 设置完后可查看效果，单击“生产成本”按钮，图表将自动隐藏“销售成本”数据系列，如图 9-83所示。

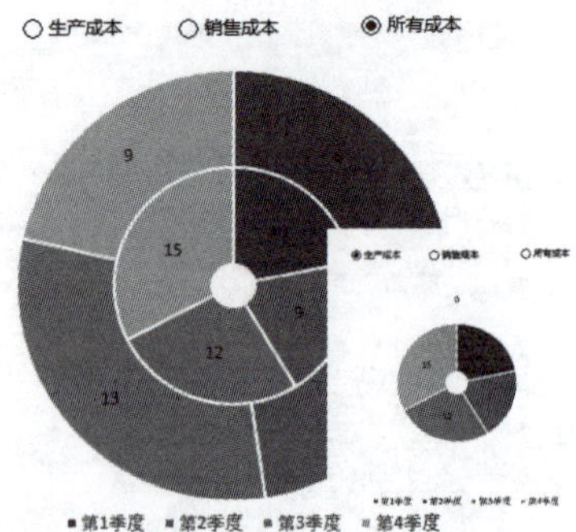

图 9-83 查看设置效果

技巧拓展

可以在“设置控件格式”对话框的“颜色与线条”选项卡中来设置按钮的填充颜色和线条颜色，如图 9-84所示。

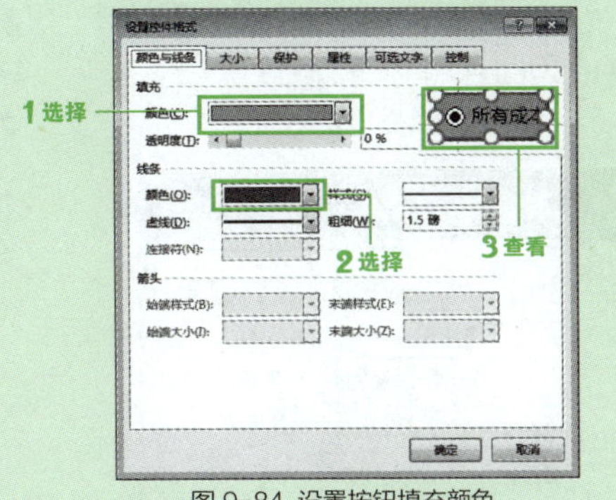

图 9-84 设置按钮填充颜色

Extra tip >>>>>>>>>>>>

实例 174 设计第二绘图区可以单击切换的复合饼图

难度系数：★★★ 适用版本：07/10/13/16/17

技巧介绍： 公司办公人员小玖需要统计公司上半年业务情况表，要求按季度比较业绩并需要对其中某个季度进行具体分析。可是她不知道应该怎样操作。

① 在Excel中打开“素材\第09章\实例174\上半年销售各部业务统计表”工作簿，选择“插入”选项卡，在“控件”选项组中单击“插入”下拉按钮，选择“列表框（窗体控件）”选项，在工作表中绘制列表框，单击鼠标右键，执行“设置控件格式”命令，在“设置对象格式”对话框中将“数据源区域”设为“$A$2:$A$5”，将“单元格链接”设为“$G$1”，单击“确定”按钮保存，如图 9-85所示。

② 选中H1单元格，在公式编辑栏中输入“=INDEX(A$2:A$5,IF($G$1-ROW()>0,$G$1-ROW(),ROW()+1))”，按【Enter】键输出结果，并拖动鼠标向下填充至H3单元格，继续选中I1单元格，在公式编辑栏中输入“=VLOOKUP(H1,A$1:F$5,6,0)”，拖动鼠标向下填充至I3单元格，如图 9-86所示。

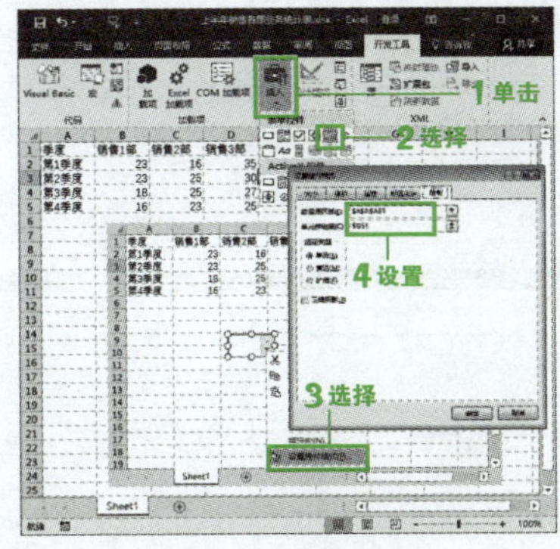

图 9-85 绘制列表框

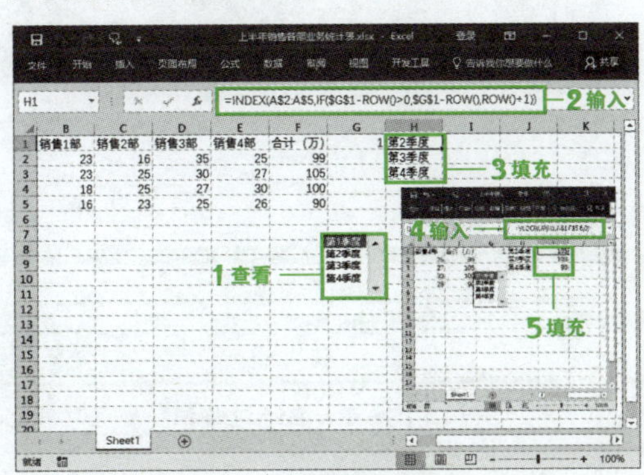

图 9-86 输入公式

③ 在H4：H7区域单元格中分别输入“销售1部”“销售2部”“销售3部”“销售4部”，选中I4单元格，在公式编辑栏中输入“=HLOOKUP(H4,A$1:E$6,G$1+1,0)”，拖动鼠标向下填充至I7单元格，如图 9-87所示。

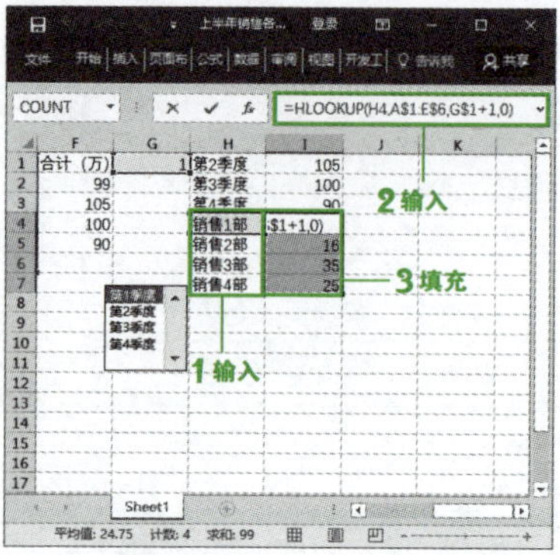

图 9-87 输入公式

④选中H1：I7区域单元格，在“插入”选项卡中创建复合饼图，双击任意数据系列，在“设置数据系列格式”窗格中单击“系列选项”按钮，在“系列选项”栏下将“第二绘图区中的值”设为“4”，如图 9-88所示。

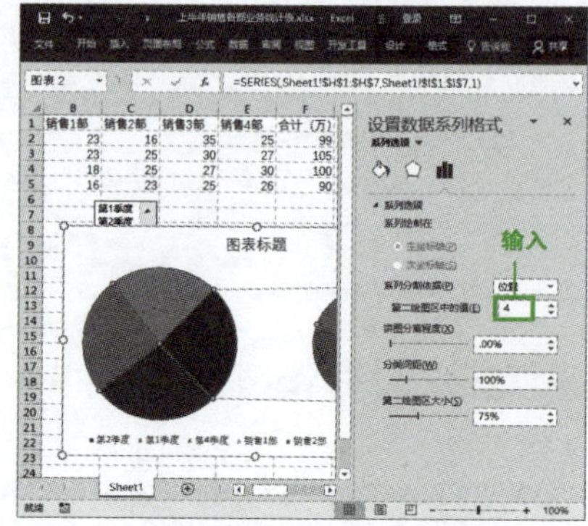

图 9-88 设置第二绘图区中的值

⑤修改图表标题、添加数据标签，选中列表框，单击鼠标右键，执行“叠放次序”命令，在其级联列表中选择“置于顶层”选项，将列表框中移至图表上，单击列表框中任意项目，图表会将该季度的明细数据显示在第二绘图区中，效果如图 9-89所示。

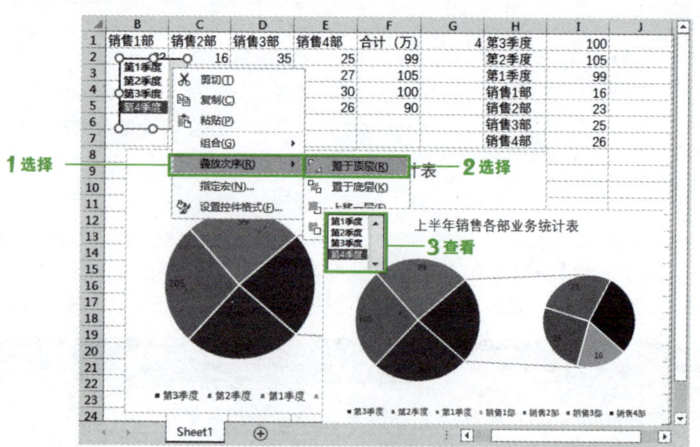

图 9-89 执行“叠放次序”命令

技巧拓展

按【F4】键可以在绝对与相对单元引用之间切换。

Extra tip

实例 175 既可局部查看也可整体比较的图表

难度系数：★★★ 适用版本：07/10/13/16/17

技巧介绍： 公司销售部员工小王正在统计产品销售表，他需要创建一个既可进行局部查看也可进行整体比较的图表，可是他不知道应该怎样操作。

① 在Excel中打开“素材\第09章\实例175\产品销售表”工作簿，在G1：G5区域单元格中分别输入“第1季度”“第2季度”“第3季度”“第4季度”“全部”，选择“开发工具”选项卡，在“控件”选项组中单击“插入”下拉按钮，选择“组合框（窗体控件）”选项，在工作表中绘制组合框单击鼠标右键执行“设置控件格式”命令，在“设置对象格式”对话框中将“数据源区域”设为“$G$1:$G$5”，将“单元格链接”设为“$F$1”，“下拉显示项数”文本框中输入“5”，如图 9-90所示。

② 按【Ctrl+F3】组合键弹出“名称管理器”对话框，单击“新建”按钮，在“新建名称”对话框中将“名称”设为“第1季度”，将“引用位置”设为“=IF(OR(Sheet1!$F$1=1,Sheet1!$F$1=5),Sheet1!$B$2:$B$5,0)”，如图 9-91所示。

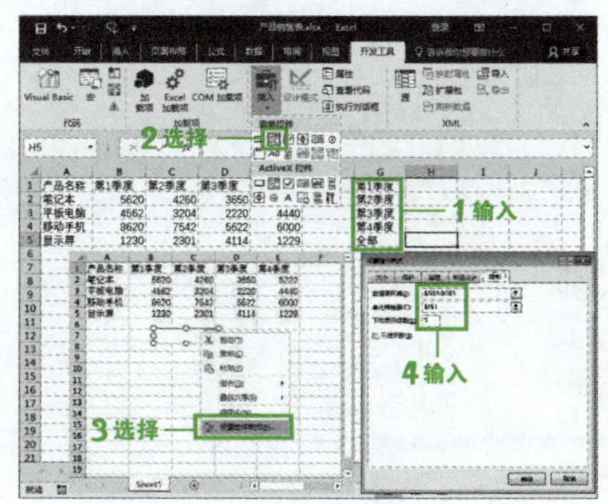

图 9-90 执行“设置控件格式”命令

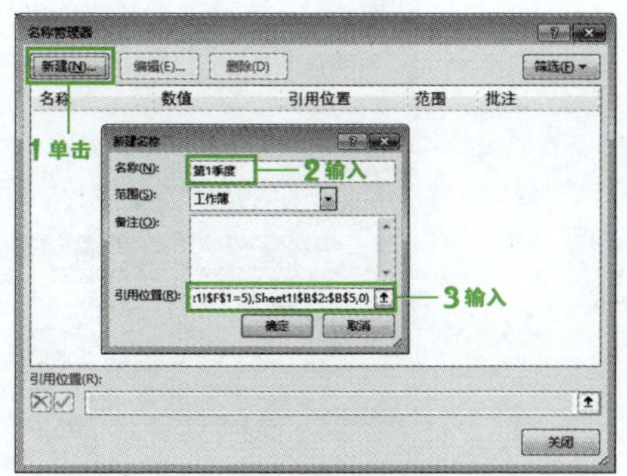

图 9-91 新建名称

③ 继续创建“第2季度”“第3季度”“第4季度”名称，在“引用位置”文本框中分别设为“=IF(OR(Sheet1!$F$1=2,Sheet1!$F$1=5),Sheet1!$C$2:$C$5,0)”“=IF(OR(Sheet1!$F$1=3,Sheet1!$F$1=5),Sheet1!$D$2:$D$5,0)”“=IF(OR(Sheet1!$F$1=4,Sheet1!$F$1=5),Sheet1!$E$2:$E$5,0)”，如图 9-92所示。

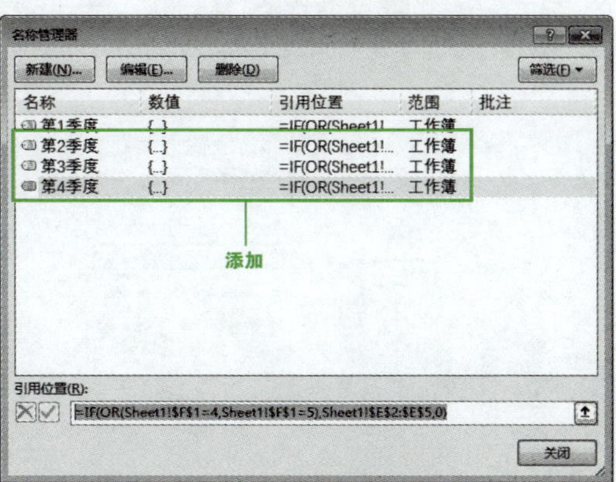

图 9-92 继续新建名称

④在工作表中创建空白堆积柱形图，单击鼠标右键执行“选择数据”命令，在“选择数据源”对话框中单击“添加”按钮，在“编辑数据系列”对话框中将“系列名称”设为“第1季度”，在“系列值”设为“=Sheet1!第1季度”，单击“确定”按钮保存，如图9-93所示。

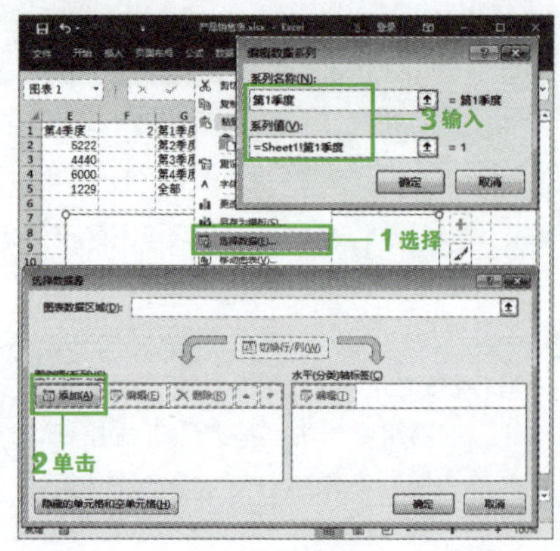

图 9-93 添加数据

⑤ 继续添加数据系列“第2季度”“第3季度”“第4季度”，单击“水平（分类）轴标签”栏中的“编辑”按钮，在“轴标签”对话框中将“轴标签区域”设为“=Sheet1!$A$2:$A$5”，单击“确定”按钮保存，如图9-94所示。

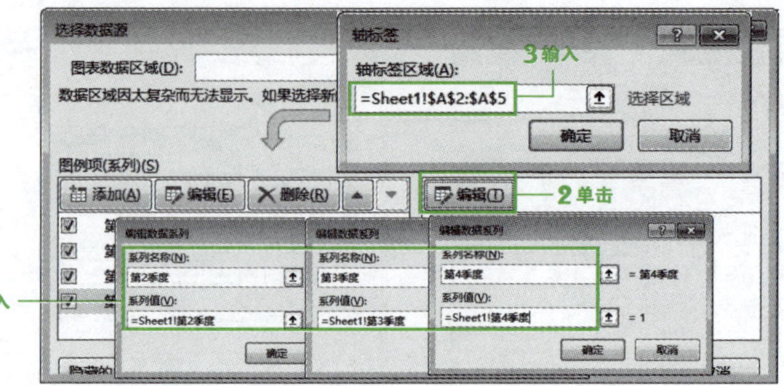

图 9-94 继续添加数据系列

⑥ 选中组合框，单击鼠标右键执行“叠放次序”命令，在其级联列表中选择“置于顶层”选项，拖动组合框至图表上方，如图9-95所示。

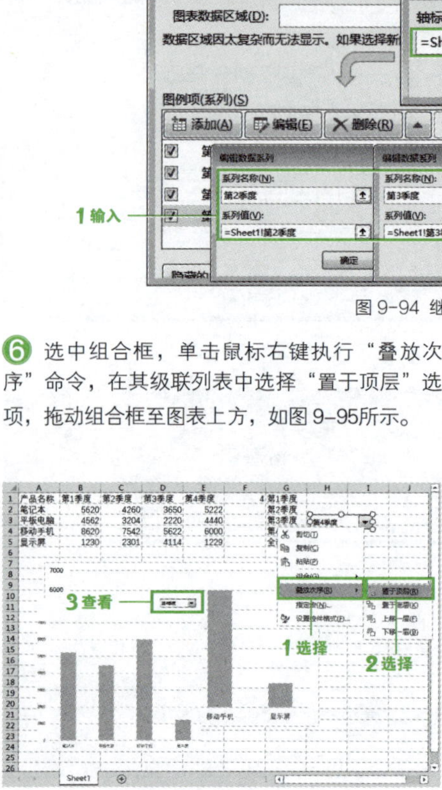

图 9-95 执行“叠放次序”命令

⑦ 为图表添加标题和数据标签，在组合框下拉列表中选择“全部”选项，图表中将显示全年产品销售数据，若选择“第2季度”则图表中显示第2季度产品销售数据，效果如图9-96所示。

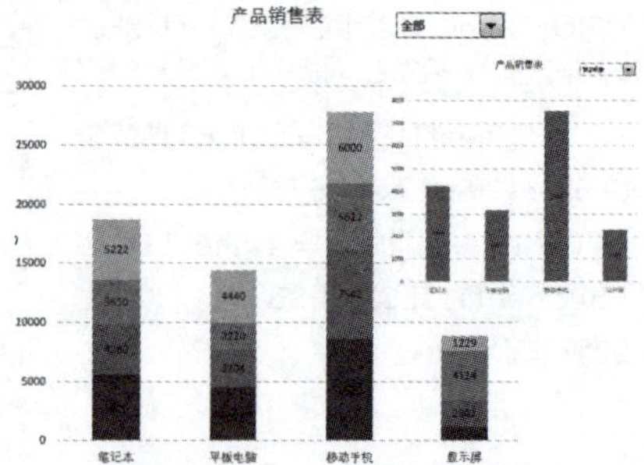

图 9-96 查看设置效果

技巧拓展

公式"=IF(OR(Sheet1!$F$1=1,Sheet1!$F$1=5),Sheet1!$B$2:$B$5,0)"是指如果单元格F1的值为1或5，那么返回B2：B5的值，否则返回0。

Extra tip >>>>>>>>>>>>>

实例 176 设计总是显示一周数据的折线图

难度系数：★★★ 适用版本：07/10/13/16/17

技巧介绍： 公司办公人员小敏正在统计上月销售额，她希望创建出能显示一周数据的折线图，可是又不知道应该怎样操作。下面为大家介绍如何创建总是显示一周数据的折线图。

1 在Excel中打开"素材\第09章\实例176\1月产品销售表"工作簿，在"开发工具"选项卡中单击"插入"下拉按钮，选择"滚动条（窗体控件）"选项，在工作表中绘制滚动条，单击鼠标右键执行"设置控件格式"命令，在"设置控件格式"对话框中设置各选项，如图9-97所示。

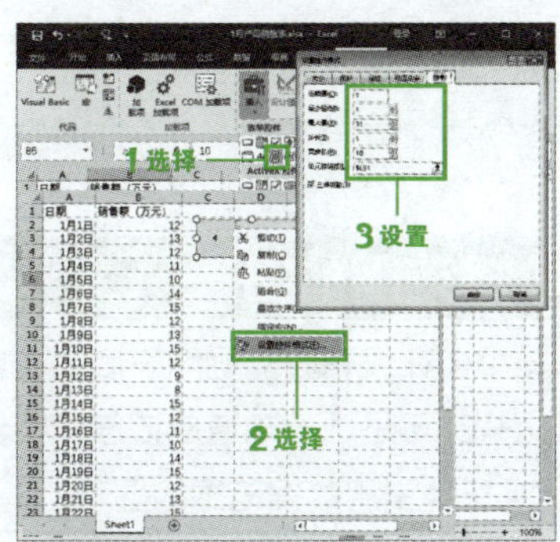

图 9-97 执行"设置控件格式"命令

2 按【Ctrl+F3】组合键弹出"名称管理器"对话框，单击"新建"按钮，在"编辑名称"对话框中将"名称"设为"一周"，"引用位置"设为"=OFFSET(Sheet1!$B$1,Sheet1!$E$1,,MIN(31-Sheet1!$E$1+1,7))"，继续添加"标题"名称，其"引用位置"设为"=OFFSET(Sheet1!$A$1,Sheet1!$E$1,,MIN(31-Sheet1!$E$1+1,7))"，如图 9-98所示。

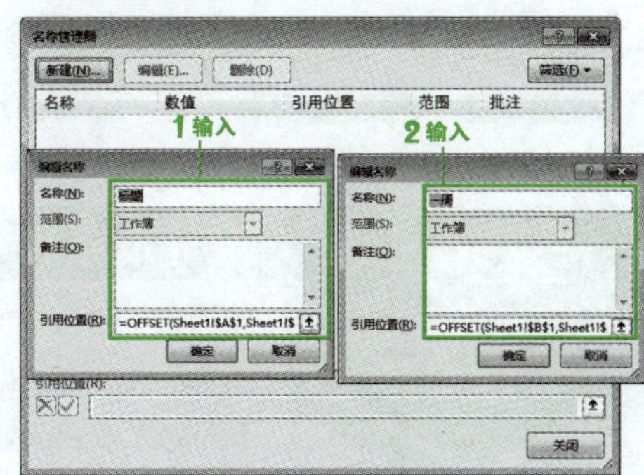

图 9-98 新建名称

3 创建空白折线图，执行"选择数据"命令，在"选择数据源"对话框中单击"添加"按钮，在"编辑数据系列"对话框中将"系列值"设为"=Sheet1!一周"，单击"选择数据源"对话框中右侧的"编辑"按钮，在"轴标签"对话框中将"轴标签区域"设为"=Sheet1!标题"，如图 9-99所示。

4 为图表添加标题、数据标签，此时图表中将会显示一周的数据，将E1单元格的数值修改为"7"，则图表将会从"1月7日"开始显示一周数据的折线图，效果如图 9-100所示。

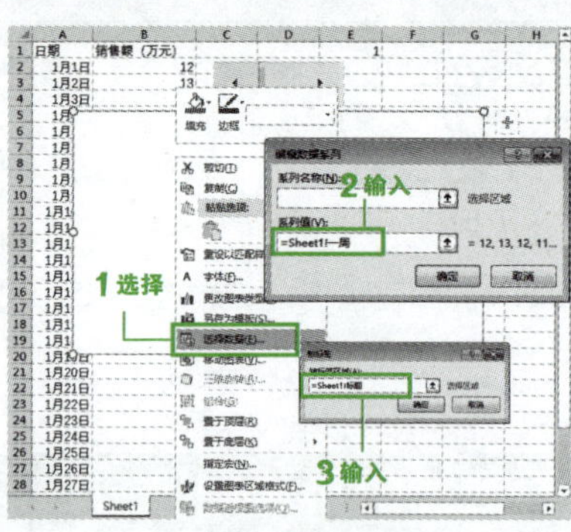

图 9-99 添加数据系列

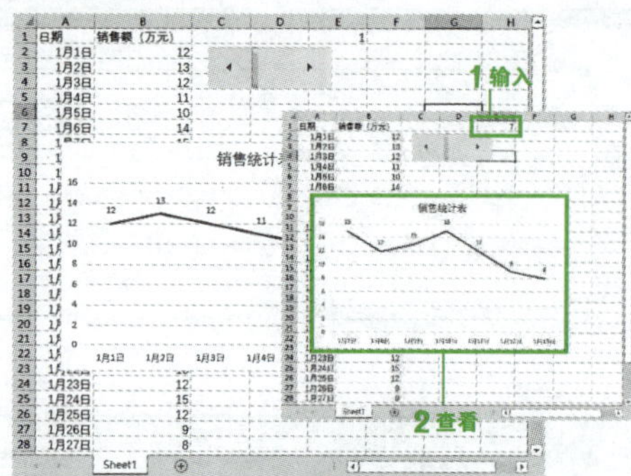

图 9-100 查看设置效果

技巧拓展

若是觉得横坐标文本过长，可双击横坐标，在“设置坐标轴格式”窗格中选择“数字”选项，在“格式代码”中输入“D日”，单击“添加”按钮，效果如图 9-101 所示。

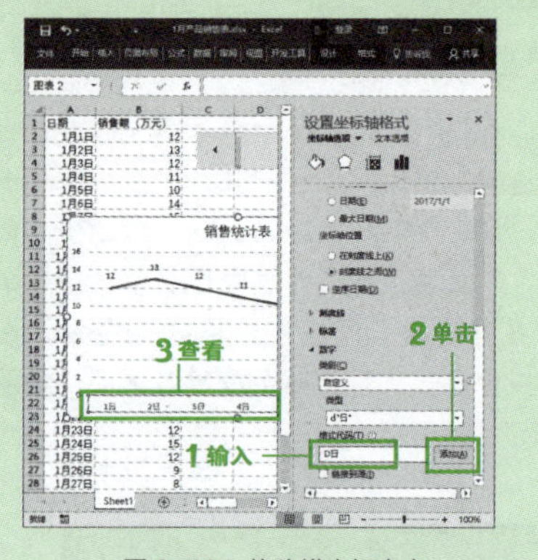

图 9-101 修改横坐标文本

Extra tip

实例 177 设计双条件引用数据范围的图表

难度系数：★★★ 适用版本：07/10/13/16/17

技巧介绍： 公司办公人员小佳在编辑收支明细表后需要创建出双条件引用数据范围的图表，可是她不知道应该怎样操作。下面为大家介绍如何设计双条件引用数据范围的图表。

① 在Excel中打开“素材\第09章\实例177\三组去年收支明细表”工作簿。在L1:L5区域单元格中分别输入辅助数据“第1季度”“第2季度”“第3季度”“第4季度”“全部”，选择“开发工具”选项卡，单击“插入”下拉按钮，选择“组合框（窗体控件）”选项，在工作表中绘制组合框，单击鼠标右键执行“设置控件格式”命令，在“设置控件格式”对话框中将“数据源区域”设为“$L$1:$L$5”，“单元格链接”设为“$J$1”，如图 9-102所示。

② 使用同样的操作方法继续绘制组合框，在“设置控件格式”对话框中将“数据源区域”设为“$A$3:$A$5”，“单元格链接”设为“$K$1”，如图 9-103所示。

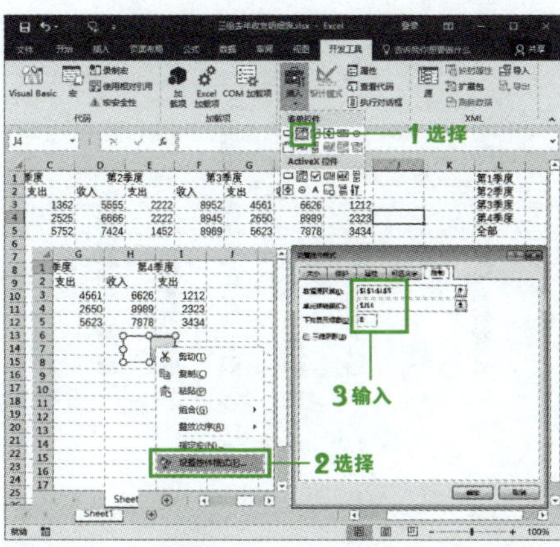

图 9-102 绘制组合框

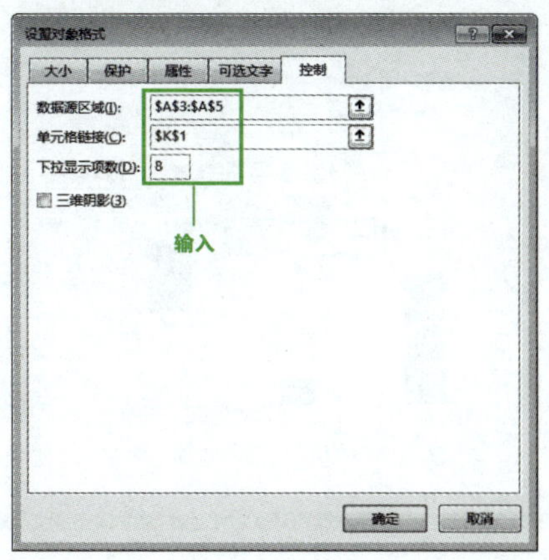

图 9-103 继续绘制组合框

❸按【Ctrl+F3】组合键弹出“名称管理器”对话框，单击“新建”按钮，在“新建名称”对话框中将“名称”设为“标题”，在“引用位置”文本框中输入“=OFFSET(Sheet1!$B$2,,0,1,IF(Sheet1!$J$1=5,8,2))”，继续新建名称，将“名称”设为“数据”，在“引用位置”文本框中输入“=OFFSET(Sheet1!$B$2,Sheet1!$K$1,IF(Sheet1!$J$1=5,0,(Sheet1!$J$1-1)*2),1,IF(Sheet1!$J$1=5,8,2))”，如图9-104所示。

❹在工作表创建空白柱形图，单击鼠标右键执行“选择数据”命令，在“选择数据源”对话框中单击“添加”按钮，在“编辑数据系列”对话框中将“系列值”设为“=Sheet1!数据”，返回“选择数据源”对话框，单击右侧“编辑”按钮，在“轴标签区域”文本框中输入“=Sheet1!标题”，单击“确定”按钮保存。如图 9-105所示。

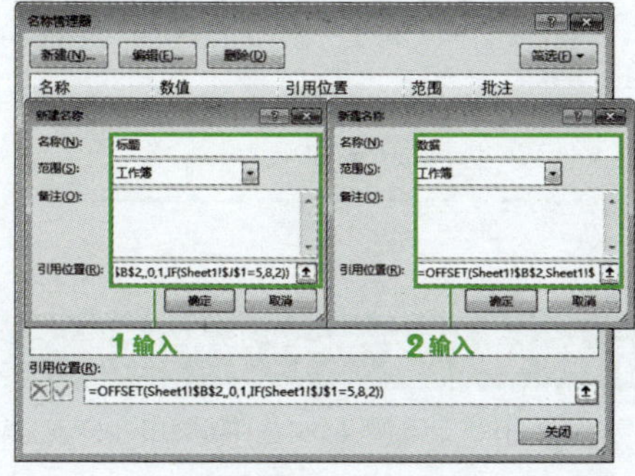

图 9-104 新建名称

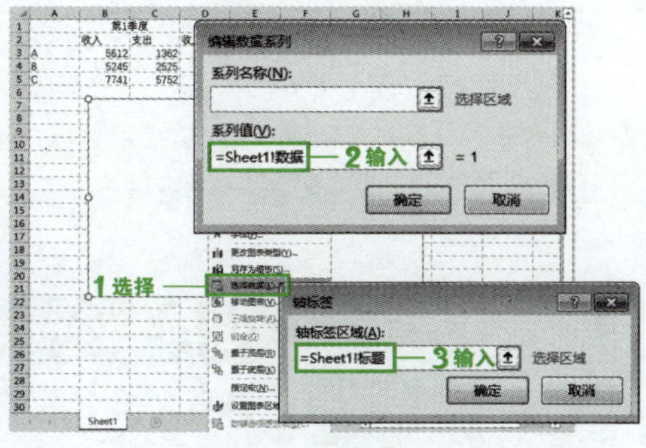

图 9-105 添加数据系列

❺选中组合框，单击鼠标右键执行“叠放次序”命令，在其级联列表中选择“置于顶层”选项，拖动组合框至图表上，如图 9-106所示。

❻为图表添加数据系列，在第一个组合框中选择“全部”选项，在第二个组合框中选择“A”选项，此时将会在图表中显示A全年的收支明细表，如图 9-107所示。

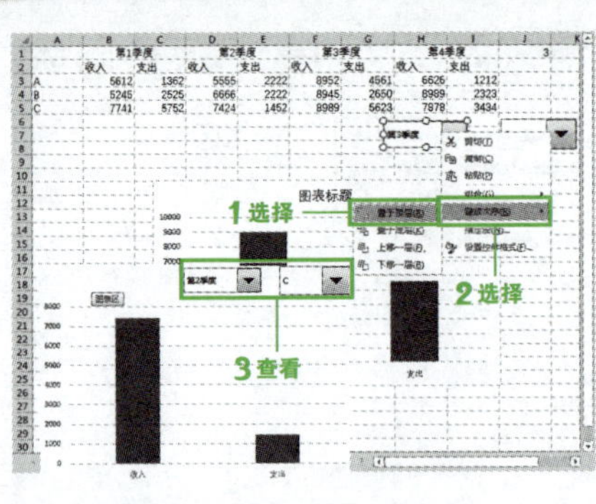

图 9-106 执行“叠放次序”命令

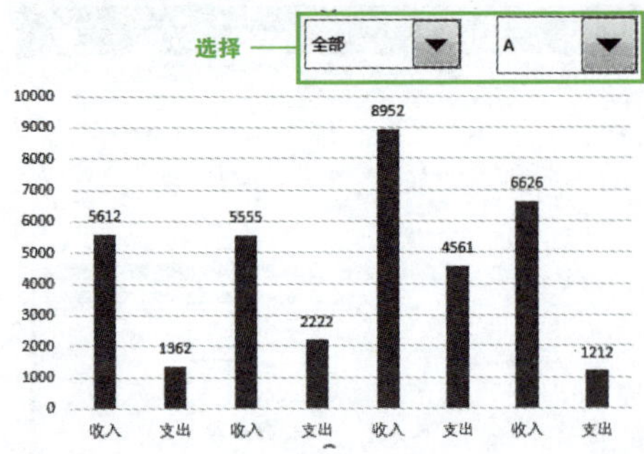

图 9-107 查看效果

技巧拓展

为了方便移动图表和组合框，可按【Ctrl】键选中组合框和图表，选择“绘图工具—格式”选项卡，在“排列”选项组中单击“组合”下拉按钮，选择“组合”选项，即可将组合框和图表组合成一个对象，如图9-108所示。

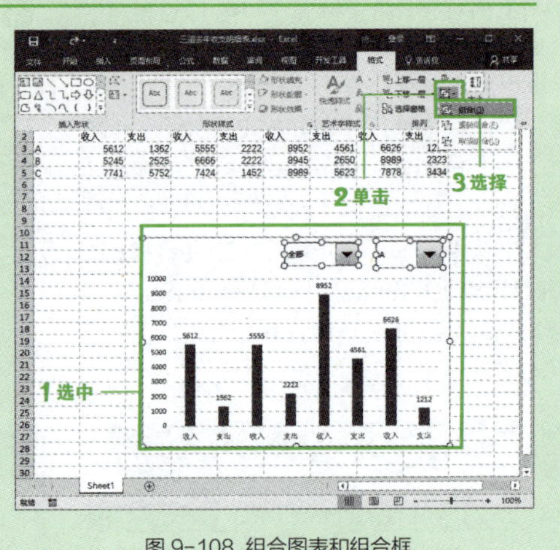

图 9-108 组合图表和组合框

Extra tip >>>>>>>>>>>>>

实例 178 使用 Excel 表格编辑 PPT 文档中的图表

难度系数：★★★ 适用版本：07/10/13/16/17

技巧介绍： 公司办公人员小华想要在Excel中编辑PPT文档中的图表，可是他又不知道应该怎样操作。下面为大家介绍如何使用Excel表格编辑PPT文档中的图表。

1 创建新的Excel工作簿，选择“插入”选项卡，在“文本”选项组中单击“对象”按钮，在“对象”对话框中选择“由文件创建”选项卡，单击“浏览”按钮，如图 9-109所示。

2 在“浏览”对话框中选择需要插入的PPT文档，单击“插入”按钮，如图 9-110所示。

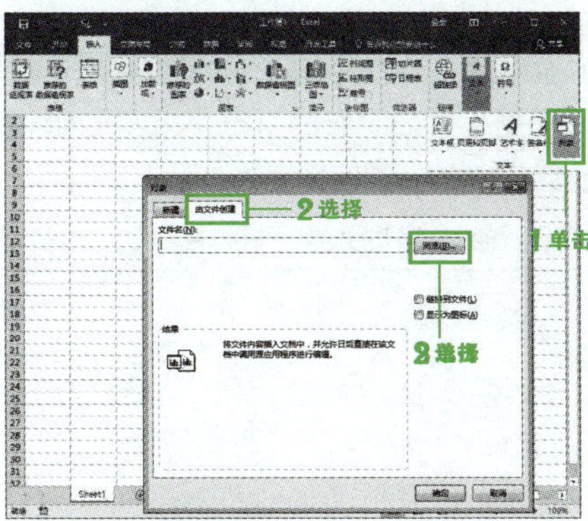

图 9-109 单击“对象”按钮

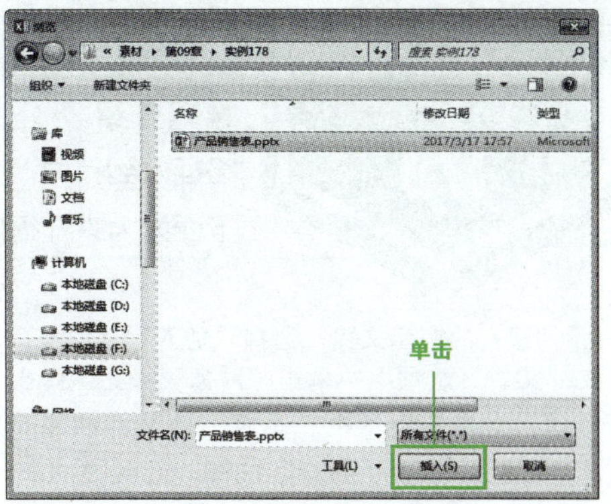

图 9-110 插入 PPT 文档

③此时即可在Excel工作簿中插入PPT演示文档，单击鼠标右键执行“Presentation”命令，在其级联列表中选择“编辑”选项，此时即可在Excel中编辑PPT文档中的图表，如图9-111所示。

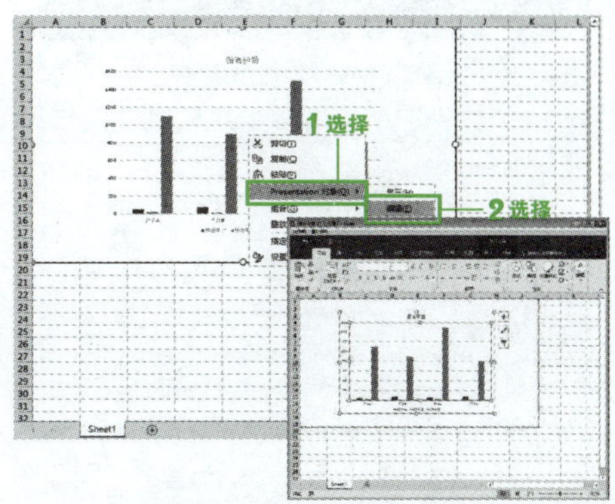

图 9-111 选择“编辑”选项

技巧拓展

如果需要同步更新数据，可在“对象”对话框中勾选“链接到文件”复选框，如图 9-112所示。

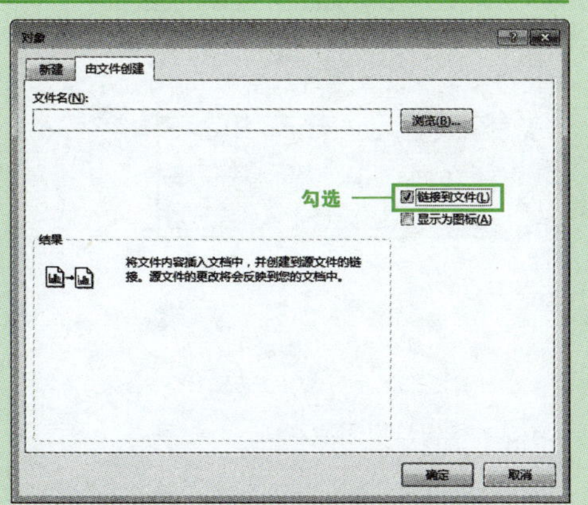

图 9-112 勾选“链接到文件”复选框

Extra tip

实例179 将Excel表格插入到PPT中

难度系数：★★★ 适用版本：07/10/13/16/17

技巧介绍： 公司办公人员小吴在制作PPT时需要将Excel表格插入到其中，可是他又不知道应该怎样操作。下面为大家介绍如何将Excel表格插入到PPT中。

①创建新的演示文稿，选择“插入”选项卡，在“文本”选项组中单击“对象”按钮，弹出“插入对象”对话框，选择“由文件创建”单选按钮，单击“浏览”按钮，如图9-113所示。

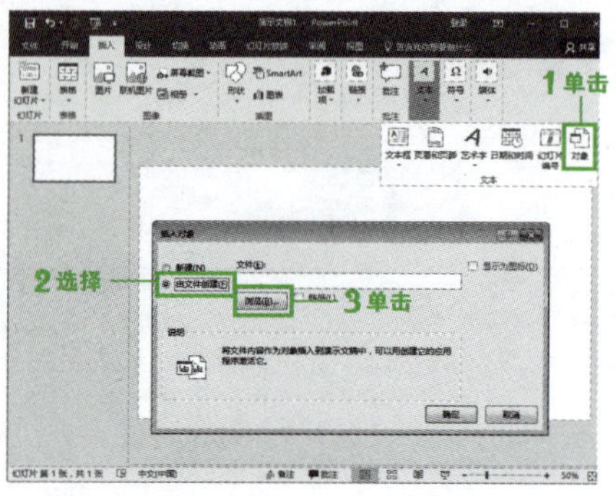

图9-113 单击“浏览”按钮

②在“浏览”对话框中选择需要插入的Excel工作表，单击“确定”按钮，如图9-114所示。

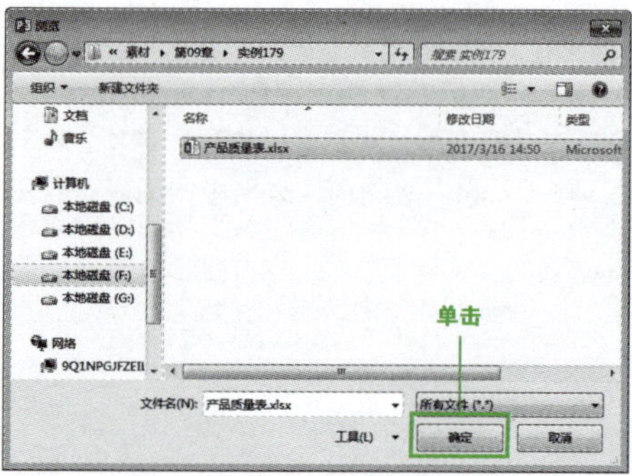

图9-114 插入Excel工作表

③设置完后可查看到已经成功地在PPT中插入Excel图表，如图9-115所示。

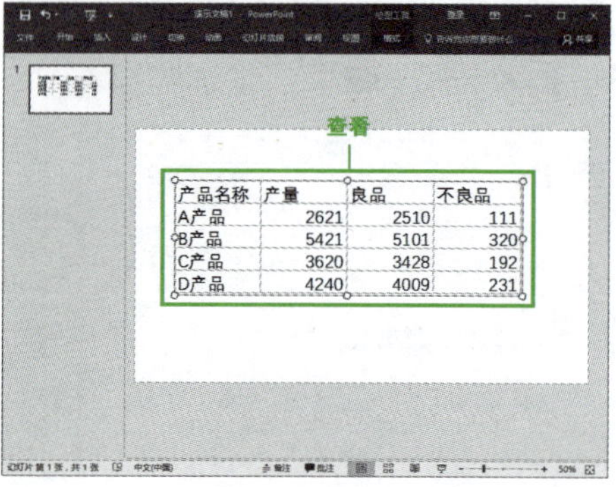

产品名称	产量	良品	不良品
A产品	2621	2510	111
B产品	5421	5101	320
C产品	3620	3428	192
D产品	4240	4009	231

图9-115 查看效果

技巧拓展

在“绘图工具—格式”选项卡中单击“形状填充”下拉按钮，在下拉列表中可以选择满意的填充颜色，如图9-116所示。

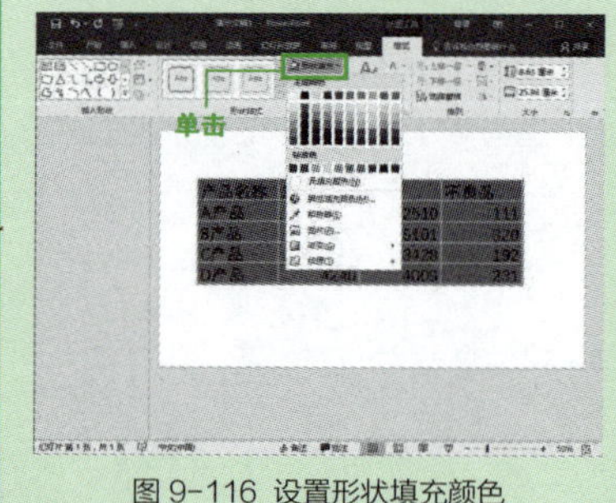

图9-116 设置形状填充颜色

Extra tip

实例180 Office 三大“利器”的协作

难度系数：★★★ 适用版本：07/10/13/16/17

技巧介绍： Word、Excel和PPT是最常用的三大软件，每个软件都有着很强大并且很实用的功能，用户可以单独使用它们进行日常工作，还可以共同协作，互相共享数据。

1 首先为大家介绍如何在Word中使用Excel数据。创建新的Word文档，选择“插入”选项卡，在“文本”选项组中单击“对象”下拉按钮，选择“对象”选项，在“对象”对话框中选择“由文件创建”选项卡，单击“浏览”按钮，如图 9-117所示。

2 在“浏览”对话框中选择需要插入的工作表，单击“插入”按钮即可插入工作表。如果需要修改表格中的数据，只需双击表格中的单元格，此时表格将会变成Excel单元格模式，如图 9-118所示。

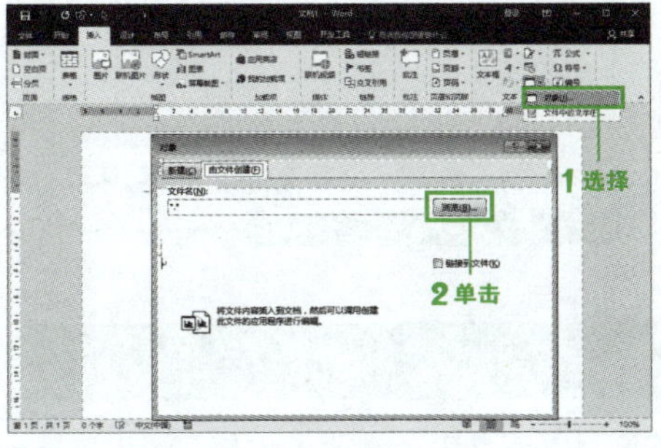

图 9-117 选择“对象”选项

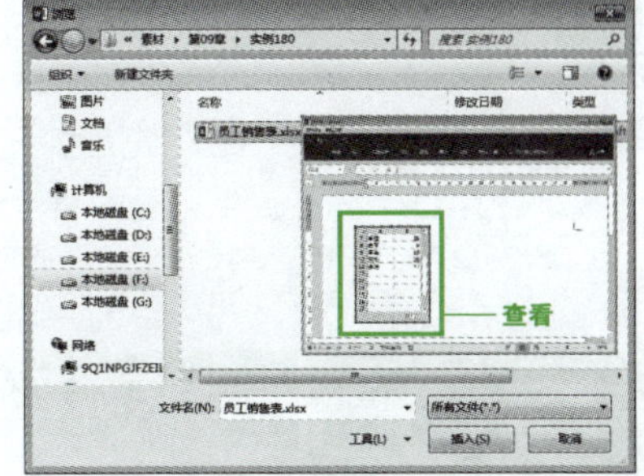

图 9-118 插入工作表

3 接下来为大家介绍如何利用Word创建PPT。打开“素材\第09章\实例180\诗歌”文档，单击“文件”菜单，选择“选项”，在“Word 选项”对话框中选择“快速访问工具栏”选项，在“从下列位置选择命令”下拉列表中选择“不在功能区的命令”选项，在其下拉列表中选择“发送到Microsoft PowerPoint”选项，单击“添加”按钮，如图 9-119所示。

4 在Word文档的“快速访问工具栏”中单击“发送到Microsoft PowerPoint”按钮，即可快速创建PPT演示文稿，如图 9-120所示。

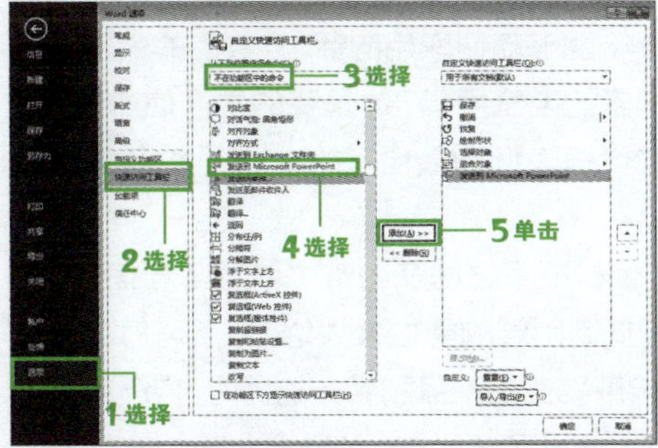

图 9-119 选择“发送到 Microsoft PowerPoint”选项

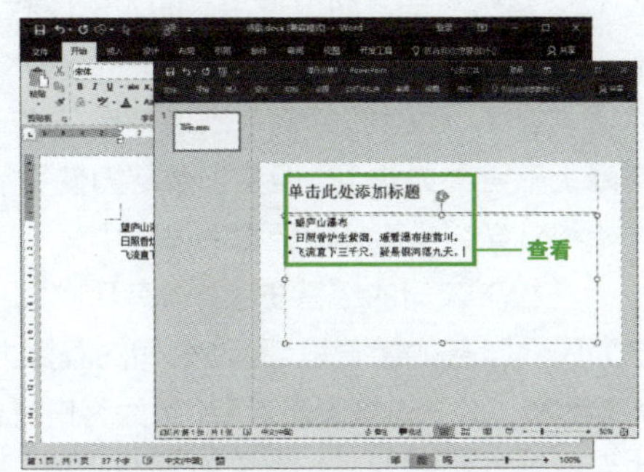

图 9-120 单击“发送到 Microsoft PowerPoint”按钮

第1章 第2章 第3章 第4章 第5章 第6章 第7章 第8章 第9章 第10章

⑤ 最后为大家介绍如何将PPT插入到Excel中。打开“素材\第09章\实例180\年终总结会议”PPT演示文稿，选中需要插入的幻灯片，单击鼠标右键执行“复制”命令，打开Excel工作簿，按【Ctrl+V】组合键执行“粘贴”命令，即可将PPT插入到Excel中，如图 9-121所示。

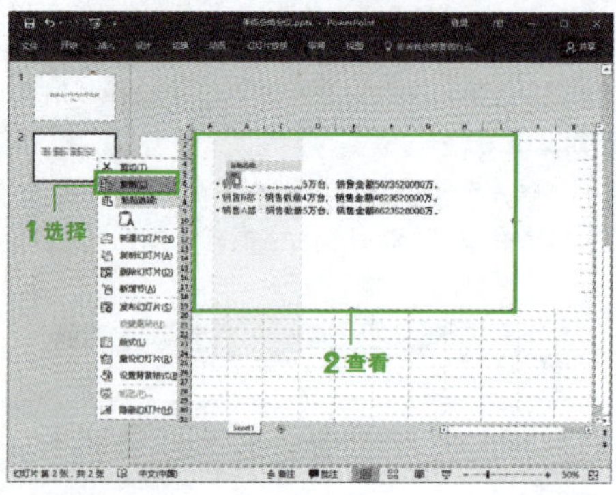

图 9-121 将 PPT 插入到 Excel 中

技巧拓展

单击鼠标右键执行“选择性粘贴”命令，在“选择性粘贴”对话框中的“方式”列表框中选择“图片(JPEG)”选项，即可将PPT幻灯片粘贴为“图片”格式，如图 9-122所示。

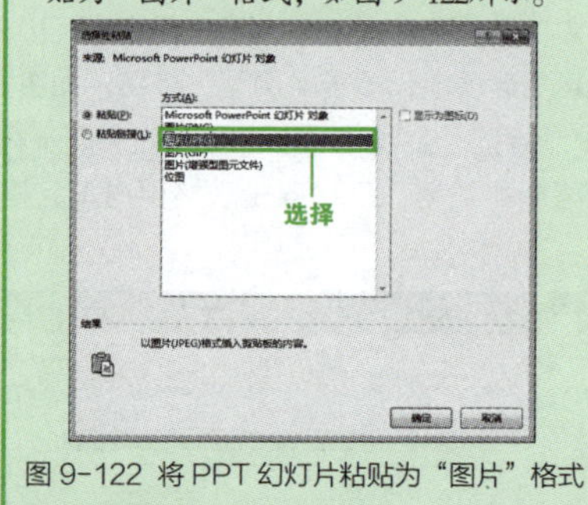

图 9-122 将 PPT 幻灯片粘贴为“图片”格式

Extra tip

职场小知识

自来水哲学

简介：将品质优良的产品以消费者能承受的价格，像自来水一样源源不断地为顾客提供出来。

自来水哲学由日本松下电器公司创始人松下幸之助提出，是松下幸之助一生经营活动的总结和写照。他之所以能够在企业经营管理方面取得如此巨大的成功，是因为他运用了他自己提出的独特经营管理思想。“自来水哲学”是松下电器公司最基本的经营理念。

这是松下幸之助根据自己的人生体验，受到自来水的启发而总结出来的。他的经营信念即在于此：“如果一切东西都像自来水一样，能够随便取用的话，社会上的情形就将完全改变了。我的任务就是制造像自来水一样多的电气用具，这是我的生产使命。尽管实际上不容易办得到，但我仍要尽力使物品的价格降低到最便宜的水准。”这种经营思想始终贯穿在松下公司经营的过程中。

在松下公司的经营史上，曾有几次危机，但松下幸之助在困难中依然坚守信念，不忘为民众服务的经营思想，使公司的凝聚力和抵御困难的能力大大增强，所以每次都能化险为夷。松下的故事告诉我们：为客户提供价廉物美的产品和服务的同时，自己的公司也会得到长足的发展和丰富的利润回报。总之，使顾客常受益，乃是企业获益的最大源泉。

Chapter 10

第 10 章 行政文秘常用函数汇总与应用拓展

在编辑Excel工作表时，使用函数可以更便捷地计算数据。因此本章将介绍上百个常用函数的具体用法以及语法特征，如：CONCATENATE函数——快速自动生成订单编号、RIGHT函数——将电话号码的区号与号码隔开、HOUR——计算出员工缺勤的小时数、TIME——安排会议时间、TODAY——计算国庆节倒计时的天数等。

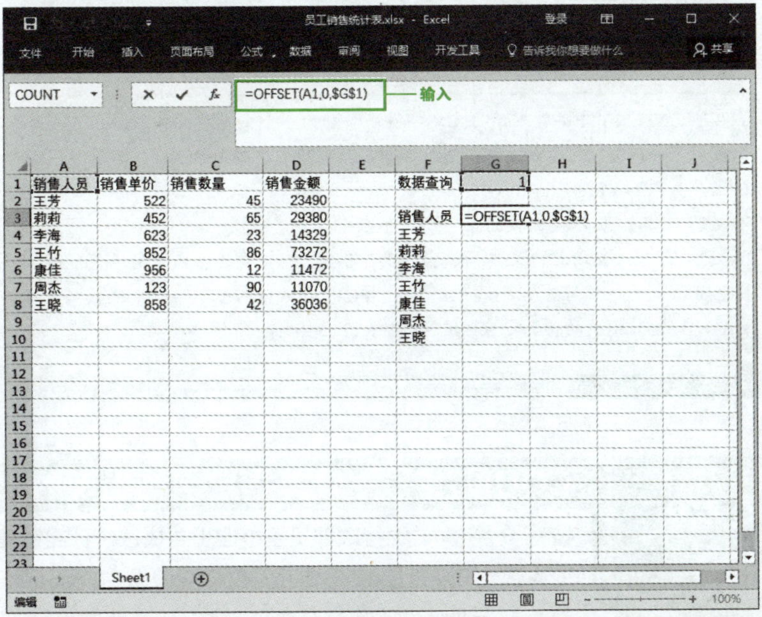

员工销售统计表.xlsx - Excel

COUNT =OFFSET(A1,0,$G$1) 输入

	A	B	C	D	E	F	G
1	销售人员	销售单价	销售数量	销售金额		数据查询	1
2	王芳	522	45	23490			
3	莉莉	452	65	29380		销售人员	=OFFSET(A1,0,$G$1)
4	李海	623	23	14329		王芳	
5	王竹	852	86	73272		莉莉	
6	康佳	956	12	11472		李海	
7	周杰	123	90	11070		王竹	
8	王晓	858	42	36036		康佳	
9						周杰	
10						王晓	

实例181 CONCATENATE——快速自动生成订单编号

难度系数：★★★　适用版本：07/10/13/16/17

技巧介绍： 公司办公人员晓珠需要对各个客户生成唯一的订单编号，一个一个地输入订单编号将会浪费大量时间，而且容易出错。因此，她想知道能否通过函数实现这一功能。

① 在Excel中打开“素材\第10章\实例181\客户订单表”工作簿，选中A2单元格，在公式编辑栏中输入“=CONCATENATE(B2,C2)”，如图 10-1所示。

② 按【Enter】键即可输出结果，并拖动鼠标向下填充公式，如图 10-2所示。

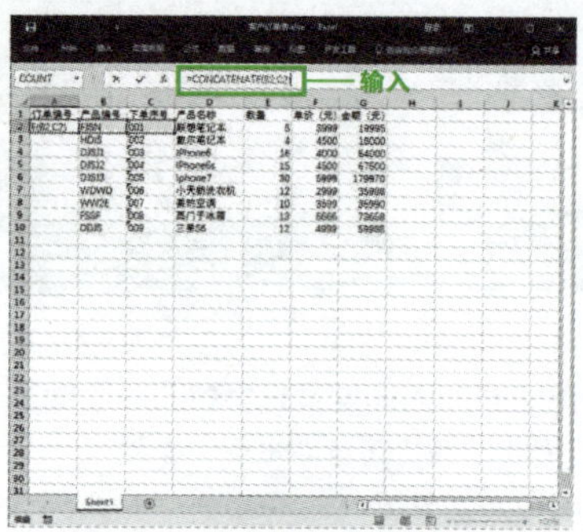

图 10-1 输入公式

	A	B	C	D	E	F	G
1	订单编号	产品编号	下单序号	产品名称	数量	单价（元）	金额（元）
2	FJSN001	FJSN	001	联想笔记本	5	3999	19995
3	HDIS002	HDIS	002	戴尔笔记本	4	4500	18000
4	DJSJ1003	DJSJ1	003	IPhone6	16	4000	64000
5	DJSJ2004	DJSJ2	004	IPhone6s	15	4500	67500
6	DJSJ3005	DJSJ3	005	Iphone7	30	5999	179970
7	WDWD00(	WDWD	006	小天鹅洗衣机	12	2999	35988
8	WW2E007	WW2E	007	美的空调	10	3599	35990
9	FSSF008	FSSF	008	西门子冰箱	13	5666	73658
10	DDJS009	DDJS	009	三星S6	12	4999	59988

查看

图 10-2 查看结果

技巧拓展

a.CONCATENATE函数表示将文本字符串合并为一个文本字符串。最多可以合并255个文本字符串。连接项可以是文本、数字、单元格引用或这些项的组合。其函数语法为：

CONCATENATE(text1,[text2],...)

Text1：必需，表示要连接的第一个文本项。

Text2：可选，表示其他文本项，最多为255项，项与项之间必须用逗号隔开。

b.也可以使用连接符号(&)计算运算符代替CONCATENATE函数来连接文本项。例如，=A1&B1返回相同的值为=CONCATENATE(A1,B1)。

Extra tip >>>>>>>>>>>>>

实例182 COUNTIF——计算指定字符出现的次数

难度系数：★★★　适用版本：07/10/13/16/17

技巧介绍： 公司行政部员工小佳想要快速统计出销售部男员工人数，如果直接数男员工人数将会浪费时间而且不能保证正确率，因此，能否通过函数快速统计出销售部男员工人数？

在Excel中打开“素材\第10章\实例182\销售部员工统计表”工作簿，选中B21单元格，在公式编辑栏中输入“=COUNTIF(B2:B20,其所长"男")”，按【Enter】键即可输出结果，此时已经快速计算出销售部男员工人数“10”，如图 10-3所示。

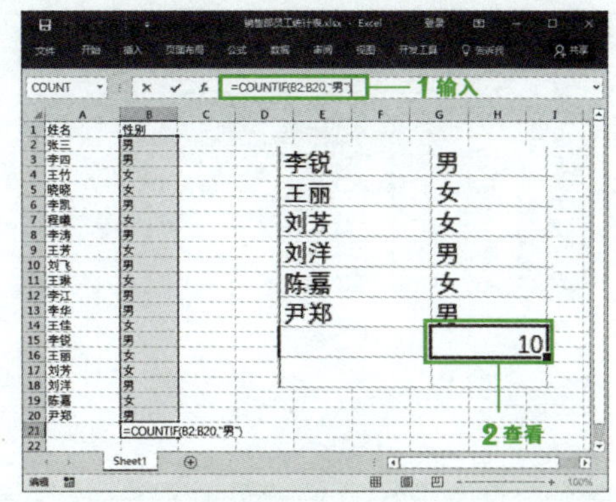

图 10-3 输入公式

技巧拓展

COUNTIF函数表示对指定区域中符合指定条件的单元格计数。其函数语法为：

COUNTIF(range,criteria),

range：表示要计算其中非空单元格数目的区域；

criteri：表示以数字、表达式或文本形式定义的条件。

求各种类型单元格的个数：

a.求真空单元格个数:“=COUNTIF(数据区,"=")”

b.非真空单元格个数:“=COUNTIF(数据区,"<>")相当于counta()函数”

c.文本型单元格个数:“=COUNTIF(数据区,"*")假空单元格也是文本型单元格”

d.区域内所有单元格个数:“=COUNTIF(数据区,"<>""”),如果数据区内有",该公式不成立”

e.逻辑值为TRUE的单元格数量：“COUNTIF(数据区,TRUE)”

Extra tip

实例 183 MID——从身份证号码中提取完整的出生日期

难度系数：★★★ 适用版本：07/10/13/16/17

技巧介绍： 公司人事部员工小王在编辑员工信息表时发现既要输入员工身份证号码，也要输入员工出生日期，因此她想知道能否通过函数快速从身份证号码中提取完整的出生日期。

1 在Excel中打开“素材\第10章\实例183\员工信息统计表”工作簿，选中G2单元格，在公式编辑栏中输入“=DATE(MID(F2,7,2+(LEN(F2)=18)*2),MID(F2,9+(LEN(F2)=18)*2,2),MID(F2,11+(LEN(F2)=18)*2,2))”，如图 10-4所示。

2 按【Enter】键即可输出结果，拖动鼠标向下填充公式至G16单元格，此时已经快速从身份证号码中提取完整的出生日期，效果如图 10-5所示。

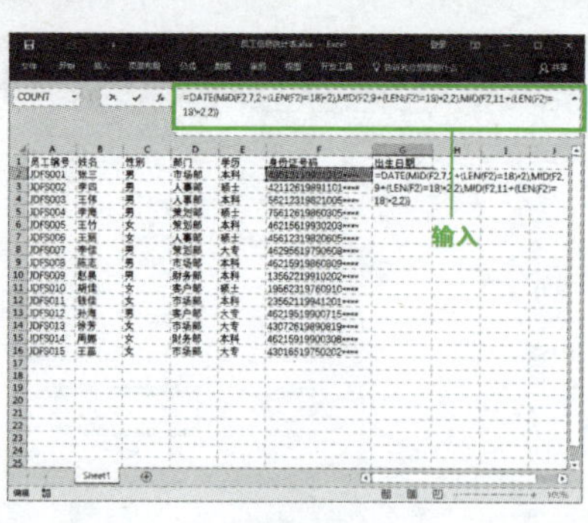

图 10-4 输入公式

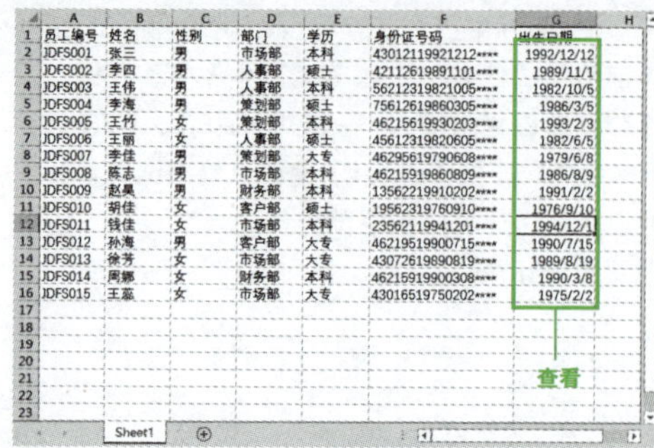

员工编号	姓名	性别	部门	学历	身份证号码	出生日期
JDFS001	张三	男	市场部	本科	43012119921212****	1992/12/12
JDFS002	李四	男	人事部	硕士	42112619891101****	1989/11/1
JDFS003	王伟	男	人事部	本科	56212319821005****	1982/10/5
JDFS004	李海	男	策划部	硕士	75612619860305****	1986/3/5
JDFS005	王竹	女	策划部	本科	46215619930203****	1993/2/3
JDFS006	王丽	女	人事部	硕士	45612319820605****	1982/6/5
JDFS007	李佳	男	策划部	大专	46295619790608****	1979/6/8
JDFS008	陈志	男	市场部	本科	46215919860809****	1986/8/9
JDFS009	赵昊	男	财务部	本科	13562219910202****	1991/2/2
JDFS010	胡佳	女	客户部	硕士	19562319760910****	1976/9/10
JDFS011	钱佳	女	市场部	本科	23562119941201****	1994/12/1
JDFS012	孙海	男	客户部	大专	46219519900715****	1990/7/15
JDFS013	徐芳	女	市场部	大专	43072619890819****	1989/8/19
JDFS014	周娜	女	财务部	本科	46215919900308****	1990/3/8
JDFS015	王蕊	女	市场部	大专	43016519750202****	1975/2/2

图 10-5 查看效果

技巧拓展

MID函数表示返回文本字符串中从指定位置开始的特定数目的字符，其函数语法为：

MID(text,start_num,num_chars)，

text：表示包含要提取字符的文本字符串或文本的列，如果该参数为Null，则函数返回Null。

start_num：表示文本中要提取的第一个字符的位置。文本中第一个字符的start_num默认为1。

num_chars：表示希望MID函数从文本中返回字符的个数。

Extra tip＞＞＞＞＞＞＞＞＞＞＞＞＞

实例 184 LEN——从身份证号码中提取性别

难度系数：★★★ 适用版本：07/10/13/16/17

技巧介绍： 公司人事部员工小开在编辑员工信息表时发现既要输入员工身份证号码，也要输入员工性别，因此她想知道能否通过函数快速从身份证号码中提取性别。

① 在Excel中打开“素材\第10章\实例184\员工信息统计表”工作簿，选中F2单元格，在公式编辑栏中输入“=IF(LEN(E2)=15,IF(MOD(MID(E2,15,1),2)=1,"男","女"),IF(MOD(MID(E2,17,1),2)=1,"男","女"))”，如图 10-6所示。

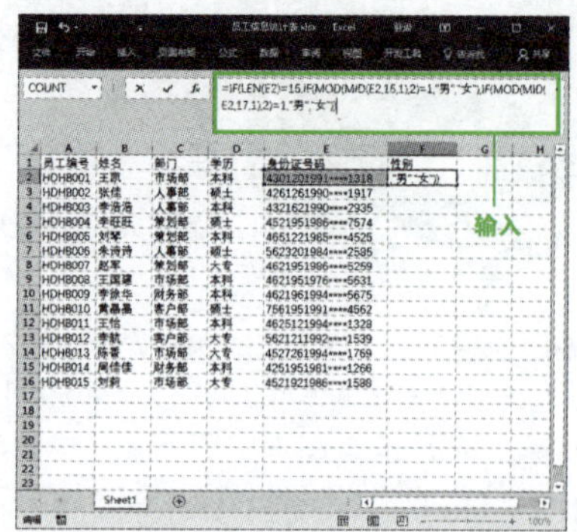

图 10-6 输入公式

❷按【Enter】键即可输出结果，并拖动鼠标向下填充至F16区域单元格，如图 10-7所示。

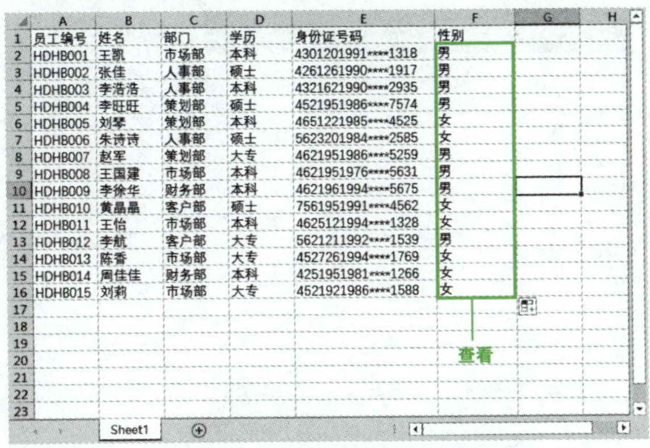

	A	B	C	D	E	F
1	员工编号	姓名	部门	学历	身份证号码	性别
2	HDHB001	王凯	市场部	本科	4301201991****1318	男
3	HDHB002	张佳	人事部	硕士	4261261990****1917	男
4	HDHB003	李浩浩	人事部	本科	4321621990****2935	男
5	HDHB004	李旺旺	策划部	硕士	4521951986****7574	男
6	HDHB005	刘琴	策划部	本科	4651221985****4525	女
7	HDHB006	朱诗诗	人事部	硕士	5623201984****2585	女
8	HDHB007	赵军	策划部	大专	4621951986****5259	男
9	HDHB008	王国建	市场部	本科	4621951976****5631	男
10	HDHB009	李徐华	财务部	本科	4621961994****5675	男
11	HDHB010	黄晶晶	客户部	硕士	7561951991****4562	女
12	HDHB011	王怡	市场部	本科	4625121994****1328	女
13	HDHB012	李航	客户部	大专	5621211992****1539	男
14	HDHB013	陈香	市场部	大专	4527261994****1769	女
15	HDHB014	周佳佳	财务部	本科	4251951981****1266	女
16	HDHB015	刘莉	市场部	大专	4521921986****1588	女

图 10-7 输出结果并填充公式

技巧拓展

a.LEN函数主要用于返回文本字符串的字符个数，其函数语法为：

LEN(text)，

Text：表示要查找其长度的文本。

b.上述实例中的公式适用于身份证号码为15位和18位的情况，如果工作簿中只有18位身份证号码的情况，在公式编辑栏中输入“=TEXT(MOD(MID(E2,17,1),2),"[=1]男;[=0]女")”，也可成功提取员工性别，如图 10-8所示。

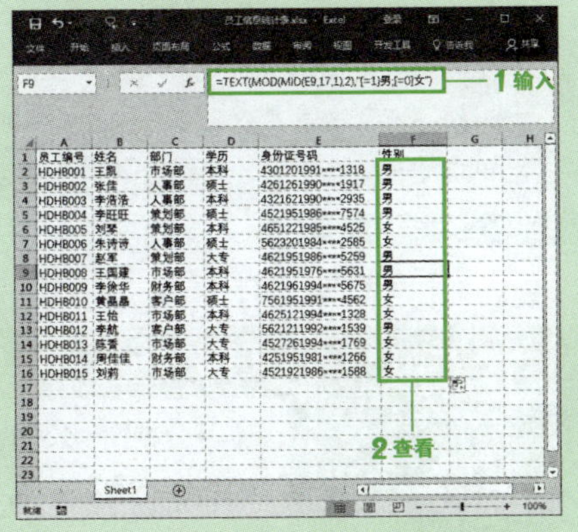

图 10-8 输入公式

Extra tip >>>>>>>>>>>>

实例 185 LEFT——根据编码返回部门名称

难度系数：★★★ 适用版本：07/10/13/16/17

技巧介绍： 公司办公人员小王在填写员工信息表时需要填写员工部门名称，她发现员工编号中含有部门名称，因此她想知道能否根据员工编号来快速输入部门名称。

❶在Excel中打开“素材\第10章\实例185\员工信息统计表”工作簿，选中F2单元格，在公式编辑栏中输入“=CONCATENATE(LEFT(A2,2),"部")”，如图 10-9所示。

❷按【Enter】键即可输出结果，拖动鼠标向下填充至F16单元格，如图 10-10所示。

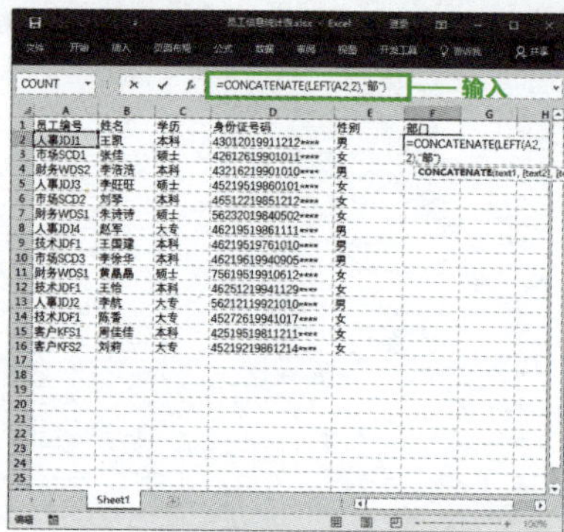

图 10-9 输入公式

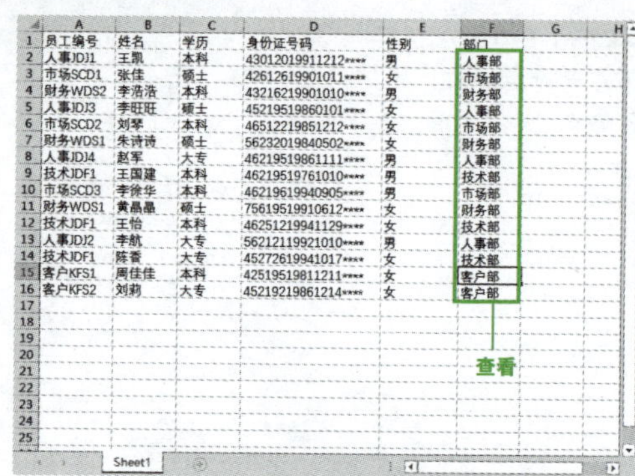

图 10-10 查看设置效果

技巧拓展

LEFT函数表示从一个文本字符串的第一个字符开始返回指定个数的字符。其函数语法为：

LEFT(text,num_chars)，

text：表示包含要提取的字符的文本字符串；

num_chars：表示指定要有LEFT提取的字符的数量。

Extra tip

实例186 LEFT——从完整地址中提取客户籍贯

难度系数：★★★ 适用版本：07/10/13/16/17

技巧介绍： 公司客户部员工小娜在编辑客户资料表时想要从客户地址中提取客户籍贯，她想知道能否使用函数快速从完整地址中提取客户籍贯。

1 在Excel中打开“素材\第10章\实例186\客户信息表”工作簿，选中C2单元格，在公式编辑栏中输入“=LEFT(B2,FIND("市",B2))”，如图10-11所示。

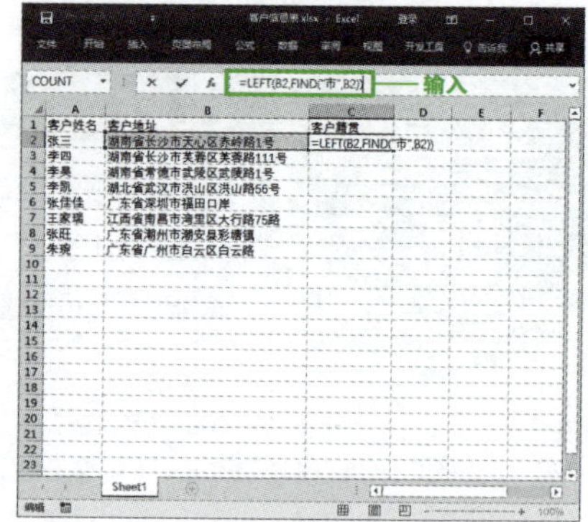

图 10-11 输入公式

2 按【Enter】键即可输出结果，拖动鼠标向下填充公式至C9单元格，如图 10-12所示。

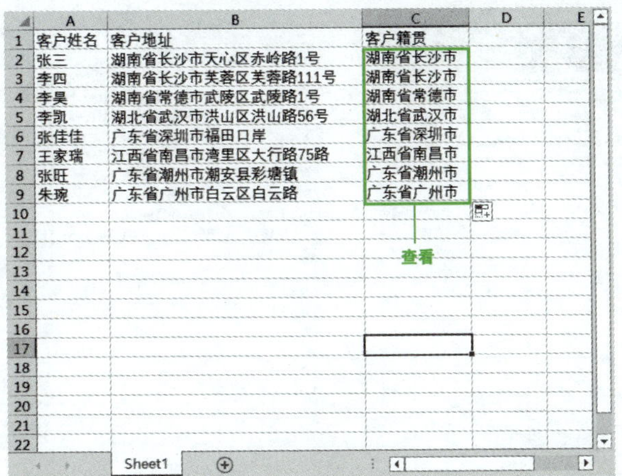

	A	B	C
1	客户姓名	客户地址	客户籍贯
2	张三	湖南省长沙市天心区赤岭路1号	湖南省长沙市
3	李四	湖南省长沙市芙蓉区芙蓉路111号	湖南省长沙市
4	李昊	湖南省常德市武陵区武陵路1号	湖南省常德市
5	李凯	湖北省武汉市洪山区洪山路56号	湖北省武汉市
6	张佳佳	广东省深圳市福田口岸	广东省深圳市
7	王家瑞	江西省南昌市湾里区大行路75路	江西省南昌市
8	张旺	广东省潮州市潮安县彩塘镇	广东省潮州市
9	朱琬	广东省广州市白云区白云路	广东省广州市

图 10-12 输出结果

技巧拓展

FIND函数用来对原始数据中某个字符串进行定位，以确定其位置。Find函数进行定位时，总是从指定位置开始，返回找到的第一个匹配字符串的位置，而不管其后是否还有相匹配的字符串。其函数语法为：

FIND(find_text,within_text,start_num)，

Find_text：表示是要查找的字符串。

Within_text：表示是包含要查找关键字的单元格，即在这个单元格内要查找的关键字。

Start_num：可选，表示指定开始进行查找的字符数。比如Start_num为1，则从单元格内第一个字符开始查找关键字。如果忽略 start_num，则假设其为1。

Extra tip >>>>>>>>>>>>>

LEN——验证身份证号码的位数

技巧介绍： 公司办公人员小王在编辑完员工信息表后，需要复查，如果一个一个地查看将会浪费大量时间并且容易出错。因此，她想知道能否使用函数验证身份证号码的位数。

1 在Excel中打开“素材\第10章\实例186\员工信息表”，选中C2单元格，在公式编辑栏中输入“=IF(OR(LEN(B2)=15,LEN(B2)=18),"","错误")”，如图 10-13所示。

❷按【Enter】键输出结果，拖动鼠标向下填充公式至C10单元格，如图 10-14所示。

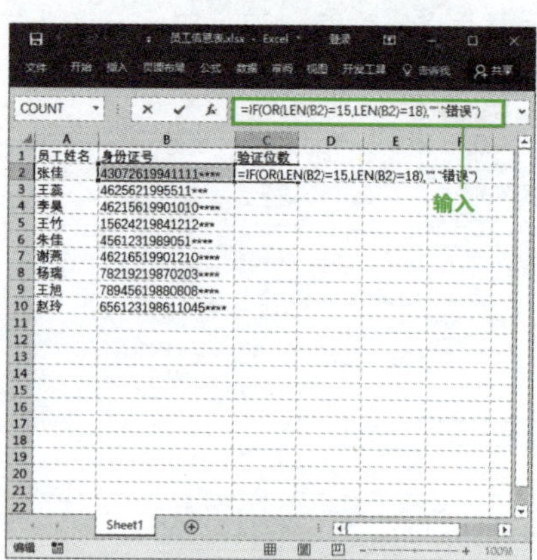

图 10-13 输入公式

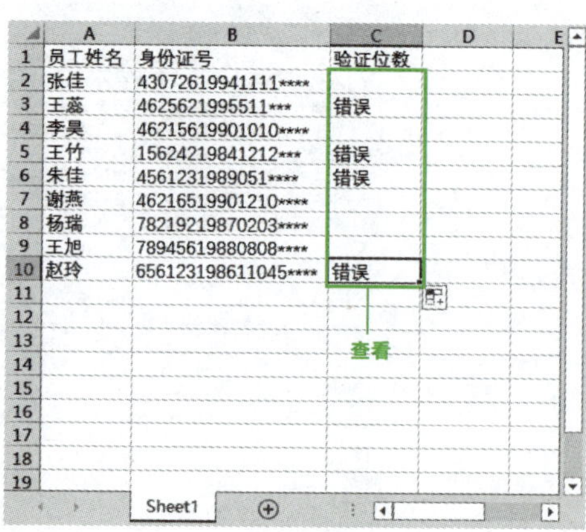

图 10-14 填充公式

技巧拓展

a.在上述实例中首先使用LEN函数判断B2单元格中的字符串长度是否为15位或18位，然后使用OR函数判断是否满足上一步的任意一个条件，当满足条件时则返回空，否则返回“错误”显示。

b.OR函数表示在其参数组中，任何一个参数逻辑值为TRUE，即返回TRUE；所有参数的逻辑值为FALSE，才返回FALSE。其函数语法为：

OR(logical1,logical2,...)

其中logical1,logical2,...为需要进行检验的1到30个条件表达式。

Extra tip

实例 188 TEXT——让计算的金额显示为“余款:12,250.00”形式

难度系数：★★★ 适用版本：07/10/13/16/17

技巧介绍： 公司员工小凯在统计收支明细表时想要让计算的金额显示为“余款:12,25000”形式，他想知道能否使用函数使计算结果如此显示。

❶在Excel中打开“素材\第10章\实例188\上年各季度收支明细表”工作簿，选中D2单元格，在公式编辑栏中输入“=TEXT(B2-C2,"!余!款!:0,000.00")”，如图 10-15所示。

❷按【Enter】键输出结果，拖动鼠标向下填充公式至D5单元格，如图 10-16所示。

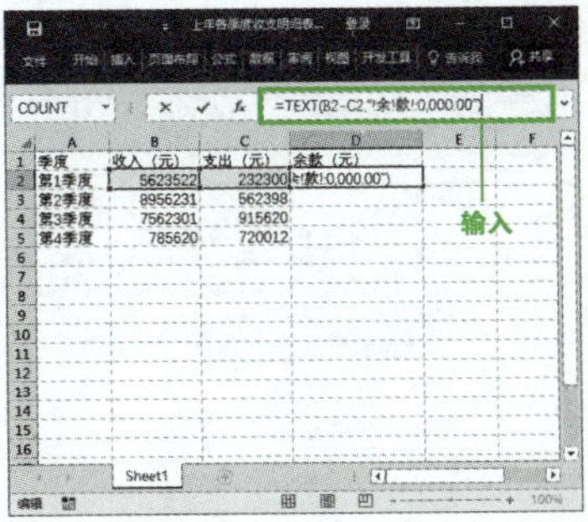

图 10-15 输入公式

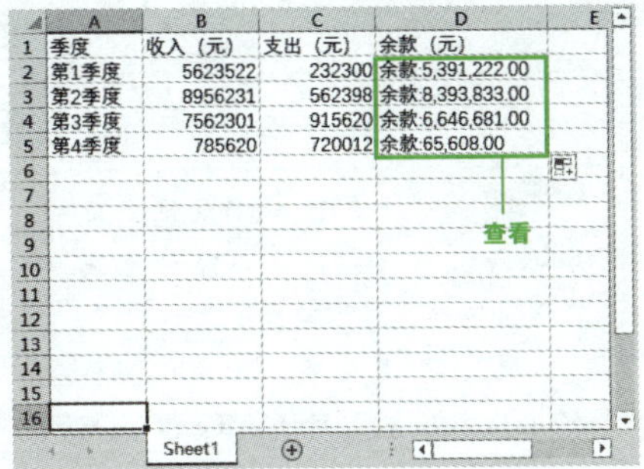

图 10-16 填充公式

技巧拓展

TEXT函数表示将数值转换为按指定数字格式表示的文本。其函数语法为：

TEXT(value,format_text)，

value：表示数值、计算结果为数字值的公式，或对包含数字值的单元格的引用。

format_text：表示“单元格格式”对话框中“数字”选项卡上“分类”框中的文本形式的数字格式。format_text不能包含星号(*)。

Extra tip＞＞＞＞＞＞＞＞＞＞＞＞＞

实例 189 LEFT——从 E-mail 地址中提取账号

难度系数：★★★ 适用版本：07/10/13/16/17

技巧介绍： 公司客户部员工小易需要从客户的E-mail地址中提取账号，可是她发现如果一个一个地输入将会浪费大量时间，因此她想知道能否使用函数快速提取账号。

① 在Excel中打开“素材\第10章\实例189\客户电子邮箱统计表”工作簿，选中C2单元格，在公式编辑栏中输入“=LEFT(B2,FIND("@",B2)-1)”，如图 10-17所示。

② 按【Enter】键即可输出结果，向下填充公式至C10单元格，如图 10-18所示。

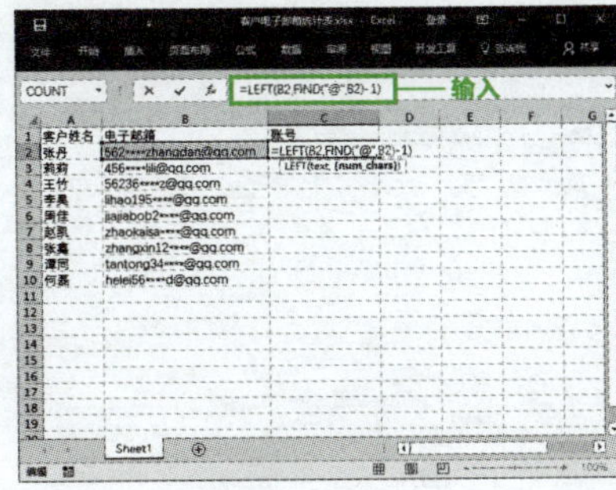

图 10-17 输入公式

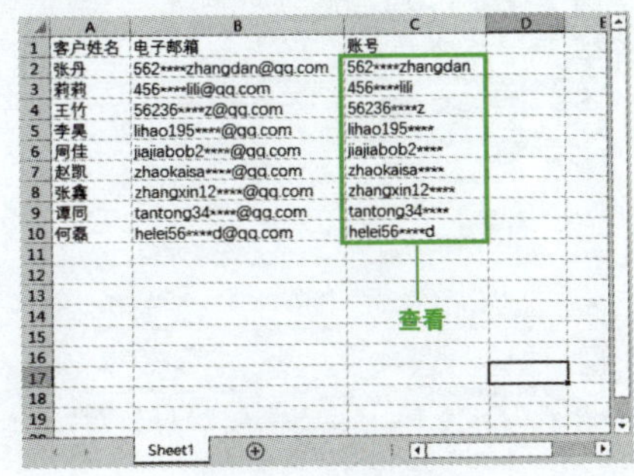

图 10-18 填充公式

技巧拓展

除了可以从E-mail地址中提取账号，也可以快速将账号生成E-mail地址，具体操作步骤如下。

选中C2单元格，在公式编辑栏中输入"=CONCATENATE(B2,"@qq.com")"，按【Enter】键输出结果，并向下填充公式至C10单元格，如图 10-19所示。

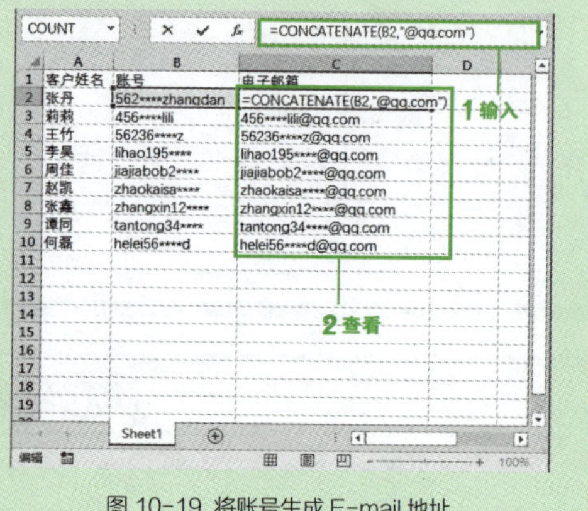

图 10-19 将账号生成 E-mail 地址

Extra tip

实例190 RIGHT——将电话号码的区号与号码隔开

难度系数：★★★ 适用版本：07/10/13/16/17

技巧介绍： 公司办公人员小佳在编辑客户信息表时需要将电话号码的区号与号码隔开，如果一个一个地输入容易出错，因此她想知道能否使用函数快速隔开电话号码的区号与号码。

1 在Excel中打开"素材\第10章\实例190\客户联系方式表"工作簿，选中C2单元格，在公式编辑栏中输入"=IF(LEN(B2)*13,LEFT(B2,4))"，如图 10-20所示。

2 按【Enter】键即可输出结果，向下填充公式至C11单元格，如图 10-21所示。

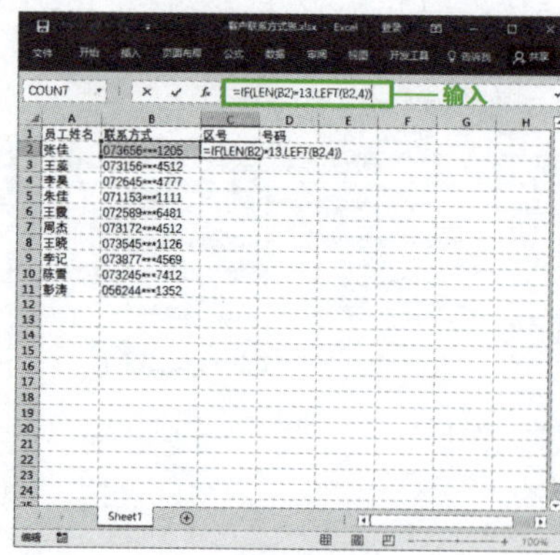

图 10-20 输入公式

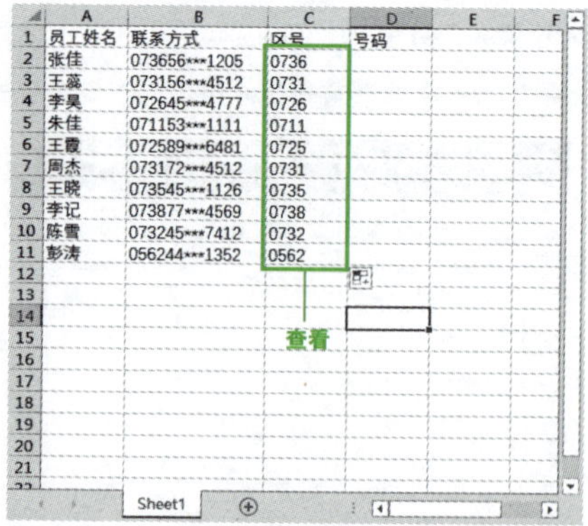

图 10-21 填充公式

③选中D2单元格，在公式编辑栏中输入“=RIGHT(B2,9)”，如图 10-22所示。

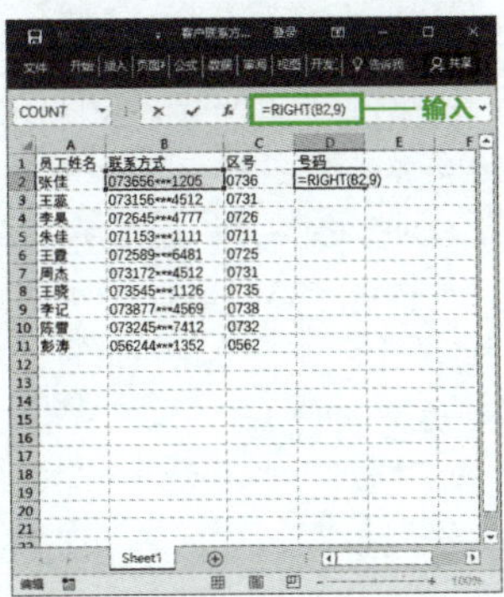

图 10-22 输入公式

④按【Enter】键即可输出结果，并向下填充公式至D11单元格，如图 10-23所示。

	A	B	C	D
1	员工姓名	联系方式	区号	号码
2	张佳	073656***1205	0736	56***1205
3	王蕊	073156***4512	0731	56***4512
4	李昊	072645***4777	0726	45***4777
5	朱佳	071153***1111	0711	53***1111
6	王霞	072589***6481	0725	89***6481
7	周杰	073172***4512	0731	72***4512
8	王晓	073545***1126	0735	45***1126
9	李记	073877***4569	0738	77***4569
10	陈雪	073245***7412	0732	45***7412
11	彭涛	056244***1352	0562	44***1352

查看

图 10-23 填充公式

技巧拓展

RIGHT函数表示从字符串右侧首字符开始，从右向左提取指定的字符。其函数语法为：

RIGHT(text,[num_chars]),

text：表示包含要提取字符的文本字符串。

num_chars：表示指定由RIGHT函数提取的字符的个数。

Extra tip >>>>>>>>>>>>>

实例 191 EXACT——比较两个门店的平均售价是否相同

难度系数：★★★　适用版本：07/10/13/16/17

技巧介绍： 公司销售部员工小吴想要核对两个门店的产品平均售价是否相同，如果逐一核实将会大大降低工作效率。因此，她想知道能否使用函数来比较两个门店的平均售价。

①在Excel中打开“素材\第10章\实例191\两门店销售单价对比表”工作簿，选中D2单元格，在公式编辑栏中输入“=EXACT(B2,C2)”，如图 10-24所示。

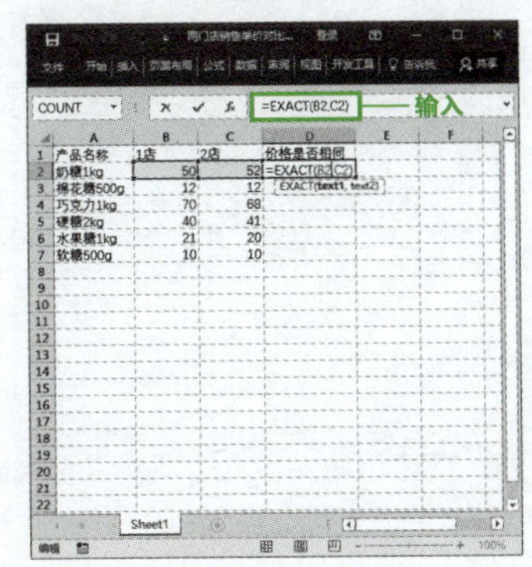

图 10-24 输入公式

②按【Enter】键输出结果并向下填充公式至D7单元格，此时价格相同返回TRUE，否则返回FALSE，如图 10-25所示。

产品名称	1店	2店	价格是否相同
奶糖1kg	50	52	FALSE
棉花糖500g	12	12	TRUE
巧克力1kg	70	68	FALSE
硬糖2kg	40	41	FALSE
水果糖1kg	21	20	FALSE
软糖500g	10	10	TRUE

查看

图 10-25 填充公式

技巧拓展

EXACT函数用于检测两个字符串是否完全相同。如果两个参数完全相同，EXACT函数返回TRUE值；否则返回FALSE值。其函数语法为：

EXACT(text1,text2)，

text1：表示待比较的第一个字符串。

text2：表示待比较的第二个字符串。

Extra tip

实例192 VALUE——解决总金额无法计算的问题

难度系数：★★★ 适用版本：07/13/16/17

技巧介绍： 公司销售部员工小周发现在销售金额表中总金额无法计算，因此他需要实现数据转换，可是不知道应该使用什么函数。

①在Excel中打开“素材\第10章\实例192\销售金额表”工作簿选中C2单元格，在公式编辑栏中输入“=VALUE(B2)”，如图 10-26所示。

②按【Enter】键输出结果，并向下填充公式至C6单元格，如图 10-27所示。

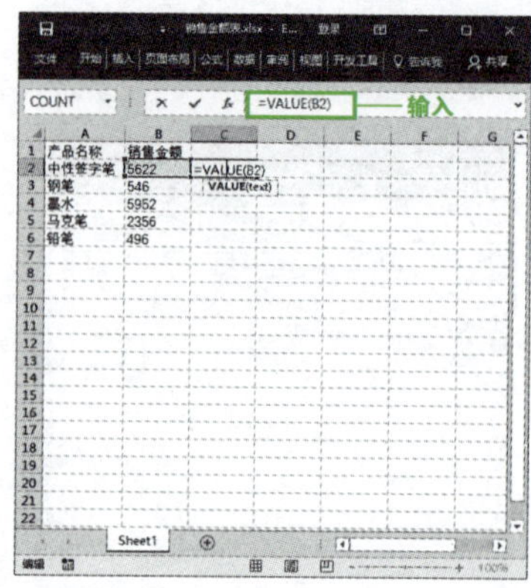

产品名称	销售金额	
中性签字笔	5622	=VALUE(B2)
钢笔	546	
墨水	5952	
马克笔	2356	
铅笔	496	

图 10-26 输入公式

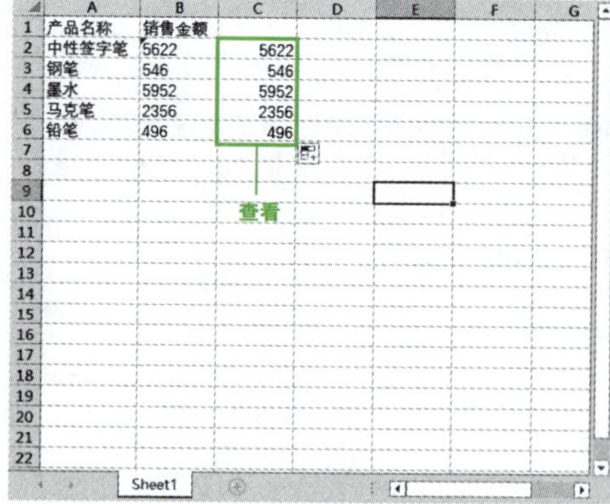

产品名称	销售金额	
中性签字笔	5622	5622
钢笔	546	546
墨水	5952	5952
马克笔	2356	2356
铅笔	496	496

图 10-27 填充公式

技巧拓展

VALUE函数表示将代表数字的文本字符串转换成数字。其函数语法规则为：

VALUE(text)，

text：表示带引号的文本，或对包含要转换文本的单元格的引用。参数text可以是Excel中可识别的任意常数、日期或时间格式。如果Text不是这些格式，则函数VALUE将返回错误值#VALUE!。

Extra tip >>>>>>>>>>>>>

实例193 PROPER——一次性将每个单词的首字母转换成大写

难度系数：★★★ 适用版本：07/10/13/16/17

技巧介绍： 公司办公人员小军在编辑工作表时忘记将每个单词的首字母转换成大写，他想知道能否使用函数快速将每个单词的首字母转换成大写。

1. 在Excel中打开“素材\第10章\实例193\备注表”工作簿，选中B1单元格，在公式编辑栏中输入“=PROPER(A1)”，如图 10-28所示。
2. 按【Enter】键输出结果并向下填充公式，如图 10-29所示。

图 10-28 输入公式

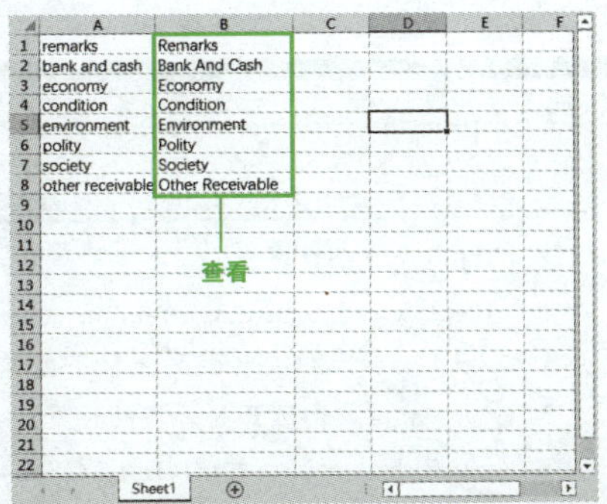

图 10-29 填充公式

技巧拓展

PROPER函数表示将文本字符串的首字母及任何非字母字符之后的首字母转换成大写。将其余的字母转换成小写。其函数语法为：

PROPER(text)，

text：表示转换成大写形式的文本。

Extra tip >>>>>>>>>>>>>

实例194 REPLACE——屏蔽手机号码的后几位数

难度系数：★★★ 适用版本：07/10/13/16/17

技巧介绍： 公司办公人员小丽在创建完工作簿后想要用"*"号屏蔽客户手机号码的后几位，以保护客户的隐私，可是她不知道应该怎样操作。

1 在Excel中打开"素材\第10章\实例194\客户联系方式"，选中C2单元格，在公式编辑栏中输入"=REPLACE(B2,8,4,"****")"，如图 10-30所示。

2 按【Enter】键即可输出结果，并向下填充公式，如图 10-31所示。

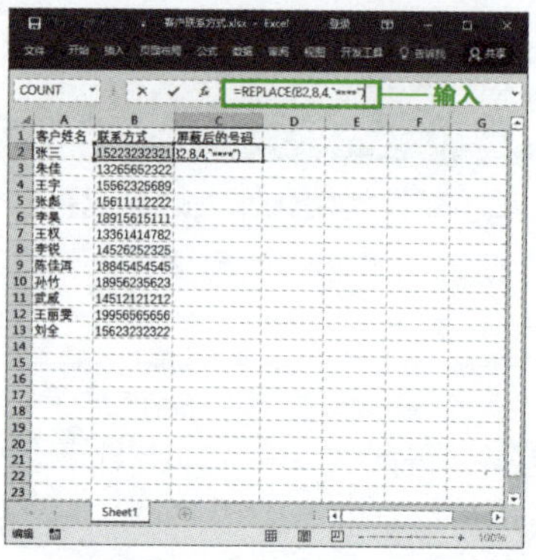

图 10-30 输入公式

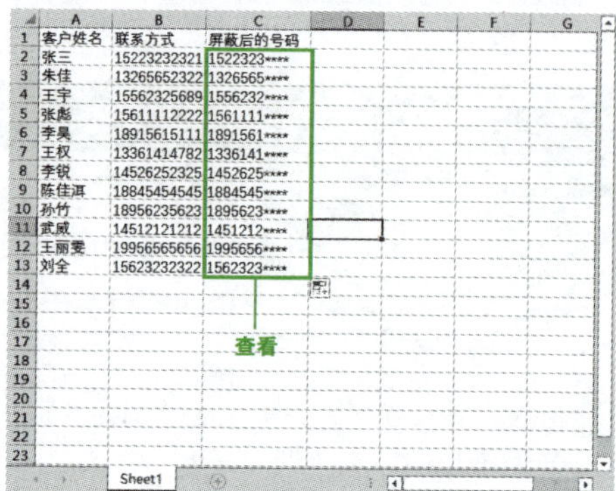

图 10-31 填充公式

技巧拓展

REPLACE函数表示将一个字符串中的部分字符用另一个字符串替换，其函数语法为：

Replace(old_text,start_num,num_chars,new_text)，

old_text：表示要替换的字符串文本；

start_num：表示开始替换的位置；

num_chars：表示希望REPLACE函数使用new_text替换old_text中字符的个数；

new_text：表示替换old_text中字符的文本。

Extra tip >>>>>>>>>>>>>

实例195 SUBSTITUTE——去掉报表中多余的空格

难度系数：★★★ 适用版本：07/10/13/16/17

技巧介绍： 公司办公人员小张在编辑完工作簿后发现表中有很多空格，如果逐一删除空格将会浪费大量时间，她想知道能否使用函数快速去掉报表中多余的空格。

① 在Excel中打开“素材\第10章\实例195\合作公司名称表”工作簿，选中A2单元格，在公式编辑栏中输入“=SUBSTITUTE(A2," ","")”，在此公式中的前一个双引号中有一个空格，后一个双引号中没有空格，如图 10-32所示。

② 按【Enter】键即可输出结果，并拖动鼠标向下填充公式至B6单元格，效果如图 10-33所示。

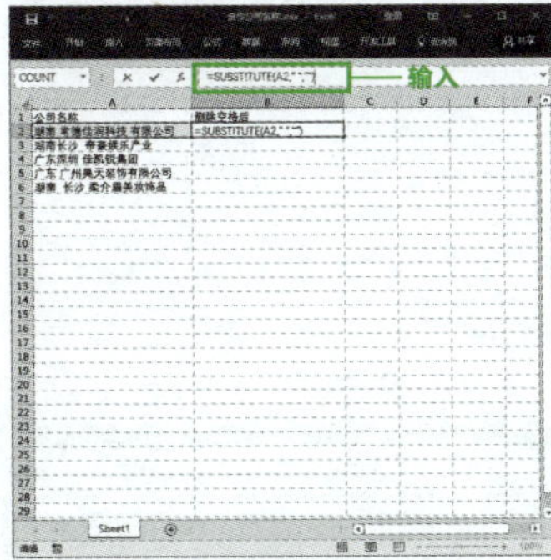

图 10-32 输入公式

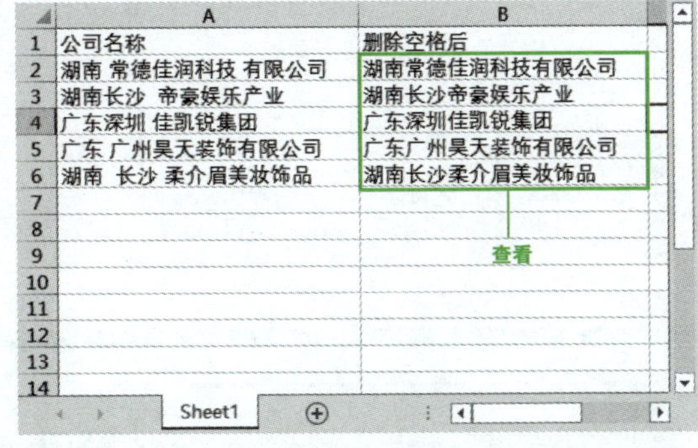

图 10-33 填充公式

技巧拓展

SUBSTITUTE函数表示将字符串中的部分字符串以新字符串替换。其函数语法为：

SUBSTITUTE(text,old_text,new_text,[instance_num])

text：表示需要替换其中字符的文本，或对含有文本的单元格的引用；

old_text：表示需要替换的旧文本；

new_text：表示用于替换old_text的文本；

instance_num：可选。为一数值，用来指定以new_text替换第几次出现的old_text。如果指定了instance_num，则只有满足要求的old_text被替换；如果缺省则将用new_text替换TEXT中出现的所有old_text。

Extra tip＞＞＞＞＞＞＞＞＞＞＞＞＞

实例 196

难度系数：★★★ 适用版本：07/10/13/16/17

LEFT——快速生成对客户的称呼

技巧介绍： 公式办公人员小唐在编辑客户信息表时想要快速生成对客户的称呼，如果逐一生成，将会浪费大量时间，因此，她想知道能否使用函数快速生成对客户的称呼。

① 在Excel中打开“素材\第10章\实例196\客户信息表”工作簿，选中D2单元格，在公式编辑栏中输入“=C2&"-"&LEFT(A2,1)&IF(B2="男","先生","女士")”，如图 10-34所示。

② 按【Enter】键输出结果，并拖动鼠标向下填充公式至D9单元格，如图 10-35所示。

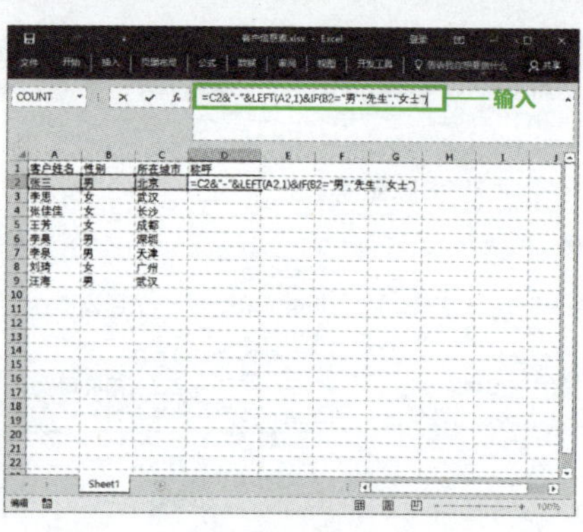

图 10-34 输入公式

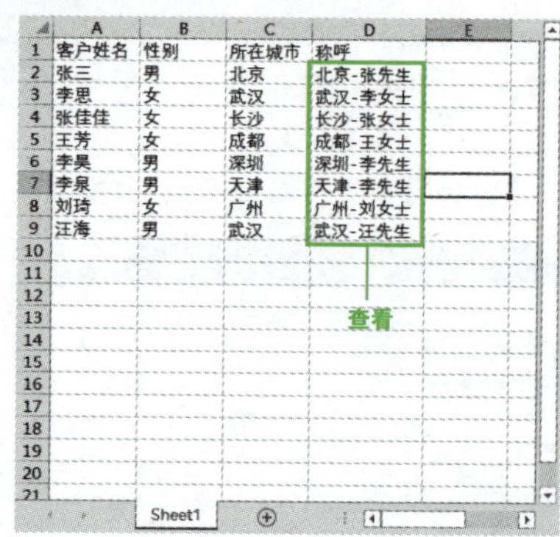

图 10-35 填充公式

技巧拓展

LEFT函数主要用于从左侧开始提取字符；RIGHT函数表示从字符串右侧首字符开始，从右向左提取指定的字符。

Extra tip >>>>>>>>>>>>

实例197 ASC——将全角（双字节）字符更改为半角（单字节）字符

难度系数：★★★ 适用版本：07/10/13/16/17

技巧介绍： 公司办公人员小方在网站上导入了一些数据，发现这些数据显示为全角状态，因此她需要将其修改为半角字符，可是又不知道怎么操作。

① 在Excel中打开“素材\第10章\实例197\全角符号表”工作簿，选中B2单元格，在公式编辑栏中输入“=ASC(A2)”，如图 10-36所示。

② 按【Enter】键即可输出结果，拖动鼠标向下填充至B7单元格，效果如图 10-37所示。

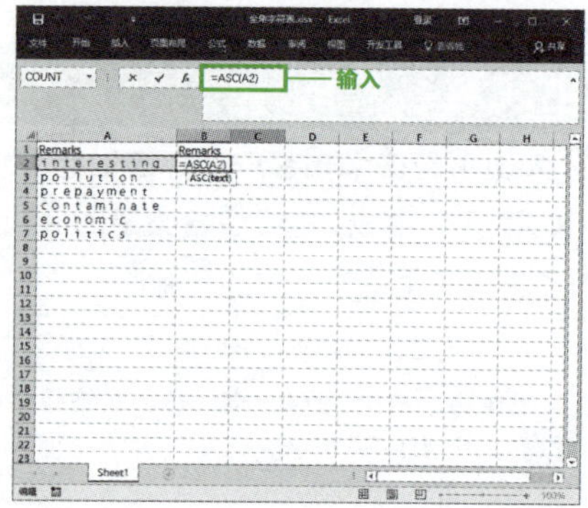

图 10-36 输入公式

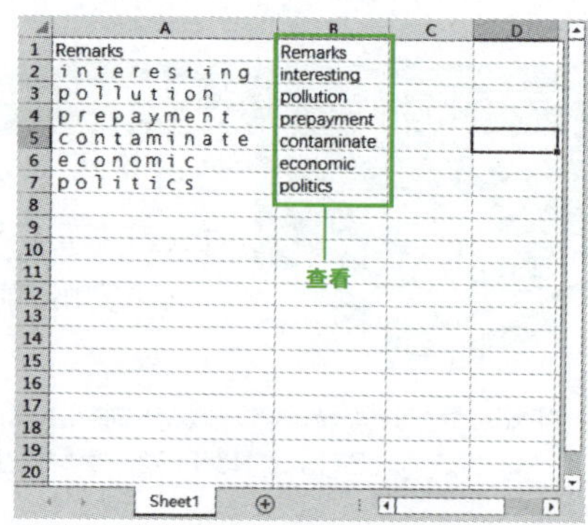

图 10-37 填充公式

第1章 第2章 第3章 第4章 第5章 第6章 第7章 第8章 第9章 第10章

技巧拓展

ASC函数表示将全角（双字节）字符转换为半角（单字节）字符。其函数语法为：

ASC(text)，

text：表示要进行半角转换的文本。使用ASC函数将全角字符转换为半角字符时，若不包含全角字符则保持不变。

Extra tip >>>>>>>>>>>>>

WIDECHAR——将半角（单字节）字符转换为全角（双字节）字符

技巧介绍： 公司办公人员小方使用ASC函数成功地将全角（双字节）字符更改为半角（单字节）字符，因此她想能否使用函数将半角（单字节）字符转换为全角（双字节）字符。

① 在Excel中打开"素材\第10章\实例198\半角字符表"工作簿，选中B2单元格，在公式编辑栏中输入"=WIDECHAR(A2)"，如图 10-38所示。

② 按【Enter】键即可输出结果，拖动鼠标向下填充公式至B7单元格，效果如图 10-39所示。

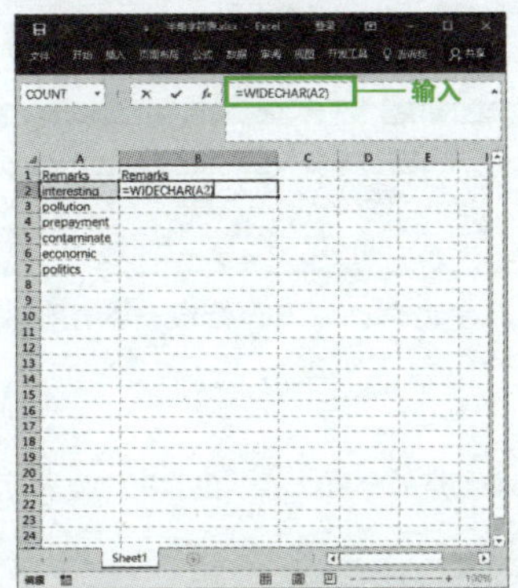

图 10-38 输入公式

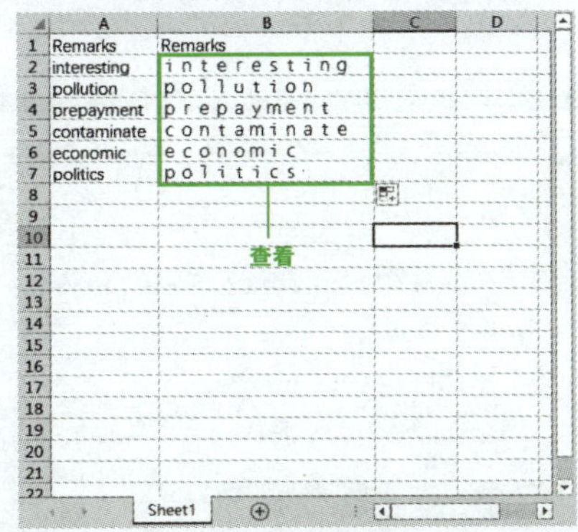

图 10-39 填充公式

技巧拓展

WIDECHAR函数表示将半角（单字节）字符转换为全角（双字节）字符。其函数语法为：

WIDECHAR(text)，

text：表示要进行全角转换的文本。此函数可以将半角字符转换为全角字符，可以转换的字符有英文字母、数字、空格、标点符号以及日文，汉字没有全角、半角之分。

Extra tip >>>>>>>>>>>>>

实例199 BAHTTEXT——将数字转换为β（铢）货币格式文本

难度系数：★★★ 适用版本：07/10/13/16/17

技巧介绍： 外企公司办公人员小汪需要为泰国部门主管制作一份销售报表，销售额需要使用泰国货币格式文本，可是她不会输入泰国文字，因此，感到很苦恼。

① 在Excel中打开“素材\第10章\实例199\部门销售统计表”工作簿，选中C2单元格，在公式编辑栏中输入“=BAHTTEXT(B2)”，如图 10-40所示。

② 按【Enter】键即可输出结果，拖动鼠标向下填充公式至C7单元格，效果如图 10-41所示。

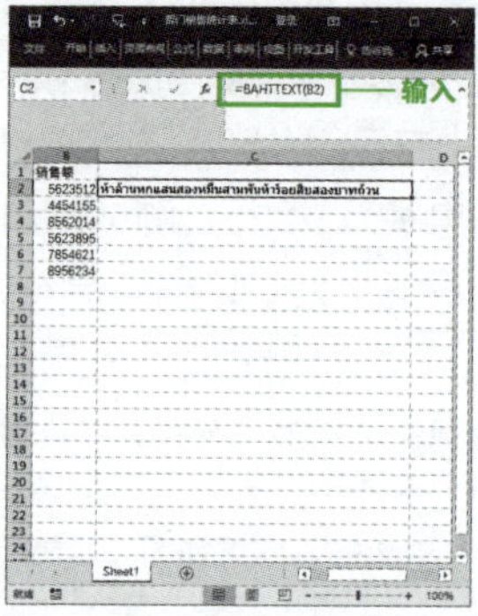

图 10-40 输入公式

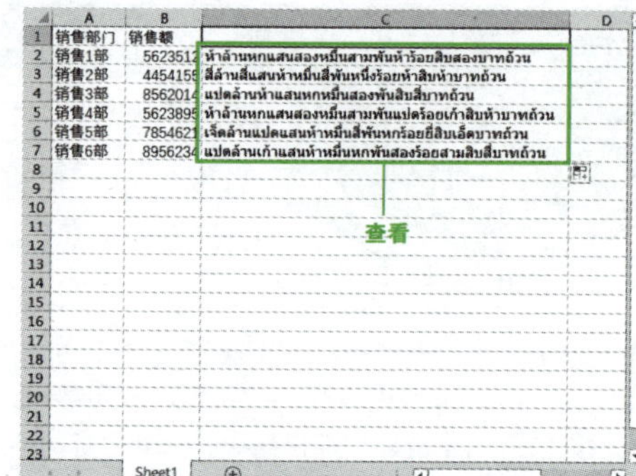

图 10-41 填充公式

技巧拓展

BAHTTEXT函数表示将阿拉伯数字转换为泰语数字文本，并添加后缀“泰铢”，其函数语法为：

BAHTTEXT(number),

Number：表示要转换为文本的数字、对包含数字的单元格的引用或结果为数字的公式。

Extra tip＞＞＞＞＞＞＞＞＞＞＞＞＞

实例200 DOLLAR——将数字转换为带美元符号（$）的文本

难度系数：★★★ 适用版本：07/10/13/16/17

技巧介绍： 外企公司王佳需要将部门销售表中的金额添加美元符号，她发现要是逐一添加将会浪费大量时间，因此想知道能否使用函数直接将数字转换为带美元符号（$）的文本。

① 在Excel中打开“素材\第10章\实例200\员工销售统计表”工作簿，选中C2单元格，在公式编辑栏中输入“=DOLLAR(B2)”，如图 10-42所示。

② 按【Enter】键即可输出结果，拖动鼠标向下填充公式至C8单元格，效果如图 10-43所示。

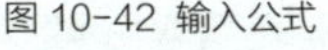

图 10-42 输入公式

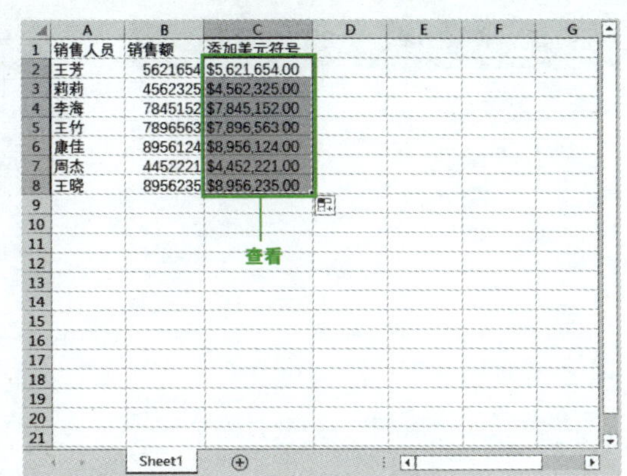

图 10-43 填充公式

技巧拓展

a.DOLLAR函数表示按照货币格式将小数点四舍五入到给定的小数位数，将数字转换成文本。其函数语法为：

DOLLAR(number,decimals),

number：表示数字、包含数字的单元格引用，或是计算结果为数字的公式。

decimals：表示十进制数的小数点位数。如果decimals为负数，则参数number从小数点往左按相应位数取整。如果省略decimals，则假设其值为2。

b.使用“格式”菜单中的“单元格”命令来设置包含数字的单元格的格式与使用DOLLAR函数直接设置数字的格式之间的区别在于：DOLLAR函数将结果转换为文本，而使用“单元格”命令设置格式的数字仍为数字。但可以继续在公式中使用由DOLLAR函数设置了格式的数字。

Extra tip >>>>>>>>>>>>>

实例 201 RMB——将数字转换为带人民币符号（¥）的文本

难度系数：★★★ 适用版本：07/10/13/16/17

技巧介绍： 公式办公人员小凯在编辑完工作表发现忘记将销售金额添加人民币符号，因此他想要快速为销售金额添加人民币符号，可是又不知道怎么操作。

① 在Excel中打开“素材\第10章\实例201\产品销售金额表”工作簿，选中C2单元格，在公式编辑栏中输入“=RMB(B2)”，如图 10-44所示。

② 按【Enter】键即可输出结果，拖动鼠标向下填充公式至C8单元格，效果如图 10-45所示。

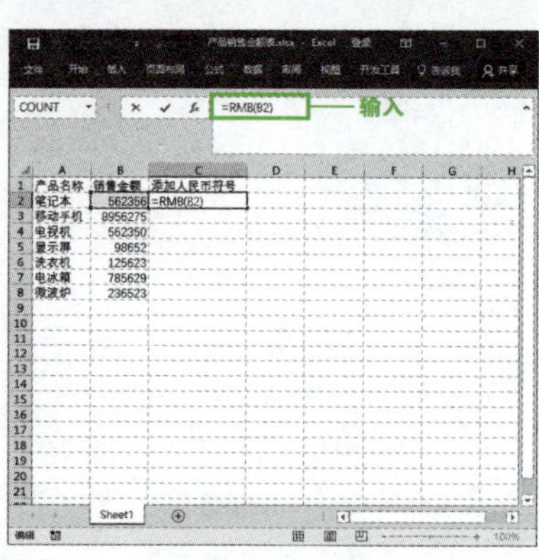

图 10-44 输入公式

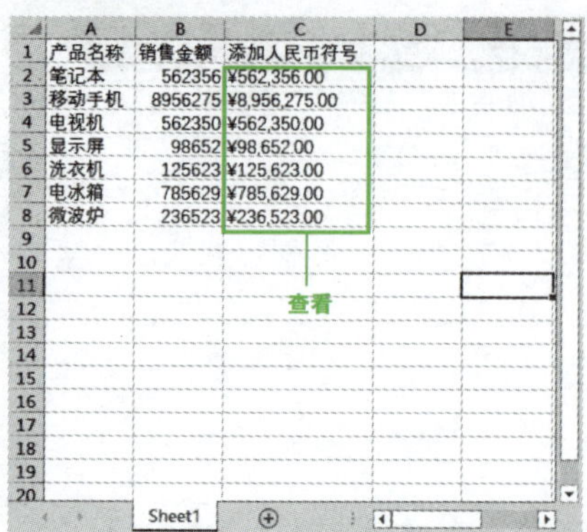

图 10-45 填充公式

技巧拓展

RMB函数表示可以依照货币格式将小数点四舍五入到指定的位数并转换成文本。使用的格式为(¥#,##0.00_);(¥#,##0.00)。其函数语法为：

RMB(number,[decimals])，

number：必需。表示数字、对包含数字的单元格的引用或是计算结果为数字的公式。

decimals：可选。小数点右边的位数。如果decimals为负数，则number从小数点往左按相应位数四舍五入。如果省略decimals，则假设其值为2。

Extra tip

实例202 CHAR——返回数字对应的字符代码

难度系数：★★★　适用版本：07/10/13/16/17

技巧介绍： 公司办公人员小敏想要查看数字对应的字符代码，可是又不知道应该怎样操作。下面为大家介绍如何使用CHAR函数返回数字对应的字符代码。

❶在Excel中打开“素材\第10章\实例201\数字对应的字符代码表”工作簿，选中B2单元格，在公式编辑栏中输入“=CHAR(A2)”，如图10-46所示。

❷按【Enter】键即可输出结果，拖动鼠标向下填充公式至B10单元格，效果如图10-47所示。

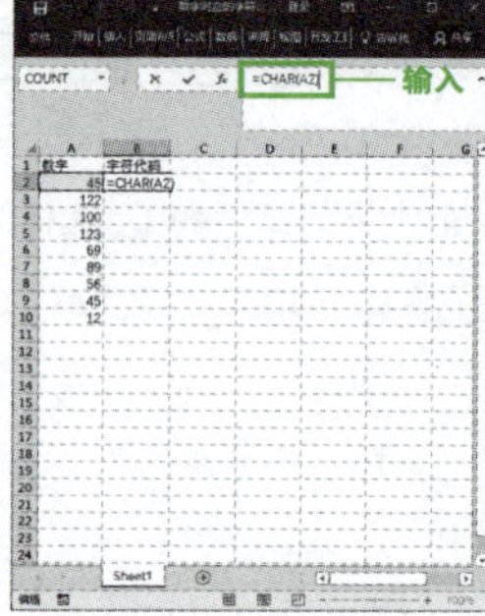

图 10-46 输入公式

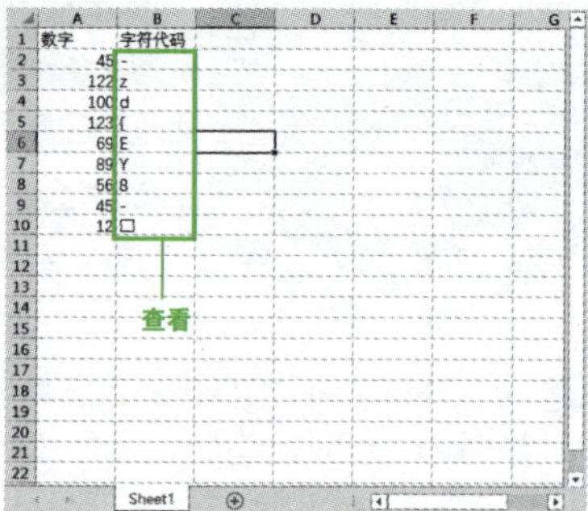

图 10-47 填充公式

技巧拓展

CHAR函数用于返回对应于数字代码的字符，此函数可将其他类型计算机文件中的代码转换为字符。其函数语法为：

CHAR(number),

number：表示用于转换的字符代码，介于1到255之间。使用的是当前计算机字符集中的字符。

Extra tip >>>>>>>>>>>>>>

实例 203 CODE——返回字符代码对应的数字

难度系数：★★★ 适用版本：07/10/13/16/17

技巧介绍： 公司办公人员小敏在别人的帮助下解决了如何查看数字对应的字符代码，因此又想出能否使用函数查看字符代码对应的数字。

1 在Excel中打开“素材\第10章\实例203\字符代码对应的数字表”工作簿，选中B2单元格，在公式编辑栏中输入“=CODE(A2)”，如图 10-48所示。

2 按【Enter】键即可输出结果，拖动鼠标向下填充公式至B14单元格，效果如图 10-49所示。

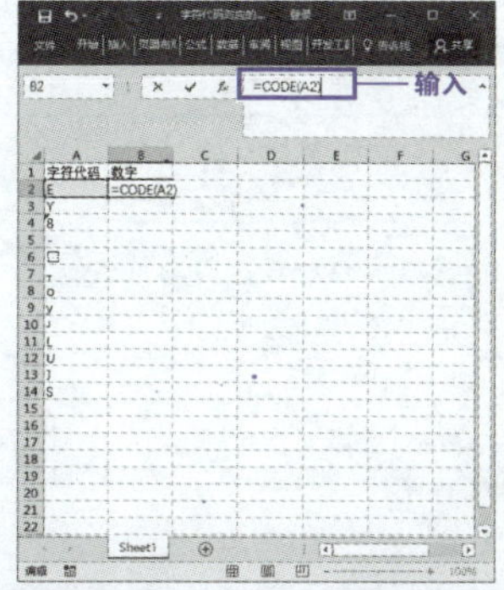

图 10-48 输入公式

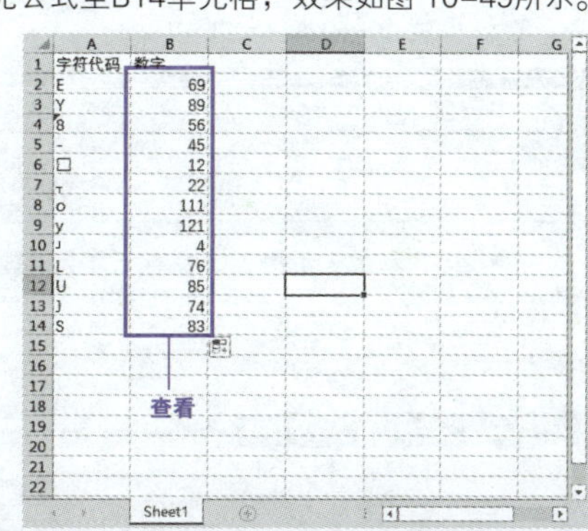

	A	B
1	字符代码	数字
2	E	69
3	Y	89
4	8	56
5	-	45
6	□	12
7	`	22
8	o	111
9	y	121
10	'	4
11	L	76
12	U	85
13	J	74
14	S	83

图 10-49 填充公式

技巧拓展

CODE函数表示用于返回文本字符串中第一个字符的数字代码，返回的代码对应于计算机当前使用的字符集。其函数语法为：

CODE(text),

Text：必需，表示需要得到其第一个字符的文本。

Extra tip >>>>>>>>>>>>>>

实例204 UPPER——将文本转换成大写字母

难度系数：★★ 适用版本：07/10/13/16/17

技巧介绍： 公司部门员工小赵需要将工作表中的英文文本更改成大写字母，如果逐一修改将会浪费大量时间，因此，她想知道如何使用函数快速将文本转换成大写字母。

① 在Excel中打开“素材\第10章\实例204\备注表”工作簿，选中B1单元格，在公式编辑栏中输入“=UPPER(A1)”，如图 10-50所示。

② 按【Enter】键即可输出结果，拖动鼠标向下填充公式至B8单元格，效果如图 10-51所示。

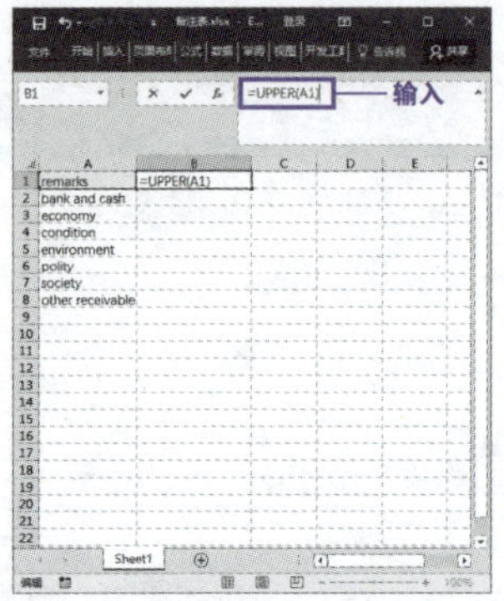

图 10-50 输入公式

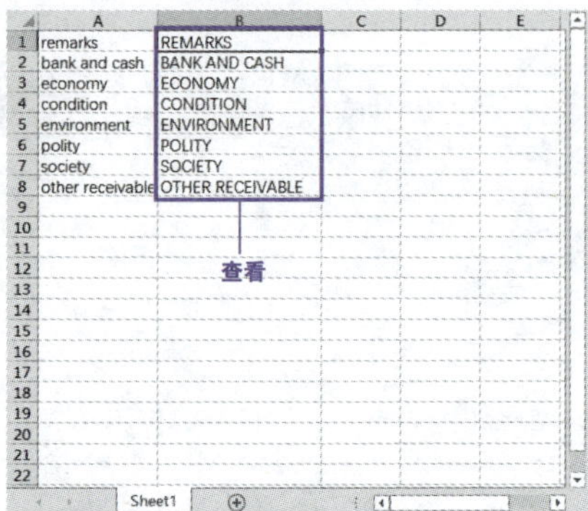

图 10-51 填充公式

技巧拓展

UPPER函数表示用于将文本字符串中的所有小写字母转换成大写字母，其函数语法为：UPPER(text)，

text：表示需要换成大写形式的文本。

Extra tip

实例205 LOWER——将文本转换成小写字母

难度系数：★★ 适用版本：07/10/13/16/17

技巧介绍： 公司部门员工小赵使用UPPER函数快速将文本转换成大写字母后，想知道能否使用函数将文本转换成小写字母。

① 在Excel中打开“素材\第10章\实例205\备注表”工作簿，选中B1单元格，在公式编辑栏中输入“=LOWER(A1)”，如图 10-52所示。

② 按【Enter】键即可输出结果，拖动鼠标向下填充公式至B8单元格，效果如图 10-53所示。

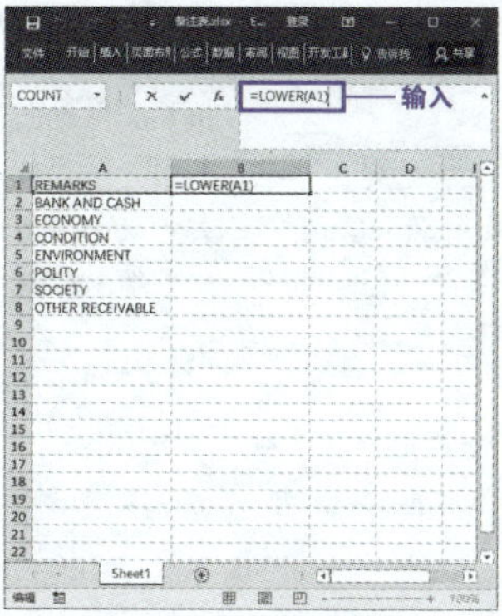

图 10-52 输入公式

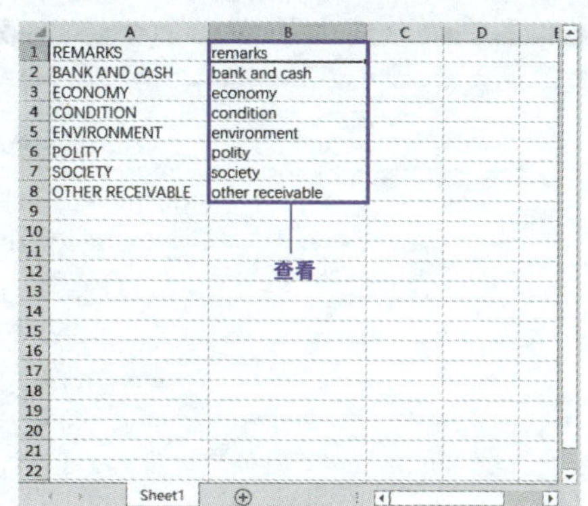

图 10-53 填充公式

技巧拓展

LOWER函数表示将文本字符串中的所有大写字母转换成小写字母，其函数语法为：LOWER(text)，

text：表示需要换成小写形式的文本。

Extra tip > > > > > > > > > > > > >

实例 206 EVEN——计算表格中偶数个数

难度系数：★★　适用版本：07/10/13/16/17

技巧介绍： 公司办公人员小娜需要统计出工作表中偶数个数，她发现要是逐一查看将会浪费大量时间，因此，想知道能否使用函数快速计算表格中偶数个数。

❶在Excel中打开“素材\第10章\实例206\统计偶数个数表”工作簿，选中C2单元格，在公式编辑栏中输入“=SUMPRODUCT(N(EVEN(A1:B11)=(A1:B11)))”，如图 10-54所示。

❷按【Enter】键即可输出结果，如图 10-55所示。

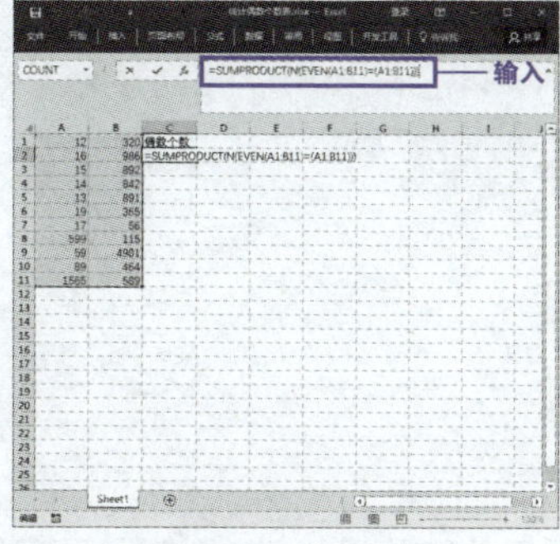

图 10-54 输入公式

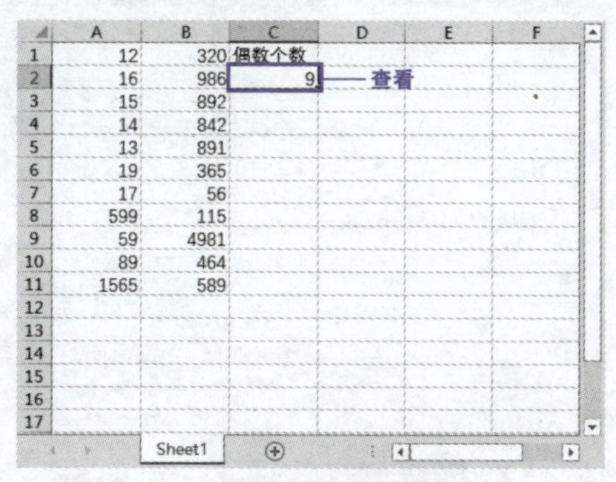

图 10-55 查看结果

技巧拓展

在上述实例中利用EVEN函数将区域中的所有数据转换为偶数，并与原数据进行比较，计算未变化的数值个数，就是原区域中的偶数个数。

EVEN函数表示返回沿绝对值增大方向取整后最接近的偶数。其函数语法为：

EVEN（number），

number：表示将进行四舍五入的数值。如果number为非数值参数，则EVEN返回错误值#VALUE!或#NAME?。不论number的正负号如何，函数都向远离零的方向舍入，如果number恰好是偶数，则无须进行任何舍入处理。

Extra tip >>>>>>>>>>>>>

实例207 LCM——计算最小公倍数

难度系数：★★☆　适用版本：07/10/13/16/17

技巧介绍： 学校陈老师想要在Excel中快速计算数值的最小公倍数，可是她不知道应该怎样快速计算。

下面为大家介绍如何使用LCM函数计算最小公倍数。

① 在Excel中打开“素材\第10章\实例207\计算最小公倍数”工作簿，选中B2单元格，在公式编辑栏中输入“=LCM(A2:A7)”，如图10-56所示。

② 按【Enter】键即可返回A2：A7区域单元格中数据的最小公倍数，如图 10-57所示。

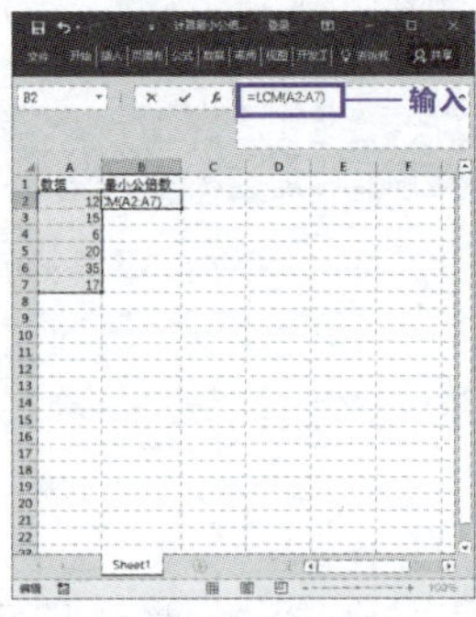

图 10-56 输入公式

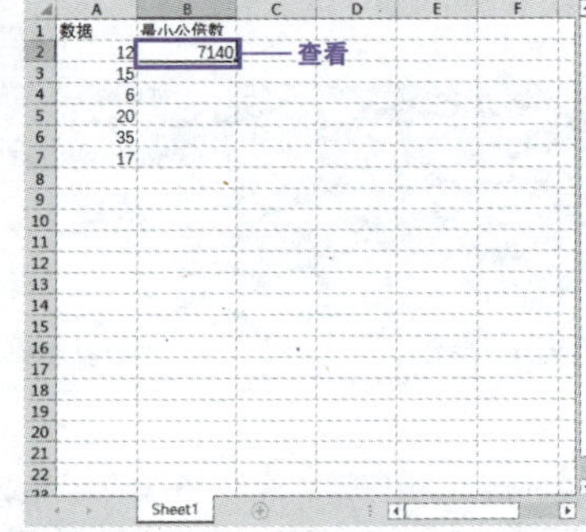

图 10-57 查看结果

技巧拓展

LCM函数表示返回整数参数的最小公倍数。其函数语法为：

LCM(number1,number2,...)，

number1,number2,...可计算最小公倍数的1至255个参数。如果参数不是整数，则截尾取整。

如果参数为非数值型，函数LCM返回错误值#VALUE!。

如果有任何参数小于0，函数LCM返回错误值#NUM!。

如果LCM(a,b)>=2^53，则函数LCM返回错误值#NUM!。

Extra tip >>>>>>>>>>>>>

实例 208

难度系数：★★★ 适用版本：07/10/13/16/17

TEXT——将“20111001”格式转换为“2011-10-01”格式

技巧介绍： 公司办公人员夏莉在编辑完员工入职信息表时发现忘记为入职日期添加分隔符，如果逐一添加将会浪费大量时间和精力，因此，她想知道能否使用函数为日期添加分隔线。

1 在Excel中打开“素材\第10章\实例208\员工入职信息表”工作簿，选中C2单元格，在公式编辑栏中输入“=TEXT(B2,"0-00-00")”，如图 10-58所示。

2 按【Enter】键即可输出结果，拖动鼠标向下填充公式至C12单元格，效果如图 10-59所示。

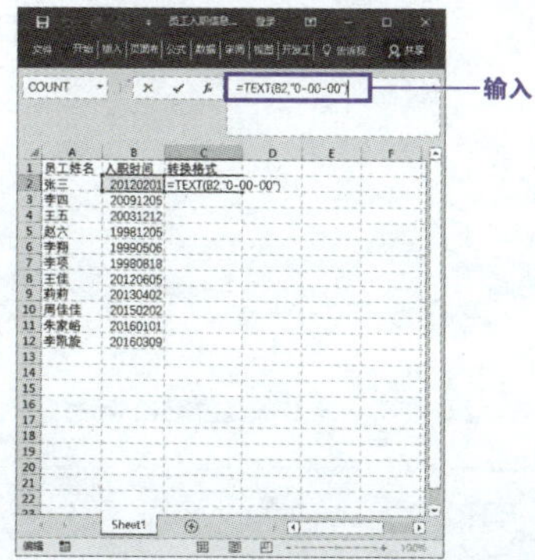

图 10-58 输入公式

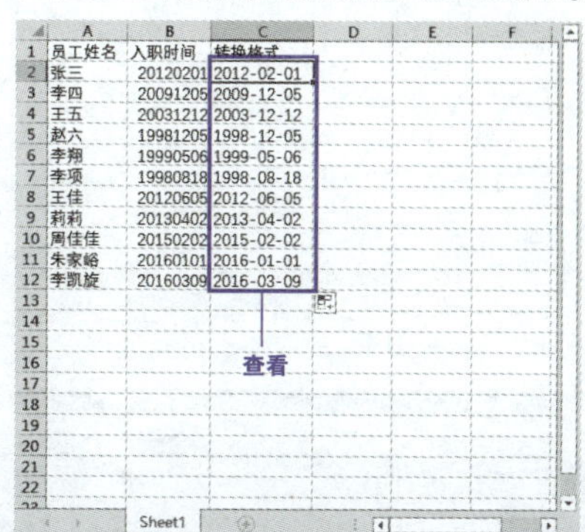

	A	B	C
1	员工姓名	入职时间	转换格式
2	张三	20120201	2012-02-01
3	李四	20091205	2009-12-05
4	王五	20031212	2003-12-12
5	赵六	19981205	1998-12-05
6	李翔	19990506	1999-05-06
7	李项	19980818	1998-08-18
8	王佳	20120605	2012-06-05
9	莉莉	20130402	2013-04-02
10	周佳佳	20150202	2015-02-02
11	朱家峪	20160101	2016-01-01
12	李凯旋	20160309	2016-03-09

图 10-59 填充公式

技巧拓展

TEXT函数，作用是将各种形式的数值转化为文本，并可使用户通过使用特殊格式字符串来指定显示格式。其函数语法为：

TEXT(value,format_text)，

Value：表示数值、计算结果为数字值的公式，或对包含数字值的单元格的引用。

format_text：为“单元格格式”对话框中“数字”选项卡上“分类”框中的文本形式的数字格式。format_text不能包含星号（*）。

Extra tip >>>>>>>>>>>>>>

实例 209

难度系数：★★★ 适用版本：07/10/13/16/17

DAY——统计新进员工转正日期

技巧介绍： 公司规定新进员工有三个月试用期，每月从16日开始计算，人事部员工小敏需要根据此规定来统计新进员工转正日期。进入公司日期不一样，计算的方法也不尽相同。

❶在Excel中打开"素材\第10章\实例209\新进员工转正日期表"工作簿，选中C2单元格，在公式编辑栏中输入"=DATE(YEAR(B2),MONTH(B2)+3+(DAY(B2)>15),16)"，如图 10-60所示。

❷按【Enter】键即可输出结果，拖动鼠标向下填充公式至C11单元格，效果如图 10-61所示。

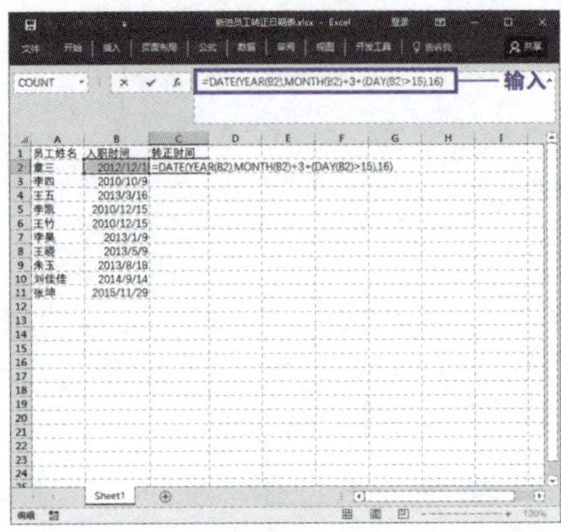

图 10-60 输入公式

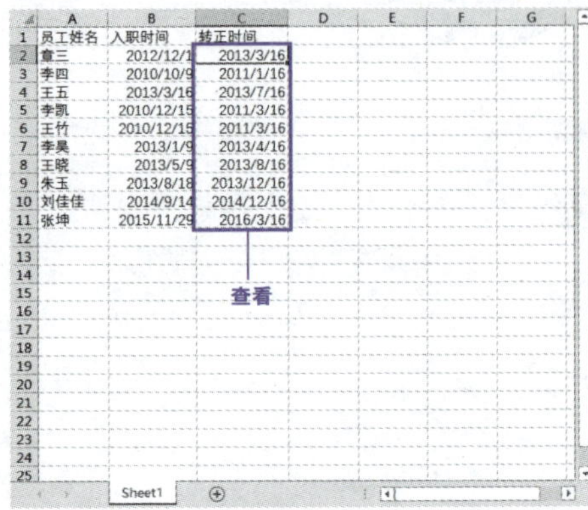

图 10-61 填充公式

技巧拓展

a.DAY函数表示返回以序列号表示的某日期的天数，用整数1到31表示。其函数语法为：

DAY(serial_number)，

serial_number：表示要查找的那一天的日期或可计算的日期序列号或存放日期数据的单元格引用。

b.在上述实例中使用MONTH函数提取员工进入公司月份，然后累加3表示转正的月份。然后使用DAY函数提取进入公司日期，如果大于15则累加一个月。

Extra tip >>>>>>>>>>>>>

实例210 TRIM——删除文本中多余的空格

难度系数：★★ 适用版本：07/10/13/16/17

技巧介绍： 公司部门员工小新想要删除文本中多余的空格，他发现要是逐一删除将会浪费大量时间。因此，想知道能否使用函数快速删除文本中多余的空格。

❶在Excel中打开"素材\第10章\实例210\员工信息统计表"工作簿，选中D2单元格，在公式编辑栏中输入"=TRIM(C2)"，如图 10-62所示。

❷按【Enter】键即可输出结果，拖动鼠标向下填充公式至D16单元格，效果如图 10-63所示。

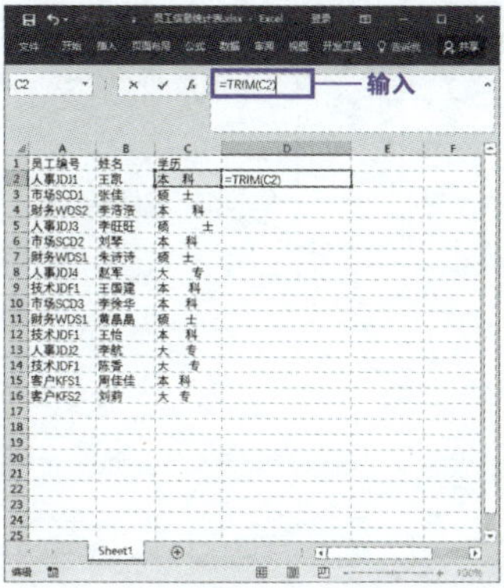

图 10-62 输入公式

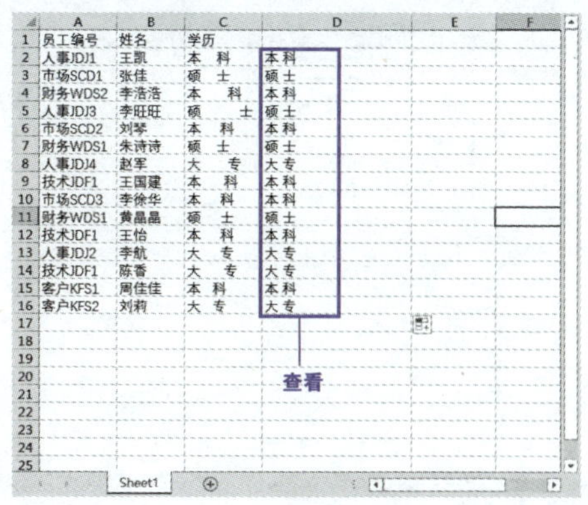

图 10-63 填充公式

技巧拓展

a.TRIM函数表示删除字符串首尾的空白（可以首尾一起，也可以指定首或尾，取决于控制参数），但会保留字符串内部作为词与词之间分隔的空格。其函数语法为：

TRIM(text)，

text：必需，为输入需要删除空格的字符串文本，或者是引用的单元格。

b.除了可以删除字符串文本中多余的空格，还可以删除英文文本中的多余空格，如图10-64所示。

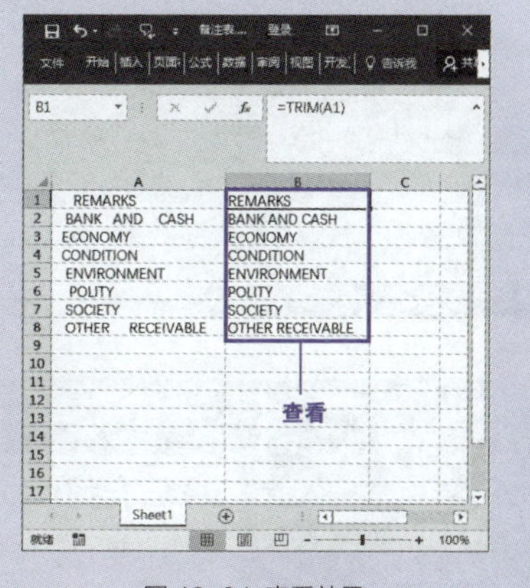

图 10-64 查看效果

Extra tip

实例211 SUBSTITUTE——替换文本字符串中的特定文本

难度系数：★★★ 适用版本：07/10/13/16/17

技巧介绍： 公司办公人员小凯想要替换文本字符串中的特定文本，可是他发现要是逐一替换将会浪费大量时间，因此想知道能否使用函数来快速替换文本。

① 在Excel中打开“素材\第10章\实例211\员工考核成绩表”工作簿，选中C2单元格，在公式编辑栏中输入“=SUBSTITUTE(B2,"分","")”，如图 10-65所示。

② 按【Enter】键即可输出结果，拖动鼠标向下填充公式至C10单元格，效果如图 10-66所示。

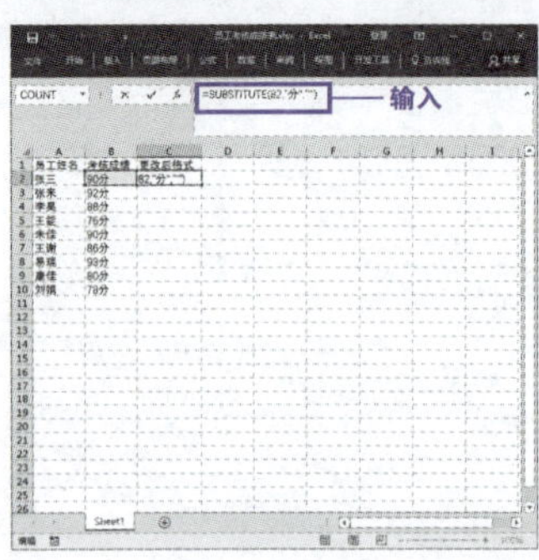

图 10-65 输入公式

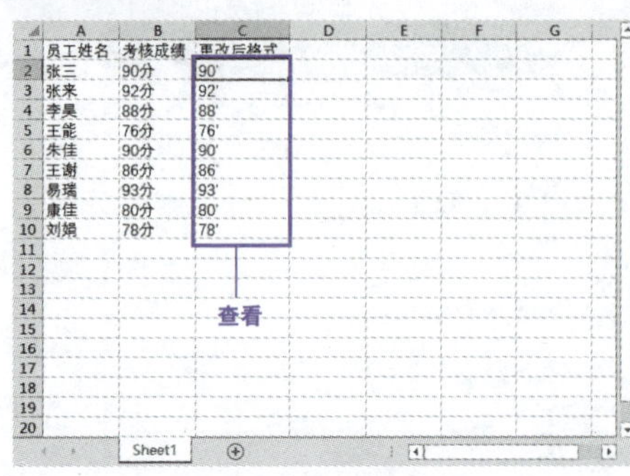

图 10-66 填充公式

技巧拓展

SUBSTITUTE函数表示将字符串中的部分字符串以新字符串替换。其函数语法为：

SUBSTITUTE(text,old_text,new_text,[instance_num])

text：表示需要替换其中字符的文本，或对含有文本的单元格的引用；

old_text：表示需要替换的旧文本；

new_text：表示用于替换old_text的文本；

instance_num：可选。为一数值，用来指定以new_text替换第几次出现的old_text。如果指定了instance_num，则只有满足要求的old_text被替换；如果缺省则将用new_text替换text中出现的所有old_text。

Extra tip＞＞＞＞＞＞＞＞＞＞＞＞＞

实例212 TRUNC——将每项产品销售金额保留一位小数再合计

难度系数：★★☆ 适用版本：07/10/13/16/17

技巧介绍： 公司销售部员工小仑应领导的要求需要将每项产品销售金额保留一位小数再合计，她想知道能否使用函数快速实现这一功能。

① 在Excel中打开“素材\第10章\实例212\产品销售表”工作簿，选中E2单元格，在公式编辑栏中输入“=SUMPRODUCT(TRUNC(B2:B7*C2:C7,1))”，如图10-67所示。

② 按【Enter】键即可输出结果，如图 10-68 所示。

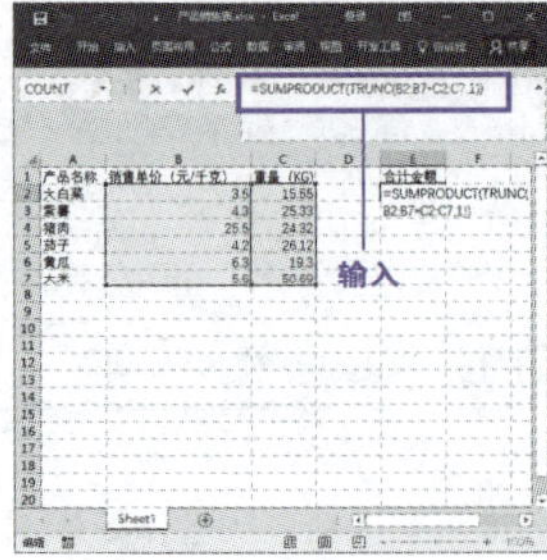

图 10-67 输入公式

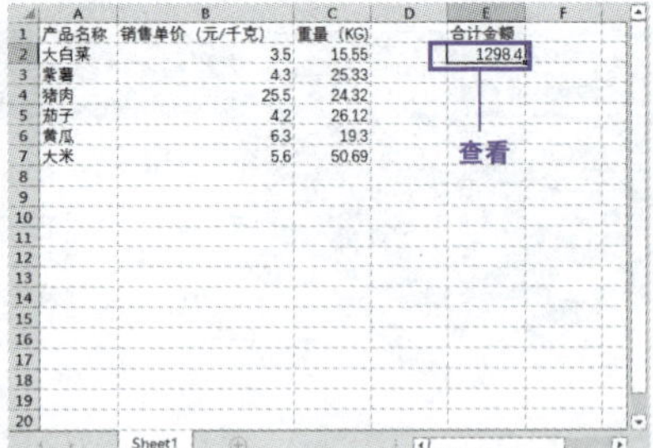

图 10-68 查看结果

技巧拓展

a.TRUNC函数表示截取日期或数字，并返回指定的值。其函数语法为：

TRUNC(number,num_digits)，

number：需要截尾取整的数字。

num_digits：用于指定取整精度的数字。num_digits的默认值为0。

函数TRUNC和函数INT类似，都返回整数。函数TRUNC直接去除数字的小数部分，而函数INT则是向下舍入到最接近的整数。

b.在上述实例中TRUNC函数使用了数组，它对数组中的每一个元素进行小数取舍，产生一个新的数组，最后使用SUMPRODUCT函数将这个数组汇总。

Extra tip >>>>>>>>>>>>>

实例 213 CLEAN——删除文本中所有无法打印的字符

难度系数：★★ 适用版本：07/10/13/16/17

技巧介绍： 公司办公员工小芳在编辑完工作表后发现无法进行打印操作，后来发现是因为文本中含有无法打印的字符。她想快速将这些字符删除，可又不知道该怎样操作。

①在Excel中打开“素材\第10章\实例213\合作公司名称表”工作簿，选中B1单元格，在公式编辑栏中输入“=CLEAN(A1)”，如图 10-69所示。

②按【Enter】键即可输出结果，拖动鼠标向下填充公式至B6单元格，如图 10-70所示。

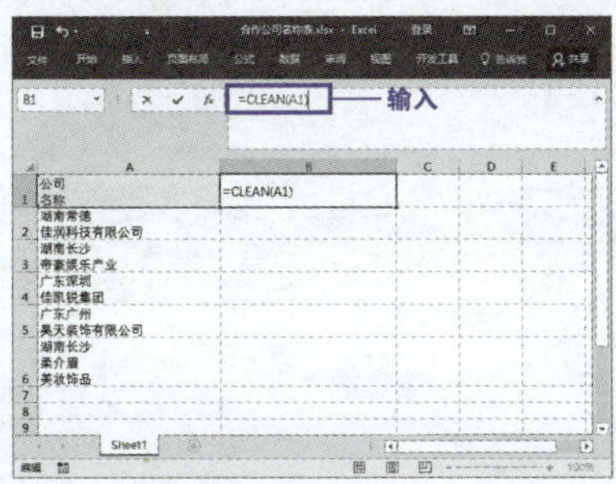

图 10-69 输入公式

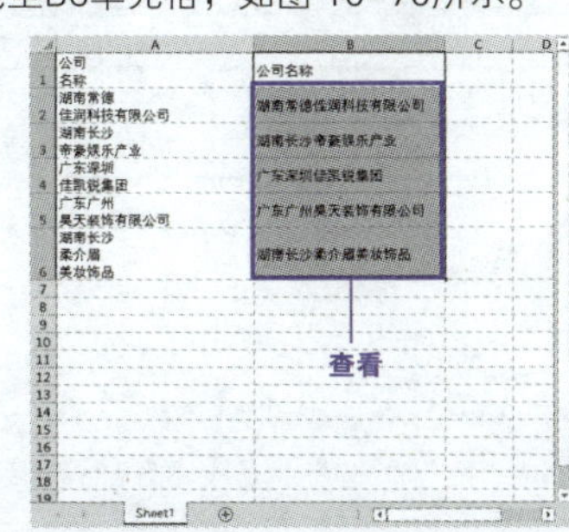

图 10-70 填充公式

技巧拓展

CLEAN函数表示删除当前操作系统无法打印的字符，例如，可以删除通常出现在数据文件头部或尾部、无法打印的低级计算机代码。其函数语法为：

CLEAN(text)，

text：必需，表示要从中删除非打印字符的任何字符串。

Extra tip >>>>>>>>>>>>>

实例214 AVERAGEA——计算平均成绩，空白成绩也计算

难度系数：★★★ 适用版本：07/10/13/16/17

技巧介绍： 学校李老师需要计算本次考试平均成绩，包括空白成绩。她想知道如何使用函数计算平均成绩。下面介绍如何使用AVERAGEA函数计算包含空白成绩的平均成绩。

❶在Excel中打开“素材\第10章\实例214\学生考试成绩表”工作簿，选中D2单元格，在公式编辑栏中输入“=AVERAGEA(B2:B11*1)”，如图 10-71所示。

❷按【Ctrl+Shift+Enter】组合键即可输出结果，如图 10-72所示。

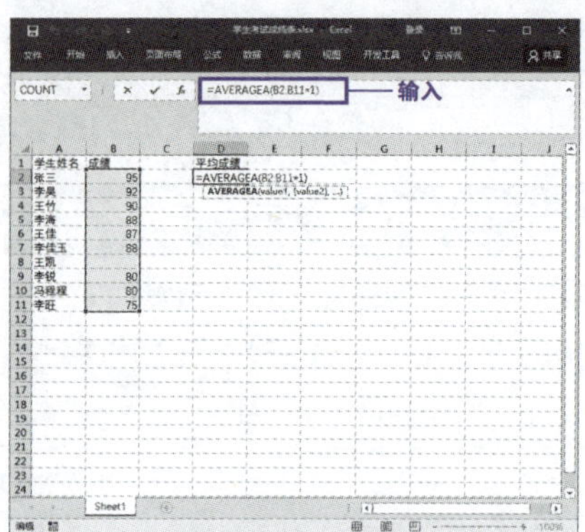

图 10-71 输入公式

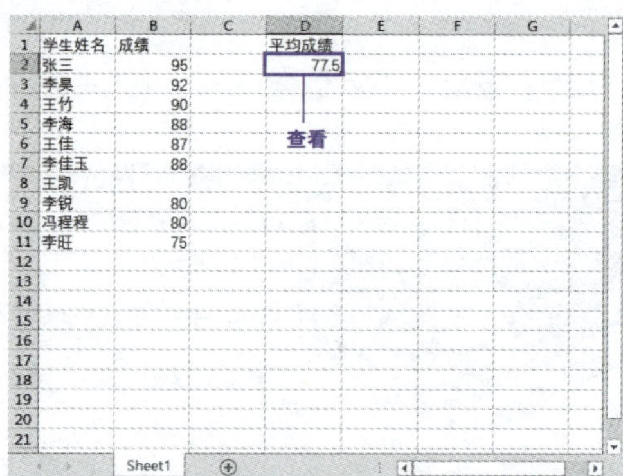

图 10-72 输出结果

技巧拓展

a.AVERAGEA函数表示计算参数列表中数值的平均值（算术平均值）。其函数语法为：

AVERAGEA(value1,value2,...)

value1,value2,...为需要计算平均值的1到30个参数、单元格区域或数值。

b.如果B8单元格中有文本“缺考”，需要将公式更改为“=AVERAGEA(IF(ISNUMBER(B2:B11),B2:B11,0))”，如图10-73所示。

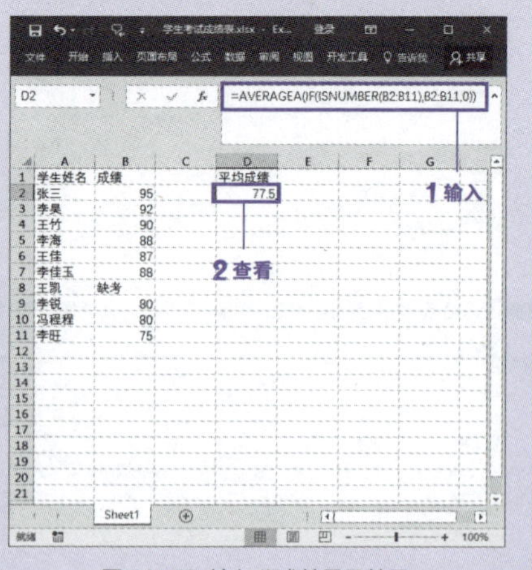

图 10-73 输入公式并显示结果

Extra tip

实例 215 DAYS360——计算总借款的天数

难度系数：★★★ 适用版本：07/10/13/16/17

技巧介绍： 公司财务部门员工小婉需要根据借款日期和还款日期来计算总借款的天数，如果逐一计算不能保证正确率。因此，她想知道能否使用函数快速计算总借款的天数。

❶在Excel中打开“素材\第10章\实例215\借款日期表”工作簿，选中C2单元格，在公式编辑栏中输入“=DAYS360(A2,B2,FALSE)”，如图 10-74所示。

❷按【Enter】键即可输出结果，如图 10-75所示。

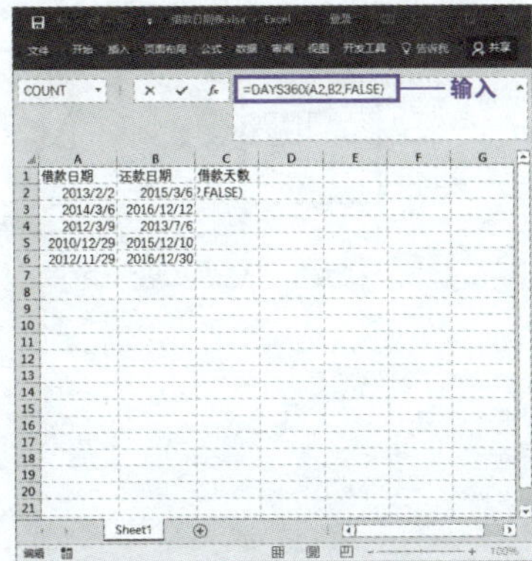

图 10-74 输入公式

	A	B	C
1	借款日期	还款日期	借款天数
2	2013/2/2	2015/3/6	754
3	2014/3/6	2016/12/12	996
4	2012/3/9	2013/7/6	477
5	2010/12/29	2015/12/10	1781
6	2012/11/29	2016/12/30	1471

查看

图 10-75 查看结果

技巧拓展

DAYS360函数是指按照一年360天的算法计算出两个日期之间相差的天数，是一些借贷计算中常用的计算方式。其函数语法为：

DAYS360(start_date,end_date,[method]),

start_date：表示起始日期，

end_date：表示终止日期，

method：表示规定了计算中是采用欧洲方法还是美国方法：若为FALSE或者省略，则表示使用美国方法；若为TRUE，则表示使用欧洲方法。

美国方法：如果起始日期是一个月的第31天，则将这一天视为同一个月份的第30天；如果终止日期是一个月的第31天，并且起始日期早于一个月的第30天，则将这个终止日期视为下一个月的第1天，否则终止日期等于同一个月的第30天。

欧洲方法：无论起始日期还是终止日期是一个月的第31天，都视为同一个月份的第30天。

Extra tip

实例216 DATEDIF——计算两个日期相差的年月日数

难度系数：★★☆ 适用版本：07/10/13/16/17

技巧介绍： 公司办公人员小陶想要计算两个日期相差的年月日数，可是她发现如果逐一计算将会浪费大量时间。因此，她想知道道能否使用函数计算两个日期相差的年月日数。

①在Excel中打开“素材\第10章\实例216\借款日期表”工作簿，选中C2单元格，在公式编辑栏中输入“=CONCATENATE(DATEDIF(A2,B2,"Y"),"年",DATEDIF(A2,B2,"YM"),"个月",DATEDIF(A2,B2,"MD"),"日")”，如图 10-76所示。

②按【Enter】键即可输出结果，并拖动鼠标向下填充公式至C6单元格，如图 10-77所示。

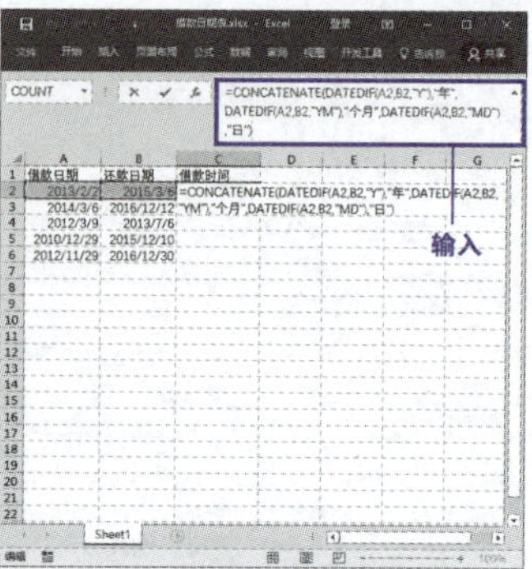

	A	B	C
1	借款日期	还款日期	借款时间
2	2013/2/2	2015/3/6	=CONCATENATE(DATEDIF(A2,B2,"Y"),"年",DATEDIF(A2,B2,"YM"),"个月",DATEDIF(A2,B2,"MD"),"日")
3	2014/3/6	2016/12/12	
4	2012/3/9	2013/7/6	
5	2010/12/29	2015/12/10	
6	2012/11/29	2016/12/30	

图 10-76 输入公式

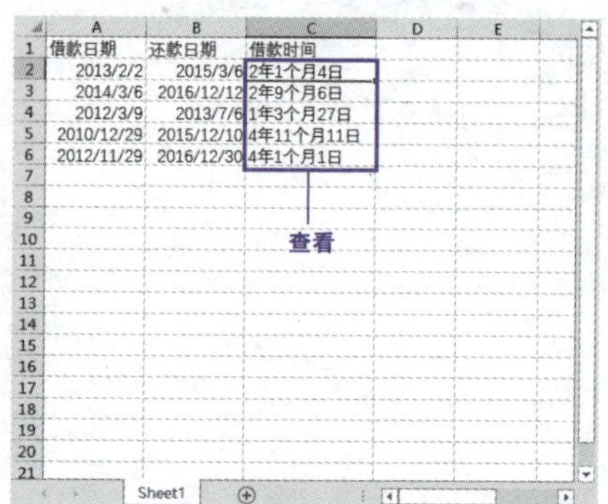

	A	B	C
1	借款日期	还款日期	借款时间
2	2013/2/2	2015/3/6	2年1个月4日
3	2014/3/6	2016/12/12	2年9个月6日
4	2012/3/9	2013/7/6	1年3个月27日
5	2010/12/29	2015/12/10	4年11个月11日
6	2012/11/29	2016/12/30	4年1个月1日

图 10-77 填充公式

技巧拓展

DATEDIF函数表示返回两个日期之间的年\月\日间隔数。常用来计算两日期之差。其函数语法为：

DATEDIF(start_date,end_date,unit)

start_date：为一个日期，它代表时间段内的第一个日期或起始日期。

end_date：为一个日期，它代表时间段内的最后一个日期或结束日期。

unit：表示为所需信息的返回类型。

Extra tip

实例217 DATEDIF——为员工自动追加工龄工资

难度系数：★★☆ 适用版本：07/10/13/16/17

技巧介绍： 公司财务人员小志在计算员工工资时，需要根据每个人的入职时间来计算工龄工资，逐一计算比较麻烦，因此，他想知道能否使用函数自动追加工龄工资。

①在Excel中打开“素材\第10章\实例217\员工工龄工资表”工作簿，选中C2单元格，在公式编辑栏中输入“=DATEDIF(B2,TODAY(),"Y")*50”，如图 10-78所示。

②按【Enter】键即可输出结果，拖动鼠标向下填充公式至C10单元格，如图 10-79所示。

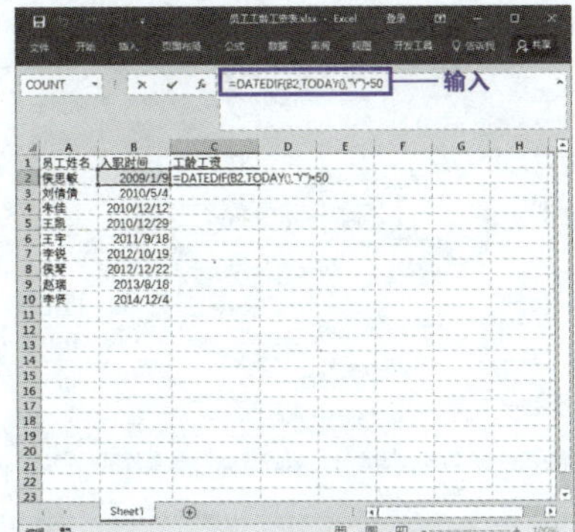

图 10-78 输入公式

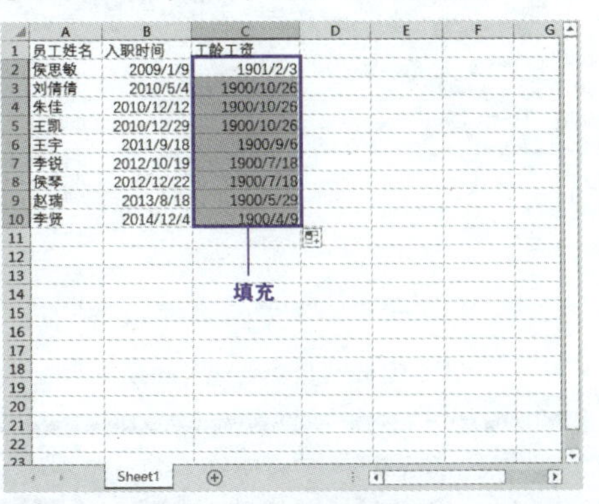

图 10-79 填充公式

③ 选中C2：C10区域单元格，选择“开始”选项卡，在“数字”选项组中单击“数字格式”下拉按钮，在下拉列表中选择“常规”选项，如图 10-80所示。

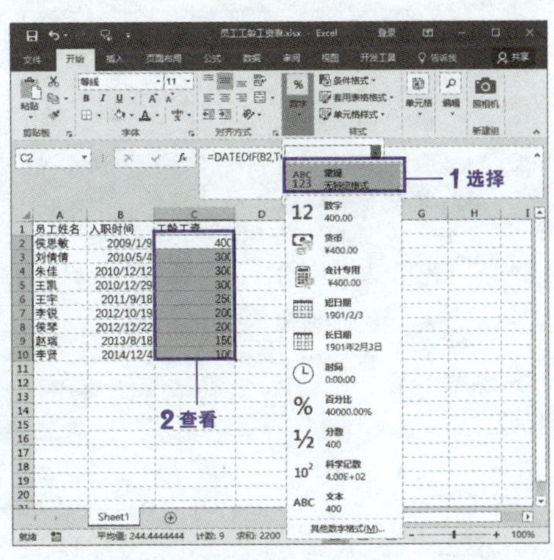

图 10-80 选择“常规”选项

技巧拓展

在上述实例中首先利用TODAY函数返回当前日期，然后判断B2单元格日期与前步结果日期两日期之间的年数，即工龄值，最后用工龄值乘以50，即可得到工龄工资。

Extra tip >>>>>>>>>>>>>

实例 218 DATEVALUE——计算借款的还款天数

难度系数：★★★ 适用版本：07/10/13/16/17

技巧介绍： 公司财务部员工小佳需要根据表格中显示的各项借款的具体借款年月日和还款年月日，来计算借款的还款天数。这里的年、月、日要分别显示在不同的单元格。

①在Excel中打开“素材\第10章\实例218\借款日期表”工作簿，选中G3单元格，在公式编辑栏中输入“=DATEVALUE(D3&E3&F3)-DATEVALUE(A3&B3&C3)”，如图 10-81所示。

②按【Enter】键即可输出结果，拖动鼠标向下填充公式至G7单元格，如图 10-82所示。

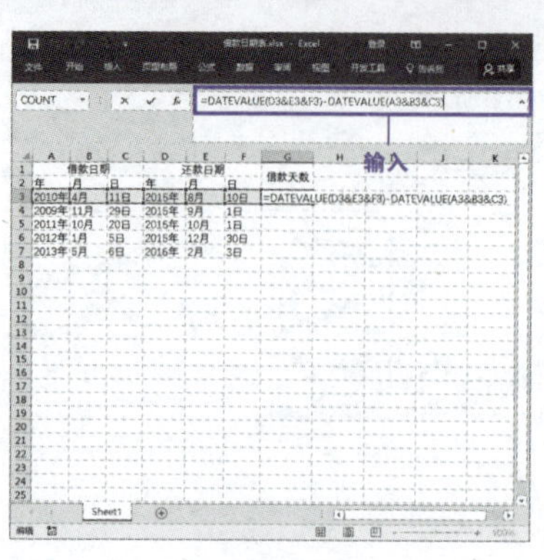

图 10-81 输入公式

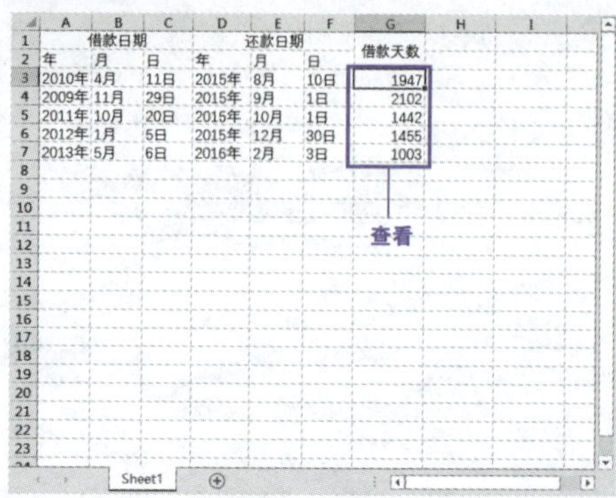

图 10-82 填充公式

技巧拓展

a.DATEVALUE函数的主要功能是将以文本表示的日期转换成Excel能识别为日期的序列号。其函数语法为：

DATEVALUE(date_text),

date_text：表示以Microsoft Excel日期格式表示的日期的文本。在使用Excel for Windows中的默认日期系统时，date_text必须表示1900年1月1日到9999年12月31日之间的一个日期；而在使用Excel for Mac中的默认日期系统时，date_text必须表示1904年1月1日到9999年12月31日之间的一个日期。如果date_text超出上述范围，则函数DATEVALUE返回错误值#VALUE！。

如果省略date_text中的年份部分，则函数DATEVALUE使用计算机系统内部时钟的当前年份。date_text中的时间信息将被忽略。

b.在上述实例中首先使用“&”符号将D3、E3、F3单元格中的年、月、日日期相连接，并将其转换为日期的序列号，得出标准的还款日期；继续使用“&”符号将A3、B3、C3单元格中的年、月、日日期相连接，并将其转换为日期的序列号，得出标准的借款日期；最后使用还款日期减去借款日期即可得到借款天数。

Extra tip >>>>>>>>>>>>

实例219 EDATE——计算食品的过期日期

难度系数：★★ 适用版本：07/10/13/16/17

技巧介绍： 公司生产部员工小楠需要计算出食品的过期日期，由于每件食品的生产日期和保质期都不相同，她想知道能否使用函数快速计算食品的过期日期。

1 在Excel中打开“素材\第10章\实例219\食品过期日期统计表”工作簿，选中D2单元格，在公式编辑栏中输入“=EDATE(B2,C2)”，如图 10-83所示。

2 按【Enter】键即可输出结果，拖动鼠标向下填充公式至D7单元格，如图 10-84所示。

图 10-83 输入公式

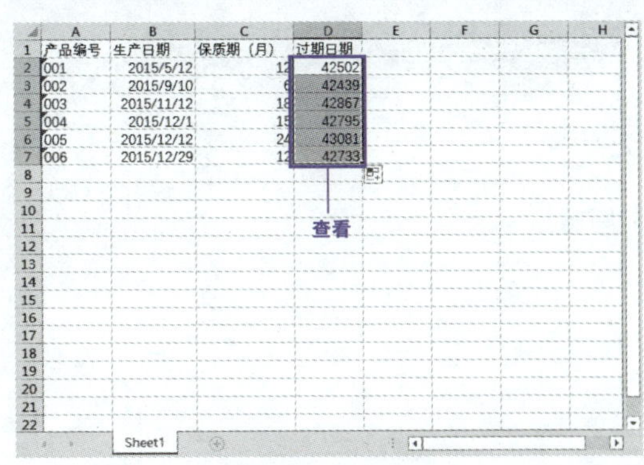

图 10-84 填充公式

❸选中D2：D7区域单元格，选择“开始”选项卡，在“数字”选项组中单击“数字格式”下拉按钮，在下拉列表中选择“短日期”选项，如图 10-85所示。

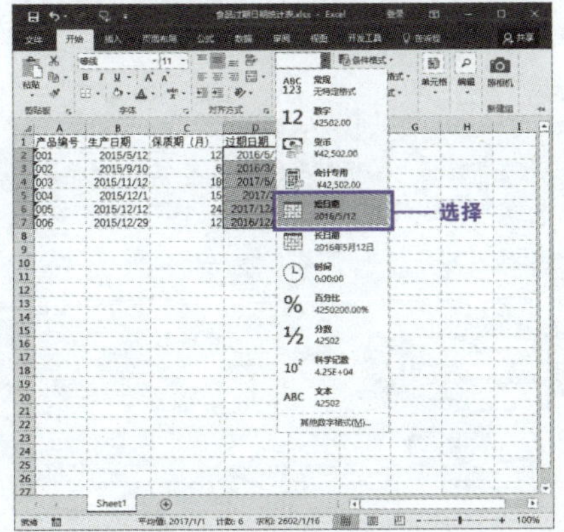

图 10-85 选择“短日期”选项

技巧拓展

EDATE函数表示返回某个日期的序列号，该日期与指定日期(start_date)相隔（之前或之后）指示的月份数。使用函数EDATE可以计算与发行日处于一月中同一天的到期日的日期。其函数语法为：

EDATE(start_date,months)，

start_date：必需。代表起始日期的时间；

months：必需。start_date之前或之后的月份数。months为正值将生成未来日期；为负值将生成过去日期。

Extra tip >>>>>>>>>>>>>

DATE——确定今年父亲节的日期

技巧介绍： 父亲节是每年6月的第3个星期日，小王想快速确定今年父亲节的日期，可是不知道应该怎样操作。下面为大家介绍如何使用DATE函数快速确定父亲节的日期。

❶在Excel中打开“素材\第10章\实例220\父亲节日期统计表”工作簿，选中A2单元格，在公式编辑栏中输入“=DATE(2017,6,1)+21-WEEKDAY(DATE(2017,6,1),2)”，如图 10-86所示。

❷按【Enter】键即可输出结果，此时即可看到2017年父亲节的日期为2017年6月18日，如图 10-87所示。

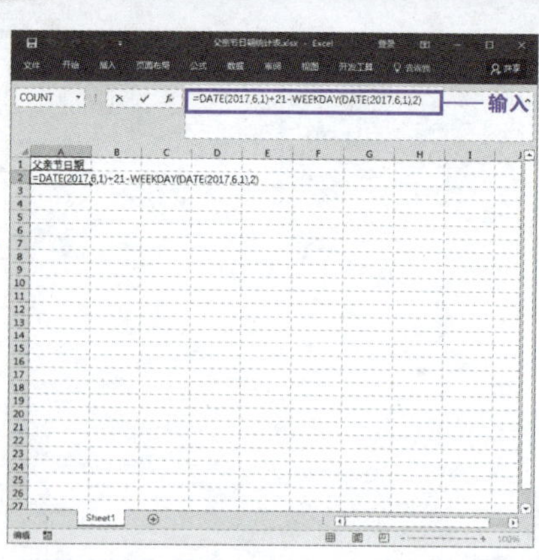

图 10-86 输入公式

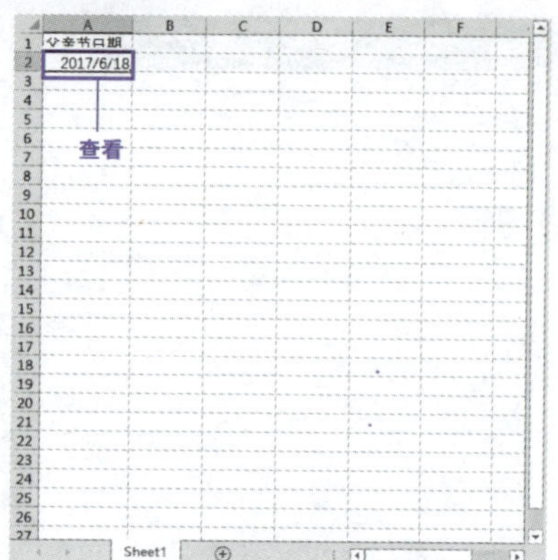

图 10-87 查看结果

技巧拓展

DATE函数表示返回代表特定日期的序列号。其函数语法为：

DATE（year,month,day），

year：表示year参数的值可以为1到4位数字。Microsoft Excel将根据所使用的日期系统来解释year参数。默认情况下，Microsoft Excel for Windows将使用1900日期系统，而Microsoft Excel for Mac使用1904日期系统。

month：表示每年中月份的数字。如果所输入的月份大于12，将从指定年份的一月份开始往上加算。

day：表示在该月份中第几天的数字。如果day大于该月份的最大天数，则将从指定月份的第一天开始往上累加。

Extra tip >>>>>>>>>>>>>

实例221 DAY——指定日期的下一月份的天数

难度系数：★★★　适用版本：07/10/13/16/17

技巧介绍： 公司部门员工小曼需要根据报表中的日期判断其下一月份的天数，她想知道能否使用函数快速查看指定日期的下一月份的天数。

①在Excel中打开“素材\第10章\实例221\下一个月天数统计表”工作簿，选中B2单元格中，在公式编辑栏中输入“=DAY(DATE(2012,12,0))”，如图 10-88所示。

②按【Enter】键即可输出结果，分别选中B3~B7单元格，分别在公式编辑栏中输入“=DAY(DATE(2013,3,0))”“=DAY(DATE(2014,1,0))”“=DAY(DATE(2014,4,0))”“=DAY(DATE(2012,1,0))”“=DAY(DATE(2015,7,0))”，并依次按【Enter】键即可返回指定日期的下一月份的天数，如图 10-89所示。

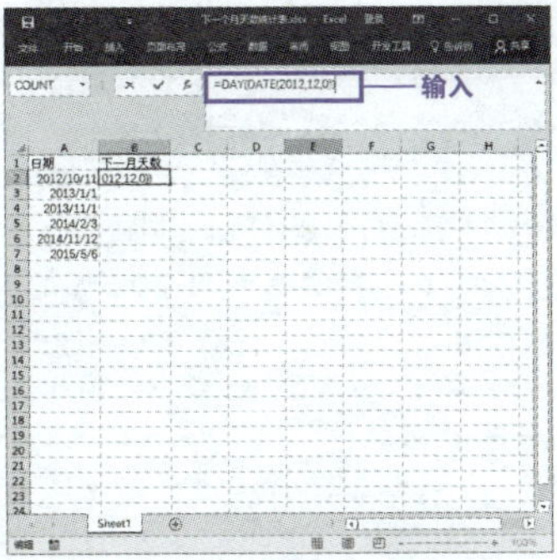

图 10-88 输入公式

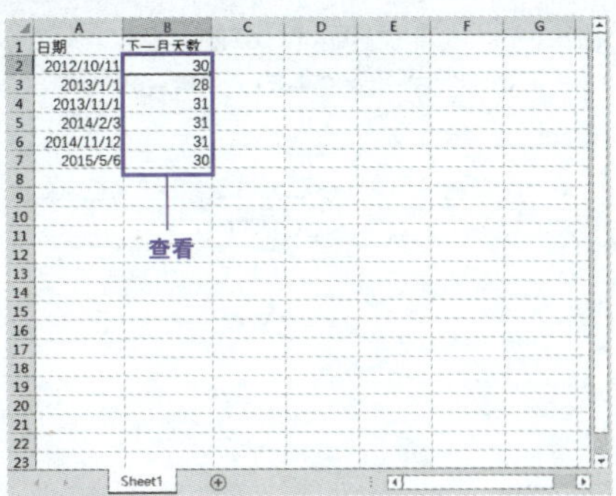

图 10-89 查看结果

技巧拓展

a.DAY函数表示返回以序列号表示的某日期的天数，用整数1到31表示。其函数语法为：

DAY(serial_number)，

serial_number：表示要查找的那一天的日期或可计算的日期序列号或存放日期数据的单元格引用。

b.在上述实例中首先利用DATE函数将需要返回的日期值设为2012年10月11日，然后返回以序列号表示的指定日期的天数。

Extra tip

实例 222 DATEDIF——计算 2010 年到 2014 年共有多少天

难度系数：★★☆ 适用版本：07/10/13/16/17

技巧介绍： 公式销售部门员工小敏在编辑工作表时需要计算2010年到2014年的天数，她想知道能否使用函数快速计算。下面为大家介绍如何使用DATEDIF函数快速计算。

① 在Excel中打开“素材\第10章\实例222\2010年到2014年的天数计算表”工作簿，选中C2单元格，在公式编辑栏中输入“=DATEDIF(A2,B2,"d")”，如图 10-90所示。

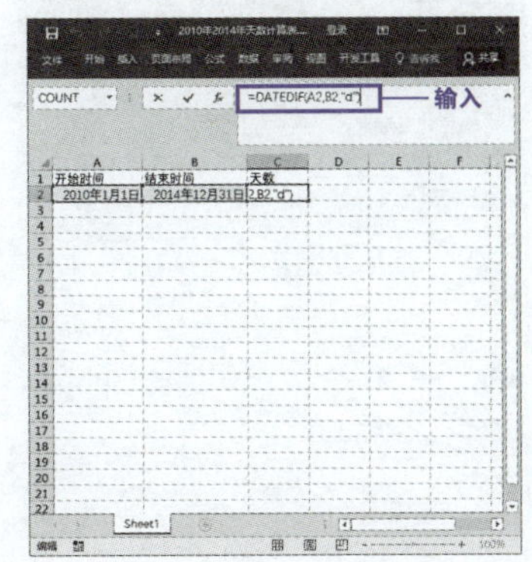

图 10-90 输入公式

②按【Enter】键即可输出结果，此时已经成功返回2010年到2014年的天数，如图 10-91所示。

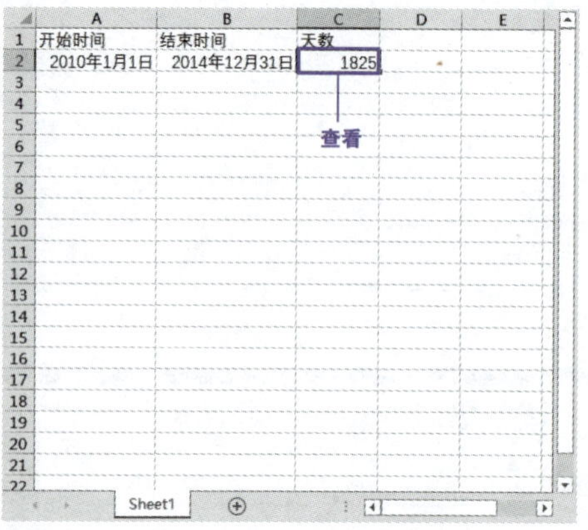

	A	B	C
1	开始时间	结束时间	天数
2	2010年1月1日	2014年12月31日	1825

图 10-91 输出结果

技巧拓展

在DATEDIF函数的参数中：

“Y”表示返回两个日期之间的年数；

“M”表示返回两个日期之间的月数；

“D”表示返回两个日期之间的天数；

“YM”表示忽略两个日期的年数和天数，返回之间的月数；

“YD”表示忽略两个日期的年数，返回之间的天数；

“MD”表示忽略两个日期的月数和年数，返回之间的天数。

Extra tip >>>>>>>>>>>>>

实例223 EOMONTH——返回员工结算工资的日期

难度系数：★★　适用版本：07/10/13/16/17

技巧介绍： 公司规定员工离职时当月的工资要在次月的月初进行结算，因此公司人事部员工小蕊需要根据员工离职表，来计算出员工结算工资的日期。

①在Excel中打开“素材\第10章\实例223\工资结算日期表”工作簿，选中D2单元格，在公式编辑栏中输入“=TEXT(EOMONTH(C2,0)+1,"yyyy年m月d日")”，如图 10-92所示。

②按【Enter】键即可输出结果，并拖动鼠标向下填充公式至D7单元格，如图 10-93所示。

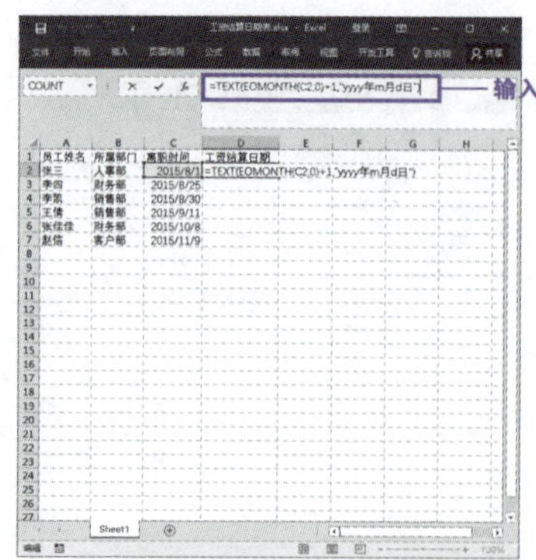

	A	B	C	D
1	员工姓名	所属部门	离职时间	工资结算日期
2	张三	人事部	2015/8/1	=TEXT(EOMONTH(C2,0)+1,"yyyy年m月d日")
3	李四	财务部	2015/8/25	
4	李凯	销售部	2015/8/30	
5	王倩	销售部	2015/9/11	
6	张佳佳	财务部	2015/10/8	
7	赵信	客户部	2015/11/9	

图 10-92 输入公式

	A	B	C	D
1	员工姓名	所属部门	离职时间	工资结算日期
2	张三	人事部	2015/8/1	2015年9月1日
3	李四	财务部	2015/8/25	2015年9月1日
4	李凯	销售部	2015/8/30	2015年9月1日
5	王倩	销售部	2015/9/11	2015年10月1日
6	张佳佳	财务部	2015/10/8	2015年11月1日
7	赵信	客户部	2015/11/9	2015年12月1日

图 10-93 填充公式

技巧拓展

a.EOMONTH函数表示用于计算指定日期之前或之后几个月的最后一天的日期。其函数语法为：

EOMONTH(start_date,months)，

start_date：代表开始日期的一个日期；

months：为start_date之前或之后的月数。正数表示未来日期，负数表示过去日期，如果months不是整数，将截尾取整。

b.在上述实例中首先以0作为EMONTH的参数，表示产生C2单元格中的月份所对应的最后一天的日期，然后加上数值为 1表示次月1日的序列值；然后使用TEXT函数将上一步得到的序列值格式转换为日期格式，显示年月日。

Extra tip >>>>>>>>>>>>>

实例 224

难度系数：★★ 适用版本：07/10/13/16/17

HOUR——计算出员工缺勤的小时数

技巧介绍： 公司人事部员工小涛需要统计出员工缺勤的小时数，他发现如果逐一计算将会浪费大量时间，因此想知道能否使用函数快速计算出员工缺勤的小时数。

① 在Excel中打开“素材\第10章\实例224\员工考勤表”工作簿，选中F2单元格，在公式编辑栏中输入“=HOUR(E2-D2)”，如图 10-94所示。

② 按【Enter】键即可输出结果，拖动鼠标向下填充公式至F10单元格，如图 10-95所示。

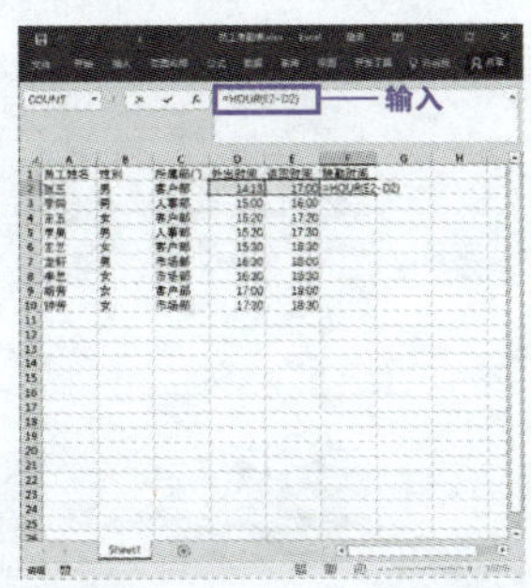

图 10-94 输入公式

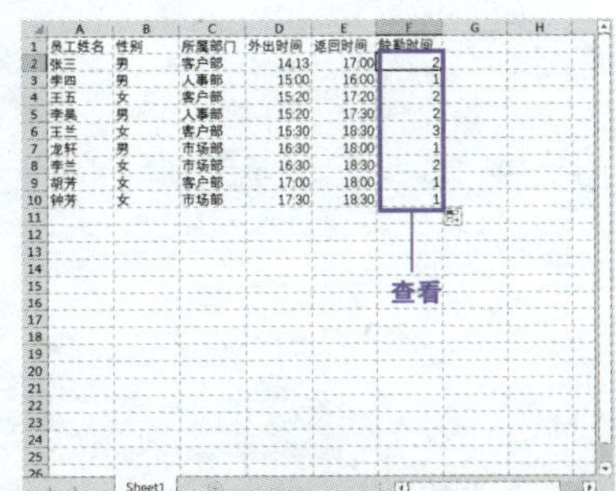

	A	B	C	D	E	F
1	员工姓名	性别	所属部门	外出时间	返回时间	缺勤时间
2	张三	男	客户部	14:13	17:00	2
3	李四	男	人事部	15:00	16:00	1
4	王五	女	客户部	15:20	17:20	2
5	李美	男	人事部	15:20	17:30	2
6	王兰	女	客户部	15:30	18:30	3
7	龙轩	男	市场部	16:30	18:00	1
8	李兰	女	市场部	16:30	18:30	2
9	胡芳	女	客户部	17:00	18:00	1
10	钟芳	女	市场部	17:30	18:30	1

图 10-95 填充结果

技巧拓展

HOUR函数表示用于返回时间值中的小时数，返回的值范围是0～23。其函数语法为：

HOUR(serial_number)，

serial_number：表示要提取小时数的时间。

Extra tip >>>>>>>>>>>>>

实例225 MINUTE——计算停车时间

难度系数：★★★ 适用版本：07/10/13/16/17

技巧介绍： 公司办公人员小柔需要根据车辆进入停车场的时间和离开停车场的时间来计算停车时间，由于每辆车的进出时间不一样，她想知道能否使用MINUTE函数快速计算。

❶ 在Excel中打开“素材\第10章\实例225\停车时间统计表”工作簿，选中D2单元格，在公式编辑栏中输入“=(HOUR(C2)*60+MINUTE(C2)-HOUR(B2)*60-MINUTE(B2))”，如图 10-96所示。

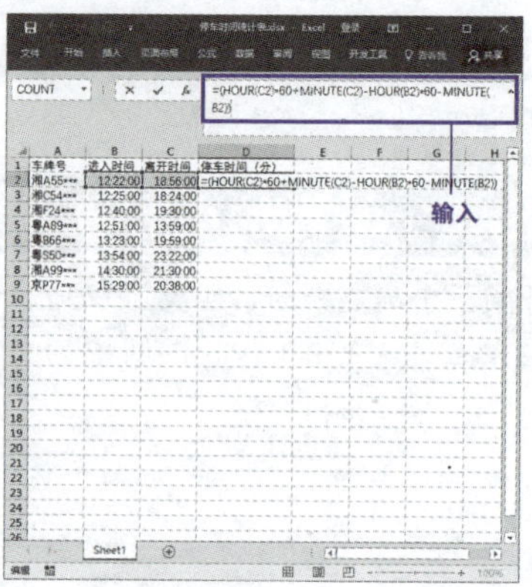

图 10-96 输入公式

❷按【Enter】键即可输出结果，并向下填充公式至D9单元格，如图 10-97所示。

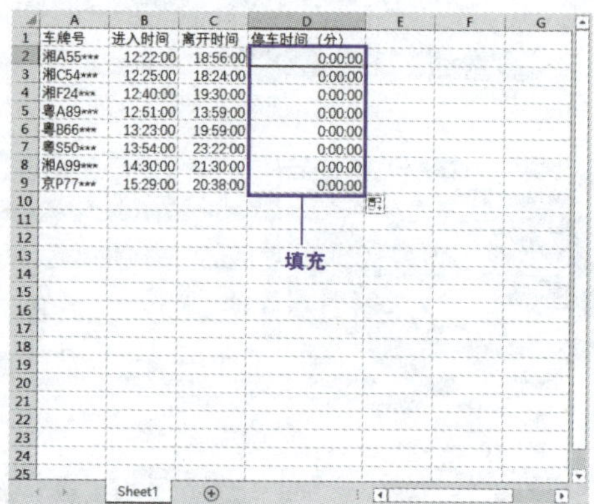

图 10-97 填充公式

❸选中D2：D9区域单元格，单击鼠标右键执行“设置单元格格式”命令，如图 10-98所示。

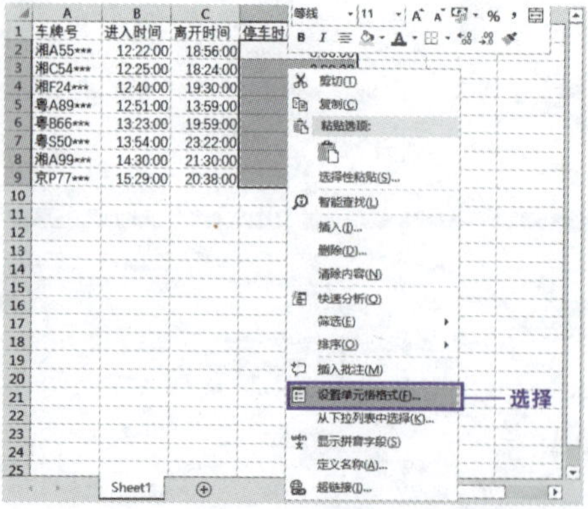

图 10-98 执行“设置单元格格式”命令

❹在“设置单元格格式”对话框中选择“数字”选项卡，在“分类”下拉列表中选择“文本”选项，单击“确定”按钮保存，如图 10-99所示。

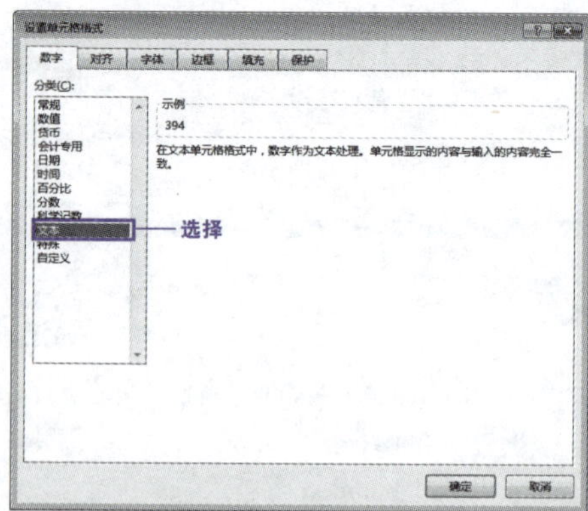

图 10-99 选择“文本”选项

❺ 设置完后可查看效果，如图 10-100所示。

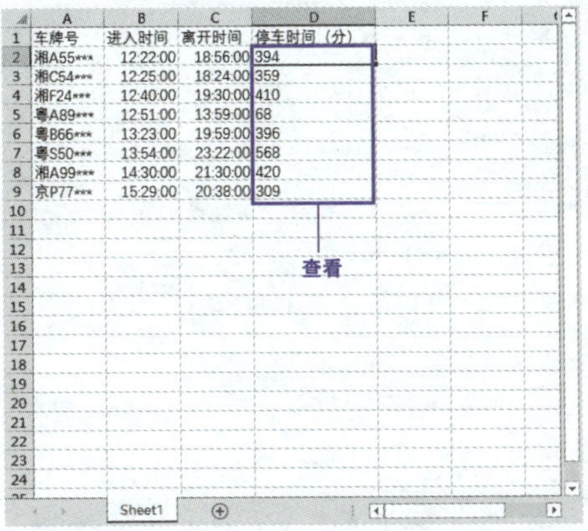

	A	B	C	D
1	车牌号	进入时间	离开时间	停车时间（分）
2	湘A55***	12:22:00	18:56:00	394
3	湘C54***	12:25:00	18:24:00	359
4	湘F24***	12:40:00	19:30:00	410
5	粤A89***	12:51:00	13:59:00	68
6	粤B66***	13:23:00	19:59:00	396
7	粤S50***	13:54:00	23:22:00	568
8	湘A99***	14:30:00	21:30:00	420
9	京P77***	15:29:00	20:38:00	309

图 10-100 查看效果

技巧拓展

①MINUTE函数表示用于返回时间值中的分钟数，返回的值范围是0～59。其函数语法为：

MINUTE(serial_number)，

serial_number：表示要提取分钟数的时间。

②在上述实例中首先将C2单元格的时间转换为分钟数，然后将B2单元格的时间转换为分钟数，最后将第一步结果减去第二步结果即可成功算出停车时间。

Extra tip >>>>>>>>>>>>>

实例 226 MONTH——自动填写报表中的月份

难度系数：★★ 适用版本：07/10/13/16/17

技巧介绍： 小哲作为一名销售部员工，每个月都需要输入月份数制作销售报表，因此，他想知道能否使用函数来自动填写报表中的月份数。

❶在Excel中打开“素材\第10章\实例226\产品销售报表”工作簿，选中B1单元格，在公式编辑栏中输入“=MONTH(TODAY())”，如图 10-101所示。

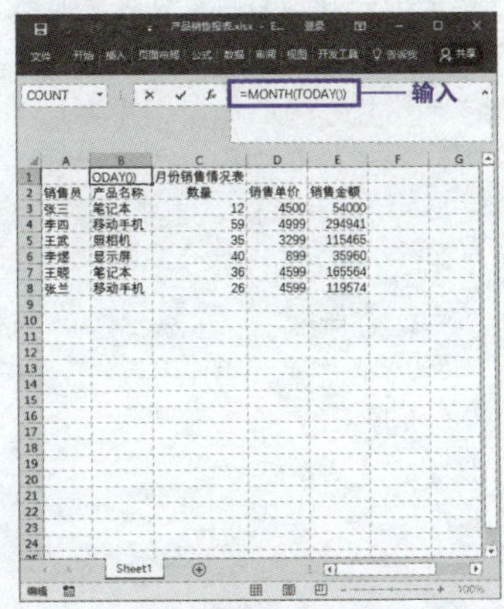

	A	B	C	D	E
1		ODAY())	月份销售情况表		
2	销售员	产品名称	数量	销售单价	销售金额
3	张三	笔记本	12	4500	54000
4	李四	移动手机	59	4999	294941
5	王武	照相机	35	3299	115465
6	李煜	显示屏	40	899	35960
7	王晓	笔记本	36	4599	165564
8	张兰	移动手机	26	4599	119574

图 10-101 输入公式

❷按【Enter】键即可输出结果，此时已成功返回当前的月份，如图 10-102所示。

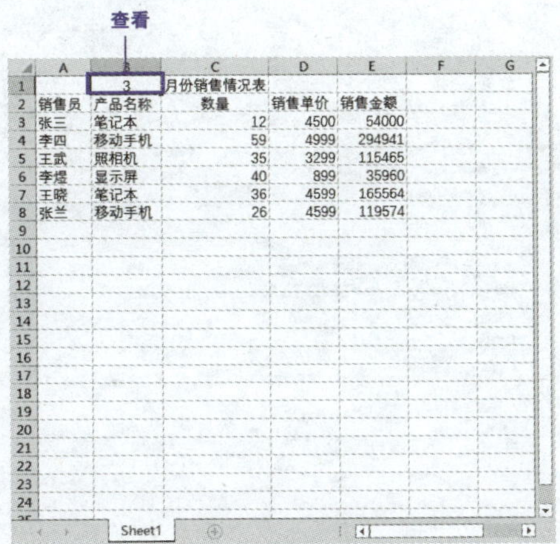

	A	B	C	D	E
1		3	月份销售情况表		
2	销售员	产品名称	数量	销售单价	销售金额
3	张三	笔记本	12	4500	54000
4	李四	移动手机	59	4999	294941
5	王武	照相机	35	3299	115465
6	李煜	显示屏	40	899	35960
7	王晓	笔记本	36	4599	165564
8	张兰	移动手机	26	4599	119574

图 10-102 查看结果

技巧拓展

MONTH函数返回以序列号表示的日期中的月份。月份是介于1（一月）到12（十二月）之间的整数。其函数语法为：

MONTH(serial_number)，

serial_number：表示要查找的月份的日期。应使用DATE函数输入日期，或者将函数作为其他公式或函数的结果输入。例如，使用函数DATE(2017,1,1)输入2017年1月1日。如果日期以文本形式输入，则会出现问题。

Extra tip >>>>>>>>>>>>>

实例227 NETWORKDAYS——计算年假占全年工作日的百分比

难度系数：★★ 适用版本：07/10/13/16/17

技巧介绍： 公司人事部员工小瑞需要计算员工的年假占全年工作日的百分比，由于每位员工的休假时间不一样，她想知道能否使用函数快速计算年假占全年工作日的百分比。

1. 在Excel中打开“素材\第10章\实例227\员工休年假统计表”工作簿，选中D2单元格，在公式编辑栏中输入“=NETWORKDAYS(B2,C2)/NETWORKDAYS("2016/1/1","2017/1/1")”，如图 10-103所示。
2. 按【Enter】键即可输出结果，拖动鼠标向下填充公式至D9单元格，如图 10-104所示。

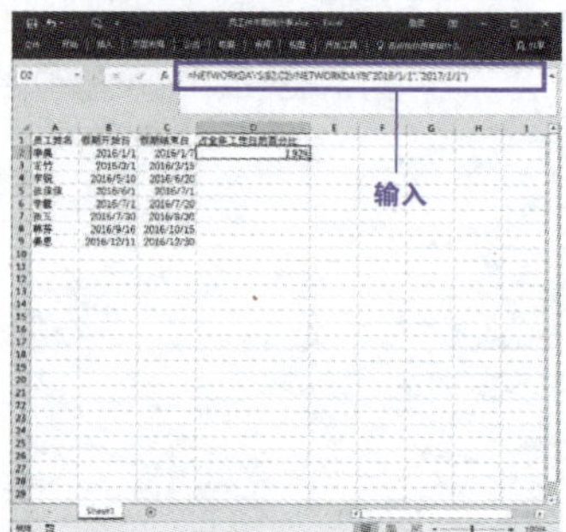

图 10-103 输入公式

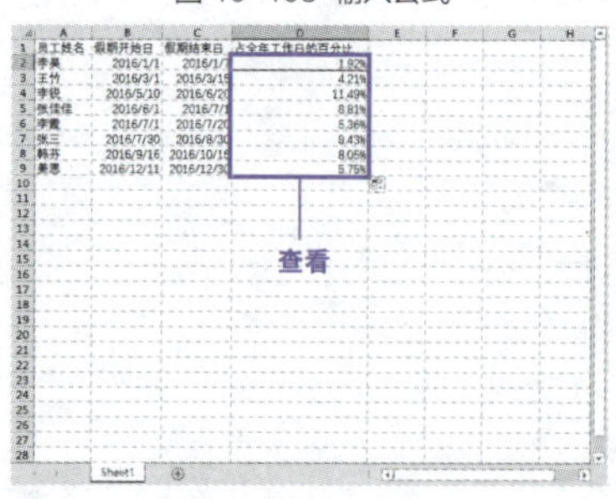

图 10-104 填充公式

技巧拓展

NETWORKDAYS函数表示用于返回开始日期和结束日期之间的所有工作日数，其中，工作日包括周末和专门指定的假期。其函数语法为：

NETWORKDAYS(start_date, end_date,[holidays])，

start_date：表示开始日期。

end_date：表示结束日期。

holidays：可选，表示在工作日中排除的特定日期。

Extra tip >>>>>>>>>>>>>

实例 228

难度系数：★★★ 适用版本：07/10/13/16/17

NOW——返回当前系统日期的时间

技巧介绍： 公司销售部门员工小赵在编辑完工作表后想要输入当前系统日期的时间，他想知道除了直接输入当前时间外能否使用函数来快速返回当前系统日期的时间。

❶在Excel中打开“素材\第10章\实例228\销售金额表”工作簿，选中B8单元格，在公式编辑栏中输入“=TEXT(NOW(),"m月d日h:m:s")”，如图 10-105所示。

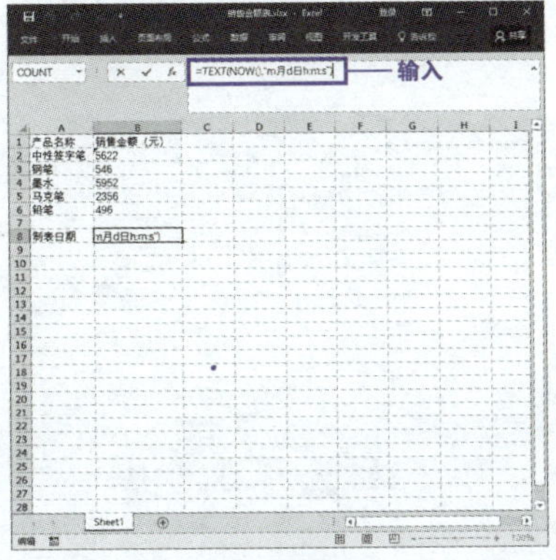

图 10-105 输入公式

❷按【Enter】键即可输出结果，此时已成功返回当前系统日期的时间，如图 10-106 所示。

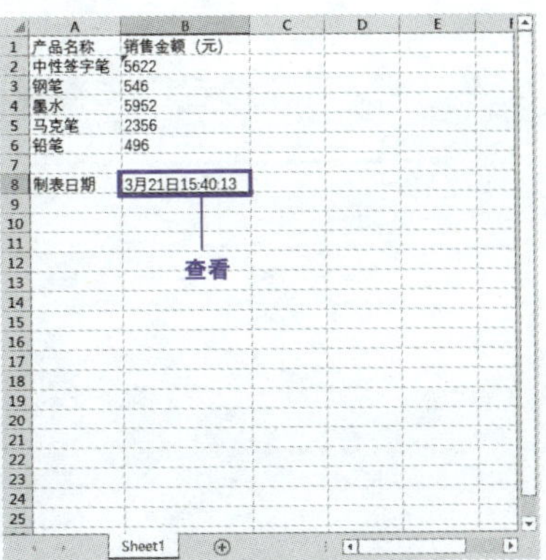

图 10-106 查看结果

技巧拓展

①NOW函数，用于返回电脑设置的当前日期和时间的序列号。其函数语法为：

NOW()，

此函数语法没有参数。

②如果需要返回年度值，可输入公式“=TEXT(NOW(),"Y年m月d日h:m:s")”，效果如图 10-107 所示。

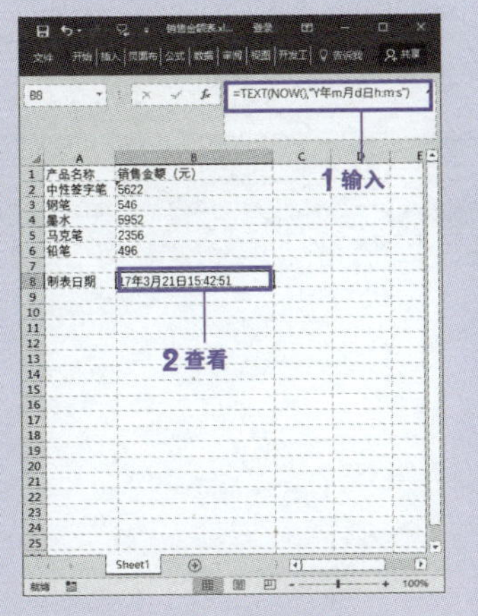

图 10-107 查看返回效果

Extra tip

SECONDーー计算通话秒数

技巧介绍： 公司行政部员工小胡需要统计每台电话的通话时间，并且需要精确到秒数，如果逐一计算将会浪费大量时间，因此她想知道能否使用函数快速计算通话秒数。

❶ 在Excel中打开"素材\第10章\实例229\电话通话时间表"工作簿，选中D2单元格，在公式编辑栏中输入"=HOUR (C2-B2)*60*60+MINUTE(C2-B2)*60+SECOND (C2-B2)"，如图 10-108所示。

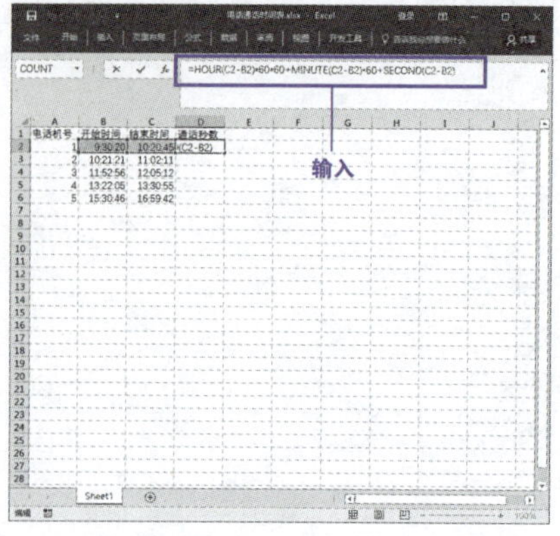

图 10-108 输入公式

❷按【Enter】键即可输出结果，拖动鼠标填充公式至D6单元格，选中D2：D6单元格区域，单击鼠标右键执行"设置单元格格式"命令，如图 10-109所示。

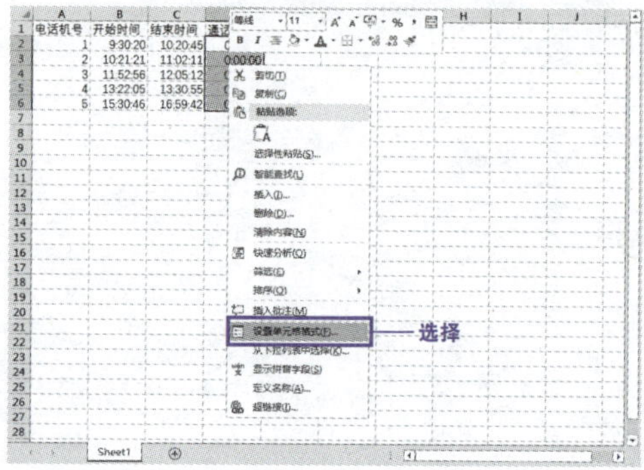

图 10-109 执行"设置单元格格式"命令

❸在"设置单元格格式"对话框中选择"数字"选项卡，在"分类"下拉列表中选择"常规"选项，单击"确定"按钮保存，如图 10-110所示。

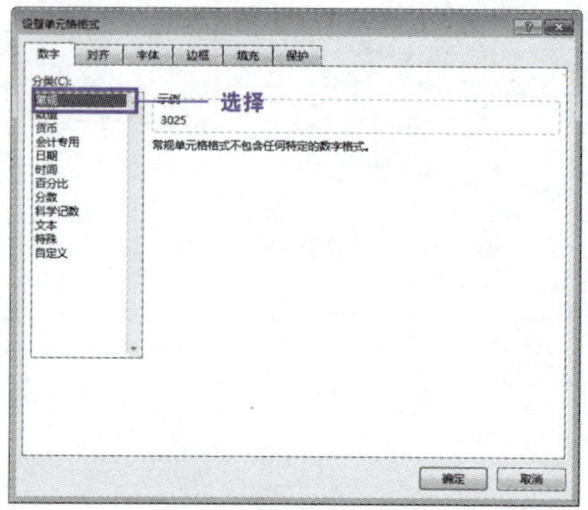

图 10-110 选择"常规"选项

❹设置完后即可查看结果，如图 10-111所示。

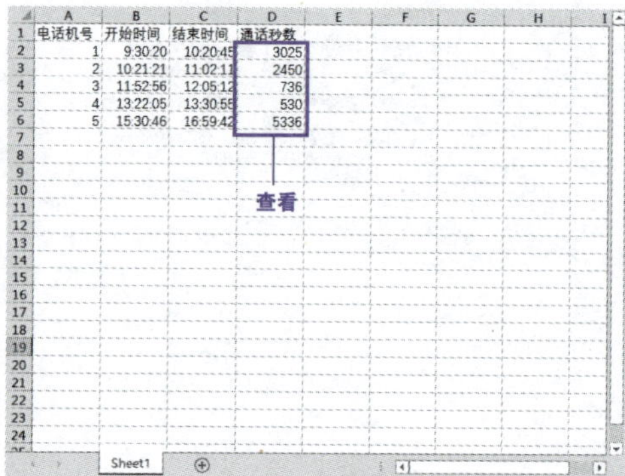

图 10-111 查看结果

技巧拓展

a.SECOND函数表示用于返回时间值中的秒数，返回的值范围是整数0～59。HOUR函数、MINUTE函数、SECOND函数分别提取时间序列号中的时、分、秒的值，用法比较相似。其函数语法为：

SECOND(serial_number)，

serial_number：表示要提取秒数的时间。

b.在上述实例中首先使用HOUR函数将C2−B2得到的通话时长转换为小时，再乘以3600，转换为秒数；然后使用MINUTE函数将C2−B2得到的通话时长转换为分钟，再乘以60，转换为秒数；最后使用SECOND函数将C2−B2得到的通话时长转换为秒数，最后将前3步结果相加即可得到通话总时长的秒数。

Extra tip >>>>>>>>>>>>

实例 230 TIMEVALUE——将文本格式的时间转换为序列数

难度系数：★★　适用版本：07/10/13/16/17

技巧介绍： 公司部门员工小于需要将文本格式的时间转换为序列数可是又不知道应该怎样操作。下面为大家介绍如何使用TIMEVALUE函数将文本格式的时间转换为序列数。

① 在Excel中打开“素材\第10章\实例230\将文本格式的时间转换为序列数”工作簿，选中B2单元格，在公式编辑栏中输入“=TIMEVALUE("8:12:00")”，如图 10-112 所示。

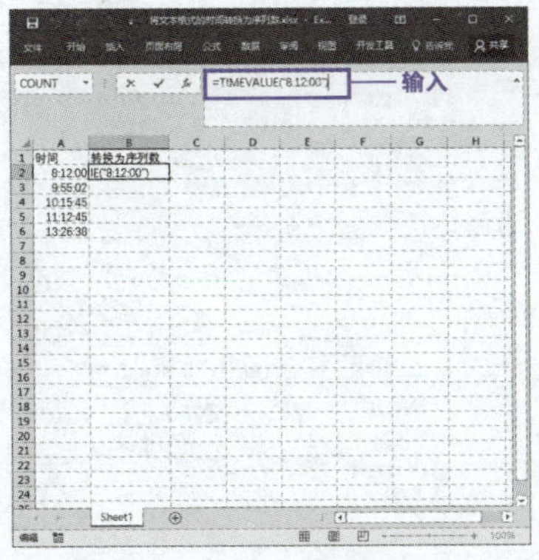

图 10-112 输入公式

② 按【Enter】键即可将A1单元格中的时间转换为序列数，分别选中B3~B6单元格，分别在公式编辑栏中输入“=TIMEVALUE("9:55:02")”“=TIMEVALUE("10:15:45")”、“=TIMEVALUE("11:12:45")”“=TIMEVALUE("13:26:38")”，按【Enter】键即可将剩余的文本格式的时间转换为序列数，如图 10-113所示。

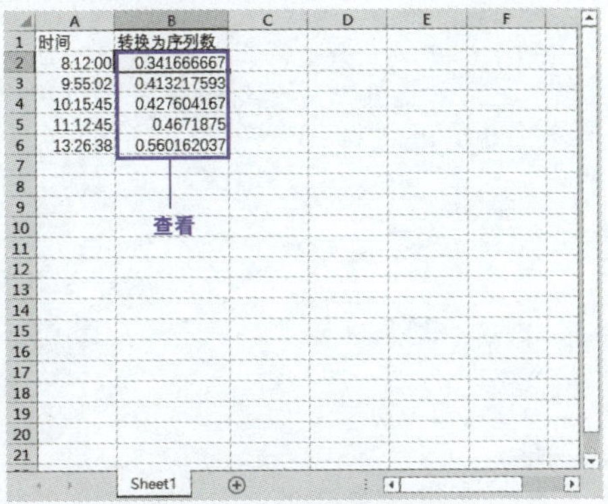

图 10-113 查看结果

技巧拓展

TIMEVALUE函数表示用于将文本格式的时间转换成时间的小数值。该小数值的取值范围为0～0.99999999之间的值，代表0:00:00到23:59:59之间的时间。其函数语法为：

Timevalue(time_text)，

time_text：表示以文本格式输入的时间。不过，time_text也可以是代表该范围内任何时间的表达式。如果time_text参数包含Null，则返回Null。此参数不能使用单元格引用，只可以是文本格式的时间。

Extra tip

实例231 TIME——安排会议时间

难度系数：★★ 适用版本：07/10/13/16/17

技巧介绍： 公司行政部员工小芮需要根据规定来安排会议时间，她想知道能否使用函数快速安排各部门的会议时间。下面为大家介绍如何使用TIME函数快速安排会议时间。

1 在Excel中打开“素材\第10章\实例231\部门会议时间表”工作簿，在B2单元格中输入“8:30 AM”，选中B3单元格，在公式编辑栏中输入“=TIME(2,15,0)+B2”，如图 10-114所示。

2 按【Enter】键即可输出结果，并拖动鼠标向下填充公式至B7单元格，如图 10-115所示。

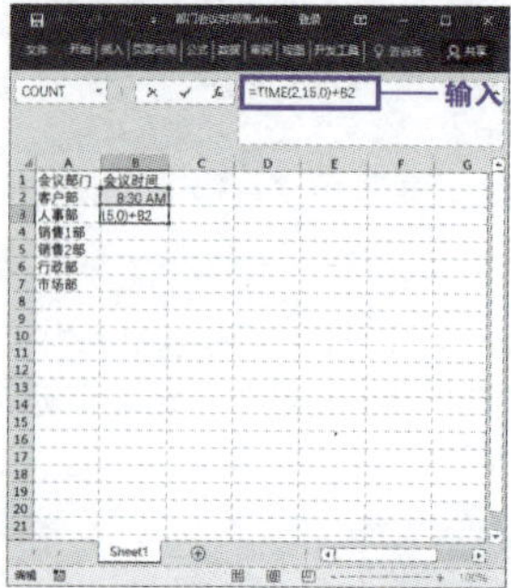

图 10-114 输入公式

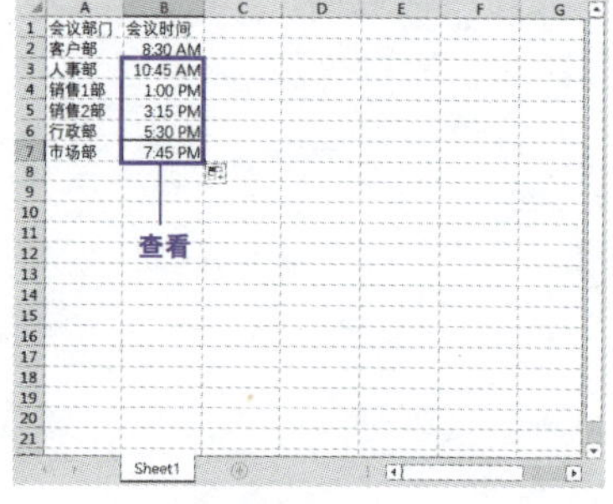

图 10-115 填充公式

技巧拓展

TIME函数表示用于返回指定时间的序列号。若TIME函数返回的结果是一个小数值，该小数值的范围是0～0.99999999之间的数值，其代表0:00:00到23:59:59之间的时间。其函数语法为：

TIME（hour，minute，second），

hour：必需。表示0到32767之间的数值，代表小时。任何大于23的数值将除以24，其余数将视为小时。

minute：必需。表示0到32767之间的数值，代表分钟。任何大于59的数值将被转换为小时和分钟。

second 必需。表示0到32767之间的数值，代表秒。任何大于59的数值将被转换为小时、分钟和秒。

Extra tip

实例 232 TODAY——返回系统当前日期

难度系数：★★ 适用版本：07/10/13/16/17

技巧介绍： 公司人事部员工小姝想要查看新进员工的试用期结束人数，如果逐一查看将会浪费大量时间，因此，她想知道能否使用函数快速查看。

1. 在Excel中打开“素材\第10章\实例232\新进职工表”工作簿，选中E1单元格，在公式编辑栏中输入“=COUNTIF(C2:C9,"<"&TODAY()-60)”，如图 10-116所示。
2. 按【Enter】键即可输出结果，如图 10-117所示。

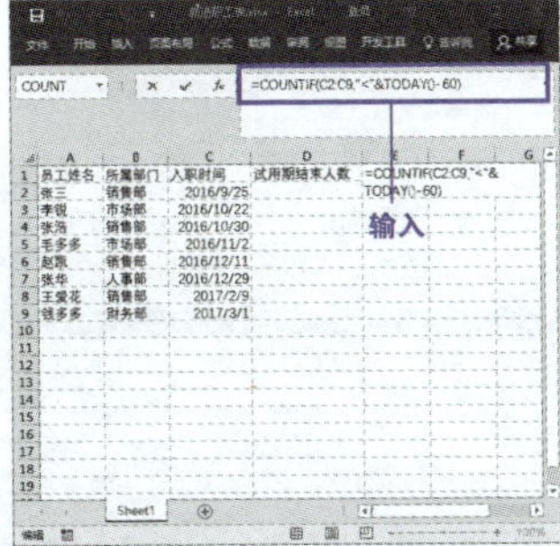

图 10-116 输入公式

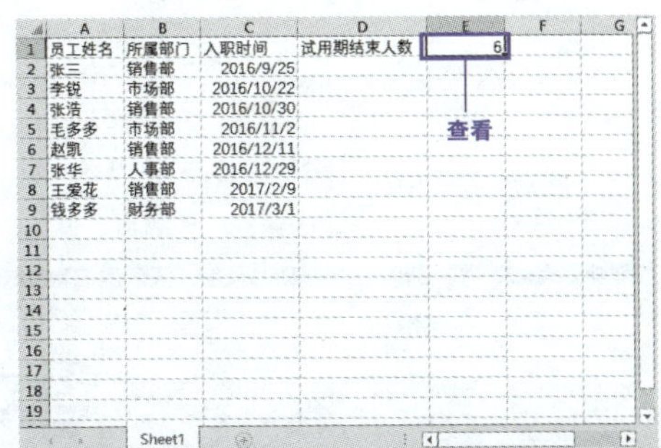

	A	B	C	D	E
1	员工姓名	所属部门	入职时间	试用期结束人数	6
2	张三	销售部	2016/9/25		
3	李锐	市场部	2016/10/22		
4	张浩	销售部	2016/10/30		
5	毛多多	市场部	2016/11/2		
6	赵凯	销售部	2016/12/11		
7	张华	人事部	2016/12/29		
8	王爱花	销售部	2017/2/9		
9	钱多多	财务部	2017/3/1		

图 10-117 查看结果

技巧拓展

TODAY函数表示用于返回当前时间的序列号。其函数语法为：

TODAY(),此函数无参数。

TODAY函数返回的是电脑设置的日期，当你电脑的时间设置正确时，该函数返回的结果才是当前日期。

TODAY函数无法实时更新函数的结果，你可以重新计算工作表进行更新该函数的结果；

如果单元格格式在输入函数前为“常规”，则结果会将单元格格式更改为“日期”。可以使用“设置单元格格式”来修改“常规”或“日期”格式。

Extra tip

实例 233 TODAY——计算国庆节倒计时的天数

难度系数：★★ 适用版本：07/10/13/16/17

技巧介绍： 公司办公人员小新想要计算国庆节倒计时的天数，如果通过翻看日历来计算将会浪费大量时间，她想知道能否使用函数快速计算国庆节倒计时的天数。

第1章 第2章 第3章 第4章 第5章 第6章 第7章 第8章 第9章 第10章

❶在Excel中打开“素材\第10章\实例233\距离国庆节的天数”工作簿，选中B1单元格，在公式编辑栏中输入“=DATE(2017,10,1)-TODAY()&"(天)"”，如图 10-118所示。

❷按【Enter】键即可输出结果，如图 10-119所示。

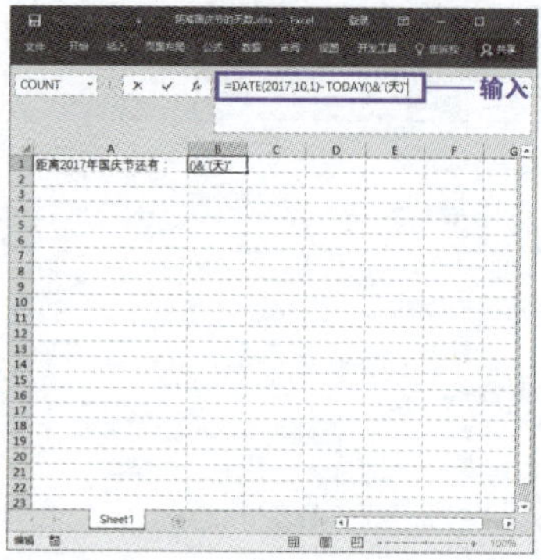

图 10-118 输入公式

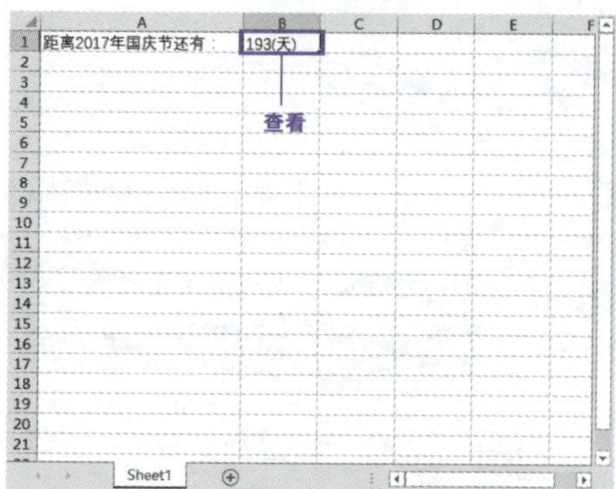

图 10-119 查看结果

技巧拓展

在上述实例中首先将“2016,10,1”转换为标准的日期格式，然后再用前面转换得出的日期减去当前日期得出天数，并与“天”连接作为单位。

Extra tip＞＞＞＞＞＞＞＞＞＞＞＞＞＞

实例 234 WEEKDAY——汇总 12 月份星期六的收入金额

难度系数：★★ 适用版本：07/10/13/16/17

技巧介绍： 公司财务部员工小霞需要汇总12月份每个星期六的收入金额，她发现要是逐一计算容易出错。因此，她想知道能否使用函数快速汇总12月份星期六的收入金额。

❶ 在Excel中打开“素材\第10章\实例234\12月份收入表”工作簿，选中C2单元格，在公式编辑栏中输入“=SUM((WEEKDAY(A2:A10,2)=6)*B2:B10)”，如图 10-120所示。

❷ 按【Ctrl+Shift+Enter】组合键即可输出结果，如图 10-121所示。

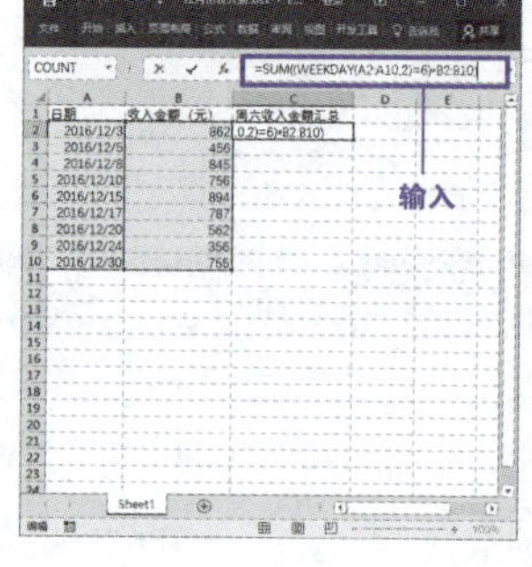

图 10-120 输入公式

图 10-121 输出结果

技巧拓展

a.WEEKDAY函数表示用于返回某个日期是一周中的星期几。默认情况下，天数是1（星期日）到7（星期六）之间的整数。其函数语法为：

WEEKDAY(serial_number,[return_type]),

serial_number：表示需要判断星期几的日期，可以为时间序列号或文本，也可以是单元格引用；

return_type：决定一周中哪一天开始的数字。默认值为1。数字1或省略则1至7代表星期天到星期六，数字2则1至7代表星期一到星期天，数字3则0至6代表星期一到星期天…

b.在上述实例中首先判断A2：A10单元格区域中的日期是否等于6（表示星期六），如果是返回TRUE，不是则返回FALSE。返回的是一个数组；最后将前一步结果数组中值为TRUE的单元格对应在B2:B10单元格区域中的值返回，并使用SUM函数进行求和。

Extra tip

实例 235 WEEKDAY——自动返回各月日期对应的星期数

难度系数：★★☆ 适用版本：07/10/13/16/17

技巧介绍： 公司办公人员小佳需要根据日期来查看对应的星期数，如果逐一翻看日历将会浪费大量时间，因此她想知道能否使用函数自动返回各月日期对应的星期数。

① 在Excel中打开“素材\第10章\实例235\各日期所对应的星期数”工作簿，选中B2单元格，在公式编辑栏中输入“=WEEKDAY(A2,2)”，如图 10-122所示。

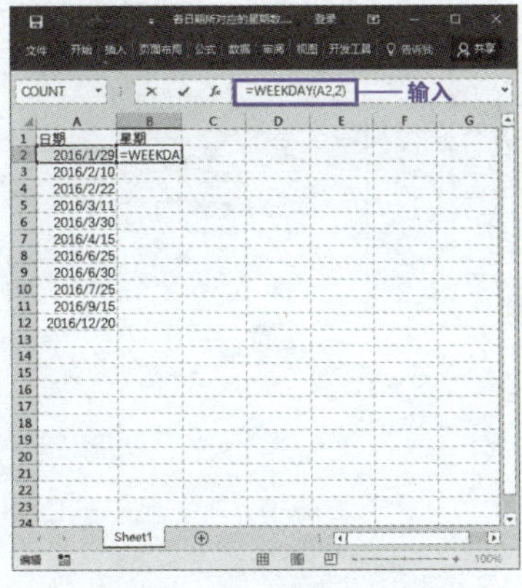

图 10-122 输入公式

② 按【Enter】键即可输出结果，拖动鼠标向下填充公式至B12单元格，如图 10-123所示。

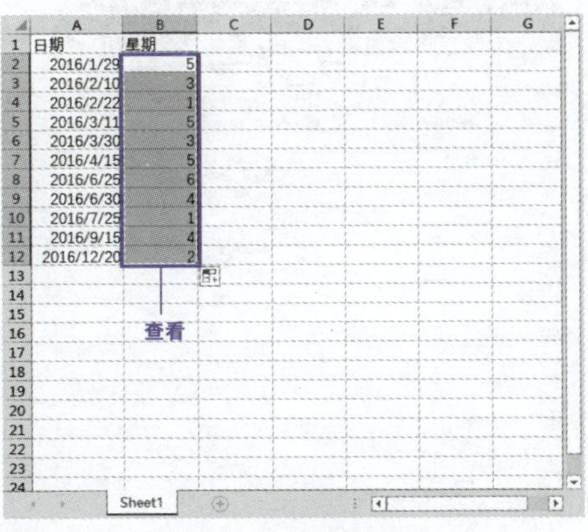

图 10-123 查看结果

技巧拓展

可以对公式稍作修改，使星期值显示更具体。选中B2单元格在公式编辑栏中输入“="星期"&WEEKDAY(A2,2)”，如图 10-124所示。

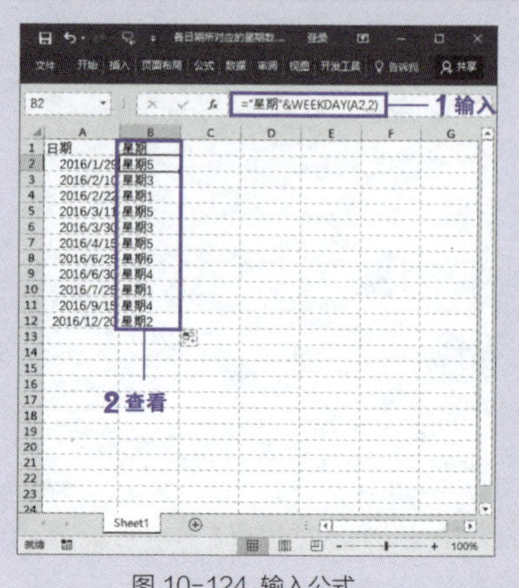

图 10-124 输入公式

Extra tip

实例236 WEEKNUM——返回指定日期在一年中是第几周

难度系数：★★ 适用版本：07/10/13/16/17

技巧介绍： 公司办公人员小华需要查看工作表中的日期对应的周数，可是又不知道怎样才能快速查看。下面介绍如何使用WEEKNUM函数快速返回指定日期在一年中是第几周。

① 在Excel中打开“素材\第10章\实例236\查看日期对应的周数”工作簿，选中B2单元格，在公式编辑栏中输入“="第"& WEEKNUM(A2)&"周"”，如图 10-125所示。

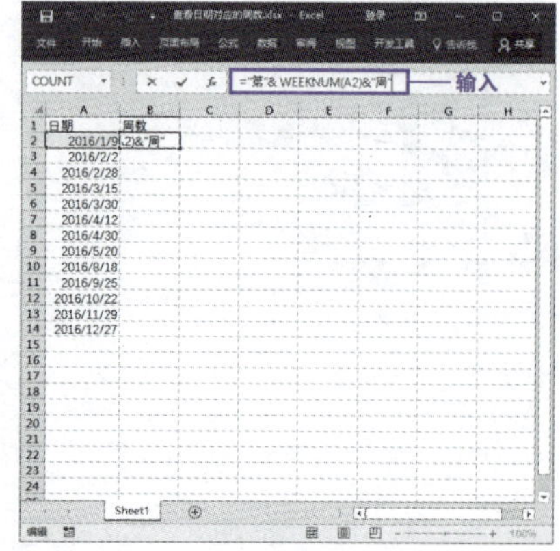

图 10-125 输入公式

② 按【Enter】键即可输出结果，拖动鼠标向下填充公式至B14单元格，如图 10-126所示。

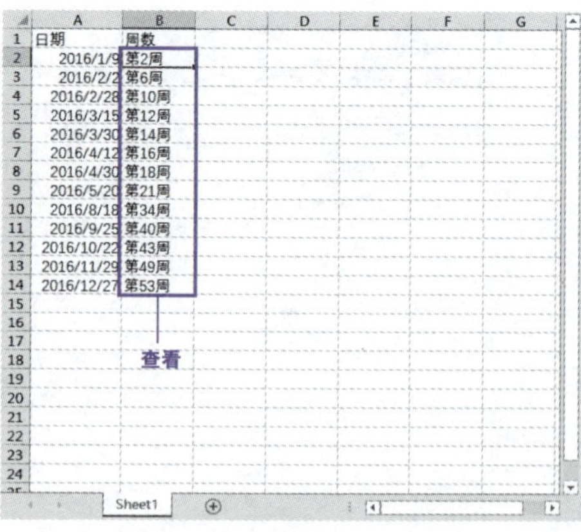

图 10-126 填充公式

技巧拓展

WEEKNUM函数表示用于返回指定日期在一年中是第几个星期的数字。WEEKNUM函数将1月1日所在的星期定义为一年中的第一个星期。其函数语法为：

WEEKNUM(serial_num,[return_type]),

serial_num：表示要计算一年中周数的日期；

return_type：可选。表示确定星期计算从哪一天开始的数字，默认值为1，即是从星期日开始。

Extra tip >>>>>>>>>>>>>>

实例 237

难度系数：★★★ 适用版本：07/10/13/16/17

YEARFRAC——计算连续日期之间天数占全年天数的百分比

技巧介绍： 公司人事部门小平在统计员工请假时间表，还需要计算假期天数占全年天数的百分比。她想知道能否使用函数计算连续日期之间天数占全年天数的百分比。

① 在Excel中打开“素材\第10章\实例237\员工请假时间表”工作簿，选中D2单元格，在公式编辑栏中输入“=YEARFRAC(B2,C2,3)”，如图 10-127所示。

② 按【Enter】键即可输出结果，并拖动鼠标向下填充至D8单元格，如图 10-128所示。

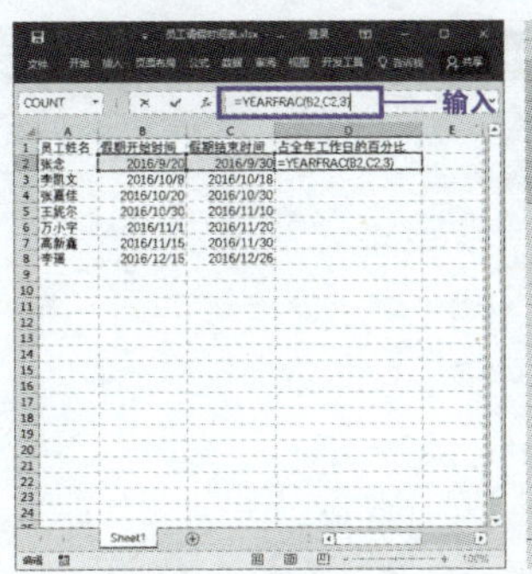

图 10-127 输入公式

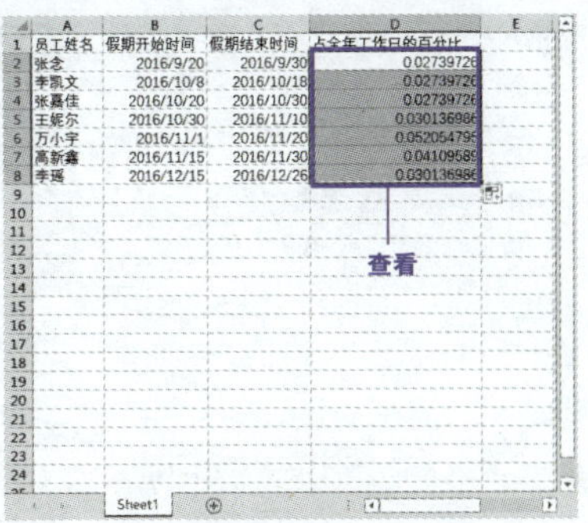

图 10-128 填充公式

③选中D2：D8区域单元格，选择“开始”选项卡，在“数字”选项组中单击“百分比样式”按钮，如图 10-129所示。

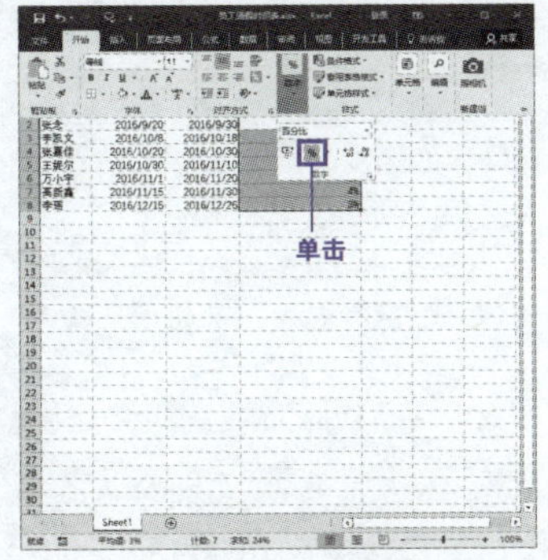

图 10-129 单击“百分比样式”按钮

技巧拓展

YEARFRAC函数表示用于计算开始日期和结束日期之间的天数占全年天数的百分比。其函数语法为：

YEARFRAC（start_date,end_date,[basis]），

start_date：表示开始日期；

end_date：表示结束日期；

basis：可选。表示日算基准类型。

Extra tip

实例238 YEAR——计算今天到年末时还有多少天

难度系数：★★★ 适用版本：07/10/13/16/17

技巧介绍： 公司办公人员小茹需要计算今天到年末时还有多少天数，如果直接计算将会浪费大量时间，而且容易计算错误。因此她想知道能否使用函数快速计算今天到年末的天数。

① 在Excel中打开"素材\第10章\实例238\今天到年末的天数"工作簿，选中A2单元格，在公式编辑栏中输入"=(YEAR(TODAY())&"-12-31")-TODAY()"，如图10-130所示。

② 按【Enter】键即可输出结果，此时已成功返回今天到年末的天数，如图10-131所示。

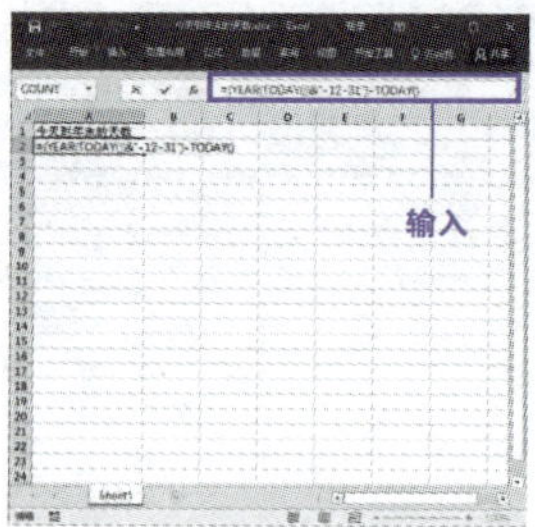

图10-130 输入公式

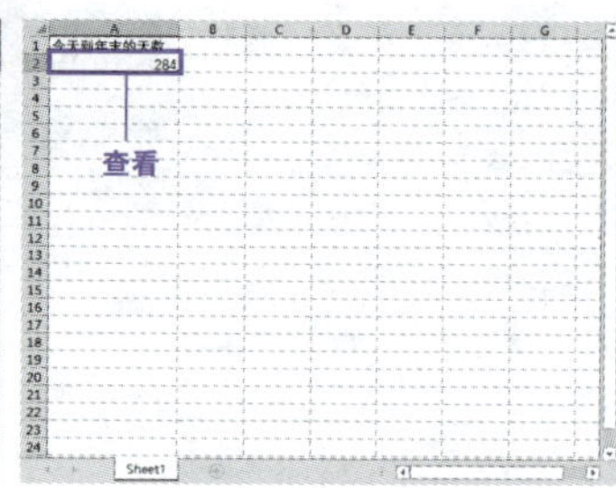

图10-131 查看结果

技巧拓展

a.YEAR函数表示用于返回指定日期中的年份，返回的年份的值范围是整数1900~9999。其函数语法为：

YEAR(serial_number)，

serial_number：表示需要提取年份的日期。应使用DATE函数输入日期，或者将日期作为其他公式或函数的结果输入。

b.在上述实例中首先使用TODAY函数返回当前日期，然后使用YEAR函数从当前日期中提取日期，并连接"-12-31"，当其参与计算时，Excel会自动转换成标准的日期序列；然后使用上一步获得的序列值减去今天日期的序列值，得出最终结果。

Extra tip

实例 239 AND——判断员工的销售额是否达标

难度系数：★★★ 适用版本：07/10/13/16/17

技巧介绍： 销售部员工每月销售额达到10000才能达标，因此公司销售部员工小敏需要根据员工销售表来查看员工的销售额是否达标，她想知道能否使用函数快速统计。

❶在Excel中打开"素材\第10章\实例239\员工销售金额表"工作簿，选中C2单元格，在公式编辑栏中输入"=AND(B2>10000)"，如图 10-132所示。

❷按【Enter】键即可输出结果，若销售额达标则会返回TRUE，否则返回FALSE。如图 10-133所示。

图 10-132 输入公式

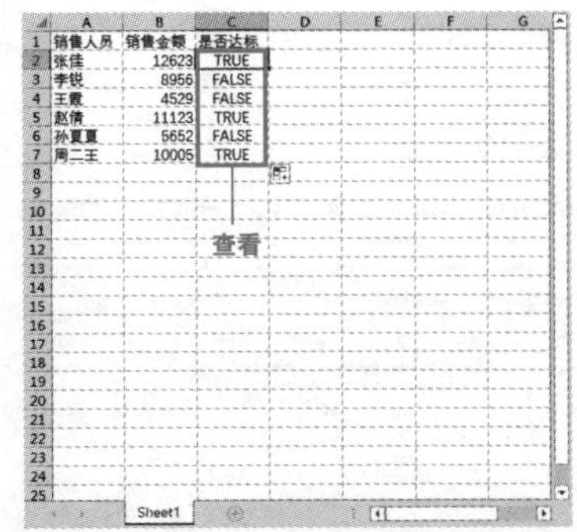

图 10-133 查看结果

技巧拓展

AND函数表示所有参数的逻辑值为真时，返回TRUE；只要有一个参数的逻辑值为假，即返回FALSE。其函数语法为：

AND(logical1,logical2,...)，

logical1,logical2,...：表示待检测的1到30个条件值，各条件值可为TRUE或FALSE。

参数必须是逻辑值TRUE或FALSE，或者包含逻辑值的数组（用于建立可生成多个结果或可对在行和列中排列的一组参数进行运算的单个公式。数组区域共用一个公式；数组常量是用作参数的一组常量）或引用。

如果数组或引用参数中包含文本或空白单元格，则这些值将被忽略。

如果指定的单元格区域内包括非逻辑值，则AND函数将返回错误值#VALUE!。

Extra tip

实例 240 FALSE——返回逻辑值 FALSE

难度系数：★★★ 适用版本：07/10/13/16/17

技巧介绍： 公司办公人员小瑜最近在学习Excel函数，工作中正好需要使用FALSE函数，可是对此函数的用法还不太明白。下面为大家介绍如何使用FALSE函数。

❶ 在Excel中“素材\第10章\实例240\员工信息表”工作簿，选中D12单元格，在公式编辑栏中输入“=VLOOKUP (B12,A2:D9,4,FALSE)”，如图 10-134所示。

❷ 按【Enter】键即可输出结果，此时即可快速返回B12单元格中的员工对应的工龄值，如图10-135所示。

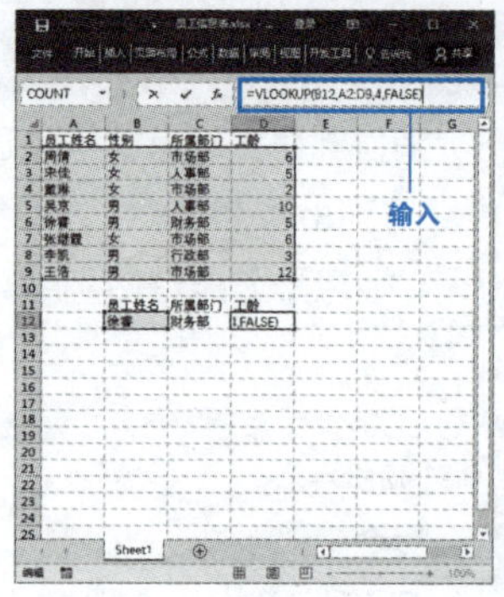

图 10-134 输入公式

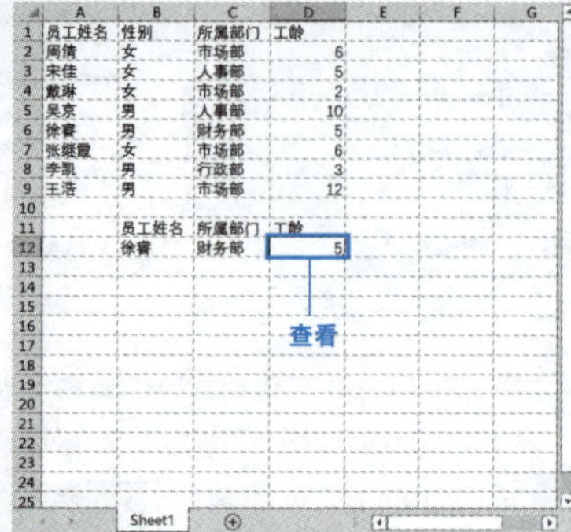

图 10-135 查看结果

技巧拓展

a.FALSE函数表示返回参数的逻辑值。其函数语法为：

FALSE(),

该函数没有参数，可以在其他函数中被当作参数来使用。

b.在上述实例中使用VLOOKUP函数进行查找时是进行精确匹配还是大致匹配，使用TRUE参数可进行精确匹配，使用FALSE参数可进行大致匹配。

Extra tip

实例241 IFERROR——根据公式结果返回不同内容

难度系数：★★★ 适用版本：07/10/13/16/17

技巧介绍： 公司销售部员工小静在编辑产品销售表时发现销售金额返回了错误值，因此，她想知道应该怎样解决这一问题。下面为大家介绍如何使用IFERROR函数返回指定值。

❶ 在Excel中打开“素材\第10章\实例241\产品销售表”工作簿，选中D2单元格，在公式编辑栏中输入“=IFERROR(B2*C2,"")”，如图 10-136所示。

❷ 按【Enter】键即可返回产品销售金额，拖动鼠标向下填充公式至D6单元格，效果如图 10-137所示。

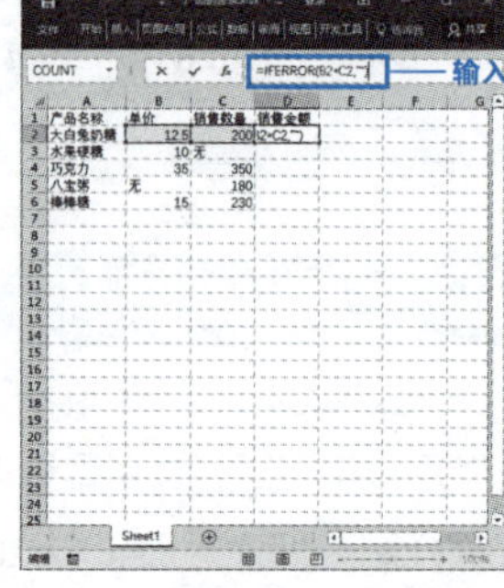

图 10-136 输入公式

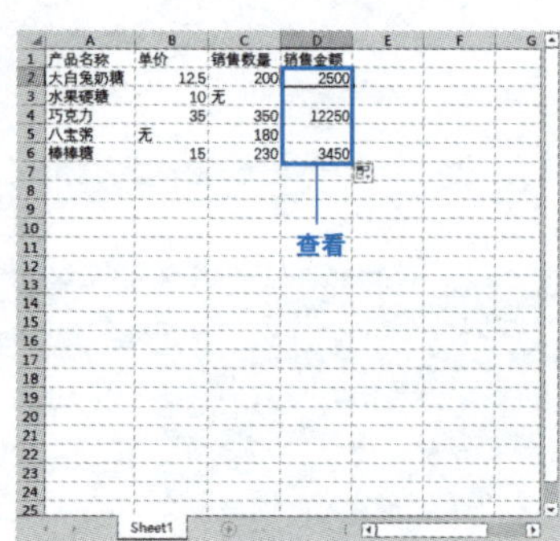

图 10-137 填充公式

技巧拓展

a.IFERROR函数表示用于判断表达式的计算结果是否有效，当有效时会返回表达式的值，而当表达式计算结果无效时将返回事先设定的字符串或其他内容。其函数语法为：

IFERROR(value,value_if_error)，

value：表示通过IFERROR函数来检查是否存在错误的参数。

value_if_error：表示value参数计算错误时要返回的值。value参数计算得到的错误类型包括#N/A、#VALUE!、#REF!、#DIV/0!、#NUM!、#NAME?或#NULL!。

b.在上述实例中使用IFERROR函数判断B2*C2的值是否存在错误。如果没有错误返回乘积值，否则返回空白值。

Extra tip

实例242 IF——给持普通积分和VIP卡的客户派发赠品

难度系数：★★ 适用版本：07/10/13/16/17

技巧介绍： 公司为了答谢客户，想要对持卡客户根据消费情况派发赠品。公司办公人员小王需要根据此规定快速判断给客户的赠品，可是不知道应该怎样操作。

❶在Excel中打开“素材\第10章\实例242\客户消费情况表”工作簿。选中D2单元格，在公式编辑栏中输入“=LOOKUP(C2,{0;5000},IF(B2="VIP卡",{"笔记本";"手机"},{"电热壶";"炒菜锅"}))”，如图10-138所示。

❷按【Enter】即可输出结果，并向下填充公式至D14单元格即可快速判断给客户的赠品。如图10-139所示。

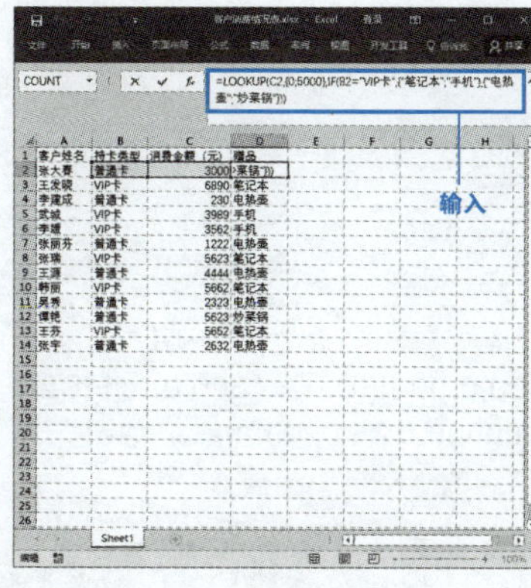

图 10-138 输入公式

图 10-139 填充公式

技巧拓展

IF函数表示根据指定的条件来判断其“真”（TRUE）、“假”（FALSE），根据逻辑计算的真假值，从而返回相应的内容。可以使用IF函数对数值和公式进行条件检测。其函数语法为：

IF(logical_test,value_if_true,value_if_false)，

logical_test：表示计算结果为TRUE或FALSE的任意值或表达式；

value_if_true logical_test：表示结果为TRUE时返回的值。

value_if_false logical_test：表示结果为FALSE时返回的值。

Extra tip >>>>>>>>>>>>>

实例243 IF——计算个人所得税

难度系数：★★ 适用版本：07/10/13/16/17

技巧介绍： 公司财务人员小佳需要根据员工工资计算个人所得税，每位员工工资不同并且征税税率也不同，如果直接计算很容易出错。她想知道能否使用函数快速计算个人所得税。

1 在Excel中打开“素材\第10章\实例243\个人所得税统计表”工作簿，选中D2单元格，在公式编辑栏中输入“=IF(B3>3500,B3−C3,0)”，如图 10−140所示。

2 按【Enter】键即可输出结果，并向下填充公式至D10单元格，此时即可快速计算出每位员工应缴纳所得额，如图 10−141所示。

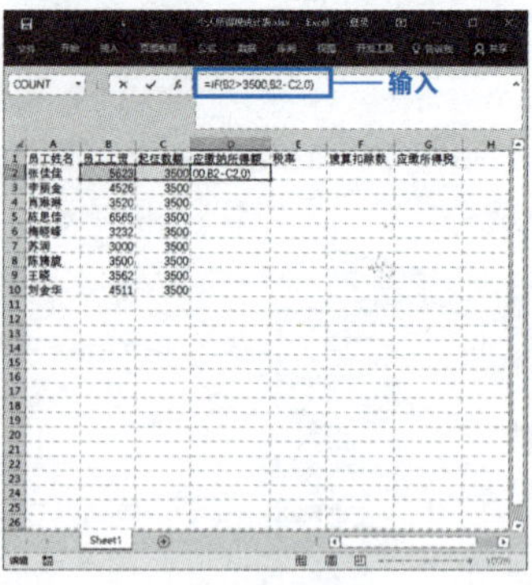

图 10−140 输入公式

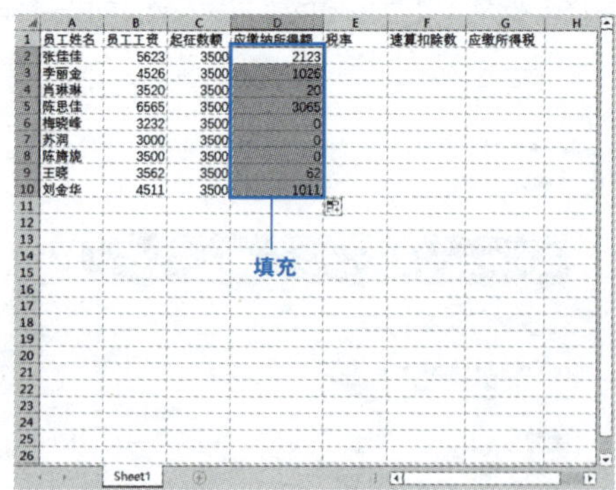

员工姓名	员工工资	起征数额	应缴纳所得额	税率	速算扣除数	应缴所得税
张佳佳	5623	3500	2123			
李丽金	4526	3500	1026			
肖琳琳	3520	3500	20			
陈思佳	6565	3500	3065			
梅晓峰	3232	3500	0			
苏润	3000	3500	0			
陈腾旗	3500	3500	0			
王晓	3562	3500	62			
刘金华	4511	3500	1011			

图 10−141 填充公式

3 选中E2单元格，在公式编辑栏中输入“=IF(D2<=1500,0.03,IF(D2<=4500,0.1,IF(D2<=9000,0.2,IF(D2<=35000,0.25,IF(D2<=55000,0.3,IF(D2<=80000,0.35,0.45))))))”，如图 10−142所示。

4 按【Enter】键即可输出结果，拖动鼠标向下填充至E10单元格，此时即可快速计算税率，如图 10−143所示。

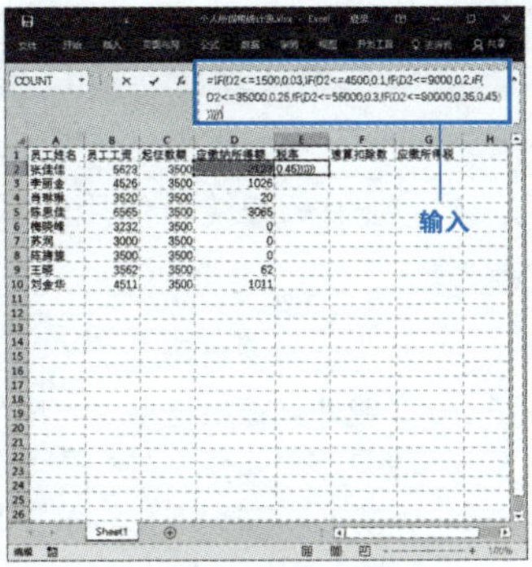

图 10-142 输入公式

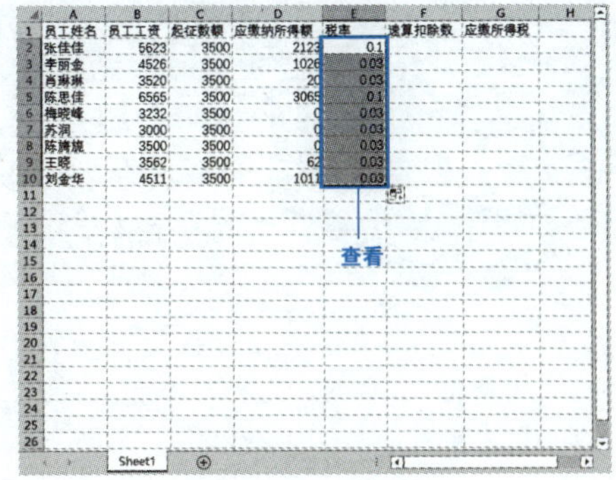

图 10-143 填充公式

5 选中F2单元格，在公式编辑栏目中输入“=VLOOKUP(E2,{0.03,0;0.1,105;0.2,555;0.25, 1005;0.3,2755;0.35,5505;0.45,13505},2)”，如图 10-144所示。

6 按【Enter】键即可输出结果，拖动鼠标向下填充公式至F10单元格，如图 10-145所示。

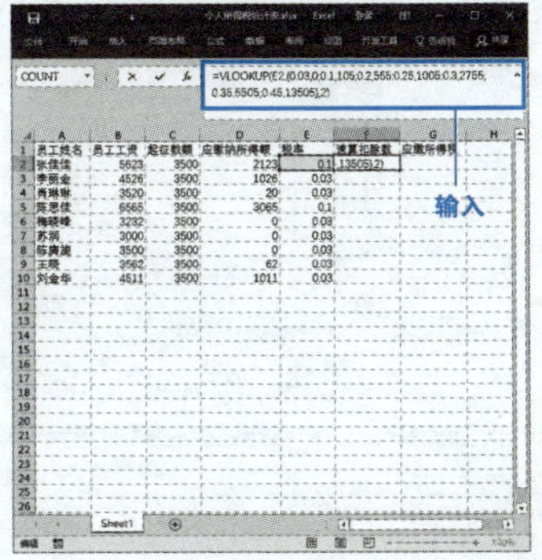

图 10-144 输入公式

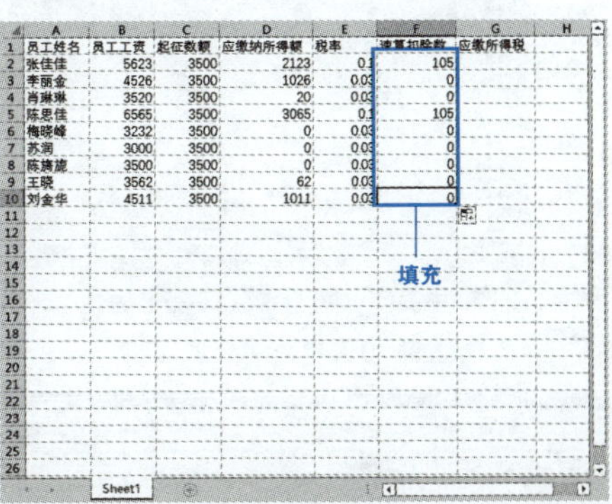

图 10-145 填充公式

7 选中G2单元格，在公式编辑栏中输入“=D2*E2–F2”，按【Enter】键输出结果，拖动鼠标向下填充公式至G10单元格，此时即可快速计算应缴纳所得税，如图 10-146所示。

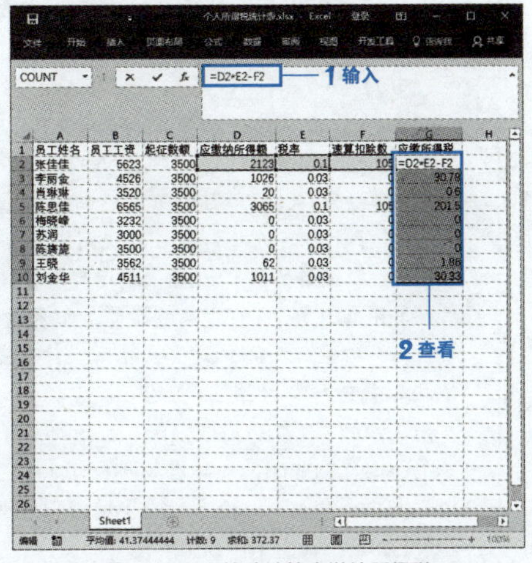

图 10-146 快速计算应缴纳所得税

技巧拓展

在上述实例中使用了如下的VLOOKUP函数。

公式“=VLOOKUP(E2,{0.03,0;0.1,105; 0.2,555;0.25,1005;0.3,2755;0.35,5505;0.45,13505},2)”中首先判断E2单元格的值属于哪一种税率，然后返回税率对应的速算扣除数。

Extra tip

实例244 NOT——筛选掉年龄在25岁以下的应聘人员

难度系数：★★★　适用版本：07/10/13/16/17

技巧介绍： 公司人事部员工小敏在招聘信息表中需要筛选掉年龄在25岁以下的应聘人员，她想知道能否使用函数快速筛选年龄在25岁以下的应聘人员。

❶在Excel中打开"素材\第10章\实例244\应聘人员信息表"工作簿，选中D2单元格，在公式编辑栏中输入"=NOT(C2<25)"，如图10-147所示。

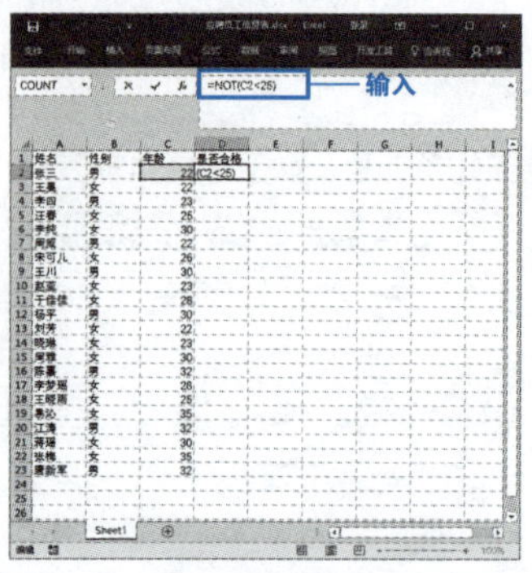

图 10-147 输入公式

❷按【Enter】键即可输出结果，并拖动鼠标向下填充公式至D23单元格，此时满足条件则返回TRUE，否则返回FALSE，如图10-148所示。

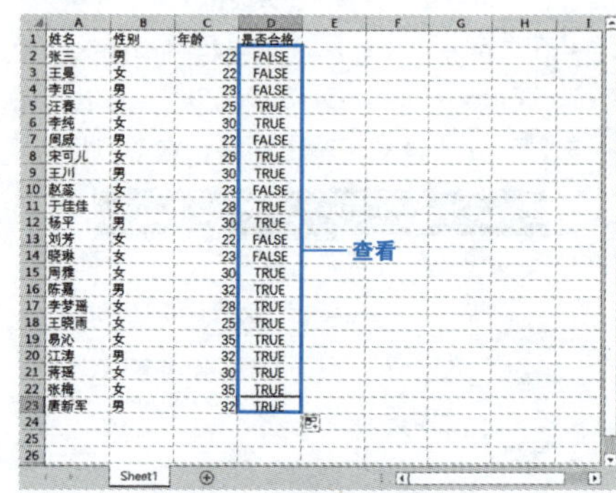

	A	B	C	D
1	姓名	性别	年龄	是否合格
2	张三	男	22	FALSE
3	王曼	女	22	FALSE
4	李四	男	23	FALSE
5	汪春	女	25	TRUE
6	李纯	女	30	TRUE
7	周威	男	22	FALSE
8	宋可儿	女	26	TRUE
9	王川	男	30	TRUE
10	赵蕊	女	23	FALSE
11	于佳佳	女	28	TRUE
12	杨平	男	30	TRUE
13	刘芳	女	22	FALSE
14	晓琳	女	23	FALSE
15	周雅	女	30	TRUE
16	陈嘉	男	32	TRUE
17	李梦瑶	女	28	TRUE
18	王晓雨	女	25	TRUE
19	易沁	女	35	TRUE
20	江涛	男	32	TRUE
21	蒋瑶	女	30	TRUE
22	张梅	女	35	TRUE
23	唐新军	男	32	TRUE

图 10-148 填充公式

技巧拓展

a.NOT函数表示对参数值求反。当要确保一个值不等于某一特定值时，可以使用NOT函数。其函数语法为：

NOT(logical)，

logical：表示为一个可以计算出TRUE或FALSE的逻辑值或逻辑表达式。

如果逻辑值为FALSE，函数NOT返回TRUE；如果逻辑值为TRUE，函数NOT返回FALSE。

b.除了上述实例外，还可以使用NOT函数配合其他函数来设置公式，使对"市场部"员工进行加薪，并且工龄大于3年的市场部员工工资增加500，其他市场部员工工资增加300，具体操作步骤如下。

选中E2单元格，在公式编辑栏中输入"=IF(NOT(LEFT(B2,3)="市场部")，z"不变",IF(AND(LEFT(B2,3)="市场部",NOT(C2<=3)),D2+500,D2+300))"，按【Enter】键输出结果，并向下填充公式，如图10-149所示。

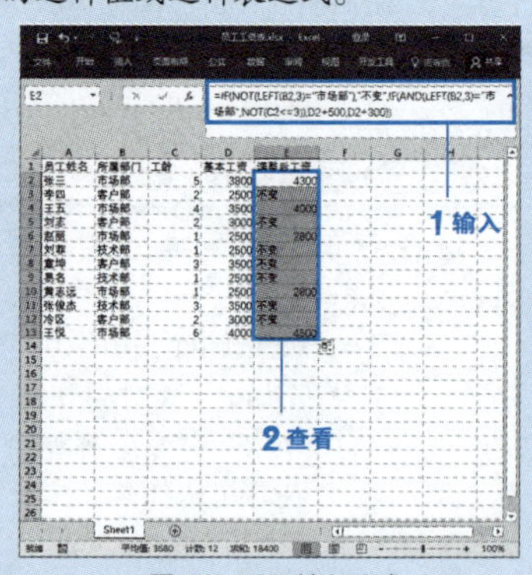

图 10-149 输入公式

Extra tip

实例 245 OR——对员工的考核成绩进行综合评定

难度系数：★★★ 适用版本：07/10/13/16/17

技巧介绍： 公司办公人员小兰需要对员工考核成绩进行综合评定，要求3项考核成绩均大于60分才算达标，她想知道能否使用函数快速对员工的考核成绩进行综合评定。

❶在Excel中打开“素材\第10章\实例245\员工考核成绩表”工作簿，选中F2单元格，在公式编辑栏中输入“=OR(AND(C2>=60,D2>=60,E2>=60))”，如图 10-150所示。

❷按【Enter】键即可输出结果，并拖动鼠标向下填充公式至F13单元格，此时考核达标返回TRUE，考核不达标则返回FALSE，如图10-151所示。

图 10-150 输入公式

	A	B	C	D	E	F
1	员工姓名	所属部门	企业文化考核	专业知识考试	员工评价	评定
2	张三	市场部	85	59	77	FALSE
3	李四	客户部	89	76	89	TRUE
4	王五	市场部	85	72	77	TRUE
5	刘志	客户部	76	60	62	TRUE
6	赵丽	市场部	80	69	82	TRUE
7	刘菲	技术部	60	59	67	FALSE
8	詹坤	客户部	75	71	69	TRUE
9	易名	技术部	62	58	60	FALSE
10	黄志远	市场部	59	70	60	FALSE
11	张俊杰	技术部	69	61	60	TRUE
12	冷区	客户部	75	72	60	TRUE
13	王悦	市场部	60	55	60	FALSE

图 10-151 填充公式

技巧拓展

a.OR函数表示在其参数组中，任何一个参数逻辑值为TRUE，即返回TRUE；所有参数的逻辑值为FALSE，才返回FALSE。其函数语法为：

OR(logical1,logical2,...)

logical1,logical2,...：表示进行检验的1到30个条件表达式。

参数必须能计算为逻辑值，如TRUE或FALSE，或者为包含逻辑值的数组或引用。

如果数组或引用参数中包含文本或空白单元格，则这些值将被忽略。

如果指定的区域中不包含逻辑值，函数 OR 返回错误值#VALUE!。

可以使用OR数组公式来检验数组中是否包含特定的数值。若要输入数组公式，请按【Ctrl+Shift+Enter】组合键输出结果。

b.还可以根据考核总分数用“★”评定等级，如总分小于200，评为3个“★”；总分小于230，评为5个“★”；否则评为8个“★”，具体操作步骤如下。

选中G3单元格，在公式编辑栏中输入“=IF(F3<200,REPT($G$1,3),IF(F3<230,REPT($G$1,5),REPT($G$1,8)))”，按【Enter】键输出结果，并拖动鼠标向下填充公式至G14单元格，效果如图 10-152所示。

图 10-152 输入公式

Extra tip

实例246 OR——根据年龄判断职工是否退休

难度系数：★★★

技巧介绍： 公司行政部员工小牧需要根据男性退休年龄为60岁、女性为55岁的规定统计出员工是否达到了退休时间，她想知道能否使用函数快速执行此判断。

①在Excel中打开“素材\第10章\实例246\员工年龄统计表”工作簿，选中D2单元格，在公式编辑栏中输入“=OR(AND(B2="男",C2>60),AND(B2="女",C2>55))”，如图10-153所示。

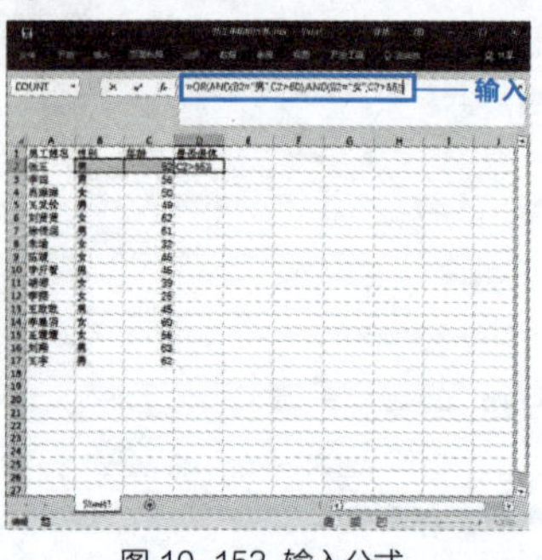

图10-153 输入公式

②按【Enter】键即可输出结果，并拖动鼠标向下填充至D17单元格，此时满意条件即返回TRUE，否则返回FALSE。如图10-154所示。

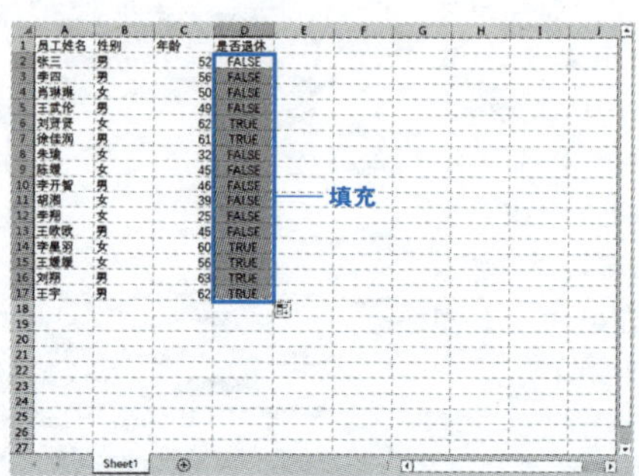

图10-154 填充公式

技巧拓展

在上述实例中使用OR函数和AND函数来根据年龄判断职工是否退休。可以使用TODAY函数根据出生日期计算年龄，操作步骤如下。

a.选择D2单元格，在公式编辑栏中输入“=(TODAY()-C2)/365”，如图10-155所示。

b.按【Enter】键即可输出结果，并向下填充公式至D17单元格，单击鼠标右键执行“设置单元格格式”命令，如图10-156所示。

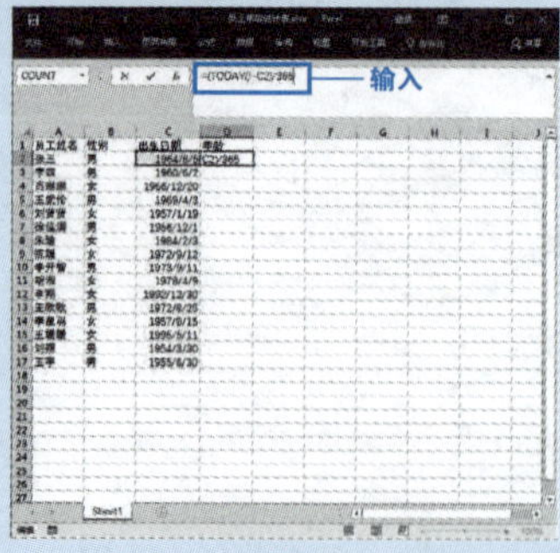

图10-155 输入公式

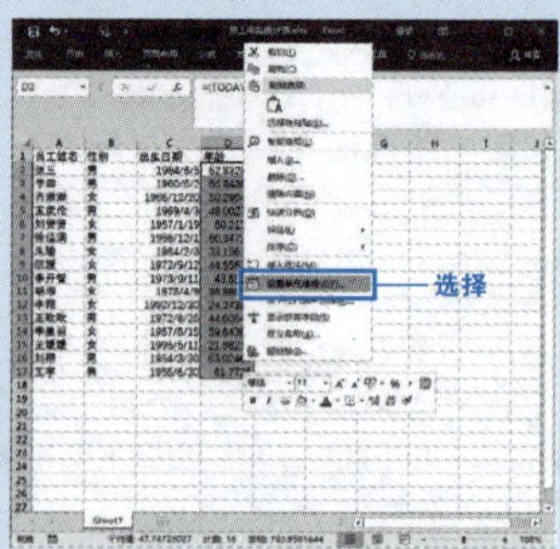

图10-156 执行“设置单元格格式”命令

c.在“设置单元格格式”对话框中选择“数字”选项卡，在“分类”下拉列表中选择“数值”选项，将“小数位数”设为“0”，单击“确定”按钮保存，如图 10-157所示。

d.设置完后即可查看结果，如图 10-158所示。

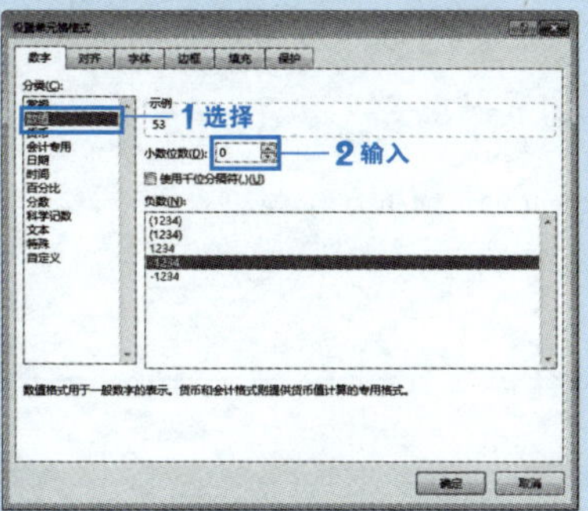

图 10-157 选择“数值”选项

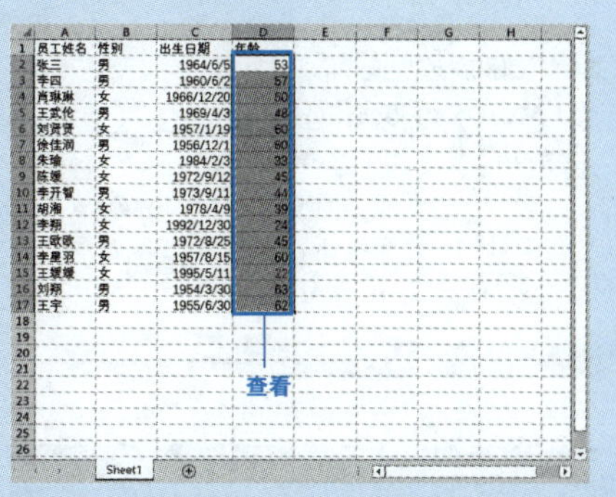

图 10-158 查看结果

Extra tip

实例 247 OR——判断未来年份是闰年还是平年

难度系数：★★★ 适用版本：07/10/13/16/17

技巧介绍： 公司行政人员小锦想要判断未来年份是平年还是闰年，为了提高工作效率，她想知道能否使用函数快速判断未来年份是闰年还是平年。

1 在Excel中打开“素材\第10章\实例247\未来年份表”工作簿，选中B2单元格，在公式编辑栏中输入“=IF(OR(AND(MOD(A2,4)=0,MOD(A2,100)<>0),MOD(A2,400)=0),"闰年","平年")”，如图 10-159所示。

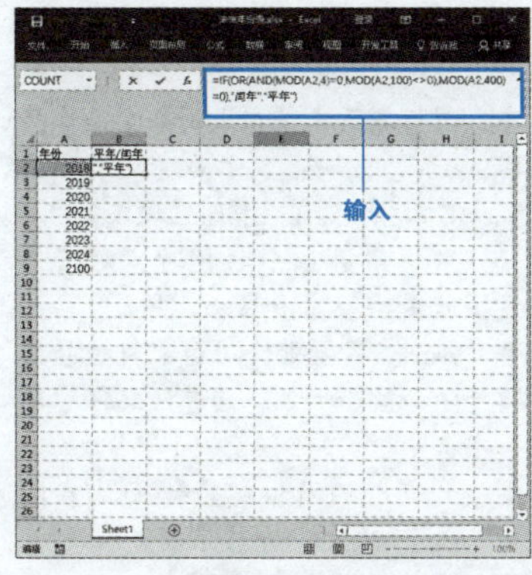

图 10-159 输入公式

2 按【Enter】键即可输出结果，并拖动鼠标向下填充至B9单元格，此时即可快速判断这些年份是平年还是闰年。如图 10-160所示。

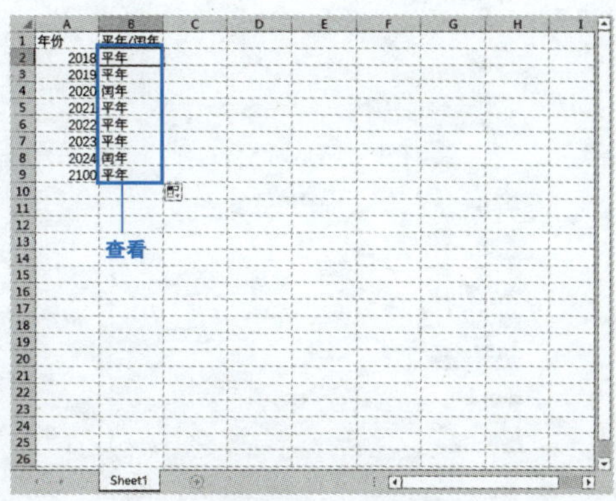

图 10-160 填充公式

技巧拓展

MOD函数是一个求余函数，表示返回两数相除的余数。结果的符号与除数相同。其函数语法为：

MOD(number,divisor)，

number：表示为被除数。

divisor：表示为除数。如果divisor为零，函数MOD返回值为#DIV/0!\。

函数MOD可以借用函数INT来表示：

MOD(n, d)=n−d*INT(n/d)。

Extra tip

实例248 SUMIF——仅对车间人员的工资求和

难度系数：★★★ 适用版本：07/10/13/16/17

技巧介绍： 公司财务人员小徐在编辑完员工工资表后想要对车间人员的工资进行求和，可是他不知道应该怎样操作。下面为大家介绍如何使用SUMIF函数仅对车间人员的工资求和。

① 在Excel中打开“素材\第10章\实例248\员工工资表”工作簿，选中E2单元格，在公式编辑栏中输入“=SUMIF(A2:A16,"生产车间?",C2)”，如图 10-161所示。

② 按【Enter】键即可输出结果，此时即可快速返回所有车间人员的工资和，效果如图 10-162所示。

图 10-161 输入公式

图 10-162 输出结果

技巧拓展

SUMIF函数表示是根据指定条件对若干单元格、区域或引用求和。其函数语法为：

SUMIF(range,criteria,sum_range)，

range：表示为条件区域，用于条件判断的单元格区域；

criteria：表示是求和条件，由数字、逻辑表达式等组成的判定条件；

sum_range：表示为实际求和区域，需要求和的单元格、区域或引用。

当省略第三个参数时，则条件区域就是实际求和区域。

criteria参数中使用通配符（包括问号(?)和星号(*)）。问号匹配任意单个字符；星号匹配任意一串字符。如果要查找实际的问号或星号，则需在问号或星号前输入一个波浪符(~)。

Extra tip

实例249 TRUE——判断员工的身份证号码位数是否正确

难度系数：★★★ 适用版本：07/10/13/16/17

技巧介绍： 公司办公人员小于在编辑完员工身份证号码表后想要判断员工的身份证号码位数是否正确，可是又不知道应该怎样快速判断。

1 在Excel中打开“素材\第10章\实例249\员工身份证号码登记表”工作簿，选中C2单元格，在公式编辑栏中输入“=IF(OR(LEN(B2)=15,LEN(B2)=18),TRUE,FALSE)”，如图 10-163所示。

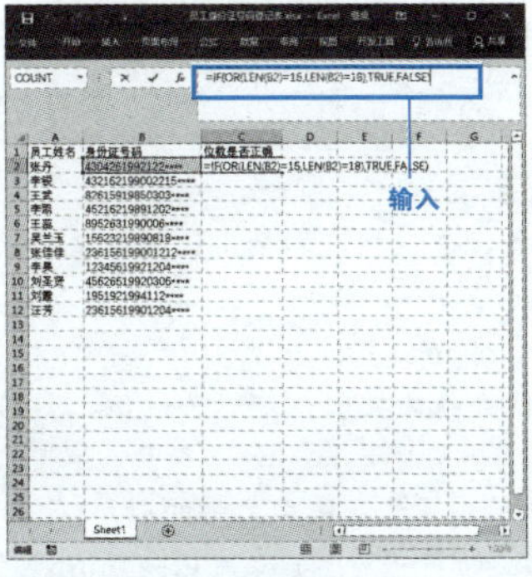

图 10-163 输入公式

2 按【Enter】键即可输出结果，并拖动鼠标向下填充至C12单元格，此时即可快速判断身份证号码位数是否正确，若身份证位数正确则返回TRUE，否则返回FALSE，如图 10-164所示。

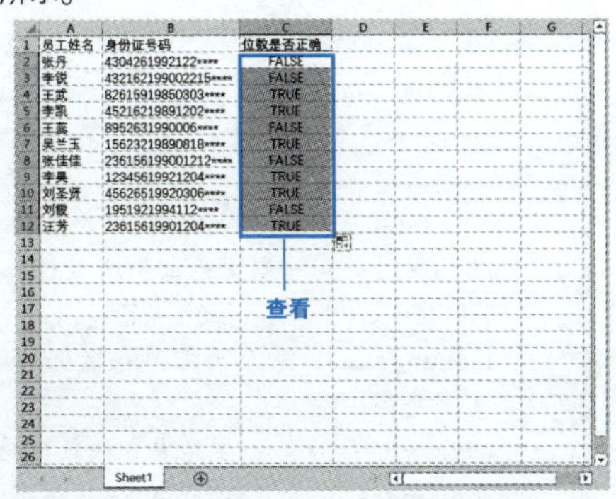

图 10-164 填充公式

技巧拓展

TRUE函数表示用于返回参数的逻辑值TRUE，也可直接在单元格或公式中属于，其函数语法为：

TRUE(),

此函数没有参数，可以在其他函数中被当作参数来使用。

Extra tip >>>>>>>>>>>>>

实例250 HLOOKUP——根据不同的返利率计算各笔订单的返利金额

难度系数：★★★ 适用版本：07/10/13/16/17

技巧介绍： 公司销售部门员工小洁需要根据返利率计算各笔订单的返利金额，由于不同的销售额有着不同的返利率，她想知道能否使用函数快速计算各笔订单的返利金额。

1 在Excel中打开“素材\第10章\实例250\产品销售表”工作簿，选中L2单元格，在公式编辑栏中输入“=D2*HLOOKUP(D2,$A$8:$E$10,3)”，如图 10-165所示。

❷按【Enter】键即可输出结果，并拖动鼠标向下填充公式至E6单元格，如图 10-166所示。

图 10-165 输入公式

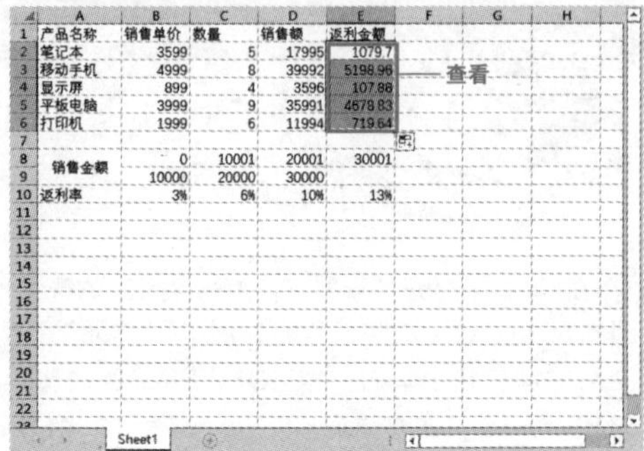

图 10-166 填充公式

技巧拓展

a.HLOOKUP函数用于在表格或者在数值数组的首行查找指定的数值，并在表格或数组中指定行的同一列中返回一个数值。其函数语法为：

HLOOKUP(lookup_value,table_array,row_index_num,[range_lookup])，

lookup_value：表示为需要在数据表第一行中进行查找的数值，可以为数值、引用或文本字符串；

table_array：为需要在其中查找数据的数据表。使用对区域或区域名称的引用；

row_index_num：为table_array中待返回的匹配值的行序号。row_index_num为1时，返回table_array第一行的数值，row_index_num为2时，返回table_array第二行的数值，以此类推。如果row_index_num小于1，函数HLOOKUP返回错误值#VALUE!；如果row_index_num大于table_array的行数，函数HLOOKUP返回错误值#REF!。

range_lookup为一逻辑值，指明函数HLOOKUP查找时是精确匹配，还是近似匹配。如果为TURE或者1，则返回近似匹配值。

b.在上述实例中首先判断E2单元格的值在A8：E10区域单元格中属于哪个区间，然后取对应在B10：E10单元格区域上的值，最后用D2乘以上一步返回的值。

Extra tip >>>>>>>>>>>>>

实例251 HLOOKUP——计算每位员工的销售提成率

难度系数：★★★ 适用版本：07/10/13/16/17

技巧介绍： 销售部员工每次售出产品后都会有相应的销售提成，根据销售额的不同，销售提成也不相同。小嘉需要根据员工的销售额和提成率来计算每位员工的销售提成率。

❶在Excel中打开“素材\第10章\实例251\员工销售表”工作簿，选中C2单元格，在公式编辑栏中输入“=HLOOKUP(B2,$A$10:$D$12,3)”，如图 10-167所示。

❷按【Enter】键即可输出结果，并向下拖动鼠标填充公式至C7单元格，此时即可快速返回每位员工的销售提成率，如图 10-168所示。

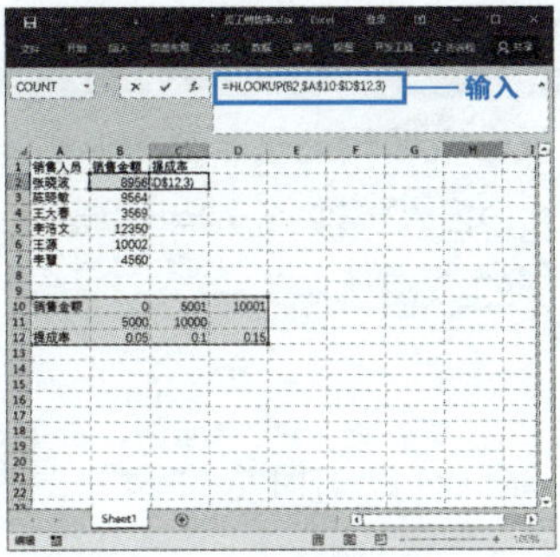

图 10-167 输入公式

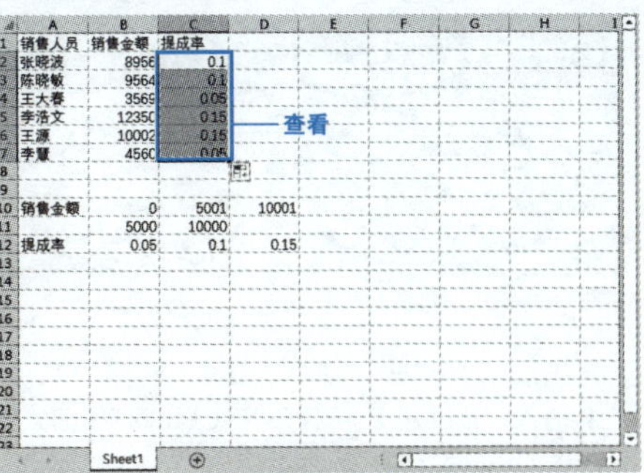

图 10-168 填充公式

❸选中C2：C7单元格区域，选择“开始”选项卡，在“数字”选项组中单击“百分比样式”按钮，如图 10-169所示。

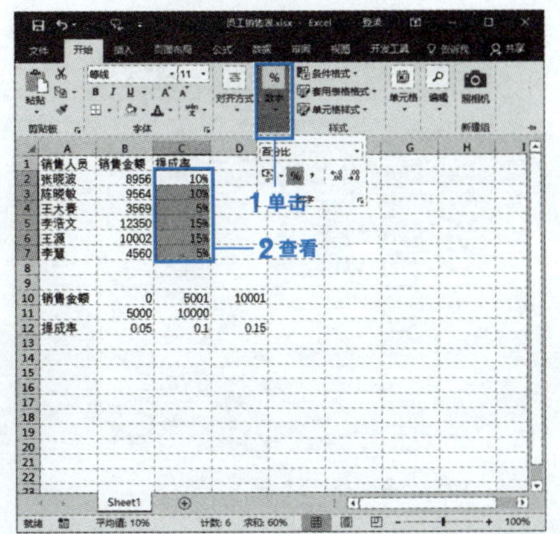

图 10-169 单击“百分比样式”按钮

技巧拓展

a.按【Ctrl+Shift+%】组合键可以快速设置为百分比样式；

b.除了可以使用HLOOKUP函数快速计算员工的销售提成率外，还可以快速查看最高分姓名，操作步骤如下。

选中B4单元格，在公式编辑栏中输入“=HLOOKUP(MAX(A1:H2),IF({1;0},B2:H2,A2:G2),2,FALSE)”，按【Ctrl+Shift+Enter】组合键即可输出最高分姓名，如图 10-170所示。

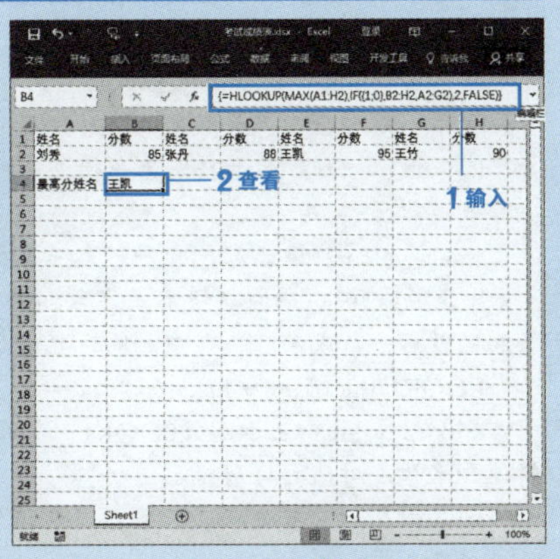

图 10-170 输入公式

Extra tip

LOOKUP——返回销售笔数最多的员工的姓名

技巧介绍： 公司办公人员小敏编辑完员工销售信息表后需要查看上月销售笔数最多的销售人员姓名，她想知道能否使用函数快速查看销售笔数最多的员工的姓名。

①在Excel中打开“素材\第10章\实例252\产品销售表”工作簿，选中D2单元格，在公式编辑栏中输入“=LOOKUP(TRUE,COUNTIF(B2:B17,B2:B17)=MAX(COUNTIF(B2:B17,B2:B17)),B2:B17)”，如图 10–171所示。

②按【Ctrl+Shift+Enter】键即可输出结果，此时即可快速返回销售笔数最多的员工的姓名，如图 10–172所示。

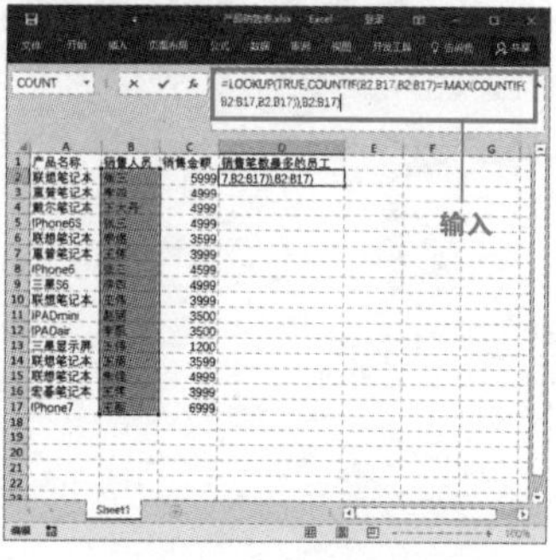

图 10–171 输入公式

	A	B	C	D
1	产品名称	销售人员	销售金额	销售笔数最多的员工
2	联想笔记本	张三	5999	王伟
3	惠普笔记本	李四	4999	
4	戴尔笔记本	王大丹	4999	
5	IPhone6S	张三	4999	
6	联想笔记本	李煜	3599	
7	惠普笔记本	王伟	3999	
8	IPhone6	张三	4599	
9	三星S6	李四	4999	
10	联想笔记本	王伟	3999	
11	IPADmini	赵丽	3500	
12	IPADair	李凯	3500	
13	三星显示屏	王伟	1200	
14	联想笔记本	王丽	3599	
15	联想笔记本	朱佳	4999	
16	宏碁笔记本	王伟	3999	
17	IPhone7	王丽	6999	

图 10–172 查看结果

技巧拓展

a.函数LOOKUP的向量形式是在单行区域或单列区域（向量）中查找数值，然后返回第二个单行区域或单列区域中相同位置的数值。其函数语法为：

LOOKUP(lookup_value,lookup_vector,result_vector)，

lookup_value：表示函数LOOKUP在第一个向量中所要查找的数值，它可以为数字、文本、逻辑值或包含数值的名称或引用；

lookup_vector：表示只包含一行或一列的区域。lookup_vector的数值可以为文本、数字或逻辑值；

result_vector：表示只包含一行或一列的区域。其大小必须与lookup_vector 相同。

b.函数LOOKUP的数组形式在数组的第一行或第一列查找指定的数值，然后返回数组的最后一行或最后一列中相同位置的数值。其函数语法为：

LOOKUP(lookup_value,array)，

lookup_value：表示函数LOOKUP在数组中要搜索的值，它可以为数字、文本、逻辑值、名称或对值的引用；

array：表示包含文本、数字或逻辑值的单元格区域或数组。它的值用于与lookup_value进行比较。

Extra tip

实例 253 VLOOKUP——根据多条件计算员工年终奖

难度系数：★★★ 适用版本：07/10/13/16/17

技巧介绍： 公司办公人员小海需要根据员工职位和工龄的不同来计算员工的年终奖，面对多个条件，他想知道能否使用函数快速计算出员工年终奖。

❶ 在Excel中打开“素材\第10章\实例253\员工工龄及职位统计表”工作簿，选中D2单元格，在公式编辑栏中输入“=VLOOKUP(B2,IF(C2<=5,$A$17:$B$20,$C$17:$D$20),2,FALSE)”，如图 10–173所示。

❷ 按【Enter】键即可输出结果，并向下拖动鼠标填充公式至D14单元格，如图 10–174所示。

图 10–173 输入公式

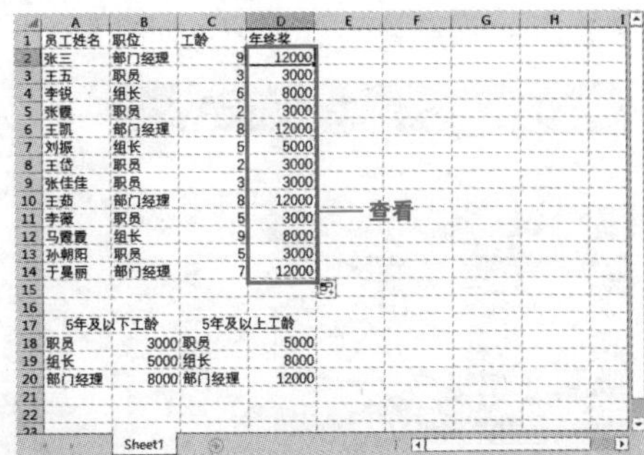

图 10–174 填充公式

技巧拓展

a.VLOOKUP函数表示按列查找，最终返回该列所需查询列序所对应的值。它与LOOKUP函数和HLOOKUP函数属于一类函数，在工作中都有广泛应用。其函数语法为：

VLOOKUP(lookup_value,table_array,col_index_num,range_lookup)，

lookup_value：表示需要在数据表第一列中进行查找的数值。lookup_value可以为数值、引用或文本字符串。当VLOOKUP函数第一参数省略查找值时，表示用0查找；

table_array为需要在其中查找数据的数据表。使用对区域或区域名称的引用；

col_index_num：表示为table_array中查找数据的数据列序号。col_index_num为1时，返回table_array第一列的数值，col_index_num为2时，返回table_array第二列的数值，以此类推。如果col_index_num小于1，函数VLOOKUP返回错误值#VALUE!；如果col_index_num 大于table_array的列数，函数VLOOKUP返回错误值#REF!。

range_lookup：表示为一逻辑值，指明函数VLOOKUP查找时是精确匹配，还是近似匹配。如果为FALSE或0，则返回精确匹配，如果找不到，则返回错误值#N/A。如果range_lookup为TRUE或1，函数VLOOKUP将查找近似匹配值，也就是说，如果找不到精确匹配值，则返回小于lookup_value的最大数值。如果range_lookup省略，则默认为近似匹配。

b.在上述实例中首先使用IF函数判断C2单元格的值是否小于等于5，是则返回“$A$17:$B$20”。否则返回“$C$17:$D$20”。然后使用VLOOKUP函数在第一步返回的单元格区域的首列中查找与B2单元格中相同的职位名称，然后返回该单元格区域中第2列上的值。

Extra tip >>>>>>>>>>>>>

实例254 VLOOKUP——查询指定员工的销售数据

难度系数：★★★ 适用版本：07/10/13/16/17

技巧介绍： 公司销售部员工小华需要快速查找出指定员工的销售数据，面对大量的销售数据，实在头痛。因此，她想知道能否使用函数快速查询出指定员工的销售数据。

❶在Excel中打开“素材\第10章\实例254\员工销售统计表”工作簿，选中F17单元格，在公式编辑栏中输入“=VLOOKUP(D17,CHOOSE(MATCH(B17,{"销售1部","销售2部","销售3部"},0),A1:B15,C1:D15,E1:F15),2,FALSE)”，如图 10-175所示。

❷按【Enter】键即可输出结果，如图 10-176所示。

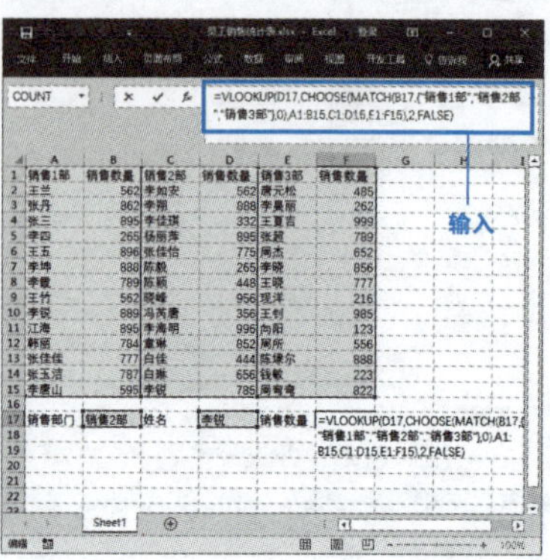

图 10-175 输入公式

	A	B	C	D	E	F
1	销售1部	销售数量	销售2部	销售数量	销售3部	销售数量
2	王兰	562	李如安	562	唐元松	485
3	张丹	862	李翔	888	李昊丽	262
4	张三	895	李佳琪	332	王夏吉	999
5	李四	265	杨丽萍	895	张超	789
6	王五	896	张佳怡	775	周杰	652
7	李坤	888	陈毅	265	李晓	856
8	李霞	789	陈颖	448	王晓	777
9	王竹	562	晓峰	956	现洋	216
10	李锐	889	冯芮唐	356	王钊	985
11	江海	895	李海明	996	向阳	123
12	韩丽	784	章琳	852	周所	556
13	张佳佳	777	白佳	444	陈埭尔	888
14	张玉洁	787	白琳	656	钱敏	223
15	李唐山	595	李锐	785	周弯弯	822
16						
17	销售部门	销售2部	姓名	李锐	销售数量	785

输入

图 10-176 查看结果

❸如果需要查看其他员工销售数量，只需要修改B12单元格和D12单元格的数据，效果如图 10-177所示。

	A	B	C	D	E	F
1	销售1部	销售数量	销售2部	销售数量	销售3部	销售数量
2	王兰	562	李如安	562	唐元松	485
3	张丹	862	李翔	888	李昊丽	262
4	张三	895	李佳琪	332	王夏吉	999
5	李四	265	杨丽萍	895	张超	789
6	王五	896	张佳怡	775	周杰	652
7	李坤	888	陈毅	265	李晓	856
8	李霞	789	陈颖	448	王晓	777
9	王竹	562	晓峰	956	现洋	216
10	李锐	889	冯芮唐	356	王钊	985
11	江海	895	李海明	996	向阳	123
12	韩丽	784	章琳	852	周所	556
13	张佳佳	777	白佳	444	陈埭尔	888
14	张玉洁	787	白琳	656	钱敏	223
15	李唐山	595	李锐	785	周弯弯	822
16						
17	销售部门	销售1部	姓名	张丹	销售数量	862

修改

图 10-177 修改数据

技巧拓展

a. MATCH函数表示返回指定数值在指定数组区域中的位置。其函数语法为：

MATCH(lookup_value,lookup_array,match_type)，

lookup_value：表示需要在数据表（lookup_array）中查找的值。可以为数值（数字、文本或逻辑值）或对数字、文本或逻辑值的单元格引用。可以包含通配符、星号(*) 和问号 (?)。星号可以匹配任何字符序列；问号可以匹配单个字符。

lookup_array：表示可能包含有所要查找数值的连续的单元格区域，区域必须是某一行或某一列，即必须为一维数据，引用的查找区域是一维数组。

match_type：表示查询的指定方式，用数字-1、0或者1表示，match_type省略相当于match_type为1的情况。

为1时，查找小于或等于lookup_value的最大数值在lookup_array中的位置，lookup_array必须按升序排列：

为0时，查找等于lookup_value的第一个数值，lookup_array按任意顺序排列：

为-1时，查找大于或等于lookup_value的最小数值在lookup_array中的位置，lookup_array必须按降序排列。利用MATCH函数查找功能时，当查找条件存在时，MATCH函数结果为具体位置（数值），否则显示#N/A错误。

b. 在上述实例中首先使用MATCH函数在由“销售1部”、“销售2部”、“销售3部”组成的常量数组中查找B17单元格中的部门，结果为1-3中的某个数字；然后使用CHOOSE函数将第一步的结果作为其第一个参数，并返回不同的区域；最后使用VLOOKUP函数根据返回的查找区域，查找D17单元格在第二步返回的区域中第2列对应的值。

Extra tip >>>>>>>>>>>>>

实例 255 INDEX——查询总金额最高所对应的门店

难度系数：★★★ 适用版本：07/10/13/16/17

技巧介绍： 公司销售部门员工小朱需要在上月门店销售表中查询总销售金额最高的门店，面对大量的数据，她想知道能否使用函数快速查询总金额最高所对应的门店。

❶在Excel中打开“素材\第10章\实例255\店铺销售表”工作簿，选中C8单元格，在公式编辑栏中输入“=INDEX(A2:A6,MATCH(MAX(F2:F6),F2:F6,))”，如图 10-178所示。

❷ 按【Enter】键输出结果，此时即可快速返回销售总金额最高的店铺名称，如图 10-179所示。

图 10-178 输入公式

	A	B	C	D	E	F
1	店铺	第1季度	第2季度	第3季度	第4季度	总金额
2	嘉城店	1562	2563	2562	5555	12242
3	洞口铺店	2562	4521	3568	7562	18213
4	四平店	2568	3562	2895	4463	13488
5	宝成店	4520	4441	4986	9562	23509
6	蛇口店	2356	5623	3596	5882	17457
7						
8	总金额最高的店铺	宝成店				

查看

图 10-179 输出结果

技巧拓展

INDEX函数表示返回表或区域中的值或对值的引用。函数INDEX有两种形式：数组形式和引用形式。下面分别介绍其两种形式。

a.数组形式通常返回数值或数值数组，其函数语法为：

INDEX(array,row_num,column_num)，

array：表示为一个单元格区域或数组常数；

如果数组中只包含一行或一列，则可以不使用相应的row_num或column_num参数；

如果数组中包含多个行和列，但只使用了row_num或column_num，INDEX将返回数组中整行或整列的数组。

row_num：表示用于选择要从中返回值的数组中的行。如果省略row_num，则需要使用column_num；

column_num：表示用于选择要从中返回值的数组中的列。如果省略column_num，则需要使用row_num。

b.引用形式通常返回引用，其函数语法为：

INDEX(reference,row_num,column_num,area_num)，

reference：表示是对一个或多个单元格区域的引用；

如果要对引用输入一个非连续区域，请使用括号将该引用括起来；

如果引用中的每个区域都只包含一行或一列，则可以不使用相应的row_num或column_num参数。

row_num：表示是要从中返回引用的引用中的行编号；

column_num：表示是要从中返回引用的引用中的列编号；

area_num：表示用于选择要从中返回row_num和column_num的交叉点的引用区域。选择或输入的第一个区域的编号是1，第二个区域的编号是2，依此类推。如果省略area_num，则INDEX函数将使用区域1。

Extra tip

实例 256 INDEX——查询最高总分对应的学号

难度系数：★★★ 适用版本：07/10/13/16/17

技巧介绍： 班主任王老师编辑完学生考试成绩表后想要查找最高分对应的学号，可是又不知道应该怎样操作。下面介绍如何使用INDEX函数快速查询最高总分对应的学号。

❶在Excel中打开“素材\第10章\实例256\学生考试成绩表”工作簿，选中C13单元格，在公式编辑栏中输入“=INDEX(A2:A11,MATCH(MAX(F2:F11),F2:F11,))”，如图 10–180所示。

❷按【Enter】键输出结果，此时即可返回最高总分对应的学号，如图 10–181所示。

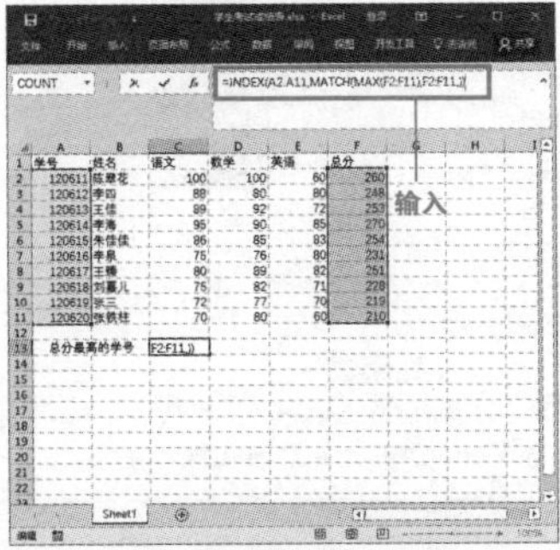

图 10–180 输入公式

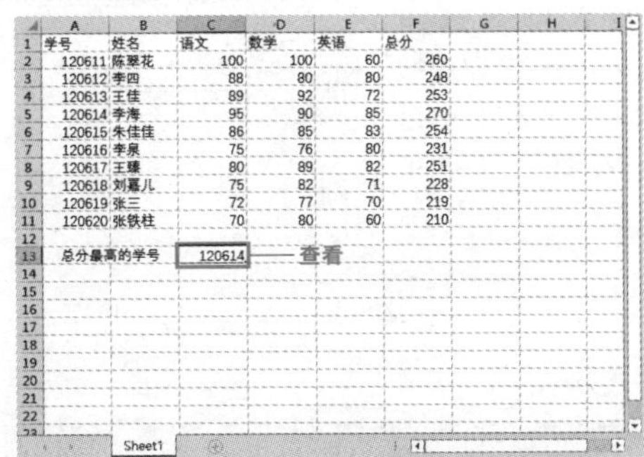

图 10–181 输出结果

技巧拓展

除了可以使用INDEX函数查询最高总分对应的学号外还可以使用INDEX函数来插入空行分割数据，具体操作步骤如下。

a.选中E1单元格，在公式编辑栏中输入“=IF(MOD(ROW(),3)>0,INDEX(A:A,ROW(A2)*2/3),"")”，如图 10–182所示。

b.按【Enter】键即可输出结果，并拖动鼠标填充至G1单元格，选中E1:G1区域单元格，拖动鼠标填充公式至G17单元格，效果如图 10–183所示。

图 10–182 输入公式

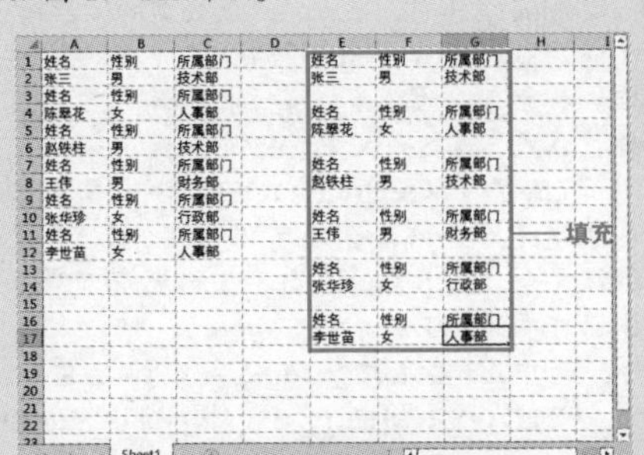

图 10–183 填充公式

Extra tip

实例257 CHOOSE——判断员工考试成绩是否合格

难度系数：★★★ 适用版本：07/10/13/16/17

技巧介绍： 公司办公人员小王在编辑完员工考试成绩表后需要判断考试成绩是否大于140分，大于即判定为合格。面对大量的数据，如果逐一查看将会浪费时间而且容易出错。

❶在Excel中打开“素材\第10章\实例257\员工考试成绩表”工作簿，选中E2单元格，在公式编辑栏中输入“=CHOOSE(IF(D2>140,1,2),"合格","不合格")”，如图 10-184所示。

❷按【Enter】键即可输出结果，并拖动鼠标填充至E12单元格，如图 10-185所示。

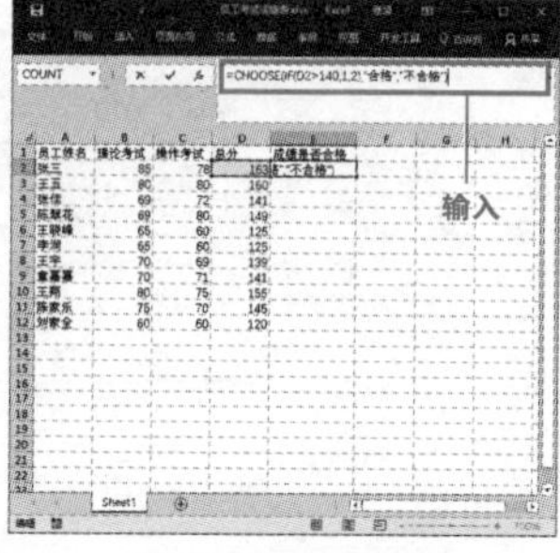

图 10-184 输入公式

图 10-185 填充公式

技巧拓展

a.CHOOSE函数表示从参数列表中选择并返回一个值。其函数语法为：

Choose(index_num,value1,[value2],...)，

index_num：必要参数，表示数值表达式或字段。它的运算结果是一个数值，且界于1和254之间。或者为公式或对包含1到254之间某个数字的单元格的引用。

如果index_num为1，函数CHOOSE返回value1；如果为2，函数CHOOSE返回value2，以此类推。

如果index_num小于1或大于列表中最后一个值的序号，函数CHOOSE返回错误值#VALUE!。

如果index_num为小数，则在使用前将被截尾取整。

value1,value2,...：value1是必需的，后续值是可选的。这些值参数的个数介于1到254之间，函数CHOOSE基于index_num从这些值参数中选择一个数值或一项要执行的操作。参数可以为数字、单元格引用、已定义名称、公式、函数或文本。

b.除了可以使用CHOOSE函数判断员工考试成绩是否合格外，还可以使用CHOOSE函数计算今天是本月的上旬、中旬还是下旬，具体操作步骤如下。

选中A1单元格，在公式编辑栏中输入“=CHOOSE(MIN(CEILING(DAY(TODAY())/10,1),3),"上旬","中旬","下旬")”，按【Enter】键即可返回结果，如图 10-186所示。

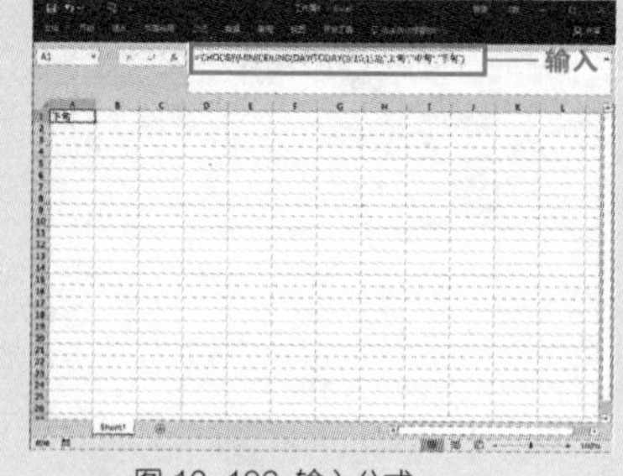

图 10-186 输入公式

Extra tip

实例 258 MATCH——返回销售额最高的员工姓名

难度系数：★★★ 适用版本：07/10/13/16/17

技巧介绍： 公司办公人员晓敏编辑完上月员工销售表后需要查找销售额最高的员工姓名，她想知道能否使用函数快速查找销售额最高的员工姓名。

① 在Excel中打开“素材\第10章\实例258\员工上月销售额统计表”工作簿，选择D2单元格，在公式编辑栏中输入“=INDEX(A2:A13,MATCH(MAX(B2:B13),B2:B13,))”，如图 10–187所示。

② 按【Enter】键输出结果，此时已快速返回销售额最高的员工姓名，如图 10–188所示。

图 10–187 输入公式

图 10–188 填充公式

技巧拓展

a.MATCH函数是匹配函数，主要指返回指定数值在指定数组区域中的位置。其函数语法为：

MATCH(lookup_value,lookup_array,match_type)，

lookup_value：表示需要在数据表（lookup_array）中查找的值。可以为数值（数字、文本或逻辑值）或对数字、文本或逻辑值的单元格引用。可以包含通配符、星号(*)和问号(?)。星号可以匹配任何字符序列；问号可以匹配单个字符；

lookup_array：可能包含有所要查找数值的连续的单元格区域，区域必须是某一行或某一列，即必须为一维数据，引用的查找区域是一维数组；

match_type：表示查询的指定方式，用数字-1、0或者1表示，match_type省略相当于match_type为1的情况。

为1时，查找小于或等于lookup_value的最大数值在lookup_array中的位置，lookup_array必须按升序排列；

为0时，查找等于lookup_value的第一个数值，lookup_array按任意顺序排列；

为-1时，查找大于或等于lookup_value的最小数值在lookup_array中的位置，lookup_array必须按降序排列。利用MATCH函数查找功能时，当查找条件存在时，MATCH函数结果为具体位置（数值），否则显示#N/A错误。

b.除了可以使用MATCH函数返回销售额最高的员工姓名外，还可以使用MATCH函数统计一班和二班参加游泳比赛的人数。

效果如图 10–189所示。

图 10–189 输入公式

Extra tip

实例259 COLUMNS——返回数据区域包含的列数

难度系数：★★★　适用版本：07/10/13/16/17

技巧介绍： 公司办公人员小圆需要查看员工薪资表中包含的列数，她想知道能否使用函数快速查看列数。下面介绍如何使用COLUMNS函数快速返回数据区域包含的列数。

①在Excel中打开“素材\第10章\实例259\员工薪资表”工作簿，选中B16单元格，在公式编辑栏中输入“=COLUMNS(A:L)”，如图 10-190所示。

②按【Enter】键输出结果，此时即可快速返回包含的列数，如图 10-191所示。

图 10-190 输入公式

	A	B	C	D	E	F	G
1							员工薪
2	员工编号	姓名	性别	部门	职务	工龄（年）	工龄工资（元
3	K0001	李锐	男	人事部	经理	10	¥500.00
4	K0002	张凯	男	客户部	经理	12	¥600.00
5	K0003	李翔	男	市场部	经理	13	¥650.00
6	K0004	赵江	男	人事部	主任	6	¥300.00
7	K0005	赵西	男	市场部	主任	7	¥350.00
8	K0006	王曦	女	人事部	专员	1	¥30.00
9	K0007	琳琳	女	财务部	主任	8	¥400.00
10	K0008	王子元	女	客户部	专员	12	¥600.00
11	K0009	李昊	男	人事部	专员	3	¥90.00
12	K0010	李敏敏	女	财务部	专员	2	¥60.00
13	K0011	陆茂	男	客户部	专员	2	¥60.00
14	K0012	苏居	女	客户部	专员	0	¥0.00
15							
16	包含的列数	12					

图 10-191 查看结果

技巧拓展

a.COLUMNS函数表示用于返回数组或单元格区域中的列数。其函数语法为：

COLIMNS(array)，

array：表示需要返回列数的数组或单元格区域。

b.除了可以使用COLUMNS函数直接返回数据区域包含的列数外，还可以使用COLUMNS函数提取数据区域中最大行、最大列的单元格的值，具体操作步骤如下。

选中D11单元格，在公式编辑栏中输入“=INDIRECT(ADDRESS(ROW(B2:D8)+ROWS(B2:D8)-1,COLUMN(B2:D8)+COLUMNS(B2:D8)-1))”，按【Enter】键即可输出结果，如图 10-192所示。

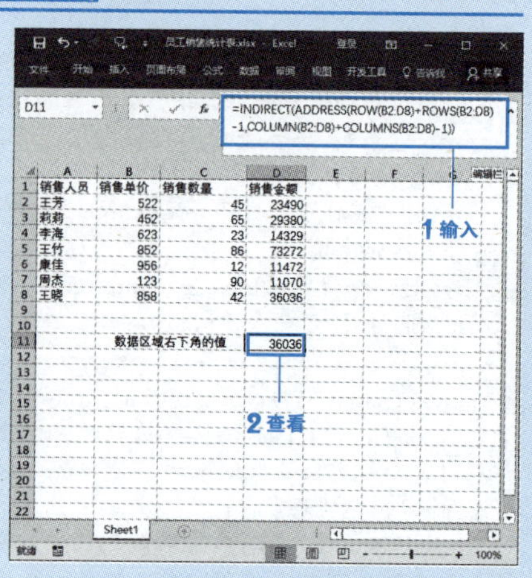

	A	B	C	D
1	销售人员	销售单价	销售数量	销售金额
2	王芳	522	45	23490
3	莉莉	452	65	29380
4	李海	623	23	14329
5	王竹	852	86	73272
6	康佳	956	12	11472
7	周杰	123	90	11070
8	王晓	858	42	36036
11		数据区域右下角的值		36036

图 10-192 输入公式

Extra tip

实例 260

ADDRESS——返回指定行号和列号所对应的单元格地址

难度系数：★★★　适用版本：07/10/13/16/17

技巧介绍： 公司办公人员小新在编辑工作表时遇到了ADDRESS函数，可是不知道此函数的用法。因此她想求教ADDRESS函数的用法和定义。

❶在Excel中打开“素材\第10章\实例260\ADDRESS函数用法介绍表”工作簿，选中B2单元格，在公式编辑栏中输入“=ADDRESS(11,5)”，如图 10-193所示。

❷ 按【Enter】键输出结果，选中B3单元格，在公式编辑栏中输入“=ADDRESS(11,5,2)”；选中B4单元格，在公式编辑栏中输入“=ADDRESS(11,5,3)”，分别按【Enter】键即可输出结果，如图 10-194所示。

图 10-193 输入公式

图 10-194 输出结果

技巧拓展

a.ADDRESS函数表示用于按照指定的行号和列号来返回单元格的地址。其函数语法为：

ADDRESS(row_num,column_num,abs_num,a1,sheet_text)，

row_num：表示要在单元格引用中使用的行号；

column_num：表示要在单元格引用中使用的列号；

abs_num：表示返回的引用类型。当为1或省略时表示绝对引用；当为2时表示绝对行号，相对列标；当为3时表示相对行号，绝对列标；当为4时表示相对引用；

sheet_text：表示为一文本，指定作为外部引用的工作表的名称，如果省略sheet_text，则不使用任何工作表名。

b.使用ADDRESS函数还可以快速查找出考试最高分在哪个单元格，具体操作步骤如下。

选择F2单元格，在公式编辑栏中输入“=ADDRESS(MAX(IF(D2:D12=MAX(D2:D12), ROW(2:12))),4)”，按【Ctrl+Shift+Enter】键输出结果，此时即可快速返回最高分对应的单元格，如图 10-195所示。

图 10-195 输出结果

Extra tip

COLUMN——返回数据区域首列的行号

技巧介绍： 公司办公人员小唐之前学习了COLUMNS函数，现在又遇到了COLUMN函数，她发现这两个函数非常相似。因此她也想弄清楚这个函数的用法。

①创建新的工作簿，选中A1单元格，在公式编辑栏中输入"=TEXT(COLUMN(),"0月")"，如图 10-196所示。

图 10-196 输入公式

②按【Enter】键输出结果，拖动鼠标向下填充公式，效果如图 10-197所示。

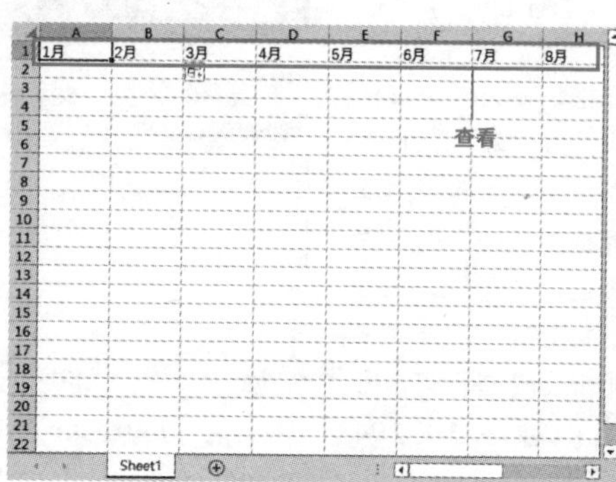

图 10-197 输出结果

技巧拓展

a.COLUMN函数表示返回给定单元格引用的列标号。其函数语法为：COLUMN(reference),

reference：表示为需要得到其列标的单元格或单元格区域。

如果省略reference，则假定为是对函数COLUMN所在单元格的引用。

如果reference为一个单元格区域，并且函数COLUMN作为水平数组输入，则函数COLUMN将reference中的列标以水平数组的形式返回。

reference不能引用多个区域。

b.除了上述实例外，COLUMN函数还可以结合INDEX函数来查询班级成绩，具体操作步骤如下。

（1）在H3单元格设置数据验证，在下拉列表中选择"一班""二班""三班"，选中G7单元格，在公式编辑栏中输入"=INDEX($B:$E,SMALL(IF($A$2:$A$17=$H$3,ROW($2:$17),ROWS($1:$17)+1),ROW(A1)),COLUMN(A1))&"""，如图 10-198所示。

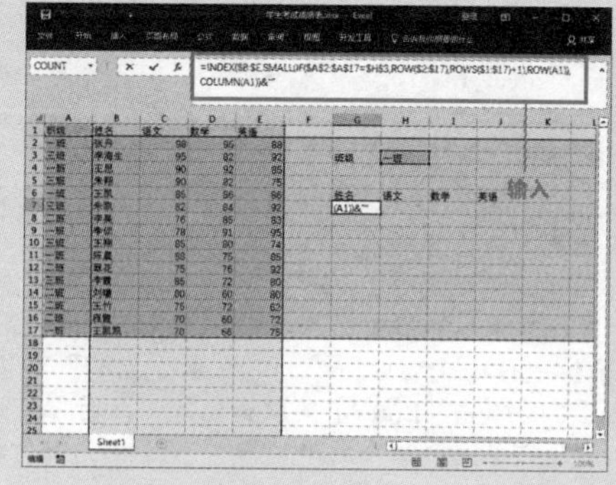

图 10-198 输入公式

（2）按【Ctrl+Shift+Enter】键输出结果，向右填充公式至J7单元格，然后选中G7:J7区域单元格，拖动鼠标向下填充公式至J12单元格，如图 10-199所示。

（3）在班级下拉列表选择“二班”，此时即可返回二班对应的学生姓名及考试成绩，效果如图 10-200所示。

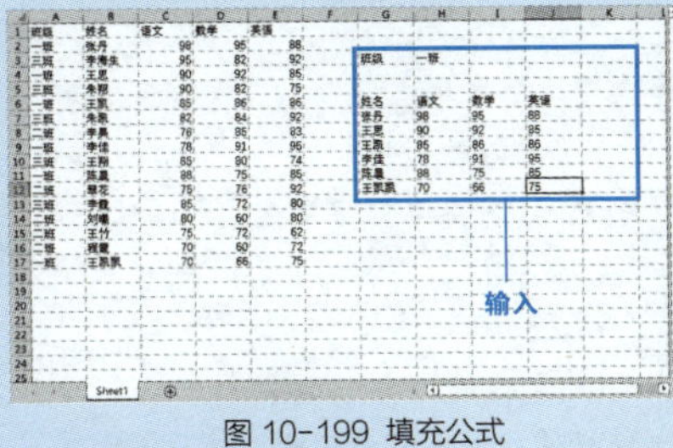

图 10-199 填充公式

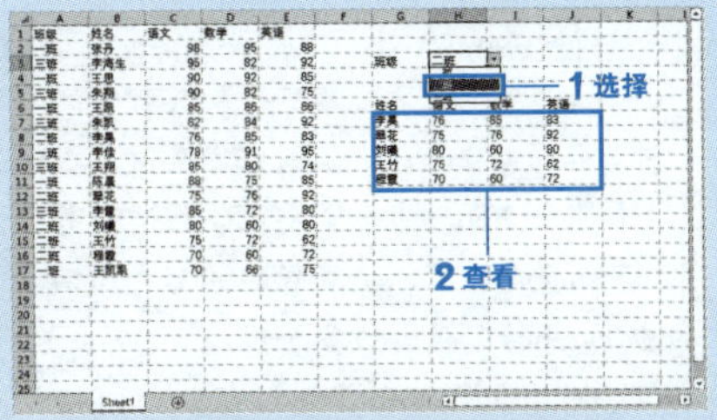

图 10-200 选择其他选项

Extra tip

实例 262 ROW——填充一年中所有月的月份名

难度系数：★★★ 适用版本：07/10/13/16/17

技巧介绍： 公司财务人员小敏想要根据贷款月数计算每月偿还的利息金额，并且当贷款月数发生变化时，月数也要随之变化。可是，她不知道应该怎么样操作。

① 在Excel中打开“素材\第10章\实例262\借款信息表”工作簿，选中A5单元格，在公式编辑栏中输入“=IF(ROW()-ROW($A$4)<=$B$2,ROW()-ROW($A$4),"")”，如图 10-201所示。

② 按【Enter】键输出结果，拖动鼠标向下填充公式，如图 10-202所示。

③ 将B2单元格中值修改为“12”，此时A和B列的数值将会发生变化，效果如图 10-203所示。

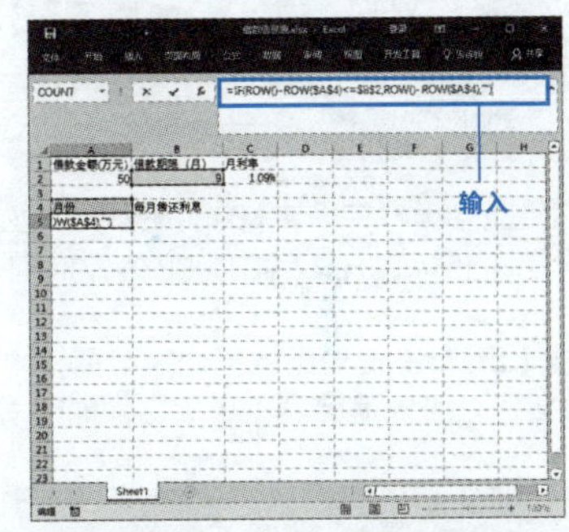

图 10-201 输入公式

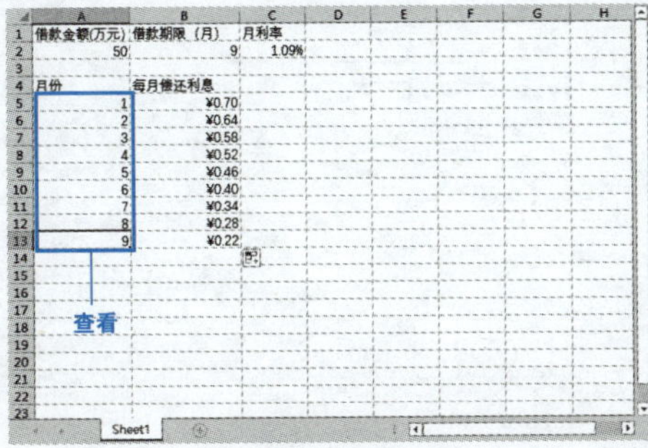

图 10-202 填充公式

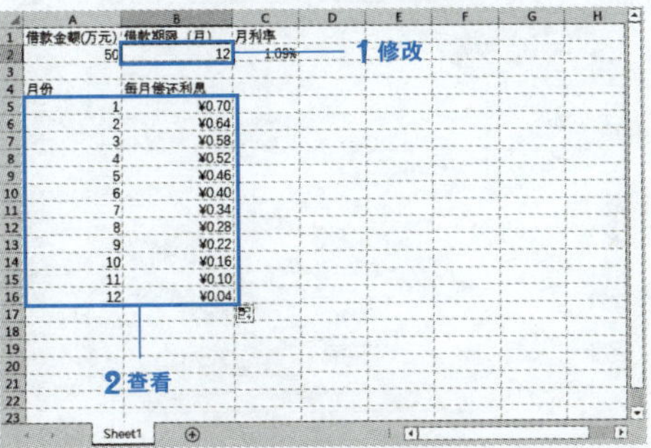

图 10-203 修改数据

技巧拓展

a.ROW函数表示返回一个引用的行号。其函数语法为：

ROW(reference)，

reference：表示为需要得到其行号的单元格或单元格区域。

如果省略reference，则假定是对函数ROW所在单元格的引用。

如果reference为一个单元格区域，并且函数ROW作为垂直数组输入，则函数ROW将reference的行号以垂直数组的形式返回。

reference不能引用多个区域。

b.在上述实例中首先用当前行的行号减去A4单元格的行号。当公式在A5单元格时，当前行的行号为5，随着公式向下复制，当前行的行号也随之变化；然后判断第一步返回值是否小于等于B2单元格的值，如果是，进行下一步操作，否则返回空值；如果第二步满足条件，则返回当前行的行号减去A4单元格的行号值。

Extra tip＞＞＞＞＞＞＞＞＞＞＞＞＞

实例263 ROWS——判断值班人员是否重复

难度系数：★★★　适用版本：07/10/13/16/17

技巧介绍： 公司行政人员小佳想要查看值班人员是否重复，如果逐一查看将会浪费大量时间，并且容易出错。因此她想知道能否使用函数快速判断值班人员是否重复。

① 在Excel中打开“素材\第10章\实例263\员工值班表”工作簿，选中C2单元格，在公式编辑栏中输入“=IF(MATCH(B2,$B$2:$B$10,0)<>ROWS(B$2:B2),"重复","不重复")”，如图 10-204所示。

②按【Enter】键输出结果，拖动鼠标向下填充公式至C10单元格，此时有重复的值班人员则返回“重复”，否则返回“不重复”，如图 10-205所示。

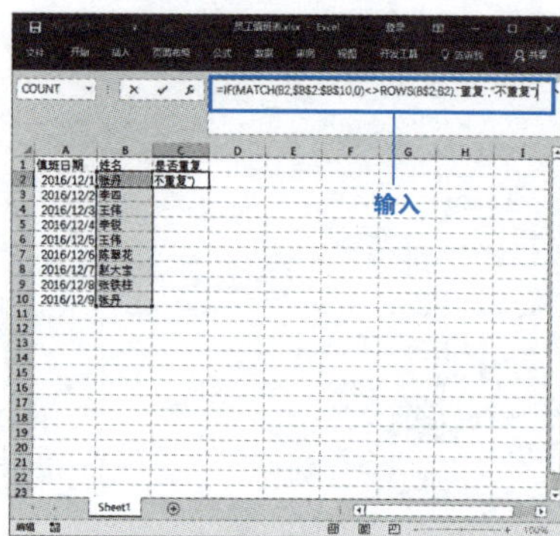

图 10-204 输入公式

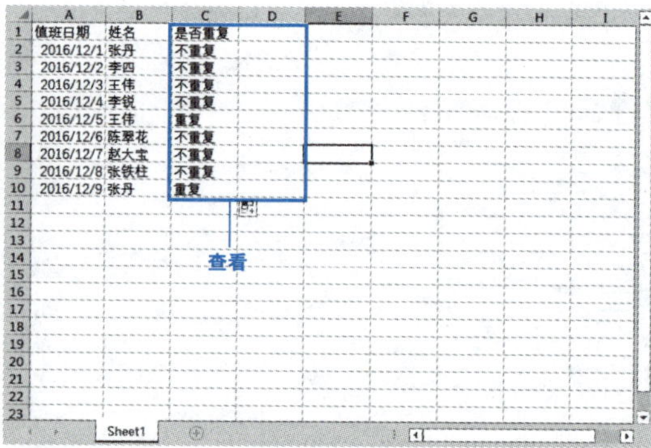

值班日期	姓名	是否重复
2016/12/1	张丹	不重复
2016/12/2	李四	不重复
2016/12/3	王伟	不重复
2016/12/4	李锐	不重复
2016/12/5	王伟	重复
2016/12/6	陈翠花	不重复
2016/12/7	赵大宝	不重复
2016/12/8	张铁柱	不重复
2016/12/9	张丹	重复

图 10-205 填充公式

技巧拓展

a.ROWS函数表示用于返回数组或单元格区域中的行数。其函数语法为：ROWS(array)，

array：表示要返回行数的数组、数组公式或单元格引用。

b.除了可以使用ROWS函数快速判断值班人员是否重复外，还可以使用ROWS函数将贷款情况重新分组，具体操作步骤如下。

选中F3单元格，在公式编辑栏中输入“=INDEX($C:$C,SMALL(IF($A$2:$A$16=$E3,ROW($2:$16),ROWS($1:$16)),COLUMN(A1)))”，按【Ctrl+Shift+Enter】组合键输出结果，先拖动鼠标向右填充至I3单元格，再选中F3：I3区域单元格，向下填充公式至I7单元格，效果如图 10-206所示。

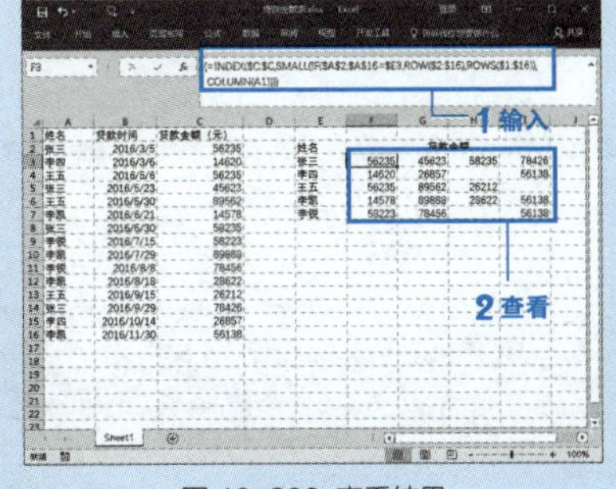

图 10-206 查看结果

Extra tip >>>>>>>>>>>>>

实例 264 OFFSET——实现数据的动态查询

难度系数：★★★ 适用版本：07/10/13/16/17

技巧介绍： 公司销售部员工小凯编辑完员工销售表后想要实现数据的动态查询，但是又不知道应该怎样操作。下面为大家介绍如何使用OFFSET函数实现数据的动态查询。

1. 在Excel中打开“素材\第10章\实例264\员工销售统计表”工作簿，选中G3单元格，在公式编辑栏中输入“=OFFSET(A1,0,$G$1)”，如图 10-207所示。
2. 按【Enter】键输出结果，并向下填充公式至G10单元格，如图 10-208所示。

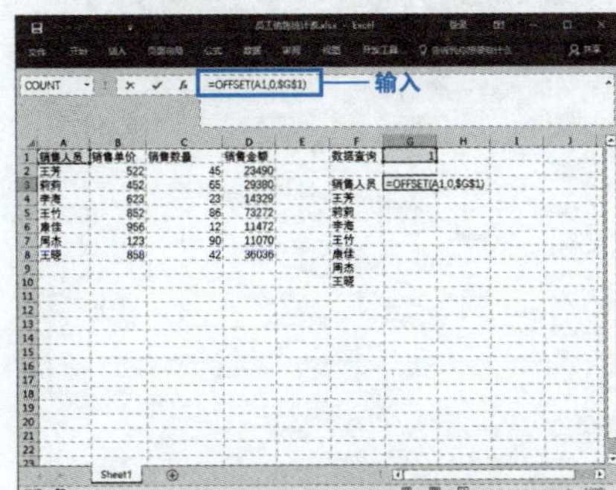

图 10-207 输入公式

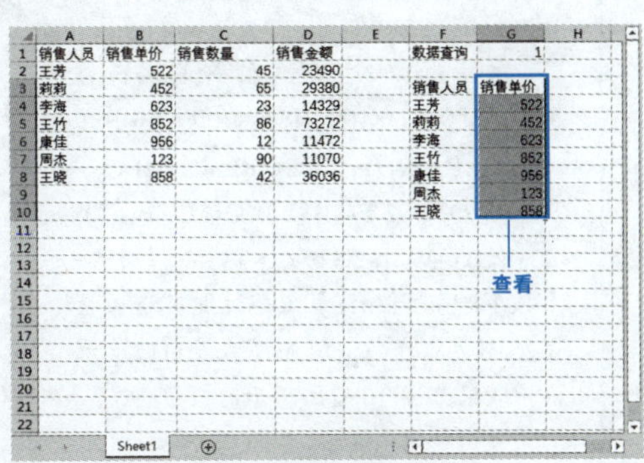

销售人员	销售单价	销售数量	销售金额		数据查询	1
王芳	522	45	23490			
莉莉	452	65	29380		销售人员	销售单价
李海	623	23	14329		王芳	522
王竹	852	86	73272		莉莉	452
康佳	956	12	11472		李海	623
周杰	123	90	11070		王竹	852
王晓	858	42	36036		康佳	956
					周杰	123
					王晓	858

图 10-208 查看结果

❸修改G1单元格中的数值，此时G3：G10区域单元格的值也会发生变化。效果如图 10-209所示。

图 10-209 修改数据

技巧拓展

①OFFSET函数表示为以指定的引用为参照系，通过给定偏移量得到新的引用。返回的引用可以为一个单元格或单元格区域。并可以指定返回的行数或列数。其函数语法为：

OFFSET(reference,rows,cols,height,width)，

reference：表示偏移量参照系的引用区域。reference必须为对单元格或相连单元格区域的引用，否则，函数OFFSET返回错误值#VALUE!；

rows：表示相对于偏移量参照系的左上角单元格，上（下）偏移的行数。如果使用2作为参数rows，则说明目标引用区域的左上角单元格比reference低2行。行数可为正数（代表在起始引用的下方）或负数（代表在起始引用的上方）；

cols相对于偏移量参照系的左上角单元格，左（右）偏移的列数。如果使用2作为参数cols，则说明目标引用区域的左上角的单元格比reference靠右2列。列数可为正数（代表在起始引用的右边）或负数（代表在起始引用的左边）；

height：表示高度，即所要返回的引用区域的行数。height必须为正数。不可为负；

width：表示宽度，即所要返回的引用区域的列数。width必须为正数。不可为负。

b.除了可以使用OFFSET函数实现数据的动态查询外，还可以使用此函数计算每位学生进入前三名的科目总数。具体操作步骤如下。

选中H2单元格，在公式编辑栏中输入“=SUM(N((RANK(N(OFFSET($B$2,ROW()-2, COLUMN(B:G)-2,1,1)),OFFSET($B$2,0,COLUMN(B:G)-2,ROWS($2:$17),1)))<=3))”，按【Ctrl+Shift+Enter】组合键即可返回结果，拖动鼠标向下填充公式至H17单元格，效果如图 10-210所示。

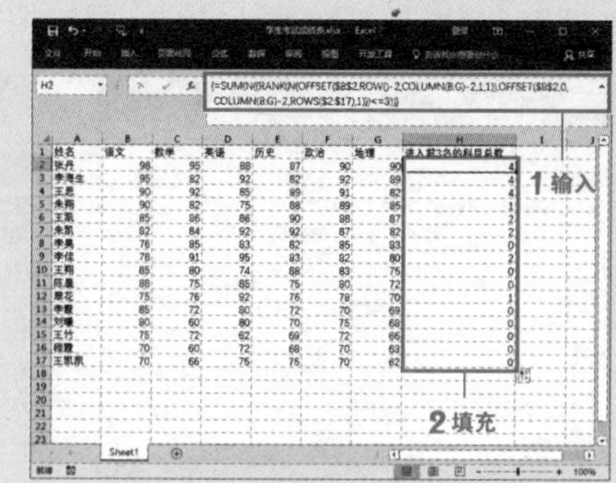

图 10-210 填充公式

Extra tip

实例265 HYPERLINK——为指定内容创建超链接

难度系数：★★☆ 适用版本：07/10/13/16/17

技巧介绍： 公司人事部员工小李在编辑员工联系方式表时想要创建电子邮件的链接地址，以便快速收发邮件。可是他不知道应该怎样操作。

❶在Excel中打开“素材\第10章\实例265\员工联系方式表”工作簿，选中C2单元格，在公式编辑栏中输入“=HYPERLINK("mailto:562356**qq.com","电子邮箱")”，如图 10-211所示。

❷按【Enter】键即可输出结果，单击C2单元格即可跳转至设置的链接地址，效果如图 10-212所示。

图 10-211 输入公式

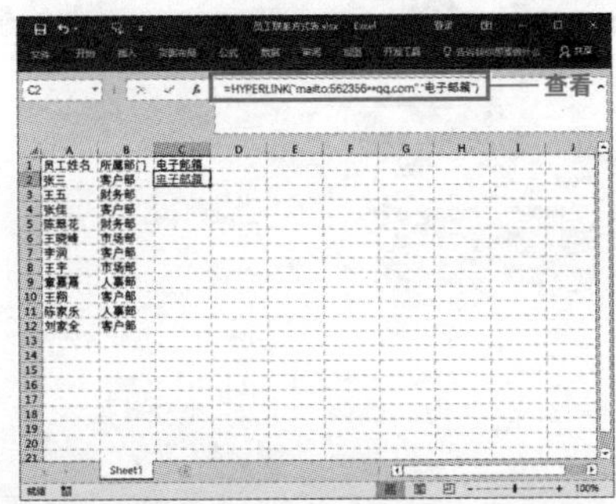

图 10-212 输出结果

技巧拓展

a.HYPERLINK函数表示创建一个快捷方式（跳转），用来打开存储在网络服务器、Intranet或Internet中的文件。其函数语法为：

HYPERLINK(link_location，friendly_name)，

link_location：表示超级链接文件的路径和文件名，或要跳转的单元格地址；

friendly_name：表示指定的字符串或某一单元格的值，即希望在超级链接的单元格中显示的内容。要是此项不设置的话则默认显示link-location。

b.除了可以指定到特定网络地址外，还可以指定到特定文件夹，具体操作步骤如下。

选中A1单元格，在公式编辑栏中输入“=HYPERLINK("F:\素材\第10章\实例265","实例265")”，按【Enter】键返回结果。单击A1单元格，此时即可跳转至“F:\素材\第10章\实例265”文件夹，如图 10-213所示。

图 10-213 跳转至文件夹

Extra tip

实例 266 TRANSPOSE——数据区域的行列转置

难度系数：★★☆ 适用版本：07/10/13/16/17

技巧介绍： 公司办公人员小蕊在编辑完工作表后发现误将数据区域的行和列输入错误，因此她需要执行行列倒置操作，可是又不知道应该怎样操作。

❶在Excel中打开“素材\第10章\实例266\员工销售统计表”工作簿，选中A8：D15区域单元格，在公式编辑栏中输入“=TRANSPOSE(A1:H4)”，如图 10-214所示。

❷按【Ctrl+Shift+Enter】键即可输出结果，效果如图 10-215所示。

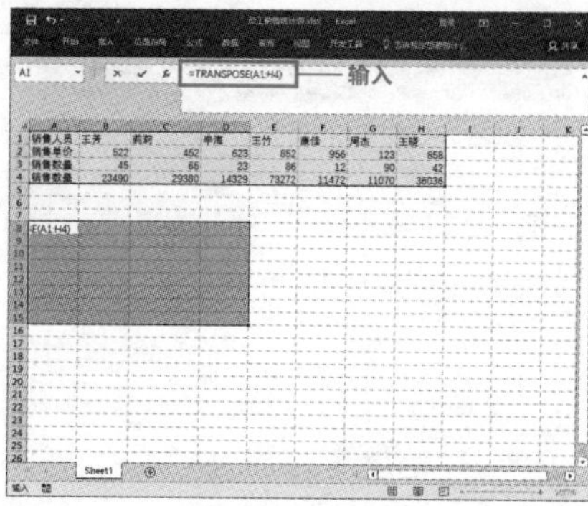

图 10-214 输入公式

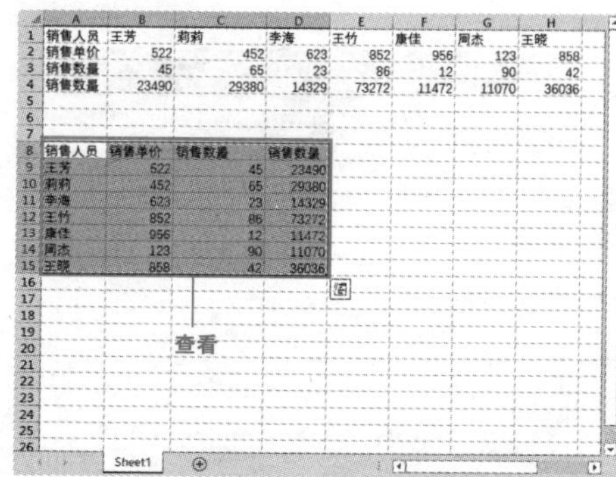

图 10-215 输出结果

技巧拓展

a.TRANSPOSE函数表示返回转置单元格区域，即将行单元格区域转置成列单元格区域，反之亦然。其函数语法为：

TRANSPOSE(array)，

array：必需。表示需要进行转置的数组或工作表上的单元格区域。所谓数组的转置就是，将数组的第一行作为新数组的第一列，数组的第二行作为新数组的第二列，以此类推。

b.除了可以使用TRANSPOSE函数将数据区域的行列转置外，还可以使用此函数配合LEFT函数来对不同单位的数据转换并排名，具体操作步骤如下。

选中D2单元格，在公式编辑栏中输入“=MMULT(N(B2:B11*(IF(LEFT(C2:C11)="万",10000,1))<TRANSPOSE(B2:B11*(IF(LEFT(C2:C11)="万",10000,1)))),ROW(2:11)^0)+1”，按【Ctrl+Shift+Enter】组合键即可返回结果，拖动鼠标向下填充公式至D11单元格，效果如图 10-216所示。

图 10-216 查看结果

Extra tip

实例 267 CELL——获取当前工作簿和工作表的名称

难度系数：★★ 适用版本：07/10/13/16/17

技巧介绍： 公司办公人员小李想要快速查看当前工作簿和工作表的名称，可是又不想退出工作表，那么有什么办法可以快速获取当前工作簿和工作表的名称呢？

① 在Excel中打开“素材\第10章\实例267\产品销售统计表”工作簿，选中A22单元格，在公式编辑栏中输入“=CELL("filename")”，如图 10-217所示。

② 按【Enter】键输出结果，此时即可返回当前工作簿和工作表的名称，如图 10-218所示。

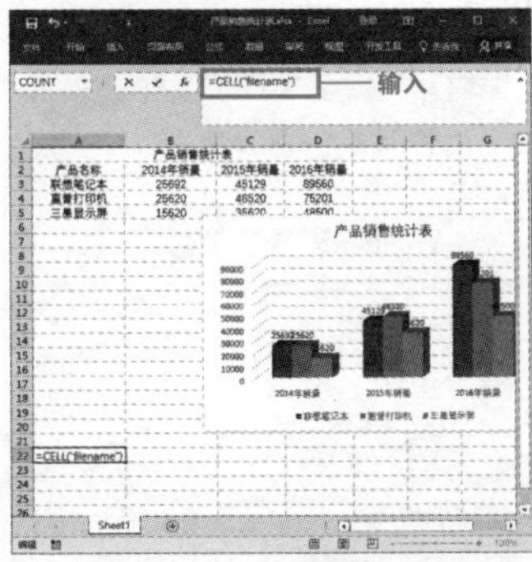

图 10-217 输入公式

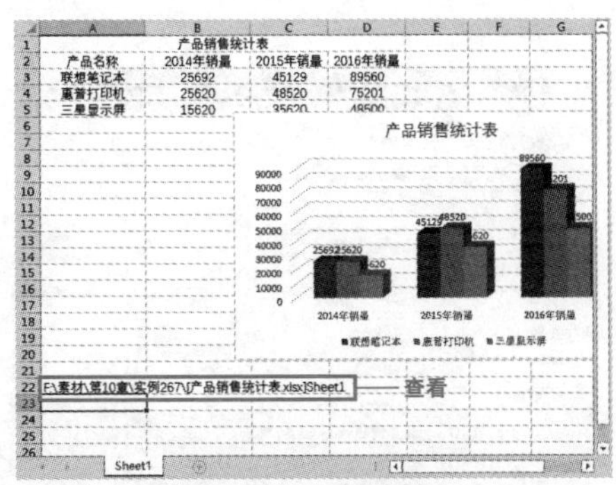

图 10-218 输出结果

技巧拓展

下面列出info_type的可能值及相应的结果。

address：表示引用中第一个单元格的引用，文本类型。

col：表示引用中单元格的列标。

color：如果单元格中的负值以不同颜色显示，是则为1，否则返回0。

contents：引用中左上角单元格的值，注不是公式。

filename：包含引用的文件名（包括全部路径），文本类型。如果包含目标引用的工作表尚未保存，则返回空文本("")。

format：与单元格中不同的数字格式相对应的文本值。

parentheses：如果单元格中为正值或全部单元格均加括号，是则为1，否则返回0。

prefix：与单元格中不同的“标志前缀”相对应的文本值。

protect：如果单元格没有锁定，则为0；如果单元格锁定，则为1。

row：引用中单元格的行号。

type：与单元格中的数据类型相对应的文本值。

width：取整后的单元格的列宽。列宽以默认字号的一个字符的宽度为单位。

Extra tip

实例268 ISTEXT——检验所给的数据是否为文本

难度系数：★★★ 适用版本：07/10/13/16/17

技巧介绍： 公司办公人员小曼在编辑工作表时突然接触到ISTEXT函数，可是又不知道此函数的用法，因此她想要学习ISTEXT函数的语法规则和用法。

❶在Excel中打开“素材\第10章\实例267\检验是否为文本”工作簿，选中B2单元格，在公式编辑栏中输入“=ISTEXT(A2)”，如图 10-219所示。

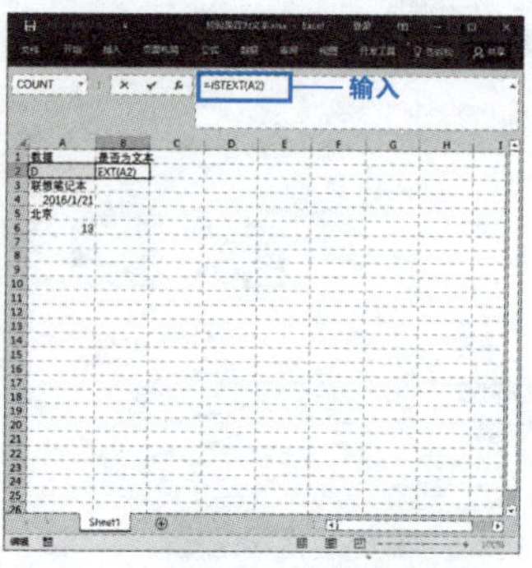

图 10-219 输入公式

❷按【Enter】键输出结果，拖动鼠标向下填充至B6单元格，此时单元格中的数据若为文本则返回“TRUE”，否则返回“FALSE”，如图10-220所示。

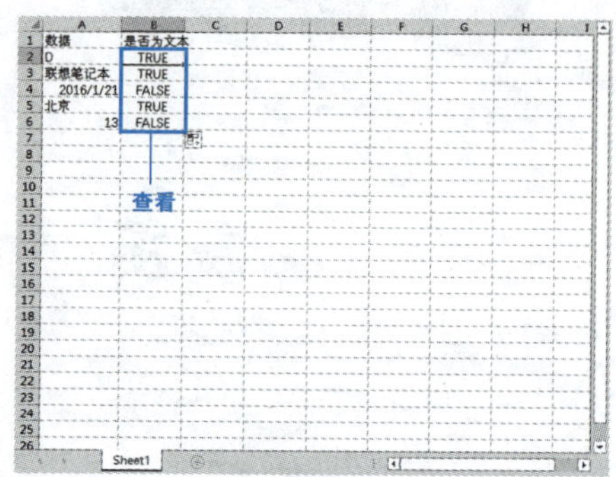

图 10-220 填充公式

技巧拓展

a.ISTEXT函数用于判断引用的参数或指定的单元格的内容是否为文本，其函数语法为：ISTEXT(value)。

value：表示待检查的内容。如果检查的内容为文本，将返回TRUE，否则将返回FALSE。

在参数中输入文本时必须使用双引号，否则Excel将不会认为其是文本，而是非字符串。单元格不需要双引号。

b.还可以使用ISTXET函数配合INDEX函数来罗列某运动员最近10次参赛的成绩，具体操作步骤如下。

选中F2单元格，在公式编辑栏中输入“=INDEX($1:$1,MAX(ISTEXT(B2:E2)*COLUMN(B:E)))”，按【Ctrl+Shift+Enter】组合键即可输出结果，拖动鼠标向下填充至F11单元格，效果如图10-221所示。

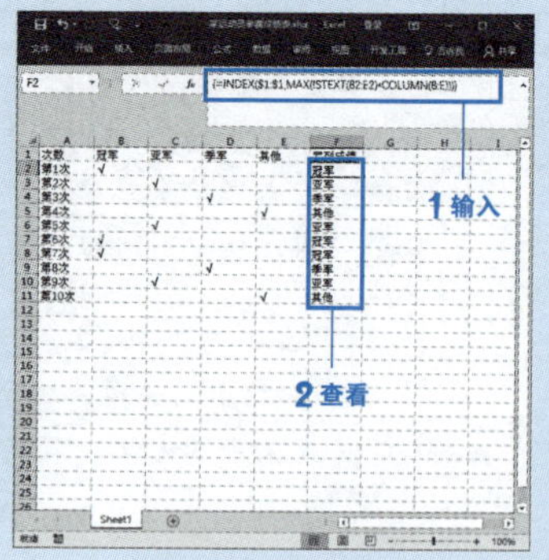

图 10-221 查看结果

Extra tip

实例 269 ISBLANK——检验指定值是否为空

难度系数：★★★ 适用版本：07/10/13/16/17

技巧介绍： 公司行政部门员工小敏编辑完员工考勤表后想要快速查看缺勤人数，直接在数据表中逐一查看容易出错。因此，她想知道能否使用函数快速查看缺勤人数。

❶在Excel中打开“素材\第10章\实例269\员工考勤表”工作簿，选中E2单元格，在公式编辑栏中输入“=SUM(ISBLANK(D2:D21)*1)”，如图 10–222所示。

❷ 按【Ctrl+Shift+Enter】组合键即可输出结果，如图 10–223所示。

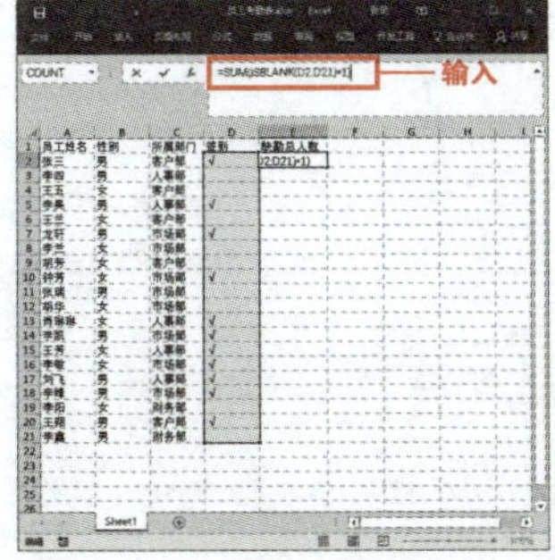

图 10–222 输入公式

	A	B	C	D	E
1	员工姓名	性别	所属部门	签到	缺勤总人数
2	张三	男	客户部	√	9
3	李四	男	人事部		
4	王五	女	客户部		
5	李昊	男	人事部	√	
6	王兰	女	客户部		
7	龙轩	男	市场部	√	
8	李兰	女	市场部		
9	胡芳	女	客户部		
10	钟芳	女	市场部	√	
11	张瑞	男	市场部		
12	胡华	女	市场部		
13	肖琳琳	女	人事部	√	
14	李凯	男	市场部	√	
15	王芳	女	人事部	√	
16	李敏	女	市场部	√	
17	刘飞	男	人事部	√	
18	李峰	男	市场部	√	
19	李阳	女	财务部		
20	王翔	男	客户部	√	
21	李鑫	男	财务部		

查看

图 10–223 查看结果

技巧拓展

ISBLANK函数表示用于判断指定的单元格是否为空。其函数语法为：

ISBLANK(value)，

value：①表示需要进行检查的内容。如果参数value为无数据的空白时，ISBLANK函数将返回TRUE，否则将返回FALSE。虽然ISBLANK函数的功能单一，但如果就将该函数与其他函数组合使用，则可实现许多功能，如作为ISBLANK函数的嵌套函数，就可以由空白单元格返回注释信息。

②在上述实例中首先使用ISBLANK函数判断D2单元格是否为空值，然后使用SUM函数计算缺勤人数。

Extra tip >>>>>>>>>>>>>>

实例 270 ISNONTEXT——判断员工是否已签到

难度系数：★★★ 适用版本：07/10/13/16/17

技巧介绍： 公司办公人员小可想要使用函数快速判断员工是否已签到，可又不知道应该使用什么函数，他感到很苦恼。下面介绍如何使用ISNONTEXT快速判断是否已签到。

❶在Excel中打开“素材\第10章\实例270\员工签到表”工作簿，选中C2单元格，在公式编辑栏中输入“=ISNONTEXT(B2)”，如图 10–224所示。

第1章 第2章 第3章 第4章 第5章 第6章 第7章 第8章 第9章 第10章

❷按【Enter】键输出结果，并拖动鼠标向下填充公式至C20单元格，如签到则返回FALSE，如没签到则返回TRUE，如图 10-225所示。

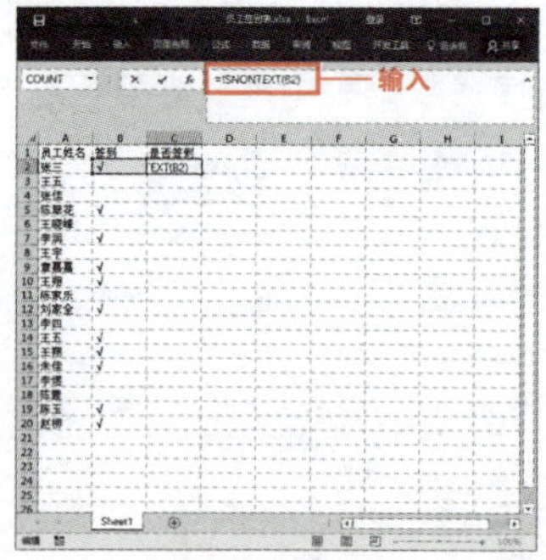

图 10-224 输入公式

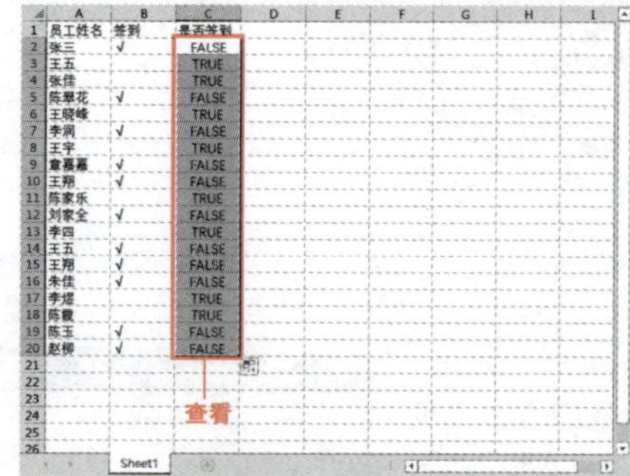

图 10-225 填充公式

技巧拓展

ISNONTEXT函数可以判断引用的参数或指定单元格中的内容是否为非字符串。其函数语法为：

ISNONTEXT(value),

value：表示待测试的内容。如果测试的内容为非字符串，将返回TRUE；否则将返回FALSE。

Extra tip > > > > > > > > > > > > >

实例271 ISLOGICAL——判断指定数据是否为逻辑值

难度系数：★★★ 适用版本：07/10/13/16/17

技巧介绍： 公司办公人员小佳在编辑工作簿时认识了ISLOGICAL函数，可是她不知道此函数的用法，因此，她想了解并学习ISLOGICAL函数。

❶ 在Excel中打开“素材\第10章\实例271\判断是否为逻辑值”工作簿，选中B2单元格，在公式编辑栏中输入“=ISLOGICAL(A2)”，如图 10-226所示。

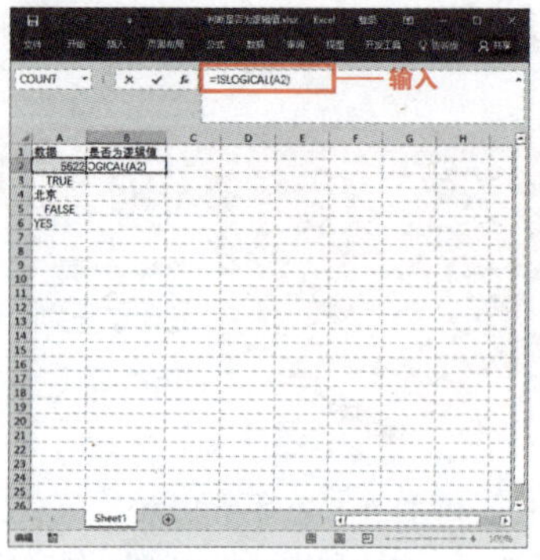

图 10-226 输入公式

❷【Enter】键输出结果，并拖动鼠标向下填充公式至B6单元格，此时是逻辑值返回TRUE，否则返回FALSE，如图 10-227所示。

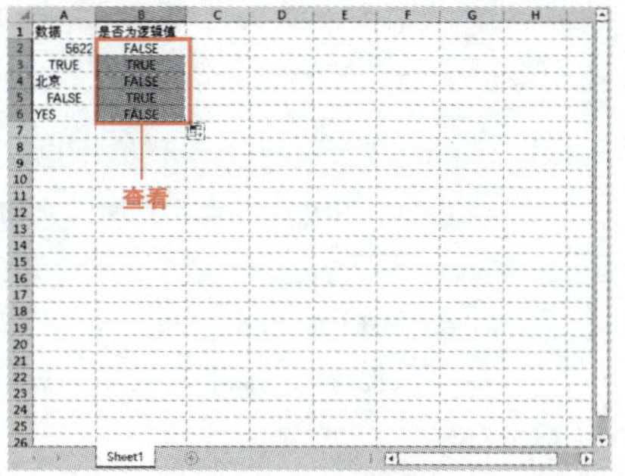

图 10-227 填充公式

技巧拓展

ISLOGICAL函数用于判断参数或指定单元格中的值是否为逻辑值，其函数语法为：ISLOGICAL(value)，

value：表示需要进行检验的内容，如果检验的内容为逻辑值，将返回TRUE；否则返回FALSE。

Extra tip

实例 272 ISNUMBER——判断所给数据是否为数字

难度系数：★★★ 适用版本：07/10/13/16/17

技巧介绍： 公司员工在填写签到表时会在自己名称后面标注"1"，没签到的员工没有标注，人事部员工小敏想要快速查看签到的人数，可是又不知道应该怎样操作。

❶在Excel中打开"素材\第10章\实例272\员工签到表"工作簿，选中D2单元格，在公式编辑栏中输入"=SUM(ISNUMBER(B2:B16)*1)"，如图 10-228所示。

❷按【Ctrl+Shift+Enter】组合键输出结果，如图 10-229所示。

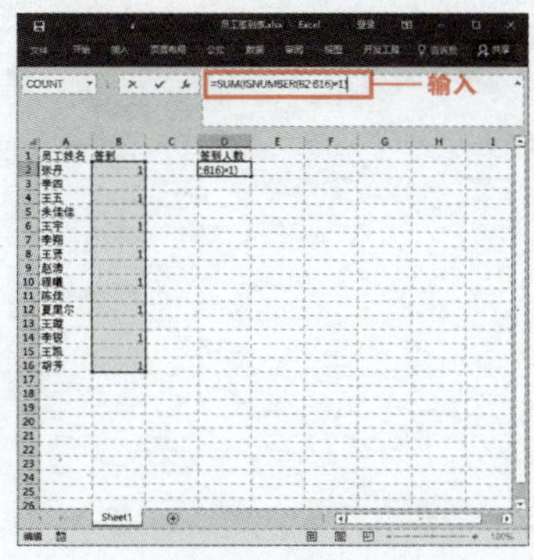

图 10-228 输入公式

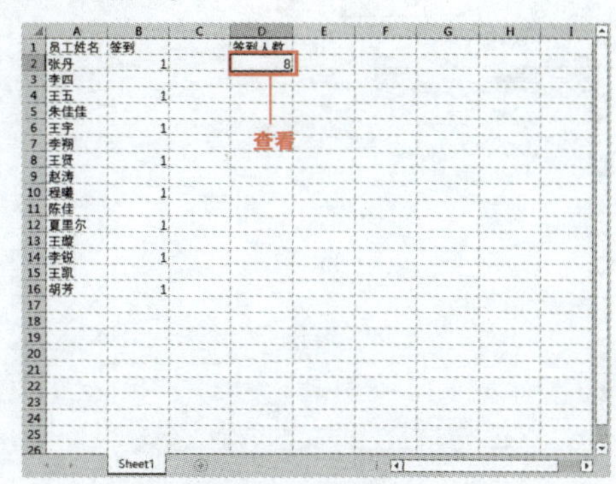

图 10-229 输出结果

技巧拓展

a.ISNUMBER函数表示判断引用的参数或指定单元格中的值是否为数字，其函数语法为：

ISNUMBER(value)，

value：表示进行检验的内容，如果检验的内容为数字，将返回TRUE，否则将返回FALSE。

IS类的函数的value参数是不可以转换的。

b.在上述实例中首先使用ISNUMBER函数判断B2：B16单元格区域中是否为数字，然后使用SUM函数对B2：B16单元格区域中的数字显示值进行个数统计。

Extra tip

实例273 ISNA——判断值是否为“#N/A”错误值

难度系数：★★★ 适用版本：07/10/13/16/17

技巧介绍： 公司办公人员小陈偶然看到了ISNA函数，可是不知道此函数的用法，因此他想知道如何使用ISNA函数。下面为大家介绍如何使用ISNA函数。

① 在Excel中打开“素材\第10章\实例273\ISNA的用法表”，选中B2单元格，在公式编辑栏中输入“=ISNA(A2)”，如图 10-230所示。

② 按【Enter】键即可输出结果，拖动鼠标向下填充至B5单元格，如图 10-231所示。

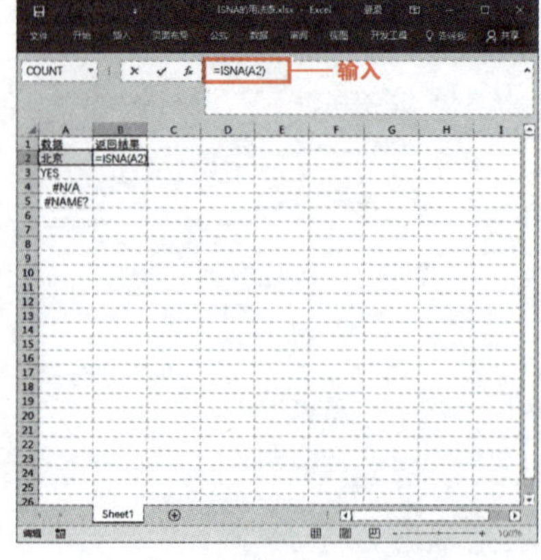

图 10-230 输入公式

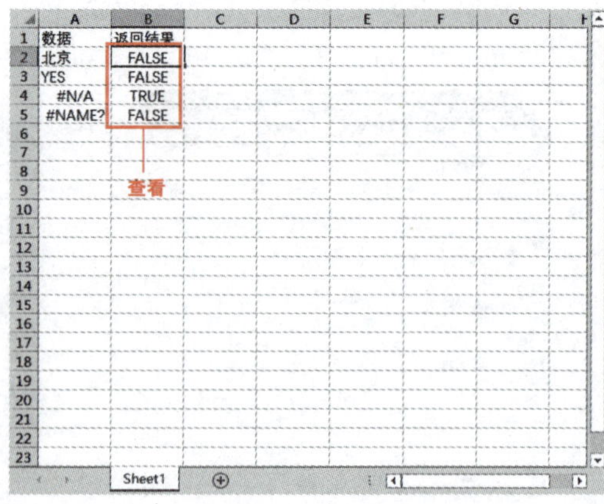

图 10-231 填充公式

技巧拓展

a.ISNA函数表示判断引用的参数或指定单元格中的值是否为错误值#N\A，是则返回逻辑值TRUE，否则返回FALSE。其函数语法为：

ISNA(value)，

value：表示需要进行检验的数值。可以为空白（空白单元格）、错误值、逻辑值、文本、数字、引用值或对于以上任意参数的名称引用。

b.可以使用ISNA函数判断最近几年产品销售最高数量，具体操作步骤如下。

选中B10单元格，在公式编辑栏中输入“=IF(ISNA(MATCH(A10,A2:A7,0)),"产品名称错误",MAX(VLOOKUP(A10,A1:G7,COLUMN(B:G),0)))”，按【Ctrl+Shift+Enter】组合键输出结果，如图 10-232所示。

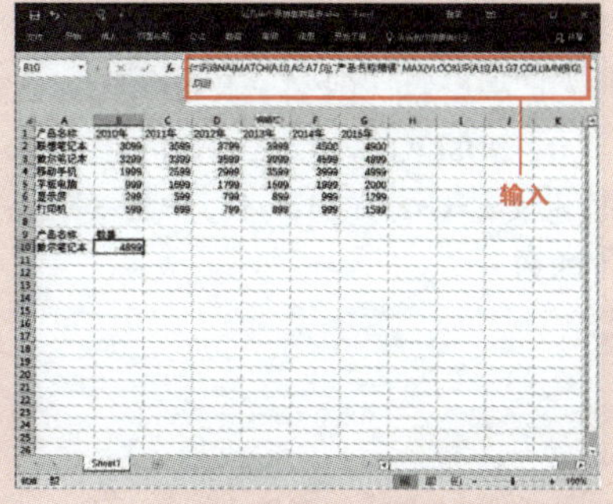

图 10-232 输入公式

Extra tip > > > > > > > > > > > > >

实例 274 ISERR——判断值是否为“#N\A”之外的任何错误值

难度系数：★★★ 适用版本：07/10/13/16/17

技巧介绍： 公司办公人员小熊需要统计产品销售信息，由于有重复的数值，因此，他想要将这些重复的数据相加，可是又不知道应该使用什么函数。

1 在Excel中打开“素材\第10章\实例274\产品销售表”工作簿，选中D2单元格，在公式编辑栏中输入“=SUM(NOT(ISERR(FIND("笔记本",A2:A14)))*B2:B14)”，如图 10-233所示。

2 按【Ctrl+Shift+Enter】组合键输出结果，效果如图 10-234所示。

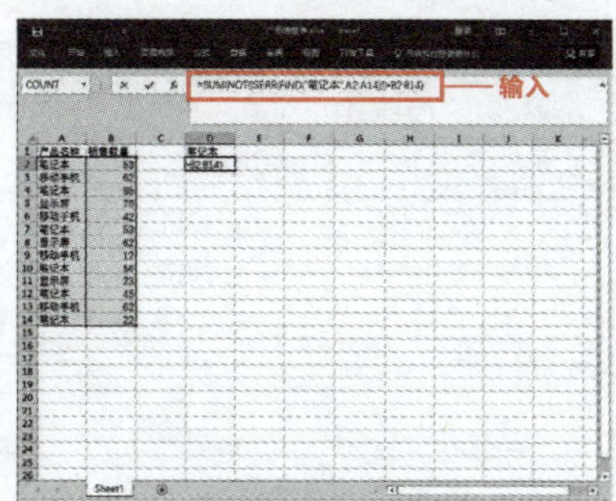

图 10-233 输入公式

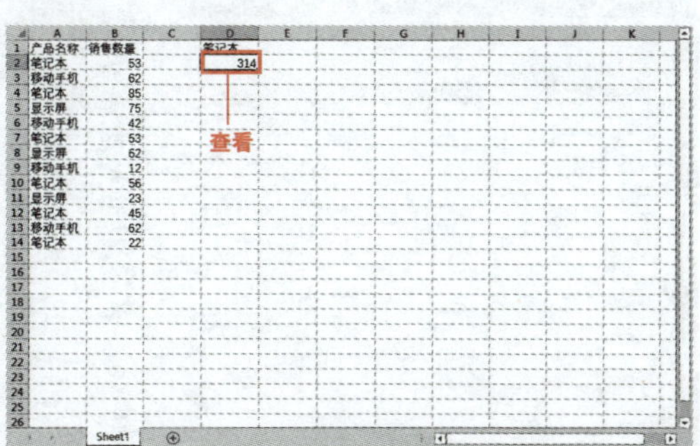

图 10-234 查看结果

技巧拓展

a.ISERR函数可以判断指定单元格中的值是否为除#N/A错误之外的任意错误值，是则返回逻辑值TRUE，否则返回FALSE，其函数语法为：

ISEERR(value)，

ISERR函数只有一个参数value，表示要进行检查的内容。可以为空白（空白单元格）、错误值、逻辑值、文本、数字、引用值或对于以上任意参数的名称引用。

b.在上述实例中首先使用FIND函数查找A2:A14区域单元格中是否有“笔记本”，然后使用ISERR函数配合NOT函数判断满足“笔记本”的单元格中是否有错误值,将返回的值乘以B2：B14，得到一个符合条件的数值；最后使用SUM函数将满足条件的数值中的数字进行求和。

Extra tip

实例275 ISODD——判断数字是否为奇数

难度系数：★★★ 适用版本：07/10/13/16/17

技巧介绍： 公司办公人员小宇偶然看到ISODD函数，可是不知道此函数的用法和语法规则，因此，他想要学习此函数。下面为大家介绍如何ISODD函数的用法。

1 在Excel中打开“素材\第10章\实例275\判断是否为奇数”工作簿，选中B2单元格，在公式编辑栏中输入“=ISODD(A2)”，如图 10-235所示。

2 按【Enter】键返回结果，并拖动鼠标向下填充公式至B9单元格，如图 10-236所示。

图 10-235 输入公式

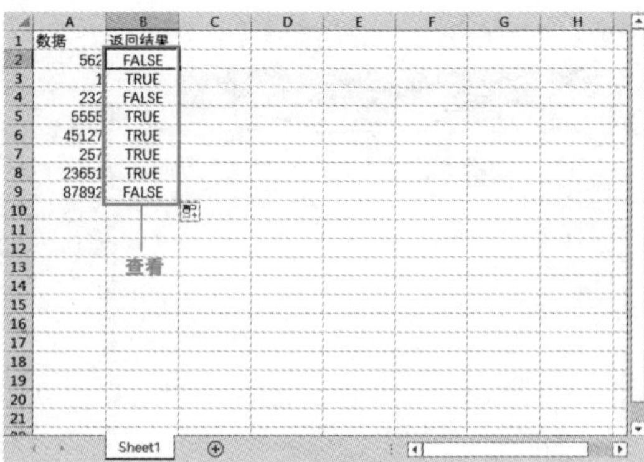

图 10-236 填充公式

技巧拓展

a.ISODD函数表示判断其参数是不是奇数。如果是奇数就返回TRUE，否则返回FALSE或错误值。其函数语法为：

ISODD(number)，

number：表示需要判断是否为奇数的数字。如果该函数中的参数为文本格式，则该函数将会返回#VALUE!错误值。如果参数为小数，则该函数将会忽略小数点后面的数字，截尾取整返回结果。

b.除了可以使用ISODD函数来直接判断数据是否为奇数外，还可以使用此函数配合MID函数根据员工身份证号来计算男员工人数，具体操作步骤如下。

选中H1单元格，在公式编辑栏中输入“=SUM(--ISODD(MID(E2:E16,15,3)))”，按【Ctrl+Shift+Enter】组合键输出结果，如图 10-237所示。

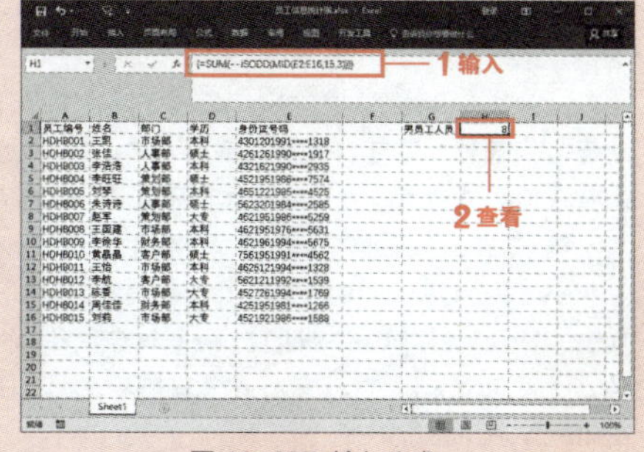

图 10-237 输入公式

Extra tip >>>>>>>>>>>>>>

实例 276 ISEVEN——判断数字是否为偶数

难度系数：★★★ 适用版本：07/10/13/16/17

技巧介绍： 公司办公人员小张在上一实例中学习了ISODD函数表示判断数字是否为奇数，因此。他想知道判断数字是否为偶数应该使用什么函数。

1 在Excel中打开“素材\第10章\实例276\判断是否为偶数”工作簿，选中B2单元格，在公式编辑栏中输入“=ISEVEN(A2)”，如图 10-238所示。

2 按【Enter】键返回结果，并拖动鼠标向下填充公式至B9单元格，如图 10-239所示。

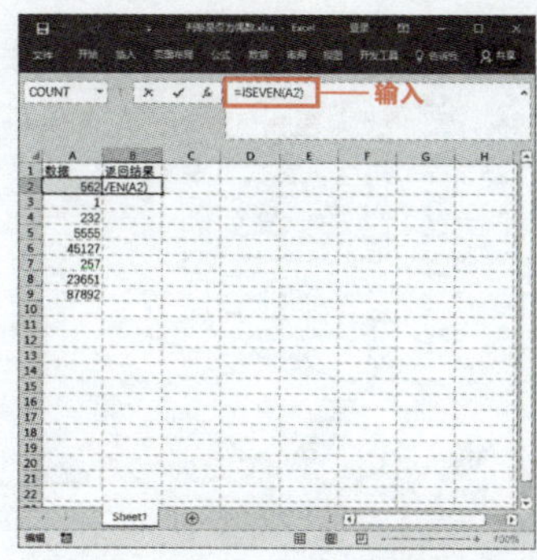

图 10-238 输入公式

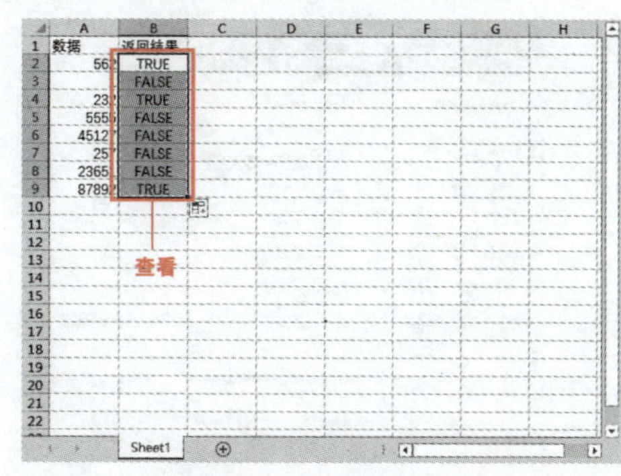

图 10-239 填充公式

技巧拓展

a.ISEVEN函数表示判断其参数是不是偶数。如果是偶数就返回TRUE，否则返回FALSE或错误值。其函数语法为：

ISEVEN(number)，

number：表示需要判断是否为偶数的数字。如果该函数中的参数为文本格式，则该函数将会返回#VALUE!错误值。如果参数为小数，则该函数将会忽略小数点后面的数字，截尾取整返回结果。

b.除了可以使用ISEVEN函数来直接判断数据是否为偶数外，还可以使用此函数配合COLUMN函数来计算平均成绩，具体操作步骤如下。

选中H2单元格，在公式编辑栏中输入“=AVERAGE(IF(ISEVEN(COLUMN(B:G)−1),B2:G2))”，按【Ctrl+Shift+Enter】组合键输出结果，并拖动鼠标向下填充公式至H17单元格，如图 10−240所示。

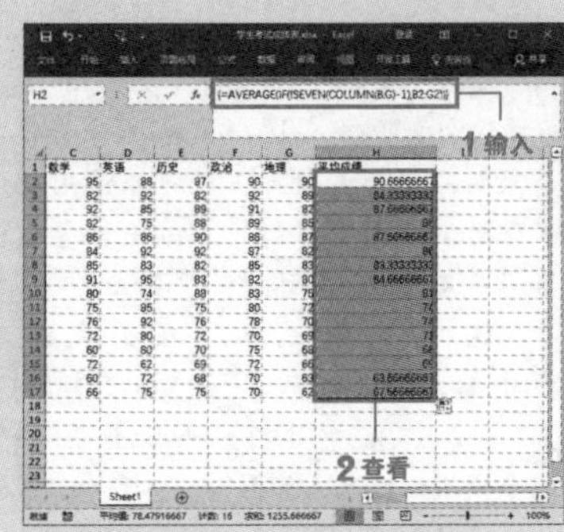

图 10−240 输入公式

Extra tip＞＞＞＞＞＞＞＞＞＞＞＞＞

实例277 ISEVEN——根据身份证号码判断其性别

难度系数：★★★ 适用版本：07/10/13/16/17

技巧介绍： 公司办公人员小曾想要快速输入员工性别，其实身份证号码中包含了性别信息，因此可以使用函数直接提取，可是她不知道应该用什么函数。

1. 在Excel中打开“素材\第10章\实例277\员工信息统计表”工作簿，选中F2单元格，在公式编辑栏中输入“=IF(ISEVEN(LEFT(RIGHT(E2,2))),"女","男")”，如图 10−241所示。
2. 按【Enter】键输出结果，拖动鼠标向下填充至F16单元格，如图 10−242所示。

图 10−241 输入公式

员工编号	姓名	部门	学历	身份证号码	性别
HDHB001	王凯	市场部	本科	4301201991****1318	男
HDHB002	张佳	人事部	硕士	4261261990****1917	男
HDHB003	李浩浩	人事部	本科	4321621990****2935	男
HDHB004	李旺旺	策划部	硕士	4521951986****7574	男
HDHB005	刘琴	策划部	本科	4651221985****4525	女
HDHB006	朱诗诗	人事部	硕士	5623201984****2585	女
HDHB007	赵军	策划部	大专	4621951986****5259	男
HDHB008	王国建	市场部	本科	4621951976****5631	男
HDHB009	李徐华	财务部	本科	4621961994****5675	男
HDHB010	黄晶晶	客户部	硕士	7561951991****4562	女
HDHB011	王怡	市场部	本科	4625121994****1328	女
HDHB012	李航	客户部	大专	5621211992****1539	男
HDHB013	陈蓉	市场部	大专	4527261994****1769	女
HDHB014	周佳佳	财务部	本科	4251951981****1266	女
HDHB015	刘莉	市场部	大专	4521921986****1588	女

图 10−242 填充公式

技巧拓展

a.18位的身份证号码中第17位为奇数则为男性，为偶数则为女性。

b.在上述实例中首先使用LEFT函数和RIGHT函数提取E2单元格中倒数第2位的数字，然后使用ISEVEN函数对上一步的结果数据进行奇偶性判断；最后使用IF函数判断，如果上一步的结果为TRUE，返回“女”，否则返回“男”。

Extra tip >>>>>>>>>>>>>>

实例 278 ERROR.TYPE——返回错误值所对应错误类型的数字

难度系数：★★★ 适用版本：07/10/13/16/17

技巧介绍： 公司办公人员小敏发现Excel中有ERROR.TYPE这个函数，因此，她想弄清楚这个函数的语法和用法。下面为大家介绍ERROR.TYPE函数的用法。

①在Excel中打开“素材\第10章\实例278\返回错误类型对应的数字”工作簿，选中C2单元格，在公式编辑栏中输入“=ERROR.TYPE(A2/B2)”，如图 10-243所示。

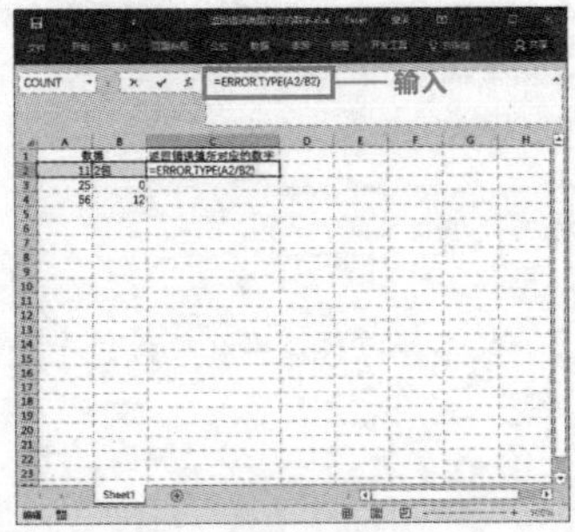

图 10-243 输入公式

②按【Enter】键输出结果，并向下填充公式至C4单元格，如图 10-244所示。

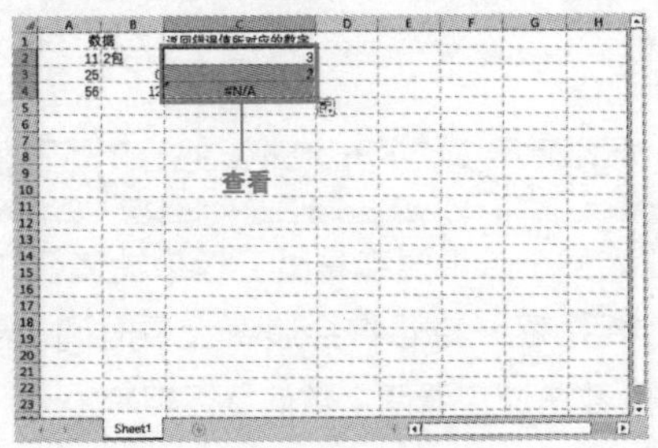

图 10-244 填充公式

技巧拓展

ERROR.TYPE函数表示用于返回Excel中某一错误类型的数字，其函数语法为：

ERROR.TYPE(error_val)，

ERROR.TYPE函数只有一个参数error-val，表示要返回错误标号的错误值。通常为一个单元格引用，若没有错误则返回#N/A。用ERROR.TYPE函数返回的错误类型数字与错误类型的对应关系如下。

若返回“1”，则错误类型为：#NULL!，表示区域没有交叉；

若返回“2”，则错误类型为：#DIV/0!，表示除数为0；

若返回“3”，则错误类型为：#VALUE!，表示参数类型不正确；

若返回“4”，则错误类型为：#REF!，表示无效引用；

若返回“5”，则错误类型为：#NAME?，表示无法识别的文本；

若返回“6”，则错误类型为：#NUM!，表示无效数值；

若返回“7”，则错误类型为：#N/A，为其他值。

Extra tip >>>>>>>>>>>>>>

实例279 TYPE——返回数值对应的表示数据类型的数字

难度系数：★★★ 适用版本：07/10/13/16/17

技巧介绍： 公司办公人员小曹学会了ERROR.TYPE表示返回错误值所对应错误类型的数字，因此，他在考虑如果想要返回数值对应的表示数据类型的数字应该使用什么函数。

1 在Excel中打开“素材\第10章\实例279\返回数值对应的数字”工作簿，选中B2单元格，在公式编辑栏中输入“=TYPE(A2)”，如图 10-245所示。

2 按【Enter】键输出结果，并向下填充公式至B5单元格，如图 10-246所示。

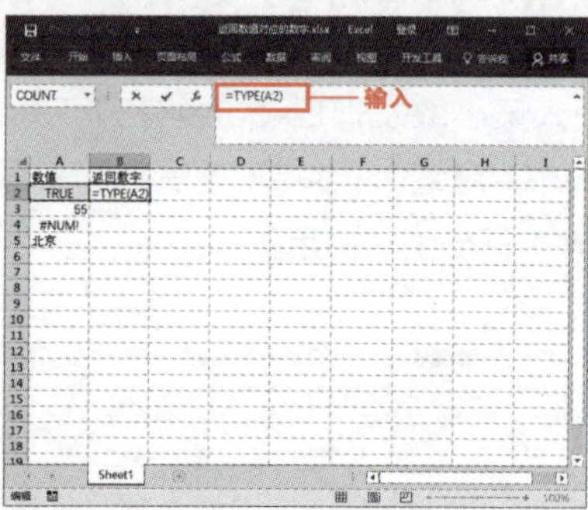

图 10-245 输入公式

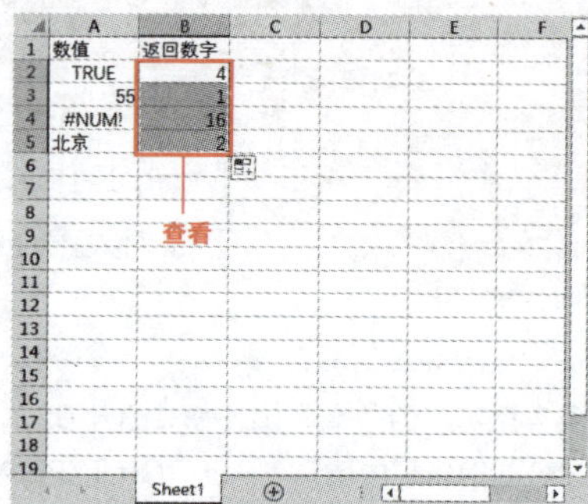

图 10-246 填充公式

技巧拓展

TYPE函数表示用于返回数值类型的数字。其函数语法为：

TYPE(value)，

value：表示需要判断的数据，该参数可以为数字、文本、逻辑值以及错误值等。具体如下：

如果value为数字，函数TYPE返回1；

如果value为文本，函数TYPE返回2；

如果value为逻辑值，函数TYPE返回4；

如果value为误差值，函数TYPE返回16；

如果value为数组，函数TYPE返回64。

Extra tip >>>>>>>>>>>>>

实例280 DELTA——测试两个数值是否相等

难度系数：★★★ 适用版本：07/10/13/16/17

技巧介绍： 公司办公人员小芳想要查看员工理想销售额和实际销售额是否相等，要是逐一查看将会浪费大量时间，因此，她想知道能否使用函数快速查看两个数值是否相等。

1 在Excel中打开“素材\第10章\实例280\产品销售表”工作簿，选中D2单元格，在公式编辑栏中输入“=IF(DELTA(B2,C2)=0,"不同","相同")”，如图 10-247所示。

2 按【Enter】键输出结果，并向下填充公式至D7单元格，如图 10-248所示。

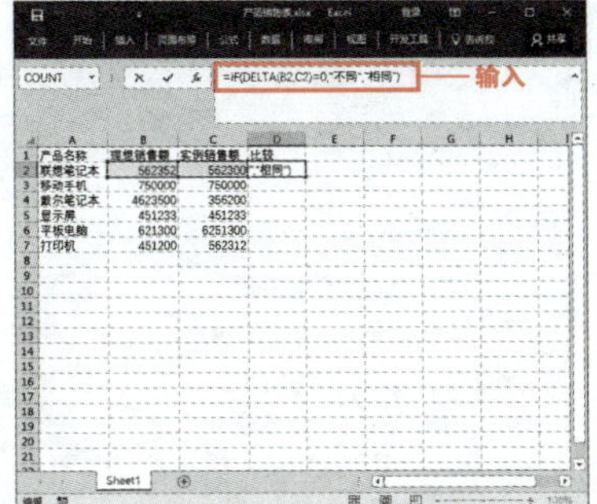

图 10-247 输入公式

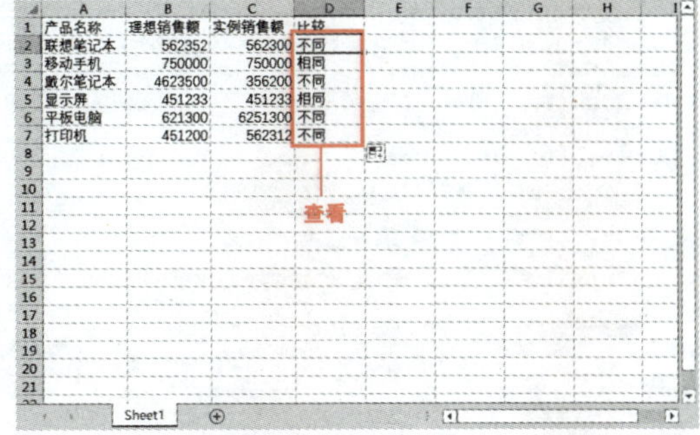

图 10-248 填充公式

技巧拓展

DELTA函数表示用于检验两个值是否相等，其函数语法为：

DELTA(number1,[number2])，

number1：必需。表示第一个数字。

number2：可选。表示第二个数字。如果省略，则假设number2值为零。

如果number1=number2，则返回1；否则返回0。可以使用此函数来筛选一组值。

如果number1为非数值型，则函数DELTA返回错误值#VALUE!；

如果number2为非数值型，则函数DELTA返回错误值 #VALUE!。

Extra tip

实例 281 GESTEP——测试某值是否大于阈值

难度系数：★★★ 适用版本：07/10/13/16/17

技巧介绍： 公司财务人员晓佳需要根据员工工资表来判断员工是否需要缴税，如果逐一查看将会浪费大量时间。因此，她想知道能否使用函数快速判断。

1 在Excel中打开“素材\第10章\实例281\员工工资表”工作簿，选中D2单元格，在公式编辑栏中输入“=GESTEP(C2,3500)”，如图 10-249所示。

2 按【Enter】键输出结果，并向下填充公式至D16单元格，此时需要缴税返回1，不需要缴税则返回0，如图 10-250所示。

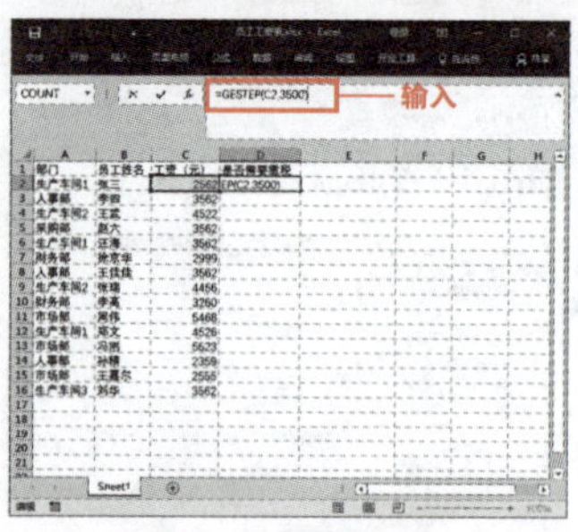

图 10-249 输入公式

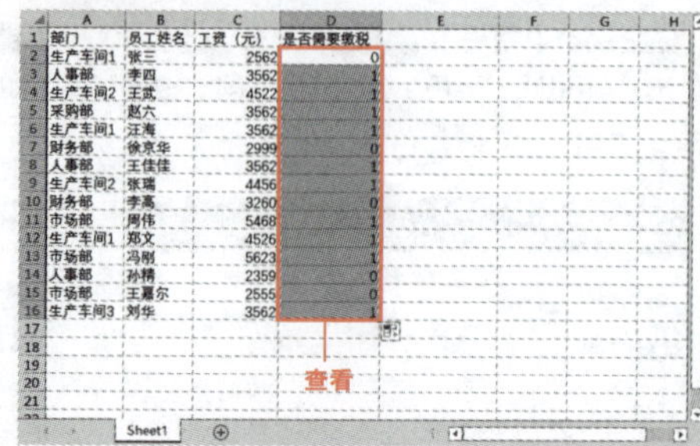

	A	B	C	D
1	部门	员工姓名	工资（元）	是否需要缴税
2	生产车间1	张三	2562	0
3	人事部	李四	3562	1
4	生产车间2	王武	4522	1
5	采购部	赵六	3562	1
6	生产车间1	汪海	3562	1
7	财务部	徐京华	2999	0
8	人事部	王佳佳	3562	1
9	生产车间2	张瑞	4456	1
10	财务部	李高	3260	0
11	市场部	周伟	5468	1
12	生产车间1	郑文	4526	1
13	市场部	冯刚	5623	1
14	人事部	孙精	2359	0
15	市场部	王嘉尔	2555	0
16	生产车间3	刘华	3562	1

图 10-250 填充公式

技巧拓展

a.GESTEP函数表示测试某值是否大于阈值。其函数语法为：

GESTEP(number,[step])，

number：必需。表示要针对step进行测试的值。

step：可选。如果省略step的值，则函数GESTEP假设其为零。

如果number大于等于step，返回1，否则返回0。

如果任一参数为非数值，则函数GESTEP返回错误值#VALUE!。

b.在上述实例中工资为测试值，阈值设为3500，如果工资大于阈值，则返回1，反之返回0。

Extra tip ›››››››››››››

实例282 BIN2OCT——将任意二进制编码转换成八进制编码

难度系数：★★★ 适用版本：07/10/13/16/17

技巧介绍： 公司办公人员小赵想要将二进制编码转换成八进制编码，她想知道能否使用函数将任意二进制编码转换成八进制编码。

① 在Excel中打开“素材\第10章\实例282\二进制转换为八进制”工作簿，选中C2单元格，在公式编辑栏中输入“=BIN2OCT(A2)”，如图 10-251所示。

② 按【Enter】键输出结果，并向下填充公式至C8单元格，此时即可快速将二进制编码转换成八进制编码，如图10-252所示。

图 10-251 输入公式

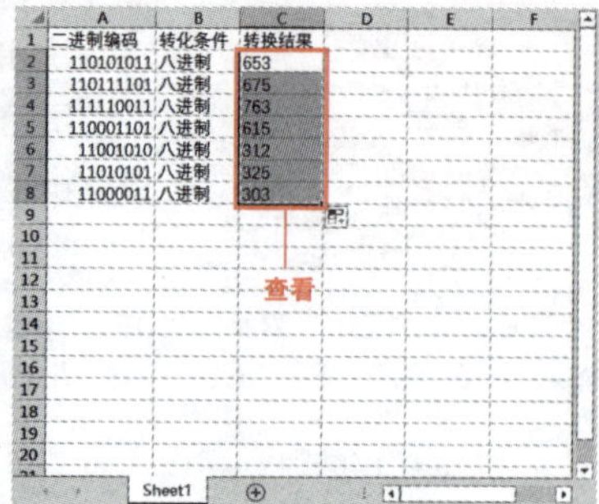

	A	B	C
1	二进制编码	转化条件	转换结果
2	110101011	八进制	653
3	110111101	八进制	675
4	111110011	八进制	763
5	110001101	八进制	615
6	11001010	八进制	312
7	11010101	八进制	325
8	11000011	八进制	303

图 10-252 填充公式

技巧拓展

BIN2OCT函数表示用于将二进制编码转换成八进制编码，其函数语法为：

BIN2OCT(number,[places])，

number：必需。表示需要转换的二进制编码。number包含的字符不能超过10个（10位）。number 的最高位为符号位。其余9位是数量位。负数用二进制补码记数法表示。

places：可选。表示要使用的字符数。如果省略places，BIN2OCT函数将使用必需的最小字符数。places可用于在返回的值前置0（零）。

如果number是非法二进制数，或其包含的字符多于10个（10位），则BIN2OCT函数返回#NUM!错误值；

如果数字为负数，则BIN2OCT忽略Places，返回含十个字符的八进制数；

如果BIN2OCT要求比places指定的更多的字符数，将返回#NUM!错误值；

如果places不是整数，将截尾取整；

如果places是非数值型，BIN2OCT函数返回#VALUE!错误值；

如果places为负值，BIN2OCT函数返回#NUM!错误值。

Extra tip >>>>>>>>>>>>>

实例 283 BIN2DEC——将任意二进制编码转换为十进制编码

难度系数：★★★ 适用版本：07/10/13/16/17

技巧介绍： 公司办公人员小云想要将二进制编码转换成十进制编码，她想知道能否使用函数将任意二进制编码转换成十进制编码。

① 在Excel中打开“素材\第10章\实例283\二进制转换为十进制”工作簿，选中C2单元格，在公式编辑栏中输入“=BIN2DEC(A2)”，如图 10-253所示。

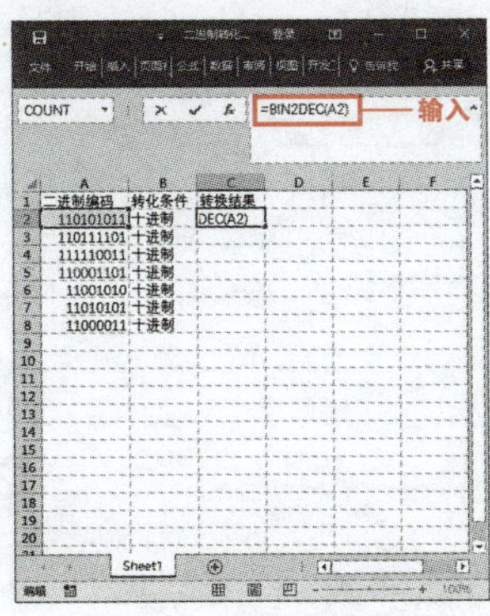

图 10-253 输入公式

② 按【Enter】键输出结果，并向下填充公式至C8单元格，此时即可快速将二进制编码转换成十进制编码，如图 10-254所示。

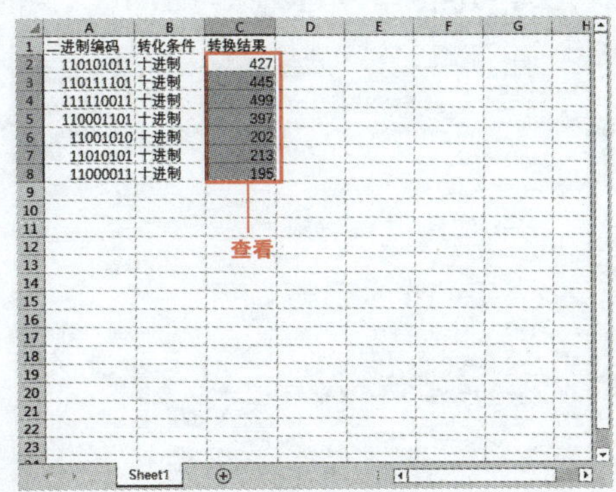

图 10-254 填充公式

第1章 第2章 第3章 第4章 第5章 第6章 第7章 第8章 第9章 第10章

技巧拓展

BIN2DEC函数表示用于将二进制编码转换成十进制编码，其函数语法为：

BIN2DEC(number)，

number：必需。表示希望转换的二进制数。number的位数不能多于10位（二进制位），最高位为符号位，其余9位为数字位。负数用二进制数的补码表示。

如果数字为非法二进制数或位数多于10位（二进制位），BIN2DEC函数将返回错误值#NUM!。

Extra tip >>>>>>>>>>>>>

实例284 OCT2BIN——将任意八进制编码转换为二进制编码

难度系数：★★★ 适用版本：07/10/13/16/17

技巧介绍： 公司办公人员小圆想要将任意八进制编码转换为二进制编码，可以她不知道应该怎么操作。下面介绍如何使用OCT2BIN函数将任意八进制编码转换为二进制编码。

1 在Excel中打开“素材\第10章\实例284\八进制转换为二进制”工作簿，选中C2单元格，在公式编辑栏中输入“=OCT2BIN(A2)”，如图 10-255所示。

2 按【Enter】键输出结果，并向下填充公式至C8单元格，此时即可快速将八进制编码转换成二进制编码，如图 10-256所示。

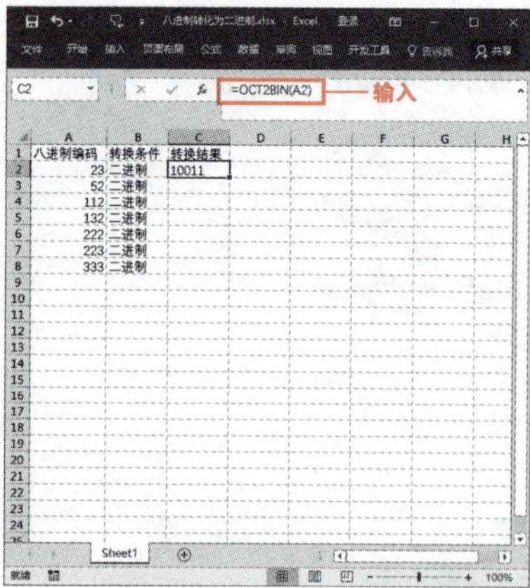

图 10-255 输入公式

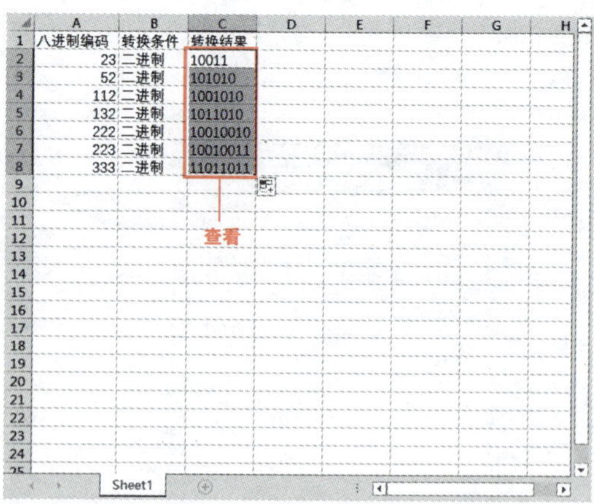

图 10-256 填充公式

技巧拓展

OCT2BIN函数表示用于将八进制数转换为二进制数。其函数语法为：

OCT2BIN(number,[places]),

number：必需。表示待转换的八进制数。参数number不能多于10位，最高位（二进制位）是符号位，其余9位是数字位。负数用二进制数的补码表示。

places：可选。表示要使用的字符数。如果省略places，函数OCT2BIN用能表示此数的最少字符来表示。当需要在返回的值前置0（零）时，places尤其有用。

如果参数number为负数，函数OCT2BIN将忽略places，返回10位二进制数；

如果参数number为负数，不能小于7777777000；如果参数number为正数，不能大于777；

如果number不是有效的八进制数，则OCT2BIN返回错误值#NUM!；

如果OCT2BIN需要比places字符更多的字符数，则返回错误值#NUM!；

如果places不是整数，将截尾取整；

如果places是非数值的，则OCT2BIN返回错误值#VALUE!；

如果places为负值，则OCT2BIN返回错误值#NUM!。

Extra tip >>>>>>>>>>>>>

实例 285 DEC2BIN——将任意十进制编码转换为二进制编码

难度系数：★★★ 适用版本：07/10/13/16/17

技巧介绍： 公司办公人员小刘想要将任意十进制编码转换为二进制编码，她想知道能否使用函数快速将十进制编码转换为二进制编码。

1 在Excel中打开"素材\第10章\实例285\十进制转换为二进制"工作簿，选中C2单元格，在公式编辑栏中输入"=DEC2BIN(A2)"，如图 10-257所示。

2 按【Enter】键输出结果，并向下填充公式至C8单元格，此时即可快速将十进制编码转换成二进制编码，如图 10-258所示。

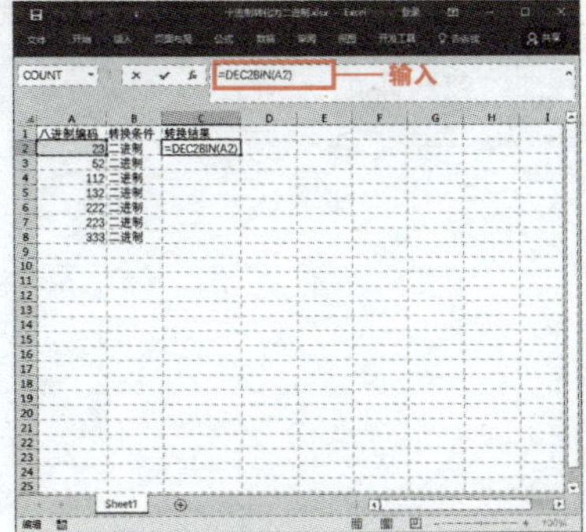

图 10-257 输入公式

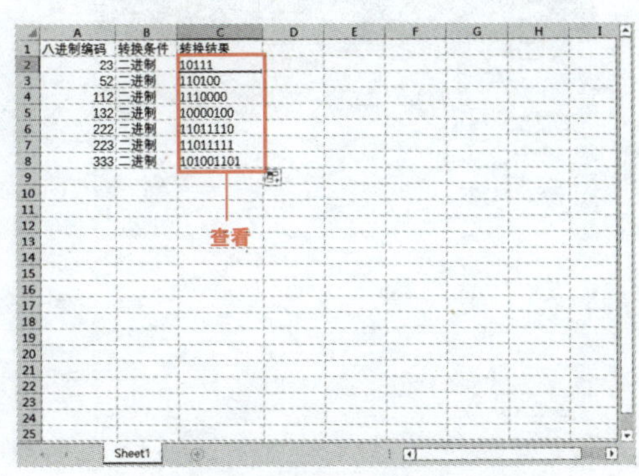

图 10-258 填充公式

技巧拓展

DEC2BIN函数表示将十进制数转换为二进制数。其函数语法为：

DEC2BIN(number,[places])，

number：必需。表示待转换的十进制整数。如果参数number是负数，则省略有效位值并且DEC2BIN返回10个字符的二进制数（10位二进制数），该数最高位为符号位，其余9位是数字位。负数用二进制数的补码表示。

places：可选。表示要使用的字符数。如果省略places，函数DEC2BIN用能表示此数的最少字符来表示。当需要在返回的值前置 0（零）时，places尤其有用。

如果number<-512或number>511，函数DEC2BIN返回错误值#NUM!；

如果参数number为非数值型，函数DEC2BIN返回错误值#VALUE!；

如果函数DEC2BIN需要比places指定的更多的位数，将返回错误值#NUM!；

如果places不是整数，将截尾取整；

如果places为非数值型，函数DEC2BIN返回错误值#VALUE!；

如果places为零或负值，函数DEC2BIN返回错误值#NUM!。

Extra tip > > > > > > > > > > > > >

实例286 BIN2HEX——将任意二进制编码转换为十六进制编码

难度系数：★★★ 适用版本：07/10/13/16/17

技巧介绍： 公式办公人员夏宇想要将任意二进制编码转换为十六进制编码，她想知道能否使用函数快速将任意二进制编码转换为十六进制编码。

1 在Excel中打开“素材\第10章\实例286\二进制转换为十六进制”工作簿，选中C2单元格，在公式编辑栏中输入“=BIN2HEX(A2)”，如图 10-259所示。

2 按【Enter】键输出结果，并向下填充公式至C8单元格，此时即可快速将二进制编码转换成十六进制编码，如图 10-260所示。

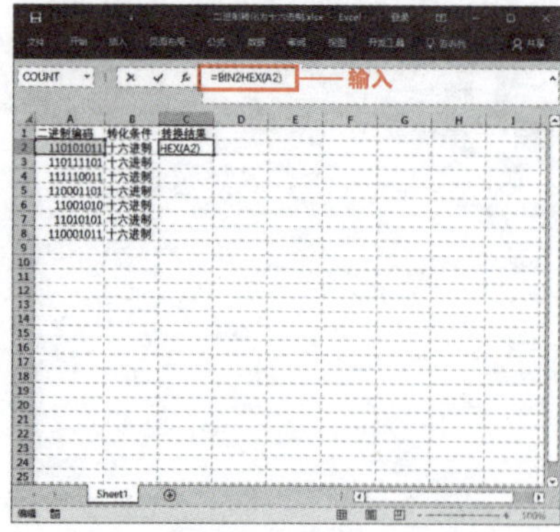

图 10-259 输入公式

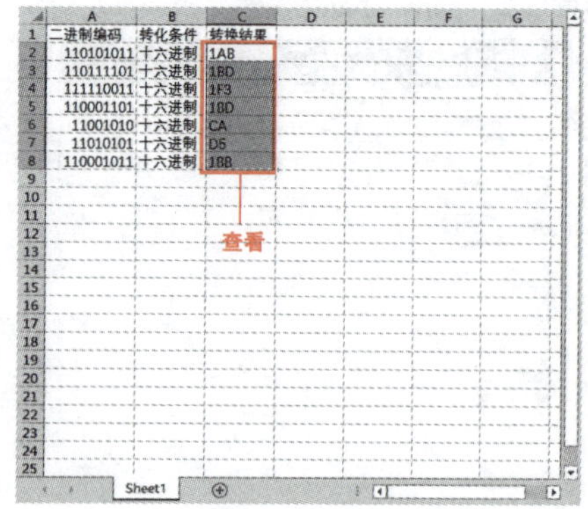

图 10-260 填充公式

技巧拓展

BIN2HEX函数表示将二进制编码转换为十六进制编码。其函数语法为：

BIN2HEX(number,[places])，

number：必需。表示希望转换的二进制数。number的位数不能多于10位（二进制位），最高位为符号位，其余9位为数字位。负数用二进制数的补码表示。

places：可选。表示要使用的字符数。如果省略places，BIN2HEX函数将使用尽可能少的字符数。当需要在返回的值前置0（零）时，places尤其有用。

如果数字为非法二进制数或位数多于10位，BIN2HEX函数返回错误值#NUM!；

如果数字为负数，BIN2HEX忽略places，返回以十个字符表示的十六进制数；

如果BIN2HEX需要比places指定的更多的位数，将返回错误值#NUM!；

如果places不是整数，将截尾取整；

如果places为非数值型，BIN2HEX返回错误值 #VALUE!；

如果places为负值，BIN2HEX返回错误值#NUM!。

Extra tip >>>>>>>>>>>>>

实例 287 ERF——返回误差值

难度系数：★★★ 适用版本：07/10/13/16/17

技巧介绍： 公司办公人员小霞需要计算某组数据的误差值，可是她不知道应该使用什么函数进行计算。下面为大家介绍如何使用ERF函数返回误差值。

1 在Excel中打开“素材\第10章\实例287\误差值”工作簿，选中C2单元格，在公式编辑栏中输入“=ERF(A2,B2)”，如图 10-261所示。

2 按【Enter】键输出结果，并向下填充公式至C5单元格，如图 10-262所示。

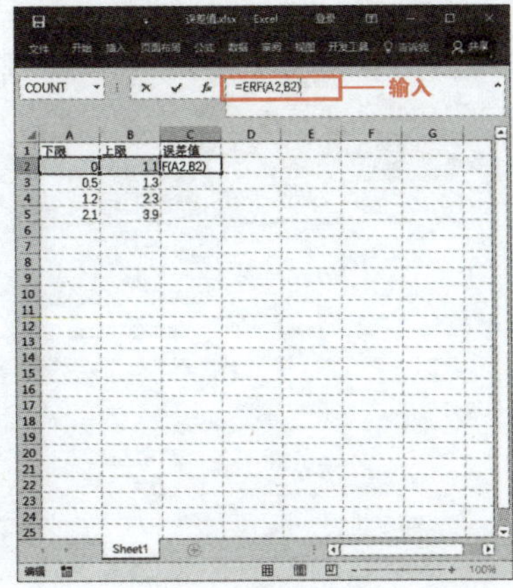

图 10-261 输入公式

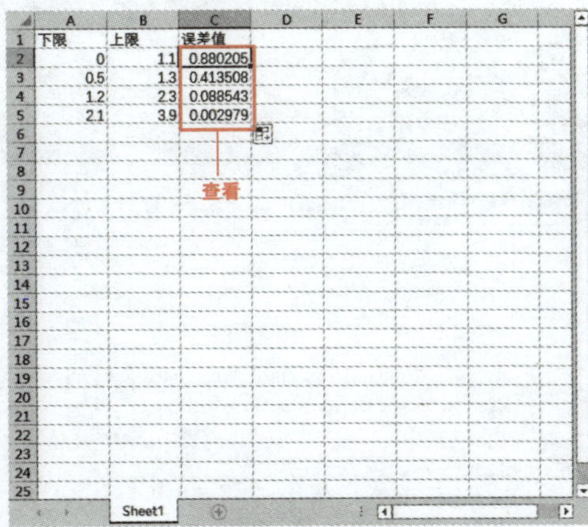

图 10-262 查看结果

技巧拓展

ERF函数表示返回误差函数在上下限之间的积分。其函数语法为：

ERF(lower_limit,[upper_limit])，

lower_limit：必需。表示ERF函数的积分下限。

upper_limit：可选。表示ERF函数的积分上限。如果省略，ERF将在零到lower_limit之间进行积分。

如果下限是非数值型，函数ERF返回错误值#VALUE!；

如果上限是非数值型，函数ERF返回错误值#VALUE!。

Extra tip > > > > > > > > > > > > >

实例288 DPRODUCT——计算满足指定条件的数值的乘积

难度系数：★★★ 适用版本：07/10/13/16/17

技巧介绍： 公司办公人员小琳在Excel中发现了DPRODUCT函数，可是又不知道此函数的用法，因此她想要学习其语法。下面为大家介绍DPRODUCT函数的用法。

1 在Excel中打开“素材\第10章\实例288\产品销售表”工作簿，选中C10单元格，在公式编辑栏中输入“=DPRODUCT(A1:D7,4,A9:B10)”，如图 10-263所示。

2 按【Enter】键即可输出结果，如图 10-264所示。

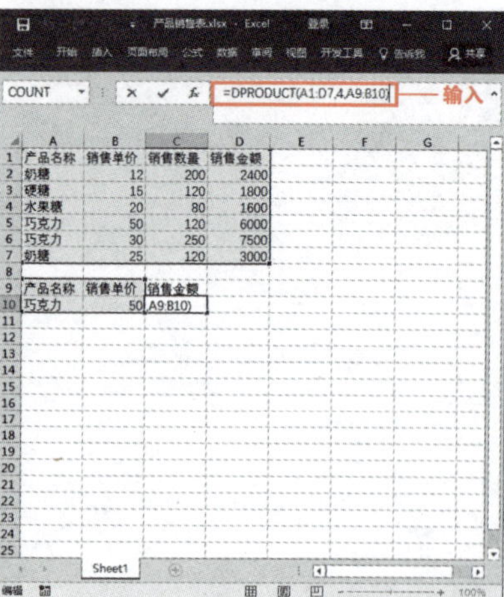

	A	B	C	D
1	产品名称	销售单价	销售数量	销售金额
2	奶糖	12	200	2400
3	硬糖	15	120	1800
4	水果糖	20	80	1600
5	巧克力	50	120	6000
6	巧克力	30	250	7500
7	奶糖	25	120	3000
8				
9	产品名称	销售单价	销售金额	
10	巧克力	50	A9:B10)	

图 10-263 输入公式

	A	B	C	D
1	产品名称	销售单价	销售数量	销售金额
2	奶糖	12	200	2400
3	硬糖	15	120	1800
4	水果糖	20	80	1600
5	巧克力	50	120	6000
6	巧克力	30	250	7500
7	奶糖	25	120	3000
8				
9	产品名称	销售单价	销售金额	
10	巧克力	50	6000	

查看

Sheet1

图 10-264 输出结果

技巧拓展

DPRODUCT函数表示返回列表或数据库的列中满足指定条件的数值的乘积。其函数语法为：

DPRODUCT(database,field,criteria)，

database：表示构成列表或数据库的单元格区域。数据库是包含一组相关数据的列表，其中包含相关信息的行为记录，而包含数据的列为字段。列表的第一行包含着每一列的标志项。

field：表示指定函数所使用的数据列。列表中的数据列必须在第一行具有标志项。field可以是文本，即两端带引号的标志项，如“销售单价”或“销售数量”；此外，field也可以是代表列表中数据列位置的数字：1表示第一列，2表示第二列等等。

criteria：为一组包含给定条件的单元格区域。可以为参数criteria指定任意区域，只要它至少包含一个列标志和列标志下方用于设定条件的单元格。

Extra tip >>>>>>>>>>>>>

实例289 DSUM——计算上半年中指定名称产品的总销售额

难度系数：★★★ 适用版本：07/10/13/16/17

技巧介绍： 公司销售部门员工小玖想要查看上半年中联想笔记本的销售情况，可是不知道应该怎么操作，因此，感到很苦恼。

1 在Excel中打开“素材\第10章\实例289\上一年产品销售表”工作簿，选中B10单元格，在公式编辑栏中输入“=SUM(DSUM(A1:F7,3,A9:A10),DSUM(A1:F7,4,A9:A10))”，如图 10-265所示。

2 按【Enter】键即可输出结果，如图 10-266所示。

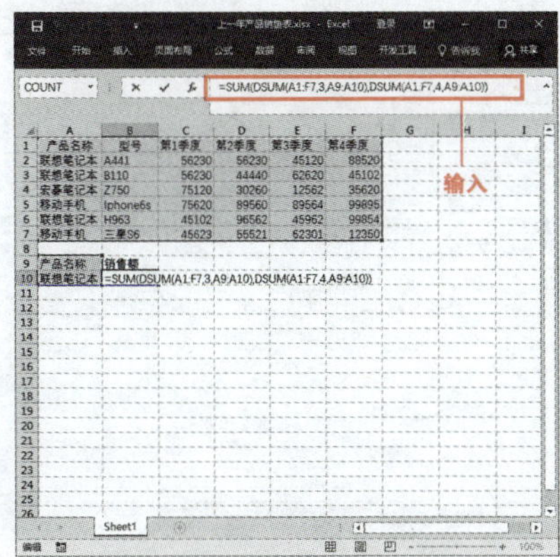

图 10-265 输入公式

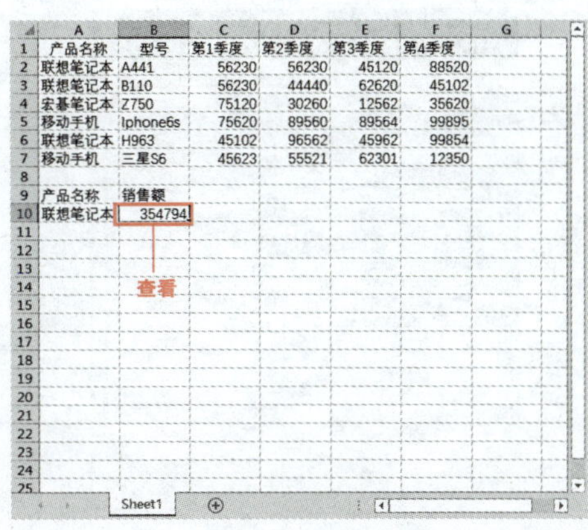

图 10-266 输出结果

技巧拓展

DSUM函数表示返回列表或数据库中满足指定条件的字段（列）中的数字之和。其函数语法为：

DSUM(database,field,criteria)，

database：表示构成列表或数据库的单元格区域。数据库是包含一组相关数据的列表，其中包含相关信息的行为记录，而包含数据的列为字段。列表的第一行包含着每一列的标志项。

field：表示指定函数所使用的数据列。列表中的数据列必须在第一行具有标志项。field可以是文本，即两端带引号的标志项，如“树龄”或“产量”；此外，field也可以是代表列表中数据列位置的数字：1表示第一列，2表示第二列，等等。

criteria：表示为一组包含给定条件的单元格区域。可以为参数criteria指定任意区域，只要它至少包含一个列标志和列标志下方用于设定条件的单元格。

Extra tip >>>>>>>>>>>>>

实例 290 DAVERAGE——计算指定车间指定性别员工的平均工资

难度系数：★★★　适用版本：07/10/13/16/17

技巧介绍： 公司销售部门员工小海想要计算出一车间的男员工的平均工资，他想知道能否使用函数快速计算出指定车间指定性别员工的平均工资。

❶在Excel中打开“素材\第10章\实例290\员工工资表”工作簿，选中C15单元格，在公式编辑栏中输入“=DAVERAGE(A1:D12,4,A14:B15)”，如图 10-267所示。

❷按【Enter】键即可输出结果，此时即可快速计算出一车间男员工的平均工资，如图 10-268 所示。

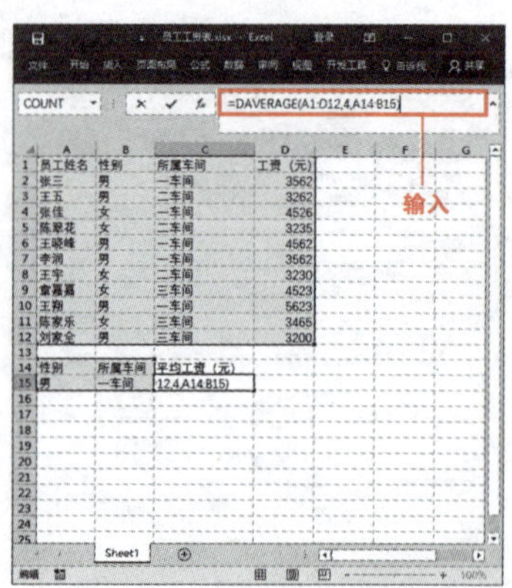

图 10-267 输入公式

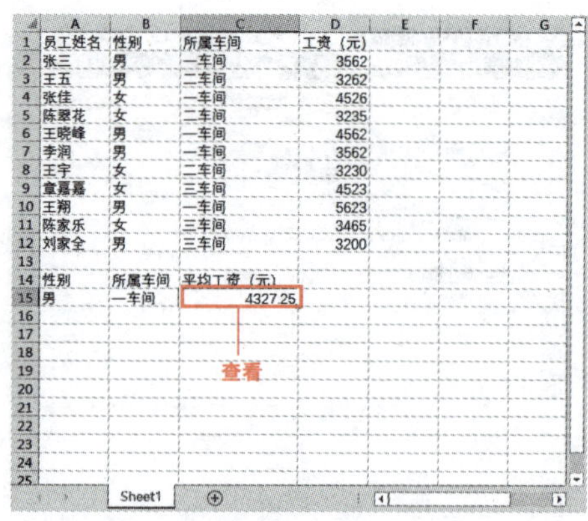

	A	B	C	D
1	员工姓名	性别	所属车间	工资（元）
2	张三	男	一车间	3562
3	王五	男	二车间	3262
4	张佳	女	一车间	4526
5	陈翠花	女	二车间	3235
6	王晓峰	男	一车间	4562
7	李润	男	一车间	3562
8	王宇	女	二车间	3230
9	章嘉嘉	女	三车间	4523
10	王翔	男	一车间	5623
11	陈家乐	女	三车间	3465
12	刘家全	男	三车间	3200
13				
14	性别	所属车间	平均工资（元）	
15	男	一车间	4327.25	

图 10-268 输出结果

技巧拓展

a.DAVERAGE函数表示返回数据库或数据清单中满足指定条件的列中数值的平均值。其函数语法为：

DAVERAGE(database,field,criteria)，

database：表示构成列表或数据库的单元格区域。数据库是包含一组相关数据的列表，其中包含相关信息的行为记录，而包含数据的列为字段。列表的第一行包含着每一列的标志项。

field：表示指定函数所使用的数据列。列表中的数据列必须在第一行具有标志项。field可以是文本，即两端带引号的标志项，如“树龄”或“产量”；此外，field也可以是代表列表中数据列位置的数字：1表示第一列，2表示第二列，等等。

criteria：表示为一组包含给定条件的单元格区域。可以为参数criteria指定任意区域，只要它至少包含一个列标志和列标志下方用于设定条件的单元格。

b.在上述实例中第3个参数表示必须引用A14:B15区域中设置的条件，即同时满足“一车间”和“男员工”这两个条件，并且在A1:D12单元格区域中使用第4列中的工资数据。

Extra tip >>>>>>>>>>>>>>

实例 291 DCOUNT——统计出指定性别工资大于 2500 元的人数

难度系数：★★★ 适用版本：07/10/13/16/17

技巧介绍： 公司办公人员小敏想要统计出公司中工资大于2500元的女员工人数，可又不知道应该怎样操作。下面介绍如何用DCOUNT统计出指定性别工资大于2500元的人数。

1 在Excel中打开“素材\第10章\实例291\员工工资表”工作簿，选中D16单元格，在公式编辑栏中输入“=DCOUNT(A1:D13,4,B15:C16)”，如图 10-269所示。

2 按【Enter】键即可输出结果，此时即可快速计算工资大于2500元的女员工人数，如图 10-270所示。

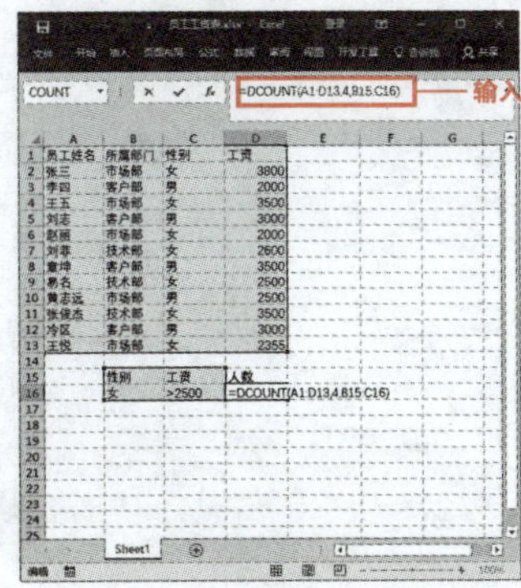

图 10-269 输入公式

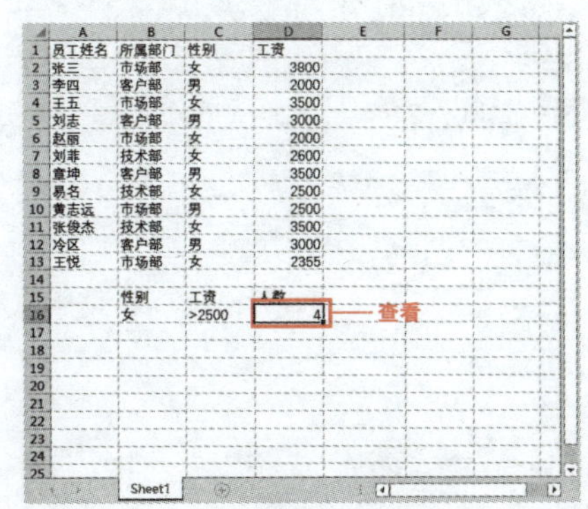

	A	B	C	D
1	员工姓名	所属部门	性别	工资
2	张三	市场部	女	3800
3	李四	客户部	男	2000
4	王五	市场部	女	3500
5	刘志	客户部	男	3000
6	赵丽	市场部	女	2000
7	刘菲	技术部	女	2600
8	童坤	客户部	男	3500
9	易名	技术部	女	2500
10	黄志远	市场部	男	2500
11	张俊杰	技术部	女	3500
12	冷区	客户部	男	3000
13	王悦	市场部	女	2355
14				
15		性别	工资	人数
16		女	>2500	4

图 10-270 查看结果

技巧拓展

DCOUNT函数表示返回数据库单元格区域符合条件区域条件的数量。其函数语法为：

DCOUNT(database,field,criteria)，

database：表示构成列表或数据库的单元格区域。数据库是包含一组相关数据的列表，其中包含相关信息的行为记录，而包含数据的列为字段。列表的第一行包含着每一列的标志项。

field：表示指定函数所使用的数据列。列表中的数据列必须在第一行具有标志项。field可以是文本，即两端带引号的标志项，如“树龄”或“产量”；此外，field也可以是代表列表中数据列位置的数字：1表示第一列，2表示第二列，等等。

criteria：表示为一组包含给定条件的单元格区域。可以为参数criteria指定任意区域，只要它至少包含一个列标志和列标志下方用于设定条件的单元格。

Extra tip >>>>>>>>>>>>>

实例292 VLOOKUP函数查找时出现错误值的几个原因

难度系数：★★★ 适用版本：07/10/13/16/17

技巧介绍： 我们在Excel中使用VLOOKUP函数进行查找操作时经常会遇到各种各样的问题导致无法返回正确值，下面介绍VLOOKUP查找时出现错误值的原因并提出解决办法。

1 第三个参数输入错误，当输入小于区域中的列数即输入“0”列则返回“#VALUE！”，如图10-271所示。

图10-271 第三个参数输入错误

2 第三个参数输入错误，当输入大于区域中的列数即输入“4”列则返回“#REF！”，如图10-272所示。

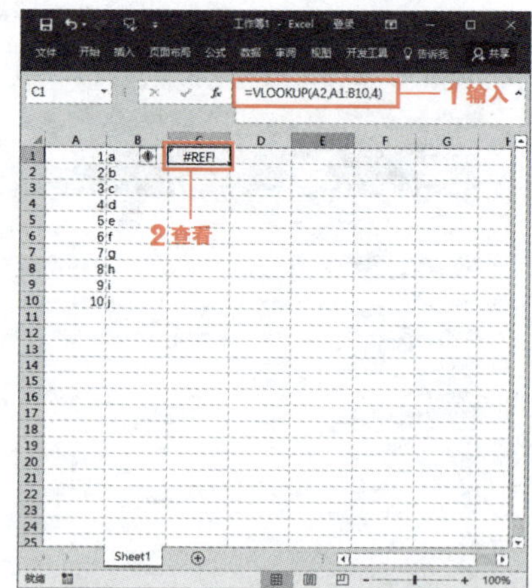

图10-272 第三个参数输入错误

③ 第三个参数输入错误。第三个参数表示返回值代表的行号，即输入数字，而非输入单元格。若输入单元格，则会返回“#REF！”，如图 10-273所示。

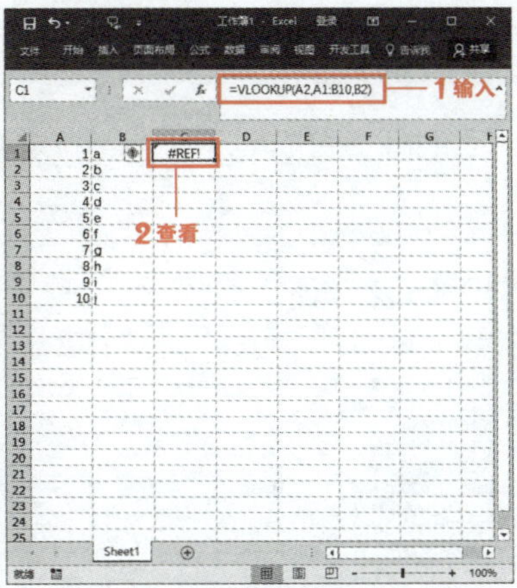

图 10-273 第三个参数输入错误

④查找值不在数据区域中。在C1单元格中输入公式“=VLOOKUP(A6,A2:B10,2)”，查找值为“0”，而第一列中没有这个值，此时则返回“#N/A”，如图 10-274所示。

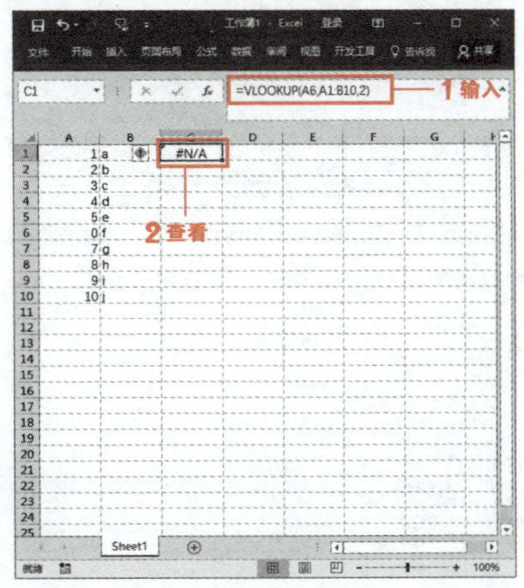

图 10-274 查找值不在数据区域中

技巧拓展

a.根据前3项错误原因可将公式修改为“=VLOOKUP(A6,A1:B10,2)”或“=VLOOKUP(A6,A1:B10,1)”，即可查找出正确数值，效果如图 10-275所示。

b.针对第4项错误原因可将公式修改为“=VLOOKUP(A6,A1:B10,2,0)”或“=VLOOKUP(A6,A1:B10,2,)”，即精确查找数值，效果如图 10-276所示。

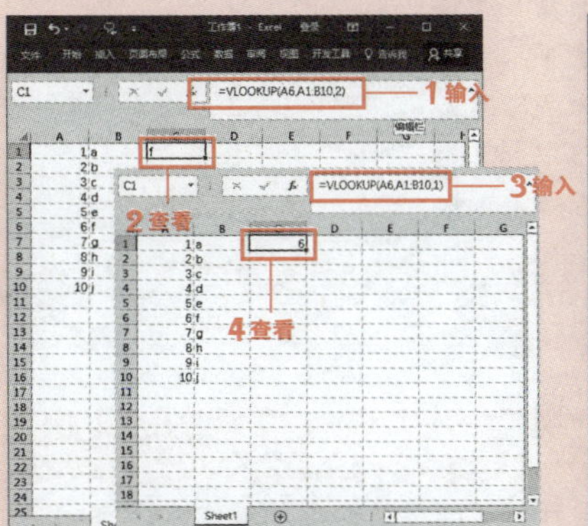

图 10-275 修改公式

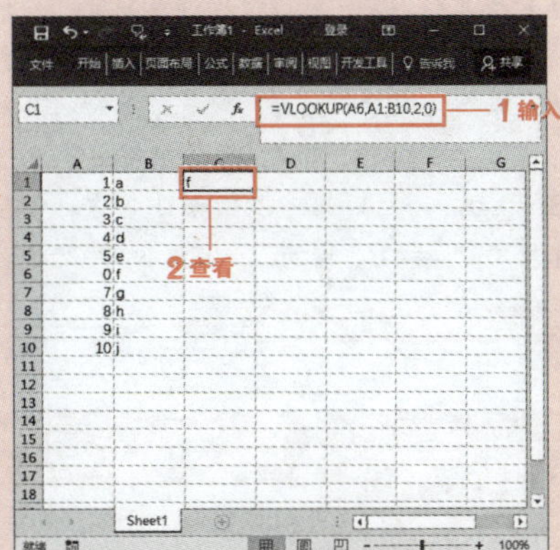

图 10-276 修改公式

Extra tip

实例293 “####”错误及解决方法

难度系数：★★★ 适用版本：07/10/13/16/17

技巧介绍： 公司办公人员小赵在编辑工作簿时发现工作表单元格中显示“####”，因此，感到很困惑，不知道应该怎么操作。下面为大家介绍出现“####”错误的原因及解决方法。

1 在Excel中打开“素材\第10章\实例293\产品销售表”工作簿，此时可以发现A11：A14区域单元格中显示“####”，如图 10-277所示。

2 解决方法：修改列宽即可才成功显示日期，效果如图 10-278所示。

	A	B	C
1	日期	产品名称	销售数量
2	2016/11/1	笔记本	53
3	2016/11/2	移动手机	62
4	2016/11/3	笔记本	85
5	2016/11/4	显示屏	75
6	2016/11/5	移动手机	42
7	2016/11/6	笔记本	53
8	2016/11/7	显示屏	62
9	2016/11/8	移动手机	12
10	2016/11/9	笔记本	56
11	########	显示屏	23
12	########	笔记本	45
13	########	移动手机	62
14	########	笔记本	22

查看

图 10-277 查看错误

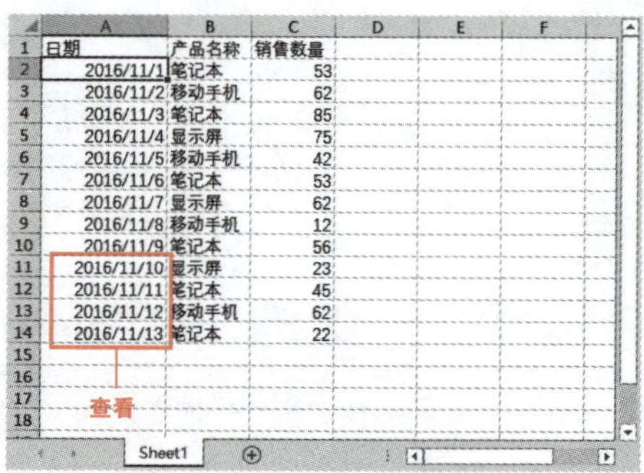

	A	B	C
1	日期	产品名称	销售数量
2	2016/11/1	笔记本	53
3	2016/11/2	移动手机	62
4	2016/11/3	笔记本	85
5	2016/11/4	显示屏	75
6	2016/11/5	移动手机	42
7	2016/11/6	笔记本	53
8	2016/11/7	显示屏	62
9	2016/11/8	移动手机	12
10	2016/11/9	笔记本	56
11	2016/11/10	显示屏	23
12	2016/11/11	笔记本	45
13	2016/11/12	移动手机	62
14	2016/11/13	笔记本	22

图 10-278 查看效果

技巧拓展

导致这种错误的最常见原因是输入到单元格中的数值太长或公式产生的结果太长，导致单元格容纳不下。可以通过调整列宽、直接双击列标题右侧的边界、缩小内容以适应列宽等方式来解决问题。另外，对日期或时间做减法时若产生了负值，Excel也会在整个单元格中显示#####，因此可以删除日期前的负号值来解决“####”错误，如图 10-279所示。

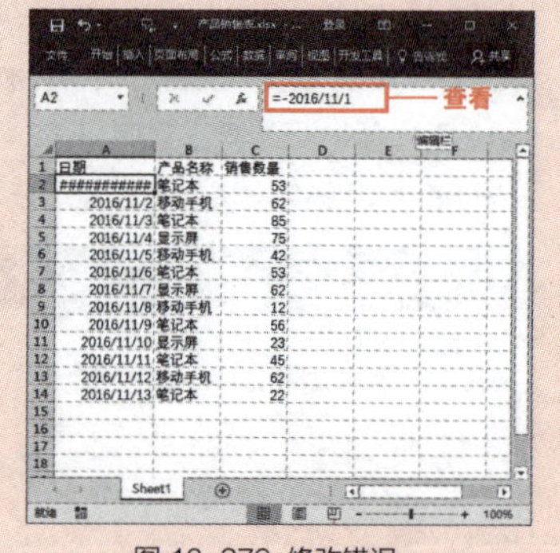

图 10-279 修改错误

Extra tip

实例294 “#DIV/0!”错误及解决办法

难度系数：★★★ 适用版本：07/10/13/16/17

技巧介绍： 公司办公人员小江发现在编辑工作表时单元格中显示了“#DIV/0!”的错误信息，因此，他感到很困惑，不知道应该怎么解决这个问题。

①在Excel中打开“素材\第10章\实例294\产品销售统计表”工作簿，此时可看到D2单元格和D7单元格中出现“#DIV/0!”错误值，如图 10-280所示。

②解决方法：重新输入公式“=IFERROR(B2/C2,"缺少数据")”或者修改单元格中的数据，如图 10-281所示。

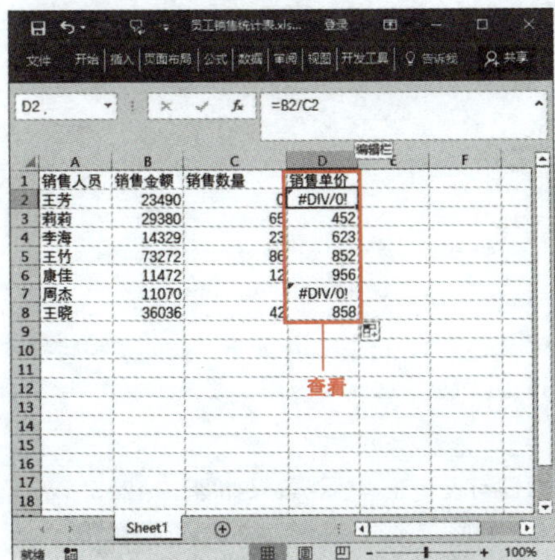

	A	B	C	D
1	销售人员	销售金额	销售数量	销售单价
2	王芳	23490	0	#DIV/0!
3	莉莉	29380	65	452
4	李海	14329	23	623
5	王竹	73272	86	852
6	康佳	11472	12	956
7	周杰	11070		#DIV/0!
8	王晓	36036	42	858

图 10-280 查看错误

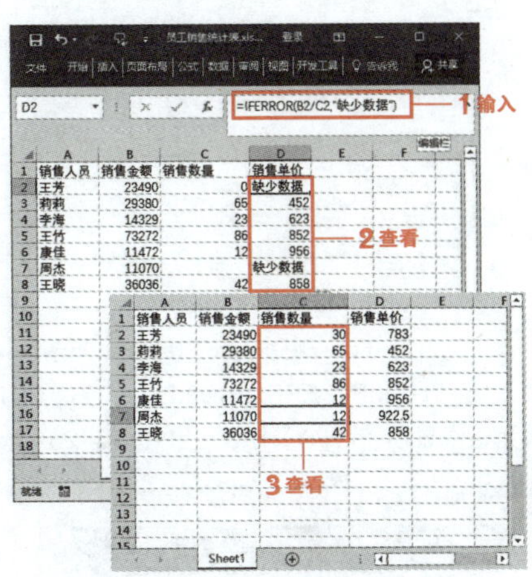

	A	B	C	D
1	销售人员	销售金额	销售数量	销售单价
2	王芳	23490	0	缺少数据
3	莉莉	29380	65	452
4	李海	14329	23	623
5	王竹	73272	86	852
6	康佳	11472	12	956
7	周杰	11070		缺少数据
8	王晓	36036	42	858

	A	B	C	D
1	销售人员	销售金额	销售数量	销售单价
2	王芳	23490	30	783
3	莉莉	29380	65	452
4	李海	14329	23	623
5	王竹	73272	86	852
6	康佳	11472	12	956
7	周杰	11070	12	922.5
8	王晓	36036	42	858

图 10-281 修改错误

技巧拓展

这种错误表示使用数字除以零(0)，具体表现如下：

a.输入的公式中包含明显的除以零的计算，如“=5/0”；

b.使用了对空白单元格或包含零作为除数的单元格的单元格引用；

c.运行的宏中使用了返回#DIV/0!的函数或公式。

Extra tip >>>>>>>>>>>>>

实例 295 “#N/A”错误及解决方法

难度系数：★★★　适用版本：07/10/13/16/17

技巧介绍： 公司办公人员小明发现在编辑工作表时单元格中显示了“#N/A”的错误信息，因此，他感到很困惑，不知道应该怎么解决这个问题。

①在Excel中打开“素材\第10章\实例295\学生考试成绩表”工作簿，此时可以看到B21单元格中显示“#N/A”错误，如图 10-282所示。

②解决方法：修改A21单元格中的姓名，如图 10-283所示。

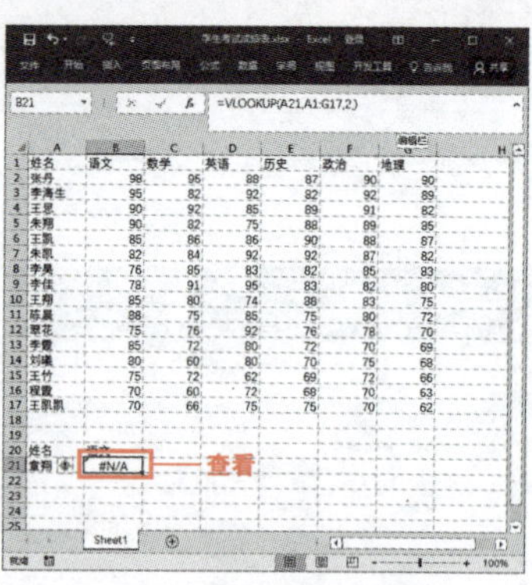

图 10-282 输入公式

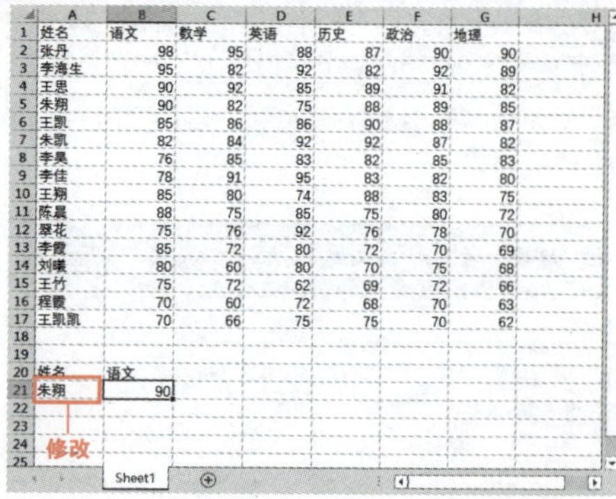

	A	B	C	D	E	F	G
1	姓名	语文	数学	英语	历史	政治	地理
2	张丹	98	95	88	87	90	90
3	李海生	95	82	92	82	92	89
4	王思	90	92	85	89	91	82
5	朱翔	90	82	75	88	89	85
6	王凯	85	86	86	90	88	87
7	朱凯	82	84	92	92	87	82
8	李昊	76	85	83	82	85	83
9	李佳	78	91	95	83	82	80
10	王翔	85	80	74	88	83	75
11	陈晨	88	75	85	75	80	72
12	翠花	75	76	92	76	78	70
13	李霞	85	72	80	72	70	69
14	刘曦	80	60	80	70	75	68
15	王竹	75	72	62	69	72	66
16	程霞	70	60	72	68	70	63
17	王凯凯	70	66	75	75	70	62
20	姓名	语文					
21	朱翔	90					

图 10-283 修改错误

❸在Excel中打开“素材\第10章\实例295\销售统计表”工作簿，选中D2单元格，在公式编辑栏中输入“=SUM(IF(ISERROR(B2:B11),0,B2:B11))”，按【Enter】键输出结果，此时可以看到在D2单元格中显示“#N/A”错误，如图 10-284所示。

❹ 解决方法：按【Ctrl+Shift+Enter】组合键输出结果即可显示正确值，效果如图 10-285所示。

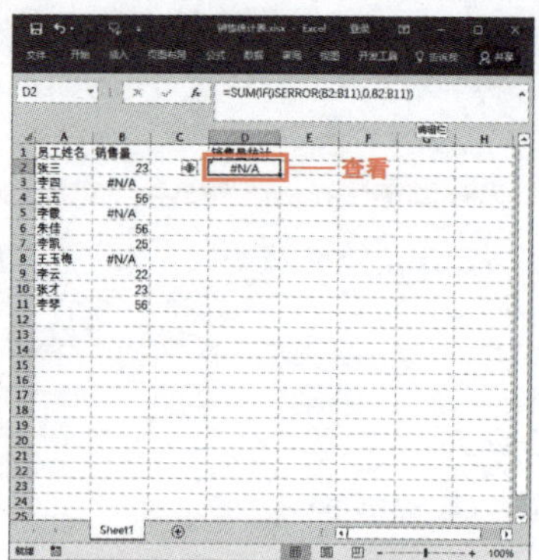

图 10-284 查看错误

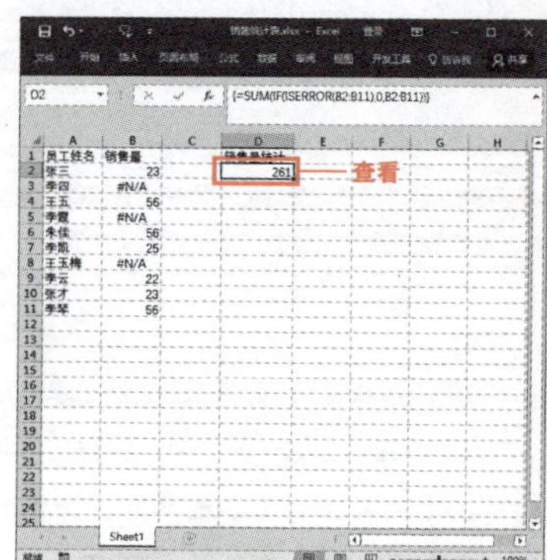

图 10-285 输出正确结果

技巧拓展

当数值对函数或公式不可用时，将出现此错误，具体表现如下：

a.缺少数据，在其位置输入了#N/A或NA()；

b.为HLOOKUP、LOOKUP、MATCH或VLOOKUP工作表函数的lookup_value参数赋予了不正确的值；

c.在未排序的表中使用了VLOOKUP、HLOOKUP或MATCH工作表函数来查找值；

d.数组公式中使用的参数的行数或列数与包含数组公式的区域的行数或列数不一致；

e.内置或自定义工作表函数中省略了一个或多个必需参数；

f.使用的自定义工作表函数不可用；

g.运行的宏程序所输入的函数返回#N/A。

Extra tip

实例 296 “#NAME?”错误及解决方法

难度系数：★★★　适用版本：07/10/13/16/17

技巧介绍： 公司办公人员小明发现在编辑工作表时单元格中显示了“#NAME?”的错误信息，因此，他感到很困惑，不知道应该怎么解决这个问题。

1 在Excel中打开“素材\第10章\实例296\员工考试成绩表”工作簿，选中E2单元格，在公式编辑栏中输入“=AVERAG(B2:C2)”，按【Enter】键输出结果，并向下填充公式至E12单元格，此时E2：E12区域单元格中均显示“#NAME?”错误，如图 10-286所示。

2 解决方法：将公式修改为“=AVERAGE(B2:C2)”，重新输出结果并填充公式即可显示正确值，效果如图 10-287所示。

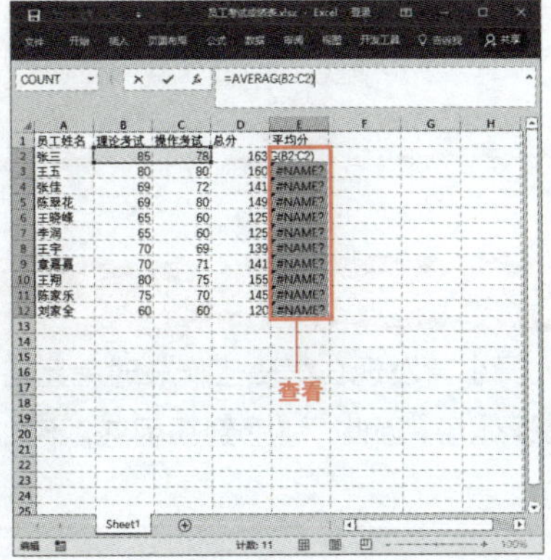

图 10-286 输入公式

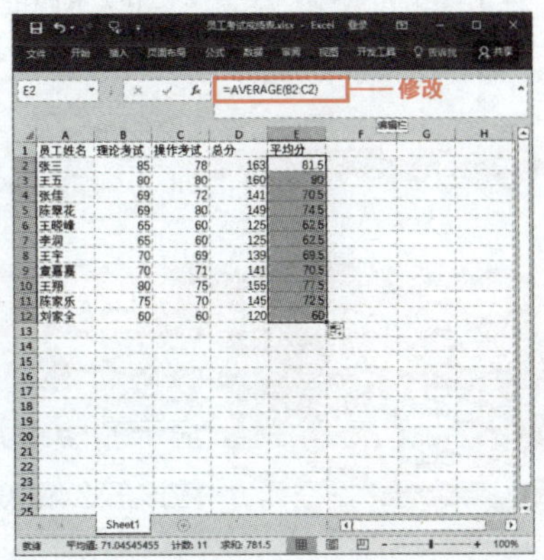

图 10-287 修改错误

3 在Excel中打开“素材\第10章\实例296\两门店销售统计表”工作簿，选中D2单元格，在公式编辑栏中输入“=SUM(B2C2)”，按【Enter】键输出结果，并向下填充公式至D7单元格，此时D2：D7区域单元格中均显示“#NAME?”错误，如图 10-288所示。

4 解决方法：将公式修改为“=SUM(B2:C2)”，重新输出结果并填充公式即可显示正确值，效果如图 10-289所示。

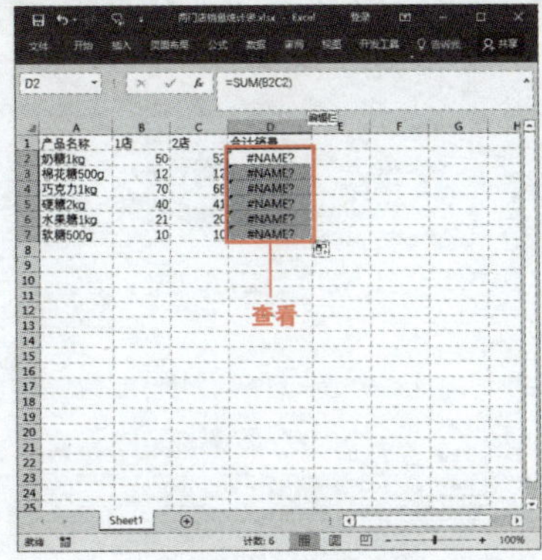

图 10-288 查看错误

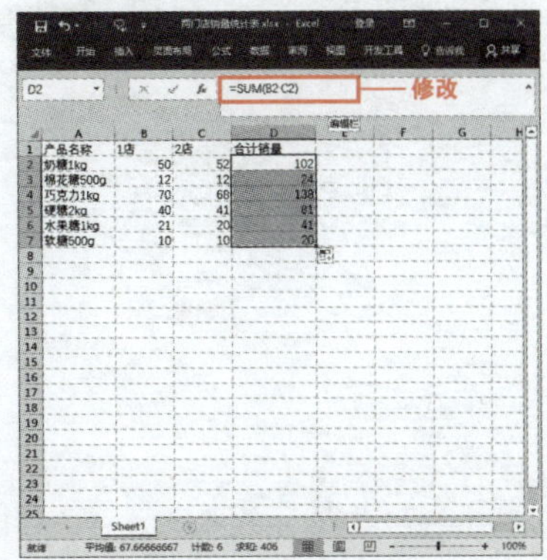

图 10-289 修改公式

技巧拓展

当单元格中出现无法识别的文本时，将出现此错误。具体表现如下：

a.使用了EUROCONVERT函数,而没有加载“欧元转换工具”宏；

b.使用了不存在的名称；

c.名称拼写错误；

d.函数名称拼写错误；

e.在公式中输入文本时没有使用双引号；

f.区域引用中漏掉了冒号；

g.引用的另一张工作表未使用的单引号引起.；

h.打开调用用户自定义函数(UDP)的工作簿。

Extra tip＞＞＞＞＞＞＞＞＞＞＞＞＞

实例297 “#NULL!”错误及解决方法

难度系数：★★★ 适用版本：07/10/13/16/17

技巧介绍： 公司办公人员小黄发现在编辑工作表时单元格中显示了“#NULL!”的错误信息，因此，她感到很困惑，不知道应该怎么解决这个问题。

①在Excel中打开“素材\第10章\实例297\店铺销量表”工作簿，选中F2单元格，在公式编辑栏中输入“=SUM(B2 E2)”，按【Enter】键输出结果，并向下填充公式至F6单元格，此时F2：F6区域单元格中均显示“#NULL!”错误，如图 10-290所示。

②解决方法：将公式修改为“=SUM(B2:E2)”，重新输出结果并填充公式即可显示正确值，效果如图 10-291所示。

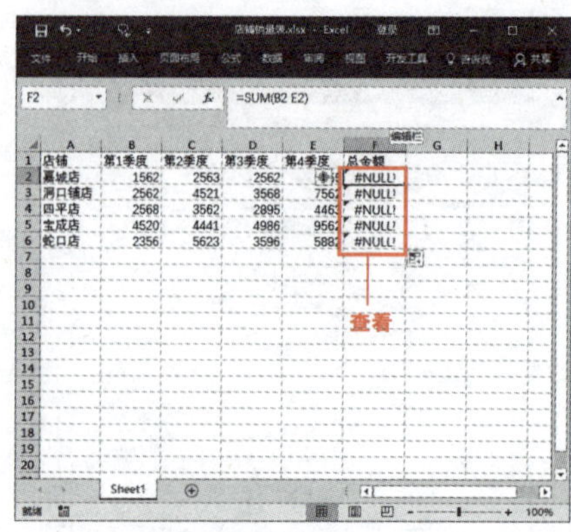

图 10-290 输入公式

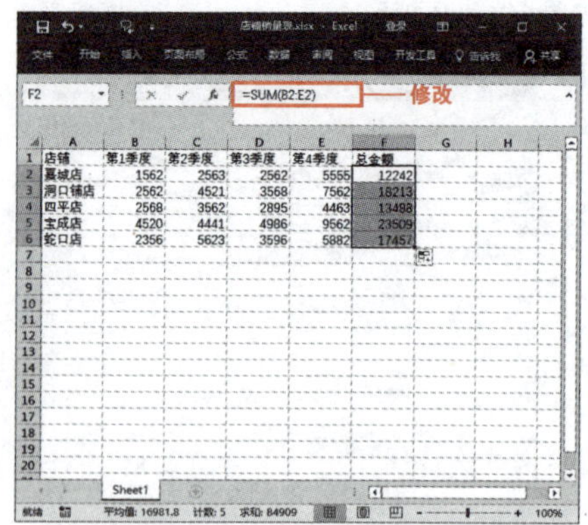

图 10-291 修改错误

技巧拓展

如果指定了两个并不相交的区域的交点，则会出现错误，具体表现如下：

a.使用了不正确的区域运算符；

b.区域不相交。

Extra tip

实例 298 “#NUM！”错误及解决方法

难度系数：★★★ 适用版本：07/10/13/16/17

技巧介绍： 公司办公人员小敏发现在编辑工作表时单元格中显示了“#NUM!”的错误信息，因此，她感到很困惑，不知道应该怎么解决这个问题。

1 在Excel中打开“素材\第10章\实例298\员工销售表”工作簿，此时可以看到在E1单元格中显示“#NUM！”错误，如图 10-292所示。

2 解决方法：将公式修改为“=SMALL(B2:B7,1)”，按【Enter】键即可输出结果，如图 10-293所示。

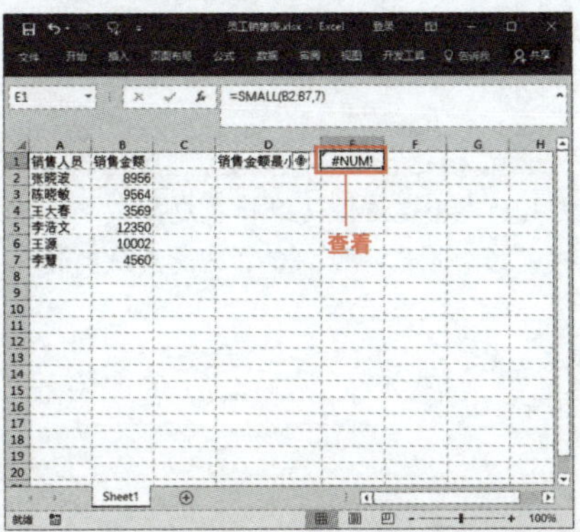

图 10-292 查看错误值

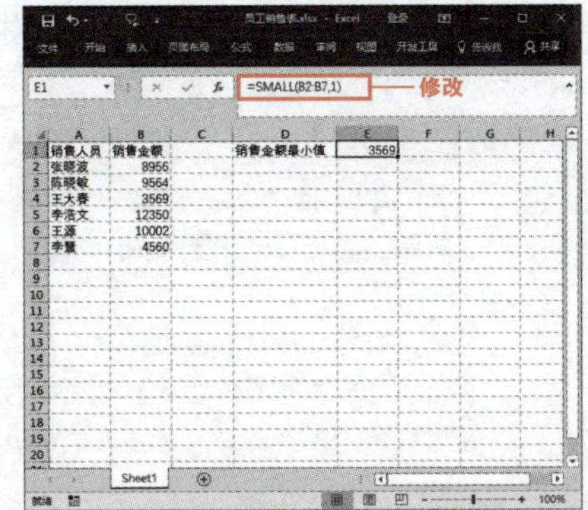

图 10-293 修改公式

技巧拓展

如果公式或函数中使用了无效的数值，则会出现此错误，具体表现如下：

a.在需要数字参数的函数中使用了无法接受的参数；

b.使用了进行迭代的工作表函数(如IRR或RATE)，且函数无法得到结果；

c.公式的返回值是否超出Excel的限制，即输入的公式所得出的数字太大或太小。

Extra tip

实例 299 “#REF！”错误及解决方法

难度系数：★★★ 适用版本：07/10/13/16/17

技巧介绍： 公司办公人员小嘉发现在编辑工作表时单元格中显示了“#REF！”的错误信息，因此，她感到很困惑，不知道应该怎么解决这个问题。

①在Excel中打开“素材\第10章\实例299\产品销售报表”工作簿，此时可以看到D2：D7区域单元格中显示“#REF！”错误，如图 10-294所示。

②解决方法：撤销已删除的被公式引用的单元格，如图 10-295所示。

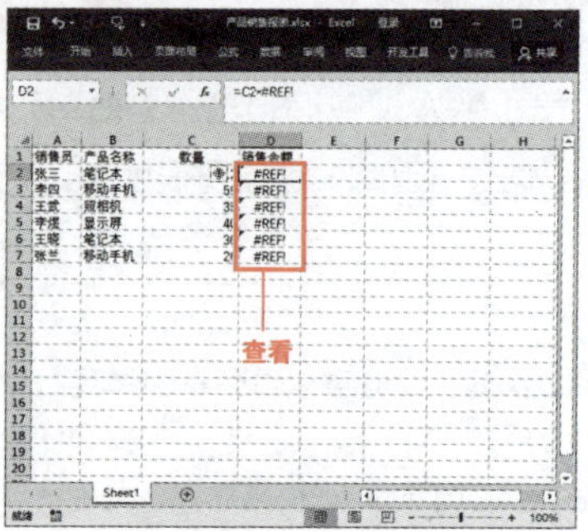

图 10-294 查看错误

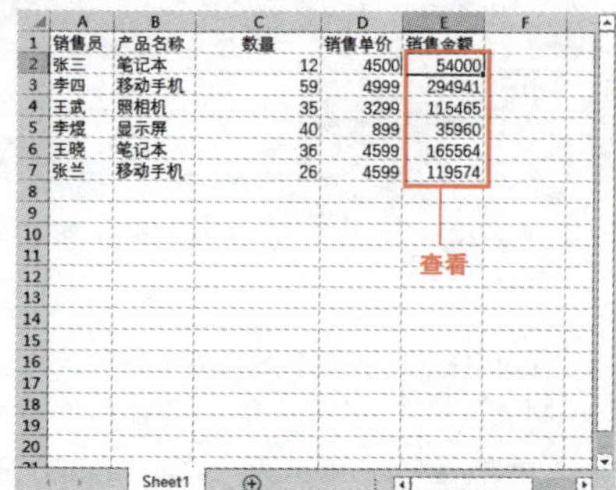

图 10-295 修改错误

技巧拓展

“#REF!”错误的原因表示当前单元格引用无效时,会出现此错误.具体表现如下:

a.删除了其他公式所引起的单元格,或将已移动的单元格粘贴到了其他公式所引起的单元格上;

b.使用的对象链接和嵌入链接所指向的程序未运行;

c.链接到了不可用的动态数据交换(DDE)主题,如“系统”;

d.运行的宏程序所输入的函数返回#REF!。

Extra tip > > > > > > > > > > > > > > >

实例 300 “#VALUE!”错误及解决方法

难度系数：★★★ 适用版本：07/10/13/16/17

技巧介绍： 公司办公人员小胡发现在编辑工作表时单元格中显示了“#VALUE!”的错误信息，因此，她感到很困惑，不知道应该怎么解决这个问题。

①在Excel中打开“素材\第10章\实例300\产品销售表”工作簿，此时可以看到E5单元格中显示“#VALUE!”错误，如图 10-296所示。

② 解决方法：将D5单元格中的文本“元”删除即可显示正确值，如图 10-297所示。

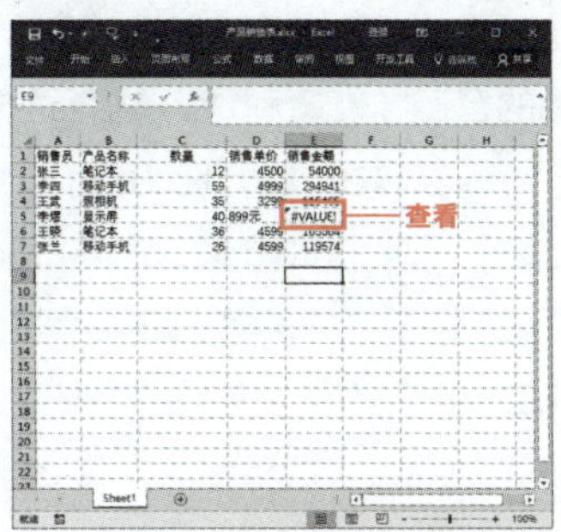

图 10-296 查看错误

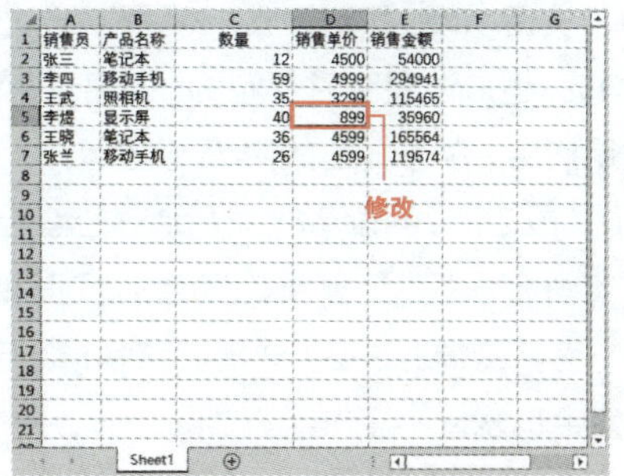

图 10-297 修改错误

技巧拓展

出现“#VALUE!”错误表示使用的参数或操作数的类型不正确，其主要原因如下：

a.公式需要数字或逻辑值(例如TURE或FALSE)时，却输入了文本；

b.输入或编辑数组公式时没有按【Ctrl+Shift+Enter】组合键，而是按了【Enter】键；

c.将单元格引用、公式或函数作为数组常量输入；

d.为需要单个值(而不是区域)的运算符或函数提供区域；

e.运行的宏程序所输入的函数返回#VALUE!。

Extra tip >>>>>>>>>>>>>

职场小知识

松下水坝经营法则

简介：随时做好准备，能宽裕地运用各项资源，企业不论遇到什么困难，都能长期而稳定地成长。

松下水坝经营法则是由日本松下电器公司创始人松下幸之助提出。他认为维持企业的稳定成长是天经地义的事情，为了使企业能够稳定地发展，水坝式经营是很重要的观念。

在松下幸之助的经营秘诀中，“水坝式经营法”是十分独到的。松下每每从自然、人生、社会中受到启迪，将其运用到经营管理中来。人们修筑水坝，目的主要是蓄水，一方面拦洪，一方面提供水源，发挥发电等提供能源的作用。水坝储水是为了释放，收是为了放，如果公司的各部门能像水坝一样，即使外界形势有所变化，也能维持稳定和发展。设备、资金、人员、库存、技术、企划、新产品的开发等，都应该保持宽裕的运营弹性。

松下设计的“水坝”形式有数个，如下所述。

设备水坝：即对设备的使用不必达到100%。就是说，即使设备只运用到80%或90%，也应该是正常获利的。如果设备到了100%的营运才能赢利，那是相当危险的。一是疲劳，容易发生故障而不能运行；二是一旦市场需求增加，也无能为力。如果尚有10%或20%的设备能力剩余，一旦产品市场反应良好，即可提高产量，满足市场。

资金水坝：经营十亿资金的事业，需要十一或十二亿资金的准备。如果不留余地，万一有新的情况发生，要增加资金，却无所适从，其结果不仅不能发展企业，而且连那十亿资金也发挥不了作用。

库存水坝：即产品要保持适量的库存，以应生产停滞或产出量减少之急，也可以对市场需求的激增作出及时反应。

新产品水坝：已经产出新产品的同时，要有更新的产品研制，甚至已经研制完成。

除此之外，还有其他“水坝”形式，这些都是不难理解的，举一而反三，尽在其中。松下在经营中总结出来的这些水坝思想贯穿于企业经营的每一个环节。

更值得我们注意的是，松下在这些有形的水坝之外，更倡导建立无形的水坝，这就是“心理水坝”，也可以叫作“水坝意识"。这是从人们观念和意识等更基本和更重要方面着眼设立的。

在某些具体方面，“心理水坝”也是存在的，那就是“忧患意识”“心理承受能力”等。生意场上瞬息万变，风云难测，有此思想，才能处变不惊，应付自如。

松下幸之助对“水坝式经营法则”是深信不疑的。他说：“我深信，只要能遵循这种方法，随时做好准备，能宽裕地运用各项资源，那么企业不论遇到什么困难，都能长期而稳定地成长。”松下认为，经营的规模大小、门类多少，一定要和公司的综合实力相称，也一定要与经营者的才能、精力相称。换句话说，如果贪大求多，其效果反而不如专而精。